Europa auf dem Weg zur Währungsunion

Europa auf dem Weg zur Währungsunion

Herausgegeben von
Manfred Weber

Wissenschaftliche Buchgesellschaft
Darmstadt

Umschlaggestaltung: Studio Franz & McBeath, Stuttgart.

Die Deutsche Bibliothek – CIP-Einheitsaufnahme

Europa auf dem Weg zur Währungsunion /
hrsg. von Manfred Weber. – Darmstadt:
Wiss. Buchges., 1991
ISBN 3-534-11572-4
NE: Weber, Manfred [Hrsg.]

Bestellnummer 11572-4

Gedruckt auf säurefreiem und alterungsbeständigem Werkdruckpapier
Satz: Setzerei Gutowski, Weiterstadt
Druck und Einband: Wissenschaftliche Buchgesellschaft, Darmstadt
Printed in Germany
Schrift: Linotype Times, 9.5/11

ISBN 3-534-11572-4

Inhalt

Vorwort des Herausgebers VII

Geleitwort des Vizepräsidenten der Deutschen Bundesbank . . . IX

Manfred Weber
Vom EWS zur Europäischen Währungsunion 1

A. Grundsatzfragen

Ernst-Moritz Lipp, Horst Reichert
Konfliktfelder auf dem Weg zur Europäischen Währungsunion . . 31

Gunter D. Baer
Der Delors-Bericht: Ausgangspunkt für die weitere Diskussion . . 49

Heinrich Matthes, Alexander Italianer
Ist die Gemeinschaft ein optimaler Währungsraum? 70

Wolfgang Schill
Konzeptionelle und praktische Fragen der Konvergenz in der Europäischen Gemeinschaft 104

Daniel Gros
Parallelwährungskonzepte – eine Alternative? 133

B. Einzelaspekte

Artur Woll
Die Unabhängigkeit der Europäischen Zentralbank: Dogma oder Notwendigkeit? 157

Sylvester C. W. Eyffinger
Konvergenz in der Geldpolitik:
das Beispiel Deutschland – Frankreich 171

Graham Bishop
Die ECU: Korbwährung ohne Zukunft oder Keimzelle einer neuen
Euro-Währung? 193

Dieter Duwendag
Zur Frage eines tragfähigen Policy mix:
Sind adäquate Regeln für die Fiskalpolitik unentbehrlich? 220

Hermann Remsperger
Das Ziel einer Europäischen Währungsunion aus Bankensicht . . 249

Hans-Peter Fröhlich
Die Europäische Währungsunion aus Sicht der Unternehmen . . 276

C. Internationale Implikationen

Pierre Jacquet
Europäische Währungsunion und internationale Währungsordnung . 299

C. Randall Henning
Europäische Währungsunion und die Vereinigten Staaten 317

Yoshio Suzuki
Perspektiven für die Weltwährungsordnung – ein japanischer Beitrag 340

Hans J. Barth
Implikationen einer Europäischen Währungsunion
für den Finanzplatz Schweiz 355

Karl Socher
Das Vorhaben einer Europäischen Währungsintegration
aus österreichischer Sicht 369

Josef Tošovský
Die Europäische Währungsunion – ein Beitrag aus der Sicht
der sich reformierenden Volkswirtschaften Mittel- und Osteuropas . 392

Die Autoren 403

Vorwort des Herausgebers

Als im Oktober 1989 zwischen Verlag und Herausgeber erstmals die Idee besprochen wurde, einen Band zu der von den EG-Staaten angestrebten Europäischen Währungsunion vorzubereiten, war in keiner Weise absehbar, welchen Verlauf dieses Buchprojekt nehmen würde. Um so mehr verdient hervorgehoben zu werden, daß, nachdem mit den Autoren in dieser Sache Mitte 1990 Kontakt aufgenommen worden war, das Vorhaben innerhalb der relativ knapp bemessenen Zeit von rund einem Jahr zu einem zufriedenstellenden Abschluß gebracht werden konnte. Das gilt um so mehr, wenn man sich vor Augen hält, daß zu diesem Band Wissenschaftler und Praktiker acht verschiedener Nationalitäten beigetragen haben, deren Schreibtische zudem auf zehn Länder in drei Kontinenten verteilt sind. Ungeachtet der heute zur Verfügung stehenden modernen Kommunikationssysteme stellt sich die unumgängliche laufende Abstimmung nämlich nicht immer so einfach und reibungslos dar, wie man sich das als Herausgeber an und für sich wünschen würde.

In erster Linie zu danken habe ich denn auch den Autoren, die es trotz ihrer vielfältigen anderweitigen Verpflichtungen auf sich genommen haben, ihren jeweiligen Beitrag zu dem vom Herausgeber gewünschten Thema zu verfassen und diesen auch noch pünktlich „abzuliefern", was aus der Sicht des Verfassers naturgemäß um so schwerer fällt, wenn sich das Thema so im Fluß befindet, wie dies bei der weiteren währungspolitischen Integration in Europa der Fall ist. Im großen und ganzen wurden die Manuskripte Anfang 1991 abgeschlossen. Daß dabei ein jeder Autor seine eigene Auffassung vertritt, die nicht zwangsläufig der der ihn beschäftigenden Institution entspricht, versteht sich von selbst.

Ganz herzlich danken möchte ich überdies dem Vizepräsidenten und designierten Präsidenten der Deutschen Bundesbank, Herrn Professor Dr. Drs. h. c. Helmut Schlesinger, der sich nicht nur bereit erklärt hat, ein Geleitwort zu diesem Band beizusteuern. In den gut fünf Jahren, in denen ich sein Büro leitete, hat er mir überdies Gelegenheit gegeben, mich intensiv mit allen aktuellen geld- und währungspolitischen Fragen zu beschäftigen, wobei der Komplex „Europäische Währungsunion" zunehmend an Gewicht gewann.

Darüber hinaus danke ich Wolfgang Schill aus der Hauptabteilung Volkswirtschaft der Deutschen Bundesbank, Frankfurt am Main, für die Bereitschaft, mein Konzept zu erörtern, und für sein stets offenes Ohr, wenn es darum ging, mich beschäftigende Fragen zu diskutieren.

Daß ferner noch eine Vielzahl anderer „hilfreicher Geister", insbesondere was die technische Abwicklung angeht, zum Gelingen des Werkes beigetragen hat, sei an dieser Stelle ebenso dankbar vermerkt. Stellvertretend für alle möchte ich hier Ursula Fritzle, Ute Koch, Bettina Tijerna sowie Emma J. Morton namentlich erwähnen.

Die technische Umsetzung oblag sodann dem Verlag, dem ich danke für die Aufnahme des Bandes in sein Programm, für die gute Zusammenarbeit und insbesondere die Sorgfalt bei der Drucklegung und Ausgestaltung des Buches.

Daß dieser Band gleichwohl und auch ungeachtet der notwendigen Übersetzungsarbeiten zu einem akzeptablen Preis erscheinen kann, liegt an der großzügigen finanziellen Unterstützung, die mir von verschiedener Seite zuteil geworden ist. Zu Buche schlagende Beiträge seitens

- des Deutschen Industrie- und Handelstages, Bonn,
- des Verbandes öffentlicher Banken, Bonn,
- des Bankenverbandes Hessen e. V., Frankfurt am Main,
- der BHF-Bank, Frankfurt am Main,
- der Dresdner Bank, Frankfurt am Main,
- der Gesellschaft zur Förderung der wissenschaftlichen Forschung über das Spar- und Girowesen e. V., Bonn,
- und – last, but not least – der Deutschen Bundesbank, Frankfurt am Main,

seien hier dankbar anerkannt.

Betroffen von einem solchen, praktisch „nebenberuflich" durchzuführenden Projekt ist schließlich stets auch die eigene Familie, wie jeder im Denken in Alternativkosten geschulte Ökonom nur zu gut weiß. Und wenn auch solche „reale" Lasten, sind sie einmal eingetreten, nicht mehr ausgeglichen werden können, so sei dieses Buch doch als eine Art „Entschädigung" meinen beiden Söhnen Stephan und Thomas gewidmet und überdies meiner Frau gedankt für das „mißtrauische Verständnis", mit dem sie dieses Projekt über die Monate hinweg begleitet hat.

So bleibt denn nur noch, dem Buch viele Leser zu wünschen, und das auch in der Hoffnung, daß durch die Gesamtheit der Beiträge deutlich wird, um welch ein komplexes Vorhaben es sich bei der Europäischen Währungsunion handelt, und daß dieses nicht mit Hast, sondern mit Umsicht angegangen werden sollte, gerade damit die europäische Integration nicht auf Dauer Schaden nehme.

Neu-Isenburg/Therwil, im Juni 1991 Manfred Weber

Geleitwort
des Vizepräsidenten der Deutschen Bundesbank

Mit der Errichtung einer Währungsunion haben sich die Staaten der Europäischen Gemeinschaft ein ehrgeiziges Ziel gesetzt. Auch wenn die damit verbundenen Probleme und Verfahrensfragen nunmehr bereits seit geraumer Zeit in Wissenschaft wie in den zuständigen politischen Gremien erörtert werden, kann es nicht verwundern, daß es in einer so fundamentalen Frage, bei aller Übereinstimmung im Grundsätzlichen, bis zum heutigen Tage noch unterschiedliche Auffassungen gibt.

Sehr weitgehende Übereinstimmung besteht in dem Ziel, daß das heutige Europäische Währungssystem abgelöst werden soll durch eine Währungsunion, d. h. die unwiderrufliche Fixierung der Wechselkurse der Währungen jener Länder, die diese Union bilden, und letztlich die Ablösung der nationalen Währungen durch eine neue gemeinsame Währung (was zwar wegen der dann nicht mehr anfallenden Transaktionskosten auch von gewisser ökonomischer Bedeutung ist, in erster Linie aber aus dem politischen Blickwinkel, also im Hinblick auf den damit verbundenen Symbolgehalt gesehen werden muß). Einigkeit besteht im Grundsatz auch dahingehend, die „Sorge" um diese Währung einem von Weisungen der EG-Institutionen wie der nationalen Regierungen unabhängigen Europäischen Zentralbanksystem zu übertragen, in das die heute existierenden nationalen Notenbanken als föderale Bestandteile aufgehen würden. Die Europäische Zentralbank wäre, auch dies ist im Prinzip Teil des bereits erzielten Konsenses, vorrangig auf das Ziel der Sicherung der Geldwertstabilität zu verpflichten; dies setzt insbesondere voraus, daß sie nicht verpflichtet sein darf, ja, daß ihr untersagt sein muß, den öffentlichen Haushalten in den einzelnen Mitgliedsstaaten oder der EG selbst Kredite zu gewähren.

Diese sehr grundsätzlichen Festlegungen lassen freilich noch viele Fragen offen, Fragen, mit denen sich die im Dezember v. J. in Rom erstmals zusammengetretene Regierungskonferenz zu beschäftigen hat. Wie stets erweist sich die Umsetzung solch relativ allgemein gehaltener Formulierungen in praktikable Vorgaben und Handlungsanweisungen als sehr schwierig. Dahinter stehen natürlich Auffassungsunterschiede über die weitere Vorgehensweise, nachdem die Stufe 1 der Wirtschafts- und Währungsunion, die eine verstärkte Koordinierung innerhalb des bestehenden institutionellen Rahmens vorsieht, von der Öffentlichkeit fast unbemerkt zum 1. Juli 1990 – also zeitgleich mit der deutschen Währungs-, Wirtschafts- und Sozialunion – in Kraft getreten ist.

Im Hinblick auf das Ziel einer Wirtschafts- und Währungsunion ist es – gerade, aber sicher nicht nur aus deutscher Sicht – unerläßlich, eindeutige Bedingungen für den Eintritt in die Endstufe festzulegen und alle weiteren Schritte auf dem Weg dorthin, d. h. den Übergang in die Stufe 2, von einem zuvor erreichten hohen Maß an Konvergenz der wirtschaftlichen Entwicklung und der dahinterstehenden Politiken abhängig zu machen. Ungeachtet aller hier in den letzten Jahren bereits erreichten Erfolge, die im übrigen „aus eigener Einsicht", nicht über bindende Vorschriften erzielt worden sind, haben die EG-Staaten hier noch ein gutes Stück Weg vor sich. Wenn mancherorts gleichwohl auf eine (noch) schnellere Gangart gedrängt wird, so mag das aus anderen Gründen verständlich sein. Wirtschaftlich gesehen spricht aber alles dafür, sich die erforderliche Zeit zu nehmen, bis wirklich darauf verzichtet werden kann, anhaltende Ungleichgewichte auch mit Hilfe von Wechselkursanpassungen abzubauen. Der für 1993 angestrebte Gemeinsame Binnenmarkt für Waren und Dienstleistungen, Kapital und Personen verlangt jedenfalls keine gemeinsame Währung; diese sollte vielmehr die „Krönung" der Fortschritte in der Integration darstellen.

Im Rahmen eines mehr „pragmatischen" Vorgehens bezüglich der Stufe 2 das bisher Erreichte aufs Spiel zu setzen, ohne daß die Ergebnisse der dritten Stufe bereits als gesichert angesehen werden können, das kann nicht im Interesse der europäischen monetären Integration liegen. Zu groß wäre die Gefahr, daß sie durch eine Zersplitterung der geld- und währungspolitischen Verantwortlichkeiten in der „Grauzone" der Stufe 2 auf Dauer Schaden nähme. Wer hier nichts überstürzen will, sondern dafür plädiert, jeden weiteren Schritt wohl vorzubereiten und dann mit Bedacht zu setzen, muß sich nicht vorwerfen lassen, „im Bremserhäuschen des europäischen Integrationszuges zu sitzen". Und insofern kann die Mitte 1990 mit der damaligen DDR vollzogene Währungsunion – gerade wegen der darinliegenden Übertreibungen – ein Lehrbeispiel abgeben, als sich hier gezeigt hat, wie schwierig es ist, Volkswirtschaften mit großen strukturellen Divergenzen – in diesem Fall freilich durch die unterschiedlichen Wirtschaftssysteme akzentuiert – zu einem einheitlichen, möglichst ausgeglichenen Wirtschaftsraum zusammenzufügen.

Mögen die in diesem Band zusammengetragenen Beiträge das Bewußtsein dafür schärfen, daß – ungeachtet aller Auffassungsunterschiede im einzelnen – die Bewahrung stabiler Währungsverhältnisse in Europa die vorrangige Aufgabe der Geldpolitik sein muß und daß mit der Sicherung des

Geldwertes im Innern wie mit der Schaffung einer stabilen Währung, die im internationalen Konzert ihren Part überzeugend spielen kann, zugleich der beste Beitrag für eine möglichst zufriedenstellende wirtschaftliche Entwicklung geleistet wird, den die Geld- und Währungspolitik beisteuern kann.

Frankfurt am Main, im Mai 1991 Helmut Schlesinger

Manfred Weber

Vom EWS zur Europäischen Währungsunion

L'Europe se fera par la monnaie ou ne se fera pas.
Jacques Rueff (1950)

Le mieux est l'enemi du bien.
Voltaire, Dictionnaire Philosophique (1764)

„Und was meinste mit Schnecke?"
„Die Schnecke, das ist der Fortschritt."
„Und was issen Fortschritt?"
„Bißchen schneller sein als die Schnecke..."
Günter Grass, Aus dem Tagebuch einer Schnecke (1972)

Machten vor nicht allzu langer Zeit noch Schlagworte wie „Euro-Pessimismus", ja, „Euro-Sklerose" die Runde, so hat sich das Bild inzwischen gewandelt. Heute ist es angebrachter, von „Euro-Optimismus" zu sprechen, der sich in einigen Zirkeln schon bis hin zu einer „Euro-Euphorie" gesteigert hat. In der Tat befindet sich Europa im Umbruch: Die Völker Mittel- und Osteuropas haben die staatliche Planung und zentrale Lenkung der Volkswirtschaft als Irrweg erkannt und sind auch anfänglichen Versuchungen, einen „dritten Weg" zu gehen, nicht erlegen. Die Transformation dieser Zentralverwaltungswirtschaften in Marktwirtschaften westlichen Zuschnitts ist freilich ein schwieriger Prozeß, für den es kein historisches Beispiel gibt. Blaupausen lassen sich am Schreibtisch noch relativ leicht entwerfen, doch tragen diese häufig nicht den vielfältigen, nicht zuletzt politischen Zwängen hinreichend Rechnung[1].

Und in der Europäischen Gemeinschaft, dies setzt auch für die anderen, zum Teil in der EFTA zusammengeschlossenen Volkswirtschaften in Europa

[1] „Über Nacht" ist praktisch eine ganze Abteilung wirtschaftstheoretischer und -politischer Literatur in dem Sinne obsolet geworden, daß sie nunmehr unter dem Stichwort Dogmengeschichte in den Bibliotheken zu finden ist: die vielen Abhandlungen nämlich zur vermeintlichen Konvergenz des östlichen und des westlichen Wirtschaftssystems.

neue Daten, hat man sich, wieder einmal, auf den Weg zur Währungsunion begeben, ja, man hat darüber hinaus die Politische Union der EG-Staaten auf die Tagesordnung gesetzt. Daß dies, ganz unabhängig davon, ob diese ehrgeizigen Vorhaben letztlich voll realisiert werden (können) und die 90er Jahre, wie sich manch einer erhofft, andere vielleicht befürchten, zum „Jahrzehnt Europas" werden, daß dies nicht ohne Rückwirkungen auf die internationalen (Wirtschafts- und Währungs-)Beziehungen bleiben wird, bedarf wohl nicht der Erläuterung.

Alle sich in diesem Kontext stellenden Fragen in einem Buch beantworten zu wollen, das hieße den Rahmen des Möglichen sprengen, zumal, auch wenn man sich auf die Kernfragen konzentrieren würde, diese zur Zeit noch sehr kontrovers diskutiert werden. Man ist jedenfalls noch weit davon entfernt, den notwendigen Konsens in der Beurteilung der einzelnen Probleme und deren Gewichtung gefunden zu haben – ein Tatbestand, über den auch die kaschierenden Formulierungen in den unumgänglichen Kommuniques nach gemeinsamen Sitzungen nicht hinwegtäuschen sollten.

Der Ansatz dieses Buches ist deshalb bescheidener: zum einen, weil er sich im Prinzip auf die Europäische Währungsunion beschränkt, also weitgehend ausklammert, was etwa die auf der Basis des EG-Binnenmarktprogramms angestrebte Wirtschaftsunion sowie den schwierigen, sich nur in allerersten Ansätzen abzeichnenden Aspekt der Politischen Union der EG-Staaten betrifft; zum anderen, weil auch das Thema „Europäische Währungsunion", dies sei freimütig eingeräumt, keineswegs erschöpfend behandelt wird. Nicht nur ist darauf verzichtet worden, der einen oder anderen Einschätzung der hier vertretenen Autoren die in der Literatur und wirtschaftspolitischen Auseinandersetzung in der Regel auch zu findende Gegenposition gegenüberzustellen, sondern es schien dem Herausgeber auch angebracht, sich auf wichtige Grundsatzfragen und Einzelaspekte zu beschränken, um so Raum zu schaffen für eine Erörterung der internationalen Implikationen der Europäischen Währungsunion, die bisher vielleicht noch nicht die gebührende Beachtung gefunden haben. Das Projekt „Europäische Währungsunion" hat nämlich, wie eingangs bereits angedeutet, Auswirkungen weit über die Gemeinschaft der Zwölf hinaus, und diese sind auch nicht auf Europa beschränkt, lassen sich doch weitreichende Implikationen in bezug auf das internationale Währungsgefüge vermuten.

Von Beginn der EG im Jahre 1957 an hat das Ziel, den gemeinsamen Markt in Europa durch die Wirtschafts- und Währungsunion zu krönen, immer wieder neue Initiativen ausgelöst. Ihnen allen war freilich kein Erfolg beschieden. Das gilt für das Aktionsprogramm, das die Kommission der EWG schon 1962 für die zweite Stufe der Zollunion entwickelte, wie die – als das System fester Wechselkurse von Bretton Woods Ende der 60er, Anfang der 70er Jahre ins Wanken geriet – wiederauflebenden Pläne auf der Grundlage des *Werner*-Berichts (so benannt nach dem Vorsitzenden des von den EG-Regierungen eingesetzten Ausschusses, dem damaligen luxemburgischen Ministerpräsidenten und Finanzminister Pierre *Werner*)[2]. Letztere führten lediglich zu einem Wechselkursverbund (mit wechselnden Teilnehmern), mit dem man sich gegen die Währungsturbulenzen der 70er Jahre und die Rückwirkungen unterschiedlicher wirtschaftspolitischer Antworten auf die Herausforderungen der Vervierfachung des Ölpreises im Gefolge des Yom-Kippur-Krieges abschotten wollte. Alle weiterreichenden Pläne – im Anschluß an den Gipfel von Den Haag im Dezember 1969 war mit dem Ende der 70er Jahre bereits der Zeitpunkt festgelegt worden, zu dem das Ziel Währungsunion erreicht sein sollte – wurden mit dem endgültigen Zusammenbruch des Wechselkursregimes von Bretton Woods im Jahre 1973 ad acta gelegt.

Das auf Initiative von Bundeskanzler Helmut *Schmidt* und des französischen Staatspräsidenten *Giscard d'Estaing* geschaffene Europäische Währungssystem (EWS) war dann ein weiterer Versuch, einen als unbefriedigend empfundenen Zustand zu überwinden und sich in Richtung einer Währungsunion fortzuentwickeln. Auch das EWS hat freilich nicht die an sich zwei Jahre nach dem Inkrafttreten des Abkommens am 13. März 1979 vorgesehene zweite Stufe erreicht, die die Schaffung eines Europäischen Währungsfonds und die uneingeschränkte Verwendung der ECU, der Europäischen Währungseinheit, als Reserveaktivum und als Instrument des Saldenausgleichs bringen sollte. Dies feststellen heißt aber nicht, dem EWS jeden Erfolg absprechen zu wollen. Im Gegenteil: Im Rahmen des EWS ist es, insbesondere den an seinem Wechselkursmechanismus teilnehmenden Ländern, gelungen, eine Zone zunehmender Währungsstabilität zu schaffen[3]. Dabei hat das EWS von der D-Mark profitiert, die in diesem

[2] Vgl. Bericht an Rat und Kommission über die stufenweise Verwirklichung der Wirtschafts- und Währungsunion in der Gemeinschaft („*Werner*-Bericht") Luxemburg, 8. Oktober 1970 (Sonderbeilage zum Bulletin 11–1970 der Europäischen Gemeinschaft).

[3] Bezüglich einer Bewertung der Entwicklung und der Erfolge des EWS vgl. *Kommission der Europäischen Gemeinschaften*: Das EWS: Zehn Jahre Fortschritt bei der währungspolitischen Zusammenarbeit Europas, Brüssel 1989; *Deutsche Bundesbank*: Wechselkursentwicklung und Europäisches Währungssystem. Erfahrungen nach 10 Jahren, in: Monatsberichte der Deutschen Bundesbank, 41. Jg., Nr. 11, November 1989, S. 33–38; Daniel *Gros,* Niels *Thygesen*: The EMS. Achievements, Current Issues and Directions for the Future (CEPS Paper Nr. 35, Centre for European Policy Studies), Brüssel 1988; Horst *Ungerer,* Jouko *Hauvonen,* Augusto *Lopez-Claros,* Thomas *Mayer*: The European Monetary System: Developments and Perspectives (IMF Occasional Paper, Nr. 73), Washington, D. C., November 1990; Wolfgang *Rieke*: Alternative views on the EMS in the 1990s, in: The European Monetary

System die Rolle eines „Ankers“ übernommen hat, an dem die anderen Länder ihre Geld- und Währungspolitik festmachen können[4].

Neue Schwungkraft hat die monetäre Integration in der EG dadurch erhalten, daß bis Ende 1992 für Waren und Dienstleistungen, Kapital und Arbeit ein Binnenmarkt ohne Grenzen geschaffen werden soll. Nun verlangen weitere Fortschritte auf dem Weg zum europäischen Binnenmarkt keineswegs zwingend eine Währungsunion; Voraussetzung hierfür ist vielmehr die uneingeschränkte Freiheit auch des Geld- und Kapitalverkehrs[5]. Gleichwohl mag man stabile Währungsverhältnisse oder gar die Fixierung der Wechselkurse (was, ökonomisch gesehen, einer Währungsunion mit nur einer – gemeinsamen – Währung weitgehend entspräche) als eine Art Vollendung einer Wirtschaftsunion ansehen, die ihrerseits freilich wesentlich weiter gesteckt werden kann als „Europa ’92“.

Welche Position man hier aber auch immer einnimmt, konkret stellt sich zunächst einmal die Frage nach den Vor- und Nachteilen einer Währungsunion. Man kann sich in diesem Zusammenhang bisweilen nicht des Eindrucks erwehren, daß hier mancherorts politische Erwägungen überwiegen[6]. In der Tat mag es für manches Land nur schwer erträglich sein, daß im heutigen System des EWS die Bundesbank als Kapellmeister „den Ton angibt“. Diese Rolle hat sie aber nicht usurpiert, sondern sie ist ihr zugefallen aufgrund ihrer stabilitätsorientierten Geld- und Währungspolitik und dem daraus resultierenden Vertrauen, das ihr an den internationalen Finanz-

System in the 1990’s, hrsg. von Paul De Grauwe und Lucas Papademos, London–New York 1990, S. 29–39. – Vielleicht kann man, eingedenk der mancherorts zunächst gehegten Befürchtungen, im EWS in der Tat eine empirische Bestätigung der von Friedrich von *Hayek* vertretenen These sehen, wonach sich soziale und wirtschaftliche Phänomene als „spontane Ordnungen“ bilden, die häufig zu ganz anderen Ergebnissen führen, als dies von ihren „Schöpfern“ erwartet wurde.

[4] Die positive Rolle der D-Mark im EWS ist vom *Delors*-Ausschuß, dem neben anderen alle 12 EG-Notenbankpräsidenten angehörten, ausdrücklich gewürdigt worden; vgl. *Ausschuß zur Prüfung der Wirtschafts- und Währungsunion*: Bericht zur Wirtschafts- und Währungsunion in der Europäischen Gemeinschaft („*Delors*-Bericht“), 1989, Ziffer 5.

[5] So auch der *Wissenschaftliche Beirat beim Bundesministerium für Wirtschaft*: Gutachten „Europäische Währungsordnung“ (Studien-Reihe, Bundesministerium für Wirtschaft, Nr. 61), Bonn, Februar 1989.

[6] So ist wohl auch das Drängen von Alt-Bundeskanzler *Schmidt* zu verstehen, der – einer Reuter-Meldung vom 3. Mai 1991 zufolge – die Schaffung einer gemeinsamen EG-Währung bis Ende der 90er Jahre gefordert hat, da Deutschland bis zum Jahre 2000 die Probleme infolge der Vereinigung überwunden haben und die D-Mark wieder sehr stark sein werde. Unter diesen Bedingungen, so *Schmidt*, werde Deutschland wohl nicht mehr bereit sein, seine Währung aufzugeben.

märkten entgegengebracht wird. Niemand wird ernsthaft von einer gesetzlich der Stabilität der Währung verpflichteten Notenbank verlangen, daß sie diese auf längere Sicht durchaus erfolgreiche Geldpolitik aufgibt, nur um sich dem im Schnitt der Partnerländer stärkeren Inflationstrend anzupassen.

Auch, darauf wurde bereits hingewiesen, bringt der Stabilitätskurs der Bundesbank für die anderen EWS-Länder durchaus Vorteile mit sich: "... it allows Europe's more slovenly countries to lock into Teutonic rectitude on inflation, which in time produces Teutonic rewards in the form of lower interest rates"[7]. Auch daß die Bundesrepublik im Gefolge der deutschen Vereinigung wirtschaftlich – vorübergehend – in schwierigeres Fahrwasser geraten ist, ändert hieran nichts Grundlegendes. Jedenfalls liegt es keineswegs nur im deutschen Interesse, daß die angestrebte Währungsunion mindestens ebenso gute Ergebnisse bringt wie das heutige System, das ja durchaus noch „ausbaufähig" ist (etwa im Hinblick auf die Beteiligung am EWS-Wechselkursmechanismus und eine Verringerung der Schwankungsbreite möglicher Wechselkursbewegungen). Mit anderen Worten: Man sollte, ohne die politischen Implikationen vernachlässigen zu wollen, die wirtschaftlichen Auswirkungen nicht vergessen bzw. hintanstellen. Mit einer gemeinsamen Währung allein wäre Europa nicht gedient; daß es sich hierbei um stabiles „europäisches Geld" handelt, sollte das Ausschlaggebende sein.

Den grundsätzlichen Konfliktfeldern auf dem Weg zur Europäischen Währungsunion gehen in diesem Buch Ernst-Moritz *Lipp* und Horst *Reichert* nach[8]. Ihrer Meinung nach hätte eine gemeinsame Währung zweifellos eine Reihe von Vorteilen: niedrigere Transaktionskosten, geringere Anfälligkeit gegenüber außenwirtschaftlichen Störungen, Stärkung des wirtschaftspolitischen Zusammenhalts in der Gemeinschaft. Sie verweisen aber auch auf die in einer Währungsunion erforderlichen Umstellungen, „die manchen schwerfallen dürften". Auch gilt es zu beachten, daß die Nutzen zum guten Teil erst in der Zukunft, die Kosten überwiegend aber sofort anfallen[9]. Zu

[7] Uncalm currencies, in: The Economist vom 16. Februar 1991, S. 12–13, hier S. 13.

[8] Vgl. in diesem Zusammenhang auch Helmut *Schlesinger*: Der Weg zu einer Europäischen Wirtschafts- und Währungsunion, in: Wirtschaftsdienst, 71. Jg. (1991), S. 232–238, sowie – speziell aus deutscher Perspektive – die Beiträge von Peter *Bofinger*, Norbert *Berthold*, Ernst-Moritz *Lipp* und Heinrich *Matthes* zum Thema „Brauchen wir die Europäische Währungsunion?", ebd., S. 219–231. Zur Sicht einzelner EG-Notenbankgouverneure vgl. die Beiträge in dem von Otmar *Franz* herausgegebenen Band „Die Europäische Zentralbank", Bonn 1990.

[9] Vgl. hierzu auch den häufig zitierten Bericht der *Kommission der Europäischen Gemeinschaft*: Ein Markt, eine Währung. Potentielle Nutzen und Kosten der Errichtung einer Wirtschafts- und Währungsunion – eine Bewertung, in: Europäische Wirtschaft, Nr. 44, Oktober 1990. Der in dieser Untersuchung insgesamt sehr positive Grundtenor rührt nicht zuletzt daher, daß die als ideal angenommene Endstufe analy-

den schwierigsten Problemen einer Europäischen Währungsunion zählen nach *Lipp/Reichert* der Verzicht und das Abtreten von Kompetenzen an gemeinschaftliche Organe sowie die Entscheidung, welche Bereiche dem Wettbewerb (bzw. einer „spontanen" Koordination) überlassen bleiben sollten und welche der „Behörden-Koordination". Im Prinzip noch offen sei auch der Weg hin zur Währungsunion. Hier stünden die „Monetaristen", die durch eine möglichst rasche Fixierung der Wechselkurse die Integration vorantreiben möchten, den „Ökonomisten" gegenüber, nach deren Auffassung die Währungsunion der krönende Abschluß einer weitgehenden wirtschaftlichen Harmonisierung zwischen den Teilnehmerstaaten sein sollte.

Gegenwärtig – und dies leitet über zu dem Beitrag von Gunter D. *Baer* – verfolgen die EG-Staaten im Prinzip den vom *Delors*-Ausschuß vorgeschlagenen Stufenplan zur Währungsunion. Diese Sachverständigengruppe[10], die vom Europäischen Rat Ende Juni 1988 in Hannover eingesetzt worden war, um die „konkreten Etappen zur Verwirklichung der Wirtschafts- und Währungsunion zu prüfen und vorzuschlagen", hat am 17. April 1989 ihren Bericht vorgelegt[11]. Die Staats- und Regierungschefs der EG haben ihn im Juni 1989 auf ihrer Madrider Tagung „als gute Grundlage" für die weitere Arbeit bezeichnet. Gleichzeitig beschlossen sie, die erste Stufe der Wirtschafts- und Währungsunion, in der, ohne institutionelle Veränderungen, die nationalen Wirtschafts- und Währungspolitiken in den EG-Ländern stärker auf die Erfordernisse der Geldwertstabilität und der Haushaltsdisziplin ausgerichtet werden sollen und die Konvergenz gefördert werden soll, am 1. Juli 1990 zu beginnen[12]. Darüber hinaus ist der Europäische Rat Ende Juni

siert wird, so daß im Vordergrund der Nutzen einer gemeinsamen Stabilitätspolitik auf der Basis übereinstimmender wirtschaftspolitischer Präferenzen steht und die Probleme des Übergangs in den Hintergrund treten.

[10] *Baer* war einer der beiden Berichterstatter des *Delors*-Ausschusses.

[11] Vgl. dazu z. B. auch Helmut *Schlesinger*: Plan Delors: Le plus compliqué reste a faire ..., in: Politique internationale, dossier spécial: quel avenir pour l'europe monétaire?, Nr. 45, Herbst 1989, S. 7–21; Stellungnahme des Wissenschaftlichen Beirates beim Bundesministerium für Wirtschaft zum Bericht des Delors-Ausschusses (Studien-Reihe, Bundesministerium für Wirtschaft, Nr. 63), Bonn, 5. Juni 1989; Norbert *Kloten*: Der „Delors-Bericht", in: Europa-Archiv, 44. Jg. (1989), S. 251–260; ferner: Der Delors-Bericht: ein wegweisendes Dokument?, in: Wirtschaftsdienst, 69. Jg. (1989), S. 271–283 (mit Beiträgen von Rolf *Caesar*, Roland *Vaubel* und Hans-Eckart *Scharrer*); Manfred *Willms*: Der Delors-Plan und die Ausgestaltung einer angemessenen europäischen Geldpolitik, in: Europäische Zentralbank. Europas Währungspolitik im Wandel, hrsg. von Rolf H. Hasse und Wolf Schäfer, Göttingen 1990, S. 86–105.

[12] Vgl. hierzu auch: Die erste Stufe der Europäischen Wirtschafts- und Währungsunion, in: Monatsberichte der Deutschen Bundesbank, 42. Jg., Nr. 7, Juli 1990,

vorigen Jahres in Dublin übereingekommen, daß im Dezember 1990 eine Regierungskonferenz zusammentreten soll, um auf der Basis des *Delors*-Berichts über die erforderlichen Vertragsänderungen zur Vollendung der Wirtschafts- und Währungsunion zu beraten. Diese Beratungen dauern zur Zeit noch an, sollen aber wohl zum Jahresende 1991 zum Abschluß gebracht werden. Eine wichtige Vorentscheidung ist freilich schon auf der Sondertagung der Staats- und Regierungschefs der EG Ende Oktober 1990 in Rom gefallen. Insbesondere soll danach, falls bestimmte Voraussetzungen erfüllt sind, die zweite Stufe am 1. Januar 1994 beginnen und zu diesem Termin „die neue Institution der Gemeinschaft geschaffen" werden[13].

Ganz unabhängig von der weiteren Vorgehensweise stellt sich für den Ökonomen aber die grundlegende Frage: „Ist die Gemeinschaft ein optimaler Währungsraum"[14]? Heinrich *Matthes* und Alexander *Italianer* unternehmen es in ihrem Beitrag, zunächst einmal die ältere Theorie der optimalen Währungsgebiete kritisch zu beleuchten, um sodann vor diesem Hintergrund im Rahmen einer nicht traditionell statisch, sondern mehr dynamisch orientierten umfassenden Kosten-Nutzen-Analyse auf die aktuellen Gegebenheiten in der EG einzugehen. Sie kommen dabei u. a. zu dem interessanten Ergebnis, daß bisher im Vordergrund stehende Nutzen infolge des Wegfalls von Transaktionskosten und Wechselkursunsicherheit gleichsam nur die Spitze eines Eisberges darstellen. Auch gebe es gute Gründe anzunehmen, daß, verglichen mit ihrer derzeitigen Lage, der Nutzen für die ärmeren Länder der Gemeinschaft besonders groß sein werde. Voraussetzung

S. 30–39, und die dort abgedruckte „Entscheidung des Rates vom 12. März 1990 zur Erreichung einer schrittweisen Konvergenz der politischen und wirtschaftlichen Ergebnisse während der ersten Stufe der Wirtschafts- und Währungsunion" und den gleichfalls abgedruckten „Beschluß des Rates vom 12. März 1990 über die Zusammenarbeit zwischen den Zentralbanken der Mitgliedsstaaten der Gemeinschaft".

[13] Vgl. Europäischer Rat in Rom. Schlußfolgerungen des Vorsitzes, in: Bulletin des Presse- und Informationsamtes der Bundesregierung, Nr. 128 vom 6. November 1990, S. 1333–1338.

[14] Nur am Rande sei vermerkt, daß man die Theorie der optimalen Währungsgebiete, wie sie erstmals 1961 von *Mundell* dargelegt worden ist, sozusagen auch „umgekehrt" verwenden kann, um – unter bewußter Beibehaltung nationaler Währungen – deren optimale Geltungsbereiche zu bestimmen, und zwar insbesondere dann, wenn die Konvergenz zwischen den EG-Staaten nicht zu-, sondern abnehmen sollte und das marktwirtschaftliche System sich auch in Mittel- und Osteuropa ausbreitet. Vgl. hierzu Lukas *Menkhoff*, Friedrich L. *Sell*: Überlegungen zu einem optimalen DM-Währungsraum (Discussion Paper in Development Economics, Universität Gießen, Nr. 10), Gießen 1990. Vgl. ferner Paul De *Grauwe*, Wim *Vanhaverbeke*: Is Europe an optimum currency area? Evidence from regional data (Discussion Paper Series, Centre for Economic Policy Research, Nr. 555), London, Mai 1991.

dafür sei stets, daß öffentlicher und privater Sektor in ihrem wirtschaftlichen Verhalten gewisse ordnungspolitische Grundregeln befolgen.

Eine endgültige Fixierung der Wechselkurse im EWS, dies sollte unter Ökonomen an sich Konsens sein, ist erst dann wirklich sinnvoll, wenn die Wirtschaftsentwicklung in allen Mitgliedsländern weitgehend einheitlich verläuft und die Kosten- und Preisentwicklung auf möglichst niedrigem Niveau stabilisiert ist. Solche – konzeptionellen, aber auch sehr praktischen – Fragen der Konvergenz behandelt Wolfgang *Schill* in seinem Beitrag. Daß man in diesem Punkt noch gewisse Zweifel haben kann, ob die Konvergenz bereits weit genug vorangeschritten ist, hat die EG-Kommission selbst zum Ausdruck gebracht, die einen Mitte 1989 – und seitdem haben sich die Verhältnisse nicht grundlegend geändert – erschienenen Bericht „Wirtschaftliche Konvergenz in der Gemeinschaft: Eine größere Anstrengung ist erforderlich“ überschrieben hat[15]. Keinesfalls sind die Konvergenzprobleme dadurch als nicht mehr so schwerwiegend oder gar gelöst zu betrachten, daß sich in Deutschland der Preisanstieg im Zuge der Vereinigung beschleunigt, also dem durchschnittlichen Inflationstempo in der Gemeinschaft tendenziell angeglichen hat. Zudem sollte sich die Konvergenzanalyse, so *Schill*, nicht auf rein wirtschaftliche Schlüsselgrößen beschränken sowie auf die Frage, inwieweit bestimmte ökonomische Entwicklungen mit unveränderten Leitkursen im EWS vereinbar sind. Nachdem wirtschaftlich nicht nur ein Gleichklang, sondern eine Stabilitätsgemeinschaft angestrebt werde, institutionell nicht weniger als eine unabhängige Europäische Zentralbank und politisch ein beträchtlicher Souveränitätsverzicht geleistet werden müsse, sei ein weiter gefaßtes Verständnis von „Konvergenz“ geboten, was allerdings die Bedeutung der wirtschaftlichen Konvergenz in keiner Weise mindere. Angesichts der teilweise noch gravierenden wirtschaftlichen Divergenzen zwischen einzelnen Ländern der Gemeinschaft müsse eine vorrangig institutionelle oder politische Logik des Integrationsprozesses erhebliche ökonomische Anpassungskosten in Kauf nehmen[16].

[15] In: Europäische Wirtschaft, Nr. 41, Juli 1989, S. 69–146. Vgl. ferner *Kommission der Europäischen Gemeinschaften*: Economic convergence in the Community, in: European Economy, Nr. 46 (special edition), Dezember 1990, S. 113–136; Bernd *Braasch*, Gisela *Roth*: Konvergenz oder Divergenz im EWS?, in: Wirtschaftsdienst, 71. Jg. (1991), S. 47–52.

[16] Eine historisch angelegte, auf dem Vergleich mit dem Goldstandard basierende Untersuchung kommt zu dem Ergebnis, daß eine Europäische Währungsunion durchaus vorstellbar ist – “provided that the Community can agree on a much greater transfer of resources to its less advanced members than it has managed to achieve so far”. Vgl. M. *Panic*: Are Disparities in National Efficiency Levels a Threat to European Monetary Union? (DAE Working Paper, Nr. 9004, Department of Applied Economics, University of Cambridge), Januar 1990.

Als Alternative zum stufenweisen Vorgehen bis zur endgültigen Fixierung der Wechselkurse (und letztlich den Ersatz der nationalen Währungen durch eine gemeinsame EG-Währung), wie vom *Delors*-Ausschuß vorgeschlagen, wird bisweilen die Einführung einer Parallelwährung empfohlen. Daniel *Gros* kommt zu dem Ergebnis, daß sowohl unter normativen wie Gesichtspunkten der positiven Ökonomie Parallelwährungskonzepte keine wirkliche Alternative darstellen. Zum einen sei Wettbewerb wegen der in diesem Fall wirksamen Skalenerträge und externen Effekte nicht das optimale ordnungspolitische Konzept; zum anderen dürfte es unter den für die frühen 90er Jahre zu erwartenden Bedingungen nicht zu einer Währungssubstitution kommen. Währungssubstitution sei mehr als Folge denn als Ursache eines hohen Grades monetärer Integration zu verstehen.

Unabhängig davon, wie die gemeinsame Währung ausgestaltet werden wird: Ob es sich hier um stabiles Geld handelt oder nicht, dabei wird die künftige Europäische Zentralbank eine wichtige Rolle spielen. Damit sie dies kann, so wird z.B. im *Delors*-Bericht argumentiert, muß sie unabhängig sein von Weisungen der nationalen Regierungen und der EG-Institutionen[17]. Daß es sich hierbei nicht um ein Dogma, sondern um eine Notwendigkeit handelt, legt Artur *Woll* in seinem Beitrag dar. Unabhängigkeit, so *Woll*, sei nicht Selbstzweck, sondern Mittel zur Sicherung der Geldwertstabilität. Historische Erfahrungen in Deutschland, aber auch in anderen Ländern sowie internationale Vergleiche für die Zeit nach dem Zweiten Weltkrieg belegten eindeutig, daß Geldwertsicherung nur mit unabhängigen Zentralbanken gewährleistet werden kann. Der vom Ausschuß der EG-Notenbankgouverneure gefertigte Entwurf eines Statuts für die Europäische Zentralbank trägt dem im Prinzip Rechnung und ist auch auf politischer Ebene akzeptiert worden. Ob freilich alle unter Unabhängigkeit wirklich das gleiche verstehen, ist offen. Schon die Tatsache, daß sich die weit überwiegende Zahl der EG-Regierungen bisher nicht dazu durchringen konnte, ihrer jeweiligen Zentralbank einen weisungsunabhängigen Status einzuräumen (und sie überdies nur der Wahrung der Preisstabilität zu verpflichten), gibt zu Bedenken Anlaß, ob der in diesem Punkt scheinbar erzielte Konsens wirklich substantiell ist. Auch läßt sich noch nicht abschließend beurteilen, inwieweit Bestrebungen bezüglich einer "democratic accountibility" der Europäischen Zentralbank in Wahrheit nicht auf anderes zielen.

Sylvester C. W. *Eyffinger* geht in seinem Beitrag der Frage nach, inwieweit sich die Geldpolitik in den beiden wirtschaftlich wichtigsten Gemeinschafts-

[17] Vgl. hierzu auch Rolf *Caesar*: Die „Autonomie" der Deutschen Bundesbank – ein Modell für Europa?, in: Europäische Zentralbank, a.a.O., S. 111–127; Manfred J.M. *Neumann*: Precommitment by Central Bank Independence, in: Open economies review, Vol. 2 (1991), S. 95–112.

ländern, nämlich Deutschland und Frankreich, denn in der Praxis schon angenähert hat[18]. Er kommt zu dem Ergebnis, daß die Geldpolitik nach dem Kurswechsel in der französischen Wirtschaftspolitik im Jahre 1983, verbunden mit einer starken Abwertung des Franc gegenüber der D-Mark, bereits einen hohen Konvergenzgrad aufweist, und zwar sowohl hinsichtlich der Ziele wie auch der Instrumente und letztendlich der wirtschaftlichen Ergebnisse. Allerdings, und dies knüpft an den Beitrag von *Woll* an, sei das Ziel Preisniveaustabilität noch immer nicht in den Statuten der Banque de France verankert. Überdies habe Frankreich seine Stabilität mit einem gewissen Verlust an währungspolitischer Autonomie erkauft, da man den Franc an die D-Mark gekoppelt habe. Gleichwohl werde Frankreich von den Märkten ein im Vergleich zu Deutschland immer noch etwas höherer Zins abverlangt, was darauf hindeute, daß die Finanzmärkte ein „langes Gedächtnis" hätten und man sich seine „Reputation" hart erarbeiten müsse.

Als EG-Währung wird von verschiedener Seite auch immer wieder der bzw. die ECU[19] ins Spiel gebracht[20]. Ist die ECU aber wirklich die Keimzelle der künftigen Euro-Währung oder nur eine Korbwährung, genauer: ein Währungskorb ohne Zukunft? Graham *Bishop* von der Investmentbank Salomon Brothers sieht durchaus Möglichkeiten, „Eculand" zum dreizehnten Mitgliedsstaat der EG zu machen. Natürlich gehe das nicht mit der bisherigen Korb-ECU, da es dann definitionsgemäß immer noch mindestens eine stabilere Währung gäbe. Es komme deshalb darauf an, die ECU in der einen oder anderen Form zu „härten". Das heißt nicht zwangsläufig, daß dieser und ähnliche Vorschläge auf den britischen Alternativplan einer "hard ECU" hinausliefen, der die ECU als echte Parallelwährung etablieren und zugleich eine neue Institution schaffen würde, der die Sorge um die

[18] Zur Ausgestaltung der Geldpolitik in anderen (EG-)Ländern vgl. z. B. die Beiträge in *Bank for International Settlements* (Hrsg.): The orientation of monetary policy and the monetary policy decision-making process, Basel, April 1991.

[19] Das Genus ist in diesem Fall alles andere als klar bestimmt. In diesem Band wird dem Artikel der volle Wortlaut der Abkürzung (*die* Europäische Währungseinheit) zugrunde gelegt. Vgl. z. B. auch: Der oder die ECU – Streit um das Geschlecht der europäischen Recheneinheit, vwd-Meldung vom 28. August 1986; Sex and the ECU, in: The Wall Street Journal vom 10. September 1986.

[20] Daß dies insbesondere von „interessierter Seite" (und insofern vielleicht nicht ganz ohne Hintergedanken) geschieht, sollte nicht vergessen werden. Vgl. z. B.: The ECU – making it work in Europe. A survey by *Arthur Andersen* and the *Ecu Banking Association*, London 1991; ferner *Ernst & Young, National Institute of Economic and Social Research*: A Strategy for the ECU. A report prepared on behalf of the Association for the Monetary Union of Europe (AMUE), London 1990 (die AMUE veröffentlicht im übrigen vierteljährlich auch ein Bulletin unter dem bezeichnenden Titel "The ECU for European Business").

neue Währung übertragen wäre. Lehnt man den britischen Vorschlag ab[21], so käme es darauf an, der ECU ihren Korbcharakter[22] zu nehmen in dem Sinne, daß sie nicht mehr gegen eine andere EG-Währung abgewertet werden könnte, und zugleich eine unkontrollierte Ausweitung der ECU-Geldmenge zu verhindern. Ob man die Verwendung der ECU darüber hinaus „fördern" sollte, sei dahingestellt. An sich sollte man, hält man die ECU für die geeignete Euro-Währung und nimmt man die Idee des Währungswettbewerbs ernst, erwarten können, daß die ECU auch ohne „Sponsor" auskommt.

Zu den im Zusammenhang mit der Währungsunion sicherlich am kontroversesten diskutierten Fragen gehört auch eine, die nicht direkt währungspolitischer Natur ist, sondern die auf die Finanzpolitik zielt. Es geht um den tragfähigen Policy mix, mit anderen Worten, darum, ob in einer Währungsunion nicht auch gewisse, unter Umständen recht weitreichende Regeln für die Finanzpolitik – und Sanktionen bei Verstößen dagegen – erforderlich sind. Wie Dieter *Duwendag* ausführt, stehen auf der einen Seite diejenigen, die auf die Sanktionskraft des Marktes vertrauen und von daher meinen, auf Regeln verzichten zu können – in erster Linie, aber nicht nur, Ökonomen aus dem wissenschaftlichen Bereich[23]. Auf der anderen Seite stehen insbesondere die Praktiker der Geld- und Währungspolitik, aber wiederum nicht nur solche, die Vorkehrungen für eine stabilitätsorientierte Finanzpolitik für

[21] Vgl. dazu etwa Peter *Bofinger*: The Political Economy of the Hard-Ecu Proposal (Discussion Paper, Centre for Economic Policy Research, Nr. 512), London, Februar 1991; ders.: Der Hard-Ecu führt auf einen unproduktiven Umweg, in: Frankfurter Allgemeine Zeitung vom 28. März 1991, S. 16; Which Hard ECU Will Fly, in: Goldman Sachs, UK Weekly Comment, 11. Januar 1991; „Harter ECU": Viel Lärm um nichts?, in: Wirtschaftsdienst der BHF-Bank, Nr. 1627 vom 16. Februar 1991; Wolfgang *Filc*: „Harte" oder „gehärtete" ECU für Europa?, in: Wirtschaftsdienst, 71. Jg. (1991), S. 196–201; R. H. *Hasse*, T. *Koch*: Die Hard-ECU – eine Ersatz-D-Mark oder ein trojanisches Pferd?, ebd., S. 188–195; Lothar *Müller*: „Hard-ECU" – Sackgasse zur Europäischen Wirtschafts- und Währungsunion, in: Europa-Archiv, 46. Jg. (1991), S. 247–254.

[22] Zur Art und Weise der bisherigen Korbfestsetzung vgl. auch: Währungspolitische Beschlüsse auf EG-Ebene, in: Monatsberichte der Deutschen Bundesbank, 41. Jg., Nr. 7, Juli 1989, S. 12–15.

[23] Von den „Praktikern" sei hier ein hoher Beamter des Bundeswirtschaftsministeriums in Bonn erwähnt; vgl. Bernhard *Molitor*: Chancen und Möglichkeiten einer internationalen Koordinierung der Wirtschafts- und Finanzpolitik (Walter Eucken Institut, Vorträge und Aufsätze, Nr. 128), Tübingen 1990, S. 37–41. Siehe ferner z. B. *Wissenschaftlicher Beirat beim Bundesministerium für Wirtschaft*: Gutachten „Europäische Währungsordnung", a. a. O., S. 22–25; Joachim *Scheide*, Peter *Trapp*: Etatdisziplin vom Markt, in: Frankfurter Allgemeine Zeitung vom 23. Februar 1991, S. 13.

unabdingbar halten, soll die Europäische Zentralbank nicht überfordert werden[24]. Die tatsächliche Entwicklung der letzten Jahre mag hier zu Hoffnung Anlaß geben[25] (wenngleich sich in jüngster Zeit wieder ein gewisses Auseinanderdriften der Budgetpositionen abzuzeichnen scheint). Es muß andererseits aber doch zu denken geben, wenn beispielsweise der italienische Premierminister *Andreotti* im April 1991 dringendst einen mehrjährigen finanzpolitischen Sparkurs Italiens anmahnt, andernfalls die Pläne zur Wirtschafts- und Währungsunion gefährdet würden. Natürlich reagieren die Finanzmärkte, wie das – um es wiederum am Beispiel Italiens deutlich zu machen – die beabsichtigte Herabstufung Italiens in seiner Gläubigerbonität durch die internationale Rating-Agentur Moody's ja zeigt[26]. Die entscheidende Frage ist aber wohl eher, ob man die Märkte wirklich wirken läßt, ohne daß es zuvor zu einem "bailing out" kommt, oder ob – bei divergierenden Finanzpolitiken und festgezurrten Wechselkursen – letztlich nicht doch gravierende Finanztransfers geleistet werden müssen, da die Lohnpolitik die Anpassungslasten nicht allein tragen kann und wird. Verbrämt unter dem Begriff der „sozialen Kohäsion", werden solche Transferleistungen an die noch nicht so weit entwickelten EG-Staaten schon heute von verschiedener Seite vehement gefordert.

Nun ist die Europäische Währungsunion alles andere als nur eine Angelegenheit der Geld- und Währungspolitik sowie eventuell, je nach Standpunkt, der Finanzpolitik. Hauptbetroffene werden auch die Banken und Unternehmen in den EG-Mitgliedsstaaten sein. Für die Kreditinstitute, so Hermann *Remsperger*, kommt es zu einer fundamentalen Veränderung der finanziellen Infrastruktur, und das nicht erst mit dem Übergang zu einer einzigen Währung[27]. Neben dem "Going European" erwartet er eine Gegen-

[24] Vgl. z. B. *Sachverständigenrat zur Begutachtung der gesamtwirtschaftlichen Entwicklung*: Weichenstellungen für die neunziger Jahre (Jahresgutachten 1989/90), Stuttgart 1989, Ziffer 411–418; ders.: Auf dem Wege zur wirtschaftlichen Einheit Deutschlands (Jahresgutachten 1990/91), Stuttgart 1990, Ziffer 499; ferner Alexandre *Lamfalussy*: Macro-coordination of fiscal policies in an economic and monetary union in Europe, in: Collection of Papers submitted to the Committee for the Study of Economic and Monetary Union, Luxemburg 1989, S. 91–125; Michael *Frenkel*, Martin *Klein*: Fiskalpolitischer Harmonisierungszwang durch die Europäische Währungsunion?, in: Wirtschaftsdienst, 71. Jg. (1991), S. 137–143.

[25] Vgl. in diesem Zusammenhang auch *Kommission der Europäischen Gemeinschaften*: Wirtschaftliche Konvergenz in der Gemeinschaft: Eine größere Anstrengung ist erforderlich, a. a. O., insb. S. 89–96; dies.: Budgetary policies in Stage I of EMU, in: European Economy, Nr. 46 (special edition), a. a. O., S. 137–154.

[26] Vgl.: "Italy's Triple-A debt rating at risk", in: Financial Times vom 19. April 1991.

[27] Ähnlich Dieter *Glüder*: Implikationen der europäischen Finanzmarktintegra-

strömung, die Bankgeschäfte an den heimischen Markt zurückbringt. Speziell im Bereich des Devisengeschäftes wird es naturgemäß, sind die nationalen Währungen erst einmal abgeschafft, Einbußen geben, freilich ohne daß – wie dies ein Consultant in London kürzlich ausdrückte – ein "banking Armageddon" zu erwarten wäre. Die deutschen Banken insbesondere werden sich darüber hinaus auf den Verlust ihrer speziellen „DM-Vorteile" einzustellen haben. Allgemein gesprochen, lasse sich sagen, daß die Währungsunion mit der Auswahl der Geschäftsfelder, der Optimierung der Unternehmensgröße und der Standortentscheidung nahezu alle klassischen Positionierungsprobleme der Banken tangiert.

Ganz ähnlich stellt es sich für die deutschen Unternehmen dar, die Umfragen zufolge, wie Hans-Peter *Fröhlich* ausführt, ein beträchtliches Interesse an einer Europäischen Währungsunion signalisieren[28]. Die heute schon hohe Verflechtung der EG-Volkswirtschaften werde sich durch das Binnenmarktprogramm noch vergrößern, so daß sich Wechselkursinstabilitäten in Europa um so störender auswirken würden. Wohl nur in einer Währungsunion seien die vom Binnenmarkt erhofften Vorteile letztlich voll auszuschöpfen. Deutsche Unternehmen dürften von der Währungsunion freilich weniger profitieren als ihre Konkurrenten in den EG-Partnerländern, da sie mit der D-Mark schon heute über eine international begehrte Währung verfügen.

Es wurde eingangs bereits darauf hingewiesen, daß sich die Auswirkungen einer (erfolgreichen) Währungsunion nicht auf die EG beschränken. Es wird vielmehr Rückwirkungen auf die internationale Währungsordnung geben, mit denen sich in diesem Band zunächst Pierre *Jacquet* beschäftigt. Seines Erachtens wird es zur Herausbildung einer gleichgewichtigeren, mehrpolaren Welt kommen, in der die Euro-Währung eine wichtige Rolle spielen wird. Was die Währungsunion der EG für die internationale Kooperation in der Währungspolitik bedeuten werde, lasse sich heute noch nicht klar ausmachen. Einerseits werde die Koordination erleichtert, u.a., da die Zahl der „Akteure" abnimmt[29]; andererseits könnte das gestärkte Europa der

tion für die Banken, in: Der Weg zur Wirtschafts- und Währungsunion in Europa, hrsg. von Peter Bofinger, Wiesbaden 1990, S. 77–107.

[28] Vgl. in diesem Zusammenhang auch *Bundesverband der Deutschen Industrie*: Die Wirtschafts- und Währungsunion – Herausforderung für Europa –, Köln, September 1989; ders.: Europäische Wirtschafts- und Währungsunion – Voraussetzungen für eine Stabilitätsgemeinschaft, Köln, Dezember 1990: ferner – aus britischer Sicht – *Institute of Directors*: The Business Position on European Monetary Union, London, Juni 1990.

[29] Die Siebenergruppe zu einer G 3 „schrumpfen" zu lassen, sobald die Europäische Währungsunion in die zweite Stufe eingetreten sei, ist von Wendy *Dobson* vorgeschlagen worden, die von 1983 bis 1989 als „Sherpa" Kanadas an der Vorbereitung

Versuchung einer Politik des "benign neglect" erliegen mit allen daraus resultierenden Problemen.

Ähnliche Befürchtungen äußert C. Randall *Henning*, der die gleichen Fragen aus amerikanischer Sicht beleuchtet. Auch er geht davon aus, daß die EG weniger anfällig sein wird gegenüber externen Schocks und Wechselkursschwankungen. Unter solchen Umständen liege es nahe, daß ein größerer Teil der bei Zahlungsbilanzungleichgewichten unumgänglichen Anpassungsmaßnahmen den Vereinigten Staaten abverlangt werde. Jedenfalls könne Amerika nicht mehr in gleichem Maße auf die „Dollar-Waffe" setzen (die paradoxerweise den Zusammenschluß Europas gefördert habe), denn die europäische Integration habe diese Waffe stumpf werden lassen. Gleichwohl sollten die USA und die EG nach Ansicht *Hennings* kooperieren, nicht zuletzt im Hinblick auf die mit der Europäischen Währungsunion in gewissem Umfang überflüssig werdenden Dollarreserven der EG-Zentralbanken.

Aus japanischer und damit aus der Sicht eines anderen Landes mit einer wichtigen internationalen Währung werden die sich abzeichnenden Entwicklungen von Yoshio *Suzuki* analysiert. Auch er sieht die Welt seit dem Zusammenbruch des Bretton-Woods-Systems auf dem Weg zu einer tripolaren Währungsordnung mit dem US-Dollar, dem Yen und – heute noch – der D-Mark bzw. – künftig vielleicht – der Euro-Währung[30]. Die hinter diesen Währungen stehenden Länder bzw. Ländergruppen sollten das Ihre tun, um die wirtschaftliche Entwicklung in der jeweiligen Wirtschaftszone möglichst zu stabilisieren, indem sie bei grundsätzlich floatenden Wechselkursen und freien Kapital- und Handelsströmen die Funktion eines Ankers übernehmen. In diesem System würde der Yen und würden die japanischen Finanzmärkte – als quasi öffentliches internationales Gut – speziell für die anderen Volkswirtschaften Asiens und Ozeaniens eine wichtige Rolle spielen. Keiner der letztgenannten drei Autoren geht also, jedenfalls nicht für die halbwegs überschaubare Zeit, so weit wie der Kommentator der angesehenen britischen Wirtschaftszeitschrift "The Economist", der Anfang 1991 verhieß: "A world currency cometh"[31].

der G7-Treffen mitgewirkt hat. Vgl.: Economic Policy Coordination: Requiem or Prologue? (Policy analysis in international economics, Institute for International Economics, Nr. 30), Washington, D. C., April 1991. Bezüglich der Mitwirkung der Finanzminister wirft dieser Vorschlag freilich gewisse Fragen auf, da die Finanzpolitik aller Voraussicht nach ja nicht „vergemeinschaftet" sein wird und der EG-Haushalt vom Volumen her nur von nachrangiger Bedeutung ist.

[30] Speziell zum Yen vgl. auch George S. *Tavlas*, Yuzuru *Ozeki*: The Japanese Yen as an International Currency (IMF Working Paper WP 91/2), Washington, D.C., Januar 1991.

[31] Uncalm currencies, a. a. O., hier S. 13.

Doch zurück zu Europa – einem Kontinent im Umbruch, in dem jedes Denken in herkömmlichen Blöcken seinen Sinn verloren hat. So handelt es sich bei der Europäischen Währungsunion denn auch um ein Projekt der EG, bei dem nicht feststeht, ob die EG dabei als die heutige „Gemeinschaft der 12" zu verstehen ist. Es geht – mit anderen Worten – darum, ob die EG mehr oder weniger ein "closed shop" ist oder ein dem Zutritt offener Zusammenschluß von Staaten, wie dies insbesondere der Präambel der Römischen Verträge, aber z. B. auch der grundlegenden politischen Entschließung zum EWS entspräche. Für eine Öffnung der EG hat sich kürzlich Bundesbankpräsident *Pöhl* ausgesprochen[32]. Die EG-Kommission schien demgegenüber lange Zeit die Auffassung zu vertreten, daß zunächst die in Angriff genommenen Projekte zum Abschluß gebracht werden müßten, bevor an eine Erweiterung gedacht werden könne. Ihr schwebt nunmehr als „Zwischenlösung" wohl die Schaffung eines „Europäischen Wirtschaftsraumes" (EWR) mit den Staaten der EFTA vor sowie die schrittweise Assoziierung der sich transformierenden Volkswirtschaften Ost- und Mitteleuropas. Die EWR-Verhandlungen verlaufen zur Zeit aber, ohne die damit verbundenen Schwierigkeiten verkennen zu wollen, recht schleppend; ein Scheitern scheint nicht ausgeschlossen. Und für die ehemals sozialistischen Länder hat der polnische Präsident Lech *Walesa* die Hoffnungen auf den Nenner gebracht: "We do not want the Iron Curtain replaced by a Silver Curtain between a rich West and a poor East"[33]. Und der tschechoslowakische Parlamentspräsident *Dubček* hat die Meinung geäußert, sein Land könne bis zum Jahr 2000, also in nur rund neun Jahren, EG-Mitglied werden. Welch zeitlichen Horizont man sich hier aber auch setzt, viele Länder klopfen bereits an die Tür: Österreich, die Türkei, Zypern und Malta haben die EG-Mitgliedschaft schon beantragt; Norwegen und Schweden, die ihre Währung bereits an die ECU gekoppelt haben, sowie Finnland, das sich mit der gleichen Absicht trägt, aber auch der eine oder andere Staat in Mittel- und Osteuropa könnten bald folgen (um einen assoziierten Status – und letztendlich die volle Mitgliedschaft – bemühen sich bereits Ungarn, die Tschechoslowakei

[32] Vgl. die Pressenotiz anläßlich des World Economic Forum, Annual Meeting 1991: Pöhl Calls for Rapid Realization of a European Central Bank and More Countries in the EC, Davos, 4. Februar 1991. Siehe ferner die aktuelle Presseberichterstattung: Eberhard *Wisdorff*: Die Beitrittswünsche erfordern eine klare Antwort, in: Handelsblatt vom 26./27. April 1991; Peter *Hort*: Der Elfenbeinturm gerät ins Wanken. Delors hat kein Rezept für die EG-Erweiterung, in: Frankfurter Allgemeine Zeitung vom 3. Mai 1991. – Speziell zur Sicht der nordischen Länder vgl. Kjell A. *Eliassen*: Nordic EC Membership – The Question of When, in: Außenwirtschaft, 46. Jg. (1991), Heft 1, S. 7–15.

[33] Zitiert nach Leigh *Bruce*: East's Banker Vows to Fight Protectionism, in: Financial Times vom 18. April 1991.

und Polen). Die Schweiz wartet wohl noch die Verhandlungen über den Europäischen Wirtschaftsraum ab; sie speziell steht vor keiner leichten Entscheidung.

Aus der Fülle der vor diesem Hintergrund an und für sich denkbaren und auch wünschenswerten Beiträge konnten allein aus Raumgründen nur drei in diesen Band aufgenommen werden. Den ersten hat Hans J. *Barth* verfaßt; er ist den Implikationen der Europäischen Währungsunion für den Finanzplatz Schweiz gewidmet – eine wegen der Doppelrolle der Schweiz als EFTA-Mitglied und traditionelles Finanzzentrum wohl besonders interessante Fragestellung. Ging es bisher vor allem darum, die institutionellen Rahmenbedingungen des schweizerischen Finanzmarktes denen des EG-Binnenmarktes anzugleichen, so betreffen die Implikationen der Europäischen Währungsunion direkt die Geldpolitik und damit die Wettbewerbsfähigkeit des gesamtwirtschaftlichen Umfeldes. In diesem Zusammenhang ließ aufhorchen, daß der Präsident des Direktoriums der Schweizerischen Nationalbank, Markus *Lusser*, die Fixierung des Frankenkurses gegenüber der D-Mark kürzlich nicht ausschloß[34].

Der zweite Beitrag ist Österreich gewidmet, langjähriges EFTA-Mitglied und seit einiger Zeit auch offizieller EG-Beitrittskandidat – ein Land mit Erfahrungen mit Währungsunionen. Seit längerem bereits verhält sich Österreich in währungspolitischen Angelegenheiten so, als nehme es am Wechselkursmechanismus des EWS teil. Durch seine „Hartwährungspolitik" hat es den österreichischen Schilling fest an die D-Mark gekoppelt[35]. Wie Karl *Socher* unter Einbeziehung historischer Erfahrungen analysiert, ist der Weg hin zur Europäischen Währungsunion für Österreich aber durchaus nicht ohne Gefahren, wenn die D-Mark als stabiler Anker verlorenginge. Relativ geringe Vorteile bei den Transaktionskosten würden seines Erachtens wohl mehr als aufgewogen durch die größeren Kosten infolge von Instabilitäten und internen Spannungen in einer Währungsunion mit (noch) derart verschiedenen Ländern.

Für die sich reformierenden Staaten Ost- und Mitteleuropas stellt die Europäische Währungsunion (wie die EG allgemein) eindeutig ein auf län-

[34] Vgl.: Fester Wechselkurs von Franken und D-Mark?, in: Frankfurter Allgemeine Zeitung vom 29. April 1991. Siehe auch ders.: Die Schweiz und Europa – Gedanken zur Integration aus monetärer Sicht. Freiheit des Kapitalverkehrs und der Finanzdienstleistungen, Währungskooperation und Europäisches Währungssystem, in: Geld, Währung und Konjunktur, hrsg. von der Schweizerischen Nationalbank, 9. Jg., Nr. 1, März 1991, S. 65–73.

[35] Vgl. hierzu die Präsidentin der Oesterreichischen Nationalbank, Maria *Schaumayer*: Die österreichische Währungspolitik im europäischen Wandel, in: Frankfurter Allgemeine Zeitung vom 28. August 1990.

gere Sicht angestrebtes Ziel dar. Der Beitrag von Josef *Tošovský* macht zugleich aber auch deutlich, daß man sich dabei sehr wohl der vielfältigen Probleme und Aufgaben bewußt ist, die es im eigenen Land zu bewältigen gilt, bevor dieses Ziel in greifbare Nähe rückt[36]. Daß man dabei auch auf die Hilfe der EG-Staaten baut, ist nur zu verständlich. Diese sollten ihre Hilfe, schon im wohlverstandenen eigenen Interesse, auch nicht versagen. Nur wenn es gelingt, aus ganz Europa einen offenen, eng miteinander verflochtenen Wirtschaftsraum zu machen, in dem die einzelnen Länder kooperativ zusammenarbeiten, wird die europäische Integration als wirklich erfolgreich bezeichnet werden können.

Bis dahin ist es freilich noch ein gutes Stück Weg, und bis der Endzustand erreicht ist, gilt es noch manche Währungsprobleme zu meistern. Manch einer mag geneigt sein, diese Aspekte – die große Vision vor Augen – gering zu achten. Es kann aber nur davor gewarnt werden, die Europäische Währungsunion quasi „im Blindflug"[37] anzusteuern. Aus der Sicht der Bundesrepublik gilt allemal: „Die Deutschen gäben ihr Bestes"[38], die D-Mark nämlich. Aber auch für die anderen EG-Länder steht viel auf dem Spiel. Nur um das vermeintliche „Diktat aus Frankfurt"[39] zu brechen, die bereits erreichten Stabilitätserfolge aufs Spiel zu setzen, das könnte Europa letztendlich teuer zu stehen kommen. In der Währungsunion sind die „teilnehmenden Volkswirtschaften ... auf Gedeih und Verderb miteinander verbunden"[40].

Es geht hier also nicht darum, eine vermeintliche deutsche Dominanz im heutigen EWS zu verteidigen. Will man die Währungsunion – und die Bundesregierung hat sich eindeutig zu diesem Ziel bekannt –, so gilt es, eine ge-

[36] Vgl. dazu auch Norbert *Klotzen*: Die Transformation von Wirtschaftsordnungen. Theoretische, phänotypische und politische Aspekte (Walter Eucken Institut, Vorträge und Aufsätze, Nr. 132), Tübingen 1991; Hans *Tietmeyer*: The reorganisation of monetary structures in central and eastern Europe (Statement anläßlich des 175. Jahrestages der Oesterreichischen Nationalbank in Wien am 3. Mai 1991), abgedruckt in: Auszüge aus Presseartikeln, hrsg. von der Deutschen Bundesbank, Nr. 33 vom 6. Mai 1991, S. 3–5; Peter *Bofinger*: Endziel und Vorstufen einer Europäischen Währungsunion als monetärer Rahmen für die Wirtschaftsreformen in Osteuropa (Beitrag für die Jahrestagung des Vereins für Socialpolitik vom 3. bis 5. Oktober 1990 in Würzburg).

[37] Winfried *Reimann*: Aufschub für die Euro-Währung!, in: Börsen-Zeitung vom 2. November 1989.

[38] So der Titel eines Beitrages von Hans D. *Barbier* in der Frankfurter Allgemeinen Zeitung vom 8. Dezember 1990.

[39] Karl *Jetter*: Wider das Diktat aus Frankfurt, ebd.

[40] Stellungnahme der Deutschen Bundesbank zur Errichtung einer Wirtschafts- und Währungsunion in Europa, vom 19. September 1990, abgedruckt in: Monatsberichte der Deutschen Bundesbank, 42. Jg., Nr. 10, Oktober 1990, S. 41–45, hier S. 41.

meinschaftliche, eine europäische Lösung zu finden[41]. Die entscheidenden Voraussetzungen dafür, daß man zu einer echten Stabilitätsgemeinschaft wird, sind immer wieder aufgezeigt worden[42] und im Grundsatz allgemein akzeptiert:

- Fortschritte bei der wirtschafts- und währungspolitischen Integration müssen sich parallel vollziehen, ja, letztendlich bedingt eine Währungsunion weitergehendere Bindungen in Form einer Politischen Union. Nichts prädestiniert die Währungen dazu, „den Vorreiter zu spielen"[43]. Aber selbst wenn man schon die Währungen als politischen Parameter betrachtet, so spräche rein ökonomisch „einiges dafür, den Prozeß der Konvergenz zunächst noch weiter mit Hilfe des EWS voranzutreiben und abzuwarten, welche Ergebnisse dabei herauskommen"[44].
- Zwischen den Ländern der Gemeinschaft muß *zuvor* ein hoher Grad an Konvergenz in der Wirtschaftspolitik und in bezug auf die wirtschaftspolitischen Ergebnisse erreicht werden.
- Alle EG-Staaten müssen eine disziplinierte Finanzpolitik betreiben, so daß von seiten der öffentlichen Haushalte keine „Störungen" in die Wirtschafts- und Währungsunion hineingetragen werden. Im Prinzip ist man sich in der Regierungskonferenz auch darüber einig, daß dies durch klare, bindende Regeln (und eventuell Sanktionen) sichergestellt werden sollte; die Ausgestaltung im einzelnen scheint freilich noch völlig offen.
- Schließlich muß ein Europäisches Zentralbanksystem errichtet werden, das vorrangig dem Ziel der Geldwertstabilität verpflichtet ist und dieses Ziel in voller Autonomie verfolgen kann.

[41] Aus eben diesen Gründen kommt es auch nicht in Frage, die Bundesbank in eine Europäische Zentralbank zu überführen, wie dies – augenzwinkernd – von Charles *Goodhart* vorgeschlagen worden ist; vgl.: The Delors Report: Was Lawson's Reaction Justifiable? (Typoskript), Mai 1989.

[42] Vgl. z. B. den Jahreswirtschaftsbericht 1991 der Bundesregierung, Deutscher Bundestag, Drucksache 12/223 vom 11. März 1991, S. 29, sowie die Stellungnahme der Deutschen Bundesbank zur Errichtung einer Wirtschafts- und Währungsunion in Europa, a. a. O.

[43] Vgl. hierzu Horst *Bockelmann*: Perspektiven für die europäische Währungsunion (Vortrag vor dem Wirtschaftsforum Österreichischer Banken, Wien, 5. November 1990).

[44] Hans *Tietmeyer*: Währungspolitische Herausforderungen in einem größer werdenden Europa (Vortrag im Rahmen einer Veranstaltung der Nord/LB am 15. April 1991 im Niedersachsen-Pavillon auf dem Messegelände in Hannover), abgedruckt in: Auszüge aus Presseartikeln, hrsg. von der Deutschen Bundesbank, Nr. 27 vom 17. April 1991, S. 1–6, hier S. 3.

Läßt man diesen Kriterienkatalog Revue passieren und setzt ihn gedanklich in Relation zu den tatsächlichen Gegebenheiten in der EG, so wird deutlich, daß – ungeachtet aller schon erreichten Konvergenzerfolge – noch viel Arbeit zu leisten ist, bis das Endziel erreicht sein wird. Um so ehrgeiziger nimmt sich der Terminplan aus, der von den Staats- und Regierungschefs auf ihrem Gipfel im Oktober 1990 in Rom beschlossen worden ist[45]. Danach soll die zweite Stufe, wie bereits erwähnt, am 1. Januar 1994 beginnen, nachdem bzw. wenn insbesondere

- der Binnenmarkt vollendet ist,
- die monetäre Finanzierung von Haushaltsdefiziten in den einzelnen EG-Staaten untersagt ist,
- jedwedes Eintreten der Gemeinschaft oder ihrer Mitgliedsstaaten für die Verbindlichkeiten eines Mitgliedsstaates ("bailing out") ausgeschlossen ist,
- die größtmögliche (?) Zahl von Ländern am Wechselkursmechanismus des EWS teilnimmt und
- bei der Inflationsbekämpfung wie der Konsolidierung der öffentlichen Haushalte deutliche Fortschritte erzielt sind.

In der Regierungskonferenz, die bis Ende 1991 abgeschlossen werden soll, und in der sich hieran anschließenden Umsetzung ihrer Beschlüsse wird sich erweisen, „ob die Regierungen ... tatsächlich bereit sein werden, den ‚Quantensprung‘ der Preisgabe der geldpolitischen Souveränität mitzuvollziehen“[46].

Für die Phase des Übergangs von der ersten, am 1. Juli 1990 begonnenen Stufe zur Endstufe einer vollendeten Währungsunion wirft dies vielfältige, sehr praktische Fragen auf, die bisher kaum die gebührende Beachtung gefunden haben[47]. Es geht hierbei um die Frage des „rekurrenten Anschlusses“ (z.B. um die Umstellung sämtlicher Gläubiger-Schuldner-Verhältnisse). Sicherung der Unabhängigkeit der Europäischen Zentralbank, Kompetenzverteilung in bezug auf die äußere Währungspolitik, Einbindung

[45] Vgl. Europäischer Rat in Rom. Schlußfolgerungen des Vorsitzes, a. a. O.

[46] Hans *Tietmeyer*: Voraussetzungen eines Europäischen Zentralbanksystems, in: Außenwirtschaft, 45. Jg. (1990), S. 301–311, hier S. 303.

[47] Vgl. hierzu Horst *Bockelmann*, der in diesem Zusammenhang von einem „Umstellungsschock“ spricht: Perspektiven der Europäischen Währungsunion (Vortrag an der Universität des Saarlandes im Rahmen des Aufbaustudiums „Europäische Wirtschaft“), Saarbrücken, 9. Januar 1991, insb. S. 12–14; ferner: Kenneth A. *Froot*, Kenneth *Rogoff*: The EMS, the EMU, and the Transition to a Common Currency (National Bureau of Economic Research, Working Paper Nr. 3684), Cambridge, Massachusetts, April 1991.

der Finanzpolitik, Schaffung einer neuen europäischen geldpolitischen Institution – schon diese wenigen Stichworte mögen genügen, um zu umreißen, welch schwierige grundsätzliche Fragen darüber hinaus zu lösen sind. Andere Fragen, etwa die nach der erforderlichen Harmonisierung des geldpolitischen Instrumentariums in den einzelnen EG-Ländern[48], sind erst in allerersten Ansätzen behandelt und harren gleichfalls noch einer Antwort.

Nicht von ungefähr erscheint vielen Beobachtern die zweite Stufe recht nebulös[49]. Grundlinie aller diesbezüglichen Entscheidungen sollte sein: Es darf in dieser Stufe nicht zu einer Vermischung geldpolitischer Zuständigkeiten zwischen den (noch) verantwortlichen nationalen Zentralbanken und einer künftigen gemeinschaftlichen Währungsinstitution kommen. Geldpolitik muß „aus einem Guß" sein, sie ist nicht teilbar. So empfiehlt es sich denn, mit Bedacht zu Werke zu gehen, anstatt den „großen Sprung nach vorn" – und ins stabilitätspolitisch Ungewisse – zu wagen. „Denn Währungsfragen eignen sich nicht für einen Prozeß des trial and error"[50]. In diesem Sinne hat die deutsch-deutsche Währungsunion ein Exempel gegeben,

[48] Im Grunde geht es hier darum, wie die europäische Geldpolitik in Anbetracht unterschiedlicher nationaler Gegebenheiten konkret umgesetzt wird, bzw. darum, ob sich ein europäisches Geldmengenziel „regionalisieren" läßt. Zum oft im Mittelpunkt des Interesses stehenden Mindestreserve-Instrument vgl.: Mindestreserveregelungen im Ausland, in: Monatsberichte der Deutschen Bundesbank, 42. Jg., Nr. 3, März 1990, S. 22–29; ferner Helmut *Hesse*: Ist eine Reform der Mindestreservepolitik geboten – insbesondere aus internationalen Gründen? (Vortrag anläßlich des 60. Geburtstages von Hans-Jürgen Vosgerau am 17. Mai 1991 in Konstanz), abgedruckt in: Auszüge aus Presseartikeln, hrsg. von der Deutschen Bundesbank, Nr. 38 vom 24. Mai 1991, S. 5–11.

[49] So mutmaßt – nicht nur – der "Economist" in seiner Ausgabe vom 4. Mai 1991: "First, politicians (especially the French) would try to use the stage-two Euro-bank as a back door towards influence over Bundesbank policy; second, they might be tempted to postpone indefinitely the hard economic choices involved in a transition to stage three, preferring instead to transfer national monetary competence bit by bit to the Euro-bank in the name of 'integration'" (The worried man at the Bundesbank, S. 83–84, hier S. 83). Vgl. in diesem Zusammenhang auch die Beiträge von Manfred J. M. *Neumann*, Wolfgang *Filc*, Rolf H. *Hasse* und Franco *Reither* zum Thema „Eine zweite Stufe der europäischen Währungsunion?", in: Wirtschaftsdienst, 70. Jg. (1990), S. 335–345.

[50] Hans *Tietmeyer*: Die deutsche Wiedervereinigung und ihre Folgen für die D-Mark und die Europäische Währungsunion (Vortrag vor dem FEM-Executive-Club am 23. Mai 1991 in Schloß Oud Wassenaar, Niederlande), abgedruckt in: Auszüge aus Presseartikeln, hrsg. von der Deutschen Bundesbank, Nr. 39 vom 28. Mai 1991, S. 4–9, hier S. 9. Gegen ein schrittweises Vorgehen spricht sich hingegen Alberto *Giovanni* aus: On gradual monetary reform, in: European Economic Review, Vol. 35 (1991), S. 457–466.

wobei hinzukommt, daß hier die politische Vereinigung unmittelbar folgte, was in Europa nicht absehbar ist. Im Gegenteil: Befürchtungen, daß schließlich handfeste Beschlüsse in bezug auf die Währungsunion gegen Lippenbekenntnisse bei der Politischen Union eingetauscht werden, sind nicht einfach von der Hand zu weisen.

In jedem Fall wird man nicht umhinkommen, zunächst gehegte überaus ehrgeizige Vorstellungen, die Währungsunion in einem Schritt für alle zwölf Länder der Gemeinschaft zu realisieren, fallenzulassen[51]. Nachdem dieser Punkt lange Zeit tabuisiert war, scheint sich jetzt auch auf EG-Ebene eine realistischere Einschätzung abzuzeichnen und die Erkenntnis Bahn zu brechen, daß in der EG noch nie alle Länder zur gleichen Zeit an ein Ziel gelangt sind. Wenn aber der „harte Kern" der EWS-Länder eine Währungsunion bildet, werden es dann die übrigen schaffen, in absehbarer Zeit aufzuschließen, oder wird sich der Abstand zwischen beiden Gruppen vergrößern? Wird es, mit anderen Worten, zu einer „Zwei-Klassen-Gesellschaft" kommen[52]?

Ein letzter Punkt, den man schließlich nicht aus dem Auge verlieren sollte, betrifft direkt die künftige Europäische Zentralbank. Selbst wenn es gelingt, diese nicht nur de jure, sondern auch de facto unabhängig von Weisungen anderer politischer Instanzen zu machen (was jedenfalls das erklärte Ziel aller EG-Regierungen ist), wird sie sich ihre Reputation erst erarbeiten müssen. „Kredit ist eine Macht, die wachsen, aber nicht konstruiert werden kann."[53] Dies Argument wiegt schwer, denn „das Vertrauen, das sich eine Institution aufgrund ihrer Politik erworben hat, (ist) selbst eine wesentliche Komponente ihres Erfolges"[54].

[51] Der Vorschlag, die Europäische Währungsunion mit zwei Geschwindigkeiten anzugehen, ist schon frühzeitig von Bundesbankpräsident *Pöhl* in die Debatte eingebracht worden, der sich dafür damals erheblicher Kritik ausgesetzt sah; vgl. Lucy *Kellaway*, Stephan *Fidler*: Pöhl suggests dual-speed union, in: Financial Times vom 12. Juni 1990 (abgedruckt in: Auszüge aus Presseartikeln, hrsg. von der Deutschen Bundesbank, Nr. 48 vom 12. Juni 1990, S. 1).

[52] Vgl. hierzu auch: Europäische Währungsunion: Eile mit Weile, Wirtschaftsdienst der BHF-Bank, Nr. 1616, 27. Oktober 1990; Mit zwei Geschwindigkeiten schneller, in: iwd – Informationsdienst des Instituts der deutschen Wirtschaft, Jg. 17, Nr. 20, 16. Mai 1991, S. 7; Thomas *Hanke*: Der Club des harten Geldes. Fünf Länder mit stabiler Währung bilden einen D-Mark-Block, in: Die Zeit vom 17. Mai 1991.

[53] Walter *Bagehot*: Das Herz der Weltwirtschaft. Die Lombarden-Straße, (Pflege, Staatswissenschaftliche Musterbücher, IV), Essen a. d. R. 1920, S. 44 (die „Lombarden-Straße" ist ein Buch von 1873 und wurde zum Teil schon in den Jahren zuvor verfaßt).

[54] Horst *Bockelmann*: Europäische Währungsunion: Kritische Fragestellungen, in: Bankinformation und Genossenschaftsforum, Jg. 18, Heft 3, März 1991, S. 31–34, hier S. 34.

Literatur

Abrams, Richard K., u.a.: The Impact of the European Community's Internal Market on the EFTA (IMF Occasional Paper, Nr. 74), Washington, D.C., Dezember 1990.

Anderson, Arthur/The Ecu Banking Association: The ECU – making it work in Europe. A survey, London 1991.

Ausschuß zur Prüfung der Wirtschafts- und Währungsunion: Bericht zur Wirtschafts- und Währungsunion in der Europäischen Gemeinschaft („*Delors*-Bericht"), 1989.

Bagehot, Walter: Das Herz der Weltwirtschaft. Die Lombarden-Straße (Plenge, Staatswissenschaftliche Musterbücher, IV), Essen a.d.R. 1920.

Bank for International Settlements (Hrsg.): The orientation of monetary policy and the monetary policy decision-making process, Basel, April 1991.

Barbier, Hans D.: Die Deutschen gäben ihr Bestes, in: Frankfurter Allgemeine Zeitung vom 8. Dezember 1990.

Battan, Dallas S., u.a.: The Conduct of Monetary Policy in the Major Industrial Countries – Instruments and Operating Procedures (IMF Occasional Paper, Nr. 70), Washington, D.C., Juli 1990.

Bericht an Rat und Kommission über die stufenweise Verwirklichung der Wirtschafts- und Währungsunion in der Gemeinschaft („*Werner*-Bericht"), Luxemburg, 8. Oktober 1970 (Sonderbeilage zum Bulletin 11–1970 der Europäischen Gemeinschaft).

Berthold, Norbert: Eine Europäische Zentralbank – jetzt ökonomisch sinnvoll?, in: Wirtschaftsdienst, 71. Jg. (1991), S. 222–226.

BHF-Bank: Europäische Währungsunion: Eile mit Weile, Wirtschaftsdienst Nr. 1616 vom 27. Oktober 1990.

BHF-Bank: „Harter ECU": Viel Lärm um nichts?, Wirtschaftsdienst Nr. 1627 vom 16. Februar 1991.

Bockelmann, Horst: Perspektiven für die europäische Währungsunion (Vortrag vor dem Wirtschaftsforum Österreichischer Banken, Wien, 5. November 1990).

Bockelmann, Horst: Perspektiven der Europäischen Währungsunion (Vortrag an der Universität des Saarlandes im Rahmen des Aufbaustudiums „Europäische Wirtschaft"), Saarbrücken, 9. Januar 1991.

Bockelmann, Horst: Europäische Währungsunion: Kritische Fragestellungen, in: Bankinformation und Genossenschaftsforum, Jg. 18, Heft 3, März 1991, S. 31–34.

Bofinger, Peter: Endziel und Vorstufen einer Europäischen Währungsunion als monetärer Rahmen für die Wirtschaftsreformen in Osteuropa (Beitrag für die Jahrestagung des Vereins für Socialpolitik vom 3. bis 5. Oktober 1990 in Würzburg).

Bofinger, Peter: The Political Economy of the Hard-Ecu Proposal (Discussion Paper, Centre for Economic Policy Research, Nr. 512), London, Februar 1991.

Bofinger, Peter: Der Hard-Ecu führt auf einen unproduktiven Umweg, in: Frankfurter Allgemeine Zeitung vom 28. März 1991, S. 16.

Bofinger, Peter: Die Vorteile der Europäischen Währungsunion aus deutscher Sicht, in: Wirtschaftsdienst, 71. Jg. (1991), S. 219–222.

Bovenberg, A. Lans/Jeroen J. M. Kremers/Paul R. Masson: Economic and Monetary Union in Europe and Constraints on National Budgetary Policies, in: IMF Staff Papers, Vol. 38 (1991), S. 374–398.

Braasch, Bernd/Gisela Roth: Konvergenz oder Divergenz im EWS?, in: Wirtschaftsdienst, 71. Jg. (1991), S. 47–52.

Bruce, Leigh: East's Banker Vows to Fight Protectionism, in: Financial Times vom 18. April 1991, S. 9.

Bundesregierung: Jahreswirtschaftsbericht 1991 der Bundesregierung. Deutscher Bundestag, Drucksache 12/223 vom 11. März 1991.

Bundesverband der Deutschen Industrie: Die Wirtschafts- und Währungsunion – Herausforderung für Europa –, Köln, September 1989.

Bundesverband der Deutschen Industrie: Europäische Wirtschafts- und Währungsunion – Voraussetzungen für die Stabilitätsgemeinschaft, Köln, Dezember 1990.

Caesar, Rolf: Fortschritte sind unverkennbar, in: Wirtschaftsdienst, 69. Jg. (1989), S. 271–276.

Caesar, Rolf: Die „Autonomie" der Deutschen Bundesbank – Ein Modell für Europa?, in: Europäische Zentralbank. Europas Währungspolitik im Wandel, hrsg. von Rolf H. Hasse und Wolf Schäfer, Göttingen 1990, S. 111–127.

Deutsche Bundesbank: Währungspolitische Beschlüsse auf EG-Ebene, in: Monatsberichte der Deutschen Bundesbank, 41. Jg., Nr. 7, Juli 1989, S. 12–15.

Deutsche Bundesbank: Wechselkursentwicklung und Europäisches Währungssystem. Erfahrungen nach zehn Jahren, in: Monatsberichte der Deutschen Bundesbank, 41. Jg., Nr. 11, November 1989, S. 33–38.

Deutsche Bundesbank: Mindestreserveregelungen im Ausland, in: Monatsberichte der Deutschen Bundesbank, 42. Jg., Nr. 3, März 1990, S. 22–29.

Deutsche Bundesbank: Die erste Stufe der Europäischen Wirtschafts- und Währungsunion, in: Monatsberichte der Deutschen Bundesbank, 42. Jg., Nr. 7, Juli 1990, S. 30–39.

Deutsche Bundesbank: Stellungnahme der Deutschen Bundesbank zur Errichtung einer Wirtschafts- und Währungsunion in Europa, vom 19. September 1990, abgedruckt in: Monatsberichte der Deutschen Bundesbank, 42. Jg., Nr. 10, Oktober 1990, S. 41–45.

Dobson, Wendy: Economic Policy Coordination: Requiem of Prologue? (Policy analysis in international economics, Institute for International Economics, Nr. 30), Washington, D. C., April 1991.

Eliassen, Kjell A.: Nordic EC Membership – The Question of When, in: Außenwirtschaft, 46. Jg. (1991), Heft 1, S. 7–15.

Ernst & Young, National Institute of Economic and Social Research: A Strategy for the ECU. A report prepared on behalf of the Association for the Monetary Union of Europe, London 1990.

Europäischer Rat: Entscheidung des Rates vom 12. März 1990 zur Erreichung einer schrittweisen Konvergenz der Politiken und der wirtschaftlichen Ergebnisse während der ersten Stufe der Wirtschafts- und Währungsunion (90/141/EWG), abgedruckt in: Monatsberichte der Deutschen Bundesbank, 42. Jg., Nr. 7, Juli 1990, S. 46–37.

Europäischer Rat: Beschluß des Rates vom 12. März 1990 über die Zusammenarbeit zwischen den Zentralbanken der Mitgliedsstaaten der Europäischen Gemeinschaft (64/300/EWG), abgedruckt in: Monatsberichte der Deutschen Bundesbank, 42. Jg., Nr. 7, Juli 1990, S. 38–39.

Europäischer Rat: Europäischer Rat in Rom. Schlußfolgerungen des Vorsitzes, in: Bulletin des Presse- und Informationsamtes der Bundesregierung, Nr. 128 vom 6. November 1990, S. 1333–1338.

Filc, Wolfgang: Schlagartigen Anpassungsdruck vermeiden, in: Wirtschaftsdienst, 70. Jg. (1990), S. 338–341.

Filc, Wolfgang: „Harte" oder „gehärtete" ECU für Europa?, in: Wirtschaftsdienst, 71. Jg. (1991), S. 196–201.

Financial Times vom 19. April 1991: Italy's Triple-A debt rating at risk.

Frankfurter Allgemeine Zeitung vom 29. April 1991: Fester Wechselkurs von Franken und D-Mark?

Franz, Otmar (Hrsg.): Die Europäische Zentralbank, Bonn 1990.

Frenkel, Jacob A./Morris Goldstein: Monetary Policy in an Emerging European Economic and Monetary Union – Key Issues, in: IMF Staff Papers, Vol. 38 (1991), S. 356–373.

Frenkel, Michael/Martin Klein: Fiskalpolitischer Harmonisierungszwang durch die Europäische Währungsunion?, in: Wirtschaftsdienst, 71. Jg. (1991), S. 137–143.

Froot, Kenneth A./Kenneth Rogoff: The EMS, the EMU, and the Transition to a Common Currency (National Bureau of Economic Research, Working Paper Nr. 3684), Cambridge, Massachusetts, April 1991.

Giovanni, Alberto: On gradual monetary reform, in: European Economic Review, Vol. 35 (1991), S. 457–466.

Glüder, Dieter: Implikationen der europäischen Finanzmarktintegration für die Banken, in: Der Weg zur Wirtschafts- und Währungsunion in Europa, hrsg. von Peter Bofinger, Wiesbaden 1990, S. 77–107.

Goldman Sachs: Which Hard ECU Will Fly, Weekly Comment, 11. Januar 1991.

Goodhart, Charles: The Delors Report: Was Lawson's Reaction Justifiable? (Typoskript), Mai 1989.

Grauwe, Paul De/Wim Vanhaverbeke: Is Europe an optimum currency area? Evidence from regional data (Discussion Paper Series, Centre for Economic Policy Research, Nr. 555), London, Mai 1991.

Gros, Daniel/Niels Thygesen: The EMS. Achievements, Current Issues and Directions for the Future (CEPS Paper Nr. 35, Centre for European Policy studies), Brüssel 1988.

Hanke, Thomas: Der Club des harten Geldes. Fünf Länder mit stabiler Währung bilden einen D-Mark-Block, in: Die Zeit vom 17. Mai 1991.

Hasse, Rolf H.: Zweite Stufe als Mittel zur Erfolgskontrolle, in: Wirtschaftsdienst, 70. Jg. (1990), S. 341–343.

Hasse, Rolf H./T. Koch: Die Hard-ECU – eine Ersatz-D-Mark oder ein trojanisches Pferd?, in: Wirtschaftsdienst, 71. Jg. (1991), S. 188–195.

Hesse, Helmut: Ist eine Reform der Mindestreservepolitik geboten – insbesondere aus internationalen Gründen? (Vortrag anläßlich des 60. Geburtstages von Hans-Jürgen Vosgerau am 17. Mai 1991 in Konstanz), abgedruckt in: Auszüge aus Presseartikeln, hrsg. von der Deutschen Bundesbank, Nr. 38 vom 24. Mai 1991, S. 5–11.

Hort, Peter: Der Elfenbeinturm gerät ins Wanken. Delors hat kein Rezept für die EG-Erweiterung, in: Frankfurter Allgemeine Zeitung vom 3. Mai 1991.

Institute of Directors: A Currency for the Single Market. The Business Position on European Monetary Union, London, Juni 1990.

iwd – Informationsdienst des Instituts der deutschen Wirtschaft, Jg. 17, Nr.20, 16. Mai 1991, S. 7: Mit zwei Geschwindigkeiten schneller.

Jetter, Karl: Wider das Diktat aus Frankfurt, in: Frankfurter Allgemeine Zeitung vom 8. Dezember 1990.

Kellaway, Lucy/Stephen Fidler: Pöhl suggests dual-speed union, in: Financial Times vom 12. Juni 1990 (abgedruckt in: Auszüge aus Presseartikeln, hrsg. von der Deutschen Bundesbank, Nr. 48 vom 12. Juni 1990, S. 1).

Kloten, Norbert: Der „Delors-Bericht", in: Europa-Archiv, 44. Jg. (1989), S. 251–260.

Kloten, Norbert: Die Transformation von Wirtschaftsordnungen. Theoretische, phänotypische und politische Aspekte (Walter Eucken Institut, Vorgänge und Aufsätze, Nr. 132), Tübingen 1991.

Kommission der Europäischen Gemeinschaften: Das EWS: Zehn Jahre Fortschritt bei der währungspolitischen Zusammenarbeit Europas, Brüssel 1989.

Kommission der Europäischen Gemeinschaften: Wirtschaftspolitische Konvergenz in der Gemeinschaft: Eine größere Anstrengung ist erforderlich, in: Europäische Wirtschaft, Nr. 41, Juli 1989, S. 69–146.

Kommission der Europäischen Gemeinschaften: Ein Markt, eine Währung. Potentielle Nutzen und Kosten der Errichtung einer Wirtschafts- und Währungsunion – eine Bewertung, in: Europäische Wirtschaft, Nr. 44, Oktober 1990.

Kommission der Europäischen Gemeinschaften: Economic convergence in the Community, in: European Economy, Nr. 46 (special edition), Dezember 1990, S. 113–136.

Kommission der Europäischen Gemeinschaften: Budgetary Policies in Stage I of EMU, in: European Economy, Nr. 46 (special edition), Dezember 1990, S. 137–154.

Lamfalussy, Alexandre: Macro-coordination of fiscal policies in an economic and monetary union in Europe, in: Collection of papers submitted to the Committee for the Study of Economic and Monetary Union, Luxemburg 1989, S. 91–125.

Lipp, Ernst-Moritz: Können wir uns die Europäische Währungsunion leisten?, in: Wirtschaftsdienst, 71. Jg. (1991), S. 226–229.

Lusser, Markus: Die Schweiz und Europa – Gedanken zur Integration aus monetärer Sicht. Freiheit des Kapitalverkehrs und der Finanzdienstleistungen, Währungskooperation und Europäisches Währungssystem, in: Geld, Währung und Konjunktur, hrsg. von der Schweizerischen Nationalbank, 9. Jg., Nr. 1, März 1991, S. 65–73.

Matthes, Heinrich: Deutschland sollte die Europäische Währungsunion aktiv vorantreiben, in: Wirtschaftsdienst, 71. Jg. (1991), S. 229–231.

Menkhoff, Lukas/Friedrich L. Sell: Überlegungen zu einem optimalen DM-Währungsraum (Discussion Papers in Development Economics, Universität Gießen, Nr. 10), Gießen 1990.

Molitor, Bernhard: Chancen und Möglichkeiten einer internationalen Koordinierung der Wirtschafts- und Finanzpolitik (Walter Eucken Institut, Vorträge und Aufsätze, Nr. 128), Tübingen 1990.

Müller, Lothar: "Hard-ECU" – Sackgasse zur Europäischen Wirtschafts- und Währungsunion, in: Europa-Archiv, 46. Jg. (1991), S. 247–254.

Neumann, Manfred J. M.: Statt Traineeprogramm klare Lösungen für die Endstufe, in: Wirtschaftsdienst, 70. Jg. (1990), S. 335–338.

Neumann, Manfred J. M.: Precommittment by Central Bank Independence, in: Open economies review, Vol. 2 (1991), S. 95–112.

Panic, M.: Are Disparities in National Efficiency Levels a Threat to European Monetary Union? (DAE Working Paper, Department of Applied Economics, University of Cambridge, Nr. 9004), Januar 1990.

Reimann, Winfried: Aufschub für die Euro-Währung!, in: Börsen-Zeitung vom 2. November 1989.

Reither, Franco: Die zweite Stufe wäre ein gefährlicher Rückschritt, in: Wirtschaftsdienst, 70. Jg. (1990), S. 344–345.

Rieke, Wolfgang: Alternative views on the EMS in the 1990s, in: The European Monetary System in the 1990's, hrsg. von Paul De Grauwe and Lucas Papademos, London–New York 1990, S. 29–39.

Sachverständigenrat zur Begutachtung der gesamtwirtschaftlichen Entwicklung: Weichenstellungen für die neunziger Jahre (Jahresgutachten 1989/90), Stuttgart 1989.

Sachverständigenrat zur Begutachtung der gesamtwirtschaftlichen Entwicklung: Auf dem Weg zur wirtschaftlichen Einheit Deutschlands (Jahresgutachten 1990/91), Stuttgart 1990.

Scharrer, Hans-Eckart: Stabilitätspolitischer Grundkonsens erforderlich, in: Wirtschaftsdienst, 69. Jg. (1989), S. 279–283.

Schaumayer, Maria: Die österreichische Währungspolitik im europäischen Wandel, in: Frankfurter Allgemeine Zeitung vom 28. August 1990.

Scheide, Joachim/Peter Trapp: Etatdisziplin vom Markt, in: Frankfurter Allgemeine Zeitung vom 23. Februar 1991, S. 13.

Schlesinger, Helmut: Plan Delors: Le plus compliqué reste a faire ..., in: Politique internationale, dossier spécial: quel avenir pour l'europe monétaire?, Nr. 45, Herbst 1989, S. 7–21.

Schlesinger, Helmut: Der Weg zu einer Europäischen Wirtschafts- und Währungsunion, in: Wirtschaftsdienst, 71. Jg. (1991), S. 232–238.

Tavlas, George S./Yuzuru Ozeki: The Japanese Yen as an International Currency (IMF Working Paper WP 91/2), Washington, D. C., Januar 1991.

The Economist vom 16. Februar 1991, S. 12–13: Uncalm currencies.

The Economist vom 4. Mai 1991, S. 83–84: The worried man at the Bundesbank.

The Wall Street Journal vom 10. September 1986: Sex and the ECU.

Tietmeyer, Hans: Währungspolitische Herausforderungen in einem größer werdenden Europa (Vortrag im Rahmen einer Veranstaltung der Nord/LB am 15. April 1991 im Niedersachsen-Pavillon auf dem Messegelände in Hannover), abgedruckt in: Auszüge aus Presseartikeln, hrsg. von der Deutschen Bundesbank, Nr. 27 vom 17. April 1991, S. 1–6.

Tietmeyer, Hans: The reorganisation of monetary structures in central and eastern Europe (Statement anläßlich des 175. Jahrestages der Oesterreichischen Nationalbank in Wien am 3. Mai 1991), abgedruckt in: Auszüge aus Presseartikeln, hrsg. von der Deutschen Bundesbank, Nr. 33 vom 6. Mai 1991, S. 3–5.

Tietmeyer, Hans: Die deutsche Wiedervereinigung und ihre Folgen für die D-Mark und die Europäische Währungsunion (Vortrag vor dem FEM-Executive-Club am 23. Mai 1991 in Schloß Oud Wassenaar, Niederlande), abgedruckt in: Auszüge aus Presseartikeln, hrsg. von der Deutschen Bundesbank, Nr. 39 vom 28. Mai 1991, S. 4–9.

Ungerer, Horst/Jouko Hauvonen/Augusto Lopez-Claros/Thomas Mayer: The European Monetary System: Developments and Perspectives (IMF Occasional Paper, Nr. 73), Washington, D. C., November 1990.

Vaubel, Roland: Überholte Glaubenssätze, in: Wirtschaftsdienst, 69. Jg. (1989), S. 276–279.

vwd: Der oder die ECU – Streit um das Geschlecht der europäischen Recheneinheit, Meldung vom 28. August 1986.

Willms, Manfred: Der Delors-Plan und die Ausgestaltung einer gemeinsamen europäischen Geldpolitik, in: Europäische Zentralbank. Europas Währungspolitik im Wandel, hrsg. von Rolf H. Hasse und Wolf Schäfer, Göttingen 1990, S. 86–105.

Wisdorff, Eberhard: Die Beitrittswünsche erfordern eine klare Antwort, in: Handelsblatt vom 26./27. April 1991.

Wissenschaftlicher Beirat beim Bundesministerium für Wirtschaft: Gutachten „Europäische Währungsordnung" (Studien-Reihe, Bundesministerium für Wirtschaft, Nr. 61), Bonn, Februar 1989.

Wissenschaftlicher Beirat beim Bundesministerium für Wirtschaft: Stellungnahme zum Bericht des Delors-Ausschusses (Studien-Reihe, Bundesministerium für Wirtschaft, Nr. 63), Bonn, 5. Juni 1989.

World Economic Forum, Annual Meeting 1991, Davos, 4. Februar 1991 (Pressenotiz): Pöhl Calls for Rapid Realization of a European Central Bank and More Countries in the EC.

A. Grundsatzfragen

Ernst-Moritz Lipp · Horst Reichert

Konfliktfelder auf dem Weg zur Europäischen Währungsunion

Als das Europäische Währungssystem (EWS) am 13. März 1979 startete, überwogen die skeptischen Einschätzungen. Viele Experten meinten, es könne nicht von Dauer sein. Und in der Tat gab es in den folgenden Jahren einige kritische Phasen, vor allem 1982/83. Damals drohte der Austritt Frankreichs und die Rückentwicklung zu einem bloßen D-Mark-Block. Mittlerweile erscheint das EWS gefestigt. Politiker und Wirtschaftswissenschaftler würdigen es durchweg als Erfolg. Als Beleg hierfür kann man auch ansehen, daß sich Mitte 1989 Spanien und im Herbst 1990 Großbritannien zur Teilnahme am Wechselkursmechanismus des EWS entschlossen.

Von Anfang an sollte das EWS nicht der Endpunkt für die währungspolitische Integration in Europa sein. Wie beim „Werner-Plan" Anfang der 70er Jahre war beabsichtigt, das europäische Festkurssystem zu einer Währungsunion weiterzuentwickeln. Allerdings blieb es zunächst bei einer vagen Absichtserklärung.

Mitte der 80er Jahre belebten die Initiativen, um den ins Stocken geratenen Prozeß der wirtschaftlichen Integration Europas wieder voranzutreiben, erneut die Diskussion um die Europäische Währungsunion. Im Rahmen des Programms „Vollendung des Binnenmarktes 1992" beschlossen die EG-Staaten zunächst allerdings lediglich, einen einheitlichen Finanzraum zu schaffen. Der Kapitalverkehr sollte vollständig liberalisiert, und die Rahmenbedingungen für Banken und andere Finanzinstitutionen sollten vereinheitlicht werden. Im Frühjahr 1989 legte dann die sogenannte Delors-Kommission einen Stufenplan für die Europäische Währungsunion vor.

Allerdings ist im letzten Jahr der Streit um den besten Weg zur europäischen Einheitswährung und um den genauen Zeitpunkt ihrer Einführung neu entbrannt. Großbritannien, Spanien, Frankreich und die Bundesrepublik haben inzwischen offiziell ihre eigenen Vorstellungen unterbreitet, die zum Teil beträchtlich vom Delors-Vorschlag abweichen. Noch ungeklärt ist außerdem, wie das Statut einer Europäischen Zentralbank auszusehen habe und welche Handlungsräume für die nationale Wirtschaftspolitik verbleiben. Die Grundlinien dieser Diskussion um die währungspolitische Zukunft Europas sollen im folgenden aufgezeigt werden.

Für ein fundiertes Urteil darüber, wie diese Fragen zu lösen und mit welchem Nachdruck Veränderungen des aktuellen Währungssystems anzustreben sind, ist die Erfahrung mit alternativen Währungsordnungen – flexible Wechselkurse, Festkurssystem – zu berücksichtigen. Außerdem sollte man sich nicht nur über die Chancen einer Europäischen Währungsunion im klaren sein, sondern auch über die Anforderungen an die private Wirtschaft und die Wirtschaftspolitik, die erfüllt sein müssen, damit diese Chancen wahrgenommen werden können.

I. Die währungspolitische Ausgangssituation

Als Ende der 60er Jahre das Bretton-Woods-System, die Währungsordnung der Nachkriegszeit, Zerfallserscheinungen zeigte, setzte sich mit dem Vordringen monetaristischer Ideen die Tendenz zu flexiblen Wechselkursen durch. Wissenschaftler und Politiker versprachen sich von Wechselkursen, die sich gemäß marktbedingtem Angebot und Nachfrage frei einpendeln, große Vorteile: stetes Zahlungsbilanzgewicht, weniger Kapitalverkehrsbeschränkungen, freie Konvertibilität der Währungen und größere nationale Selbständigkeit in bezug auf Konjunktur- und Inflationstendenzen[1]. All dies sollte bei nur geringen Wechselkursbewegungen erreichbar sein.

Allerdings setzte schon bald die Ernüchterung ein. Die hochgesteckten Erwartungen wurden im großen und ganzen lediglich insoweit erfüllt, als flexible Wechselkurse einzelnen Ländern eine weitgehend autonome Entwicklung des internen Geldwertes ermöglichten und den Einfluß realwirtschaftlicher Störungen aus dem Ausland dämpften[2]. Der Preis für diese vergrößerte Autonomie, die nicht geringgeschätzt werden darf, war jedoch beträchtlich. Die Wechselkurse wiesen sowohl kurzfristig als auch längerfristig starke Schwankungen auf. Aufgrund des hohen Einflusses von internationalen Finanztransaktionen, die gegenüber den kommerziell bedingten Devisengeschäften stark an Bedeutung gewonnen hatten, zeigten sich auch die realen Wechselkurse als instabil. Der stetig sprudelnde Strom neuer Informationen über wichtige ökonomische Größen, die häufig das Gesamtbild der Wirtschaftsentwicklung in ein neues Licht tauchen, bewirkte eine hohe Volatilität der Wechselkurse. Insoweit die Erwartungsbildung der internationalen Finanzstrategen zu einem wesentlichen Teil darauf beruhte, sich kurz-

[1] Einer der frühen Kämpfer für flexible Wechselkurse war Milton *Friedman*. In Deutschland vertraten vor allem Herbert *Giersch* und Egon *Sohmen* diese Position.

[2] Vgl. hierzu auch die Literaturhinweise bei Norbert *Berthold*: Internationale währungspolitische Arrangements – Ökonomische und polit-ökonomische Aspekte, in: Kredit und Kapital, 23. Jg. (1990), S. 437–467.

fristig abzeichnende Tendenzen nach einfachen Regeln auszuziehen, entstand oftmals eine Eigendynamik, die die Wechselkurse nachhaltig von ihrem längerfristig gesehen angemessenen Niveau entfernte. Solch kurzfristige abrupte Schwankungen, die die Marktteilnehmer verunsichern, und längerfristige "Misalignments", die die Kapitalströme fehllenken, mindern die Produktivkraft der Volkswirtschaften.

Seit Mitte der 80er Jahre versuchten deshalb die großen Industrieländer, insbesondere den US-Dollar durch eine verstärkte wirtschaftspolitische Koordination zu stabilisieren. Mit dem sogenannten Plaza-Abkommen, dem Louvre-Akkord und konzertierten Interventionen am Devisenmarkt wie im September/Oktober 1989 konnte man zwar den Dollar jeweils für eine gewisse Zeit im angestrebten Bereich halten, aber längerfristig ließen sich destabilisierende Wechselkursbewegungen mit einem solchen Vorgehen kaum ausschalten. Von Vorschlägen wie *Williamsons* Zielzonenkonzeption kann man deshalb nur wenig Stabilisierungshilfe erwarten[3].

Bei der Frage nach der angemessenen Währungsordnung sollte man sich von folgenden Erkenntnissen leiten lassen: Zum einen sind die Vorteile flexibler Wechselkurse um so geringer, je homogener die Volkswirtschaften sind und je höher ihr Diversifikationsgrad bei international handelbaren Gütern. Dadurch verlieren nämlich Wechselkursbewegungen als Puffer bei realwirtschaftlichen Störungen von außen an Relevanz. Zum anderen sind die Fehlentwicklungen bei den Währungsrelationen, die aus Finanztransaktionen resultieren, um so störender, je enger die Volkswirtschaften miteinander verflochten sind, wodurch ja der Einfluß des Wechselkurses auf die Produktionssphäre steigt. Beide Aspekte sprechen im Falle der Europäischen Gemeinschaft gegen frei floatende Wechselkurse im Inneren. Ihre Mitgliedsstaaten arbeiten traditionell wirtschaftspolitisch eng zusammen, und die länderübergreifende Arbeitsteilung ist sehr weit gediehen. Deshalb versuchten die Staaten der Europäischen Gemeinschaft schon in der Endphase des Bretton-Woods-Systems, ihre internen Währungsrelationen weitgehend zu stabilisieren. Seit März 1979 hat das (neue) Europäische Währungssystem hierfür den institutionellen Rahmen gebildet. Allerdings waren die erkennbaren Erfolge dieses Systems in den ersten Jahren nicht allzu groß. Zwar schwankten die Kurse zwischen den beteiligten Währungen weit weniger als gegenüber dem US-Dollar, aber die Leitkurse mußten mehrmals geändert werden. Erst nach der Paritätsänderung vom Januar 1987 erwies sich das EWS als wahres Festkurssystem; bis ins Frühjahr 1991 gab es kein umfassendes Realignment mehr.

Allerdings waren auch diese letzten Jahre keineswegs spannungsfrei. Vor

[3] Vgl. John *Williamson*: Target Zones and the Management of the Dollar, in: Brookings Papers on Economic Activity, 1986, S. 165–175.

allem 1988/89 hielten viele Ökonomen eine D-Mark-Aufwertung für zweckmäßig, um den enormen Überschuß der Bundesrepublik im Handel mit den europäischen Partnerländern einzudämmen. Im großen und ganzen reflektiert diese Phase stabiler Kurse aber eine deutliche wirtschaftliche Konvergenz im EWS bei insgesamt rückläufigen Inflationsraten. Zu dieser erfreulichen Entwicklung mag beigetragen haben, daß in den meisten Mitgliedsländern seit Anfang der 80er Jahre die Bereitschaft zu einer eindeutig stabilitätsorientierten Politik wuchs. Sicher ist jedenfalls, daß die EWS-Mechanismen den stärker inflationierenden Ländern eine deutliche reale Aufwertung ermöglichten, die sozusagen einen Import von Preisniveaustabilität bedeutete. Zugleich disziplinierte die Einbindung in das Festkurssystem, in dem die vergleichsweise kaufkraftstabile D-Mark faktisch die Leitwährungsfunktion ausübte, expansiv gestimmte Finanz- und Geldpolitiker in den Partnerstaaten. Beides, Stabilitätsimport und wirtschaftspolitische Disziplinierung von Ländern mit abwertungsverdächtiger Währung, verbesserte wiederum die längerfristigen Erfolgschancen des EWS.

Die starke konjunkturelle Abschwächung, die Mitte 1990 in den meisten Industrieländern einsetzte, hat den stabilitätspolitischen Konsens im EWS auf eine harte Probe gestellt. Während die Deutsche Bundesbank versuchte, mit Zinsanhebungen einer Inflationsbeschleunigung vorzubeugen, nahm in den Partnerstaaten die Bereitschaft zu, die Geldpolitik zur Konjunkturstützung zu lockern. Vor allem in Frankreich wuchs der Widerstand gegen ein „stabilitätspolitisches Diktat" der Bundesbank.

Vor diesem Hintergrund überrascht es nicht, daß wieder mehr Stimmen vor einer allzu schnellen Währungsunion in Europa warnen. Nachdenklich stimmt außerdem das Beispiel der deutschen Wirtschafts- und Währungsunion. Trotz staatlicher Transferleistungen in dreistelliger Milliardenhöhe für die neuen Bundesländer, die auf eine rasche Angleichung der Lebensbedingungen zielen, wandern vor allem zahlreiche qualifizierte Arbeitskräfte, angelockt von besseren Verdienstchancen, in die westdeutschen Ballungszentren ab. Gleichwohl verfolgen die Regierungen und die Kommission der Europäischen Gemeinschaften das Ziel der europaweiten Währungsunion weiterhin mit großem Eifer. Offensichtlich erwarten sie sich hiervon per saldo wesentlich günstigere Entwicklungsperspektiven. Worin bestehen diese möglichen Vorteile, und wie lassen sie sich realisieren?

II. Was bedeutet eine Währungsunion für Europa?

Zu den allgemein akzeptierten Bedingungen einer Währungsunion, die im Papier der *Delors*-Kommission ebenso genannt sind wie im *Werner*-Bericht, zählt die uneingeschränkte, irreversible Konvertibilität der Währungen, die vollständige Liberalisierung des Kapitalverkehrs sowie die volle Integration der Banken- und sonstigen Finanzmärkte[4]. Diese Bedingungen sind in der Europäischen Gemeinschaft entweder schon realisiert, oder es ist zumindest zwingend festgelegt, bis wann sie zu realisieren sind. Als entscheidendes Kriterium einer Währungsunion gilt jedoch, daß die Wechselkurse zwischen den beteiligten Währungen ohne jedwede Bandbreite und unwiderruflich fixiert sind. Dies ist dann der Fall einer Wechselkursunion.

In einem solchen System wären die verschiedenen Währungen nicht notwendigerweise vollständige Substitute, weil sie nicht zugleich in allen Teilnehmerländern als gesetzliche Zahlungsmittel anerkannt sein müßten. Bei verschiedenen Transaktionen könnten noch Kosten eines Währungsumtausches anfallen. Auch ein gesetzlich anerkanntes Nebeneinander verschiedener Währungszeichen würde vor allem bei manchen Geschäften des täglichen Lebens, etwa bei der Auszeichnung von Preistafeln, zusätzlichen Aufwand verursachen. Diese Kosten, die allerdings im ganzen nicht sehr bedeutsam sind, gibt es nicht mehr bei Einführung einer Einheitswährung. Der Schritt von der endgültigen Festschreibung der Währungsrelationen, konstitutiv für eine Wechselkursunion, zu einer gemeinsamen Währung ist aus dieser ökonomischen Perspektive eher formaler Art. Politisch hat er aber eine außerordentlich weitreichende Symbolwirkung[5]. Außerdem darf man nicht verkennen, daß mit einem solchen Schritt die Bedingungen, gemäß denen das Geldangebot bestimmt wird, neu zu formulieren sind. In der Europäischen Währungsunion soll nämlich nach vorherrschender Ansicht eine gemeinsame Währung gelten, deren Angebot eine Europäische Zentralbank steuert.

Ein europäischer Wirtschaftsraum mit einer gemeinsamen Währung hätte zweifellos eine Reihe von Vorteilen:

- Die Kosten grenzüberschreitender Transaktionen im Inneren gehen zurück. Es gibt keine Wechselkursschwankungen, die die Marktteilnehmer verunsichern. Destabilisierende Kapitalbewegungen aufgrund erwarteter Wechselkursänderungen entfallen ebenso wie längerfristige "Mis-

[4] Vgl. *Ausschuß zur Prüfung der Wirtschafts- und Währungsunion*: Bericht zur Wirtschafts- und Währungsunion in der Europäischen Gemeinschaft („*Delors*-Bericht"), 1989; ferner: Bericht an Rat und Kommission über die stufenweise Verwirklichung der Wirtschafts- und Währungsunion in der Gemeinschaft („*Werner*-Bericht"), Luxemburg, 8. Oktober 1970 (Sonderbeilage zum Bulletin 11–1970 der Europäischen Gemeinschaft).

[5] Vgl. Manfred *Feldsieper*: Währungsunionen, II: Zielsetzungen und Probleme, in: Handwörterbuch der Wirtschaftswissenschaft, Bd. 8, Stuttgart u. a. 1980, S. 546–562, hier S. 546–547.

alignments". Nicht zuletzt ist den Wirtschaftspolitikern die Möglichkeit genommen, durch Wechselkursbeeinflussungen die Wettbewerbsverhältnisse zu verzerren. Aus all diesen Gründen bewirkt dann Kapitalmobilität bei voll liberalisierten Finanzmärkten höhere Einkommen und einen höheren Beschäftigungsstand.

- Sind umfangreiche Kapitalbewegungen aus Drittländern auf ein einzelnes Land gerichtet, so bedeuten sie für dieses Land eine massive außenwirtschaftliche Störung, die seinen Bürgern und Unternehmen großen Anpassungsdruck auflädt. In einer Währungsunion wird dieser Druck von der ganzen Gemeinschaft abgefedert und nicht nur durch das einzelne Land, das im Mittelpunkt der internationalen Kapitalbewegungen steht. Unter den heutigen währungspolitischen Bedingungen hat in Europa die Bundesrepublik eine solche exponierte Position. Da die D-Mark neben dem US-Dollar als internationale Reservewährung fungiert, wirken sich Verlagerungen des internationalen Kapitals vor allem auf die DM-Dollar-Relation aus und führen damit regelmäßig zu Spannungen im Kursgefüge des EWS.
- Eine Währungsunion verstärkt den wirtschafspolitischen Zusammenhalt der Gemeinschaft, denn der Verlust aller Vorteile und die Kosten einer Renationalisierung der Währung sind sehr hoch. Hinzu kommt ihre beträchtliche Bedeutung als Meilenstein auf dem langen Weg zu einer politischen Einheit Europas.

In verschiedener Hinsicht bringt eine Währungsunion allerdings Umstellungen mit sich, die manchen schwerfallen dürften. Am wichtigsten sind erstens die Einschränkungen des Handlungsspielraums für Wirtschaftspolitiker und Tarifparteien sowie zweitens die Einübung in eine neue Rollenverteilung bei der Erreichung wirtschaftspolitischer Ziele. Offensichtlich ist, daß es in einer Europäischen Währungsunion keine nationale Zuständigkeit mehr für Geldversorgung, Zinspolitik und Wechselkurspolitik gibt. Heute kann ein einzelnes europäisches Land noch zu einem guten Teil darüber entscheiden, ob es mit einer Abwertung seiner Währung die exportorientierten Unternehmen – Arbeitskräfte und Kapital – wettbewerbsfähiger machen und als Preis dafür eine allgemeine Verminderung der inländischen Realeinkommen in Kauf nehmen will. Denn letzteres folgt aus der abwertungsbedingten Erhöhung der Importpreise. Beschäftigungsgewinne und niedrigere Einkommen durch eine Abwertung der Währung, dieser Weg steht in einer Währungsunion nicht mehr offen. Damit akzentuiert sich die regionalpolitische Aufgabe der Tarifparteien und der regionalen bzw. lokalen Gebietskörperschaften in den Regionen, die Standortnachteile haben.

Hohe regionale Arbeitslosigkeit, Abwanderung von Arbeitskräften und mangelnde Attraktivität für Investitionskapital sind indessen kein Spezifikum einer Währungsunion. Solche Probleme und die Notwendigkeit, darauf Antworten zu finden, gibt es heute in hinreichend großer Zahl innerhalb der nationalen Währungsräume Europas. Zu denken ist etwa an das Gefälle zwischen Nord- und Süditalien, zwischen dem Nordwesten Spaniens und seinen mittleren Landesteilen, an den Standortwettbewerb zwischen den Ballungsgebieten und den landwirtschaftlich geprägten Regionen Frankreichs sowie an das Gefälle zwischen den Wachstumspolen und den mit Abwanderung kämpfenden Regionen allein innerhalb der alten Bundesländer Deutschlands.

Die Strukturprobleme in Europa werden sich durch die Währungsunion zwar nicht zwangsläufig vergrößern. Aber um die regionalen und lokalen Gebietskörperschaften in den Stand zu versetzen, Standortbedingungen zu verbessern, wird hier und dort die Verteilung der Steuerquellen zu überdenken sein. Mehr Anreize zur Erhöhung der eigenen Steuerbasis im Wege einer investitionsfreundlichen Regionalpolitik und insgesamt mehr steuerpolitischer Dispositionsspielraum für Regionen und Gemeinden wären hilfreich. Eine weitgehende Harmonisierung der Haushaltspolitik bis zu den unteren staatlichen Ebenen, schlimmstenfalls verbunden mit einer schematischen Struktur von Finanzzuweisungen, würde genau das Gegenteil bewirken. Die Regionen wären unfähig, aus eigener Kraft etwas für die Bekämpfung struktureller Fehlentwicklungen zu tun. Schließlich müssen Unternehmen, Arbeitnehmer und Gewerkschaften lernen, daß sie dann zu einem noch größeren Teil selbst darüber bestimmen, ob Investitionen in einer Region rentabel sind oder nicht. Lohnsätze und Arbeitsbedingungen sind Standortfaktoren, die über die Menge an Produktion und Arbeitsplätzen in einer Region mitentscheiden. Den Niedergang einer Krisenbranche, deren Unternehmen in Europa nur noch in sehr spezialisierter Form und auf stark reduziertem Kapazitätsniveau rentabel arbeiten – wie im Beispiel der Textilindustrie und der Stahlindustrie –, kann man auch mit Lohndifferenzierung nicht aufhalten. Aber selbst bei einem solchen besonderen Regionalproblem muß der unvermeidliche Strukturwandel durch eine geeignete Lohnpolitik flankiert werden, zumal dann, wenn die Krisenbranche in guten Jahren mit hohen Löhnen andere Investitionen verdrängt hatte und zudem ökologische Belastungen, die in die Zukunft wirken, zurückläßt.

Regionale Strukturprobleme könnten auf europäischer Ebene dazu verleiten, in der Abwertung der europäischen Währung gegenüber Drittwährungen das Heil zu suchen. Dagegen stehen dieselben Argumente wie gegen die Abwertungsstrategie eines einzelnen Landes heute. Allenfalls kurzfristig läßt sich dadurch ein Wettbewerbsvorteil schaffen. An der Notwendigkeit, unrentable Produktion einzuschränken und neue Produkte und Produktionsverfahren rentabel zu machen, ändert eine Abwertung nichts. Zu den schmerzhaften Erfahrungen in der Anfangsphase des EWS gehörte, daß eine Abwertung letztlich mehr Nachteile in Form des Inflationsimports und stabilisierungspolitischer Opfer mit sich brachte als Vorteile in Form der Begünstigung einiger Industriezweige.

Eine Währungsunion bedeutet einen intensiveren Wettbewerb der Wirtschaftsstandorte bei weitgehend gleichartigen Kapitalmarktbedingungen. Welches Niveau an Staatsleistungen und Steuerbelastung die Bürger einer Region wählen und welche Mischung aus Geldlohn oder geldwerten Vorteilen – wie Urlaub, soziale Sicherheit, Sachleistungen –, dies kann sehr unterschiedlich sein. Einer Harmonisierung über den gesamten europäischen Währungsraum bedarf es nicht. Wichtig ist für die einzelne Region nur, daß sie eine solche Kombination wählt, welche die Region für Investitionen ausreichend attraktiv hält. Wie weit die Differenzierungen gehen können und wieviel Harmonisierung nötig ist, kann heute noch niemand sagen. Sicher ist nur eines: Weil die Standortvoraussetzungen in Europa sehr unterschiedlich sind, ist ein hohes Maß an Differenzierung in der Lohnpolitik, Sozialpolitik, Steuerpolitik und Ausgabenpolitik ohnehin nötig. Je mehr einer dieser Bereiche harmonisiert wird, desto mehr Differenzierung ist in den übrigen Bereichen erforderlich. In einer Währungsunion ist der Wettbewerb der Regionen nicht aufgehoben, vielmehr wird er sich in voller Intensität entfalten. Ohne nationale Währungen und deren Wechselkursveränderungen und ohne Kapitalverkehrsbeschränkungen wird er nahezu unverzerrt sein. Dieser Wettbewerb wird einen höheren Anspruch an die Flexibilität von Unternehmen, Arbeitnehmern und regionalen Gebietskörperschaften stellen als bisher.

Weil der Wettbewerb der Regionen seiner Art nach ähnlich sein wird wie innerhalb der heutigen nationalen Währungsräume, sind in einer Europäischen Währungsunion keine zusätzlichen interregionalen Finanztransfers nötig[6]. Allenfalls politische Fehlentscheidungen könnten solche Transfers nötig machen. Dabei wären in zweierlei Hinsicht falsche Entscheidungen denkbar: Erstens könnte die Gemeinschaft mit dem Eintritt in die Währungsunion den ärmeren Regionen einen Mindeststandard für ihre Einkommen versprechen, der bei den gegebenen Standortbedingungen nicht zu erwirtschaften ist. Die Differenz müßte dann auf absehbare Zeit von den

[6] Vgl. *Wissenschaftlicher Beirat beim Bundesministerium für Wirtschaft*: Gutachten „Europäische Währungsordnung“ (Studien-Reihe 61, hrsg. vom Bundesminister für Wirtschaft), Bonn, Februar 1989, insbes. S. 27ff. Der *Delors*-Ausschuß hatte dagegen die Position vertreten, daß mit zunehmender währungspolitischer Integration eine deutliche Aufstockung der EG-Mittel für regionalpolitische Aufgaben geboten sei. Vgl. *Ausschuß zur Prüfung der Wirtschafts- und Währungsunion*: a. a. O., insbes. S. D 286 und S. D 291.

Steuerzahlern in den Regionen mit höherem Einkommensniveau finanziert werden. Eine zweite Fehlentscheidung könnte darin bestehen, die formale Harmonisierung einzelner Politikbereiche zu weit zu treiben. Dementsprechend müßte die für den Standortwettbewerb nötige Differenzierung von den übrigen verbleibenden Faktoren getragen werden, beispielsweise von der Lohnpolitik. Konkret: Wenn es bei den sozialpolitischen Standards sowie in der Steuer- und Ausgabenpolitik keine Differenzierungsmöglichkeiten gibt, muß der Standortnachteil einer Region in vollem Umfang auf das Lohnniveau durchschlagen. Einige Regionen könnten nur dann wettbewerbsfähig bleiben, wenn die gezahlten Lohnsätze weit unter denen der Ballungsgebiete liegen. Voraussichtlich wäre dies politisch nicht akzeptabel, weshalb dann wohl Gelder der Gemeinschaft zur Einkommensstützung und zur regionalen Förderung eingesetzt würden.

Zu den schwierigsten Problemen einer Europäischen Währungsunion gehören

- ein Verzicht auf politische Souveränität und die Abtretung von Kompetenzen an gemeinschaftliche Organe und
- die Entscheidung, welche Bereiche dem Wettbewerb und damit der spontanen Koordination überlassen bleiben sollen und welche der Behörden-Koordination[7].

Zu diesen Kardinalfragen gibt es bis heute tiefgreifende Meinungsverschiedenheiten. So ist – wie erwähnt – ein weitreichender Wettbewerb der Regionen in einer Währungsunion unvereinbar mit umfassenden Harmonisierungsbestrebungen. Haushaltspolitische Autonomie von regionalen Gebietskörperschaften paßt nicht zu strengen Regelbindungen und einer umfangreichen Übertragung von Haushaltskompetenzen auf eine europäische Behörde. Statt einer Abwertung gegenüber Drittländern bevorzugen stark stabilitätsorientierte Regionen eher den verschärften Innovations- und Kostenwettbewerb. Über die konkreten Entscheidungen hinaus geht es hierbei um die Festlegung wirtschaftspolitischer Prioritäten. Bis die Europäische Währungsunion erreicht ist, dürften noch viele Jahre vergehen, in denen sich politische Einstellungen und Gewichte verschieben werden. Deswegen ist es auch nahezu ausgeschlossen, daß schon heute endgültig über die institutionelle Ausgestaltung von Geldverfassung, Finanzverfassung und konkrete Harmonisierungsregeln entschieden wird. Vielmehr werden diese

[7] Zu den grundlegenden Verfahren für die supranationale Koordinierung nationaler Geldpolitik vgl. Peter *Bofinger*: Alternative Verfahren der geldpolitischen Koordination in Europa, in: Der Weg zur Wirtschafts- und Währungsunion in Europa. Analysen und Dokumente, hrsg. von dems., Wiesbaden 1990, S. 45–64.

Entscheidungen sich in den nächsten Jahren herauskristallisieren. Um so wichtiger ist die Entscheidung, auf welchem Weg und mit welchem Tempo die Gemeinschaft eine Währungsunion ansteuert.

III. Welcher Weg zur Europäischen Währungsunion?

Bei der Diskussion um den Fahrplan zur Europäischen Währungsunion bilden einerseits die monetaristische Position oder „Motortheorie" und andererseits die ökonomistische Position oder „Krönungstheorie" die theoretischen Eckpunkte. Die „Monetaristen" plädieren dafür, eine Währungsunion auch dann möglichst schnell zu realisieren, wenn noch beträchtliche Entwicklungsunterschiede zwischen den Teilnehmerländern bestehen. Die Einführung einer gemeinsamen Währung wirke als enorme Schubkraft im wirtschaftspolitischen Abstimmungsprozeß und bei der Flexibilisierung an den Märkten, die notwendig ist, um die nationalen Entwicklungsunterschiede ohne Beschäftigungseinbußen in den peripheren Gebieten des neuen Währungsraumes zu verarbeiten.

Die „Ökonomisten" sprechen der Einführung einer gemeinsamen Währung durchaus eine gewisse integrative Kraft zu. Aber in einer Welt, in der die Flexibilität an den Märkten vielfach gering ist und sich die Wirtschaftspolitik häufig im Netz der Partikularinteressen verfängt, halten sie die Chancen eines stabilitätskonformen Auffangens beträchtlicher nationaler Entwicklungsunterschiede für nicht allzu groß. Die Ökonomisten rechnen damit, daß diese Probleme dann mit einer inflationären Politik kaschiert werden sollen. Aus Furcht vor einer solchen Fehlentwicklung fordern sie, daß jedes Land zunächst seine Anpassung an die Bedingungen des künftigen Währungsraumes vorantreibt. Die gemeinsame Währung sollte lediglich der krönende Abschluß einer weitgehenden wirtschaftlichen Harmonisierung in den Teilnehmerstaaten sein[8].

Gegenwärtig verfolgen die EWS-Staaten den von der *Delors*-Kommission vorgeschlagenen Stufenplan für den Übergang zur Europäischen Währungsunion; die erste Stufe dieses Planes, die eine stärkere Koordination der Wirt-

[8] Der Streit zwischen „Monetaristen" und „Ökonomisten" hatte schon Anfang der 70er Jahre, als die *Werner*-Kommission ihren Plan für eine Europäische Währungsunion vorlegte, einen Höhepunkt erreicht. Eine zweite Zuspitzung dieser Debatte gab es zur Zeit der EWS-Gründung. In beiden Phasen neigten die Wirtschaftspolitiker zur monetaristischen Seite. Vgl. Wolfgang *Harbrecht*, Jürgen *Schmidt*: Die Beziehungen zwischen Wechselkursstabilisierung und wirtschaftspolitischer Konvergenz, in: Wechselkursstabilisierung, EWS und Weltwährungssystem, hrsg. von Otmar Issing, Hamburg 1988, 189–228, hier S. 194–196.

schaftspolitik und die Kapitalmarktliberalisierung vorsieht, hat im Juli 1990 begonnen. Unter den Alternativen für das weitere Vorgehen sind besonders die offiziellen Vorschläge Großbritanniens, Frankreichs und Spaniens zu beachten. In jedem der relevanten währungspolitischen Konzepte sind Elemente der Motortheorie und der Krönungstheorie enthalten. Dabei besteht in diesem „Wettbewerb der Ideen" dahingehend Konsens, daß die vorgeschlagenen geld- und währungspolitischen Veränderungen nicht den Charakter eines Experiments haben dürfen, dessen Fehlschlag die gesamte Wirtschaft Europas schwer schädigen würde. Die Sicherung eines stabilen Geldwertes ist als führendes Prinzip anerkannt. Gleichwohl unterscheiden sich die Konzepte zum Teil deutlich.

Trotz der gegenwärtig noch beträchtlichen stabilitätspolitischen Differenzen zwischen den EG-Ländern hat die französische Regierung kürzlich vorgeschlagen, schon im Jahre 1994 eine Europäische Zentralbank zu institutionalisieren. Die verstärkte ökonomische Harmonisierung, die hierfür erforderlich ist, kann man als monetaristischen Kern dieser Konzeption ansehen, die insoweit auch Spanien vertritt. Zur Stützung dieser Position wird häufig auf die Gründungsphase des EWS und den erst einige Monate zurückliegenden Beitritt Großbritanniens zum Wechselkursmechanismus des EWS verwiesen. Obwohl in beiden Fällen viele Experten die Zeit noch nicht reif für einen solchen Schritt hielten, haben sich mittlerweile das EWS und bisher auch Großbritanniens Teilnahme bewährt. Allerdings darf man nicht verkennen, daß allein hierdurch kaum wirtschaftspolitische Konvergenz geschaffen wurde. Die ernsthafte Bereitschaft, auf einen gemeinsamen stabilitätspolitischen Kurs einzuschwenken, bestand schon vorher[9], und die Schritte währungspolitischer Integration stärkten dann jeweils diese wirtschaftspolitische Ausrichtung. Im französischen Vorschlag für den Weg zur Europäischen Währungsunion kommt diese grundlegende Bereitschaft, wirtschaftspolitische Autonomie aufzugeben, auch in der Funktion des europäischen Ministerrates zum Ausdruck.

Großbritannien votiert ebenfalls dafür, Europa möglichst bald eine gemeinsame Währung zu geben. Aber diese gemeinsame Währung soll noch nicht die einzige Währung sein. Beabsichtigt ist, eine gehärtete ECU als dreizehnte Währung in der Europäischen Gemeinschaft einzuführen[10]. For-

[9] Ganz offensichtlich ist das EWS erst Mitte der 80er Jahre stabil geworden, als Frankreich, Dänemark und Irland eine wirtschaftspolitische Kehrtwendung vollzogen und der Stabilisierung des Preisniveaus Vorrang einräumten.

[10] Mitte 1989 hatte die britische Regierung noch einen etwas anderen Vorschlag unterbreitet. Im freien Wettbewerb der bestehenden nationalen Währungen sollte sich die härteste als gemeinsame Währung für Europa durchsetzen. Etwa ein Jahr später sprach sie sich erstmals für die "hard ECU" aus, und zur Jahreswende 1990/91 legte sie den EG-Gremien einen detaillierten Vertragsentwurf vor.

maler Ausdruck dieser Härtung der ECU wäre ihre „Aufwertungsgarantie", d.h., sie darf gegenüber keiner der nationalen Währungen abwerten. Die Vorbedingungen hierfür sind Regeln, die sicherstellten, daß das Angebot an ECU knapp bleibt[11]. Die Experten sind sich einig, daß eine so gehärtete ECU stark inflationierende Währungen verdrängen und insoweit als Motor der monetären Integration in Europa fungieren könnte. Aber bei moderaten Inflationsdifferenzen dürften ihre „Einführungskosten" für die potentiellen Nachfrager höher sein als die möglichen Erträge. Die „harte ECU" bliebe voraussichtlich in der Startphase stecken. Bei Unterschieden im Preisauftrieb, wie sie gegenwärtig zwischen den am Interventionsmechanismus des EWS beteiligten Ländern bestehen, führt die „harte ECU" in bezug auf die geld- und währungspolitische Integration folglich nicht weiter. Hinzu kommt, daß dieses Konzept die Notenbanken auf alle Fälle vor eine sehr schwierige Steuerungsaufgabe stellen würde[12].

Stärker im Vordergrund steht die Krönungstheorie in dem immer wieder von verschiedenen Seiten vorgetragenen Plan, die Europäische Währungsunion zunächst lediglich für einen Kern von „Hartwährungsländern" zu realisieren[13]. In der Bundesrepublik, den Benelux-Staaten und Frankreich sei die stabilitätspolitische Angleichung so weit gediehen, daß ein Festschreiben der Wechselkurse untereinander und der Übergang zu einer gemeinsamen Geldpolitik in naher Zukunft möglich sei[14]. Die übrigen EG-Staaten müßten sich dann verstärkt um eine wirtschaftspolitische Marschroute bemühen, die es ihnen erlaube, möglichst bald dieser Währungsunion beizutreten. Ansonsten würden sie Gefahr laufen, gegenüber den Ländern, die ihre Vorteile schon genießen, in der wirtschaftlichen Entwicklung (weiter) zurückzufallen. Insofern wären auch Elemente der Motortheorie in diesen Vorschlag eingeschlossen. In den zunächst ausgegrenzten Ländern, insbesondere in Spanien und Portugal, ist jedoch die Sorge groß, den Anschluß an

[11] Die Steuerung der ECU-Geldmenge würde einem Europäischen Währungsfonds (EWF) obliegen, der sich nur dem Namen nach, nicht aber in seiner Funktion von einer Europäischen Zentralbank unterschiede.

[12] Vgl. *Wissenschaftlicher Beirat beim Bundesministerium für Wirtschaft*: a.a.O., S.16–17.

[13] Unter anderem hat sich der *Sachverständigenrat* in seinem letzten Jahresgutachten für ein solches Vorgehen ausgesprochen. Vgl. *Sachverständigenrat zur Begutachtung der gesamtwirtschaftlichen Entwicklung*: Auf dem Wege zur wirtschaftlichen Einheit Deutschlands, Jahresgutachten 1990/91, Stuttgart 1990, Ziffern 500–504. Auch im Direktorium der Deutschen Bundesbank hat diese Idee Anklang gefunden.

[14] Währungstheoretiker sprechen davon, daß diese Länder die Bedingungen für einen optimalen Währungsraum weitgehend erfüllen. Vgl. Lukas *Menkhoff*, Friedrich L. *Sell*: Überlegungen zu einem optimalen Währungsraum (Discussion Papers in Development Economics, Universität Gießen, Nr. 10), Gießen 1990.

den Länderblock mit der Einheitswährung nicht herstellen zu können; es bliebe dann dauerhaft bei einem „Europa der zwei Geschwindigkeiten". Außerdem ist nicht sicher, ob eine solche partielle Währungsunion mit dem Vertragswerk der Europäischen Gemeinschaft vereinbar wäre. Die politischen Widerstände gegen eine „kleine" Währungsunion innerhalb der Europäischen Gemeinschaft wären jedenfalls stark. Dazu würde sicher auch beitragen, daß die vorerst nicht beteiligten Länder um ihr Mitspracherecht bei der Gestaltung der Institutionen fürchten, die später für die monetäre Politik in der gesamten EG zuständig wären.

Gemäß dem Stufenplan, den die *Delors*-Kommission im Frühjahr 1989 vorlegte, sollen die Wechselkurse erst endgültig fixiert und soll die Einheitswährung eingeführt werden, wenn in der Europäischen Gemeinschaft eine weitgehende ökonomische Übereinstimmung erreicht ist. Dies wäre die dritte, die Endstufe im Rahmen der *Delors*-Konzeption. In der zweiten Stufe, für die mittlerweile 1994 als Startjahr gilt, soll die ökonomische Angleichung wichtiger gesamtwirtschaftlicher Rahmendaten weiter vorangebracht werden. Kommen die Staaten auf dem Weg zur Stabilitätsgemeinschaft gut voran, so wäre im Verlauf dieser zweiten Stufe die Europäische Zentralbank zu gründen. Sie hätte sich zunächst lediglich während einer Art Probephase mit den Aufgaben einer Notenbank für Europa vertraut zu machen; erst in der dritten Stufe würde sie tatsächlich als Notenbank tätig.

Dieses etappenweise Vorgehen, ganz im Sinne der „Ökonomisten", erscheint vielen überzeugten Europäern zu zögerlich. Vor allem Frankreich und Spanien wollen mit einer früheren Übergabe geldpolitischer Verantwortung an die Europäische Zentralbank den geld- und währungspolitischen Status quo schneller überwinden. In einigen EG-Staaten findet der Vorschlag der *Delors*-Kommission jedoch nach wie vor breite Zustimmung. Insbesondere von deutscher Seite werden die stabilitätspolitischen Risiken hervorgehoben, die eine schnelle Errichtung einer Europäischen Zentralbank und eine endgültige Fixierung der Wechselkurse beinhalten. Nicht nur die Deutsche Bundesbank, sondern auch die Bundesregierung betont die Notwendigkeit einer sorgsamen Vorbereitung der Europäischen Währungsunion. Aber selbst Ökonomen, die sich klar zur Krönungstheorie bekennen und insofern ebenfalls vor einer übereilten Währungsunion warnen, können sich mit der zweiten Stufe, so wie sie bisher konzipiert ist, nicht anfreunden. Sie kritisieren vor allem, daß die Europäische Zentralbank längere Zeit neben den eigenständigen nationalen Zentralbanken bestehen soll; Koordinierungsprobleme und Reibungsverluste scheinen vorprogrammiert[15].

[15] Vgl. *Sachverständigenrat zur Begutachtung der gesamtwirtschaftlichen Entwicklung*: a. a. O., Ziffern 485–493.

IV. Die Endstufe: Umstrittene europäische Notenbankverfassung

Außer dem Weg zu einer Europäischen Währungsunion steht die Ausgestaltung der künftigen europäischen Notenbankverfassung im Mittelpunkt der Diskussion. Die europäischen Staaten müssen sich gemeinsam auf ein Statut für eine Europäische Zentralbank verständigen, das im europäischen Vertragswerk zu verankern ist. Diese Festlegungen haben außerordentlich weitreichende Bedeutung für die Währungs- und Wirtschaftspolitik in Europa. Der Bedeutung nach an erster Stelle stehen dabei der Grad der Unabhängigkeit der künftigen Europäischen Notenbank und die ihr vorgegebenen wirtschaftspolitischen Ziele.

Gegenwärtig sind die nationalen Notenbanken der europäischen Länder überwiegend von den Regierungen abhängig. Die Geldpolitik hat die allgemeine Wirtschaftspolitik weitgehend zu unterstützen, teilweise hat sie sich ihr unterzuordnen. Eine weitgehende Ausnahme von diesem Muster ist die Stellung der Deutschen Bundesbank in der deutschen Wirtschaftspolitik. Sie ist vorrangig dem Ziel verpflichtet, die Stabilität des Geldwerts zu sichern. Darüber hinaus enthält das Bundesbankgesetz die ergänzende Formulierung, daß die Notenbank die allgemeine Wirtschaftspolitik zu unterstützen habe. Auch die institutionelle Unabhängigkeit der Deutschen Bundesbank ist durch Gesetz weitgehend abgesichert. Empirisch gibt es Anhaltspunkte dafür, daß in Ländern mit unabhängigen Notenbanken langfristig die Inflationsrate besonders niedrig ist. Es wäre allerdings zu einseitig, dies in erster Linie auf die Notenbankverfassung zurückzuführen. Vielmehr dürfte die Ursache für ein hohes Maß an Preisstabilität vor allem darin liegen, daß in der Bevölkerung die Furcht vor Inflation besonders ausgeprägt ist. Die Präferenz für Stabilität dürfte ausschlaggebend sein sowohl für den Bestand einer gesetzlich abgesicherten Unabhängigkeit der Notenbank als auch für die Akzeptanz einer ohne Wenn und Aber an Geldwertstabilität orientierten Politik.

Diese Präferenz der Bevölkerung für Stabilität ist wahrscheinlich in Europa nicht überall gleich ausgeprägt. Insoweit mögen unterschiedliche Geldverfassungen auch einen unterschiedlichen Konsens der jeweiligen Bevölkerung zum Rang der Geldwertstabilität reflektieren. Der Ersatz der nationalen Geldverfassungen durch eine europäische ist schon deshalb keine einfach zu lösende institutionelle Angelegenheit. Zu erwarten ist zumindest eine langwierige politische Diskussion, bis Einigkeit für eine gemeinsame Notenbankverfassung herstellbar ist. Für ein einzelnes Mitgliedsland, wie die Bundesrepublik Deutschland, kann ein hoher Rang für den Geldwert eine Lebensfrage sein. Wegen der langfristigen Bedeutung für Einkommen und Beschäftigung steht diese Bedingung nicht zur Disposition. Aber selbst wenn ein Konsens über die Notenbankverfassung gefunden werden kann, bleibt noch offen, wie die Notenbank den für sie definierten Rahmen konkret ausfüllt. Denn zu einer stabilitätsorientierten Verfassung muß die Akzeptanz der Bevölkerung für eine stabilitätsorientierte Politik kommen. Der faktische Spielraum der Europäischen Zentralbank kann kleiner sein, als er im Notenbankstatut festgelegt ist.

Die Diskussion um das Statut der Europäischen Notenbank zeigt erwartungsgemäß eine ganze Reihe von Einwänden gegen eine zu weitgehende Autonomie. In erster Linie denken die Kritiker an Konflikte mit der Wirtschaftspolitik der Regierung. Ein demokratisch verfaßter Staat muß nach ihrer Ansicht in der Lage sein, die Rangfolge der wirtschaftspolitischen Ziele, die er verfolgt, zumindest bei gravierenden Fehlentwicklungen am Arbeitsmarkt oder im Außenhandel zu verändern. Zu diesem Argumente-Katalog gehört die Forderung, daß eine Notenbank in die staatliche Gesetzgebung und Verwaltung eingebunden sein sollte. Außerdem sollte die Finanzpolitik bei drohender Rezession die Möglichkeit zur expansiven Nachfragesteuerung haben, ohne dabei von einer konterkarierenden Geldpolitik gestört zu werden[16]. Letztlich geht es bei der Diskussion über die Unabhängigkeit der Notenbank und über die wirtschaftspolitische Zielvorgabe nicht um eine wissenschaftlich entscheidbare Frage, sondern um eine politisch-normative Entscheidung[17]. Sie muß einstimmig getroffen werden. Denn im Falle einer einfachen Mehrheitsentscheidung wäre damit zu rechnen, daß alle die Länder der gemeinsamen Verfassung fernbleiben, die ihren politischen Grundkonsens bedroht sehen.

Die Absicherung der Autonomie und die Priorität für Geldwertstabilität sind zwar die wichtigsten Elemente einer neuen Europäischen Notenbankverfassung, aber nicht die einzigen. Hinzu kommen müssen Regeln für die Finanzierung der Staatshaushalte, die Zuordnung der geldpolitischen Instrumente sowie die Festlegung wechselkurspolitischer Kompetenzen gegenüber Drittländern, einschließlich der Zuständigkeit für Interventionen am Devisenmarkt. Unstrittig ist, daß die Europäische Zentralbank keine öffentlichen Haushaltsdefizite finanzieren darf. Ohne dieses Verbot könnte sie weder die Geldschöpfung unter Kontrolle halten noch das Ziel der Geld-

[16] Vgl. Hans-Hermann *Francke*: Zu einigen ablauf- und ordnungspolitischen Problemen einer Europäischen Zentralbank aus polit-ökonomischer Sicht, in: Europäische Zentralbank. Europas Währungspolitik im Wandel, hrsg. von Rolf H. Hasse und Wolf Schäfer, Göttingen 1990, S. 134–151, hier S. 140–146.

[17] Vor allem in Großbritannien wird hierbei auf das demokratische Grundverständnis verwiesen, daß öffentliche Einrichtungen letztlich gegenüber den Bürgern rechenschaftspflichtig sein sollen. Eine autonome europäische Währungsbehörde würde dem Grundsatz der "accountability" nicht genügen.

wertstabilität verfolgen. Umstritten ist aber, ob zu einer Europäischen Notenbankverfassung auch Regeln für die Begrenzung der öffentlichen Haushaltsdefizite in Europa gehören sollten.

Unnötig sind solche Regeln, wenn man glaubt, daß Gebietskörperschaften mit gesamtwirtschaftlich störenden Defiziten von den Finanzmärkten eine Risikoprämie diktiert bekommen, die ihre Zinslast nach oben treibt und die zuständigen Regierungen letztlich zu einer Rückführung der Kreditaufnahme zwingt. Dagegen stehen drei kritische Argumente:

Erstens: In einer immer enger zusammenwachsenden Europäischen Gemeinschaft wird eine Solidarhaftung für hochverschuldete Länder immer schwerer vermeidbar sein. Damit ist die Sanktion der Risikoprämie im Zins aber ausgeschaltet, da die Finanzmärkte das Risiko eines Kredits an ein hochverschuldetes europäisches Land so gering einschätzen wie für die Gemeinschaft im ganzen.

Zweitens: Da die Wahlperioden der Politiker zumeist kürzer sind als die Laufzeiten der aufgenommenen Kredite, wird die Sanktionswirkung steigender Zinsen geschmälert. Für die gestiegene Zinslast müssen politisch häufig andere einstehen als diejenigen, die die Schulden eingegangen sind.

Drittens: Die Europäische Zentralbank wird dem Druck, ihre Politik zu lockern und die Zinsen zu senken, vor allem dann nicht standhalten, wenn mehrere Gebietskörperschaften zugleich einen expansiven finanzpolitischen Kurs verbunden mit hohen Staatsdefiziten verfolgen. Die formale Unabhängigkeit der Notenbank dürfte in einer solchen Situation nicht ausreichen, um die politische Forderung nach einer indirekten Finanzierung der Staatsdefizite abzuwehren. Deshalb hält beispielsweise der Sachverständigenrat Regeln für die Begrenzung der öffentlichen Defizite in einer Europäischen Währungsunion für erforderlich[18]. Diese könnten helfen, die Unabhängigkeit der Notenbank inhaltlich zu bewahren, denn dadurch sei eine Möglichkeit ausgeschlossen, durch die eine stabilitätsorientierte Geldpolitik faktisch unterminiert werden könnte.

Bei der Formulierung der Notenbankverfassung stellt sich auch die Frage nach einer Regelbindung der Europäischen Notenbank selber. Man könnte ihr bei der Sicherung des Geldwerts ebenso freie Hand lassen wie bei der Auswahl ihrer Zwischenziele und beim Einsatz ihrer Instrumente. Denkbar ist aber auch, sie auf die Steuerung der Geldmenge als Zwischenziel zu verpflichten. Dabei könnte offenbleiben, welches Geldmengenaggregat sie für ihre Steuerung als geeignet auswählt. Noch weiter ginge der Vorschlag, der Europäischen Notenbank eine mittelfristige Expansionsrate in bestimmter Höhe vorzugeben.

[18] Vgl. *Sachverständigenrat zur Begutachtung der gesamtwirtschaftlichen Entwicklung*: a. a. O., Ziffer 499.

Schließlich ist festzulegen, welche Instanz über Interventionen an den Devisenmärkten entscheiden soll. Eine unabhängige Zentralbank, die auf das Ziel der Geldwertstabilität verpflichtet ist, kann diese Entscheidung nur selbst wahrnehmen, denn die Notenbank beeinflußt die Devisenmärkte durch ihre Instrumente, entweder durch den Einsatz ihrer Devisenreserven oder durch zinspolitische Maßnahmen. Würde diese Kompetenz dem Europäischen Rat oder der Europäischen Kommission übertragen, so wäre die Autonomie beeinträchtigt. Die Geldschöpfung wäre unmittelbar von seiten der Regierung beeinflußbar.

Etwas anders sieht es aus bei der Entscheidung über das Wechelkurssystem gegenüber Drittländern. Beispielsweise könnte die Frage aufkommen, ob sich die Europäische Gemeinschaft für einen festen Wechselkurs gegenüber dem US-Dollar oder dem japanischen Yen entscheiden sollte. Diese Entscheidung wäre letztlich von den politischen Instanzen zu treffen, aber die Europäische Notenbank müßte in den Entscheidungsprozeß einbezogen sein. Durch die Festlegung eines festen Wechselkurses gegenüber einer außereuropäischen Währung und den dazugehörigen Interventionsverpflichtungen ergäbe sich nämlich zwangsläufig eine Einschränkung der monetären Autonomie, ähnlich wie heute innerhalb des Europäischen Währungssystems.

Schon auf dem Weg zu einer Europäischen Notenbank wird es für die nationalen Notenbanken erheblichen Anpassungsbedarf geben. Der rasche Übergang von den bestehenden nationalen Geldverfassungen auf eine unabhängige und zugleich auf Geldwertstabilität verpflichtete Europäische Notenbank wird nicht möglich sein. Vielmehr werden die einzelnen europäischen Länder gehalten sein, ihre eigenen Notenbankverfassungen allmählich auf das europäische Modell hin abzuändern. Je größer der Abstand ist, je mehr also die Notenbank heute Erfüllungsgehilfe der Regierung ist, desto weitgehender ist der Anpassungsbedarf. Während dieser Übergangszeit dürfte es nicht ratsam sein, Kompetenzen von der nationalen auf die europäische Ebene zu übertragen und so den Handlungsraum der nationalen geldpolitischen Instanzen einzuengen.

Eine Einigung über eine Europäische Notenbankverfassung zwischen den Mitgliedsländern der Europäischen Gemeinschaft muß auch eine Klausel enthalten über die Beitrittsmöglichkeit weiterer Länder zu dieser Währungsunion. Die einseitige Erklärung eines Beitrittskandidaten wird kaum akzeptabel sein. Vielmehr werden die Vertragsländer einen Kriterienkatalog formulieren müssen, nach dem die Beitrittsgesuche geprüft werden. Insbesondere wenn nur ein Teil der heutigen EG-Mitgliedsländer den Vertrag über eine Währungsunion schließt, ist vertraglich festzuhalten, welche Rechte und Pflichten neue Mitglieder haben sollen.

Literatur

Ausschuß zur Prüfung der Wirtschafts- und Währungsunion: Bericht zur Wirtschafts- und Währungsunion in der Europäischen Gemeinschaft („*Delors*-Bericht"), 1989.

Berthold, Norbert: Internationale währungspolitische Arrangements – Ökonomische und polit-ökonomische Aspekte, in: Kredit und Kapital, 23. Jg. (1990), S. 437–467.

Bofinger, Peter: Alternative Verfahren der geldpolitischen Koordination in Europa, in: Der Weg zur Wirtschafts- und Währungsunion in Europa. Analysen und Dokumente, hrsg. von dems., Wiesbaden 1990, S. 45–64.

Feldsieper, Manfred: Währungsunionen, II: Zielsetzungen und Probleme, in: Handwörterbuch der Wirtschaftswissenschaft, Bd. 8, Stuttgart u. a. 1980, S. 546–562.

Francke, Hans-Hermann: Zu einigen ablauf- und ordnungspolitischen Problemen einer Europäischen Zentralbank aus polit-ökonomischer Sicht, in: Europäische Zentralbank. Europas Währungspolitik im Wandel, hrsg. von Rolf H. Hasse und Wolf Schäfer, Göttingen 1990, S.134–151.

Friedman, Milton: The Case for Flexible Exchange Rates, in: ders.: Essays in Positive Economics, Chicago–London 1953, S. 157–203.

Harbrecht, Wolfgang/Jürgen Schmid: Die Beziehungen zwischen Wechselkursstabilisierung und wirtschaftspolitischer Konvergenz, in: Wechselkursstabilisierung, EWS und Weltwährungssystem, hrsg. von Otmar Issing, Hamburg 1988, S. 189–228.

Menkhoff, Lukas/Friedrich L. Sell: Überlegungen zu einem optimalen Währungsraum (Discussion Papers in Development Economics, Universität Gießen, Nr. 10), Gießen 1990.

o. V.: Bericht an Rat und Kommission über die stufenweise Verwirklichung der Wirtschafts- und Währungsunion in der Gemeinschaft („*Werner*-Bericht"), Luxemburg, 8. Oktober 1970 (Sonderbeilage zum Bulletin 11–1970 der Europäischen Gemeinschaften).

Sachverständigenrat zur Begutachtung der gesamtwirtschaftlichen Entwicklung: Auf dem Wege zur wirtschaftlichen Einheit Deutschlands, Jahresgutachten 1990/91, Stuttgart 1990.

Sohmen, Egon: Flexible Exchange Rates, revised edition, Chicago–London 1969.

Williamson, John: Target Zones and the Management of the Dollar, in: Brookings Papers on Economic Activity, 1986, S. 165–174.

Wissenschaftlicher Beirat beim Bundesministerium für Wirtschaft: Gutachten „Europäische Währungsordnung" (Studien-Reihe 61, hrsg. vom Bundesminister für Wirtschaft), Bonn, Februar 1989.

*Gunter D. Baer**

Der Delors-Bericht: Ausgangspunkt für die weitere Diskussion

Als im April 1989 der Delors-Ausschuß seinen Bericht[1] *der Öffentlichkeit vorlegte, war kaum abzusehen, daß sich schon nur etwas mehr als ein Jahr danach die Europäische Gemeinschaft in der ersten Stufe der Wirtschafts- und Währungsunion (WWU) befinden würde und ab Ende 1990 die Verhandlungen über die notwendigen vertraglichen Voraussetzungen für den Eintritt in die zweite und dritte Stufe stattfinden würden. Parallel zu diesen politischen Schritten wurden seitdem auch bedeutsame Fortschritte bei der Liberalisierung des Kapitalverkehrs erzielt, als eine Reihe von Ländern vorzeitig ihre Kapitalverkehrskontrollen abbauten, und der Wirkungsgrad des Europäischen Währungssystems wurde durch den Beitritt Großbritanniens und die Verengung der Bandbreite für die italienische Lira erheblich erhöht. Die Bereitschaft, den Integrationsprozeß voranzutreiben, ist um so überraschender angesichts der nicht vorhersehbaren Entwicklungen in den letzten beiden Jahren. Die Vereinigung Deutschlands, die Umwälzungen in Osteuropa, die Krise am Golf und ungünstigere konjunkturelle Aussichten für die Weltwirtschaft haben nicht, wie vielleicht zu befürchten war, nationalen Interessen der EG-Mitgliedsstaaten Auftrieb gegeben. Im Gegenteil, nicht nur die Arbeiten zur Verwirklichung der WWU werden mit Nachdruck vorangetrieben, sondern auch der vor kurzem noch mit großen Vorbehalten begegnete Gedanke einer politischen Union ist Gegenstand einer zweiten Regierungskonferenz. Das sind deutliche Zeichen, welchen Stellenwert der wirtschaftliche und engere politische Zusammenschluß Europas einnimmt.*

Der Delors-Bericht hat zweifelsohne einen bedeutenden Beitrag für diese Entwicklung geleistet, und trotz Versuchen, andere Lösungswege zu finden, hat er sich als solide Grundlage und Richtschnur für das weitere Vorgehen erwiesen. Allerdings bleiben auch heute noch viele Sachfragen offen. Es ist wahrscheinlich nicht überraschend, daß es sich dabei in fast allen Fällen um

* Der Verfasser vertritt seine persönliche Meinung.

[1] *Ausschuß zur Prüfung der Wirtschafts- und Währungsunion*: Bericht zur Wirtschafts- und Währungsunion in der Europäischen Gemeinschaft („*Delors*-Bericht“), 1989.

die gleichen Probleme handelt, die schon mit dem Erscheinen des Delors-Berichts eine lebhafte Diskussion in Wissenschaft und Politik auslösten.

Das Ziel dieses Beitrages ist es, die wichtigsten in Zusammenhang mit dem Endstadium einer WWU und dem Weg dorthin auftretenden Fragen zu behandeln und, soweit möglich, aufzuzeigen, wie sich die offiziellen Auffassungen in Reaktion auf den Delors-Bericht entwickelt haben. Dazu werden in Abschnitt I die wesentlichen Punkte des Delors-Berichts in Erinnerung gerufen. In Abschnitt II wird kurz der britische Vorschlag einer „harten" ECU als Alternative zum Delors-Plan erörtert. In Abschnitt III werden Fragen diskutiert, die sich vornehmlich im Rahmen der Ausgestaltung der dritten Stufe stellen, und Abschnitt IV beschäftigt sich mit den Problemen der Übergangsphase.

Viele der aufgeworfenen Fragen sind komplex, und Lösungsmöglichkeiten werden im politischen Prozeß nur in Form von Kompromissen möglich sein, die der Wechselbeziehung von wirtschaftlicher Effizienz, demokratischer Legitimität und Bereitschaft, nationale Befugnisse an Gemeinschaftsinstitutionen abzutreten, Rechnung tragen. Noch ist es zu früh, die Umrisse des neuen EG-Vertrages zu skizzieren.

I. Der Delors-Bericht und erste politische Schritte

A. Die Grundzüge des Berichts

Der „Bericht zur Wirtschafts- und Währungsunion in der Europäischen Gemeinschaft" war das Ergebnis der Beratungen eines Ausschusses unter Vorsitz von Jacques *Delors*, Präsident der Kommission der Europäischen Gemeinschaften, der im Juni 1988 vom Europäischen Rat mit dem Auftrag eingesetzt wurde, die konkreten Etappen zur Verwirklichung der WWU zu prüfen und vorzuschlagen[2].

Der Ausschuß sah das Endziel einer WWU dann als erreicht an, wenn – erstens – in der Gemeinschaft völlige Freiheit im Personen-, Waren-, Dienstleistungs- und Kapitalverkehr herrscht und – zweitens – die nationalen Währungen durch unwiderruflich festgesetzte Wechselkurse verbunden und letztlich durch eine einheitliche Währung ersetzt wurden. Der Weg zur WWU soll nach Auffassung des Ausschusses in drei Stufen beschritten werden, in denen jeweils parallel im wirtschaftlichen und monetären Bereich progressiv die notwendigen funktionellen und institutionellen Regelungen getroffen werden.

[2] Das Mandat und die Zusammensetzung des *Delors*-Ausschusses sind im Anhang zum „Bericht zur Wirtschafts- und Währungsunion in der Europäischen Gemeinschaft" enthalten.

In der ersten Stufe bleibt der bestehende institutionelle Rahmen der Gemeinschaft unverändert, und das Hauptaugenmerk liegt auf größerer Konvergenz in der wirtschaftlichen Entwicklung durch verstärkte wirtschafts- und währungspolitische Zusammenarbeit und auf der Vollendung des Binnenmarktprogramms durch die Beseitigung der materiellen, technischen und steuerlichen Grenzen in der Gemeinschaft. Während Änderungen der Wechselkursparitäten weiterhin möglich sind, sollen Bemühungen unternommen werden, andere Anpassungsmechanismen funktionsfähiger zu machen, möglichst alle Gemeinschaftswährungen in den Wechselkursverbund des EWS einzubeziehen und die Hindernisse der privaten Verwendung der ECU zu beseitigen.

In der zweiten Stufe sollen die grundlegenden Organe und Strukturen der WWU eingerichtet werden, und innerhalb des neuen institutionellen Rahmens sollen allmählich operationelle Funktionen übernommen werden, die der Überwachung und Analyse der makroökonomischen Entwicklung dienen und den gemeinsamen Entscheidungsprozeß fördern. Diese Phase wird vornehmlich als ein Lernprozeß auf dem Weg zu kollektiven Entscheidungen angesehen, auch wenn die endgültige Verantwortung für Entscheidungen noch bei den nationalen Behörden verbleibt. Im wirtschaftlichen Bereich würde sich der Koordinierungsprozeß an mittelfristigen Wachstumszielen und präzisen, obgleich unverbindlichen, Regeln zur Finanzierung öffentlicher Haushaltsdefizite ausrichten. Im monetären Bereich würde das Europäische System der Zentralbanken (ESZB) eingerichtet werden, dessen zentrale Aufgabe es wäre, den Übergang von der Koordinierung unabhängiger nationaler Geldpolitiken zur Formulierung und Umsetzung einer für die Endphase vorgesehenen, vom ESZB selbst verantworteten Geldpolitik in Gang zu setzen. In dieser zweiten Stufe wird die Zuständigkeit der nationalen Währungsbehörden für geldpolitische Entscheidungen aber nicht angetastet, und Wechselkursanpassungen bleiben grundsätzlich möglich, auch wenn sie außergewöhnlichen Situationen vorbehalten sein sollen. Außerdem sollen, den Umständen entsprechend, die Bandbreiten für Wechselkursschwankungen verringert werden und ein gewisser Betrag an Währungsreserven zusammengelegt werden, die für Devisenmarktinterventionen eingesetzt werden können.

Die dritte Stufe würde mit dem Übergang zu unwiderruflich festen Wechselkursen und der Übertragung der notwendigen wirtschaftlichen und monetären Kompetenzen auf die entsprechenden Gemeinschaftsorgane eingeleitet. Im wirtschaftlichen Bereich beinhaltet das insbesondere die Übertragung von Befugnissen auf den Ministerrat, die es ihm in Zusammenarbeit mit dem Europäischen Parlament erlauben, bindende Regeln und Verfahren zur nationalen Budgetpolitik anzuwenden und die finanziellen Mittel der Gemeinschaft so anzupassen, daß damit strukturpolitische oder gesamtwirtschaftliche Aufgaben erfüllt werden können. Auf monetärem Gebiet würde die Zuständigkeit für die einheitliche Geldpolitik auf das ESZB übergehen, das auch die Verantwortung für Devisenmarktinterventionen im Einklang mit der Wechselkurspolitik der Gemeinschaft übernehmen würde. Die offiziellen Währungsreserven würden beim ESZB zusammengelegt und von ihm verwaltet werden. Als letzter Akt würde in dieser Stufe die Ausgabe einer einheitlichen Währung erfolgen, die die nationalen Währungen ablösen würde.

Die Strategie des schrittweisen Vorgehens beruht auf einer Reihe von Grundsätzen:

- Erstens: Unter Anerkennung des Subsidiaritätsprinzips sollen der Gemeinschaft nur solche Zuständigkeiten zugeteilt werden, die zur Erfüllung gemeinschaftlicher Aufgaben, wie makroökonomische Wirtschaftspolitik und Währungspolitik, notwendig sind. Andere wirtschaftspolitische Funktionen, die ohne Beeinträchtigung des Zusammenhalts und Funktionierens der WWU auf unteren Ebenen wahrgenommen werden können, sollen Angelegenheit der Mitgliedsländer bleiben.
- Zweitens soll sich der Prozeß zur WWU evolutionär vollziehen, und die notwendigen Regelungen sollen allmählich Anwendung finden.
- Drittens: Aus der Erkenntnis, daß eine Währungsunion ohne ausreichende wirtschaftliche Konvergenz keinen Bestand haben kann, sollen sich Fortschritte bei der wirtschaftlichen und monetären Integration parallel vollziehen.
- Viertens wird es als unmöglich angesehen, einen festen Zeitplan für den Übergang von einer Stufe zur anderen im voraus festzulegen, da nicht absehbar ist, wann die notwendigen Bedingungen erfüllt sein werden.
- Letztlich wird es als wichtig erachtet, daß ein Konsens aller EG-Mitgliedsländer über die Endziele der Gemeinschaft besteht und daß alle an dem System der Institutionen beteiligt sind, wobei jedoch eine gewisse Flexibilität hinsichtlich der Teilnahme an bestimmten Mechanismen möglich sein soll.

B. Die wichtigsten politischen Schritte nach dem Erscheinen des Delors-Berichts

Der *Delors*-Bericht hat die Entwicklungen während der vergangenen zwei Jahre und die Bestrebungen zur Schaffung einer WWU entscheidend mitbeeinflußt. Zum einen regte der Bericht eine lebhafte Debatte in Fachkreisen und der breiteren Öffentlichkeit an, sowohl über den Weg als auch über die grundsätzliche ökonomische Wünschbarkeit einer WWU. Zum anderen diente er den politischen Institutionen als Grundlage und Orientierung für weitere Schritte in Richtung auf eine WWU. So trafen die Staats- und Regierungschefs im Juni 1989 nach Kenntnisnahme des *Delors*-Berichts zwei wegweisende Entscheidungen. Erstens beschlossen sie, den Beginn der ersten Stufe zur Schaffung einer WWU auf den 1. Juli 1990 festzulegen, und beauftragten die zuständigen Organe der Gemeinschaft, die vom *Delors*-Ausschuß für diese Stufe vorgeschlagenen Maßnahmen zur Verbesserung der wirtschaftspolitischen Koordinierung einzuleiten. Dabei handelte es sich insbesondere um die Neufassung der Ratsentscheidung von 1974 zur Konvergenz in der Wirtschaftspolitik und der von 1964 zur Zusammenarbeit der EG-Zentralbanken im Rahmen des Gouverneursausschusses. Zweitens nahmen die Staats- und Regierungschefs die Anregung des *Delors*-Berichts auf, die Vorbereitungen für die Verhandlungen über einen neuen EG-Vertrag in Gang zu setzen, um die rechtlichen Voraussetzungen für die in der zweiten und dritten Stufe notwendigen institutionellen Schritte zu schaffen. Sechs Monate später stellten die Staats- und Regierungschefs fest, daß der Eintritt in die erste Stufe, wie sie vom *Delors*-Ausschuß definiert worden war, vorbereitet war und daß eine ausreichende Mehrheit der EG-Mitgliedsstaaten die Einberufung einer Regierungskonferenz zur Novellierung des EG-Vertrages gegen Ende 1990 befürwortete. Diese Absicht wurde beim folgenden EG-Gipfeltreffen bekräftigt, und das Datum für die Aufnahme der Regierungskonferenz wurde auf Mitte Dezember 1990 festgelegt, mit dem Hinweis, daß die Arbeiten zügig abzuschließen seien, um eine Ratifizierung des neuen EG-Vertrages vor Ende 1992 zu ermöglichen. Mit der Festlegung des Konferenzzeitplans trat die Frage des Inhalts der neuen Vertragsbestimmungen in den Vordergrund. Dazu äußerten sich die Staats- und Regierungschefs anläßlich eines Sondergipfels im Oktober 1990, wo in den Schlußfolgerungen der Präsidentschaft die Grundzüge der zukünftigen WWU niedergelegt wurden und in Verbindung mit gewissen Bedingungen das Eintrittsdatum für die zweite Stufe auf den 1. Januar 1994 festgesetzt wurde[3]. Diese Schlußfolgerungen wurden allerdings von Großbritannien nicht mitgetragen. Die Regierungskonferenz nahm ihre Arbeit am 15. Dezember 1990 auf. Die britische Regierung hat sich zwar bereit erklärt, konstruktiv in dieser Konferenz mitzuarbeiten, jedoch unter dem Vorbehalt, eine institutionelle Einführung einer einheitlichen Geldpolitik und einer einheitlichen Währung nicht akzeptieren zu können.

Trotz der bemerkenswerten Dynamik, mit der die politischen Entschei-

[3] Vgl.: Konferenz über die Wirtschafts- und Währungsunion. Auszug aus den Schlußfolgerungen des Vorsitzenden des Europäischen Rats, Rom, vom 27./28. Oktober 1990, in: Auszüge aus Presseartikeln, hrsg. von der Deutschen Bundesbank, Nr. 84 vom 30. Oktober 1990, S. 1–2.

dungen zur ersten Stufe und zur Aufnahme von Verhandlungen über einen neuen EG-Vertrag erfolgten, und trotz der weitgehenden Einigung der Staats- und Regierungschefs über einige Eckdaten der WWU bleiben drei wesentliche Fragenkomplexe offen, auf die die Regierungskonferenz Antworten finden muß. Erstens: Nach welchen Grundsätzen soll die Verwirklichung der WWU vollzogen werden? Zweitens: Wie sollen in der Endstufe die klassischen makroökonomischen Instrumente – die Fiskal- und die Geldpolitik – institutionell organisiert werden? Und drittens: Wie soll die Übergangsphase ausgestaltet werden?

II. Die harte ECU als alternative Strategie zum Ansatz des Delors-Ausschusses

Auch zwei Jahre nach dem Erscheinen des *Delors*-Berichts und selbst nach Aufnahme der Regierungsverhandlungen über die Änderung des EG-Vertrages besteht noch kein vollständiges Einvernehmen über den grundsätzlich „richtigen" Weg zur WWU. Zwar hat sich die Haltung der britischen Regierung insoweit gewandelt, als die Möglichkeit einer WWU nicht länger ausgeschlossen wird, aber die Entscheidung darüber soll erst zu einem späteren Zeitpunkt getroffen werden.

Das steht deutlich im Gegensatz zur Bereitschaft aller anderen Mitgliedsstaaten, einen Weg einzuschlagen, der bis zur dritten Stufe der WWU führt und bei dem die Teilnahme an diesem Prozeß auf der ausdrücklichen Verpflichtung beruht, dieses Endziel zu verwirklichen. Die Einheitlichkeit des Prozesses ist eine der wesentlichen Forderungen des *Delors*-Berichts, der nur dann der Vollendung der WWU eine realistische Chance einräumt, wenn überzeugend der politische Wille bekundet wird, die Endphase anzustreben.

Teilweise aus grundsätzlichen Vorbehalten gegenüber der Abtretung von nationalen Kompetenzen an Gemeinschaftsorgane, aber auch aus ökonomischen Überlegungen, sieht sich die britische Regierung bis zum gegenwärtigen Zeitpunkt nicht in der Lage, sich auf die Teilnahme an einer WWU festzulegen. Anstelle dessen hat sie eine Strategie entworfen, die aus ihrer Sicht einen evolutionären Integrationsprozeß in Gang setzt und die Option einer WWU offenläßt[4]. Der britische Plan sieht vor, nur Vorkehrungen für die

[4] Vgl. John *Major*: EMU beyond Stage 1: The UK Approach. (Ansprache des Schatzkanzlers vor dem German Industry Forum in London am 20. Juli 1990), abgedruckt in: ECU – no 12, 1990/III, S. 13–15; ferner *H. M. Treasury*: Economic and Monetary Union – Beyond Stage I. Possible Treaty Provisions and Statute for a European Monetary Fund (Proposals by the UK Government), London, Januar 1991.

zweite Stufe zu treffen, um dann nach einer erneuten Beurteilung der Entwicklung und der Fortschritte in der wirtschaftlichen Konvergenz die Errichtung einer WWU, d.h. insbesondere die Einführung einer einheitlichen Währung, in Erwägung zu ziehen. Ohne hier auf technische Details einzugehen, der Kernpunkt des britischen Vorschlags besteht in der Schaffung einer neuen monetären Institution – des "European Monetary Fund" –, die in der zweiten Stufe die sog. „harte ECU" im Austausch gegen nationale Währungen ausgibt. Diese neue ECU wäre nicht länger wie die jetzige ECU als Währungskorb definiert, sondern würde als eigenständige, gemeinsame Währung neben den nationalen Währungen umlaufen. Die harte ECU würde am Wechselkursverbund des EWS teilnehmen, aber sich dadurch auszeichnen, daß sie bei Wechselkursanpassungen niemals abgewertet werden würde; das heißt, sie würde ihre Parität gegenüber der stärksten EWS-Währung aufrechterhalten. Aus der Sicht der Verfasser des Plans würde die harte ECU anfänglich als Währungsstandard dienen, könnte jedoch im Laufe der Zeit auch zur Transaktionswährung werden. Die Absicht des britischen Vorschlages ist es, einer neuen Institution eine sinnvolle operationale Aufgabe – das Management der harten ECU im Rahmen festgelegter Regeln – zu geben, ohne daß es zu einer Verlagerung von geldpolitischen Befugnissen von der nationalen auf die Gemeinschaftsebene kommt. Damit soll die Entwicklung hin zu einer einheitlichen Währung vornehmlich den Marktkräften überlassen werden, wobei nicht ausgeschlossen wird, die harte ECU zu einem späteren Zeitpunkt zur Einheitswährung zu machen, sollten Regierungen, Bevölkerungen und Märkte es so wünschen. Der britische Ansatz verzichtet somit auf jene institutionellen Schritte, die im *Delors*-Bericht als unerläßlich angesehen werden, um eine geordnete Koordinierung der Währungspolitik zu gewährleisten. Abgesehen von ungelösten technischen Fragen, begegnen die meisten anderen EG-Mitgliedsstaaten dem Vorschlag mit Zurückhaltung: zum einen, weil sie eine Beeinträchtigung der Autonomie der nationalen Geldpolitik befürchten, ohne verläßlich zu wissen, ob schließlich eine Währungsunion errichtet werden wird, und zum anderen, weil sie einer marktmäßigen Verbreitung der harten ECU wenig Aussichten einräumen.

Die britischen Vorstellungen über den grundsätzlichen Weg zur WWU kennzeichnen zwar weitgehend eine Außenseiterposition, haben aber Anstoß zu neuen Überlegungen hinsichtlich der Rolle der ECU in der Übergangsphase gegeben (siehe Abschnitt IV). Doch auch unter den anderen Mitgliedsstaaten, die bereit sind, sich im Einklang mit dem *Delors*-Bericht einem klar definierten Endziel zu verschreiben, gibt es unterschiedliche Auffassungen über die konkrete Ausgestaltung der zweiten und dritten Stufe. Während sich mit einer Annäherung der Standpunkte die institutionellen und operationellen Grundzüge der Endstufe abzuzeichnen beginnen, gehen die Ansichten über Form und Inhalt der zweiten Stufe noch weit auseinander.

III. Die Ausgestaltung der Endstufe

Der *Delors*-Bericht hat klare Vorschläge zur institutionellen Organisation der klassischen makroökonomischen Instrumente in der Endstufe der WWU gemacht. Im Bereich der Haushaltspolitik wird eine enge Koordinierung als unerläßlich betrachtet, und zu diesem Zweck sollen auf Gemeinschaftsebene Regeln und Verfahren eingeführt werden, die es erlauben, feste Vorgaben für den Umfang von Defiziten in den Staatshaushalten der Mitgliedsländer festzulegen. Im Bereich der Geldpolitik wird mit der Festschreibung der Wechselkurse die Zuständigkeit für die einheitliche Geldpolitik auf ein zu errichtendes Europäisches Zentralbanksystem übertragen, das der Erhaltung der Preisstabilität verpflichtet ist und das zur Erfüllung dieser Aufgabe notwendige Maß an Unabhängigkeit besitzt.

A. Die Finanzpolitik – bindende Regeln oder Vertrauen auf Marktkräfte?

Insbesondere der Vorschlag, bindende Regeln für die Haushaltspolitik einzuführen, hat aus ökonomischen und politischen Gründen heftigen Widerspruch erregt. In der Tat, der Vorschlag des *Delors*-Berichts schränkt die finanzpolitische Freiheit einzelner Mitgliedsstaaten und damit die Rechte nationaler Parlamente ein. Der *Delors*-Ausschuß sah die Rechtfertigung für solche Eingriffe in die nationalstaatliche Souveränität vor allem darin, daß in einer WWU die Wirkungen der nationalen Finanzpolitik nicht länger auf das betreffende Land beschränkt bleiben, sondern durch Zins- und Terms-of-Trade-Effekte auf alle Mitgliedsstaaten der Gemeinschaft übertragen werden. Die Lasten mangelnder finanzpolitischer Disziplin eines Landes müßten somit von allen Bürgern der Gemeinschaft getragen werden. Hinzu kommt, daß eine völlig autonom geführte Budgetpolitik es nicht erlauben würde, eine auf makroökonomische Zielsetzungen ausgerichtete Fiskalpolitik für die Gemeinschaft als ganze zu betreiben. Selbst ein unabhängiges Europäisches Zentralbanksystem könnte in der Praxis unter Druck geraten, die Effekte einer übermäßigen Inanspruchnahme der Kapitalmärkte durch ein oder mehrere Mitgliedsländer mittels der Geldpolitik abschwächen zu müssen.

Während alle EG-Mitgliedsstaaten eine strikte Haushaltsdisziplin in einer WWU als notwendig erachten, scheiden sich die Geister, ob dazu bindende Regeln erforderlich sind oder ob dazu im wesentlichen auf Marktkräfte und Koordinierung vertraut werden soll[5].

[5] Für eine ausführliche Diskussion dieses Themas siehe Gunter D. *Baer*: Die Bedeutung der Übertragung von nationalen Entscheidungsbefugnissen bei der Er-

Die Gegner bindender Regeln führen vor allem drei ökonomische Gründe für ihre Haltung an:

- Erstens: Wenn Defizite nicht im Rückgriff auf die Notenpresse finanziert werden können und wenn glaubwürdig sichergestellt wird, daß zahlungsunfähige öffentliche Kreditnehmer nicht mit der Hilfe anderer EG-Länder rechnen können, sind die Voraussetzungen geschaffen, unter denen Marktkräfte disziplinierend wirken. Dann nämlich bestünden für öffentliche und private Kreditnehmer gleiche Bedingungen, und ebenso wie der Markt von einem privaten Schuldner mit sich verschlechternder Kreditwürdigkeit höhere Risikozuschläge verlange, würde auch ein öffentlicher Kreditnehmer bei wachsendem Schuldenberg eine Risikoprämie, d.h. höhere Zinsen zahlen müssen.
- Zweitens: In föderativen Staaten (mit Ausnahme Australiens) werden den nachgeordneten Gebietskörperschaften keinerlei Beschränkungen auferlegt, und in der Praxis hat sich das ohne größere Schwierigkeiten bewährt.
- Drittens ist gerade in einer WWU eine gewisse Flexibilität in der nationalen Haushaltspolitik wünschenswert, da einem Mitgliedsstaat mangels anderer makroökonomischer Instrumente die Finanzpolitik als einziges Mittel zur Verfügung steht, um bei externen Störungen stabilisierend eingreifen zu können. Ohne diese Möglichkeit wäre es unumgänglich, für den Fall starker regionaler Produktions- und Beschäftigungseinbrüche ein System von Transferzahlungen einzurichten.

Die Befürworter bindender Regeln vertrauen weit weniger darauf, daß der Markt die Risiken eines öffentlichen Kreditnehmers richtig veranschlagt. Im Gegensatz zu privaten Schuldnern, die höhere Zinskosten unter Wettbewerbsbedingungen nicht auf den Preis abwälzen können, haben öffentliche Kreditnehmer die Möglichkeit, den Schuldendienst durch Steuern bzw. Steuererhöhungen zu finanzieren (auch wenn das Maß an Steuerabweichungen in einer WWU beschränkt ist). Außerdem haben Staaten normalerweise eine unbeschränkte Lebensdauer. Selbst bei gesetzlichem Ausschluß der Solidarhaftung zeigt die praktische Erfahrung, daß es in einer Union unmöglich sein wird, ein Land zahlungsunfähig werden zu lassen. Hierfür werden schon die Anleger in den anderen Mitgliedsstaaten sorgen, die Forderungen gegenüber dem Schuldnerland halten, indem sie politischen Druck ausüben, dem notleidenden Schuldner hilfreich zur Seite

richtung einer Wirtschafts- und Währungsunion, in: Der Weg zur Wirtschafts- und Währungsunion in Europa. Analysen und Dokumente, hrsg. von Peter Bofinger, Wiesbaden 1990, S. 31–44.

zu stehen. Kurz, Regierungen werden aus der Sicht der Märkte relativ risikolose Schuldner sein, und ihre Schuldtitel werden als gute Substitute betrachtet werden und sich deshalb in ihrer Verzinsung kaum unterscheiden. Der massive Rückgriff eines Landes auf den Kapitalmarkt wird sich somit hauptsächlich in einer Anhebung des allgemeinen Zinsniveaus in der Gemeinschaft niederschlagen.

Auch der Hinweis auf die Abwesenheit von bindenden Regeln in föderativen Staaten läßt sich nicht ohne weiteres auf die Gemeinschaft übertragen. Zum einen gibt es den entscheidenden Unterschied, daß in diesen Staaten der Anteil des Bundeshaushalts am Bruttosozialprodukt wesentlich höher ist, als es in der EG der Gemeinschaftshaushalt auf absehbare Zeit sein wird. Damit kann auch keine gesamtwirtschaftliche Fiskalpolitik über den EG-Haushalt unter Vernachlässigung der Haushaltspositionen der einzelnen Mitgliedsländer betrieben werden. Zum anderen mag die Solidität im Finanzgebaren der nachgeordneten Gebietskörperschaften gerade deshalb bestehen, weil einzelne Regionen sich nicht um makroökonomische Belange kümmern.

Die Versuchung, in einer WWU häufiger als bisher von der Finanzpolitik auf nationaler Ebene Gebrauch zu machen, das Verschwinden von gegenwärtig noch in den Zinsen enthaltenen Währungsrisiken und die hohe Wahrscheinlichkeit, daß nach Eintritt in die WWU ein einzelnes Land nur geringfügig die Kapitalmarktrückwirkungen einer starken Ausweitung seines Defizits verspüren wird, könnten in der Tat auf eine allgemeine Lockerung der Haushaltspolitik in der Gemeinschaft hinwirken. Insofern bestehen gute Gründe für verläßliche Regeln zur Absicherung einer soliden Haushaltspolitik.

Allerdings wird es in der Praxis nur möglich sein, solche Regeln einzuführen, die politisch akzeptabel und die ausreichend flexibel sind, um den spezifischen Belangen einzelner Mitgliedsstaaten Rechnung zu tragen, ohne eine solide Haushaltsposition der Gemeinschaft insgesamt zu gefährden. Wie strikt solche Regeln sein müssen, hängt in entscheidendem Maß davon ab, welche anderen Mechanismen zur Sicherung der wirtschaftlichen Stabilität in der WWU bestehen. Das betrifft vor allem die Schaffung eines starken Europäischen Zentralbanksystems, das gegen äußere Einflußnahme und indirekte Pression weitgehend abgesichert sein muß. Es beinhaltet aber auch eine Politik zur Stärkung der Angebotsseite, die marktmäßige Anpassungsmechanismen verbessert, sowie Maßnahmen im Bereich des Kreditaufsichtswesens, die die Wirkung von Marktsignalen auf das Verhalten öffentlicher Kreditnehmer effektiver machen.

Soweit es die haushaltspolitischen Regeln selbst betrifft, scheint es politisch kaum machbar, dem *Delors*-Ausschuß zu folgen und einem Gemeinschaftsorgan wie dem Ministerrat die Befugnis zu geben, einzelnen Mitgliedsländern direkte Ausgaben- oder Defizitgrenzen vorzuschreiben. Damit können nur indirekte Verfahren Anwendung finden, die einerseits Kriterien festlegen, anhand deren sich objektiv messen läßt, ob ein Mitgliedsland gegen die Haushaltsdisziplin verstößt, und die andererseits eine Prozedur auf Gemeinschaftsebene beinhalten, die bei Fehlverhalten zu einer Korrektur der nationalen Haushaltsposition führt.

Damit verlagert sich das Problem haushaltspolitischer Regeln auf eine Reihe konkreter Fragen: Wie speziell sollen Kriterien zur Erkennung übermäßiger Defizite sein, und welche Überlegungen sollen ihre Wahl leiten? Wird beispielsweise der Zahlungsfähigkeit eines Mitgliedsstaates Vorrang eingeräumt, so müßte anhand des Kriteriums die Einhaltung eines langfristig tragbaren Defizits verläßlich bestimmbar sein, d. h., es müßte z. B. eine Obergrenze für die Verschuldung als Anteil am Bruttosozialprodukt festgelegt werden. Wird dagegen eine größere Gefährdung der Stabilität in der WWU in einer plötzlichen Ausweitung des Haushaltsdefizits gesehen, so würde sich die „goldene Regel" (d. h., Defizite sollen die staatlichen Investitionsausgaben nicht überschreiten), vielleicht in Verbindung mit einer vorgegebenen maximalen Neuverschuldung im Verhältnis zum Bruttosozialprodukt, anbieten. Noch schwieriger ist es, verläßliche Verfahren zu entwikkeln, wie ein Mitgliedsland zur Anpassung seiner Haushaltsposition veranlaßt werden kann. Empfehlungen des Ministerrates mögen zwar politisch am besten mit nationalstaatlicher Souveränität vereinbar sein, aber ihre Wirksamkeit wäre vermutlich beschränkt. Damit stellt sich die Frage, ob das Verfahren auch Sanktionsmaßnahmen, wie das „Einfrieren" von Stimmrechten oder die Suspendierung von Zahlungen aus dem Gemeinschaftshaushalt, miteinschließen sollte. Eine mögliche Kompromißlösung wäre ein abgestuftes Verfahren, das es erlauben würde, die Verhältnismäßigkeit zwischen Sanktionen und Fehlverhalten zu beachten.

B. Das Europäische Zentralbanksystem

Die Überlegungen des *Delors*-Ausschusses zur Geldpolitik in der Endstufe der WWU haben, im Gegensatz zu seinen haushaltspolitischen Vorschlägen, zunehmend Zustimmung gewonnen. Auch wenn die genaue Abgrenzung der Unabhängigkeit des zukünftigen europäischen Notenbanksystems noch offen ist, der Grundsatz einer autonomen Währungsinstitution und die Einführung einer zentral entschiedenen, einheitlichen Geldpolitik werden inzwischen von allen Mitgliedsstaaten (mit Ausnahme Großbritanniens) unterstützt.

Dazu hat der Ausschuß der Gouverneure der EG-Zentralbanken entschieden beigetragen. Entsprechend dem Auftrag des Europäischen Rats, bei der Vorbereitung der Regierungskonferenz mitzuwirken, hat der Gouverneursausschuß den Entwurf eines „Statuts des Europäischen Systems der Zentralbanken und der Europäischen Zentralbank" ausgearbeitet, wobei er sich weitgehend an den im *Delors*-Bericht für den monetären Bereich aufgezeigten Grundzügen orientierte. Das Statut sieht vor, ein System zu errichten, das als integrale Bestandteile eine Europäische Zentralbank und die nationalen Zentralbanken enthält, mit einheitlichen Vorschriften, Aufgaben und Zielen. Die geldpolitischen Entscheidungen werden allein von den beschlußfassenden Organen, dem Rat und dem Direktorium, getroffen, während bei der Ausführung der Entscheidungen soweit wie möglich die nationalen Zentralbanken eingeschaltet werden sollen. Das vorrangige Ziel des Systems ist es, Preisstabilität zu gewährleisten, aber unter Wahrung dieses Ziels hat das System auch die allgemeine Wirtschaftspolitik in der Gemeinschaft zu unterstützen. Darüber hinaus werden dem System alle jene Aufgaben übertragen, die üblicherweise in das Tätigkeitsfeld einer Zentralbank fallen.

Um Preisstabilität zu gewährleisten, dürfen die Entscheidungsorgane sich nicht von Erwägungen leiten lassen, die in Widerspruch zu diesem vorrangigen Ziel stehen. Aus diesem Grund verankert das Statut fest den Grundsatz der Unabhängigkeit des Systems. Das beinhaltet, daß die Institutionen und ihre beschlußfassenden Organe keine Weisungen der politischen Instanzen entgegennehmen dürfen; um jedoch der Unabhängigkeit auch praktische Bedeutung zu geben, sichert eine Reihe von Bestimmungen die personelle, funktionelle, operationelle und finanzielle Autonomie des Systems ab. So ist die Amtszeit der Mitglieder der Entscheidungsorgane garantiert, die Vergabe von Krediten an die öffentliche Hand ausdrücklich ausgeschlossen, stehen die notwendigen Instrumente zur geldpolitischen Steuerung uneingeschränkt zur Verfügung und ist die finanzielle Autonomie des Systems gesetzlich festgeschrieben.

Obwohl unabhängig in der Erfüllung seiner Aufgaben, ist das System demokratisch legitimiert und rechenschaftspflichtig. Das ist dadurch sichergestellt, daß das Statut als Teil des EG-Vertrages von allen Mitgliedsländern gebilligt und von deren Parlamenten ratifiziert werden muß und daß die Befugnisse und Zuständigkeiten der Entscheidungsorgane ebenso wie der Umfang der Aufgaben des Systems im Statut eindeutig definiert werden. Darüber hinaus enthält das Statut mehrere Bestimmungen, die Elemente demokratischer Verantwortlichkeit darstellen. So spielen die politischen Instanzen eine wichtige Rolle bei der Ernennung der Mitglieder des Rates und des Direktoriums, bestehen klare Regeln über die Zusammenarbeit mit Gemeinschaftsorganen und unterliegt das System der Berichtspflicht, was seine Tätigkeit überschaubar macht und der Öffentlichkeit die Anliegen der Geldpolitik vermittelt.

Dieser Statutenentwurf hat den wachsenden Konsens über die grundsätzliche Gestaltung der geldpolitischen Aspekte der WWU gefördert, und die meisten EG-Mitgliedsländer scheinen eine Übernahme des vorgeschlagenen Statuts in den EG-Vertrag zu unterstützen. Die Errichtung eines unabhängigen Europäischen Zentralbanksystems wurde auch in den Schlußfolgerungen der Präsidentschaft anläßlich des Treffens der Staats- und Regierungschefs im Oktober 1990 bekräftigt. Das ist ein bemerkenswerter Durchbruch angesichts der in der überwiegenden Mehrheit der EG-Mitgliedsstaaten gegenwärtig noch bestehenden Abhängigkeit der nationalen Notenbanken von politischen Instanzen. Dennoch ist auch jetzt noch der Grad der tatsächlichen Unabhängigkeit des zukünftigen Europäischen Zentralbanksystems nicht eindeutig festgelegt[6]. Zum einen wird das davon abhängen, ob in der dritten Stufe, wie von einigen Mitgliedsstaaten vorgeschlagen, der Europäische Rat als oberste Instanz der Gemeinschaft allgemeine wirtschaftspolitische Orientierungen vorgeben wird. In diesem Fall könnte es den währungspolitischen Entscheidungsorganen schwerfallen, sich solchen Orientierungen zu widersetzen. Zum anderen könnte die geldpolitische Entscheidungsfreiheit des Europäischen Zentralbanksystems dann eingeschränkt werden, wenn die Zuständigkeit für die Wechselkurspolitik gegenüber Drittwährungen allein dem Ministerrat übertragen wird. Insbesondere informelle, auf Regierungsebene getroffene Wechselkursabsprachen und daraus erwachsende Interventionsverpflichtungen könnten eine auf Preisstabilität in der Gemeinschaft ausgerichtete Geldpolitik unterlaufen.

IV. Form und Inhalt der zweiten Stufe

Das Ziel der zweiten Stufe muß es sein, die Vorbereitungen für den Übergang in die letzte Phase der WWU abzuschließen. In dieser Stufe geht es also darum, die notwendigen Voraussetzungen zu schaffen, die es ermöglichen, die Wechselkurse unwiderruflich festzuschreiben; sie kann deshalb keine in sich selbst geschlossene Etappe sein, sondern hat ihre Berechtigung nur, wenn auch der feste Wille der Mitgliedsländer besteht, die WWU zu verwirklichen.

[6] Vgl. André *Szász*: The politics of a European currency (Vortrag anläßlich der Konferenz "The European Community in the 1990's: Major Issues and Priorities for the Dutch Presidency" in Den Haag am 22. März 1991), abgedruckt in: Auszüge aus Presseartikeln, hrsg. von der Deutschen Bundesbank, Nr. 23 vom 28. März 1991, S. 1–5.

A. Kurze oder lange Übergangsphase?

Für die Gestaltung der Übergangsphase bieten sich grundsätzlich zwei Möglichkeiten an. Die erste würde den transitorischen Charakter dadurch betonen, daß sie nur dem Zweck dient, die erforderlichen Institutionen und Mechanismen zu errichten und funktionsfähig zu machen, die beim Eintritt in die dritte Stufe die nationalen Entscheidungsstrukturen ersetzen sollen. Die Übergangsphase wäre dementsprechend kurz, wobei sich die Dauer daran bemessen würde, wieviel Zeit die Durchführung der notwendigen organisatorischen und administrativen Maßnahmen beansprucht.

Die zweite Möglichkeit wäre, sich in der zweiten Stufe nicht nur auf technische Schritte zu beschränken, sondern sie so zu gestalten, daß sie einen eigenständigen Beitrag zur Schaffung der notwendigen wirtschaftlichen Bedingungen für die Festsetzung der Wechselkurse leisten kann. Dieser Weg würde eine verhältnismäßig lange zweite Stufe bedingen.

Der entscheidende Unterschied zwischen diesen beiden Varianten besteht darin, wann und wie die erforderliche Konvergenz der wirtschaftlichen Entwicklung in den Mitgliedsstaaten erreicht werden soll. Der erste Ansatz – die kurze, technische Übergangsphase – kann nur dann gewählt werden, wenn ein ausreichendes Maß von Preisstabilität, der Abbau übermäßiger Haushaltsdefizite und außenwirtschaftlicher Ungleichgewichte und ein einheitliches Zinsniveau in allen Ländern bereits in der ersten Stufe verwirklicht werden. Dies müßte weitgehend durch Eigenanstrengungen und im Rahmen der heute bestehenden Koordinierungsmechanismen geschehen. Der Start der zweiten Stufe müßte deshalb offenbleiben, und der EG-Vertrag müßte ein Verfahren vorsehen, das anhand objektiver Kriterien zur Ermittlung der notwendigen Konvergenz den Beginn der zweiten Stufe bestimmt. In Gegensatz dazu ist die Wahl des zweiten, längerfristigen Wegs nicht davon abhängig, ob beim Eintritt in die zweite Stufe bereits eine ausreichend gleichförmige Wirtschaftsentwicklung in allen Mitgliedsstaaten herrscht. Die zweite Stufe könnte praktisch mit der Ratifizierung des geänderten EG-Vertrags in Kraft treten, wobei den Gemeinschaftsinstitutionen die Aufgabe zukäme, die wirtschaftspolitische Koordinierung zu intensivieren, um so den Integrationsprozeß zu fördern und beschleunigen. Da jedoch nicht absehbar ist, wann dieser Prozeß zu befriedigenden Ergebnissen führt, könnte das Ende der zweiten Stufe nicht von vornherein festgelegt werden, sondern müßte mit einem ähnlichen Verfahren wie bei der ersten Möglichkeit im Verlauf der Übergangsphase bestimmt werden.

Hinter den Alternativen verbergen sich abweichende Auffassungen, die die Diskussion über den „richtigen" Weg zur WWU schon lange vor dem Erscheinen des *Delors*-Berichts geprägt haben. Die Befürworter einer kurzen, technischen Übergangsphase sehen als Maßstab für die notwendige Konvergenz die Entwicklung in dem Land mit den besten wirtschaftlichen Ergebnissen an. Diese Vorgabe soll jeder Mitgliedsstaat in Eigenverantwortung und unter möglichst uneingeschränkter Verwendung des gesamten wirtschaftspolitischen Instrumentariums anstreben. Die Schaffung der WWU ist dann nur der krönende Abschluß des Integrationsprozesses. Die Befürworter einer längeren zweiten Stufe betonen die Bedeutung institutioneller Schritte für kollektive Entscheidungen, die sich an den Bedürfnissen der Gemeinschaft ausrichten und sie so zur WWU führen. Ohne die frühzeitige Errichtung von Gemeinschaftsinstitutionen fehle es an der nötigen Einflußnahme auf die nationale Wirtschaftspolitik, auf eine Annäherung in der Entwicklung in allen Ländern hinzuwirken.

Die zwei Auffassungen sind letztlich Ausdruck einer unterschiedlichen Einschätzung der Risiken einer WWU[7]. Auf einen kurzen Nenner gebracht, es werden die Vor- und Nachteile der Festsetzung der Wechselkurse und der Einführung einer einheitlichen Währung unterschiedlich bewertet. Es ist zwar unbestritten, daß mit dem Ausschalten von Wechselkursschwankungen und der Aufgabe der Möglichkeit, Paritäten zu ändern, ein Unsicherheitsfaktor in den Geschäftsentscheidungen eliminiert wird und daß eine einheitliche Währung ohne große Informationskosten Preisvergleiche in den Grenzen der Gemeinschaft erlaubt und somit hilft, die Markttransparenz zu erhöhen. So schätzt die EG-Kommission, daß sich allein aus dem Wegfall der Umtauschkosten Ersparnisse von ½% des Bruttosozialproduktes der Gemeinschaft insgesamt und für einzelne Mitgliedsstaaten bis zu 1% ihres Bruttosozialprodukts ergeben könnten[8]. Diese mikroökonomischen Vorteile einer einheitlichen Währung würden jedoch nur dann gesamtwirtschaftliche Wohlfahrtsgewinne mit sich bringen, wenn die Märkte relativ reibungslos funktionieren und bei Störungen ohne staatliche Eingriffe schnell zu einem neuen Gleichgewicht zurückfinden. Das ist in der Wirklichkeit jedoch kaum der Fall, da Güterpreise meist inflexibel sind und die notwendige Senkung der Nominalpreise nicht stattfindet. Das bedeutet, daß marktmäßige Anpassungen vornehmlich zuerst über Mengenreaktionen, d. h. mit Produktions- und Beschäftigungsverlusten, ablaufen, ehe es zu den erforderlichen Veränderungen der realen Preise kommt. Der vorzeitige Verzicht auf das Wechselkursinstrument, das es erlaubt, relative Preisveränderungen zu erleichtern und negative Produktions- und Beschäftigungseffekte zu

[7] Vgl. Paul *Krugmann*: Policy problems of a monetary union, in: The European Monetary System in the 1990's, hrsg. von Paul De Grauwe and Lucas Papademos, London–New York, 1990, S. 48–64.

[8] Vgl. *Kommission der Europäischen Gemeinschaften*: Ein Markt, eine Währung. Potentielle Nutzen und Kosten der Errichtung einer Wirtschafts- und Währungsunion – eine Bewertung, in: Europäische Wirtschaft, Nr. 44, Oktober 1990.

dämpfen, könnte sich deshalb als kostspielig erweisen. Letztlich müßten dann in der Praxis die realwirtschaftlichen Folgen durch Transferzahlungen gemildert werden, und die Gefahr, auf dieses politisch „unpopuläre" und wirtschaftlich zweifelhafte Instrument zurückgreifen zu müssen, wäre um so größer, je unterschiedlicher mangels unzureichender Konvergenz die Anfälligkeit der einzelnen Mitgliedsstaaten gegenüber außenwirtschaftlichen Störungen ist.

Noch ist zum gegenwärtigen Zeitpunkt unklar, ob der neue EG-Vertrag eine kurze oder eine längere zweite Stufe beinhalten wird. Der *Delors*-Bericht hat Elemente aus beiden Ansätzen vermischt. Einerseits regt er an, die zweite Phase mit dem Inkrafttreten des neuen Vertrages zu beginnen und die grundlegenden Organe und Strukturen der WWU einzurichten. Diese würden den gemeinsamen Entscheidungsprozeß fördern und einen Lernprozeß in Gang setzen, der zu kollektiven Entscheidungen führt. Insofern scheint der *Delors*-Bericht einer längeren zweiten Stufe den Vorzug zu geben. Andererseits spricht sich der Bericht auch ausdrücklich dafür aus, die endgültige Verantwortung für politische Entscheidungen in dieser Stufe noch bei den nationalen Instanzen zu belassen, was eher auf eine kurze, technische Übergangsphase hindeuten würde.

Auch der Europäische Rat hat nicht eindeutig Stellung bezogen. Er bestätigt in den Schlußfolgerungen der Präsidentschaft anläßlich des Gipfeltreffens vom Oktober 1990, daß die Kompetenz für die Geldpolitik in der zweiten Stufe bei den nationalen Währungsbehörden verbleibt, fordert aber auch gleichzeitig, die neue europäische Währungsinstitution mit dem Beginn der zweiten Stufe zu errichten.

B. Die Einheitlichkeit der Geldpolitik

Während eine evolutionäre Entwicklung hin zur WWU aus politischen und praktischen Gründen wünschenswert erscheint, bereitet die graduelle Verlagerung der Entscheidungen von der nationalen zur Gemeinschaftsebene Schwierigkeiten. Das ist dort denkbar, wo Entscheidungen geteilt werden können, wie beispielsweise im Rahmen der Finanzpolitik. Einzelne Ausgabekategorien oder das Recht, bestimmte Steuern zu erheben, könnten Schritt für Schritt auf die Gemeinschaft verlagert werden. Doch gerade auf diesem Gebiet wird es wahrscheinlich kaum zu einer größeren Kompetenzabtretung kommen, es sei denn, die Verfahren zur Wahrung der Haushaltsdisziplin geben der Gemeinschaft ein weitgehendes Mitspracherecht bei der Korrektur übermäßiger nationaler Budgetdefizite. Dagegen ist ein solches Vorgehen nicht möglich in jenem Bereich – der Geldpolitik –, wo mit der dritten Stufe die nationale Geldpolitik zugunsten der einheitlichen und zentral bestimmten Geldpolitik aufgegeben werden muß; es geht nicht an, schon in der zweiten Stufe einen Teil der geldpolitischen Autonomie abzutreten. Das erklärt sich aus der Natur geldpolitischer Entscheidungen. Solange Wechselkurse anpaßbar sind, kann die Verantwortung für die Geldpolitik nicht der die Währung ausgebenden nationalen Zentralbank entzogen werden. Sind aber einmal die Wechselkurse festgeschrieben, dann werden nationale Währungen perfekte Substitute und praktisch „Teile" ein und derselben Währung. Unter diesen Umständen gibt es keinen Raum für nationale geldpolitische Eigenständigkeit, und die Zuständigkeit für die Geldpolitik in der Gemeinschaft kann nur einer Institution obliegen. Die Übertragung der Kompetenz auf diese Institution kann folglich nur in einem einzigen Schritt erfolgen. Alle Versuche, einzelne Instrumente der Steuerung und Kontrolle von Geld und Kredit auf die Gemeinschaft zu übertragen, würden Konflikte hervorrufen und die Effizienz der Geldpolitik aushöhlen. Geldpolitik bildet eine Einheit, die auf dem konsistenten Einsatz aller Mittel fußt.

Aus diesem Grund haben einige Mitgliedsstaaten starke Bedenken geäußert, bereits mit Beginn der zweiten Stufe ein Europäisches Zentralbanksystem zu errichten. Um der Gefahr zu begegnen, wegen der ihr mangelnden geldpolitischen Funktionen eine „leere Hülle" zu schaffen, wird deshalb vorgeschlagen, diese Institution erst dann zu etablieren, wenn die Voraussetzungen für die endgültige Fixierung der Wechselkurse gegeben sind[9]. Um nicht abwarten zu müssen, bis alle Mitgliedsstaaten ein befriedigendes Maß an wirtschaftlicher Stabilität erreicht haben, beinhaltet dieser Vorschlag letztlich die Verwirklichung der WWU mit zwei Integrationsgeschwindigkeiten. Während eine Gruppe von Ländern nach einer kurzen, technischen Übergangsphase eine einheitliche Geldpolitik im Rahmen des Europäischen Zentralbanksystems verfolgen würde, könnten jene Mitgliedsstaaten mit größerem Anpassungsbedarf in einer längeren zweiten Stufe noch die Möglichkeit von Paritätsänderungen in Anspruch nehmen. Das würde durchaus der bisherigen Gemeinschaftspolitik entsprechen, wonach z.B. im EWS oder bei der Liberalisierung des Kapitalverkehrs einzelnen Mitgliedsstaaten längere Übergangsperioden gewährt werden. Allerdings bestehen erhebliche politische Vorbehalte, dieses Verfahren auch auf dem Weg zur WWU anzuwenden, da befürchtet wird, daß sie die Gemeinschaft dauerhaft in eine „Zweiklassengesellschaft" spalten würde.

[9] Vgl. Karl Otto *Pöhl*: Wirtschafts- und währungspolitische Herausforderungen in einem neuen offenen Europa (Vortrag in Den Haag am 22. Januar 1991), abgedruckt in: Auszüge aus Presseartikeln, hrsg. von der Deutschen Bundesbank, Nr. 5 vom 23. Januar 1991, S. 1–4.

C. Die Rolle der ECU in der Übergangsphase

Solange Wechselkurse anpaßbar sind und die Zuständigkeit für die Geldpolitik damit bei den nationalen Währungsbehörden liegt, können in der zweiten Stufe institutionelle Schritte im Währungsbereich nur eine Verbesserung der bestehenden Koordinierungsmechanismen oder die gemeinschaftliche Wahrnehmung nicht-geldpolitischer Aufgaben beinhalten. Dies hat zu Überlegungen geführt, ob nicht die ECU in der Übergangsphase eine wichtigere Rolle spielen könnte – zumal sie nach Ansicht des *Delors*-Ausschusses das Potential hat, sich zu einer gemeinsamen Währung zu entwickeln. Diese Auffassung wurde auch vom Europäischen Rat im Oktober 1990 bestätigt, der in den Schlußfolgerungen von Rom betont, daß die zukünftige einheitliche Währung eine starke und stabile ECU sein wird.

Die Idee, der ECU in der zweiten Stufe eine eigenständige Funktion zu geben, hat insbesondere durch den britischen Plan einer "hard ECU" Auftrieb erhalten. Er offeriert eine Möglichkeit, mit dem Management der ECU und der Überwachung ihrer Entwicklung auf den Märkten einer neuen Währungsinstitution eine operationale Aufgabe zu übertragen. Allerdings wirft jeder Versuch dieser Art die Frage auf, inwieweit eine sinnvolle Stärkung der ECU mit ihrer Definition als Korb gewichteter Währungen vereinbar ist und wie dem Risiko einer Parallelwährung (die bereits vom *Delors*-Ausschuß abgelehnt wurde) oder der Gefahr störender Einflüsse auf die nationale Geldpolitik begegnet werden könnte.

Aus diesen Gründen sind diese weiterreichenden Überlegungen bisher auf erheblichen Widerstand bei den meisten Mitgliedsstaaten gestoßen. Sie haben jedoch den Gedanken der Härtung der ECU in die Diskussion eingeführt. Dabei muß in Erinnerung behalten werden, daß die ECU als gewichteter Korb der nationalen Währungen auch nur die Stärke der ihr zugrundeliegenden Währungen widerspiegeln kann, wobei die Stabilität der ECU dann an ihrem Außenwert gegenüber Drittwährungen, wie dem US-Dollar, gemessen wird. Um die ECU zu härten, sind verschiedene technische Lösungen denkbar. Beispielsweise würde der Verzicht auf regelmäßige Revisionen des Währungskorbes, d. h. die Anpassung der Gewichte der im Korb enthaltenen Währungen, die ECU tendenziell härten. Der Grund hierfür ist, daß bei Paritätsänderungen sich die Gewichtung zugunsten der aufgewerteten Währungen verschiebt, so daß die Starkwährungen ihren Einfluß im Korb erhöhen, mit der Folge, daß sich die Entwicklung der ECU gegenüber Drittwährungen allmählich der der stärksten Gemeinschaftswährung angleicht. Dieses Ergebnis ließe sich auch – und zwar schneller – erreichen, wenn bei Wechselkursanpassungen der ECU-Leitkurs gegenüber jener Währung konstantgehalten würde, die am stärksten gegenüber den Partnerwährungen aufwertet, und wenn zu diesem Zweck die Anteile der Starkwährung im Korb entsprechend erhöht würden. Unabhängig von der gewählten Methode kann jedoch die beabsichtigte Härtung der ECU nur im Zusammenhang mit Paritätsänderungen erfolgen. Am Devisenmarkt würde der Wechselkurs der ECU weiterhin – zumindest solange keine Wechselkursanpassungen erwartet werden – wie auch im jetzigen Korb der gewichteten Summe der Korbkomponenten entsprechen. Inwieweit die Härtung der ECU in der zweiten Stufe tatsächlich Auswirkungen auf ihre Entwicklung hätte, ist schwer abzuschätzen. Auf jeden Fall könnte dieser im wesentlichen symbolische Schritt den Märkten signalisieren, daß die Gemeinschaft im Hinblick auf das Ziel, die ECU zur Einheitswährung zu machen, bereit ist, sich zu einem Hartwährungsblock zusammenzuschließen. Andererseits wirft die Härtung der ECU eine Reihe von technischen und rechtlichen Fragen auf. Technische Probleme ergeben sich insbesondere daraus, daß nach jedem Realignment der Außenwert der ECU einen Sprung vollziehen würde, weil der Korb durch zusätzliche Währungseinheiten „schwerer" würde. Rechtliche Schwierigkeiten erwachsen vor allem daraus, daß es zweifelhaft ist, ob die neue Definition der ECU auf bestehende ECU-denominierte Forderungen und Verbindlichkeiten Anwendung finden könnte.

V. Schlußbemerkungen

Es ist nur schwer vorstellbar, daß sich ohne die Arbeiten des *Delors*-Ausschusses in der Gemeinschaft in den vergangenen zwei Jahren eine ähnliche politische Dynamik entwickelt hätte. Nicht nur in den Entscheidungen, am 1. Juli 1990 in die erste Stufe der WWU einzutreten und kaum sechs Monate später Regierungsverhandlungen zur Änderung des EG-Vertrages aufzunehmen, hat sich der *Delors*-Bericht als wegweisend erwiesen; er ist auch für viele Fragen der Ausgestaltung der WWU das grundlegende Dokument geblieben.

Die Verhandlungen über die Umsetzung der Vorschläge des *Delors*-Ausschusses haben aber auch deutlich gemacht, daß die Verwirklichung der WWU in erster Linie einen politischen Schritt von großer Tragweite darstellt. Der *Delors*-Bericht muß so zwangsläufig dort seine Grenzen finden, wo nicht nur technische Lösungen, sondern politische Entscheidungen bezüglich der Übertragung von nationalen Kompetenzen erforderlich sind. Das gilt insbesondere für die konkrete Verteilung von Zuständigkeiten in der Endstufe und ebenso für die Verlagerung von Kompetenzen auf dem Weg zu diesem Ziel; beides bringt eine Neuordnung der wirtschaftspolitischen Verantwortung und der Entscheidungsprozesse mit weitreichenden Konsequenzen für alle Länder der Gemeinschaft und ihre Bürger mit sich.

In der Tat ist eine WWU weit mehr als ein Hilfsmittel zur Steigerung der wirtschaftlichen Effizienz und Erhöhung von Wohlfahrtsgewinnen. Sie bedeutet, wie die Deutsche Bundesbank in ihrer Stellungnahme zur Errichtung einer WWU feststellt, die Schaffung einer Solidargemeinschaft, die nach aller Erfahrung für ihren dauerhaften Bestand eine weitergehende Bindung in Form einer umfassenden politischen Union benötigt[10]. Dieser Gedanke, der zur Zeit der Arbeiten am *Delors*-Bericht noch als illusorisch betrachtet wurde, hat inzwischen zunehmend Anerkennung gewonnen und findet in der parallel zu den Verhandlungen über eine WWU stattfindenden Regierungskonferenz über eine politische Union seinen Niederschlag.

Literatur

Ausschuß zur Prüfung der Wirtschafts- und Währungsunion: Bericht zur Wirtschafts- und Währungsunion in der Europäischen Gemeinschaft („Delors-Bericht"), 1989.

Baer, Gunter D.: Die Bedeutung der Übertragung von nationalen Entscheidungsbefugnissen bei der Errichtung einer Wirtschafts- und Währungsunion, in: Der Weg zur Wirtschafts- und Währungsunion in Europa. Analysen und Dokumente, hrsg. von Peter Bofinger, Wiesbaden 1990, S. 31–44.

Deutsche Bundesbank: Stellungnahme der Deutschen Bundesbank zur Errichtung einer Wirtschafts- und Währungsunion in Europa, vom 19. September 1990, abgedruckt in: Monatsberichte der Deutschen Bundesbank, 42. Jg. Nr. 10, Oktober 1990, S. 41–45.

Europäischer Rat: Konferenz über die Wirtschafts- und Währungsunion. Auszug aus den Schlußfolgerungen des Vorsitzes des Europäischen Rates, Rom, vom 27./28. Oktober 1990, in: Auszüge aus Presseartikeln, hrsg. von der Deutschen Bundesbank, Nr. 84 vom 30. Oktober 1990, S. 1–2.

H. M. Treasury: Economic and Monetary Union – Beyond Stage I. Possible Treaty Provisions and Statute for a European Monetary Fund (Proposals by the UK Government), London, Januar 1991.

Kommission der Europäischen Gemeinschaften: Ein Markt, eine Währung. Potentielle Nutzen und Kosten der Errichtung einer Wirtschafts- und Währungsunion – eine Bewertung, in: Europäische Wirtschaft, Nr. 44, Oktober 1990.

Krugman, Paul: Policy problems of a monetary union, in: The European Monetary System in the 1990's, hrsg. von Paul De Grauwe und Lucas Papademos, London–New York, 1990, S. 48–64.

Major, John: EMU beyond Stage 1: The UK approach (Ansprache des Schatzkanzlers vor dem German Industry Forum in London am 20. Juli 1990), abgedruckt in: ECU – no 12, 1990/III, S. 13–15.

[10] Vgl.: Stellungnahme der Deutschen Bundesbank zur Errichtung einer Wirtschafts- und Währungsunion in Europa, vom 19. September 1990, abgedruckt in: Monatsberichte der Deutschen Bundesbank, 42. Jg., Nr. 10, Oktober 1990, S. 41–45.

Pöhl, Karl Otto: Wirtschafts- und währungspolitische Herausforderungen in einem neuen offenen Europa (Vortrag in Den Haag am 22. Januar 1991), abgedruckt in: Auszüge aus Presseartikeln, hrsg. von der Deutschen Bundesbank, Nr. 5 vom 23. Januar 1991, S. 1–4.

Szász, André: The politics of a European currency (Vortrag anläßlich der Konferenz "The European Community in the 1990's; Major Issues and Priorities for the Dutch Presidency" in Den Haag am 22. März 1991), abgedruckt in: Auszüge aus Presseartikeln, hrsg. von der Deutschen Bundesbank, Nr. 23 vom 28. März 1991, S. 1–5.

*Heinrich Matthes · Alexander Italianer**

Ist die Gemeinschaft ein optimaler Währungsraum?

Die 1987 in Kraft getretene Einheitliche Europäische Akte war nicht nur ein wichtiger Schritt zur Verwirklichung des Binnenmarktes, sondern sie war auch ein erneuter Anlauf zur Errichtung der Wirtschafts- und Währungsunion (WWU)[1]*. Da der Binnenmarktprozeß immer mehr den "point of no return" überschritt, beauftragte der Europäische Rat 1988 eine Sachverständigengruppe*[2] *unter Vorsitz von Jacques Delors damit, konkrete Etappen zur Bildung einer WWU vorzuschlagen. Der im Frühjahr 1989 veröffentlichte Bericht des Delors-Ausschusses diente als Grundlage für eine Reihe konkreter Schritte, die zur WWU führen sollen. Die erste Phase der WWU begann – zusammen mit der vollständigen Liberalisierung des Kapitalverkehrs – im Juli 1990. Auf der Tagung des Europäischen Rats in Rom im Oktober 1990 kamen alle Mitgliedsstaaten (mit einer Ausnahme) überein, daß die zweite Phase der WWU 1994 beginnen und daß spätestens drei Jahre danach über den Eintritt in die Endphase entschieden werden sollte. Zu Beginn der zweiten Phase wird ein Europäisches Zentralbanksystem (Eurofed) errichtet, das in der Endphase – nach unwiderruflicher Fixierung der Wechselkurse und Einführung einer einheitlichen Währung (ECU) – die einheitliche Geldpolitik durchführen wird.*

Der erneute Entwicklungstrend hin zur WWU hat das Interesse an der älteren Literatur zur Theorie der optimalen Währungsgebiete wiederbelebt, nicht zuletzt auch, weil die groben Umrisse der WWU nunmehr von der im Dezember 1990 in Rom begonnenen Regierungskonferenz ausgefüllt werden

* Die Autoren gehören der Generaldirektion Wirtschaft und Finanzen der Kommission der Europäischen Gemeinschaften an. Die in diesem Beitrag vertretenen Ansichten geben nicht unbedingt die Auffassung der Kommission der Europäischen Gemeinschaften wieder.

[1] Artikel 102 a des EWG-Vertrags, geändert durch die Einheitliche Akte, trägt die Überschrift: „Die Zusammenarbeit in der Wirtschafts- und Währungspolitik (Wirtschafts- und Währungsunion)".

[2] Vgl. *Ausschuß zur Prüfung der Wirtschafts- und Währungsunion*: Bericht zur Wirtschafts- und Währungsunion in der Europäischen Gemeinschaft, 1989.

müssen. Viele der auf der Konferenz erörterten Fragen stehen in unmittelbarem Zusammenhang mit den in der Literatur über die optimalen Währungsgebiete behandelten Problemen. Zudem blieb die essentiell ökonomische Frage, ob und unter welchen Bedingungen ein solches Vorhaben für alle Mitgliedsstaaten einen Netto-Vorteil erwarten läßt, immer noch ohne eine befriedigende Antwort. In vieler Hinsicht ist die wiederauflebende Diskussion über den optimalen Währungsraum mit den Debatten zu Anfang der 70er Jahre zu vergleichen, als die Gemeinschaft auf der Grundlage des Werner-Berichts ihre ersten Versuche zur schrittweisen Errichtung der WWU unternahm. Damals vollzog sich die Diskussion vor dem Hintergrund des Zerfalls des Bretton-Woods-Systems. Heute ist insofern das Gegenteil der Fall, als zumindest die Wechselkurse der Gemeinschaft, nicht zuletzt durch den Erfolg des EWS, immer stabiler geworden sind.

In diesem Beitrag wird vor dem Hintergrund der politischen Fortschritte bei der Verwirklichung der WWU ein Versuch gemacht, die Frage zu beantworten, ob die Gemeinschaft ein optimaler Währungsraum ist. Hierzu gilt es zunächst, die ältere Theorie der optimalen Währungsgebiete kritisch zu sichten (Abschnitt I).

Sodann werden in Abschnitt II die älteren und neueren Elemente des traditionellen Ansatzes nacheinander betrachtet. Danach (Abschnitt III) wird der Hauptakzent auf die besonders wichtige Kosten-Nutzen-Analyse gelegt sowie auf das Problem des Übergangs (Abschnitt IV). Auf dieser Basis werden schließlich Schlußfolgerungen für die Gemeinschaft und für die Aussichten auf eine umfassendere europäische WWU gezogen.

I. Ist die Theorie der optimalen Währungsgebiete ein nützliches Konzept?

In seiner zu Beginn der 60er Jahre konzipierten Theorie der optimalen Währungsgebiete versuchte *Mundell*[3] Kriterien aufzustellen, mit denen Regionen für eine gemeinsame Währung bestimmt werden könnten; zwischen ihnen sollten flexible Wechselkurse bestehen. Seine Analyse geht davon aus, daß ein System mit einer großen Anzahl verschiedener Währungen nicht effizient ist. Das extremste Beispiel hierfür ist die reine Tauschwirtschaft, in der das Geld seine Vorzüge als Rechnungseinheit und Tauschmittel völlig verliert. Geld ist also "a convenience and this restricts the optimum number of currencies"[4]. Wie ist aber der räumliche Geltungsbereich des Geldes ab-

[3] Vgl. Robert A. *Mundell*: A Theory of Optimum Currency Areas, in: The American Economic Review, Bd. LI (1961), S. 657–665.

[4] Ebd., S. 662.

zugrenzen? Die Antwort auf diese Frage wird vor dem Hintergrund eines einheitlichen politischen Ziels gegeben, nämlich dem der wirtschaftlichen Stabilisierung. Nach *Mundell* ist ein optimaler Währungsraum dann gegeben, wenn Störungen innerhalb dieses Raums Beschäftigung und Preise möglichst wenig vom Gleichgewichtsniveau entfernen.

Werden somit hinsichtlich der Rolle des Geldes die Vorteile einer begrenzten Anzahl von Währungen als selbstverständlich hingenommen, so ist der *Mundellsche* Ansatz dadurch gekennzeichnet, daß er sich ausschließlich mit der Begrenzung der Kosten in bezug auf ein einziges oder eine begrenzte Anzahl von Zielen beschäftigt. Über die wirtschaftliche Stabilisierung bestimme die Mobilität der Produktionsfaktoren. Optimale Währungsgebiete seien daher als „Regionen" zu definieren, in denen die Mobilität der Produktionsfaktoren groß sei; zwischen diesen Räumen sei die Faktormobilität gering.

Dieser „traditionelle" Approach zur Erklärung optimaler Währungsgebiete ist aus mehreren Gründen von begrenztem Nutzen[5]:

Erstens konzentriert sich die Theorie hauptsächlich auf die Kosten; die Vorteile einer gemeinsamen Währung werden dagegen nicht weiter betrachtet. Kosten und Nutzen können dann aber auch nicht einander gegenübergestellt werden. Trotzdem gibt es ganz offensichtlich eine Nutzschwelle. Jedenfalls stellte *Mundell* bereits 1961 fest, unter dem Gesichtspunkt der

[5] Die Diskussion über feste kontra flexible Wechselkurse und die Probleme der Zahlungsbilanzanpassung in integrierten Wirtschaftsräumen gehen auf die Zeit noch vor den bahnbrechenden Arbeiten von *Mundell* (1961) zurück. Vgl. Milton *Friedman*: The Case for Flexible Exchange Rates, in: ders.: Essays in Positive Economics, Chicago–London 1953, S. 157–203; James E. *Meade*: The Balance-of-Payments Problems of a European Free-Trade-Area, in: The Economic Journal, Vol. LXVII (1957), S. 379–396; oder Tibor *Skitovsky*: Economic Theory and Western European Integration, London 1958.

Ein Überblick über die Literatur der optimalen Währungsgebiete findet sich bei W. M. *Corden*: Monetary Integration (Essays in International Finance, Princeton University, Nr. 93), April 1972; James C. *Ingram*: The Case for European Monetary Integration (Essays in International Finance, Princeton University, Nr. 98), April 1973; Yoshihide *Ishiyama*: The Theory of Optimum Currency Areas: A Survey, in: International Monetary Fund, Staff Papers, Vol. XXII (1975), S. 344–383; Edward *Tower*, Thomas D. *Willett*: The Theory of Optimum Currency Areas and Exchange-Rate Flexibility (Special Papers in International Economics, Princeton University, Nr. 11), Mai 1976; und in letzter Zeit bei Niels *Thygesen*: Is the European Economic Community an Optimal Currency Area?, in: The ECU Market – Current Developments and Future Prospects of the European Currency Unit, hrsg. von Richard M. Levich und Andrea Sommariva, Lexington–Toronto 1987, S. 163–185, sowie C. *Wihlborg*, T. *Willet*: Optimum Currency Areas Revisited, Memorandum, April 1990.

Bequemlichkeit des Geldes sei der optimale Währungsraum die Welt, unabhängig davon, aus wie vielen „Regionen" sie bestehe.

Zweitens werden Kosten und Nutzen durch ein einziges wirtschaftliches Merkmal ausgedrückt (Faktormobilität). Dies hat den Vorzug der Einfachheit, da auf diese Weise weder bei den Kosten noch bei den Nutzen Kriterien hinzugefügt zu werden brauchen, die in unterschiedlichen Dimensionen zu Buche schlagen, wie beispielsweise Produktdiversifikation. Doch können auf diese Weise bedeutende Kosten wie auch Nutzeffekte völlig verwischt werden. Auch wenn für unterschiedliche Kosten und Nutzen kein gemeinsamer Nenner gefunden werden kann, scheint sich doch ein umfassender Ansatz zur Behandlung des Problems am ehesten zu empfehlen.

Drittens besteht das Problem der „Gegenwelt" als Ausdruck der Opportunitätskosten für einen gegebenen Währungsraum. Obgleich *Mundell* sich nicht ausführlich mit diesem Thema beschäftigte, wies er bereits 1961 darauf hin, daß ein System flexibler Wechselkurse nur dann effektiv und effizient funktionieren könne, wenn eine Reihe von Voraussetzungen erfüllt sei.

Viertens kann die Theorie des optimalen Währungsraums nicht am Nullpunkt ansetzen, als ob die Welt neu geschaffen werden müßte. Die Existenz von Nationalstaaten und das Beziehungsgeflecht zwischen diesen Staaten sind zu berücksichtigen. Es wäre kaum vorstellbar, daß die Vereinigten Staaten sich entsprechend den zwölf Federal Reserve Districts zu einem Staatsraum mit zwölf verschiedenen Währungen zurückbilden könnten. Entwickelte, demokratische Marktwirtschaften sind also durch eine interne „gemeinsame Währungsrigidität" gekennzeichnet[6]. Die Theorie des optimalen Währungsraums kann folglich nur dann funktionieren, wenn die Nationen mit den von *Mundell* definierten „Regionen" zusammenfallen, wenn also – um mit *Predöhl* zu sprechen – Staatsraum und Wirtschaftsraum identisch sind[7]. Bei unzureichender Faktorflexibilität innerhalb eines Wirtschaftsraumes ist *Mundell* zufolge nicht zu erwarten, daß eine flexible Währung die ihr zugewiesene Stabilisierungsfunktion erfüllt.

Schließlich ist auch der Hinweis wichtig, daß die Theorie des optimalen Währungsraums – wie auch alle anderen Überlegungen zu optimalen Wechselkurssystemen – sich mit einer „zweitbesten Lösung" befaßt. Wie *Wihlborg* und *Willet*[8] hervorgehoben haben, ist dies darauf zurückzuführen, daß auf den Faktormärkten Preisrigiditäten bestehen. Die Frage, wie das Wechselkurssystem die vorhandenen Preisrigiditäten beeinflußt, wird nicht angegangen.

[6] Freilich kann, wie sich heute in der Sowjetunion zeigt, die gemeinsame „Währungsrigidität" auch abnehmen.

[7] Vgl. Andreas *Predöhl*: Außenwirtschaft, 2. Aufl., Göttingen 1971, S. 160f.

[8] A.a.O.

Will man also feststellen, ob die Gemeinschaft ein optimaler Währungsraum ist, so ist die *Mundellsche* Theorie optimaler Währungsgebiete nur von begrenztem Nutzen. Gebraucht wird vielmehr ein Ansatz, der auf die Gemeinschaft als einen gegebenen Raum anwendbar ist, in welchem die wirtschaftliche und finanzielle Integration zunehmend Gestalt gewinnt und der nun vor der zentralen Aufgabe steht, diese Integration durch eine Wirtschafts- und Währungsunion mit einer einheitlichen Währung und einer stärker koordinierten Wirtschaftspolitik zu vollenden. Dazu bedarf es einer umfassenden Analyse, bei der sowohl der Nutzen als auch die Kosten nicht nur der Errichtung einer WWU, sondern auch der möglichen „Gegenwelt", mit der wir es anderenfalls zu tun hätten, berücksichtigt werden. Es sollte sich dabei auch nicht um eine essentiell statische Partialanalyse in dem Sinne handeln, daß die Wechselwirkungen zwischen der Gestalt der WWU und den Nutzen und Kosten außer acht gelassen werden. Die zu erwartende Parallelität zwischen Währungsunion und Wirtschaftsunion hat bedeutende Rückwirkungen dieser Art.

Trotz einer Bevorzugung des Kosten-Nutzen-Ansatzes soll jedoch die traditionelle Theorie optimaler Währungsgebiete nicht völlig außer Betracht bleiben. Die im Rahmen des traditionellen Ansatzes untersuchten einzelnen Merkmale sind vielmehr normalerweise Teil der umfassenden Kosten-Nutzen-Analyse. Folglich steht am Anfang dieser Untersuchung ein kurzer Überblick über die traditionelle Theorie.

II. Überblick über die traditionelle Theorie

A. Faktormobilität (Arbeit und Kapital)

Löhne und Preise sind zumindest kurzfristig nicht flexibel. Damit ist der Grad an Faktormobilität das wesentliche Kriterium für *Mundells* folgenträchtigsten Beitrag zur Theorie optimaler Währungsgebiete aus dem Jahre 1961. Besteht zwischen zwei Regionen ein hoher Grad an Faktormobilität, so kann sich der Zusammenschluß zu einem einzigen Währungsraum empfehlen; denn verlagert sich die Nachfrage von einer Region auf eine andere und steigt die Arbeitslosigkeit, so kann dies durch Faktorbewegungen ausgeglichen werden. Ist die Arbeitskraft mobil, so kann sie in die andere Region abwandern, um dort das zur Deckung der verstärkten Nachfrage notwendige Produktionspotential zu vergrößern. Bei gegebener Kapitalmobilität kann die verstärkte Nachfrage durch Verlagerung des Kapitalstocks in die Region mit Arbeitslosigkeit gedeckt werden, womit die dortigen freien Arbeitskräfte genutzt werden. In beiden Fällen werden damit die regionalen Unterschiede bei der Arbeitslosigkeit auf ein Mindestmaß reduziert.

Ist nun die Faktormobilität tatsächlich ein wirksames Instrument zur Bewältigung von Nachfrageverlagerungen? Bei starren Löhnen und Preisen setzt dies eine hohe physische Flexibilität voraus, die allerdings mit Kosten verbunden ist. So hemmen kulturelle und sprachliche Unterschiede die Mobiliät der Arbeitskraft[9], daneben gibt es andere Anpassungskosten im Zusammenhang mit Wanderungsbewegungen. Desgleichen kann die Kapitalmobilität durch Entfernung, kulturelle Unterschiede[10] und hohe Fixkosten behindert werden, die sich nicht ohne weiteres wieder hereinholen lassen. Folglich kann die Faktormobilität bei der Reduzierung der unterschiedlichen Arbeitslosigkeit durch andere Faktoren überspielt werden.

Dieses Fazit wird durch einen Vergleich der Daten über die regionalen Netto-Wanderungsbewegungen in 64 Regionen der Gemeinschaft mit den 50 Staaten der USA bestätigt. Im Zeitraum 1980 bis 1985 belief sich der regionale Wanderungssaldo in der Gemeinschaft nur auf 0,2% der Bevölkerung, in den Vereinigten Staaten stellte er sich dagegen auf 0,7%[11]; er war also immerhin dreimal so hoch, obwohl absolut gesehen ebenfalls nicht sehr bedeutend. Mit der niedrigen absoluten Mobilität der Arbeitskräfte besteht nur eine geringe Tendenz zum Ausgleich der regionalen Arbeitslosenquoten, was von *Eichengreen* bestätigt wird, der zu dem Ergebnis gelangte, daß die regionale Arbeitslosigkeit sowohl in der Gemeinschaft als auch in den USA nur schwach reagiert[12].

[9] *Molle* und *Van Mourik* fanden heraus, daß die Arbeitskräfte in der Gemeinschaft auf Lohnunterschiede in hohem Maße mit Zu- und Abwanderungen reagieren, daß kulturelle Unterschiede jedoch auf der anderen Seite ein starkes Hindernis darstellen. Vgl. W. T. M. *Molle*, A. *Van Mourik*: International Migration of Labour Under Conditions of Economic Integration: The Case of Western Europe, in: Journal of Common Market Studies, Nr. 26 (1988), S. 369–394.

[10] Nach *Molle* und *Morsink* wirken sich Entfernung und kulturelle Unterschiede negativ auf die Standortverteilung ausländischer Direktinvestitionen in der Gemeinschaft aus. Vgl. W. T. M. *Molle*, R. *Morsink*: Direct Investments and Monetary Integration, in: European Economy, The Economics of EMU, hrsg. von der Kommission der Europäischen Gemeinschaften (noch nicht erschienen).

[11] Vgl. *Kommission der Europäischen Gemeinschaften*: Ein Markt, eine Währung. Potentielle Kosten und Nutzen der Errichtung einer Wirtschafts- und Währungsunion – eine Bewertung, in: Europäische Wirtschaft, Nr. 44, Oktober 1990, Tab. 6.2 auf S. 168.

[12] Vgl. Barry *Eichengreen*: One money for Europe? Lessons from the US currency union, in: Economic Policy, Nr. 10, April 1990, S. 117–187.

B. Finanzielle Integration

Daß der Grad der finanziellen Integration im Zusammenhang mit den optimalen Währungsgebieten eine wichtige Rolle spielt, wurde erstmals von *Ingram* erkannt[13]. Kapitalströme sollten allerdings nur unter zwei Voraussetzungen als Mittel zur Finanzierung von Zahlungsbilanzungleichgewichten dienen. Das Zahlungsbilanzungleichgewicht muß vorübergehender Natur sein. Bei einem dauerhaften Ungleichgewicht müßten früher oder später die Löhne und Preise angepaßt werden. Zweitens sollte das Zahlungsbilanzungleichgewicht bei unzulänglicher inländischer Ersparnis primär zur Finanzierung von Investitionen dienen, mit denen ein aufholendes Land sein künftiges Wachstum verstärkt, und nicht so sehr der Überbrückung eines vorübergehenden Einkommensrückgangs, obwohl ein geändertes intertemporales Gleichgewicht zwischen Sparen und Konsumieren als Folge verbesserter Angebotsbedingungen auch ein legitimer Grund für ein Leistungsbilanzungleichgewicht ist (Spanien seit 1986). Mit anderen Worten, die finanzielle Integration sollte Zahlungsbilanzungleichgewichte nur dann leichter finanzieren, wenn diese vorübergehend und „gesund" sind.

Folgt man diesem Kriterium, so wäre ein Raum mit einem hohen finanziellen Integrationsgrad per se als optimaler Währungsraum anzusehen, doch gilt dies – wie gerade ausgeführt – nur für eine ganz bestimmte Kategorie von Zahlungsbilanzungleichgewichten. Die finanzielle Integration ist also nur ein unvollkommener und vorübergehender Ersatz für die Faktoranpassung. Andererseits darf man den Einfluß eines Systems fester Wechselkurse oder einer einheitlichen Währung auf das Ausmaß der finanziellen Integration auch nicht überschätzen. Über lange Perioden ging die finanzielle Integration mit Beschränkungen des internationalen Kapitalverkehrs einher. Trotzdem waren die nationalen Spar- und Investitionsquoten – wie von *Feldstein* und *Horioka* in ihrem bekannten „Paradox" als erste festgestellt[14] – in den OECD-Wirtschaften eng miteinander verknüpft. Neuere Untersuchungen des Spar- und Investitionsverhaltens zur Zeit des Gold-Standards oder zwischen den einzelnen Regionen eines Landes haben gezeigt, daß nicht zuletzt die Wechselkursunsicherheit die optimale Verteilung der weltweiten Ersparnis auf geeignete Investitionsvorhaben behindert. Die immer strengere Wechselkursdisziplin während der sukzessiven Phasen der WWU, die letzten Endes in einer einheitlichen Währung gipfeln wird, dürfte

[13] Vgl. James C. *Ingram*: Comment: The Currency Area Problem, in: Monetary Problems of the International Economy, hrsg. von Robert A. Mundell und Alexander K. Swoboda, Chicago – London 1969, S. 95–100.

[14] Vgl. Martin *Feldstein*, Charles *Horioka*: Domestic Saving and International Capital Flows, in: The Economic Journal, Vol. 90 (1980), S. 314–329.

erheblich dazu beitragen, daß Kapitalströme Zahlungsbilanzungleichgewichte grosso modo nur vorübergehend finanzieren.

C. Öffnungsgrad der Volkswirtschaft

Bereits in einer frühen Phase der Diskussion über optimale Währungsgebiete führte *McKinnon* den Öffnungsgrad einer Volkswirtschaft – definiert als Verhältnis zwischen handelsfähigen und nicht handelsfähigen Gütern – als Schlüsselmerkmal für die Abgrenzung eines Währungsraums ein[15]. Aus zwei Gründen erhöht ein hoher Öffnungsgrad den Nutzen fester Wechselkurse: Erstens steigen bei hohem Außenhandelsanteil im Falle der Abwertung die Inlandspreise rasch, womit anfängliche Gewinne bei der preislichen Wettbewerbsfähigkeit bald wieder zunichte werden. Ein solcher Zusammenhang ist also der Geldillusion abträglich, die, wie schon *Mundell*[16] bemerkte, den Nutzen des Wechselkursinstruments maßgeblich bestimmt. Zweitens können Variationen des Wechselkurses bei großem Außenhandelssektor zu einer starken, mit hohen Kosten verbundenen Umlenkung der Nachfrage führen.

Der Öffnungsgrad einer Volkswirtschaft kann allerdings auch über die marginale Importneigung definiert werden. Ist sie hoch, so ist die nachfrageumlenkende Wirkung einer Wechselkursänderung auf die Handelsbilanz stärker, insbesondere bei einem Außenhandelsdefizit.

Geht man allein vom Kriterium des Öffnungsgrades aus, so ist die Gemeinschaft eindeutig ein optimales Währungsgebiet. Der Binnenmarkt wird dem Handel mit Dienstleistungen zusätzlich einen starken Impuls verleihen, insbesondere im Finanzsektor, der bereits rd. 25% des gesamten Handels ausmacht. Bereits jetzt sind alle EG-Länder sehr offene Volkswirtschaften; der gemeinschaftsinterne Außenhandel beträgt rd. 60% des gesamten Außenhandels. Mit Drittländern ist die Gemeinschaft allerdings noch immer relativ wenig verflochten. So gesehen sollte sie ihren künftigen Währungsraum eher nicht weiter ausdehnen. Trotzdem bleibt die Gemeinschaft nach außen stärker geöffnet als die Vereinigten Staaten und Japan; sie ist damit der Welt größter Handelspartner.

[15] Vgl. Ronald I. *McKinnon*: Optimum Currency Areas, in: The American Economic Review, Vol. LIII (1963), S. 717–725.

[16] Vgl. a. a. O.

D. Produktdiversifizierung

Mit Veränderungen der Wechselkurse können Störungen in der Handelsbilanz beantwortet werden, die im allgemeinen nicht alle Sektoren gleichzeitig betreffen. In einem solchen Fall können sich Störungen also aufgrund des Gesetzes der großen Zahl tendenziell kompensieren. Damit kommt man zum *Kenenschen* Kriterium der Produktdiversifizierung für optimale Währungsgebiete[17].

Allerdings wird dieses Kriterium typischerweise auf ein Zwei-Länder-Modell angewandt, so daß es für die Gemeinschaft modifiziert werden muß. Worauf es ankommt, ist, ob die Produktdiversifizierung in den EG-Ländern gleichartig ist oder nicht. In diesem Zusammenhang ist von besonderem Interesse, daß, wie bereits von *Predöhl*[18] bemerkt wurde, die eigentliche Kernverflechtung im Handel substitutiv ist und damit brancheninternen Charakter aufweist: Sie bringt die Vorteile der Arbeitsteilung und nicht so sehr der komplementäre Handel, der ohnehin stattfindet.

In den meisten Fällen macht dieser intraindustrielle Handel bereits zwischen 60% und 80% des innergemeinschaftlichen Handels aus. Selbst die ärmeren Länder der Gemeinschaft, deren industrielle Entwicklung unter den Bedingungen interindustrieller Spezialisierung eingesetzt hat, weiten nunmehr offensichtlich ihren intraindustriellen (brancheninternen) Handel aus[19].

Die Vollendung des Binnenmarktes bis Ende 1992 wird die Möglichkeiten zur substitutiven, intraindustriellen Arbeitsteilung weiter erheblich vergrößern, denn zunehmend können Größenvorteile erzielt werden, welche wiederum den großen Markt und die damit verknüpften Möglichkeiten von Skalenerträgen voraussetzen. Unter dem Gesichtspunkt der durch den Binnenmarkt tendenziell wachsenden Produktdiversifizierung[20] wächst also auch die Eignung der Gemeinschaft als optimales Währungsgebiet.

[17] Vgl. Peter B. *Kenen*: The Theory of Optimum Currency Areas: An Eclectic View, in: Monetary Problems of the International Economy, a. a. O., S. 41–60.

[18] Vgl. a. a. O., S. 122.

[19] Siehe hierzu *Kommission der Europäischen Gemeinschaften*: Die sektorspezifischen Auswirkungen des Binnenmarktes auf die Industrien der Mitgliedstaaten: eine Herausforderung an die Mitgliedstaaten, in: Europäische Wirtschaft/Soziales Europa (Sondernummer), 1990.

[20] Wie *Italianer* bemerkt, können, entsprechend den Berechnungen der Kommission der EG, Skalenerträge bis zu einem Drittel der binnenmarktbedingten Gewinne ausmachen. Vgl. Alexander *Italianer*: 1992, Hype or Hope: A review (Economic Papers, Kommission der Europäischen Gemeinschaften, Nr. 77) Februar 1990; ferner *Kommission der Europäischen Gemeinschaften*: Europas Zukunft – Binnenmarkt 1992, in: Europäische Wirtschaft, Nr. 35, März 1988.

E. Formen von Schocks und Glaubwürdigkeit

In der Diskussion über optimale Währungszonen spielt der eventuelle Einfluß von Schocks eine besondere Rolle. Die älteste Unterscheidung geht auf die bereits von *Friedman* 1953 getroffene Differenzierung zwischen realen und monetären Schocks zurück[21]. Sein eher grundsätzliches Argument ist, daß feste Wechselkurse nur dann zu halten sind, wenn die Störungen vorwiegend monetärer Natur sind. Relevanter sind die Implikationen des *McKinnonschen* Arguments[22], wonach die Wechselkurspolitik den Ländern dazu dienen solle, sich gegenüber exogenen Schocks abzuschirmen. Wie von *Marston*[23] sowie von *Wihlborg* und *Willet*[24] bemerkt, würde dies bedeuten, daß – sofern die Schocks hauptsächlich inländischen Ursprungs sind – Wechselkurse fest sein sollten; bei überwiegend außenwirtschaftlichen Schocks sei dagegen Wechselkursflexibilität zu empfehlen. Freilich läßt dies Argument die unterschiedliche Größe der einzelnen Länder außer Betracht, die über den Beitritt zu einem einheitlichen Währungsraum zu beschließen haben. Ist das große Land stabil und das kleine Land nicht, so kann sich das kleine Land Stabilität zu relativ geringen Kosten für das größere Land „erkaufen". Im EWS spielt Deutschland idealtypisch die Rolle des großen Landes, und zwar selbst in bezug auf nicht so verschieden große andere Teilnehmerländer, auch wenn hier zunehmend zu fragen ist, ob sich angesichts neuerer Entwicklungen die Kosten der Leitwährungsrolle für Deutschland nicht über Gebühr verstärken[25].

Wie in den siebziger Jahren erkannt wurde, ist die Abschirmung durch flexible Wechselkurse zumindest fragwürdig: Das Wechselkursinstrument ist als Stabilisierungswaffe stumpf. Gelungene Abwertungen bedeuten normalerweise Überraschungsinflation; damit nutzen sich Abwertungsstrategien stark ab. Von einem System weitgehend fester Wechselkurse mit stabiler, asymmetrischer monetärer Führerschaft, wie dem EWS, gehen daher erhebliche positive Anreize für Lohn- und Preisdisziplin aus. Abschirmungsstrategien sind zudem normalerweise Ausdruck einer "Beggar-my-neighbour"-Haltung. Schüfe man wegen der Notwendigkeit einer einheitlichen Geldpolitik ein System fester Wechselkurse, so würde die damit erreichte wirtschaftspolitische Koordinierung also zumindest Strategien der Abwertungs-

[21] Vgl. a. a. O.

[22] Vgl. a. a. O.

[23] Vgl. Richard C. *Marston*: Stabilization policies in open economies, in: Handbook of International Economics, hrsg. von Ronald W. Jones und Peter B. Kenen, Vol. II, Amsterdam – New York – Oxford 1985, S. 859–916.

[24] Vgl. a. a. O.

[25] Vgl. Heinrich *Matthes*: Aufweichung des Stabilitätsstandards?, in: Wirtschaftsdienst, Jg. 70 (1990), S. 411–413.

konkurrenz verhindern. Auf einem ganz anderen Blatte steht, daß ein Land bei einem asymmetrischen Schock (wie er beispielsweise die deutsche Wiedervereinigung darstellt) ohne eine reale Wechselkursänderung – wie sie im deutschen Falle wegen der Angebotslücke beispielsweise unvermeidlich ist (und sei es durch mehr Inflation in der Bundesrepublik) – nicht wieder zum Gleichgewicht zurückfinden kann. In einer Währungsunion wird die Region in einem solchen Falle zur „Abwetterung" eines Schocks auf die Lohnflexibilität verwiesen.

Die Rolle von Störungen muß also hinsichtlich des Grades ihrer Asymmetrie betrachtet werden. Es handelt sich hier um ein vielschichtiges Problem, das weiter unten noch ausführlicher zu behandeln ist. Ein Aspekt sei jedoch bereits hier erwähnt, nämlich der Zusammenhang mit der Industriestruktur. Überwiegt der intraindustrielle Handel und werden zudem die noch bestehenden Handelshemmnisse beseitigt, so werden Störungen in einem gegebenen Sektor in der Gemeinschaft überall mehr oder weniger gleichzeitig auftreten, wodurch sich zumindest insofern ein Einsatz des Wechselkursinstrumentes erübrigt[26]. Auch hier gilt es allerdings wiederum, bei der Schaffung in etwa gleicher Angebotsbedingungen einen Ersatz für die Ausgleichsfunktion von Wechselkursänderungen zu finden. Erneut sieht sich die Region in diesem Zusammenhang auf die Lohnflexibilität verwiesen.

F. Wirtschaftspolitische Integration

Bildet eine Gruppe von Ländern einen Währungsraum, so ist damit notwendigerweise zumindest ein Teilverzicht auf wirtschaftspolitische Autonomie verbunden (dies gilt vor allem für die Geldpolitik); dafür tauschen die Länder eine gemeinsame, koordinierte Wirtschaftspolitik ein. Bevor sie sich auf eine solche Regelung einlassen, müssen die Länder sicher sein, daß sie in der nunmehr gemeinsam verfolgten Politik ihre eigenen Belange wiedererkennen können. Man kann noch weitergehen und sagen, daß die Währungsvereinigung als solche möglicherweise einen Schritt zu höheren Formen der politischen Integration darstellt.

Zu Beginn der 70er Jahre ging man davon aus, daß Länder nur dann ihre eigenen Belange in der gemeinsamen Politik eines einheitlichen Währungsraums wiedererkennen können, wenn bereits ein Grundkonsens gegeben

[26] Empirische Daten lassen erkennen, daß zwischen Handelshemmnissen und dem asymmetrischen Auftreten sektorbezogener Schocks eine positive Beziehung besteht; siehe hierzu *Kommission der Europäischen Gemeinschaften*: Die sektorspezifischen Auswirkungen des Binnenmarktes auf die Industrien der Mitgliedstaaten, a. a. O., Kap. 6.

ist. Die dies stark betonende „Krönungstheorie" fungierte freilich nicht zuletzt auch als Abwehrideologie[27]. Eine der Lehren aus den 80er Jahren ist, daß die zur Verwirklichung von wirtschaftspolitischen Zielen angewandten Mittel, sofern sie mit Entschlossenheit und Glaubwürdigkeit eingesetzt werden (beispielsweise in Form eines Regimewechsels), wiederum auf die Ziele zurückwirken. So zeichnet sich heute in der Gemeinschaft zweifellos immer mehr ein Konsens darüber ab, daß die Preisstabilität als vorrangiges Ziel der Geldpolitik rangieren sollte. Dies steht im scharfen Kontrast zu den Auseinandersetzungen in den 70er Jahren, als man glaubte, die Länder müßten unterschiedliche „optimale" Inflationsraten wählen können, entsprechend der damals vorherrschenden Auffassung, es könnte ein optimaler Substitutionspunkt zwischen Wachstum und Inflation auf der *Phillips*-Kurve bestimmt werden. Inzwischen hat sich in der Gemeinschaft die Überzeugung durchgesetzt, daß die optimale Inflationsrate möglichst nahe bei Null liegt.

Die noch verbleibenden politischen Unterschiede betreffen also nicht so sehr die Ziele der Wirtschaftspolitik, sondern ordnungspolitische Grundüberzeugungen über den Einsatz wirtschaftspolitischer Instrumente zur Verwirklichung solcher Ziele. Hier gibt es für die nächsten Phasen der WWU noch einen gewissen Konvergenzbedarf. Da über die wirtschaftspolitische Zielsetzung, Errichtung und Funktionsweise des Europäischen Systems der Zentralbanken (ESZB) weitgehend Einigkeit besteht, ist zu hoffen, daß es zumindest bei der Geldpolitik in der Endphase kaum noch Probleme gibt. In anderen Bereichen der Wirtschaftspolitik hingegen sind ordnungspolitische Mindestregeln dringend geboten. Konkret bedeutet dies, daß die Haushaltspolitik und das Verhalten der Sozialpartner in den einzelnen Mitgliedsstaaten mit dem Ziel der Preisstabilität in Einklang stehen müssen oder ihm zumindest nicht zuwiderlaufen dürfen. Durch Gesetz oder den künftigen WWU-Vertrag kann dies nicht allein erreicht werden; Voraussetzung ist vielmehr eine tiefgreifende Anpassung der Verhaltensweisen.

III. Kosten-Nutzen-Ansatz

Der Kosten-Nutzen-Ansatz in bezug auf optimale Währungsgebiete geht zwangsläufig in vieler Hinsicht auf den vorstehend charakterisierten traditionellen Approach zurück und umfaßt seit *Ishiyama*[28] üblicherweise einen Ka-

[27] Vgl. Heinrich *Matthes*: Europäische Wirtschafts- und Währungsintegration – Erreichtes und Erstrebtes, in: Integration der Kapitalmärkte (Probleme des Kapitalmarkts, Kolloquien – Beiträge, 29), hrsg. von Georg Bruns und Karl Häuser, Frankfurt am Main 1987, S. 141–168.

[28] Vgl. a. a. O.

talog wirtschaftlicher Ziele und eine Beurteilung des Beitrags, den die Bildung eines Währungsraumes zur Erreichung dieser Ziele leistet. Zuweilen wird dieser Kosten-Nutzen-Ansatz auch in engerer Perspektive angewandt, wie bei der Gegenüberstellung von Gewinnen bei den Transaktionskosten und Einbußen bei den Seigniorage-Einnahmen[29]. Ein solcher Ansatz ist jedoch zu eng. Daher soll im folgenden geprüft werden, wie sich die Schaffung einer Wirtschafts- und Währungsunion in bezug auf Effizienz, Stabilität und Verteilungsgerechtigkeit auswirkt (so auch die Kommission der EG[30]). Die Diskussion bezieht sich zunächst nur auf die dauerhaften Effekte der Endphase der WWU; Übergangseffekte werden im Abschnitt IV diskutiert. Geht man so vor, so ist es unerläßlich, eine „Gegenwelt" zu definieren, um bestimmte Kosten- und Nutzenaspekte genauer herausarbeiten zu können. In den Arbeiten von *Mundell* und vieler anderer Autoren ist diese „Gegenwelt" einfach ein System flexibler Wechselkurse. Die „Gegenwelt" in der Gemeinschaft ist Phase 1 der WWU, deren wichtigste Merkmale in ihrer Endstufe der vollendete Binnenmarkt und ein hohes Maß an Beteiligung am EWS sein dürften. Soweit erforderlich, soll im folgenden zwischen diesen beiden als Vergleichsbasis dienenden „Welten" unterschieden werden.

A. Gewinn an wirtschaftlicher Effizienz

Vor- und Nachteile an wirtschaftlicher Effizienz ergeben sich aus dem vollständigen Wegfall der Wechselkursunsicherheit und der Einführung einer einheitlichen Währung in der WWU. Genaugenommen ist eine einheitliche Währung, wie im *Delors*-Bericht unterstrichen, in der WWU nicht unbedingt notwendig. Bestimmte Effizienzgewinne und -verluste ergeben sich jedoch nur bei einer einheitlichen Währung. Daher soll, entsprechend dem zwischen fast allen Mitgliedsstaaten erzielten Einvernehmen, hier davon ausgegangen werden, daß die Endphase der WWU eine einheitliche Währung impliziert. Diese Annahme läßt sich ökonomisch rechtfertigen. Eine einheitliche Währung hat gegenüber einem System fester Wechselkurse folgende Vorteile: vollständige Aufhebung der Transaktionskosten, größtmögliche Preistransparenz, zusätzliche finanzielle Skalenerträge, größtmögliche Glaubwürdigkeit als sichtbares Zeichen der Unwiderruflichkeit der Wechselkursfestsetzung sowie außenwirtschaftliche Vorteile.

29 Vgl. Matthew B. *Canzoneri*, Carol Ann *Rogers*: Is the European Community an Optimal Currency Area? Optimal Taxation Versus the Cost of Multiple Currencies, in: The American Economic Review (erscheint demnächst).

30 Vgl. *Kommission der Europäischen Gemeinschaften*: Ein Markt, eine Währung, a. a. O.

Transaktionskosten

Die direktesten Effizienzgewinne aus einer WWU mit einheitlicher Währung ergeben sich aus dem Wegfall von Transaktionskosten und Wechselkursunsicherheit. Transaktionskosten entstehen beim Geldumtausch im Bankverkehr mit verschiedenen Währungen, Banknoten, Schecks, Kreditkarten usw. Eine einheitliche Währung würde ein integriertes Zahlungs- oder Verrechnungssystem in der Gemeinschaft voraussetzen, durch das die Effizienzmängel beim gegenwärtigen grenzüberschreitenden Zahlungsverkehr entfallen würden. Die Kosten von Transaktionen zwischen den EG-Währungen werden von der Kommission auf 13 bis 19 Mrd ECU von 1990 oder 0,3% bis 0,4% des BIP der Gemeinschaft geschätzt[31]. Diese Größenordnung mag gering erscheinen; angesichts der zahlreichen, mit der Existenz verschiedener Währungen verbundenen mikroökonomischen Effizienzmängel ist sie möglicherweise nur die Spitze eines Eisbergs. In gewisser Hinsicht kann hier eine Parallele zu der Analyse der Vollendung des Binnenmarktes gezogen werden[32], bei der die Kosten der Grenzformalitäten im eigentlichen Sinne auf etwa 0,25% des BIP der Gemeinschaft veranschlagt wurden, während sich der geschätzte Gesamtnutzen auf ein Mehrfaches belaufen dürfte.

Verwickelter ist die Frage nach dem Wesen der Transaktionskosten. Soweit sie den Einsatz realer Ressourcen erfordern, ist ihre Beseitigung ein Wohlfahrtsgewinn; soweit sie jedoch Monopolgewinne darstellen, hat ihr Fortfall lediglich eine Umverteilungswirkung.

Neben solchen Gewinnen bei den Transaktionskosten innerhalb der Gemeinschaft dürfte die ECU im internationalen Währungssystem immer mehr den ihrem raumwirtschaftlichen Potential entsprechenden Platz einnehmen. Je stärker die ECU weltweit als Währungseinheit und Zahlungsmittel eingesetzt wird, desto höher sind weitere Einsparungen bei den Transaktionskosten und gewisse Einnahmen aus internationaler Seigniorage, auch wenn all dies im Vergleich zu den innergemeinschaftlichen Gewinnen bei den Transaktionskosten von verhältnismäßig geringem Gewicht ist. Darüber hinaus wird die ECU als einheitliche Währung weitreichende Auswirkungen auf die internationale monetäre Zusammenarbeit und die Weltwährungsordnung insgesamt mit sich bringen, was allerdings hier nicht näher erörtert werden soll. Die erheblichen Wohlfahrtsgewinne aus einer stabileren internationalen Währungsordnung, in der der Kurs des Dollars nicht mehr so „fundamental" gegenüber seiner Kaufkraftparität schwanken wird,

[31] Vgl. ebd.

[32] Vgl. *Kommission der Europäischen Gemeinschaften*: Europas Zukunft – Binnenmarkt 1992, a. a. O.

lassen sich auch nicht annähernd beziffern. Hier handelt es sich um Positivwirkungen der europäischen Einheitswährung, die beim „klassischen" *Schmidt-Giscard*-Vorschlag sogar im Vordergrund standen.

Wechselkursunsicherheit

Bei den Auswirkungen des vollständigen Wegfalls der Wechselkursunsicherheit sind Quantifizierungen schwieriger als im Bereich der Transaktionskosten. Zudem hat sich die Wechselkursvariabilität zwischen den EG-Währungen seit Gründung der EWS bereits stark verringert, nämlich um etwa 75%. Eine andere Frage ist, ob dies einem ebenso starken Schwinden der Wechselkursunsicherheit entspricht. So sind Neufestsetzungen der Wechselkurse im EWS nach wie vor möglich, was eine unwägbare Unsicherheit bedeutet, die sich aus der zu beobachtenden Wechselkursvariabilität nicht ablesen läßt. Davon abgesehen, daß eine Quantifizierung der verbleibenden Wechselkursunsicherheit hierdurch erschwert wird, stellt sich auch die Frage nach ihren tatsächlichen wirtschaftlichen Auswirkungen. Der empirisch gemessene Effekt der Wechselkursunsicherheit auf Handel und ausländische Direktinvestitionsströme ist bestenfalls schwach positiv. Warum er nicht stärker zu Buche schlägt, wie sich dies auch in den Unternehmensbefragungen ausdrückt[33], läßt sich schwer sagen. Hier mag auch die Form des Risikos eine Rolle spielen. Außenhandelsgeschäfte und Direktinvestitionen im Ausland sind Anlageformen, bei denen das Wechselkursrisiko nur einen Teil des Gesamtrisikos ausmacht. Nur der nichtdiversifizierte Risikoanteil wird jedoch durch die Beseitigung der Wechselkursunsicherheit beeinflußt, z. B. wenn Sicherungsinstrumente nicht verfügbar oder zu teuer sind. Nach jüngsten Ergebnissen der Forschung[34] kann bei fixen oder in der Vergangenheit angefallenen (gesunkenen) Kosten selbst die mit einem undiversifizierten Risiko einhergehende relativ geringe Unsicherheit zu einer bedeutsamen Fehlallokation von Ressourcen führen; auf jeden Fall gilt dies auf kurze Sicht. Freilich sind solche Theorieansätze bisher noch nicht in testbare Modelle umgesetzt worden. Daher ist nicht auszuschließen, daß in der bisherigen Forschung einfach nur die falschen Modelle verwendet wurden, um die Auswirkungen der Wechselkursunsicherheit zu prüfen.

[33] In bezug auf die Ergebnisse von Unternehmensbefragungen siehe z. B. *Ernst & Young, National Institute of Economic and Social Research*: A Strategy for the ECU. A Report on behalf of the Association for the Monetary Union of Europe, London 1990.

[34] Vgl. Avinash *Dixit*: Entry and Exit Decisions under Uncertainty, in: Journal of Political Economy, Vol. 97 (1989), S. 620–638; P. *Krugman*: Limiting exchange rate flexibility, Cambridge, Massachusetts, 1989.

Indirekte Auswirkungen

Die mikroökonomische Effizienz wächst auch noch durch eine Reihe eher indirekter Auswirkungen. Die im Zuge des Binnenmarkt-Programms weiter vorangetriebene Integration und Koordinierung im Bereich der mikroökonomischen Politik (Wettbewerbs- und Umweltpolitik, europäische Infrastrukturen) wird zusammen mit einer einheitlichen Währung die Vorteile des Binnenmarktes verstärken. Generell dürfte eine einheitliche Währung die Entwicklung zu vollkommen integrierten Güter- und Kapitalmärkten in der Gemeinschaft fördern, da die Preistransparenz wächst und der Informationsgehalt eines einheitlichen Währungssystems zunimmt. Darüber hinaus reduziert die WWU ganz allgemein die mit Investitionen insgesamt verbundene Unsicherheit, was die Mindestkapitalrendite verringert und damit Kapitalstock und Produktion erhöht. Selbst eine geringe Herabsetzung der Unsicherheit auf diesem Gebiet kann eine erhebliche langfristige Wirkung haben[35]. Die statischen direkten oder indirekten Effizienzverbesserungen können ferner das Produktionsniveau dadurch steigern, daß sie die Grenzleistungsfähigkeit des Kapitals erhöhen, was den Kapitalstock wachsen läßt, bis seine Grenzleistungsfähigkeit auf die angestrebte reale Mindestverzinsung gesunken ist.

Verluste könnten auf der Ebene der öffentlichen Haushalte auftreten, und zwar in zweierlei Hinsicht. Zum einen führt die stabilitätsorientierte Geldpolitik der Europäischen Zentralbank zu niedrigerer Inflation, wodurch sich in Ländern mit hoher Inflation das Steuereinkommen aus Seigniorage verringert. Freilich wirkt dem entgegen, daß – wie oben dargelegt – im Zuge der Kapitalmarktliberalisierung die Realzinsen in manchen Ländern nicht unerheblich steigen mögen. Es ist also wichtig, welche Vergleichsbasis der WWU gegenübergestellt wird. In einem vollendeten Binnenmarkt mit einheitlichem Finanzraum dürfte zudem wahrscheinlich auch das Mindestreserve-Soll der Kreditinstitute nach unten konvergieren, was die Seigniorage-Einnahmen in früheren Inflationsländern verringert. Was hier besonders zu Buche schlägt, ist im übrigen nicht so sehr die Einbuße an Seigniorage-Einnahmen – diese werden von der Kommission für Länder wie Griechenland, Spanien, Italien und Portugal auf 0,5% bis 1% des BIP geschätzt[36] –, sondern die erheblichen Wohlfahrtseffekte einer Ersetzung der Inflationssteuer (die doch nicht zuletzt mit einer Fehlallokation der Ressourcen einhergeht) durch eine *Pareto*-optimale Deckung des öffentlichen Defizits (insofern

[35] Vgl. R. *Baldwin*: On the microeconomics of EMU, in: European Economy, The Economics of EMU, hrsg. von der Kommission der Europäischen Gemeinschaften (noch nicht erschienen).

[36] Vgl. *Kommission der Europäischen Gemeinschaften*: Ein Markt, eine Währung, a. a. O.

stehen diese „Verluste" tatsächlich für unbekannte, aber erhebliche Allokationsgewinne).

Ein zweiter Bereich, in dem Effizienzverluste in Erscheinung treten mögen, betrifft die allgemeineren Auswirkungen der Währungsintegration auf Besteuerung und Versorgung mit öffentlichen Gütern in einem integrierten Markt mit einheitlicher Währung. Die Mitgliedsstaaten werden nun miteinander in Steuerwettbewerb treten, was die Steuersätze auf ein Niveau reduzieren mag, auf dem die Versorgung mit wichtigen öffentlichen Gütern gefährdet ist. Dies unterstreicht die Bedeutung einer Harmonisierung der Schuldenlasten vor Eintritt in die Endphase der WWU. Der Steuerwettbewerb hat so gesehen einen Januskopf: Einerseits kann er sich vorteilhaft auf die Effizienz des öffentlichen Sektors auswirken (wie auch auf die weiter unten erörterte Haushaltsdisziplin); andererseits könnte eine abwärtsgerichtete Steuerspirale negative externe Effekte herbeiführen.

B. Stabilität

Wie sich die makroökonomische Stabilität in der WWU gestaltet, hängt davon ab, wie sie die Geld- und Haushaltspolitik und andere Anpassungsmechanismen beeinflußt. Die nationalen Geldpolitiken kommen unter die Zuständigkeit der Europäischen Zentralbank und gehen somit in einer einzigen Geldpolitik auf. Die nationalen Haushaltspolitiken sind ebenfalls betroffen. Das Ziel der monetären Stabilität kann jetzt mit anderen Mitteln und – vor allem – bei besserer Koordinierung verfolgt werden. Hinzu kommt, daß der Zahlungsbilanzzwang innerhalb der Gemeinschaft vollkommen entfällt, während sich das Anpassungsverhalten der Produktionsfaktoren unter WWU-Bedingungen ändern wird.

Preisstabilität

Zu den wichtigsten Lehren aus den Stagflationserfahrungen der 80er Jahre gehört, daß es keinen langfristigen Trade-off zwischen Produktions- und Preisentwicklung gibt. Fördert die WWU die Preisstabilität, so fördert sie damit auch Wirtschaftswachstum und Beschäftigung. Analysiert man die Entwicklung in den OECD-Ländern über eine längere Zeit hinweg, so ist tatsächlich zu erkennen, daß hohe Inflation im Durchschnitt mit hoher Arbeitslosigkeit, hoher Variabilität der Preisniveauentwicklung und hoher Variabilität des Produktionswachstums einhergeht[37]. Dies unterstreicht, wes-

[37] Vgl. ebd., Kap. 3.

halb die Geldpolitik der unabhängigen Europäischen Zentralbank (EZB) primär auf das Ziel der Preisstabilität auszurichten ist, was entsprechend gesetzlich verankert werden muß. Alle anderen wirtschaftspolitischen Ziele müssen dem untergeordnet werden.

Vor dem Hintergrund der bisherigen Erfahrungen ist es einleuchtend, zur Ausdehnung der Preisstabilitätszone des harten Kerns des EWS auf die gesamte Gemeinschaft so zu verfahren, daß Unabhängigkeit und Reputation der Bundesbank auf die EZB verpflanzt werden. Ein solcher Systemwechsel könnte aus verschiedenen Gründen noch mehr Preisstabilität herbeiführen. Erstens handelt es sich um das deutlichste Signal an die Faktormärkte, in der Preisgestaltung zukünftig noch mehr die Disziplin fester Wechselkurse und eine straffe Geldpolitik zu berücksichtigen[38]. Zweitens werden suboptimale Ergebnisse wegen nichtkooperativer Wechselkurspolitiken unterbunden. Drittens wird ein System fester Wechselkurse in Europa auch noch jene Wechselkursschwankungen ausschalten, die von noch bestehenden nationalen geldpolitischen Schocks oder spekulativen Kapitalflüssen verursacht werden. Je weiter freilich die Zone der Geldwertstabilität außerhalb der Bundesrepublik ausgedehnt wird, desto mehr wird es erforderlich, die Verantwortung für die gemeinsame stabile Geldpolitik zu teilen. Auf jeden Fall hat nach dem Übergang zur praktisch vollständigen Kapitalmarktliberalisierung der Dominanzstandard viel von seiner Leistungsfähigkeit verloren[39]. Insgesamt gesehen sind daher unter den obigen Voraussetzungen in bezug auf die Stabilisierung des Preisniveaus von der WWU eindeutige Vorteile gegenüber der Lage im EWS zu erwarten.

Neben dieser direkten Beziehung zwischen Geldpolitik und Preisstabilität sind auch die Auswirkungen eines Systemwechsels auf die Haushaltspolitik zu beachten. Zunächst gilt es auszuschließen, daß die Staatsschuld in den Mitgliedsstaaten einen Stand erreicht bzw. auf einem Stand bleibt, der längerfristig nicht tragbar ist und zur Zahlungsunfähigkeit der späteren Region und damit zum Ruf nach Finanzbeistand oder zu Druck auf eine Monetisierung der Schuld führen könnte. Ob dies angesichts erreichter Verschuldungsquoten – beispielsweise in Belgien – ohne eine allgemeine Schuldenreform zu bewältigen ist, darf bezweifelt werden[40]. Darüber hinaus sollten

[38] Ein augenfälliges Beispiel hierfür stellt die Erfahrung der Niederlande seit 1983 dar; siehe ebd., Anhang B.

[39] Vgl. *Matthes*: Aufweichung des EG-Stabilitätsstandards?, a. a. O.

[40] Vgl. ders.: Die Entwicklung des EWS mit Blick auf 1992 – Thesen zum gegenwärtigen Stand der Debatte um das EWS, in: Europa-Banking. Bankpolitik im Europäischen Finanzraum und währungspolitische Integration (Schriften zur monetären Ökonomie, Bd. 27), hrsg. von Dieter Duwendag, Baden-Baden 1988, S. 85–109; ferner ders.: Langsames Wachstum, hohe Arbeitslosigkeit – kein Schicksal für Europa, in: Geldwertsicherung und Wirtschaftsstabilität (Festschrift für Helmut

Haushaltsdefizite nicht so groß werden, daß sie die Geldwertstabilität bedrohen könnten, beispielsweise durch indirekte monetäre Finanzierung. Der WWU-Vertrag muß daher Regeln enthalten, die den nationalen Haushaltsbehörden mehr Haushaltsdisziplin auferlegen. Es besteht bereits Einigkeit darüber, daß eine monetäre Finanzierung von Staatsdefiziten durch die Zentralbank (auch aus anderen als geldpolitischen Gründen) ausgeschlossen werden sollte, daß die Schulden von Mitgliedsstaaten nicht von anderen Mitgliedsstaaten und der Gemeinschaft gedeckt werden sollten (keine Beistandsgarantie) und daß überhöhte Defizite vermieden werden sollten. Werden der nationalen Haushaltspolitik damit Bedingungen auferlegt, die – weil sie den Spielraum der nationalen Regierung einengen – als Kostenfaktor der WWU gewertet werden könnten? Stellt man diese Frage, so ist zu beachten, daß es ganz unabhängig von der Teilnahme an der WWU den einzelnen Staaten nützt, im Zusammenhang mit einem gesunden Finanzgebaren Haushaltsdisziplin zu üben. So hat *Knoesters*[41] nachdrücklich darauf hingewiesen, daß bei einer vorangegangenen "tax-push inflation" eine von entsprechenden Ausgabenkürzungen begleitete Steuersenkung erhebliche positive Wachstumswirkungen habe ("inverted *Haavelmo*"). Hilft also die WWU bei der Haushaltskonsolidierung, so kann dies nur als Segen und nicht als Fluch betrachtet werden.

Stabilität der Produktionsentwicklung

Für eine stabile Entwicklung der Produktion ist der Verlust des Wechselkursinstruments zweifellos ein Kostenfaktor. Angesichts des bereits erreichten Standes der Festheit der Wechselkurse sind diese Kosten jedoch nicht so hoch; zudem kann der Wegfall der noch bestehenden Anpassungsmöglichkeiten zumindest teilweise durch andere Instrumente ausgeglichen werden.

Bei der Beurteilung der Kosten des Verlustes des Wechselkursinstruments kommt es erstens darauf an, welche Vergleichsbasis gegenüber der WWU herangezogen wird. Verglichen mit einem System flexibler Wechselkurse, ist ein System fester Wechselkurse eine drastischere Änderung als der Übergang von einem System eng miteinander verbundener Wechselkurse, wie es das EWS darstellt und wie es sich in der ersten Phase der WWU noch weiter verstärken dürfte. Zudem schaffen Veränderungen der Wechselkurse immer

Schlesinger zum 65. Geburtstag), hrsg. von Norbert Bub, Dieter Duwendag und Rudolf Richter, Frankfurt am Main 1989, S. 361–390.

41 Vgl. A. *Knoesters*: The Haavelmo effect revisited, in: Finnish Economic Papers, Vol. 1 (1988), Nr. 1, S. 121–125.

nur einen kurzfristigen Handlungsspielraum. Gelingt es nicht, Änderungen in den realen Verteilungspositionen (Reallöhne, Gewinne) herbeizuführen, so hält die kurzfristige Beeinflussung des realen Wechselkurses durch Änderungen des nominalen Wechselkurses langfristig nicht vor. Vor- und Rückwälzungen erzwingen schließlich doch Preisanpassungen, die den anfänglichen Wettbewerbsvorteil wieder zunichte machen. Je stärker sich die Akteure bewußt werden, daß reale Anpassungen auch nicht mehr vorübergehend über Abwertungen erzwungen werden können, desto früher werden sie sich in ihrer Preisgestaltung definitiv anpassen, womit es wieder zum Gleichgewicht kommt. Mit anderen Worten: Seit dem Verschwinden der „Wechselkursillusion" ist eine der Grundannahmen zur Theorie der optimalen Währungsgebiete (der Grad der Faktorpreisflexibilität) in Wirklichkeit systemabhängig geworden. Dies ist eine der praktischen Auswirkungen der „Revolution der rationalen Erwartungen". Insofern kann allein aus diesem Grunde besser auf das Wechselkursinstrument verzichtet werden.

Auch eine andere Grundannahme, wonach Störungen, die in erster Linie den Einsatz des Wechselkursinstrumentes verlangen, vom Fortschreiten der WWU unbeeinflußt bleiben, muß kritisch überprüft werden. Wie bereits in Abschnitt II ausgeführt, bestehen gute Gründe für die Hypothese, daß die meisten sektorspezifischen Störungen mit fortschreitender Integration symmetrischer werden. Störungen können auch von der Wirtschaftspolitik des Staates oder dem Verhalten des Privatsektors als Reaktion auf vergleichbare Schocks herrühren. Im Zuge der multilateralen Überwachung zwischen den Ländern werden sich beide immer mehr angleichen und als Quelle von Störungen an Bedeutung verlieren[42]. Die mit dem Verlust des Wechselkursinstruments in der WWU einhergehende Destabilisierung der Produktionsentwicklung wird sich also im Zeichen einer verbesserten Faktoranpassung erheblich verringern, und Störungen, die Wechselkursveränderungen ratsam machten, werden in Ausmaß und asymmetrischem Charakter abnehmen.

Die noch verbleibenden Anpassungskosten könnten in einem integrierten Finanzraum mit einheitlicher Währung über Kapitalzuflüsse von außen billiger als im Vergleichssystem finanziert werden. In einem gewissen Maße wird also der Verlust der noch benötigten Freiheitsgrade dadurch wettgemacht, daß es keine innergemeinschaftlichen Zahlungsbilanzzwänge mehr gibt – mit Sicherheit gilt dies bei kurzfristigen und vorübergehenden Störungen. Zudem können die öffentlichen Haushalte bei Schocks nach wie vor

[42] Nach *Wihlborg* und *Willet* (a. a. O.) vermindert eine gut konzipierte WWU sogar durch unabhängige nationale Regierungen verursachte stärkere Nachfrageschocks, so daß nur noch relative Kosten- und Nachfrageschocks möglich sind, die über ähnliche Industriestrukturen aufgefangen werden können.

kompensierend eingreifen. Damit die Regierungen Spielraum für ihre eigene Haushaltspolitik behalten, sollten also die koordinierungsbedingten Anforderungen an das Haushaltsgebaren der Einzelstaaten nicht übertrieben werden[43]. So sollte die Gemeinschaft nur dann auf die nationale Disziplin einwirken, wenn der Schuldenstand in einer „Region" längerfristig aus dem Rahmen zu fallen droht oder wenn die Region sich zum „Trittbrettfahrer der Geldwertstabilität" entwickelt. Desgleichen sollten nur dann stringente Koordinierungsbedingungen an die nationale Haushaltspolitik gestellt werden, wenn ernstliche Ungleichgewichte drohen, wie ein großes Defizit in der Außenbilanz der Gemeinschaft. Schließlich könnte, selbst wenn in den einzelnen Regionen die Lohnentwicklung mit der Produktivitätsentwicklung Schritt hielte, auch der Gemeinschaftshaushalt bei der Abfederung von Störungen eine verstärkte Rolle spielen. So könnten den Gepflogenheiten in bestehenden Föderationen entsprechend – selbst bei unbedeutend zentralem (Kommissions-)Haushalt – gewisse Elemente eines zentralen Finanzausgleichs geschaffen werden (beispielsweise eine europäische Zusatz-Arbeitslosenversicherung). Sofern die Gemeinschaft zur Finanzierung beiträgt, sollte dies im Einvernehmen über Ziele und Instrumente der Wirtschaftspolitik geschehen. Dementsprechend sollte für einen Finanzbeistand der Gemeinschaft eine ordnungspolitische Konditionalität eingeführt werden.

Per saldo wird also bei ausreichender Flexibilität der Angebotsbedingungen die WWU die Produktionsentwicklung nicht destabilisieren, wenn auch auf diesem Gebiet der Nutzen weniger eindeutig ist als bei der Preisniveaustabilisierung. Alles kommt darauf an, wie sich die öffentlichen und privaten Akteure in Zukunft verhalten. Zumal in einer Welt zunehmend rationaler Erwartungen fördert ein System fester Wechselkurse ein gesundes öffentliches Finanzgebaren und mehr Disziplin bei Löhnen und Preisen. Unter diesen Voraussetzungen könnte bei wachsender Flexibilität der Angebotsseite die Produktionsentwicklung eher stabiler werden.

C. Verteilungsgerechtigkeit

Bei der Untersuchung der Verteilungsgerechtigkeit in der WWU sind zwei Aspekte zu beachten. Zum einen stellt sich die Frage, wie sich Kosten und Nutzen der WWU regional verteilen. Zum anderen ist die Verteilungsgerechtigkeit bei der Ermittlung eines eventuellen Trade-off zwischen Faktor-

[43] Vgl. Heinrich *Matthes*, Jürgen *Kröger*: Konsequenzen der finanziellen Integration für die Wirtschaftspolitik in Europa (IEW-Symposion über Probleme der internationalen Kapitalallokation), hrsg. von Rüdiger Pohl, Berlin (erscheint demnächst).

anpassung und Finanzierung sowie zwischen nationaler und gemeinschaftlicher Finanzierung von Interesse.

Kosten und Nutzen nach Ländern

Hinsichtlich der regionalen Verteilung von Kosten und Nutzen gilt es zu unterscheiden zwischen den Auswirkungen beim Übergang zur Endphase der WWU und den Auswirkungen in der Endphase selbst. Daher müssen beide Aspekte auseinandergehalten werden.

Der relative Umfang der Gewinne bei den Transaktionskosten hängt in den einzelnen Ländern hauptsächlich vom Umfang des innergemeinschaftlichen Handels mit Waren und Dienstleistungen im Verhältnis zum BIP des jeweiligen Landes ab sowie vom Ausmaß der Verwendung der Landeswährung bei der Fakturierung. Während sich die Einsparungen bei den Transaktionskosten im Schnitt auf 0,4% des BIP der Gemeinschaft belaufen, ist der entsprechende Wert von Land zu Land sehr unterschiedlich: Er reicht von 0,1% für die Bundesrepublik bis zu 0,9% für eine kleinere offene Wirtschaft wie Belgien[44]. Die kleineren, offenen und am stärksten integrierten Volkswirtschaften ziehen also aus der Beseitigung der Transaktionskosten den größten Vorteil. Das gleiche gilt mutatis mutandis für das Verschwinden der Wechselkursunsicherheit: Die Länder, in denen sie in der EG am größten ist (Griechenland, Portugal, Spanien und Großbritannien), profitieren hier relativ stärker. Insbesondere für EG-Länder mit diesbezüglichem Nachholbedarf eröffnet sich nämlich die Aussicht auf mehr ausländische Direktinvestitionen, können sie doch nun ihren wichtigsten Wettbewerbsvorteil (billige Arbeitskräfte) unbeeinträchtigt von dem bisherigen gravierenden Nachteil der Wechselkursunsicherheit einsetzen. Insofern haben die ärmeren Mitgliedsstaaten an der Peripherie die größten statischen und dynamischen Effizienzgewinne aus der WWU zu erwarten, obwohl gerade bei diesen Ländern auch nicht vergessen werden sollte, daß der Regime-Wechsel und die damit verbundenen Kosten ebenfalls größer sind als im „Zentrum“.

Viele Länder genießen derzeit im harten Kern des EWS bereits die Vorteile niedriger Inflationsraten. Länder mit zur Zeit noch hohen Inflationsraten (dabei handelt es sich vor allem um die ärmeren Länder der Gemeinschaft) können hier noch erhebliche Gewinne erzielen – allerdings nach der Überwindung von Übergangskosten, bewirkt doch der Prozeß der Desinflation in der Regel eine vorübergehende Arbeitslosigkeit. Hierüber bestimmen die nominalen Lohnkontrakte. Kommt es unter dem Eindruck

[44] Vgl. *Kommission der Europäischen Gemeinschaften*: Ein Markt, eine Währung, a. a. O., Kap. 3.

eines glaubwürdigen Systemwechsels, wie er die Ankündigung des Beitritts zu einer Hartwährungszone darstellt, zu moderaten Lohnerhöhungen, so werden die Preiserwartungen unter Umständen sehr schnell nach unten gedrückt. Die Auswirkungen solcher Ankündigungen auf den Übergang zur WWU werden weiter unten erörtert.

Auch bei den Auswirkungen auf die öffentlichen Haushalte spielen sowohl dauerhafte als auch vorübergehende Effekte eine Rolle. Bei den Seigniorage-Einnahmen würden eventuelle Einbußen mittelfristig dadurch ausgeglichen, daß nach stabilisierten Inflationserwartungen im Rahmen der WWU niedrigere Ex-post-Realzinsen auf die Staatsschuld zu zahlen sind. Rasche Schritte in Richtung auf die WWU ermäßigen die Risikoprämie, sogar schon bevor der Desinflationsprozeß vollständig abgeschlossen ist. Hiervon würden wiederum die EG-Länder mit hoher Inflation profitieren, und zwar vor allem jene mit hoher Schuldenquote (Griechenland, Portugal und Italien). Zusammen mit anderen hoch verschuldeten Ländern (Belgien, Irland, die Niederlande sowie in geringerem Maße Dänemark) werden diese Länder vor dem Eintritt in die Endphase der WWU wohl zunächst zu einem gesunden öffentlichen Haushaltsgebaren zurückfinden müssen. Die damit verbundenen „übergangsbedingten Austeritätskosten“ dürfen eigentlich nicht der WWU zugerechnet werden, gebietet sich doch die Wiederherstellung eines gesunden Haushaltsgebarens für jede Volkswirtschaft unabhängig von ihrem eventuellen Eintritt in eine WWU.

Die Anpassungsfähigkeit der Mitgliedsstaaten hängt offensichtlich vom Grad ihrer bisherigen Teilnahme am EWS ab. Die ersten Mitglieder des engen Bandes des EWS haben die Kosten der Anpassung seit 1983 immer mehr ohne Rückgriff auf das Wechselkursinstrument getragen. Beteiligten sich alle EG-Länder am EWS, bevor die zweite Phase der WWU anläuft, so könnte die Restanpassung an den Verlust dieses Instrumentes weitgehend bis 1994 erfolgen. Damit würde der größte Teil der Kosten bald auf die ärmeren EG-Länder zukommen. Doch ist eine verbesserte Anpassungsfähigkeit dieser Länder ein in sich lohnendes Ziel. Durch die Verdoppelung der Mittel der Strukturfonds der Gemeinschaft bis 1993 wird zudem in den kritischen Anpassungsjahren eine große Hilfe dafür geleistet, daß der Produktionsapparat in den ärmeren Teilen der Gemeinschaft auf ein höheres Niveau gehoben werden kann.

Trade-offs

Mit der Anpassungskapazität der ärmeren Regionen verbunden ist der Trade-off zwischen Faktoranpassung und dem Ausmaß der privaten bzw. öffentlichen Finanzierung bei der Bewältigung von externen Schocks. Dies ist kein WWU-spezifisches Problem, sondern ein Problem allgemeiner Art, dessen Bedeutung für Europa in den 80er Jahren immer deutlicher wurde[45]. Im Zusammenhang mit der WWU wird der Trade-off jedoch besonders akut, muß doch die mit einer Abwertung erreichte vorübergehende Entlastung der realen Wettbewerbsfähigkeit nunmehr über Preis- und Lohnanpassungen erzielt werden.

Verantwortungsloses Lohnverhalten gab es in der Vergangenheit in ärmeren wie in reicheren EG-Ländern. Sowohl reichere als auch ärmere Länder haben sich der notwendigen Reallohnanpassung entzogen, indem sie sich nicht am engen Band des Wechselkursmechanismus beteiligten. Regional und sektoral gesehen, können die Löhne aber lediglich im Einklang mit der Produktivitätsentwicklung steigen, die übrigens in Aufholländern durchaus erheblich höher liegen sollte als im Zentrum. Die nachteiligen Beschäftigungseffekte einer mangelnden Lohnzurückhaltung sind nach den Erfahrungen aus der Vergangenheit klar genug, um dieses Ziel zu rechtfertigen. In den ärmeren Ländern der Gemeinschaft könnte diese notwendige Voraussetzung jedoch nicht dazu ausreichen, um Schocks vollständig zu bewältigen. Insbesondere in Griechenland und Portugal ist die industrielle Struktur noch nicht ausreichend diversifiziert. Der Produktionsapparat ist unter solchen Bedingungen möglicherweise nicht flexibel genug, um Arbeitslosigkeit aufgrund nachteiliger Schocks zu resorbieren. Zwar wächst der Anteil des brancheninternen Handels relativ schnell (dies gilt vor allem für Portugal), und diese Entwicklung dürfte sich in der Endphase der WWU weiter beschleunigen, doch dürfte die Anpassungskapazität auf der Angebotsseite, die ja gerade in diesen Ländern besonders groß sein muß, hinter den Notwendigkeiten zurückbleiben, so daß bei der Überwindung von Schocks das Budget belastet werden muß.

Trotz des Wegfalls der außenwirtschaftlichen Restriktion in der WWU dürfte das Ausland bei der Bewältigung von Schocks weniger aktiv werden, gelten doch die üblichen Schuldnerbedingungen sowohl für ausländisches als auch für inländisches Kapital. Die Reaktion des Auslands dürfte daher auf vorübergehende Schocks oder auf gesunde Investitionsprojekte begrenzt bleiben, die auf dem gemeinschaftsweiten Kapitalmarkt nunmehr kostengünstiger finanziert werden.

Schocks müssen somit vor allem über die öffentliche Finanzierung bewältigt werden. Wieweit dies national oder auf Gemeinschaftsebene geschehen sollte, ist im wesentlichen eine Frage der Verteilungsgerechtigkeit, die von dem Ausmaß an Solidarität zwischen den an der Endphase der WWU teilnehmenden Ländern bestimmt wird. In bestehenden Föderationen ist diese Solidarität unterschiedlich stark ausgeprägt, wie auch aus der budgetären

[45] Vgl. *Matthes*: Langsames Wachstum – hohe Arbeitslosigkeit – kein Schicksal für Europa, a. a. O.

Autonomie der Gliedstaaten der Föderation deutlich wird. Ein hohes Maß an Solidarität gibt es im Rahmen des deutschen Finanzausgleichs, während in den USA am anderen Ende der Skala nur nahezu 40% der Schocks, von denen staatliche Einnahmen betroffen werden, ausgeglichen werden[46]. Ganz allgemein gilt freilich, daß mit wachsendem Finanzausgleich das Eigeninteresse an finanzpolitischer Disziplin in einer Region abnimmt, was entsprechende Konsequenzen für die Aufstellung stringenterer Regeln hat, die die regionale Finanzhoheit einschränken[47]. Beispielsweise gibt es in der Bundesrepublik neben der „goldenen Regel" auf Landesebene praktisch kaum eine nennenswerte Autonomie auf der Einnahmeseite. Die Gemeinschaft verfügt bisher praktisch über keinen Finanzausgleich. Da der Gemeinschaft bestimmte wesentliche Merkmale bestehender Bundesstaaten abgehen (gemeinsame Sprache, Schicksalsgemeinschaft, historischer Hintergrund), muß im Rahmen der WWU wahrscheinlich ein Solidaritätssystem sui generis errichtet werden; wie dies aussehen wird, ist schwierig vorherzusagen. Auf jeden Fall gilt jedoch: Die letzte Konsequenz ungenügender Solidarität, d.h. der Austritt eines Mitgliedslandes aus der WWU, bedroht auch die Glaubwürdigkeit der bleibenden Länder und somit die gesamte WWU ernsthaft. Ein solcher Rückschlag würde auch für die Bleibenden einen zu großen Schaden verursachen, als daß auch nur ein nennenswertes Risiko in dieser Richtung eingegangen werden könnte. Freilich wirkt die „Austrittswaffe" nur unter der Voraussetzung, daß einem Mangel an Solidarität eine gesunde Wirtschaftspolitik gegenübersteht. Auch so gesehen kommen die Beitrittsstaaten nicht daran vorbei, zunächst ihr Haus in Ordnung zu bringen.

IV. Übergang

Im Zusammenhang mit dem Übergang stellen sich zwei Kernfragen: Wieviel Konvergenz muß bis zur Endphase der WWU erreicht werden, und mit welcher Geschwindigkeit sollte sich der Übergang vollziehen?

A. Wieviel Konvergenz in der Endphase?

In diesem Zusammenhang ist vor allem die nominale Konvergenz wichtig. Damit eine Währungsunion Bestand haben kann, sollten die Trendinflationsraten der Mitgliedsstaaten grundsätzlich gleich sein. Die Erfahrung mit bereits realisierten Währungsunionen (Irland und das Vereinigte Königreich

[46] Vgl. *Eichengreen*: a.a.O.

[47] Vgl. *Matthes, Kröger*: a.a.O.

vor 1979, die Belgisch-Luxemburgische Währungsunion) lehrt jedoch, daß geringe Inflationsunterschiede von höchstens ein oder zwei Prozent über lange Zeiträume bestehen bleiben können. In Anbetracht der im europäischen Integrationsraum existierenden größeren Mobilitätsschranken mag an der Peripherie als Eintrittsbedingung sogar eine etwas höhere Inflationsdifferenz hingenommen werden können; dies gilt vor allem wegen des dort höheren Gewichts der "non-tradeables". Insofern mögen die zu Beginn der Endphase der WWU noch zulässigen Inflationsunterschiede auch etwas höher sein.

Sonstige Konvergenzindikatoren wie Haushaltsdefizite oder Leistungsbilanzpositionen sind dagegen von geringerer Bedeutung und schwieriger festzulegen, weil sie von der Beurteilung abhängen. Was die öffentlichen Finanzen anbelangt, so steht außer Frage, daß das Finanzierungsdefizit und die Schuldenpositionen tragbar sein müssen und nicht schon zu Beginn der Endphase der WWU die künftige Währungsstabilität bedrohen dürfen. Das bedeutet, daß die Staatsschuld oberhalb einer gewissen Schwelle, die der Einfachheit halber auf den Gemeinschaftsdurchschnitt des Jahres 1990 von fast 60% des BIP festgelegt werden könnte, stabilisiert worden und eindeutig rückläufig sein sollte. Was die Bedrohung der Währungsstabilität anbelangt, so dürfte die sogenannte goldene Haushaltsregel einen nützlichen Bezugspunkt darstellen.

Für die Leistungsbilanzen sind Vorgaben weniger wichtig als für die öffentlichen Finanzen, obwohl die regionale Leistungsbilanz nicht nur ein wichtiger Wettbewerbsindikator bleibt, sondern auch einen fundamentalen Einblick in die regionale S/I-Konstellation gibt. Da der innergemeinschaftliche Leistungsbilanzsaldo sich in der WWU gleichsam automatisch finanziert, bleibt freilich in der Endphase der WWU der Beitrag der Mitgliedsstaaten zur Leistungsbilanz der Gemeinschaft insgesamt von Interesse. Bei einer einheitlichen Währung ist jedoch selbst der eigentliche Beitrag einzelner Länder zur Außenleistungsbilanz kein klares Konzept, woran sich ihre geringe Bedeutung als Kriterium für die nominale Konvergenz ablesen läßt[48]. Das soll nicht bedeuten, daß die Leistungsbilanzpositionen vor Beginn der Endphase der WWU keine Signalfunktion hätten, beispielsweise als Zeichen einer Übernachfrage.

Auf einer ganz anderen Ebene bewegt sich die Forderung nach realer Konvergenz, häufig gemessen an dem realen Pro-Kopf-Einkommen bezogen auf den Gemeinschaftsdurchschnitt. Grundsätzlich können Regionen in verschiedenen Entwicklungsstadien eine Währungsunion eingehen. Relevant ist im Hinblick auf die WWU der Vergleich der Unterschiede beim realen Pro-Kopf-Einkommen in den zwölf Gemeinschaftsländern mit den Einkom-

[48] Vgl. ebd.

mensunterschieden bestehender Föderationen. Dabei wird deutlich, daß die Unterschiede in der Gemeinschaft geringfügig größer sind als in den Vereinigten Staaten oder der Bundesrepublik, jedoch kleiner als in Kanada[49]. Auf einem ganz anderen Blatt steht, daß ärmere Regionen möglicherweise über eine geringere Anpassungsfähigkeit verfügen als reichere Regionen (wie oben bereits erörtert); auch dies ist jedoch kein ausreichendes Hindernis für die Errichtung einer Währungsunion, da das Anpassungsproblem auf verschiedene Weise gelöst werden kann. Jedenfalls sind die Unterschiede bei den Realeinkommen nicht notwendigerweise mit denen bei der Anpassungskapazität identisch. Reale Konvergenz ist also keine Grundvoraussetzung für den Eintritt in die Endphase der WWU; wohl wird sie verstärkt aus ihr resultieren (dies gilt auch für die Angebotsbedingungen).

B. Tempo des Übergangs

Wieviel Zeit kann vergehen, bis ein Mitgliedsstaat in jeder Hinsicht an der Endphase der WWU teilnimmt? Die Länge dieser Übergangsperiode kann auf verschiedene Weise definiert werden. So gibt es eine extreme Position, wonach sich eine gewisse Anzahl von Kriterien für die (nominale) Konvergenz formulieren läßt; die Endphase würde erst beginnen, nachdem all diese Kriterien erfüllt wären. Diese sogenannte „Krönungstheorie" wurde besonders von der Bundesrepublik und den Niederlanden vertreten. Nach der anderen „Extremposition" wird ein einigermaßen glaubwürdiges Datum für den Beginn der Endphase festgelegt, in der Erwartung, daß sich die erforderliche Konvergenz, insbesondere bezüglich der Inflation, dann als Konsequenz einer solchen Ankündigung gleichsam automatisch einstellen wird. Dieses sogenannte „monetaristische" Konzept (wahrscheinlich besser als „neues klassizistisches" Konzept zu bezeichnen) wird von Italien, Belgien und Frankreich befürwortet. Ein zwischen diesen beiden Extremen liegendes Konzept bestünde darin, ein Datum festzulegen und zu diesem Zeitpunkt die Endphase mit jenen Ländern zu beginnen, die inzwischen die Mindestkonvergenz erreicht haben („Schengen-Strategie"). Das ganze wäre für die übrigen Länder mit einer Schutzklausel abzusichern, wonach – bei Vorliegen gewisser Voraussetzungen – ein Eintrittsrecht bestünde.

Die Wechselwirkung zwischen der glaubwürdigen Ankündigung eines Systemwechsels und der Konvergenzentwicklung ist das Kernproblem dieser Diskussion. Gemäß der Theorie der rationalen Erwartungen reagieren die Wirtschaftsteilnehmer unmittelbar auf eine glaubwürdige Änderung der

[49] Vgl. *Kommission der Europäischen Gemeinschaften*: Ein Markt, eine Währung, a.a.O., Kap. 9.

Politik. Ein solches Beispiel war die Ankündigung der belgischen Zentralbank im Jahre 1990, die Schwankungsbreite des BF/DM-Wechselkurses zu verringern: Dies führte unmittelbar zu einer Verringerung des entsprechenden Zinsgefälles. In ähnlicher Weise könnte sich die Vorankündigung eines Übergangs zu einem System fester Wechselkurse auf das Verhalten des privaten Sektors, beispielsweise bei Lohnforderungen, auswirken, da die Gewerkschaften erkennen, daß übertriebene Lohnerhöhungen nicht mehr durch eine Abwertung der Währung kompensiert werden können (dies mag wiederum in kleineren Ländern eher zu erreichen sein). Solche Verhaltensänderungen könnten schnell zu einem höheren Grad an nominaler Konvergenz führen. Empirisch ist die Hypothese durchgängiger rationaler Erwartungen schwer zu beweisen. Die Diskussion zwischen den Anhängern der „Krönungstheorie" und den „Monetaristen" hat sich denn auch inzwischen weitgehend auf die politische Ebene verlagert.

Neben den Konvergenzargumenten gibt es jedoch noch andere Argumente, die für das Tempo des Übergangs von Bedeutung sind. Da ist zum einen der Kosten- und Nutzenaspekt der WWU im Zeitverlauf. Zumindest die EWS-Teilnehmer im alten engen Band haben den Großteil der Kosten der Anpassung hinter sich. Demnächst werden sie in den Genuß der Vorteile gelangen, die mit dem bedeutsamen Schritt in Richtung unwiderruflich fixierter Wechselkurse verbunden sind. In den anderen Ländern, die einen ausreichenden Grad der Geldwertstabilität erst noch gewinnen müssen, wird ein rascher Übergang die vorübergehenden Kosten in Form von Arbeitslosigkeit verringern, und ein temporärer Anstieg der „Realzinsgewinne" mag den Verlust an Seigniorage kompensieren. Da sich jedoch die Kosten unmittelbar einstellen, der Nutzen aber erst später, scheint wirtschaftlich einiges für einen raschen Übergang zu sprechen.

Schließlich stellt sich im Wechselkursmechanismus des EWS die Frage nach der Stabilität des Übergangs in einem System freier Kapitalbewegungen und fester Wechselkurse mit engen Bandbreiten. Wie bereits näher ausgeführt, besteht in der Übergangsphase ein nicht zu vernachlässigendes Risiko der Instabilität wegen möglicher Währungssubstitution und Überfinanzierung der Defizite in laufender Rechnung an der Peripherie[50]. Auch dies spricht für einen raschen Übergang und hat einige Autoren sogar dazu bewogen, sich für einen Übergang mit frei floatenden Wechselkursen auszusprechen[51].

50 Vgl. *Matthes, Kröger*: a. a. O.
51 Vgl. *Wihlborg, Willet*: a. a. O.

V. Theorie des Optimalen Währungsraumes: drei Anwendungen

In der vorstehenden Analyse wurden die verschiedenen, in erster Linie statischen kostenbetonten theoretischen Ansätze zur Errichtung eines Währungsraums durch eine mehr dynamisch orientierte umfassende Kosten-Nutzen-Analyse ersetzt, in der auch das Timing und die geographische Verteilung der Auswirkungen berücksichtigt wurde. Dies gibt uns die Basis, zunächst die eingangs gestellte Frage zu beantworten. Sodann werden auf dem so bereiteten Boden abschließend noch zwei Fragen zumindest kurz berührt: Hier handelt es sich um die deutsche Einigung und das Problem der Erweiterung der Gemeinschaft.

A. Ist die Gemeinschaft ein optimaler Währungsraum?

Als Teil eines Prozesses, der letztendlich zur Europäischen Union führen soll, hat die Entwicklung einer Wirtschafts- und Währungsunion für die Gemeinschaft nicht nur eine wirtschaftliche Dimension, sondern auch einen essentiell politischen Hintergrund. Wie bereits von *Ingram*[52] angemerkt, würde der Ausdruck eines politischen Willens zu weitergehender Integration allein dazu ausreichen, um die Gemeinschaft als optimalen Währungsraum zu charakterisieren.

Unabhängig von dieser Grundüberlegung sollte sich jedoch die wirtschaftliche Rechtfertigung der WWU auch darauf gründen, daß der Nutzen die Kosten übersteigt. Die bereits von *Böhm-Bawerk*[53] 1914 gestellte Grundfrage „Macht oder ökonomisches Gesetz?“ wäre jedenfalls – ganz in seinem Sinne – viel befriedigender zu beantworten, wenn es vorstehend zumindest gelungen wäre zu zeigen, daß die europäische Einheitswährung dem „ökonomischen Gesetz“ nicht widerspricht. Strenggenommen würde dies – wie bereits *Tower* und *Willet*[54] feststellen – eine Gesamtquantifizierung von Kosten und Nutzen erfordern. Obgleich die Kommission in ihren jüngsten Arbeiten bereits weit in dieser Richtung vorangekommen ist[55], kann eine abschließende Gesamtquantifizierung aus verschiedenen Gründen nicht gelingen. Kosten und Nutzen lassen sich nicht immer in derselben Dimension

[52] Vgl. *Ingram*: The Case for European Monetary Integration, a. a. O.

[53] Vgl. Eugen von *Böhm-Bawerk*: Macht oder ökonomisches Gesetz?, in: Zeitschrift für Volkswirtschaft, Sozialpolitik und Verwaltung, Bd. XXIII (1914), S. 205–271.

[54] Vgl. *Tower, Willet*: a. a. O.

[55] Vgl. *Kommission der Europäischen Gemeinschaften*: Ein Markt, eine Währung, a. a. O.

quantifizieren, womit ein „Endkonto" nicht mit einem entsprechenden Saldo abgeschlossen werden kann. Ein Teil der Kosten und Nutzen ist entweder (noch) nicht zu quantifizieren, oder sie hängen von subjektiven Wohlfahrtsbedingungen ab.

Für das abschließende Urteil kommt jedoch drei Beobachtungen besondere Bedeutung zu. Erstens: Die Vorteile des Fortfalls von Transaktionskosten und Wechselkursunsicherheit erscheinen in der vorliegenden Untersuchung nur gleichsam als Spitze eines Eisbergs. Die Basis dieses Eisbergs befindet sich unter Wasser und stellt den (allerdings schwer zu quantifizierenden) und insbesondere in der sogenannten traditionellen Literatur über den optimalen Währungsraum lange Zeit vernachlässigten statischen und dynamischen Nutzen eines Systems mit einer einheitlichen Währung und festen Wechselkursen dar. Es ist mehr als wahrscheinlich, daß diese Vorteile in Verbindung mit den aus einer stabilitätsorientierten einheitlichen Geldpolitik resultierenden Nutzen die hier identifizierten Kosten übersteigen werden, zumal, wenn diese Kosten zumeist nur vorübergehender Natur sein sollten. Zweitens gibt es gute Gründe anzunehmen, daß die mit stabilen Preisen sowie dem Fortfall der Transaktionskosten und der Wechselkursunsicherheit verbundenen Nutzen für die ärmeren Gemeinschaftsländer verglichen mit ihrer derzeitigen Lage besonders groß sein werden. Die traditionelle Theorie des optimalen Währungsraums versagt also im Falle der ärmeren Länder besonders eklatant. Die dritte Bemerkung schließlich betrifft die Konditionalität. Noch stärker als bei den wirtschaftlichen Auswirkungen des Binnenmarktes gilt für die vorstehenden Folgerungen, daß der öffentliche und der private Sektor in ihrem wirtschaftlichen Verhalten gewisse ordnungspolitische Grundregeln zu befolgen haben.

B. Deutsche Einigung als Problem eines optimalen Währungsraums

Zunehmend werden in jüngster Zeit Analogien gesehen zwischen der deutschen Einigung und dem auf die WWU hinauslaufenden Prozeß in der Gemeinschaft. Dabei wird teilweise der Schluß gezogen, daß die WWU in Europa nur gelingen kann, wenn hohe Beiträge in die ärmeren Länder der Gemeinschaft transferiert werden. Inwieweit ist es möglich, eine Parallele zwischen diesen beiden Integrationsansätzen zu ziehen, und ist diese Schlußfolgerung für die Finanztransfers gerechtfertigt?

Vergleicht man die Situation Deutschlands mit derjenigen der Gemeinschaft, so bestehen enorme Unterschiede[56]. Die ehemalige DDR war keine

[56] Vgl. auch *Jürgen Kröger*: Integration problems of the East and West German economy, in: Rivista di Politica Economica, 1991 (noch nicht erschienen).

Marktwirtschaft, und es gibt eine hohe Mobilität der Arbeitskräfte, die nicht durch kulturelle oder sprachliche Barrieren gehemmt wird. Zudem vollzog sich der Übergang extrem schnell, und der politische Einigungswille war überwältigend, was die aus der früheren Schicksalsgemeinschaft resultierende Solidarität bei der Finanzierung der Anpassungslasten noch verstärkte. All dies gilt nicht für die Gemeinschaft. So dürfte die Bereitschaft zu Finanztransfers unter den ganz anderen Bedingungen in Europa recht gering bleiben. Ein Großteil der innerdeutschen Transfers soll denn auch dazu dienen, der Abwanderung aus der ehemaligen DDR Einhalt zu gebieten. In gewissem Sinne muß also das Fehlen natürlicher Wanderungshemmnisse (wie sie zwischen den Gemeinschaftsländern bestehen) durch finanzielle Transfers kompensiert werden. Aus demselben Grunde ergab sich auch die Notwendigkeit, in den gemeinsamen deutschen Staat mit einer – gemessen am Produktivitätsniveau – erheblich überbewerteten Währung der DDR einzutreten. Jeder ungünstigere Wechselkurs als der gewählte hätte das Wanderungsproblem noch verstärkt. Freilich implizierte der Eintrittskurs eine gewaltige Lücke in der Bilanz der Waren und Dienste der DDR (ca. 40% des DDR-BIP), die entsprechende Realtransfers erfordert. Dagegen ist in den anderen Beitrittsländern der WWU die Leistungsbilanz zum herrschenden Wechselkurs grosso modo ausgeglichen. Transferzahlungen solchen Ausmaßes sind in der Gemeinschaft weder nötig, noch sind sie zu erwarten. Die Bereitschaft zu solch enormen Transferzahlungen resultiert – wie erwähnt – aus einem starken nationalen Zusammengehörigkeitsgefühl (Schicksalsgemeinschaft), wie es zwischen den Gemeinschaftsländern nicht besteht. Freilich gibt es auch gewisse Parallelen zwischen den in den Gebieten der ehemaligen DDR erforderlichen und den im Rahmen der gemeinschaftlichen Strukturfonds geförderten Investitionen. Doch gilt dies nicht für den Teil, der sich auf die Umwandlung einer Kommandowirtschaft in eine Marktwirtschaft bezieht, da solch ein Systemwechsel in den Gemeinschaftsländern nicht ansteht.

Als Ergebnis ist deshalb folgendes festzuhalten: Obwohl die deutsche Einigung dem Schema eines optimalen Währungsraums entspricht, unterscheidet sie sich in einem Punkte erheblich von der WWU; sie ist primär als säkularer, asymmetrischer realer Schock zu verstehen und erfordert gewaltige finanzielle Tansfers.

C. Theorie des optimalen Währungsraums und Erweiterung

Mehrere europäische Länder haben bereits die Mitgliedschaft in der Gemeinschaft beantragt oder dürften dies in naher Zukunft tun. Die Gemeinschaft und die EFTA-Staaten verhandeln über die Bildung eines Europäischen Wirtschaftsraums. Der Reformprozeß in Osteuropa führt andere europäische Länder näher an die Gemeinschaft. Was sagt die Theorie des optimalen Währungsraums zu der Form, die eine weitere Integration zwischen der Gemeinschaft und dem übrigen Europa annehmen könnte?

Zwischen der derzeitigen Entwicklung zur WWU und dem Problem der Erweiterung der Gemeinschaft besteht ein großer Unterschied. Die WWU ist auf der Grundlage einer bestehenden Ländergruppierung konzipiert, die sich zusammengeschlossen haben, um in näherer Zukunft in Richtung auf eine politische Union voranzukommen. Damit wird der politische Aspekt der Währungsvereinheitlichung besonders deutlich. Für ein einzelnes Land, das entscheiden muß, ob es die Mitgliedschaft beantragen und am Währungsraum teilnehmen soll, mögen die wirtschaftlichen Aspekte im Vordergrund stehen. So könnte beispielsweise ein Land sein Beitrittsgesuch so lange hinausschieben, bis es über eine ausreichende wirtschaftliche Konvergenz mit der Gemeinschaft verfügt. Da sich der Integrationsprozeß jedoch nicht nur wirtschaftlich, sondern vor allem auch politisch verstärkt, wird ein Erweiterungsbeschluß aus der Sicht der Gemeinschaft in Zukunft eine eher noch wachsende politische Dimension gewinnen, zieht er doch unweigerlich politische Konsequenzen nach sich, nicht zuletzt auch in bezug auf die zukünftige Entwicklung eines stärkeren Solidaritätsgefühls. Obschon dies künftige Erweiterungen nicht ausschließt, sollte jeder neue Beitritt an die Mindestvoraussetzung geknüpft werden, daß Kosten-Nutzen-Betrachtungen, wie sie hier entwickelt wurden, nicht nur für den neuen Mitgliedsstaat, sondern auch für die sich abzeichnende WWU vorteilhaft sein müssen. Wahrscheinlich erfordert dies neue zusätzliche Formen der Wirtschafts- und Währungsintegration in Europa, die einer maximalen Anzahl demokratischer Marktwirtschaften die Möglichkeiten eröffnen würden, eine engere Partnerschaft mit der Gemeinschaft einzugehen.

Literatur

Ausschuß zur Prüfung der Wirtschafts- und Währungsunion: Bericht zur Wirtschafts- und Währungsunion in der Europäischen Gemeinschaft, 1989.

Baldwin, R.: On the microeconomics of EMU, in: European Economy, The economics of EMU, hrsg. von der Kommission der Europäischen Gemeinschaften (noch nicht erschienen).

Böhm-Bawerk, Eugen von: Macht oder ökonomisches Gesetz, in: Zeitschrift für Volkswirtschaft, Sozialpolitik und Verwaltung, Bd. XXIII (1914), S. 205–271.

Canzoneri, Matthew B./Carol Ann Rogers: Is the European Community an Optimal Currency Area? Optimal Taxation Versus the Cost of Multiple Currencies, in: The American Economic Review (erscheint demnächst).

Corden, W. M.: Monetary Integration (Essays in International Finance, Princeton University, Nr. 93), April 1972.

Dixit, Avinash: Entry and Exit Decisions under Uncertainty, in: Journal of Political Economy, Vol. 97 (1989), S. 620–638.

Eichengreen, Barry: One money for Europe? Lessons from the US currency union, in: Economic Policy, Nr. 10, April 1990, S. 117–187.

Ernst & Young, National Institute of Economic and Social Research: A Strategy for the ECU. A Report on behalf of the Association for the Monetary Union of Europe, London 1990.

Feldstein, Martin/Charles Horioka: Domestic Saving and International Capital Flows, in: The Economic Journal, Vol. 90 (1980), S. 314–329.

Friedman, Milton: The Case for Flexible Exchange Rates, in: ders.: Essays in Positive Economics, Chicago–London 1953, S. 157–203.

Ingram, James C.: Comment: The Currency Area Problem, in: Monetary Problems of the International Economy, hrsg. von Robert A. Mundell und Alexander K. Swoboda, Chicago–London 1969, S. 95–100.

Ingram, James C.: The Case for European Monetary Integration (Essays in International Finance, Princeton University Press, Nr. 98), April 1973.

Ishiyama, Yashihide: The Theory of Optimum Currency Areas: A Survey, in: International Monetary Fund, Staff Papers, Vol. XXII (1975), S. 344–383.

Italianer, Alexander: 1982, Hype or Hope: A review (Economic Papers, Kommission der Europäischen Gemeinschaften, Nr. 77), Februar 1990.

Kenen, Peter B.: The Theory of Optimum Currency Areas: An Eclectic View, in: Monetary Problems of the International Economy, hrsg. von Robert A. Mundell und Alexander K. Swoboda, Chicago–London 1969, S. 41–60.

Knoesters, A.: The Haavelmo effect revisited, in: Finnish Economic Papers, Vol. 1 (1988), Nr. 1, S. 121–125.

Kommission der Europäischen Gemeinschaften: Europas Zukunft – Binnenmarkt 1992, in: Europäische Wirtschaft, Nr. 35, März 1988.

Kommission der Europäischen Gemeinschaften: Die sektorspezifischen Auswirkungen des Binnenmarktes auf die Industrien der Mitgliedstaaten: eine Herausforderung an die Mitgliedstaaten, in: Europäische Wirtschaft/Soziales Europa (Sondernummer), 1990.

Kommission der Europäischen Gemeinschaften: Ein Markt, eine Währung. Potentielle Nutzen und Kosten der Errichtung einer Wirtschafts- und Währungsunion – eine Bewertung, in: Europäische Wirtschaft, Nr. 44, Oktober 1990.

Kröger, Jürgen: Integration problems of the East and West German economy, in: Rivista di Politica Economica, 1991 (noch nicht erschienen).

Krugman, P.: Limiting exchange rate flexibility, Cambridge, Massachusetts, 1989.

Marston, Richard C.: Stabilization policies in open economies, in: Handbook of International Economics, hrsg. von Ronald W. Jones und Peter B. Kenen, Vol. II, Amsterdam–New York–Oxford 1985, S. 859–916.

Matthes, Heinrich: Europäische Wirtschafts- und Währungsintegration – Erreichtes und Erstrebtes, in: Integration der Kapitalmärkte (Probleme des Kapitalmarkts, Kolloquien – Beiträge 29), hrsg. von Georg Bruns und Karl Häuser, Frankfurt am Main 1987, S. 141–168.

Matthes, Heinrich: Die Entwicklung des EWS mit Blick auf 1992 – Thesen zum gegenwärtigen Stand der Debatte um das EWS, in: Europa-Banking. Bankpolitik im Europäischen Finanzraum und währungspolitische Integration (Schriften zur monetären Ökonomie, Bd. 27), hrsg. von Dieter Duwendag, Baden-Baden 1988, S. 85–109.

Matthes, Heinrich: Langsames Wachstum, hohe Arbeitslosigkeit – kein Schicksal für Europa, in: Geldwertsicherung und Wirtschaftsstabilität (Festschrift für Helmut Schlesinger zum 65. Geburtstag), hrsg. von Norbert Bub, Dieter Duwendag und Rudolf Richter, Frankfurt am Main 1989, S. 361–390.

Matthes, Heinrich: Aufweichung des EG-Stabilitätsstandards?, in: Wirtschaftsdienst, Jg. 70 (1990), S. 411–413.

Matthes, Matthes/Jürgen Kröger: Konsequenzen der finanziellen Integration für die Wirtschaftspolitik in Europa (IEW-Symposion über Probleme der internationalen Kapitalallokation), hrsg. von Rüdiger Pohl, Berlin (erscheint demnächst).

McKinnon, Ronald I.: Optimum Currency Areas, in: The American Economic Review, Vol. LIII (1963), S. 717–725.

Meade, James E.: The Balance-of-Payments Problems of a European Free-Trade Area, in: The Economic Journal, Vol. LXVII (1957), S. 379–396.

Molle, W. T. M./A. Van Mourik: International Migration of Labour Under Conditions of Economic Integration: The Case of Western Europe, in: Journal of Common Market Studies, Nr. 26 (1988), S. 369–394.

Molle, W. T. M./R. Morsink: Direct Investments and Monetary Integration, in: European Economy, The Economics of EMU, hrsg. von der Kommission der Europäischen Gemeinschaften (noch nicht erschienen).

Mundell, Robert A.: A Theory of Optimum Currency Areas, in: The American Economic Review, Vol. LI (1961), S. 657–665.

Predöhl, Andreas: Außenwirtschaft, 2. Aufl., Göttingen 1971.

Scitovsky, Tibor: Economic Theory and Western European Integration, London 1958.

Thygesen, Niels: Is the European Economic Community an Optimal Currency Area?, in: The ECU Market – Current Developments and Future Prospects of the European Currency Unit, hrsg. von Richard M. Levich und Andrea Sommariva, Lexington–Toronto 1987, S. 163–185.

Tower, Edward/Thomas D. Willet: The Theory of Optimum Currency Areas and Exchange-Rate Flexibility (Special Papers in International Economics, Princeton University Press, Nr. 11), Mai 1976.

Wihlborg, C./T. Willet: Optimum Currency Areas Revisited, Memorandum, April 1990.

*Wolfgang Schill**

Konzeptionelle und praktische Fragen der Konvergenz in der Europäischen Gemeinschaft

In der Vergangenheit konzentrierte sich die Konvergenzanalyse innerhalb der Europäischen Gemeinschaft (EG) weitestgehend auf rein wirtschaftliche Schlüsselgrößen und die Frage, inwieweit bestimmte ökonomische Entwicklungen mit der Aufrechterhaltung unveränderter Leitkurse im Europäischen Währungssystem vereinbar sind. Vor dem Hintergrund des anvisierten Ausbaus der EG zu einer Wirtschafts- und Währungsunion (WWU) scheint jetzt aber ein weiter gefaßtes Verständnis von „Konvergenz" geboten. Die von den Staats- und Regierungschefs der Europäischen Gemeinschaft im Oktober 1990 in Rom (gegen die Stimme Großbritanniens) vorgelegten Orientierungselemente für die Endstufe der WWU zeigen, welch weitreichende Konvergenzanforderungen tatsächlich an die EG-Länder gestellt werden. Wirtschaftlich soll nicht nur ein Gleichklang erreicht werden, sondern es soll eine Stabilitätsgemeinschaft entstehen; institutionell wird nicht weniger angestrebt als eine unabhängige Zentralbank, und politisch werden die Länder – nicht nur in der Geldpolitik – einen beträchtlichen Souveränitätsverzicht leisten müssen. Diese drei Ebenen der Konvergenz lassen sich zwar analytisch trennen, in der Sache aber machen sie erst als „Paket" einen Abschluß des Integrationsweges möglich.

Eine umfassendere Sicht des Konvergenzproblems relativiert jedoch die Bedeutung der wirtschaftlichen Konvergenz in keiner Weise. Im Gegenteil, ihr kommt im Gesamtprozeß eine Schlüsselrolle zu. Sind die bestehenden Unterschiede im monetären Bereich, in der Finanzpolitik und in der preislichen Wettbewerbsposition im Rahmen des Europäischen Währungssystems zumindest in letzter Konsequenz noch durch Leitkursanpassungen abzufedern, so wären sie in einer Währungsunion "of no return" anhaltende Störungsquellen. Überdies unterstreichen die aktuellen Konjunkturunterschiede, welche Belastungen eine einheitliche Geldpolitik bei divergierender wirtschaftlicher Entwicklung mit sich bringt. Eine vorrangig institutionelle oder politische Logik

* Der Autor ist Mitarbeiter der Hauptabteilung Volkswirtschaft beim Direktorium der Deutschen Bundesbank in Frankfurt am Main. Er gibt hier seine persönliche Auffassung wieder.

des Integrationsprozesses müßte daher erhebliche ökonomische Anpassungskosten in Kauf nehmen. Angesichts der teilweise gravierenden wirtschaftlichen Divergenzen kann es nicht überraschen, daß Modelle diskutiert werden, die es Ländern mit wirtschaftlich ähnlicherer Entwicklung gestatten, währungspolitisch rascher voranzuschreiten, und die es strukturell schwächeren Ländern erlauben, einen längeren Anpassungszeitraum in Anspruch zu nehmen.

I. Einleitung

Der Europäische Rat hat am 27./28. Oktober 1990 (gegen die Stimme Großbritanniens) einen sachlichen und zeitlichen Rahmen für den künftigen Weg zu einer Europäischen Wirtschafts- und Währungsunion (WWU) vorgelegt[1]. Zweifelsohne läßt dieses Dokument eine Vielzahl konkreter Antworten vermissen, u. a. über die Ausgestaltung der sogenannten zweiten Stufe. Für die hier interessierende Frage der Konvergenz bieten jedoch die dort genannten Orientierungselemente für die Endstufe der Wirtschafts- und Währungsunion besten Anschauungsunterricht darüber, wie komplex der Gesamtprozeß der europäischen Integration im Grunde ist.

Bevor auf Einzelaspekte der Konvergenz eingegangen wird, lohnt es, sich diesen Gesamtprozeß näher vor Augen zu führen. Ohne die in der wissenschaftlichen Diskussion bereits beklagte „babylonische Sprachverwirrung"[2] in der integrationspolitischen Debatte noch weitertreiben zu wollen, scheint es geboten, den bislang vorwiegend auf wirtschaftliche Tatbestände angewandten Begriff der Konvergenz zu erweitern. Entscheidend hierfür ist, daß die bisherige Debatte über wirtschaftliche Schlüsselgrößen und deren Vereinbarkeit mit den Leitkursen im Europäischen Währungssystem (EWS) durch institutionelle und politische Aspekte ergänzt werden muß. Ohne einen zeitgemäßen Konvergenzbegriff besteht ansonsten womöglich die Gefahr, daß der für die währungspolitische Integration so zentrale Sachverhalt der Konvergenz in die von der Sprachwissenschaft verwendete Kategorie der „Zauberwörter" entgleitet, von denen angenommen wird, sie *müßten*

[1] Vgl. Konferenz über die Wirtschafts- und Währungsunion, Auszug aus den Schlußfolgerungen des Vorsitzes des Europäischen Rats, Rom, vom 27./28. Oktober 1990, in: Auszüge aus Presseartikeln, hrsg. von der Deutschen Bundesbank, Nr. 84 vom 30. Oktober 1990, S. 1–2 (im Anhang dieses Beitrages, S. 128–130, abgedruckt).

[2] Vgl. Wolfgang *Cezanne*: Begriffe und Optionen der wirtschaftspolitischen Koordinierung in der EG, in: Stabilität durch das EWS? Koordination und Konvergenz im Europäischen Währungssystem, hrsg. von Hans-Eckart Scharrer und Wolfgang Wessel, Bonn 1987, S. 23–46, hier S. 23.

bei bestimmten Gelegenheiten gesagt werden und ihre Nennung allein vermittelte schon *Einsicht* in das Wesen der Sache[3].

II. Konvergenz: Eine erweiterte Sicht

A. Konvergenzebenen

Legt man die eingangs erwähnten Schlußfolgerungen des Vorsitzes des Europäischen Rats von Rom zugrunde, so lassen sich recht deutlich drei Zielebenen auseinanderhalten:

- Auf *ökonomischer Ebene* soll ein einheitlicher Wirtschaftsraum mit einer offenen marktwirtschaftlichen Ordnung entstehen, in dem sämtliche Politikbereiche den Erfordernissen eines definitiven Festkurssystems entsprechen[4]. Die Geldpolitik soll vereinheitlicht werden und vorrangig dem Ziel der Preisstabilität dienen, die Finanzpolitik soll Mechanismen unterworfen werden, die durchweg solide Haushaltsverhältnisse gewährleisten, und daher muß – implizit – die Lohnpolitik so flexibel sein, daß sie Produktivitätsdifferenzen voll ausgleichen kann.
- Auf *institutioneller Ebene* soll eine Europäische Zentralbank gegründet werden, die nach ihrem Statut vorrangig der Preisstabilität verpflichtet ist, keinem politischen Einfluß unterliegt und keine Defizitfinanzierung öffentlicher Haushalte betreiben darf[5].
- Auf *politischer Ebene* müssen entsprechend sämtliche nationalen Souveränitätsvorbehalte in der Geldpolitik und teilweise auch in der Finanzpolitik aufgegeben und in eine europäische „Ordnungspolitik" übergeleitet werden, was letztlich einen Vorgriff auf die Politische Union bedeuten würde[6].

[3] Vgl. Wolf *Schneider*: Wörter machen Leute, München 1978, S. 415.

[4] Im einzelnen wurden diese u. a. dargelegt in: *Ausschuß zur Prüfung der Wirtschafts- und Währungsunion:* Bericht zur Wirtschafts- und Währungsunion in der Europäischen Gemeinschaft („*Delors*-Bericht"), 1989.

[5] Vgl. ebd.

[6] In ihrer Stellungnahme zur Errichtung einer Wirtschafts- und Währungsunion in Europa weist die Deutsche Bundesbank nachdrücklich auf diesen Gesichtspunkt hin, indem sie betont, daß „die teilnehmenden Volkswirtschaften ... so im Währungsbereich auf Gedeih und Verderb miteinander verbunden (werden)" und eine Währungsunion letzten Endes „eine nicht mehr kündbare Solidargemeinschaft (ist), die nach aller Erfahrung für ihren dauerhaften Bestand eine weitergehende Bindung in Form einer umfassenden politischen Union benötigt". Vgl. Stellungnahme der Deutschen Bundesbank zur Errichtung einer Wirtschafts- und Währungsunion in Europa, ver-

Schaubild 1

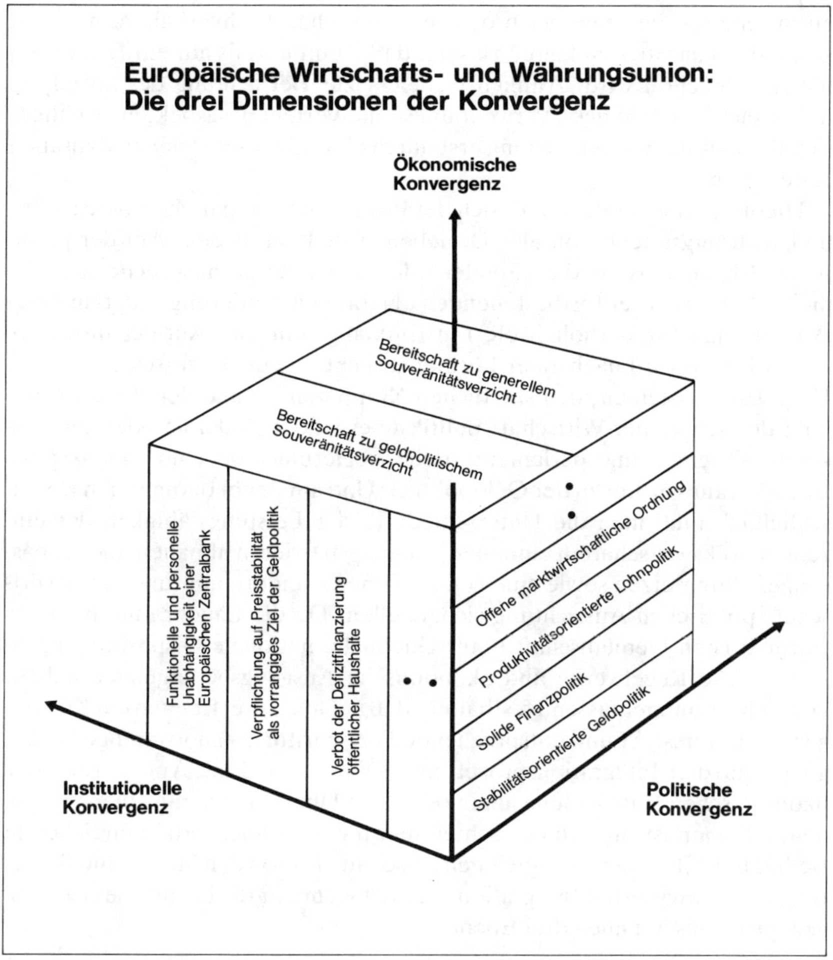

Das „Konvergenzproblem" hat somit drei Dimensionen, die sich zwar analytisch voneinander trennen lassen, sachlich jedoch in einem „inneren Zusammenhang" stehen. *Schaubild 1* soll dies veranschaulichen. Welche Ebene auch immer Gegenstand der Untersuchung sein mag, eine völlig isolierte Betrachtung verkennt leicht die „Interdependenzen" im Gesamtprozeß zur Wirtschafts- und Währungsunion. Eine Analyse allein politischer

öffentlicht am 19. September 1989, abgedruckt in: Monatsberichte der Deutschen Bundesbank, 42. Jg., Nr. 10, Oktober 1990, S. 41–45, hier S. 41.

Aspekte der Integration oder institutioneller Fragen ist zwar durchaus legitim, ebenso die Frage nach den ökonomischen Sachverhalten; man hat sich jedoch darüber im klaren zu sein, daß damit jeweils nur ein Teilbereich näher beleuchtet wird. Ähnlich vielleicht zur Betrachtung des Sozialprodukts nach Entstehungs-, Verwendungs- und Verteilungsaspekten erschließt sich der Gesamtzusammenhang erst durch eine „Synthese" der analytischen Kategorien.

Theoretischer gesehen, läßt sich der Prozeß zur europäischen Wirtschafts- und Währungsintegration als „Dreiebenenspiel" auffassen. Auf der politischen Ebene müssen die „Spieler" die Souveränitätsansprüche der Gemeinschaft mit ihrer fortbestehenden „Nationalorientierung" (Parlamente, Wählerschaft, Steuerhoheit etc.) in Einklang bringen[7]. Auf der institutionellen Ebene wird nach einer Lösung gesucht, die die Unterschiede in den Verfassungssystemen, den staatlichen Kompetenzen und der Rollenverteilung der Träger der Wirtschaftspolitik überwindet (föderale oder zentralistische Orientierung; parlamentarische, regierungs- oder notenbankspezifische Verantwortung in der Geldpolitik). Und auf der ökonomischen Ebene schließlich muß man die Unterschiede in der Leistungsfähigkeit der einzelnen Volkswirtschaften einebnen, Zugangsbarrieren abbauen und Anpassungen durchsetzen sowie eine gemeinsame Grundorientierung in der wirtschaftspolitischen Ausrichtung sicherstellen. Da die Länder innerhalb der Europäischen Gemeinschaft unterschiedliche nationale Dispositionen, institutionelle Regelwerke und ökonomische Ausgangsbedingungen haben, läßt sich zusammenfassend festhalten, daß auf allen drei Ebenen ein Konvergenzbedarf besteht und entsprechende Fortschritte als „notwendige Bedingung" für den Integrationsprozeß anzusehen sind. Eine Annäherung der ökonomischen Entwicklung allein oder eine Übereinstimmung in institutionellen Fragen ist für sich betrachtet aber nicht ausreichend; „hinreichende Bedingung" für einen erfolgreichen Abschluß des von den Staats- und Regierungschefs anvisierten Integrationswegs ist vielmehr die Lösung des Konvergenzproblems auf allen drei Ebenen[8].

[7] Vgl. hierzu auch Wolfgang *Wessel*: Koordination in der EG – Ein Mehrebenenspiel, in: Stabilität durch das EWS?, a. a. O., S. 461–487.

[8] Vgl. hierzu auch Karl Otto *Pöhl*: The further development of the European Monetary System, in: Committee for the Study of Economic and Monetary Union: Report on economic and monetary union in the European Community; Collection of papers submitted to the Committee for the Study of Economic and Monetary Union; Luxemburg 1989, S. 129–155, hier S. 132–137.

B. Konvergenzstrategien

So unstrittig diese Bestandsaufnahme der Integrationsebenen im Kern sein dürfte, so strittig ist gleichzeitig deren „innerer Zusammenhang". Die altbekannte Auseinandersetzung in den 60er und 70er Jahren zwischen der „ökonomistischen Schule" (die institutionelle und politische Integrationslösungen nur auf der Basis einer vollzogenen wirtschaftlichen Konvergenz für möglich hielt) und der „monetaristischen Schule" (die institutionelle Vereinbarungen als ein Mittel zur Erreichung wirtschaftlicher Konvergenz verstand) ist hierfür ein klassisches Beispiel. Wenngleich diese Debatte heutzutage weniger plakativ geführt wird, durchziehen deren Grundgedanken jedoch nach wie vor die währungspolitische Diskussion. Der dem Dokument des Europäischen Rates von Rom zugrundeliegende „Kompromiß" zwischen einem Zeitplan für den politischen Souveränitätsverzicht, der Nennung institutioneller Vorgaben und der Aufstellung von Bedingungen für die monetäre und reale Konvergenz setzt sich zwar scheinbar über diesen Konflikt hinweg. Mit der Annäherung an die vorgegebenen Termine wird sich aber zwangsläufig aufs neue die Frage nach den Prioritäten stellen. Es ist deshalb alles andere als überflüssig, an die Grundlinien dieser alternativen Integrationsstrategien zu erinnern.

Diese Fragen haben insofern sogar höchste Aktualität, als die Europäische Kommission im Herbst 1990 eine Studie vorgelegt hat, die eindeutig in der Tradition „monetaristischen Denkens" steht[9]. Die dort zugrundegelegte Methodik (ähnlich wie im *Cecchini*-Bericht), die *Kosten der Nicht-Integration* zu ermitteln, ist letzten Endes eine kompliziertere Version dieser Denkschule. Demgegenüber steht z.B. der Integrationsansatz des Ausschusses der EG-Notenbankgouverneure, der vor allem die binnenwirtschaftliche Preisstabilität als Vorbedingung für stabile Wechselkurse einstuft[10]. Im Vordergrund steht hier die Befürchtung, daß eine zu frühe Festschreibung der Wechselkurse kaum kalkulierbare *Kosten der Integration* verursacht. Wenngleich auch die Kommission Konvergenzfortschritte – u.a. bei der Preisstabilität – für nötig hält und der Gouverneursausschuß selbst ein Zentralbank-Statut für die Endphase der Wirtschafts- und Währungsunion ausgearbeitet

[9] Vgl. *Kommission der Europäischen Gemeinschaften*: Ein Markt, eine Währung. Potentielle Nutzen und Kosten der Errichtung einer Wirtschafts- und Währungsunion – eine Bewertung, in: Europäische Wirtschaft, Nr. 44, Oktober 1990.

[10] Vgl. Beschluß des Rates vom 12. März 1990 über die Zusammenarbeit zwischen den Zentralbanken der Mitgliedsstaaten der Europäischen Gemeinschaft, abgedruckt in: Monatsberichte der Deutschen Bundesbank, 42. Jg., Nr. 7, Juli 1990, S. 38–39, sowie den Bundesbank-Sonderaufsatz im gleichen Heft: Die erste Stufe der Europäischen Wirtschafts- und Währungsunion, S. 30–39.

hat, beide Institutionen somit die ökonomische und institutionelle Dimension in Rechnung stellen, sind die Prioritäten doch unterschiedlich gelagert. Beispielhaft kommt dies u. a. dadurch zum Ausdruck, daß die Konvergenz in Richtung stabiler Preise beim Gouverneursausschuß als „Vorbedingung" rangiert, während sie im Konzept des Kommissionspapiers nur als „Übergangsproblem" behandelt wird. Im einzelnen lassen sich die beiden Integrationsstrategien etwa wie folgt umreißen.

Strategie 1: Institutionell-politische Integration als Voraussetzung für dauerhafte ökonomische Konvergenz

Ausgangspunkt dieser Denkrichtung ist die These, daß die europäischen Volkswirtschaften wegen der wirtschaftlichen Interdependenzen und politischen Abhängigkeiten längst keine autonom handlungsfähigen Nationalstaaten mehr sind; folglich beeinflussen sie sich gegenseitig in erheblichem Umfang. Angesichts ihrer weiterbestehenden völkerrechtlichen Souveränität sind sie aber zu einer dauerhaften Koordinierung auf freiwilliger Basis nicht in der Lage. Es kann immer wieder zu „Ausbruchsversuchen" einzelner Staaten kommen, sei es in der Geldpolitik, der Finanzpolitik oder anderen Bereichen.

Die ökonomische Konvergenz ist im Schwebezustand und jede freiwillige institutionelle Zusammenarbeit (wie etwa im Europäischen Währungssystem) ist der Gefahr des Scheiterns ausgesetzt. Nur ein qualitativer, institutionell-politischer Sprung auf eine höhere und unumkehrbare Integrationsebene wird eine ökonomische Konvergenz herbeiführen. Beheimatet ist diese Denkrichtung unter anderem in Italien[11], und es ist auch kein Zufall, daß es gerade der italienische Ökonom Tommaso *Padoa-Schioppa* von der Banca d'Italia ist, der ein "inconsistent quartet" für die Zeit nach 1992 kommen sieht.

Wenn der Europäische Binnenmarkt mit vollständiger Freizügigkeit im Austausch von Waren, Dienstleistungen, Kapital und Personen verwirklicht sein wird, "the problem will emerge of the contradiction between full trade integration, complete mobility of capital, fixity of exchange rates, and as yet unchallenged national autonomy in the conduct of monetary policy"[12]. Nur ein Festkurssystem kann dieser Auffassung nach die monetäre Stabilität op-

[11] Vgl. für eine allgemeinere Darlegung dieser Denkrichtung z. B. Mario *Albertini*: Europas neue Grenze, in: Integration, 1/80, S. 7.

[12] Tommaso *Padoa-Schioppa*: The European Monetary System: a long-term view, in: Francesco Giavazzi, Stefano Micossi, Marcus Miller (Hrsg.): The European Monetary System, Cambridge u. a. 1988, S. 369–384, hier S. 383.

Schaubild 2

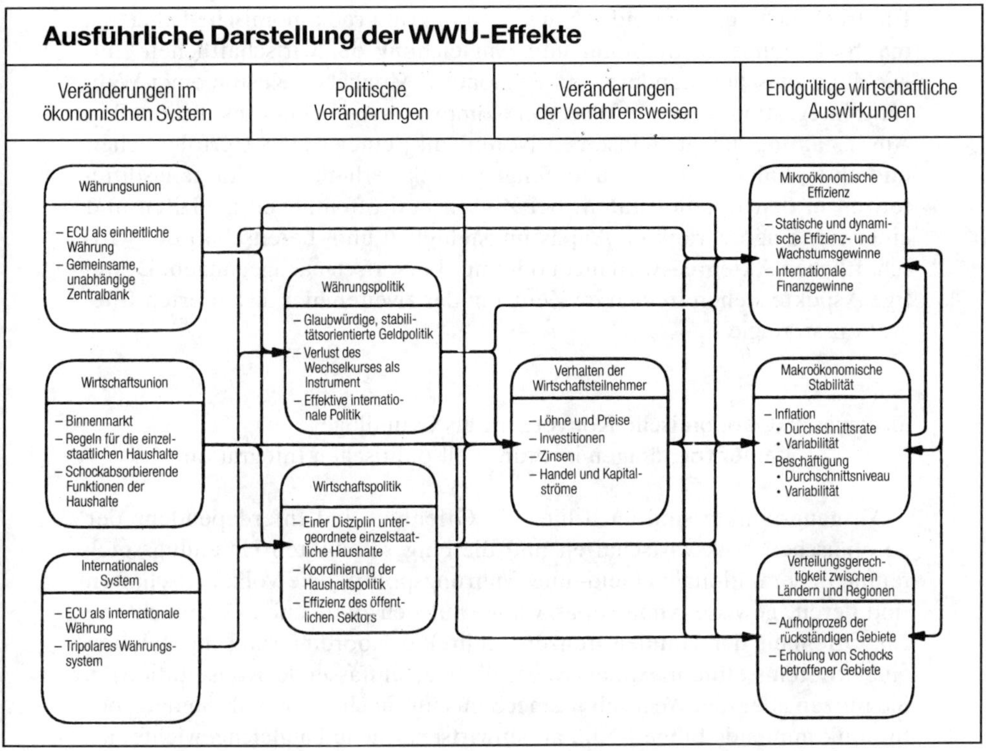

Quelle: Kommission der Europäischen Gemeinschaft: Ein Markt, eine Währung. Potentielle Nutzen und Kosten der Errichtung einer Wirtschafts- und Währungsunion – eine Bewertung, in: Europäische Wirtschaft, Nr. 44, Oktober 1990, S. 19.

timal fördern, während ein "crawling peg" die gesamtwirtschaftliche Disziplin durch eine vollständige Akkomodierung der Inflationsdifferenz aushöhlen würde[13].

Ein großer Teil der sich mit Integrations- und Konvergenzfragen befassenden Literatur fußt auf diesem konzeptionellen Rahmen. Eingängig illustriert dies ein der oben genannten EG-Studie entnommenes Schema über die Effekte der Wirtschafts- und Währungsunion (siehe *Schaubild 2*). Eine institutionell-politische Einigung wird *vorausgesetzt*, was ausschließlich positive Veränderungen der Wirtschaftspolitik und des Verhaltens wirtschaftlicher Akteure *bewirkt*. Da gleichzeitig die „beste aller Welten" gesamtwirtschaftlich durchgespielt wird (unabhängige Zentralbank, diszi-

[13] Vgl. ebd., S. 370.

plinierte Fiskalpolitik, Flexibilität der Löhne), entsteht zwangsläufig der Eindruck sich kumulierender Nutzeneffekte (mikroökonomische Effizienz, makroökonomische Stabilität und Angleichung der wirtschaftlichen Entwicklung zwischen Ländern und Regionen). Möglichen Kosten einer Währungsintegration – etwa infolge von Kompromissen bei der institutionellen Ausgestaltung der gemeinsamen Notenbank, einer weniger erfolgreichen und disziplinierten Geld- und Finanzpolitik, erheblicher Ausgangsdifferenzen in den Inflationsraten, bei Zinsen und öffentlichen Defiziten und einer nur eingeschränkten Anpassungsfähigkeit und -bereitschaft der wirtschaftlichen Akteure – wird nicht oder nur kursorisch nachgegangen. Derartige Aspekte stehen freilich im Zentrum der zweiten hier diskutierten Integrationsstrategie.

Strategie 2: Ökonomische Konvergenz als Grundlage einer tragfähigen institutionell-politischen Integration

Ausgangspunkte sind auch hier die Offenheit und Interdependenz der europäischen Volkswirtschaften und die eingeschränkten Handlungsspielräume in der nationalen Geld- und Währungspolitik. Die Volkswirtschaften sind bereit, gewisse Anpassungszwänge auf sich zu nehmen (Verpflichtung zur Offenheit der Handelsgrenzen, indirekte Koordinierung im Rahmen eines Systems stufenflexibler Wechselkurse, umfassende Konsultation)[14]. Sie nutzen aber den Wechselkursmechanismus nach wie vor als Signalgeber für aufkommende binnen- und außenwirtschaftliche Ungleichgewichte, als Puffer im Falle exogener Schocks, von denen die Partnerländer unterschiedlich betroffen werden, und als Ausgleichsmechanismus bei einer Verzerrung der preislichen Wettbewerbspositionen. Wechselkursstabilität ist demnach Indikator bzw. Ergebnis der Konvergenz wirtschaftlicher Entwicklungen in den Partnerländern. „Asymmetrien" in Richtung Geldwertstabilität und solider Haushaltsführung sind gewollt, d. h., der Anpassungsdruck lastet vor allem auf Ländern mit höherer Geldentwertung und expansiverem Finanzgebaren. Finanzierungsmittel, etwa für Interventionsverpflichtungen im EWS, werden nur zeitlich befristet und auf dem Kreditwege bereitgestellt, womit ein marktmäßiger Abwertungsdruck entweder durch eine zahlungsbilanz- und devisenmarktkonforme Wirtschaftspolitik aufgefangen werden

[14] Eine schematische Darstellung dieser Koordinierungs- und Konvergenzmechanismen findet sich z. B. bei *Cezanne*: a. a. O., S. 29. Für eine ausführlichere Darstellung vgl. z. B. Helmut *Schlesinger*: Plan Delors: Le plus compliqué reste a faire ..., in: Politique internationale, dossier spécial: quel avenir pour l'europe monétaire?, Nr. 45, Herbst 1989, S. 7–21.

muß ("external constraint") oder ein Realignment der Wechselkurse in Betracht zu ziehen ist. Eine intensivere institutionelle Kooperation (z. B. Einengung der Bandbreiten) ist parallel mit wirtschaftlichen Konvergenzfortschritten möglich, und bei gleichen Auffassungen über die institutionelle Ausgestaltung von Gemeinschaftsorganen kann es zu einer Wirtschafts- und Währungsunion kommen. Die Öffnung der Märkte im Zuge des Binnenmarktprogramms wird als Katalysator der Anpassungsbereitschaft interpretiert, d. h., der wirtschaftliche Konvergenzdruck vergrößert sich, und die wirtschaftspolitischen Institutionen „konkurrieren" miteinander. Offene Waren- und Kapitalmärkte und eine nationale Verantwortung in der Geldpolitik stehen somit nicht in grundsätzlichem Widerspruch zum Ziel nominal stabiler Wechselkurse.

Umstritten ist in diesem Zusammenhang der Beitrag, den das Europäische Währungssystem zur wirtschaftlichen Konvergenz leistet bzw. geleistet hat. Auch hier spiegelt sich die Debatte zwischen den beiden Denkschulen wider: Hat erst das Wechselkurssystem eine größere wirtschaftliche Konvergenz ermöglicht, oder waren die relativen Konvergenzfortschritte letztlich ausschlaggebend dafür, daß das EWS nunmehr über zwölf Jahre Bestand hat[15]? So wichtig diese Debatte auch ist, direkte Schlüsse über das Pro und Contra einer Währungsunion lassen sich daraus kaum ableiten. Entscheidend an dieser Stelle ist vielmehr, den Unterschied zwischen bedingten Festkursen in einem Wechselkursverbund wie dem EWS und unveränderbaren Festkursen (bzw. einer Einheitswährung) im Rahmen einer Währungsunion zu erkennen. Während im ersten Fall Wechselkurskorrekturen möglich sind (und sei es als Ultima ratio), gibt es für die Volkswirtschaften im Falle der Wirtschafts- und Währungsunion „kein Zurück" mehr. Sämtliche Anpassungskosten müssen binnenwirtschaftlich verkraftet werden. Diese resultieren ganz überwiegend aus Unterschieden in der wirtschaftlichen Entwicklung, aus strukturellen Divergenzen und aus Anpassungsverzögerungen. Damit stellen sich die praktischen Fragen der Konvergenzfelder, der Konvergenzfortschritte und des Konvergenzstandes.

[15] Vgl. Wolfgang *Harbrecht*, Jürgen *Schmid*: Die Beziehungen zwischen Wechselkursstabilisierung und wirtschaftlicher Konvergenz, in: Wechselkursstabilisierung, EWS und Weltwährungssystem, hrsg. von Otmar Issing, Hamburg 1988, S. 189–228, hier S. 200–202, sowie Otmar *Issing*: Über das EWS zur Währungsunion?, ebd., S. 55–86, hier S. 69–71.

III. Praktische Fragen der Konvergenz

Im Gesamtzusammenhang von politischer, institutioneller und wirtschaftlicher Konvergenz ist erstens nach der politischen Ökonomie des Souveränitätsverzichts unter Berücksichtigung alternativer Modelle (Stichwort: *Major*-Plan) zu fragen. Zweitens sind die Unabhängigkeit der Notenbank sowie sonstige institutionelle Aspekte im Detail zu untersuchen. Zu beiden Themen wird in diesem Band ausführlich Stellung bezogen[16]. Wegen der potentiell hohen Risiken einer Währungsintegration unterschiedlich positionierter Länder kommt aber der ökonomischen Konvergenz eine Schlüsselrolle zu.

A. Wichtige Konvergenzfelder

Die wirtschaftlichen Felder, auf denen Konvergenzanforderungen gestellt werden müssen, ergeben sich direkt aus den Funktionsbedingungen einer Wirtschafts- und Währungsunion:

- Durch die Festschreibung der Wechselkurse und die Vergemeinschaftung der Geldpolitik gibt es in einer Währungsunion eine einheitliche *monetäre Expansion*, ein praktisch einheitliches *Zinsniveau* (von Adressenrisiken abgesehen) und eine gemeinschaftsweite *Inflationsrate* (von üblichen regionalen Differenzen abgesehen). Gleichzeitig soll die europäische Geldpolitik unter dem Primat der Geldwertstabilität stehen. Weichen die Partnerländer untereinander sichtlich vom Pfad der Stabilität ab, so indiziert dies einen unabweisbaren Konvergenzbedarf. Eine zu frühe Währungsintegration würde de facto auf eine „mittlere" geldpolitische Linie und eine Inflationsorientierung am Durchschnitt der Gemeinschaft hinauslaufen.
- In der Währungsunion hat die *Finanzpolitik*[17] einzelner Länder ungleich größere „Spill-over-Effekte" auf die Partnerstaaten. Eine übermäßige ständige Verschuldung einzelner Länder kann das Zinsniveau der Gesamtgemeinschaft beeinflussen, und unterschiedliche Vorstellungen über den wirtschaftspolitischen Mix können zu einer Überlastung der Geldpolitik führen. Ein erhebliches Gefälle im Schuldenstand kann zudem früher oder später zu Refinanzierungsproblemen eines Landes führen. Die Zinskosten der anderen Länder könnten auch in diesem Fall steigen, deren Privatinvestitionen würden gedämpft oder deren Steueraufkommen teilweise absorbiert. Um derartigen Risiken vorzubeugen,

[16] Vgl. hierzu insbesondere die Beiträge von *Woll*, S. 157–170, sowie *Gros*, S. 133–154.

[17] Vgl. hierzu auch den Beitrag von *Duwendag* in diesem Band (S. 220–248).

spricht vieles für eine generell konservative finanzpolitische Orientierung. Ein vergleichsweise hohes Verschuldungsniveau bzw. umfangreiche laufende Defizite signalisieren daher einen entsprechenden Anpassungsbedarf[18]. Andernfalls bestünde das Risiko einer „Vergemeinschaftung“ der nationalen Haushaltsdefizite.

- Mit einheitlicher Währung bestimmt sich die *preisliche Wettbewerbsfähigkeit* der Regionen allein nach den binnenwirtschaftlichen Kostenfaktoren bzw. der Produktivität. Ausschlaggebend ist daher eine ausreichende Flexibilität der *Löhne* bzw. eine produktivitätsgerechte Lohndifferenzierung. Wichtige Indikatoren sind darüber hinaus die *Leistungsbilanzen* und die *realen Wechselkurse*, die Anhaltspunkte für Anpassungserfordernisse und divergierende Entwicklungen in der preislichen Wettbewerbsfähigkeit geben können. Ein Festkurssystem bzw. eine Währungsunion ohne ausreichende Lohndifferenzierung würde tendenziell dazu führen, daß Industriestandorte nicht mehr aufrechtzuerhalten sind und hohe öffentliche Transfers mobilisiert werden müßten.

Bei anhaltenden Divergenzen sind Wechselkursanpassungen im EWS aller Erfahrung nach nicht zu vermeiden. Solche Realignments haben dabei vor allem zwei Funktionen: Die Länder mit höheren Preissteigerungen werten ihre Währungen ab, um den inflationsbedingten Verlust an Wettbewerbsfähigkeit auszugleichen, während die Hartwährungsländer aufwerten, um die Stabilität ihrer Währungen nicht durch einen „Inflationsimport“ zu gefährden. Ziel war im europäischen Wechselkursverbund jedoch nicht das perfekte “crawling peg”, das höhere Preissteigerungen jeweils voll durch entsprechende Wechselkursanpassungen akkomodiert, sondern angestrebt wurde zunehmend eine ehrgeizigere Variante. Die Abwertung der weicheren Währungen sollte hinter dem jeweils aufgelaufenen Preisgefälle zurückbleiben und damit einen „Stabilitätsimport“ ermöglichen, und im Zuge einer straffen inländischen Geldpolitik wurde angestrebt, den Abwertungsbedarf sukzessive abzubauen. Das aus heutiger Sicht recht stabil erscheinende Europäische Währungssystem mußte diese „Doppelstrategie“ über einen längeren Lernprozeß hinweg verfeinern, der womöglich noch andauert. Seit Schaffung des EWS wurden immerhin zwölf Realignments notwendig. Die D-Mark wurde dabei insgesamt um nur 4% gegenüber dem

[18] Der Koordinierungs- und Anpassungsbedarf in der Finanzpolitik ist schwieriger zu beurteilen als in der Geldpolitik. Vgl. Alexander *Lamfalussy*: Macro-coordination of fiscal policies in an economic and monetary union in Europe, in: Committee for the Study of Economic and Monetary Union, a.a.O., S.91–125, sowie Rolf *Caesar*: Finanzpolitische Konvergenz in der EG, in: Stabilität durch das EWS?, a.a.O., S.255–302.

holländischen Gulden aufgewertet, aber um mehr als 30% gegenüber dem belgischen Franc und der dänischen Krone und um mehr als 40% gegenüber dem französischen Franc und dem irischen Pfund. Die Aufwertung der D-Mark gegenüber der italienischen Lira belief sich sogar auf über 60% (vgl. *Tabelle 1*). Der überwiegende Teil dieser Wechselkursänderungen erfolgte von März 1979 bis Mitte 1985; seit Anfang 1987 fand kein umfassendes Realignment mehr statt. Für die Konvergenzbetrachtungen sind daher die letzten Jahre von besonderem Interesse, insbesondere unter dem Aspekt der weitergehenden Zielsetzung eines endgültigen Verzichts auf Wechselkursanpassungen.

B. Konvergenzentwicklung und Stand der Konvergenz: Das statistische Bild

Im folgenden Abschnitt werden kurz die ökonomischen Konvergenzfortschritte und -defizite anhand der oben genannten Indikatoren der wirtschaftlichen Entwicklung dargelegt[19].

1. Monetäre Indikatoren

Wie *Schaubild 3* auf S. 118 zeigt, hat sich der Anstieg der *Verbraucherpreise* im EWS im Verlauf der 80er Jahre zunächst deutlich verlangsamt, und der Abstand zwischen der jeweils höchsten und niedrigsten Inflationsrate der Partnerländer ist zurückgegangen. In den letzten Jahren haben sich die Preisauftriebstendenzen aber wieder sichtlich verstärkt, und die Grundlage für nominal stabile Wechselkurse ist insgesamt schwächer geworden. Die Preissteigerungsraten klaffen zuletzt wieder deutlich auseinander und haben ansteigende Tendenz. Innerhalb der am Wechselkursmechanismus des EWS teilnehmenden Länder (einschließlich Spaniens und Großbritanniens, die seit Mai 1989 bzw. Oktober 1990 mit einer erweiterten Bandbreite von ± 6% teilnehmen) rangierte die Steigerungsrate der Verbraucherpreise im Jahr 1990 zwischen gut 2% in Dänemark und 9½% in Großbritannien. In Griechenland und Portugal (die nicht am Wechselkursverbund partizipieren) erreichte die Inflationsrate mehr als 13 bzw. 20%. Zwar hat sich mit Deutschland, Frankreich, den Benelux-Ländern, Irland und Dänemark eine Art „harter Kern" herauskristallisiert (der im übrigen noch durch Nicht-EG-Länder wie Österreich und die Schweiz erweitert werden

[19] Vgl. auch: Wechselkursentwicklung im Europäischen Währungssystem, in: Monatsberichte der Deutschen Bundesbank, 41. Jg., Nr. 11, November 1989, S. 30–38.

Tabelle 1

Aufwertungen der D-Mark gegenüber anderen EWS-Währungen, gemessen an den bilateralen Leitkursen, in %

	Belgischer/ Luxemburgischer Franc	Dänische Krone	Französischer Franc	Holländischer Gulden	Irisches Pfund	Italienische Lira	Spanische Peseta[1]	Pfund Sterling[2]
Aktuelle Gewichte (%) im Außenwertindex der D-Mark[3]	12,8	3,1	25,2	13,5	1,4	21,2	4,9	18,0
Realignment mit Wirkung vom:								
24. 9.1979	+ 2,0	+ 5,0	+ 2,0	+ 2,0	+ 2,0	+ 2,0		
30.11.1979	–	+ 5,0	–	–	–	–		
23. 3.1981	–	–	–	–	–	+ 6,4		
5.10.1981	+ 5,5	+ 5,5	+ 8,8	–	+ 5,5	+ 8,8		
22. 2.1982	+ 9,3	+ 3,1	–	–	–	–		
14. 6.1982	+ 4,3	+ 4,3	+10,6	–	+ 4,3	+ 7,2		
21. 3.1983	+ 3,9	+ 2,9	+ 8,2	+ 1,9	+ 9,3	+ 8,2		
22. 7.1985	–	–	–	–	–	+ 8,5		
7. 4.1986	+ 2,0	+ 2,0	+ 6,2	–	+ 3,0	+ 3,0		
4. 8.1986	–	–	–	–	+ 8,7	–		
12. 1.1987	+ 1,0	+ 3,0	+ 3,0	–	+ 3,0	+ 3,0		
8. 1.1990	–	–	–	–	–	+ 3,8	–	
Kumulativ seit dem Start des EWS am 13.3.1979	+31,2	+35,2	+45,2	+ 4,0	+41,4	+63,6		

[1] Die spanische Peseta nimmt seit 19. Juni 1989 am Wechselkursmechanismus des EWS teil. [2] Das Pfund Sterling nimmt seit 8. Oktober 1990 am Wechselkursmechanismus des EWS teil. [3] EWS-Länder = 100%.

Quelle: Statistische Beihefte zu den Monatsberichten der Deutschen Bundesbank, Reihe 5: Die Währungen der Welt (verschiedene Ausgaben).

Schaubild 3

Entwicklung der Verbraucherpreise innerhalb des EWS und Konvergenzstand in der EG

Veränderung gegen Vorjahr in Prozent

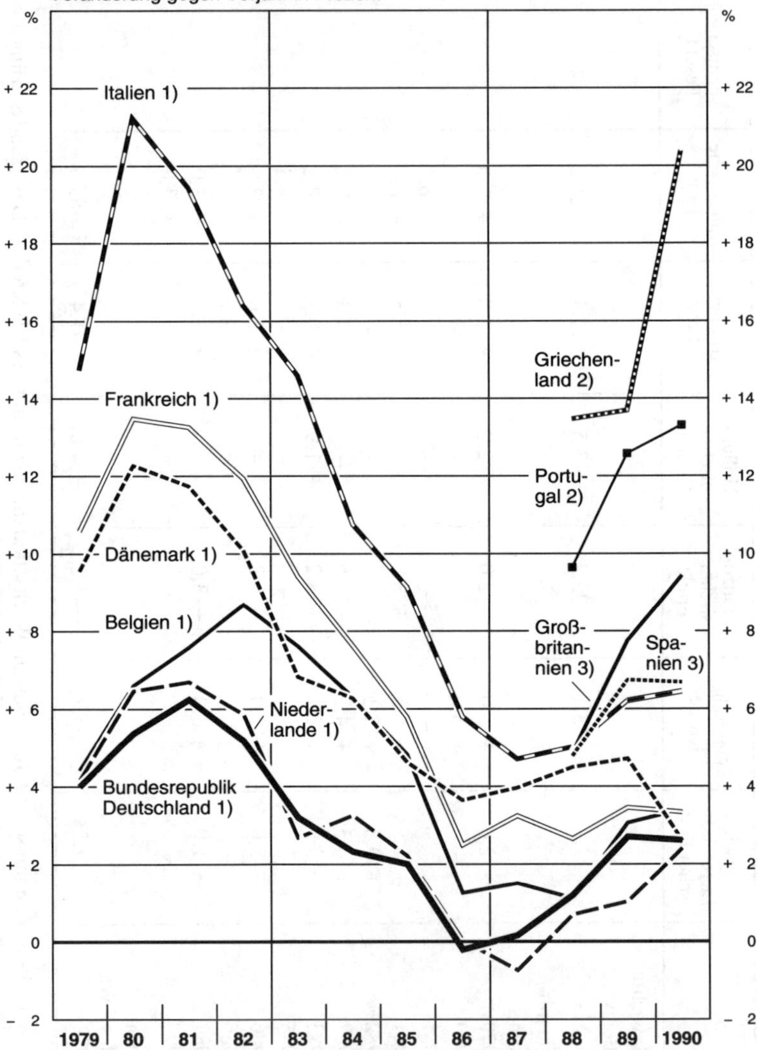

Quelle: Nationale Statistiken.- 1) Nimmt am Wechselkursmechanismus des EWS mit einer Bandbreite von 2,25 Prozent teil (Italien seit Januar 1990; Bandbreite zuvor ±6%).- 2) Nimmt nicht am Wechselkursmechanismus des EWS teil.- 3) Nimmt seit Mai 1989 (Spanien) bzw. Oktober 1990 (Großbritannien) mit erweiterter Bandbreite (±6%) am Wechselkursmechanismus des EWS teil.

könnte), der Desinflationsprozeß innerhalb der EG kann aber nicht als abgeschlossen angesehen werden.

Einer weitgehend ähnlichen Entwicklung unterlag das *Zinsniveau* in den EG-Ländern (vgl. *Schaubild 4* auf S. 120). Die nach wie vor bestehenden Zinsdifferenzen (gemessen am Satz für Dreimonatsgeld am Euromarkt) sind letztlich Ausdruck wirtschaftlicher und wirtschaftspolitischer Divergenzen zwischen den Partnerländern. Bei freizügigem Kapitalverkehr innerhalb des größten Teils der Gemeinschaft[20] müssen weniger stabilitätsbewußte Länder einerseits aus binnenwirtschaftlichen Gründen ein höheres Zinsniveau aufrechterhalten, andererseits aber auch den internationalen Anlegern einen entsprechenden Risikoausgleich für mögliche Abwertungsverluste bieten. Die Zinsdifferenzen sind insofern ein Indikator dafür, inwieweit die binnenwirtschaftliche Stabilisierung vorangekommen ist und ob diese vom Markt als „dauerhaft" anerkannt wird. Ein Zinsspektrum von unter 8 bis über 14% in den am Wechselkursmechanismus des EWS teilnehmenden Ländern und deutlich darüber hinausgehende Sätze in Griechenland und Portugal deuten jedenfalls nachdrücklich auf nach wie vor bestehende Qualitätsunterschiede der Währungen hin.

Dritter wichtiger Indikator des monetären Zusammenhalts ist die *Geldmengenexpansion*. Wenngleich hier technische Abgrenzungsprobleme bestehen und die Verschiedenheit der nationalen Finanzmärkte zu berücksichtigen ist, zeigt sich in der Tendenz doch ein mit der Preis- und Zinsentwicklung vergleichbares Bild (vgl. *Tabelle 2* auf S. 122/123). Nach teilweise extrem starker Geldmengenausweitung Ende der 70er und Anfang der 80er Jahre haben sich die Zuwachsraten im Sinne einer stärkeren Stabilitätsorientierung zurückgebildet, die monetäre Expansion klafft aber noch immer deutlich auseinander. Nur fünf der zwölf EG-Länder haben ihr Geldmengenwachstum in der jüngeren Zeit auf einstellige Zuwachsraten eindämmen können. Von einer „im Gleichschritt" stabilitätsgerecht expandierenden Geldmenge – auch unter Berücksichtigung unterschiedlicher Produktionspotentiale – sind die EG-Länder jedenfall noch um einiges entfernt.

[20] Mit Beginn der ersten Stufe zur Wirtschafts- und Währungsunion am 1. Juli 1990 ist es nur noch Griechenland, Irland, Spanien und Portugal gestattet, Kapitalverkehrskontrollen aufrechtzuerhalten; sie machen damit Gebrauch von den ihnen in der sogenannten Kapitalverkehrsrichtlinie von 1988 eingeräumten längeren Übergangsfristen für die Herstellung der vollständigen Kapitalverkehrsfreiheit.

Schaubild 4

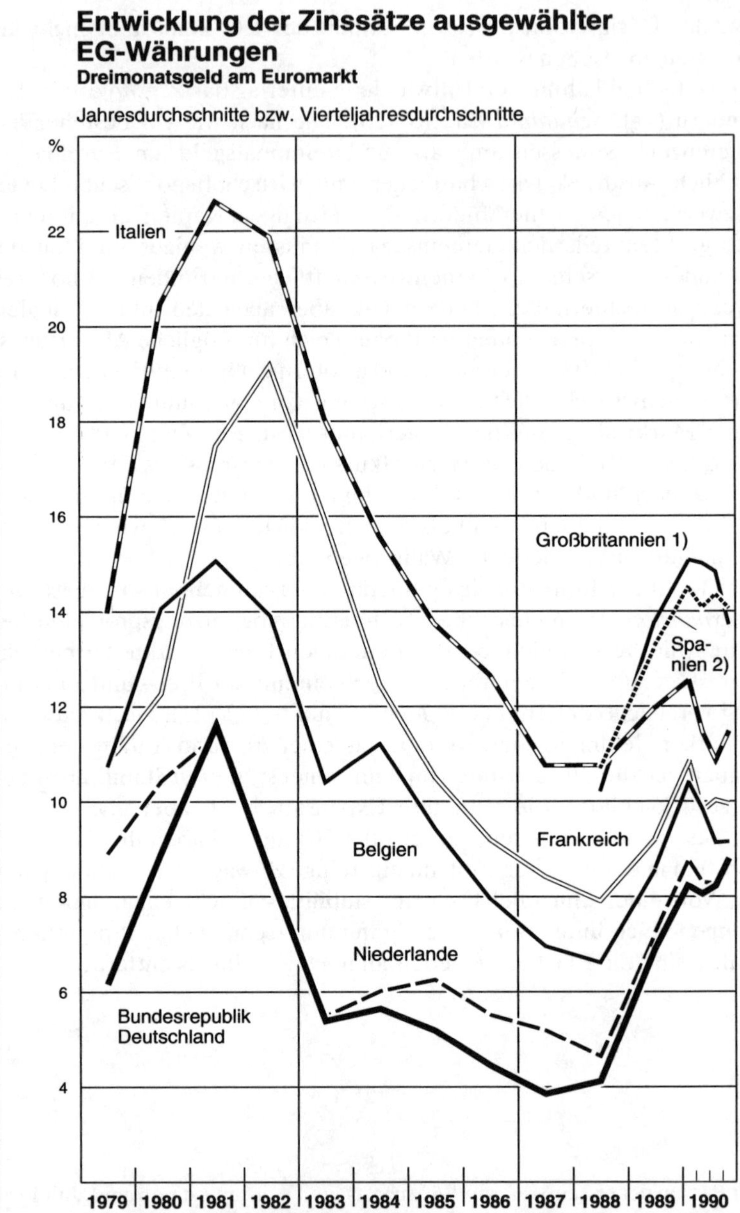

Quelle: Statistiken der BIZ.- 1) Großbritannien nimmt mit Wirkung vom 8. Oktober 1990 am Wechselkursmechanismus des EWS teil.- 2) Spanien nimmt mit Wirkung vom 19. Juni 1989 am Wechselkursmechanismus des EWS teil.

2. *Finanzpolitische Indikatoren*

Ähnlich wie im monetären Bereich ist die finanzpolitische Konvergenz in der Gemeinschaft nur langsam vorangekommen, und es bestehen nach wie vor erhebliche Unterschiede in den jährlichen *Finanzierungssalden* der öffentlichen Hand und in der *ausstehenden Verschuldung* des Gesamtstaates (vgl. *Tabelle 2*). Auch hier gibt es Länder mit vergleichsweise moderater Verschuldungsgeschichte und Staaten, die traditionell umfangreiche Finanzierungsdefizite aufweisen. Der größte Anpassungsbedarf lastet in dieser Hinsicht vor allem auf Belgien, Griechenland, Irland, Italien und Portugal, wenngleich auch die Niederlande erhebliche Finanzierungssalden aufweisen und die Bundesrepublik Deutschland im Gefolge der deutschen Vereinigung vermutlich für die absehbare Zukunft mit höherer Defizitfinanzierung aufwarten wird. Die bei den erstgenannten Ländern hartnäckige und über lange Zeit zunehmende öffentliche Verschuldung läßt darauf schließen, daß gerade hier weniger konjunkturelle, sondern vielmehr strukturelle Ursachen zu vermuten sind. Nach *Caesar*[21] spiegelt sich darin das Bestreben, die Produktion öffentlicher Güter auszudehnen, ohne die volkswirtschaftliche Steuerquote ansteigen zu lassen. Die Staatsverschuldung werde nicht mehr als „außerordentliche“, sondern als „normale“ Quelle öffentlicher Einnahmen betrachtet. Staatsdefizite sind insofern auch ein Indikator für ordnungspolitische Divergenzen. Bedenken hinsichtlich der Finanzierbarkeit ansteigender Zins- und Tilgungslasten und der systematischen Beeinträchtigung der Privatinvestitionen lassen sich daher im Grundsatz nur zerstreuen, wenn eine nicht nur konjunktur-, sondern vor allem ordnungspolitische Wende erkennbar wird. Ansonsten ist die Gefahr nicht von der Hand zu weisen, daß eine größere Gruppe von Ländern nach einem umfassenden gemeinschaftlichen Finanzausgleich verlangen könnte, der die „Steuersolidarität“ innerhalb der Gemeinschaft auf eine harte Probe stellen dürfte.

3. *Indikatoren der preislichen Wettbewerbsposition*

Durch die in den letzten Jahren weitgehend unveränderten nominalen Wechselkurse im EWS und die gleichzeitig auseinanderklaffende Preisentwicklung zwischen den Partnerländern haben sich die *realen Wechselkurse* zum Teil kräftig verschoben (siehe *Schaubild 5* auf S. 124). Generell betrachtet, haben die Länder mit höherer Inflationsrate durch eine reale Aufwertung gegenüber der D-Mark an preislicher Wettbewerbsfähigkeit eingebüßt; besonders kraß schlugen dabei die Wettbewerbseinbußen Italiens, Irlands und

21 Vgl. *Caesar*: a. a. O., S. 275.

Tabelle 2

Konvergenzindikatoren in der Europäischen Gemeinschaft*

Zeitraum	Bundesrepublik Deutschland	Belgien	Dänemark	Frankreich	Irland	Italien	Niederlande	Spanien	Großbritannien	Griechenland	Portugal
	Monetäre Expansion (gemessen anhand der Geldmenge in weiter Abgrenzung)[1] – jahresdurchschnittliche Veränderung bzw. Veränderung gegen Vorjahr in % –										
1974–78	+ 9,0	+ 12,4	+12,4	–	–	+22,0	+13,0	+19,7	–	+23,5	–
1979–83	+ 6,8	+ 7,9	+11,8	+11,7	+ 17,5	+18,5	+ 6,7	+17,5	–	+25,3	–
1984–88	+ 5,6	+ 8,6	+12,2	+ 7,7	+ 6,3	+12,1	+ 7,2	+13,4	+14,8	+24,8	+22,9
1989	+ 5,7	+ 8,7	+ 4,2	+ 7,5	+ 5,4	+13,6	+12,8	+13,0	+18,3	+23,2	+11,9
1990 p)	+ 4,6	+ 10,0	+ 9,3	+ 5,3	+ 11,1	+11,0	+11,1	+ 9,4	+16,5	+19,3	+12,6
	Finanzierungssalden der öffentlichen Hand[2] – in % des BSP/BIP –										
1974–78	– 3,0	– 5,4	0,1	– 1,1	– 8,1	– 9,6	– 2,1	– 1,2	– 4,1	– 2,4	–
1979–83	– 3,0	– 10,5	– 5,6	– 1,7	– 12,5	–10,5	– 5,3	– 3,8	– 3,0	– 6,4	–
1984–88	– 1,7	– 8,0	– 0,0	– 2,4	– 9,6	–11,6	– 5,8	– 5,0	– 1,8	–12,3	– 9,2
1989	0,2	– 6,3	– 0,6	– 1,5	– 3,0	–10,2	– 5,2	– 2,6	+ 0,9	–18,4	– 4,3
1990 p)	– 3,1	– 5,9	– 1,3	– 1,2	– 1,7	–10,0	– 5,5	– 3,2	+ 0,1	–18,3	– 7,5
	Ausstehende Brutto-Verschuldung des Gesamtstaates – in % des BSP/BIP –										
1989	42,7	133,0	54,9	47,3	125,4	97,0	80,1	47,3	39,6	75,0	–

	Leistungsbilanzsalden[3] – in % des BSP/PIP –										
1974–78	1,4	0,1	– 3,1	– 0,1	– 5,6	– 0,5	1,5	– 2,3	– 1,1	– 4,4	– 5,6
1979–83	– 0,3	– 2,9	– 3,5	– 0,7	– 11,4	– 0,8	0,9	– 1,7	– 1,3	– 5,4	– 6,4
1984–88	3,4	1,5	– 3,5	– 0,2	– 2,0	– 0,4	2,9	0,7	– 0,5	– 5,0	0,7
1989	4,8	2,2	– 0,8	– 0,4	1,5	– 1,2	3,4	– 2,9	– 3,8	– 4,8	– 1,2
1990 p)	3,0	2,1	1,2	– 0,7	1,0	– 1,1	3,5	– 3,4	– 2,3	– 5,4	– 2,0
	Entwicklung der Lohnstückkosten[4] – jahresdurchschnittliche Veränderung bzw. Veränderung gegen Vorjahr in % –										
1974–78	+ 4,7	+ 10,6	+11,3	+12,7	+ 14,1	+17,7	+ 8,2	+19,4	+16,1	+18,2	+23,7
1979–83	+ 3,5	+ 4,8	+ 8,1	+11,2	+ 14,6	+17,4	+ 3,4	+12,9	+10,8	+22,2	+18,7
1984–88	+ 1,4	+ 2,3	+ 4,8	+ 3,1	+ 3,0	+ 7,1	+ 0,2	+ 6,0	+ 4,8	+15,9	+15,1
1989	+ 0,9	+ 1,2	+ 1,7	+ 2,4	– 2,3	+ 6,0	– 1,9	+ 5,0	+ 9,4	+16,3	+ 9,1
1990 p)	+ 2,8	+ 3,6	+ 2,2	+ 4,1	+ 1,4	+ 7,1	+ 2,9	+ 7,3	+10.9	+17,3	+12,9

[1] M2 für Belgien, Dänemark und die Niederlande; M3 für Frankreich, die Bundesrepublik Deutschland, Irland, Italien, Griechenland; für Großbritannien M4, für Spanien ALP und für Portugal L. – Im Falle Belgiens beziehen sich die ersten Angaben auf den Zeitraum 1976–1978, im Falle Italiens auf die Jahre 1975–1978. [2] Defizit: –. [3] Im Falle Belgiens einschl. Luxemburg. Defizit: –. [4] Aus Indexzahlen auf der Basis nationaler Währung berechnet. – p) Vorläufige Angaben.

Quellen: OECD, BIZ, Europäische Gemeinschaft, nationale Statistiken.

Realer Außenwert der D-Mark *) gegenüber den EWS-Währungen

1. Vj. 1979=100, vierteljährlich, log. Maßstab

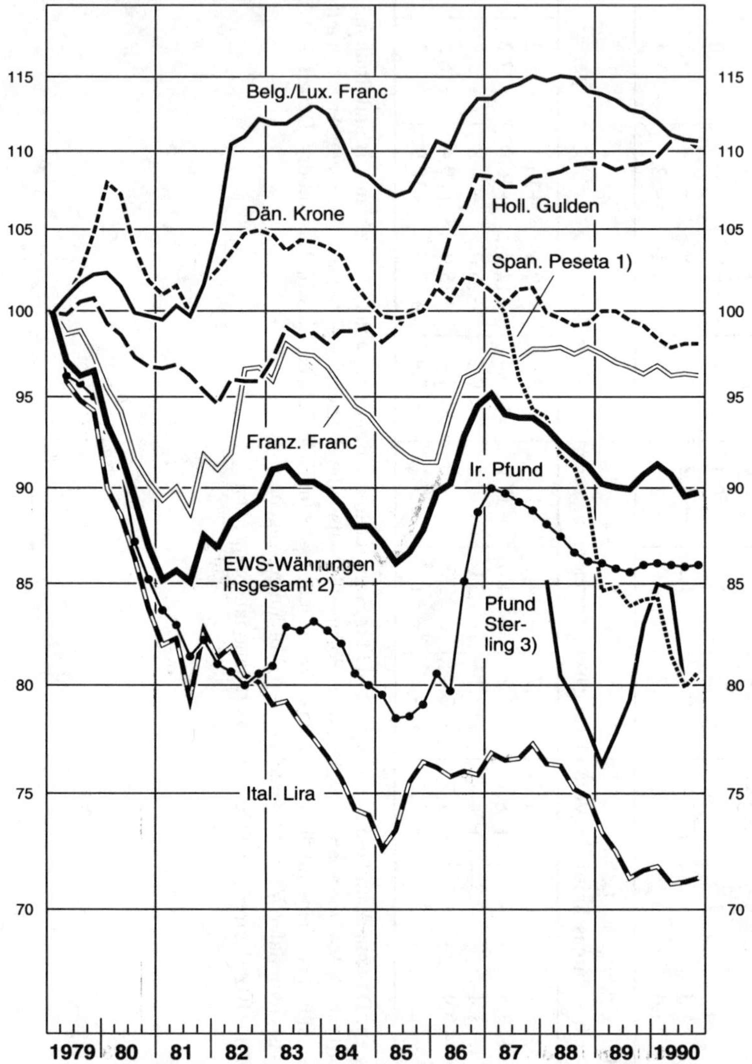

Quellen: Deutsche Bundesbank, nationale Statistiken.- *) Gewogener nominaler Außenwert, bereinigt um die jeweils unterschiedliche gesamtwirtschaftliche Preisentwicklung (gemessen an den Preisen des Gesamtabsatzes).- 1) Nimmt seit 19. Juni 1989 am Wechselkursmechanismus des EWS teil.- 2) Einschl. span. Peseta und Pfund Sterling.- 3) Nimmt seit 8. Oktober 1990 am Wechselkursmechanismus des EWS teil.

Spaniens zu Buche. Zumindest diese Länder (zeitweise begleitet von anderen wie Großbritannien, Frankreich und Dänemark) haben sich ihren „Stabilitätsimport" durch die Fixierung des DM-Wechselkurses mit einem Verlust an preislicher Konkurrenzfähigkeit erkauft. Im Einklang damit steht die überwiegend defizitäre Leistungsbilanz dieses Länderkreises (vgl. *Tabelle 2*), wenngleich die Wechselkursposition naturgemäß nur ein Faktor unter mehreren ist, die auf die Leistungsbilanz einwirken.

Ein Aspekt von besonders hohem Eigengewicht ist die *Lohnanpassung* im Rahmen eines Systems fester Wechselkurse. Sind nämlich die nominalen Wechselkurse de facto oder de jure fixiert, lassen sich preisliche Wettbewerbsdivergenzen letztlich nur über eine produktivitätsgerechte Lohndifferenzierung ausgleichen. Der zweite Anpassungsmechanismus, die Wanderung von Arbeitskräften, dürfte wegen vielfältiger Barrieren sprachlicher, kultureller oder ausbildungsspezifischer Art einen nur sehr eingeschränkten Beitrag leisten können.

Die vorliegende Evidenz über die Anpassungsfähigkeit der Reallöhne spricht eine eindeutige Sprache. So hat die OECD im Jahr 1989 die Flexibilität der Reallöhne im Kreis ihrer Mitgliedsländer untersucht und in allen großen EG-Ländern eine weit höhere Lohnrigidität festgestellt als im Durchschnitt der anderen OECD-Staaten[22]. Gerade in der Europäischen Gemeinschaft ist daher die Reallohnanpassung kein sonderlich wirksames Instrument. Die Hoffnung auf eine grundlegende Anpassung im Verhalten der Tarifparteien *nach* Errichtung einer Währungsunion ist höchst spekulativ und risikoreich. Da die mangelnde Lohnflexibilität vor allem strukturelle Ursachen hat (insbesondere in der Art des Lohnfindungsprozesses auf semizentraler Ebene)[23], können hier allenfalls längerfristig Korrekturen erwartet werden.

Ein Indikator für den nach einer Festschreibung der Wechselkurse zu erwartenden Anpassungsdruck auf die Löhne ist die Dynamik der *nominalen* Lohnstückkosten in der Gemeinschaft (vgl. *Tabelle 2*). In nationaler Währung gerechnet, veränderten sich die Lohnstückkosten in Belgien, Dänemark, Frankreich, Irland, den Niederlanden und in der Bundesrepublik Deutschland in den letzten zwei Jahren mit Raten zwischen −2,3 und 4,1%, in Großbritannien, Italien, Spanien um 5,0 bis 10,9% und in Griechenland und Portugal um gut 9 bis 17,3%. Über einen Zeitraum von nur drei bis vier Jahren gerechnet, ergeben sich daraus Lohnanstiegsdivergenzen von 20, 30 oder noch mehr Prozentpunkten. Sicherlich spiegeln diese Lohnzuwächse

[22] Vgl. *OECD*: Economies in Transition. Structural Adjustment in OECD Countries, Paris 1989, S. 42–52.

[23] Vgl. *Kommission der Europäischen Gemeinschaften*: Ein Markt, eine Währung, a. a. O., S. 42–52.

zum größten Teil entsprechende Preissteigerungen wider, so daß der Reallohneffekt entsprechend niedriger war. In einem Umfeld einheitlicher Preissteigerungsraten (d. h. einer Währungsunion) ist es aber gleichwohl diese nominale Dynamik der Lohnstückkostenentwicklung, die gebrochen werden muß. In welchem Schrittempo die Sozialpartner aber in den einzelnen Ländern bereit sind, auf diese Spielart der „Geldillusion" zu verzichten, ist alles andere als vorhersehbar.

4. Neuere konjunkturelle Aspekte

Während praktisch weltweit die wirtschaftlichen Auftriebskräfte deutlich nachlassen, befindet sich die westdeutsche Wirtschaft zu Beginn der 90er Jahre in einer Phase anhaltender Hochkonjunktur. Getragen wird der Aufschwung von der kräftigen Inlandsnachfrage im Gefolge der deutschen Vereinigung. Innerhalb der EG hat sich damit ein lange kaum für möglich gehaltener Wachstumsvorsprung der westdeutschen Wirtschaft eingestellt, die im laufenden Jahr 1991 bis zu 3 Prozentpunkte stärker expandieren dürfte als einzelne Volkswirtschaften der Partnerländer.

Durch den starken Nachfragesog in Deutschland wird sich eine Reihe gesamtwirtschaftlicher Schlüsselgrößen zumindest vorübergehend deutlich verändern. Allgemein begrüßt wurde z. B. der rasche Abbau der deutschen Leistungsbilanzüberschüsse. Generell sollte aber bei Momentaufnahmen der wirtschaftlichen Konvergenz Vorsicht walten, und Fehlinterpretationen sollten vermieden werden. Eine solche Fehleinschätzung wäre es, die durch konjunkturelle Kontrapositionen mögliche Annäherung wichtiger Indikatoren mit wachsender „Konvergenz" gleichzusetzen.

So könnte der Preisdruck in Deutschland konjunkturbedingt zunehmen, während er sich in anderen Ländern infolge der Nachfrageschwäche vorübergehend eher abschwächt, das Defizit der öffentlichen Hand der Bundesrepublik dürfte 1991 auf über 5 Prozent des BSP ansteigen und damit die Größenordnung manch anderer EG-Länder erreichen, und das DM-Zinsniveau tendiert entsprechend nach oben, während sich das andernorts noch immer höhere Zinsniveau womöglich auflockert. Eine „Punktkonvergenz" infolge divergierender Konjunkturentwicklungen kann allerdings kein Anlaß sein, über strukturelle ("underlying") Unterschiede hinwegzusehen. Nach Umschlagen des Konjunkturzyklus würden diese Divergenzen um so stärker wieder hervortreten und den Zusammenhalt der Gemeinschaft belasten.

Die Konvergenzbetrachtung kann in Zeiten gravierender Konjunkturunterschiede daher nicht an der Oberfläche statistischer Momentaufnahmen stehenbleiben. Dies würde darüber hinwegtäuschen, daß der Stabilitätskonsens im EWS gerade im gegenwärtigen Umfeld besonders gefährdet ist[24].

Einerseits muß die Geld- und Wirtschaftspolitik in der Bundesrepublik sicherstellen, daß die D-Mark auch unter konjunkturellem Druck „hart" bleibt und damit dem Wechselkursverbund insgesamt eine entsprechende Stabilitätsorientierung vorgibt. Andererseits müssen die konjunkturell schwächeren Länder aus stabilitätspolitischen Gründen der Verlockung geldpolitischer Konjunkturspritzen widerstehen, um nicht die strukturellen Inflationsunterschiede weiter zu vergrößern. Sollte eine rein (DM-)wechselkursorientierte Geldpolitik in den Partnerländern allerdings in grundlegenden Widerspruch zu den binnenwirtschaftlichen Erfordernissen geraten, so ist auch über eine Anpassung der Wechselkurse nachzudenken. Dies wäre nicht unbedingt mit einer Abkehr vom Ziel der Preisstabilität bzw. von einer Orientierung an der niedrigsten Inflationsrate im Wechselkurssystem gleichzusetzen. Vielmehr stünde es durchaus damit in Einklang, daß die deutsche Vereinigung ein "external shock" für die Gemeinschaft war, der sich „asymmetrisch" verteilt hat und Westdeutschland in eine konjunkturelle Sonderstellung brachte. Die theoretischen Kenntnisse über die Funktionsbedingungen einer „Währungszone" sprechen in einem solchen Fall gegen eine einheitlich ausgerichtete Geld- und Zinspolitik, ohne daß von vornherein der stabilitätspolitische Ehrgeiz insgesamt zurückgenommen werden müßte.

IV. Abschließende Betrachtung

Eine Untersuchung der wirtschaftlichen Konvergenz zwischen den EG-Partnerländern ist keine technische Übung um ihrer selbst willen, sondern sie soll verdeutlichen, daß mit einer Währungsintegration unterschiedlich positionierter Länder erhebliche Kosten anfallen. Diese resultieren vor allem aus den gesamtwirtschaftlichen Risiken eines derartigen Regimewechsels (Inflations-, Verschuldungs- und Beschäftigungsrisiken) und sind den mikroökonomischen Einspareffekten (Beseitigung von Transaktionskosten einschließlich der Wechselkursrisiken) gegenüberzustellen. Die Integrationsanalysen häufig zugrundegelegte These einer größeren „gesamtwirtschaftlichen Stabilität"[25] infolge politisch-institutioneller Veränderungen ist dagegen durchaus angreifbar und eignet sich allenfalls als "first-best scenario" unter mehreren möglichen Konstellationen.

[24] Vgl. Bernd *Braasch*, Gisela *Roth*: Konvergenz oder Divergenz im EWS?, in: Wirtschaftsdienst, 71. Jg. (1991), S. 47–52.

[25] Vgl. *Kommission der Europäischen Gemeinschaften*: Ein Markt, eine Währung, a. a. O., S. 75–111.

Angesichts der dargelegten Risiken kommt der ökonomischen Konvergenz auf stabilitätsgerechtem Niveau im Gesamtzusammenhang mit den eingangs skizzierten Konvergenzebenen (politische, institutionelle und ökonomische Konvergenz) eine Schlüsselrolle zu. Gerade im Umfeld strukturell und konjunkturell auseinanderdriftender wirtschaftlicher Entwicklungen wächst die Gefahr, daß auf institutioneller Ebene Kompromisse gesucht werden, die den Anpassungszwang lindern und den politischen Souveränitätsverzicht erträglicher machen (etwa durch einen umfangreichen interregionalen Finanzausgleich). Eine institutionell weniger abgesicherte Unabhängigkeit einer Europäischen Notenbank, eine nicht zweifelsfrei auf die Preisstabilität ausgerichtete Europäische Notenbank oder erhebliche Finanzierungslasten der öffentlichen Haushalte für Zwecke des interregionalen Finanzausgleichs belasten aber das gesamtwirtschaftliche Umfeld der Gemeinschaft insgesamt. Mögliche Risiken wären, daß das Zinsniveau in den stabileren Ländern infolge eines höheren Inflationsrisikos ansteigt, der Lohndruck auch dort entsprechend den höheren Inflationsrisiken zunimmt und Privatinvestitionen aufgrund wachsender öffentlicher Defizite zurückgedrängt werden. Angesichts der unterschiedlichen ökonomischen Ausgangslage der Partnerländer und des hohen Anspruchs einer stabilitäts- und wettbewerbsorientierten Wirtschafts- und Währungsunion kann es daher nicht überraschen, daß Modelle diskutiert werden, die es Ländern mit wirtschaftlich ähnlicherer Entwicklung gestatten, währungspolitisch rascher voranzuschreiten, und die es strukturell schwächeren Ländern erlauben, einen längeren Anpassungszeitraum in Anspruch zu nehmen. Bis zum gegenwärtig diskutierten Zeitpunkt für den Eintritt in die sogenannte zweite Stufe einer Wirtschafts- und Währungsunion – dem 1. Januar 1994 – stehen jedenfalls kaum mehr als zwei Jahre zur Verfügung, und es bestehen kaum Aussichten dafür, daß sich die Inflationsraten bis dahin gemeinschaftsweit auf einem niedrigen Niveau eingependelt haben.

Anlage: Konferenz über die Wirtschafts- und Währungsunion

Auszug aus den Schlußfolgerungen des Vorsitzes des Europäischen Rats, Rom, vom 27./28. Oktober 1990

Der Europäische Rat hat in Madrid den Zeitpunkt für den Beginn der ersten Stufe der Wirtschafts- und Währungsunion, in Straßburg und in Dublin den Zeitplan für die Regierungskonferenz und die Ratifizierung ihrer Ergebnisse festgesetzt. Er stellt heute mit Befriedigung wichtige Entwicklungen in der Folge dieser Beschlüsse fest.

Der Europäische Rat hat das Ergebnis der Vorarbeiten zur Kenntnis genommen, die die Grundlage für die Regierungskonferenz bilden.

Für elf Mitgliedsstaaten sollten die Arbeiten zur Änderung des Vertrags sich insbesondere an folgenden Elementen für die Endstufe der Wirtschafts- und Währungsunion orientieren:

- für die Wirtschaftsunion: eine offene marktwirtschaftliche Ordnung, die Preisstabilität und Wachstum, Beschäftigung und Umweltschutz miteinander vereint und die auf gesunde, ausgewogene Finanz- und Haushaltsverhältnisse sowie auf wirtschaftlichen und sozialen Zusammenhalt ausgerichtet ist. Zu diesem Zweck wird die Handlungsfähigkeit der Gemeinschaftsorgane verstärkt;
- für die Währungsunion: Schaffung einer neuen Institution, die aus den nationalen Zentralbanken und aus einem zentralen Organ gebildet wird und die die ungeteilte Verantwortlichkeit für die Geldpolitik ausübt. Vorrangige Aufgabe dieser Institution ist die Sicherung der Preisstabilität. Unter Wahrung dieses Ziels unterstützt sie die allgemeine Wirtschaftspolitik der Gemeinschaft. Die Institution sowie die Mitglieder ihres Rates sind nicht weisungsgebunden. Sie erstattet den politisch verantwortlichen Institutionen Bericht.

Mit der Verwirklichung der Endstufe der Wirtschafts- und Währungsunion werden die Wechselkurse unwiderruflich festgesetzt. Die Gemeinschaft wird über eine einheitliche Währung verfügen – eine starke und stabile ECU –, die ihre Identität und Einheit zum Ausdruck bringt. In der Übergangsphase wird die ECU gestärkt und weiterentwickelt.

Die zweite Stufe wird am 1. Januar 1994 beginnen, nachdem

- der Binnenmarkt vollendet ist;
- der Vertrag ratifiziert worden ist; und in Übereinstimmung mit den darin enthaltenen Bestimmungen
- ein Prozeß eingeleitet worden ist, der darauf hinzielt, daß die Mitglieder der neuen Institution spätestens dann unabhängig sind, wenn die geld- und währungspolitischen Befugnisse übertragen worden sind;
- die monetäre Finanzierung der Haushaltsdefizite sowie jedwede Verantwortlichkeit der Gemeinschaft oder ihrer Mitgliedstaaten für die Verbindlichkeiten eines Mitgliedstaates ausgeschlossen sind;
- die größtmögliche Zahl von Ländern sich dem EWS-Wechselkursmechanismus angeschlossen hat.

Der Europäische Rat erinnert daran, daß für den Übergang zur neuen Stufe weitere befriedigende und dauerhafte Fortschritte in der realen und monetären Konvergenz, insbesondere bezüglich der Preisstabilität und der Gesundung der öffentlichen Finanzen, erreicht werden müssen.

Mit Beginn der zweiten Stufe wird die neue Institution der Gemeinschaft gegründet. Dies wird insbesondere die Möglichkeit bieten,

- die Koordinierung der Geldpolitiken zu verstärken;
- die für die zukünftige Durchführung einer einheitlichen Geld- und Währungspolitik notwendigen Instrumente und Verfahren einzuführen;
- die Entwicklung der ECU zu überwachen.

Die Kommission und der Rat der Währungsinstitution werden dem Rat der Wirtschafts- und Finanzminister und dem Rat „Allgemeine Angelegenheiten" spätestens drei Jahre nach dem Beginn der zweiten Stufe über das Funktionieren des Systems in der zweiten Stufe und insbesondere über die Fortschritte in der realen Konvergenz Bericht erstatten, um die Entscheidung über den Übergang zur dritten Stufe vorzubereiten, der innerhalb einer angemessenen Frist erfolgen wird. Der Rat „Allgemeine Angelegenheiten" wird das Dossier dem Europäischen Rat unterbreiten.

Zur Berücksichtigung der Lage der verschiedenen Länder kann der Vertrag Übergangsbestimmungen für den Übergang zu den nächsten Stufen der Wirtschafts- und Währungsunion vorsehen.

Das Vereinigte Königreich sieht sich nicht in der Lage, dem oben dargelegten Konzept zuzustimmen. Es ist jedoch ebenfalls der Meinung, daß das vorrangige Ziel der Währungspolitik die Preisstabilität sein sollte, daß die Entwicklung der Gemeinschaft auf einem offenen Marktsystem beruhen sollte, daß allzu hohe Haushaltsdefizite zu vermeiden sind und daß Defizite nicht monetär finanziert werden und die Gemeinschaft oder ihre Mitgliedstaaten nicht die Verantwortung für die Schulden eines Mitgliedstaates übernehmen sollten. Das Vereinigte Königreich ist zwar bereit, mit der Schaffung einer neuen Währungsinstitution und einer gemeinsamen Gemeinschaftswährung einen Schritt über die erste Stufe hinaus zu tun, ist jedoch der Ansicht, daß den Terminbeschlüssen die Beschlüsse über den Inhalt dieses Schritts vorausgehen sollten. Es wäre jedoch bereit zu akzeptieren, daß das von ihm befürwortete Konzept so rasch wie möglich nach der Ratifikation der hierfür erforderlichen Vertragsbestimmung in Kraft tritt.

Die beiden Regierungskonferenzen werden am 14. Dezember 1990 eröffnet. Sie gestalten sich entsprechend den in Anlage I enthaltenen Bestimmungen. ...

Literatur

Albertini, Mario: Europas neue Grenze, in: Integration, 1/80, S. 7.

Ausschuß zur Prüfung der Wirtschafts- und Währungsunion: Bericht zur Wirtschafts- und Währungsunion in der Europäischen Gemeinschaft („*Delors*-Bericht“), 1989.

Braasch, Bernd/Gisela Roth: Konvergenz oder Divergenz im EWS?, in: Wirtschaftsdienst, 71. Jg. (1991), S. 47–52.

Caesar, Rolf: Finanzpolitische Konvergenz in der EG, in: Stabilität durch das EWS? Koordination und Konvergenz im Europäischen Währungssystem, hrsg. von Hans-Eckart Scharrer und Wolfgang Wessel, Bonn 1987, S. 255–302.

Cezanne, Wolfgang: Begriffe und Optionen der wirtschaftlichen Koordinierung in der EG, in: Stabilität durch das EWS? Koordination und Konvergenz im Europäischen Währungssystem, hrsg. von Hans-Eckart Scharrer und Wolfgang Wessel, Bonn 1987, S. 23–46.

Deutsche Bundesbank: Wechselkursentwicklung im Europäischen Währungssystem, in: Monatsberichte der Deutschen Bundesbank, 41. Jg., Nr. 11, November 1989, S. 30–38.

Deutsche Bundesbank: Die erste Stufe der Europäischen Wirtschafts- und Währungsunion, in: Monatsberichte der Deutschen Bundesbank, 42. Jg., Nr. 7, Juli 1990, S. 30–39.

Deutsche Bundesbank: Stellungnahme der Deutschen Bundesbank zur Errichtung einer Wirtschafts- und Währungsunion in Europa, veröffentlicht am 19. September 1987, abgedruckt in: Monatsberichte der Deutschen Bundesbank, 42. Jg., Nr. 10, Oktober 1990, S. 41–45.

Duwendag, Dieter: Zur Frage eines tragfähigen Policy mix: Sind adäquate Regeln für die Fiskalpolitik unentbehrlich?, in: Europa auf dem Weg zur Währungsunion, hrsg. von Manfred Weber, Darmstadt 1991, S.220–248.

Europäischer Rat: Beschluß des Rates vom 12. März 1990 über die Zusammenarbeit zwischen den Zentralbanken der Mitgliedsstaaten der Europäischen Gemeinschaft, abgedruckt in: Monatsberichte der Deutschen Bundesbank, 42. Jg., Nr. 7, Juli 1990, S. 38–39.

Europäischer Rat: Konferenz über die Wirtschafts- und Währungsunion, Auszug aus den Schlußfolgerungen des Vorsitzes des Europäischen Rats, Rom, vom 27./28. Oktober 1990, in: Deutsche Bundesbank (Hrsg.): Auszüge aus Presseartikeln, Nr. 84 vom 30. Oktober 1990, S. 1–2.

Gros, Daniel: Parallelwährungskonzepte – eine Alternative?, in: Europa auf dem Weg zur Währungsunion, hrsg. von Manfred Weber, Darmstadt 1991, S.133–154.

Harbrecht, Wolfgang/Jürgen Schmid: Die Beziehungen zwischen Wechselkursstabilisierung und wirtschaftlicher Konvergenz, in: Wechselkursstabilisierung, EWS und Weltwährungssystem, hrsg. von Otmar Issing, Hamburg 1988, S. 189–228.

Issing, Otmar: Über das EWS zur Währungsunion?, in: ders. (Hrsg.): Wechselkursstabilisierung, EWS und Weltwährungssystem, Hamburg 1988, S. 55–86.

Kommission der Europäischen Gemeinschaften: Ein Markt, eine Währung. Potentielle Nutzen und Kosten der Errichtung einer Wirtschafts- und Währungsunion – eine Bewertung, in: Europäische Wirtschaft, Nr. 44, Oktober 1990.

Lamfalussy, Alexandre: Macro-coordination of fiscal policies in an economic and

monetary union in Europe, in: Committee for the Study of Economic and Monetary Union; Report on economic and monetary union in the European Community; Collection of papers submitted to the Committee for the Study of Economic and Monetary Union, Luxemburg 1989, S. 91–125.
OECD: Economies in Transition. Structural Adjustment in OECD countries, Paris 1989.
Padoa-Schioppa, Tommaso: The European Monetary System: a long-term view, in: The European Monetary System, hrsg. von Francesco Giovazzi, Stefano Micossi und Marcus Miller, Cambridge u. a. 1988, S. 369–384.
Pöhl, Karl Otto: The further development of the European Monetary System, in: Committee for the Study of Economic and Monetary Union: Report on economic and monetary union in the European Community; Collection of papers submitted to the Committee for the Study of Economic and Monetary Union, Luxemburg 1989, S. 129–155.
Schlesinger, Helmut: Plan Delors: Le plus compliqué reste a faire ..., in: Politique internationale, dossier spécial: quel avenir pour l'europe monétaire?, Nr. 45, Herbst 1989, S. 7–21.
Schneider, Wolf: Wörter machen Leute, München 1978.
Wessel, Wolfgang: Koordination in der EG – Ein Mehrebenenspiel, in: Stabilität durch das EWS? Koordination und Konvergenz im Europäischen Währungssystem, hrsg. von Hans-Eckart Scharrer und Wolfgang Wessel, Bonn 1987, S. 461–487.
Woll, Artur: Die Unabhängigkeit der Europäischen Zentralbank: Dogma oder Notwendigkeit?, in: Europa auf dem Weg zur Währungsunion, hrsg. von Manfred Weber, Darmstadt 1991, S. 157–170.

Daniel Gros

Parallelwährungskonzepte – eine Alternative?

In diesem Beitrag wird diskutiert, ob der Parallelwährungsansatz eine Alternative zum Delors-Bericht darstellt. Dabei werden sowohl normative als auch positive Gesichtspunkte berücksichtigt. Der normative, gewissermaßen ordnungspolitische Aspekt berührt die grundsätzliche Frage nach der optimalen Währungsordnung. Es wird argumentiert, daß freie „Währungskonkurrenz" auch unter wohlfahrtstheoretischen Gesichtspunkten nicht wünschenswert ist, da ein einheitliches Geld erhebliche Einsparungen bei den Transaktionskosten erlaubt. Unter dem positiven Aspekt wird sodann diskutiert, ob unter den konkreten Bedingungen zu Beginn der 90er Jahre überhaupt eine nennenswerte Währungssubstitution zu erwarten wäre. Wegen der zunehmenden Konvergenz von Inflationsraten und Zinsen und wegen der erheblichen Kosten, die eine Parallelwährung verursacht, wird dies verneint. Eine gemeinsame Währung kann deshalb nicht auf dem Weg über eine Parallelwährung erreicht werden. Aus der Sicht dieses Beitrags stellt der Parallelwährungsansatz daher keine empfehlenswerte Alternative zum Delors- Bericht dar.

I. Einleitung

Der *Delors*-Bericht hat den Parallelwährungsansatz ausdrücklich verworfen, ohne dies näher zu begründen[1]. Das Ziel dieses Beitrages ist es daher, zu untersuchen, ob die Position des *Delors*-Berichts gerechtfertigt war. Die Thematik hat einen normativen und einen positiven Aspekt. Unter dem normativen Gesichtspunkt geht es darum, ob der Parallelwährungsansatz nicht einen ökonomisch besseren Weg zur Währungsunion darstellt.

[1] Der Beitrag von *Baer* in diesem Band (S. 49–69) geht des näheren auf den *Delors*-Bericht ein. Bezüglich alternativer Pläne und Vorschläge vgl. Lorenzo *Bini Smaghi*: Progressing towards European Monetary Unification: Selected Issues and Proposals (Temi di discussione del Servizio Studi, Banca d'Italia, Nr. 113), Rom, April 1990, sowie Daniel *Gros,* Niels *Thygesen*: Concrete Steps towards Monetary Union (CEPS Paper, Centre for European Policy Studies, Nr. 45), Brüssel 1990.

Der positive Aspekt berührt die Frage, ob dieser Weg unter den konkreten Bedingungen der Gemeinschaft in den 90er Jahren überhaupt gangbar ist.

Die Antwort auf beide Fragen hängt offensichtlich davon ab, wie der Parallelwährungsansatz definiert wird. Der *Delors*-Bericht benutzte eine enge Definition: „Nach diesem Konzept würde die ECU in einem frühen Stadium aufhören ein Währungskorb zu sein, und die neue, vollgültige Währung namens ECU würde autonom geschaffen, zusätzlich zu den vorhandenen Gemeinschaftswährungen emittiert und mit diesen konkurrieren."[2]

Diese Definition wird jedoch den zahlreichen Vorschlägen, die auf diesem Gebiet gemacht wurden, nicht gerecht. Denn viele dieser Vorschläge beziehen sich nicht (oder nicht nur) auf die ECU oder auf eine Währung, die „autonom geschaffen" und „zusätzlich zu den vorhandenen Gemeinschaftswährungen emittiert" wird. Insbesondere die theoretischen Ansätze, welche die Vorteile der Konkurrenz zwischen verschiedenen Währungen betonen[3], zielen nicht in erster Linie auf die ECU, sondern vertrauen auf den Entscheidungsmechanismus des Marktes, um die beste Währung zu finden. Der vorliegende Beitrag befaßt sich daher nicht nur mit dem Parallelwährungsansatz in der engen Definition des *Delors*-Berichts.

Der normative Aspekt wird in Abschnitt II dieses Beitrags diskutiert. Es handelt sich dabei um die grundsätzliche, gewissermaßen also ordnungspolitische Frage nach der optimalen Währungsordnung. Das Hauptargument in diesem Zusammenhang ist, daß die Verwendung eines einheitlichen Geldes zu externen Effekten und steigenden Skalenerträgen führt und daher eine vollständige „Währungskonkurrenz" auch unter einem strikt wohlfahrtstheoretischen Gesichtspunkt nicht wünschenswert ist.

Abschnitt III behandelt dann unter dem Aspekt der positiven Ökonomie die Frage, ob unter den konkreten Bedingungen der Gemeinschaft in den 90er Jahren überhaupt eine nennenswerte Währungssubstitution, die ja die Basis für den Parallelwährungsansatz bildet, stattfinden würde. Die schon erwähnten externen Effekte und Skalenerträge führen wieder zu dem Ergebnis, daß der entscheidende Faktor für Währungssubstitution nicht in den geringfügigen Inflationsdifferenzen liegt, die innerhalb der Gemeinschaft noch bestehen können.

[2] *Ausschuß zur Prüfung der Wirtschafts- und Währungsunion:* Bericht zur Wirtschafts- und Währungsunion in der Europäischen Gemeinschaft („*Delors*-Bericht"), 1989, Ziffer 47; vgl. ferner Karl Otto *Pöhl*: The further development of the European Monetary System, in: Collection of papers submitted to the Committee for the Study of the Economic and Monetary Union, Luxemburg 1989, S. 129–155.

[3] Vgl. Roland *Vaubel*: Strategies for Currency Unification. The Economics of Currency Competition and the Case for a European Parallel Currency (Kieler Studien, Nr. 156), Tübingen 1978, sowie ders.: Currency Competition and European Monetary Integration, in: The Economic Journal, Vol. 100 (1990), S. 936–946.

Die Integration der europäischen Finanzmärkte im Rahmen des Binnenmarktprogramms könnte allerdings zu einer signifikanten Währungssubstitution führen. Es ist freilich nicht klar, ob die ECU oder die D-Mark als Sieger aus dieser Währungskonkurrenz hervorgehen wird. Währungssubstitution in die D-Mark würde die Aufgabe der Bundesbank nur erschweren und wäre auch unter politischen Gesichtspunkten nicht wünschenswert. Der Parallelwährungsansatz ist also auch unter einem rein praktischen Gesichtspunkt keine empfehlenswerte Alternative zu dem im *Delors*-Bericht gewiesenen Weg.

II. Der normative Aspekt: Währungswettbewerb versus institutioneller Ansatz

Verfechter der monetären Integration führen hierfür gewöhnlich ins Feld, daß eine Währungsunion mit einer gemeinsamen Währung beachtliche ökonomische Vorteile mit sich bringt[4]. Nach Ansicht einiger folgt daraus, daß es nicht notwendig ist, seitens offizieller Stellen neue Institutionen zu schaffen, denn wenn die Vorteile der Währungsvereinheitlichung tatsächlich bestehen, werden sie von sich aus bewirken, daß sich die Märkte hin zu einer einheitlichen Währung entwickeln. Die einzige erforderliche Maßnahme bestünde darin, alle rechtlichen Restriktionen zu beseitigen, die die Verwendung der neuen gemeinsamen Währung behindern. Dieser Auffassung zufolge wäre es somit nicht notwendig, die Wechselkurse zu fixieren und die nationalen Politiken zu koordinieren.

Die ökonomische Logik hinter dieser Vorstellung liegt auf der Hand: Im allgemeinen führt Wettbewerb zur besten Marktstruktur; er sollte deshalb auch zum Zuge kommen, wenn es um die Wahl des Geldes geht. Auf die Spitze getrieben, bedeutet dies, daß die private Bereitstellung von Geld erlaubt sein sollte. Die Wirtschaftssubjekte würden dann das beste Geld auswählen – voraussichtlich jenes, das den größten Vorteil aufweist, weil es im höchsten Maße die Kaufkraft sichert. Dies ist der Grundgedanke des Ansatzes konkurrierender Währungen, der damit eine allgemeinere Variante des Parallelwährungsansatzes darstellt[5].

[4] Bezüglich einer Bewertung der Kosten und Nutzen der Europäischen Währungsunion vgl. *Kommission der Europäischen Gemeinschaften*: Ein Markt, eine Währung. Potentielle Nutzen und Kosten der Errichtung einer Wirtschafts- und Währungsunion – eine Bewertung, in: Europäische Wirtschaft, Nr. 44, Oktober 1990.

[5] Vgl. Friedrich A. von *Hayek*: Entnationalisierung des Geldes. Eine Analyse der Theorie und Praxis konkurrierender Umlaufsmittel, Tübingen 1977; ders.: The future unit of value, in: Currency Competition and Monetary Union, hrsg. von Pascal Salin, Den Haag 1984, S. 29–42; ferner *Vaubel*: Strategies for Currency Unification, a. a. O.

Diesem Ansatz zufolge wären von seiten der Politik Maßnahmen über die Stufe 1 hinaus nur noch zu ergreifen, um alle Restriktionen hinsichtlich der Verwendung gemeinschaftlicher Währungen zu beseitigen und die noch verbliebenen Barrieren zwischen den Währungen aufzuheben, indem z.B. preisgünstigere europäische Clearingsysteme gefördert und wettbewerbsfeindliche Praktiken der Banken bei der Gebührenbelastung von Devisentransaktionen abgestellt werden.

Die Logik dieses Ansatzes ist unbestreitbar, doch er impliziert, daß die Währungsverfassungen beinahe aller Länder einen grundlegenden Fehler enthalten, denn diese geben den Regierungen heute ein Monopol bezüglich der Geldschöpfung. Die Befürworter dieses Ansatzes könnten dem entgegenhalten, daß der Grund für diese Diskrepanz zwischen theoretischem Optimum und Realität politischer Natur sei in dem Sinne, daß die Regierungen bestrebt sind, die Quelle möglicherweise großer Seigniorage-Gewinne unter ihrer Kontrolle zu halten.

Jedoch ist es auch rein ökonomisch betrachtet nicht unbedingt so, daß freier Wettbewerb zwischen Währungen die beste Währungsordnung schafft, denn bei der Wahl des Geldes kommen externe Skalenerträge zum Tragen. Die Nutzen einer gemeinsamen Währung sind indirekter Ausdruck dieser Skalenerträge, und die Größenordnung der möglichen Nutzen, wie sie von der EG-Kommission geschätzt worden ist, läßt vermuten, daß diese recht beachtlich sein können. Freier Wettbewerb ist im allgemeinen dann nicht die optimale Marktstruktur, wenn es externe Skalenerträge gibt[6]. Aus diesem Grunde kann auch aus streng ökonomischer Sicht dafür argumentiert werden, den Regierungen das Geldschöpfungsmonopol einzuräumen und über institutionelle Schritte zu einer Währungsunion zu gelangen.

Die Skalenerträge, die bei der Verwendung von Geld auftreten, können anhand einer Analogie verdeutlicht werden: So wie ein Telefon nur nützlich ist, wenn es andere Telefonteilnehmer gibt, die man damit erreichen kann, so kann Geld nur dann für Transaktionen verwendet werden, wenn andere Wirtschaftssubjekte es zu akzeptieren bereit sind. Dies wird von den Verfechtern des Ansatzes konkurrierender Währungen auch nicht bestritten[7].

[6] Es ist ausschlaggebend, daß die "economies of scale" extern anfallen. Wenn sie von jedem, der Privatgeld zur Verfügung stellt, internalisiert werden könnten, würde das Konzept des Währungswettbewerbes in sich zusammenbrechen, da ein Anbieter von Geld die anderen verdrängen und so letztlich ohne Konkurrenz bleiben würde.

[7] Vgl. z.B. Roland *Vaubel*: The Government's Money Monopoly: Externalities or Natural Monopoly?, in: Kyklos, Vol. 37 (1984), S. 27–58. Aus dem Blickwinkel der Wohlfahrtstheorie ist die entscheidende Fragestellung freilich, ob die unbestreitbaren externen Effekte pareto-relevant sind, d.h., ob sie dazu führen, daß private und soziale Kosten auseinanderfallen. Nach *Vaubel* ist dies bei dem von ihm benutzten spezifischen analytischen Rahmen nicht der Fall.

Im realen Wirtschaftsgeschehen manifestieren sich diese Skalenerträge in Form von Transaktionskosten – hauptsächlich den Spannen zwischen An- und Verkaufskursen – auf dem Devisenmarkt, mit denen das Marktvolumen zurückgeht. Dies führt, wie *Krugman* gezeigt hat, zum Entstehen von „Vehikelwährungen“[8]. In anderer Form finden sich Skalenerträge in den üblichen Geldnachfragefunktionen à la *Baumol-Tobin. Swoboda* hat diesen Standardansatz verallgemeinert und auf den Fall mehrerer Währungen angewendet, um die Dominanz des US-Dollars an den Euromärkten zu erklären[9].

Die gegenwärtig niedrigen und sich einander annähernden Inflationsraten könnten aber auch als Ergebnis eines Systems, des EWS nämlich, gesehen werden, das – im Gegensatz zum Wettbewerb zwischen Währungen – zu Wettbewerb zwischen stabilitätsorientierten nationalen Geldpolitiken geführt hat. Diesem Argument zufolge[10] wäre es gefährlich, eine neue Gemeinschaftsinstitution zur Koordinierung der nationalen Geldpolitiken zu schaffen, denn das würde diesen Wettbewerb vermindern. Eine solche Gemeinschaftsinstitution könnte die Ausrichtung der Geldpolitik an der durchschnittlichen Inflationsentwicklung (statt an der niedrigsten Inflationsrate) fördern. Fortschritte bezüglich der Preisstabilität könnten daher ausbleiben oder sich gar in ihr Gegenteil verkehren, wenn Wettbewerb zwischen Währungen – genauer: zwischen nationalen Geldpolitiken – abgeschafft oder reduziert würde. Dies ist der Hauptgrund dafür, daß es besser wäre, so die Position Großbritanniens, von den institutionellen Schritten hin zu einer gemeinsamen Währungseinrichtung, wie sie in Stufe 2 des *Delors*-Berichts vorgesehen sind, Abstand zu nehmen.

Die Argumentation, daß nur Wettbewerb zwischen Währungen oder Wettbewerb zwischen nationalen Geldpolitiken Preisstabilität sichert, übertreibt freilich den Einfluß des Währungswettbewerbs und übersieht die Schwierigkeiten hinsichtlich der Festlegung eines stabilen Ankers für Preise und Erwartungen, wie sie unter den Bedingungen der Stufe 1 auftreten würden. Die Märkte wählen nicht immer die Währung mit der stabilsten Kaufkraft. So hat z. B. der US-Dollar nicht seine dominierende Rolle als internationale Währung verloren, obwohl er über die letzten 20 Jahre hinweg mehr an Kaufkraft eingebüßt hat als die D-Mark (und in jüngerer Zeit auch mehr als der Yen). Der Grund hierfür ist wiederum in den "economies of scale" bei

[8] Vgl. Paul *Krugman*: Vehicle Currencies and the Structure of International Exchange, in: Journal of Money, Credit and Banking, Vol. XII (1980), S. 513–526.

[9] Vgl. Alexander K. *Swoboda*: The Euro-Dollar Market: An Interpretation (Essays in International Finance, Princeton University, Nr. 64), Princeton, New Jersey, Februar 1968.

[10] Vgl. *H. M. Treasury*: Ein evolutionsorientierter Ansatz im Hinblick auf die Wirtschafts- und Währungsunion, London, November 1989.

der Verwendung von Geld zu sehen. Kaufkraftstabilität ist nur eine der Determinanten für den „Erfolg" einer Währung.

Alles in allem gibt es aus normativer Sicht also gewichtige Argumente dafür, daß Währungswettbewerb keine tragfähige Alternative zu den institutionellen Schritten darstellt, wie sie im *Delors*-Bericht dargelegt sind.

III. Der positive Aspekt: Die Aussichten für Währungswettbewerb in den 90er Jahren

Der Ansatz konkurrierender Währungen betont die Vorteile einer Marktlösung als Entscheidungsmechanismus. Von anderer Seite wird hingegen von vornherein angenommen, daß eine gemeinsame Währung wünschenswert ist, und einfach unterstellt, daß die ECU (bei entsprechender offizieller Unterstützung) die nationalen Währungen im Wettbewerb verdrängen und schließlich zur gemeinsamen – und alleinigen – Währung in der Währungsunion würde.

Diesem sog. Parallelwährungsansatz zufolge (der sich üblicherweise auf die private ECU konzentriert[11]) könnte das Ziel der Währungsunion mit geringer öffentlicher Unterstützung erreicht werden, wenn die Märkte sukzessive eine Parallelwährung, die ECU, verwendeten, die nach und nach die nationalen Währungen verdrängen würde, bis sie de facto zur gemeinsamen Währung geworden wäre. Auch bei diesem Ansatz käme es nicht zu einer Fixierung der Wechselkurse. Durch die zunehmende Verwendung der Parallelwährung würde statt dessen eine gemeinsame Währung geschaffen, ohne daß der schwierige Konvergenzprozeß hinsichtlich der nationalen Politiken ablaufen müßte.

[11] Die folgende Diskussion des Parallelwährungsansatzes konzentriert sich auf die (private) ECU in ihrer gegenwärtigen Ausgestaltung als Währungskorb. Zwar gibt es zahlreiche Vorschläge aus dem akademischen Bereich bezüglich einer anderen, „inflationsgeschützten" ECU (beginnend mit dem "All Saints Day Manifesto" aus dem Jahre 1975), doch scheinen diese gegenwärtig angesichts niedriger und sich annähernder Inflationsraten weniger relevant (der Vorschlag Großbritanniens betreffend eine „harte ECU" wird in diesem Band von *Baer* und *Bishop* behandelt [S. 49–69 bzw. S. 193–219]; vgl. ferner Peter *Bofinger*: The Political Economy of the Hard-ECU Proposal, Paper für den Workshop von CEPR und Banco de España zu "Financial and Monetary Integration in Europe", Madrid, 15. Dezember 1990. Eine solche abstrakte Parallelwährung, selbst wenn durch eine Art Kaufkraftgarantie „inflationsgeschützt", würde nicht von der die ECU stützenden Diversifikation profitieren und könnte deshalb wohl nicht erfolgreich sein, wenn die Inflationsraten bei etwa 2 bis 4% liegen. Die einzig verbleibende realistische Option für einen Parallelwährungsansatz besteht deshalb in der ECU in ihrer gegenwärtigen Definition.

Der entscheidende Punkt bei diesem Ansatz ist offensichtlich, ob die ECU tatsächlich den Wettbewerb gegen nationale Währungen, d. h. in der Praxis gegen die D-Mark, gewinnen kann. Im folgenden sollen deshalb die Aussichten für Währungswettbewerb unter den Bedingungen analysiert werden, wie sie für die Gemeinschaft in den 90er Jahren erwartet werden können. Die Ergebnisse dieser Analyse werden sodann verwendet, um die drei Hauptfragen zu erörtern, die in den meisten politikbezogenen Diskussionen über den Parallelwährungsansatz angesprochen werden:

1. Wird von den privaten Wirtschaftssubjekten eher eine nationale Währung wie die D-Mark oder eine supranationale Währung wie die ECU als Parallelwährung akzeptiert?
2. Ist die Herausbildung einer Parallelwährung als unerwünscht anzusehen, weil sie Probleme bezüglich der monetären Kontrolle mit sich bringt? Oder ist sie erwünscht, weil sie die Einführung einer gemeinsamen Währung erleichtert?
3. Was könnte getan werden, damit die ECU diesen Wettbewerb gewinnt[12]?

Will man sich ein Bild über die mögliche Rolle des Währungswettbewerbs bei der Schaffung einer Währungsunion der Europäischen Gemeinschaft machen, so ist es offensichtlich notwendig, das für die nächste Zeit zu erwartende wirtschaftliche Umfeld einzubeziehen. In diesem Beitrag werden deshalb die Aussichten für eine Währungssubstitution unter den Rahmenbedingungen analysiert, wie sie für etwa 1992 erwartet werden können; d. h., es gibt noch eine gewisse Variabilität der Wechselkurse, keine Kapitalverkehrskontrollen, und die nationalen Finanzmärkte und Zahlungsverkehrssysteme befinden sich bereits im Prozeß der völligen Integration, weisen aber nach wie vor einige nationale Charakteristiken auf. Was die Wechselkursschwankungen und die Offenheit der Kapitalmärkte angeht, so würden diese Rahmenbedingungen ähnlich denen sein, wie sie heute zwischen Deutschland und den Niederlanden herrschen.

Der Ausdruck Parallelwährung wird im folgenden benutzt zur Kennzeichnung einer Währung, die in den meisten Ländern der Gemeinschaft zumindest bis zu einem gewissen Grade die traditionellen Geldfunktionen neben der jeweils nationalen Währung wahrnimmt[13]. Aus dieser Definition folgt nicht unbedingt, daß die Parallelwährung in Form von Noten oder Münzen bei den täglichen Einzelhandelstransaktionen benutzt wird.

In Abschnitt A dieses Teils werden in einiger Ausführlichkeit die Faktoren

[12] Diese Frage macht nur Sinn, sofern man akzeptiert, daß die ECU die alleinige Gemeinschaftswährung werden soll und daß es deshalb anzustreben ist, daß die ECU nicht von nationalen Währungen verdrängt wird.

[13] Solange die Wechselkurse nicht ein für allemal fixiert sind, handelt es sich dabei um eine echte „Parallelwährung“, nicht um eine „Doppelwährung“.

analysiert, die das Ergebnis der Währungssubstitution bestimmen, d. h. die Faktoren, die zur Herausbildung einer Parallelwährung führen können. Im anschließenden Abschnitt B wird sodann kurz darauf eingegangen, was dies für die Chancen der D-Mark oder der ECU (in ihrer gegenwärtigen Definition als Korbwährung), Parallelwährung zu werden, bedeutet. In Abschnitt C werden sodann die Implikationen der Währungssubstitution bezüglich der Kontrolle des Geldangebots behandelt.

A. Faktoren, die die Währungssubstitution bestimmen

Geld hat drei Funktionen: Es ist ein Wertaufbewahrungsmittel, es ist ein Tauschmittel, und es ist eine Recheneinheit. Für diese drei Funktionen sind jeweils unterschiedliche Eigenschaften maßgeblich: Für die Wertaufbewahrungsfunktion ist es die Bewahrung der Kaufkraft, für die Tauschmittelfunktion sind es niedrige Kosten sowie weite Akzeptanz, und für die Funktion als Recheneinheit ist es die Nützlichkeit. Von daher scheint es angebracht, die folgenden Ausführungen bezüglich der Faktoren, die den Erfolg einer Parallelwährung bestimmen, anhand dieser drei Geldfunktionen zu strukturieren.

1. Wertaufbewahrungsmittel

Wechselkursschwankungen sind der wichtigste Grund dafür, daß eine Parallelwährung als Wertaufbewahrungsmittel bzw. finanzielle Anlage von Nutzen ist. Bei einem hohen Grad an Wechselkursvariabilität liegt ein Vorteil finanzieller Instrumente, die in einer Korbwährung denominiert sind, darin, daß sie Schuldnern und Investoren, die das Wechselkursrisiko reduzieren möchten, Einsparungen der Transaktionskosten ermöglicht – Transaktionskosten, die entstünden, wenn man für jede einzelne Transaktion einen neuen Korb konstruieren und finanzielle Positionen in jeder der Korbkomponenten eingehen müßte. Eine Verminderung der Wechselkursschwankungen zwischen den Währungen, die den Korb bilden, reduziert – ceteris paribus – den Nutzen der Korbwährung als Instrument zur Risikoversifikation[14]. Einer supranationalen Währung, die in absoluten Größen definiert wäre (d. h. eine Währung, deren Wechselkurs, ausgedrückt in nationaler Währung, schwanken könnte, selbst wenn die nationalen Währungen auf Dauer aneinander gekoppelt sind), würde nicht von diesem Diversifika-

[14] Ceteris paribus heißt in diesem Zusammenhang: sofern nicht gleichzeitig die Kosten von Transaktionen in der Korbwährung stärker zurückgehen als die Kosten von Transaktionen in den den Korb bildenden Währungen.

tionsmotiv profitieren und wäre nur als ein finanzielles Instrument unter anderen anzusehen. Ebenso könnte keine nationale Währung das dominierende Instrument zur Absicherung von Wechselkursschwankungen werden, da die angestrebte Risikodiversifikation die Wirtschaftssubjekte viele verschiedene Währungen zu diesem Zweck verwenden läßt.

Die verbleibenden voraussagbaren oder erwarteten Veränderungen der Wechselkurse (im Gegensatz zu unerwarteten Ausschlägen, die weiter unten unter dem Stichwort „Wechselkursvariabilität" behandelt werden) sollten nur von geringerer Bedeutung sein angesichts der moderaten Inflationsraten, wie sie für die 90er Jahre erwartet werden können. Das obige Argument würde deshalb hauptsächlich auf die stärkste Währung in der Gemeinschaft, d. h. die D-Mark, zutreffen oder eine in absoluten Größen definierte supranationale Währung, die sich möglicherweise gegen alle Währungen der EG-Länder aufwerten würde[15]. Jedoch hätte in dieser Hinsicht selbst eine „harte ECU" nur einen geringen Vorteil gegenüber der D-Mark, wie schon *Bofinger* hervorgehoben hat[16].

Überdies würden sich bei funktionierenden internationalen Kapitalmärkten erwartete Veränderungen des Wechselkurses in der Verzinsung finanzieller Aktiva widerspiegeln. Erwartete Wechselkursänderungen würden sich deshalb hauptsächlich in der Nachfrage nach unverzinslichen Instrumenten – wie Bargeld, Reiseschecks und Sichteinlagen (falls die Verzinsung dieser Einlagen aufgrund entsprechender Vorschriften niedriggehalten wird) – niederschlagen. Eine Parallelwährung wäre also als Wertaufbewahrungsmittel in Form dieser Instrumente nur dann attraktiv, wenn die zunehmenden Transaktionskosten infolge des häufigen Tausches zwischen nationaler und Parallelwährung, wie dies erforderlich ist, wenn beide nebeneinander umlaufen, nicht den Gewinn in Form höherer Kaufkraftstabilität kompensieren.

Die Kosten des Umtausches von Währungen können anhand der Differenz von An- und Verkaufskursen gemessen werden. Nimmt man die wichtigsten Währungen in der EG, so beläuft sich diese Differenz zur Zeit auf ungefähr 3 bis 5% bei Bargeldtransaktionen. Da die Umlaufsgeschwindigkeit des Bargeldes in den meisten EG-Ländern über 10 beträgt, folgt daraus, daß in bezug auf den Einzelhandel, wo der größte Teil des Bargeldes verwendet wird, eine Parallelwährung nur dann in der Lage wäre, die nationalen Währungen zu verdrängen, wenn die erwartete Wechselkursänderung auf ein Jahr gesehen über 30% oder etwa 3% pro Monat ausmacht. Wechselkursänderungserwartungen dieser Größenordnung können jedoch für die 90er Jahre ausgeschlossen werden.

[15] Die von der britischen Regierung vorgeschlagene harte ECU ist das wichtigste Beispiel für eine solche Währung. Vgl. dazu auch *Baer*: a. a. O, und *Bishop*: a. a. O.

[16] Vgl. *Bofinger*: a. a. O.

Bei nichtverzinslichen Guthaben für Transaktionszwecke, wie Sichteinlagen bei den Geschäftsbanken, sind die "bid/ask spreads" und anderen Kosten im allgemeinen sehr viel niedriger; sie belaufen sich, je nach Größe der Transaktion, bisweilen nur auf 0,1%. Solche Einlagen würden deshalb möglicherweise eher in Parallelwährung umgewandelt. Bei Unternehmen, die groß genug sind, um eine eigene Treasury-Abteilung zu haben, die zu niedrigen Kosten von einer Währung zu einer anderen wechseln kann, mögen deshalb kleine Zinsdifferenzen oder geringfügige Wechselkurserwartungen ausreichen, um zu größeren Umschichtungen bei den Transaktionskonten zu führen. Gemessen an den gesamten Transaktionskonten, sind die nichtverzinslichen Einlagen für Transaktionszwecke, die vom Unternehmenssektor gehalten werden, jedoch relativ klein, denn in der Regel können Unternehmen ihre Guthaben in verzinslicher Form halten (z.B. in Form von "over-night deposits")[17]. Erwartete Wechselkursveränderungen würden deshalb für diese Unternehmen nur einen geringen Anreiz bilden, ihre Transaktionskonten auf andere Währungen umzustellen.

2. *Tauschmittel*

Für internationale kommerzielle Transaktionen würde eine Parallelwährung nur dann verwendet, wenn sie eine bequeme „Vehikelwährung" darstellt, d.h., wenn es billiger ist, auf dem Markt für die Parallelwährung zwei Geschäfte zu tätigen (nämlich den Tausch von nationaler Währung in Parallelwährung und den von Parallelwährung in eine andere nationale Währung) als eine Transaktion am Markt für nationale Währungen. Dies trifft auch für Transaktionen von Wirtschaftssubjekten außerhalb der EG zu.

Für rein nationale Transaktionen im Einzelhandel oder unter Unternehmen dürfte es im allgemeinen keinen Grund geben, die mit der Verwendung der Parallelwährung verbundenen zusätzlichen Kosten auf sich zu nehmen. Hinsichtlich internationaler Transaktionen bildet sich freilich eine Vehikelwährung heraus, weil der Devisenmarkt sich auf einige wenige wichtige Währungen konzentriert und hier nicht alle Währungen bilateral gegeneinander gehandelt werden. Die sogenannten "cross rates" zu den anderen Währungen werden in den meisten Fällen von der Notierung einer Währung gegenüber den wichtigen Währungen abgeleitet. Daraus folgt, daß der "bid/ask spread" für eine "cross rate" genau der doppelten Differenz zwischen

[17] In der Bundesrepublik Deutschland z.B. liegt ungefähr ein Viertel der gesamten Geldmenge M1 beim Unternehmenssektor; vgl. Daniel *Gros*, Niels *Thygesen*: European Monetary Integration: From the EMS towards EMU, London 1991, Kapitel 5, für weitere Einzelheiten.

An- und Verkaufskurs (bezüglich einer der wichtigen Währungen oder der Vehikelwährung) entspricht. Bei internationalen kommerziellen Transaktionen böte eine Parallelwährung deshalb nur dann einen Vorteil, wenn es sich bei ihr um eine der Vehikelwährungen handeln würde. Der Grund hierfür liegt in den im ersten Teil dieses Beitrages angesprochenen Skalenerträgen. Diese kommen in der Höhe der Differenz zwischen An- und Verkaufskursen zum Audruck, die um so niedriger ist, je größer der jeweilige Markt ist[18].

Oft wird angenommen, daß die Zweckmäßigkeit einer Währung für Transaktionszwecke von ihrer Anerkennung als gesetzliches Zahlungsmittel ("legal tender") abhängt[19]. Juristisch ist ein gesetzliches Zahlungsmittel dadurch definiert, daß ein Gläubiger die Zahlung in ihm verlangen kann und ein Schuldner seine Schuld nur mit ihm begleichen kann[20]. In praktischer Hinsicht gibt es freilich mehr als einen Weg, auf dem die ECU oder eine andere Parallelwährung zu einem gesetzlichen Zahlungsmittel werden könnte, das mit dieser Definition durchaus in Einklang stünde. Inwieweit es einen Einfluß auf die Nachfrage nach der potentiellen Parallelwährung gibt, hängt deshalb davon ab, wie die Regelungen für die Verwendung der potentiellen Parallelwährung als gesetzliches Zahlungsmittel im Detail vorgenommen werden.

Eine Möglichkeit bestünde darin, daß die Parallelwährung bei all solchen Verträgen als gesetzliches Zahlungsmittel anerkannt würde, in denen die Zahlungsverpflichtung in ihr denominiert ist. Die potentielle Parallelwährung wäre so der heimischen Währung gleichgestellt, ihr käme eine Art „Meistbegünstigungsklausel“ zugute. Bei der gegenwärtigen Praxis, wonach bei internationalen Transaktionen einklagbare Kontrakte in allen Währungen abgeschlossen werden können, heißt dies lediglich, daß infolge der Anerkennung als gesetzliches Zahlungsmittel die Parallelwährung auch für reine Inlandstransaktionen verwendet werden könnte[21]. Da die Verwen-

[18] Vgl. Chris *Boyd*, Gert *Gielens*, Daniel *Gros*: Bid/ask spreads in the foreign exchange markets, Mimeo, Brüssel, Januar 1990. Dieser Aspekt hängt zusammen mit der Wertaufbewahrungsfunktion, da die ECU nur dann einen Vorteil als finanzielles Instrument hat, wenn die Spannen zwischen An- und Verkaufskursen (und ähnliche Transaktionskosten) für die Parallelwährung niedriger sind als für die nationalen Währungen (und den Nachteil des nicht optimalen Korbes kompensieren).

[19] Zur Zeit ist in allen EG-Ländern lediglich die jeweilige nationale Währung gesetzliches Zahlungsmittel (mit Ausnahme Luxemburgs, wo auch der belgische Franc als solches anerkannt wird).

[20] Vgl. D. M. *Walker*: Oxford Companion to Law, Oxford 1980, S. 755.

[21] Schon heute ist es möglich, Guthaben in einer Währung zu verwenden, um vertragliche Verpflichtungen in anderer Währung zu begleichen, indem man diese beiden nationalen Währungen einfach auf dem Markt gegeneinander tauscht. Der einzige

dung der Parallelwährung bei solchen Binnentransaktionen keine Vorteile mit sich brächte, hätte ein derart eingeschränkter Legal-Tender-Status nur geringe Auswirkungen auf die Verwendung der Parallelwährung; freilich mag es hier so etwas wie einen „Ankündigungseffekt" geben.

Wirkungsvoller wäre deshalb die Anerkennung der Parallelwährung als „bevorzugtes" gesetzliches Zahlungsmittel. Bei dieser Regelung kann ein Schuldner seine Verpflichtungen, die er in nationaler (EG-)Währung eingegangen ist, in Parallelwährung (vermutlich ECU) begleichen, aber nicht umgekehrt[22]. Solange aber die Wechselkurse nicht unwiderruflich fixiert sind, würde ein solcher Status als bevorzugtes Zahlungsmittel ein erhebliches Element der Unsicherheit in alle auf der Basis nationaler Währungen abgeschlossenen Verträge bringen, denn es müßte eine Regelung gefunden werden, wie bei Transaktionen mit gesetzlichem Zahlungsmittel der Wechselkurs festzusetzen ist.

Damit die Anerkennung als bevorzugtes gesetzliches Zahlungsmittel tatsächlich wirksam wird, wäre es erforderlich, daß von offizieller Seite täglich (wöchentlich, stündlich?) ein Wechselkurs veröffentlicht wird, damit festgelegt wäre, wie viele Einheiten der Parallelwährung einer Einheit der nationalen Währung als gesetzliches Zahlungsmittel entsprechen. Falls dieser Kurs einen ganzen Kalendertag lang gelten sollte, bildete dies für größere Marktteilnehmer einen Anreiz, Wechselkursschwankungen während des Tagesverlaufs auszunutzen, indem sie in der Währung zahlen, die auf dem Markt gerade billiger gehandelt wird, als dies dem offiziellen Satz für die Verwendung als gesetzliches Zahlungsmittel entspräche. Würde der offizielle Umtauschsatz in Abhängigkeit irgendeines Marktkurses festgelegt, so würde der Anreiz, die Parallelwährung oder die nationale Währung zu verwenden, von Tag zu Tag und von Währung zu Währung schwanken. Falls andererseits der offizielle Wechselkurs ohne Bezug auf einen Marktkurs festgelegt würde, träte das *Greshamsche* Gesetz in Kraft, und es würde nur die Währung verwendet, die auf dem Markt zu einem niedrigeren Kurs gehandelt wird.

Bei genügender Elastizität bezüglich der Arbitrage, wie sie von den Diffe-

Unterschied, den die Anerkennung einer (voraussichtlich übernationalen) Parallelwährung als gesetzliches Zahlungsmittel machen würde, liegt darin, daß es dann keine Transaktionskosten für denjenigen gäbe, der diese Zahlung durchführt.

[22] Ein historisches Beispiel für eine solche Bevorzugung als gesetzliches Zahlungsmittel ist die Vereinsmünze, die mit dem Wiener Münzvertrag im Jahre 1857 geschaffen wurde; vgl. Carl-Ludwig *Holtfrerich*: The monetary unification process in 19th-century Germany: relevance and lessons for Europe today, in: A European Central Bank? Perspectives on monetary unification after ten years of the EMS, hrsg. von Marcello de Cecco und Alberto Ciovanini, New York u. a. 1989, S. 216–241.

renzen zwischen offiziellem Umtauschsatz und am Markt notiertem Kurs ausgelöst wird, wären Unterschiede zwischen diesen beiden Sätzen nicht mehr länger möglich. Das aber würde implizieren, daß an bestimmten Tagen der Markt nicht mehr in Anspruch genommen würde und deshalb die Festlegung des Umtauschsatzes für die Verwendung als gesetzliches Zahlungsmittel nicht mehr länger anhand eines Marktkurses vorgenommen werden könnte, was letztlich auf die völlige Fixierung der Wechselkurse hinausliefe.

Der Aspekt „gesetzliches Zahlungsmittel" führt deshalb in die Irre. Ohne Bevorzugung als gesetzliches Zahlungsmittel gäbe es nur geringe Auswirkungen, und die Bevorzugung würde zu erheblichen praktischen Schwierigkeiten führen[23].

In ähnlicher Weise ist die Existenz von (offiziellen) Banknoten und Münzen größtenteils ein Scheinproblem. Banknoten und Münzen sind zur Zeit die einzigen finanziellen Instrumente, die nicht in ECU zur Verfügung stehen. Da – wie oben dargelegt – nicht damit zu rechnen ist, daß eine Parallelwährung in größerem Umfange bei Einzelhandelstransaktionen benutzt würde, gäbe es auch nur wenig Nachfrage nach solchen Noten und Münzen. Es machte deshalb keinen Sinn, sie zu drucken bzw. zu prägen, denn sie würden von den Wirtschaftssubjekten nicht nachgefragt und könnten deshalb nicht in Umlauf gebracht werden.

3. *Recheneinheit*

Für große Unternehmen mit räumlich weitgestreuten Verkäufen und Produktionsstätten könnte eine supranationale Währung wie die ECU eine nützliche Recheneinheit werden, falls diese Unternehmen ihre Steuern auf der Basis von in ECU abgefaßten Bilanzen zu entrichten hätten oder falls sie davon ausgehen würden, daß die auf der Basis dieser Währung konsolidierten Bilanzen von den Märkten für die Einschätzung des Firmenwertes herangezogen würden. Letzteres mag freilich erst dann der Fall sein, wenn

[23] Eine andere Möglichkeit bestünde darin, die Parallelwährung nicht allgemein zum (bevorzugten) gesetzlichen Zahlungsmittel zu machen, sondern nur in bezug auf Zahlungsverpflichtungen gegenüber offiziellen Stellen (wie nationalen Regierungen und Gemeinschaftsorganen). Dies würde Guthaben in Parallelwährung attraktiver machen für Unternehmen, die häufig Steuerzahlungen zu leisten haben. Für Wirtschaftssubjekte, die nur einmal im Jahr Steuern zahlen, wäre dies weniger wichtig. Da jedoch die Kosten für große Transaktionen, wie sie typischerweise von Unternehmen durchgeführt werden, ohnehin wesentlich niedriger sind, könnte es nur von begrenzter Bedeutung seien, daß öffentliche Stellen auch Zahlungen in Parallelwährung akzeptieren. Überdies würde sich das *Greshamsche* Gesetz am stärksten bei großen Unternehmen auswirken.

Unternehmen nicht mehr länger eindeutig einem bestimmten Land zugeordnet werden, wie dies heute noch geschieht.

Im allgemeinen Kundenverkehr könnte es für große Unternehmen zweckmäßig sein, einen „europäischen Preis“ (ohne Berücksichtigung lokaler Steuern) in Parallelwährung festzusetzen. Die Verwendung der Parallelwährung in dieser Form hängt deshalb davon ab, inwieweit die Gemeinschaft als ein Markt angesehen werden kann. Das Binnenmarktprogramm 1992 sollte, so gesehen, das Interesse an einer supranationalen Parallelwährung als Recheneinheit in einem gemeinsamen europäischen Markt stärken.

Da die verschiedenen Faktoren, die die Attraktivität einer Parallelwährung für den privaten Sektor bestimmen, nicht in jedem Land und nicht in jedem Markt in gleicher Weise wirksam sind, ist nicht davon auszugehen, daß eine Parallelwährung sich symmetrisch in allen Ländern und Märkten der Gemeinschaft ausbreiten würde. Da erwartete Wechselkursveränderungen nur eine mindere Rolle spielen sollten, sind die Hauptbestimmungsfaktoren für die geographische Ausbreitung einer Parallelwährung nicht in den höheren Inflationsraten zu sehen (solange sie relativ moderat bleiben), sondern vielmehr in der Existenz gut entwickelter Finanzmärkte und Zahlungsverkehrssysteme sowie dem Grad der Offenheit der nationalen oder regionalen Wirtschaften.

B. Die ECU oder die D-Mark?

Im vorangegangenen Abschnitt wurden die Einflußfaktoren behandelt, die den Erfolg einer Parallelwährung bestimmen, so daß dieser Abschnitt kurzgefaßt werden kann. Es sei nur aufgezeigt, welche Faktoren die ECU (in ihrer gegenwärtigen Korbdefinition) oder die D-Mark begünstigen würden.

Was die Verwendung der Parallelwährung als Wertaufbewahrungsmittel betrifft, so wäre die ECU das geeignete Instrument für solche internationalen Anleger oder Kreditnehmer, die sich gegen Schwankungen zwischen den den Korb bildenden Währungen absichern möchten. Andererseits hat die D-Mark den Vorteil, daß sie sich möglicherweise weiterhin gegenüber der ECU aufwertet. Wie oben aber bereits dargelegt, sollten erwartete Wechselkursänderungen bei nichtverzinslichen finanziellen Instrumenten (wie Bargeld, Reiseschecks und Sichteinlagen) nur eine nachgeordnete Rolle spielen, und bei verzinslichen Anlagen würden sie sich in den Zinsdifferenzen widerspiegeln. Aus dem gleichen Grunde kann die Tatsache, daß es Banknoten und Münzen in ECU nicht gibt, als relativ unwichtig erachtet werden.

Im Hinblick auf die Verwendung der Parallelwährung als Tauschmittel hat die D-Mark – als nationale Währung – den Vorteil, daß sie fest in einem Land verankert ist. Überdies ist das Transaktionsvolumen an den D-Mark-Kassa- und Terminmärkten größer als an den entsprechenden ECU-Märkten, so daß die D-Mark am Devisen-Kassamarkt bereits zur Vehikelwährung für die ECU geworden ist. Diese Skalenerträge geben der D-Mark einen zusätzlichen Vorteil. Da jedoch der Wahl einer Vehikelwährung eine gewisse Willkürlichkeit innewohnt, wäre die ECU eine im Prinzip ebenso denkbare Vehikelwährung wie die D-Mark, sobald sie einmal entsprechendes Gewicht gewonnen hätte.

Hinsichtlich der Verwendung der Parallelwährung als Recheneinheit wäre die ECU die geeignetere Währung für große europäische Unternehmen, wenn die in ECU erstellten Bilanzen für Steuer- und andere Zwecke anerkannt würden. Bei langfristigen Kontrakten sollte die größere Stabilität der D-Mark diese Währung begünstigen.

Alles in allem ist nicht eindeutig auszumachen, welcher der beiden „Wettbewerber" um die Rolle einer Parallelwährung die größeren Vorteile auf seiner Seite hat. Die hier zum Zuge kommenden Skalenerträge und die gewisse Willkürlichkeit in der Auswahl einer Vehikelwährung lassen es jedoch wahrscheinlich erscheinen, daß die Startposition großenteils das Endergebnis bestimmen könnte. Die Jahre um 1992 könnten deshalb entscheidend sein für die Wahl einer europäischen Parallelwährung, wenn sich denn eine solche überhaupt herausbildet. Da die relative Bedeutung der oben untersuchten Einflußfaktoren zwischen verschiedenen Ländern und ebenso zwischen verschiedenen Wirtschaftsbereichen variiert, ist es durchaus möglich, daß die D-Mark und die ECU in verschiedenen Regionen und Wirtschaftssektoren Verbreitung finden.

C. Kosten und Nutzen der Währungssubstitution

Bei der Einschätzung der Nutzen und Kosten der Herausbildung einer Parallelwährung im Zuge eines Prozesses der Währungssubstitution ist es wichtig, zu unterscheiden zwischen den Nutzen und Kosten, die daraus resultieren, daß die Herausbildung einer Parallelwährung ermöglicht wird, und den – zusätzlichen – Effekten der Existenz einer Parallelwährung. Zum Beispiel würde eine generelle Reduzierung der Devisentransaktionskosten für den Unternehmenssektor die Möglichkeiten vergrößern, Bilanzposten von einer in eine andere nationale Währung zu transferieren, was in manchen Fällen geldpolitisch destabilisierend wirken könnte. Diese Möglichkeit besteht freilich auch dann, wenn es keine Parallelwährung gibt, und kann deshalb nur insofern zu den Kosten einer Parallelwährung gezählt werden, als die damit verbundenen Gefahren durch die Verfügbarkeit einer Parallelwährung zunehmen. Dieses Potential an möglicher Währungssubstitution, das oft als größte Gefahr einer Parallelwährung betrachtet wird, sollte deshalb eher den Kosten des Binnenmarktprogramms 1992 und der damit verbundenen Integration der Finanz- und anderen Märkte zugerechnet werden. Falls die Integration der Finanzmärkte und ein gewisses Maß an Wechselkursstabilität in jedem Fall zur Währungssubstitution führen, stellt sich die Frage, ob sich dieses Problem eher in den Griff bekommen läßt, wenn die Währungssubstitution über eine supranationale Währung wie die ECU oder eine nationale Währung wie die D-Mark vonstatten geht.

Bevor diese Frage beantwortet werden kann, ist es notwendig zu untersuchen, wie die Währungssubstitution in der Praxis stattfinden könnte. Die Substitution einer Währung durch eine andere wird nur dann zu einem Problem, wenn sie die stabilen Beziehungen zwischen den monetären Aggregaten und makroökonomischen Größen (wie dem nominalen Bruttosozialprodukt), die der geldpolitischen Steuerung zugrunde liegen, beeinflußt oder wenn sie die gemessenen Geldmengengrößen direkt tangiert.

Die stabilen Beziehungen zwischen monetären Aggregaten und makroökonomischen Variabeln, auf denen die Steuerung der Geldmenge basiert, würden durch die Währungssubstitution nicht berührt, denn sie beruhen auf Faktoren wie die Struktur der Zahlungssysteme (für Transaktionszwecke, z.B. M1) oder die bei verschiedenen Wertpapieren und Bankeinlagen möglichen Zinserträge (was etwa die in M3 enthaltenen Spareinlagen betrifft). Die Möglichkeit, diese Einlagen auf eine „fremde Währung" umzustellen, berührt *per se* z.B. nicht das Verhältnis der Transaktions- oder Spareinlagen zum Nominaleinkommen, das der private Sektor aufrechterhalten möchte. Technische Veränderungen oder finanzielle Innovationen würden diese Beziehungen beeinflussen und haben dies bereits in der Vergangenheit getan. Aber das ist unabhängig davon zu sehen, ob Währungssubstitution ein zusätzliches Problem für die geldpolitische Steuerung aufwirft. Währungssubstitution würde deshalb hauptsächlich und nur in dem Maße ein Problem darstellen, als sie die monetären Aggregate beeinflußt.

Der Ausdruck Währungssubstitution trifft im strengen Sinn nur dann zu, wenn die Wirtschaftssubjekte ihre Geldanlagen zu einem gewissen Teil auf andere Währung umstellen. Was die Substitution von Bargeld betrifft, so läuft dies darauf hinaus, daß die Wirtschaftssubjekte verschiedene Banknoten benutzen, während es für Sicht- und Spareinlagen, die in M1 bzw. M3 enthalten sind, heißt, daß diese Konten in anderer Währung denominiert werden. Diese beiden Versionen von Währungssubstitution würden ganz unterschiedliche Auswirkungen auf die monetären Statistiken haben. Die Verwendung fremder Banknoten würde sich in der Position Bargeldumlauf zeigen, die in den meisten Ländern den Hauptteil der monetären Basis ausmacht[24]. Geht man davon aus, daß die Verwendung fremder Banknoten und Münzen – wegen der hohen Kosten und der Unbequemlichkeit, Bargeld zu tauschen – begrenzt bleiben wird, so sollte die Währungssubstitution in diesem eingeschränkten Sinn nur geringe Auswirkungen auf die Geldmengengrößen haben.

Von der Umstellung von Bankeinlagen auf eine andere Währung wären die monetären Statistiken nur in dem Maße betroffen, in dem Einlagen in fremder Währung nicht Bestandteil der heimischen Geldmengenaggregate sind. Dies scheint gewöhnlich der Fall zu sein. In Großbritannien z. B. ist die für Zwecke der Geldpolitik wichtigste Größe „Sterling M4", in der nur auf Pfund Sterling lautende Einlagen enthalten sind. Ein anderes Beispiel ist Italien, wo die auf Lira lautenden Schatzwechsel „BOT" in M3 enthalten sind, nicht aber die Schatzwechsel, die in ECU denominiert sind („BTE").

Währungssubstitution hätte gewiß einen Einfluß auf die monetären Aggregate, wenn die Umstellung von Bankeinlagen Hand in Hand ginge mit einer Verlagerung dieser Einlagen zu Plätzen außerhalb des heimischen Bankensystems. Diese Möglichkeit wird durch die Integration der europäischen Finanzmärkte im Zusammenhang mit dem Binnenmarktprogramm, das u.a. eine einheitliche „europäische Banklizenz" vorsieht, wesentlich verstärkt. Für private Haushalte wäre es freilich wegen der damit verbundenen Verzögerung bei der Übermittlung von Aufträgen, eventuellen Sprachschwierigkeiten usw. sehr unbequem, würden sie ein Konto bei einer Bank im Ausland unterhalten. Solange Auslandsbanken nicht einen sehr viel besseren Service bieten oder es zu Buche schlagende Steuervorteile gibt, kann wohl davon ausgegangen werden, daß die privaten Haushalte ihre Konten beim heimischen Bankensystem unterhalten.

Mit der einheitlichen europäischen Banklizenz würde es den Kreditinstituten ermöglicht, in allen Gemeinschaftsländern den gleichen Service anzubieten. Qualitätsunterschiede bei Bankdienstleistungen, die auf unterschiedlichen nationalen Bankensystemen beruhen, sollten deshalb kein Grund mehr sein, Bankeinlagen international zu transferieren. Die unterschiedliche steuerliche Behandlung der Erträge von Spar- und Termineinlagen (die gewöhnlich in M2 bzw. M3 enthalten sind) könnte allerdings Anlaß bieten, Konten zu transferieren. Wiederum aber wäre dies eine Konsequenz der Integration der Finanzmärkte und einer nicht hinreichenden Harmonisierung auf steuerlichem Gebiet, nicht aber der Währungssubstitution als solcher.

Für den Unternehmenssektor sind die Kosten von Devisenmarkttransaktionen sehr viel niedriger, und für die meisten großen europäischen Unter-

[24] Italien und Spanien sind die beiden einzigen EG-Länder, in denen die obligatorischen Reserven mehr als 50% der monetären Basis ausmachen.

nehmen kann nicht davon ausgegangen werden, daß deren Bankkonten eine Art natürliche „Heimat“ haben. Was den Teil der monetären Aggregate betrifft, der in den Händen des Unternehmenssektors liegt, wäre die Möglichkeit einer Währungssubstitution deshalb wesentlich größer[25]. In jedem Fall kann erwartet werden, daß der gesamte EG-Markt für den Unternehmenssektor zu einem „Euromarkt“ wird, in dem schon sehr kleine Differenzen bei der steuerlichen Behandlung oder den Wettbewerbsbedingungen zu größeren Verlagerungen von Einlagen führen könnten. Insofern, als diese Ströme auch die Grenzen der nationalen Bankensysteme überschreiten, würden sie zu Veränderungen in den statistisch ausgewiesenen nationalen Geldmengengrößen führen (Veränderungen, die sich in der EG insgesamt ausgleichen sollten).

Eine Destabilisierung der nationalen monetären Aggregate könnte dann eintreten, wenn es zu größeren Verlagerungen von Einlagen hin zu bestimmten nationalen Bankensystemen käme[26]. Wenngleich die Richtung solcher Verlagerungen im Prinzip unabhängig wäre von der Währung, in der diese Einlagen gehalten werden, so könnten die nationalen Bankensysteme wohl doch noch einen gewissen Wettbewerbsvorteil bewahren für Geschäfte, die in der heimischen Währung abgewickelt werden. Wenn z.B. die D-Mark zur wichtigsten Vehikelwährung des Binnenmarktes würde und Transaktionen in D-Mark wie auch das Clearing auf das deutsche Bankensystem konzentriert blieben, würden möglicherweise viele Unternehmen ihre Konten zu Banken in Deutschland – nicht notwendigerweise zu deutschen Banken – verlagern. Diese Verschiebungen könnten sich in den deutschen Geldmengenstatistiken niederschlagen und würden der Bundesbank die Entscheidung erschweren, welche Zuwachsrate für die Geldmengenzielgröße in Einklang steht mit stabilen Preisen in Deutschland.

Eine Vorstellung von der möglichen Größenordnung solcher Verlagerungen läßt sich gewinnen, wenn man bedenkt, daß das deutsche Geldan-

[25] *Gros* und *Thygesen* (European Monetary Integration, a.a.O., Kapitel 5) zeigen, daß in Italien und der Bundesrepublik Deutschland ungefähr ein Fünftel bis ein Drittel der gebräuchlichen Geldvolumensgrößen M1, M2 oder M3 vom Unternehmenssektor gehalten wird. Spielraum für eine Währungssubstitution in diesem weiteren Sinne bestünde also für einen zu Buche schlagenden Teil der wichtigen monetären Aggregate. Vgl. hierzu auch Daniel *Gros*: Paradigms for the Monetary Union of Europe, in: Journal of Common Market Studies, Vol. XXVII (1989), Nr. 3, S. 219–230.

[26] Solche Verlagerungen würden die Preisstabilität in Europa gefährden. Für eine modellmäßige Abhandlung der Effekte der Währungssubstitution auf das europäische Preisniveau vgl. Daniel *Gros*: The EMS and the Determination of the European Price Level (CEPS Working Document, Centre for European Policy Studies, Nr. 34 [Economic]), Brüssel, Februar 1988.

gebot – je nachdem, welche Abgrenzung man wählt – zwischen einem Viertel und einem Fünftel dessen in der Gemeinschaft insgesamt beträgt. Da auf den Unternehmenssektor ein ähnlicher Anteil der gesamten Aggregate[27] entfällt, folgt hieraus, daß eine Verlagerung in der Größenordnung von 1% der Einlagen von Unternehmen (wie sie z. B. von M1 erfaßt werden) aus den übrigen Gemeinschaftsländern zum deutschen Bankensystem zu einem Anstieg der deutschen Geldmenge M1 in Höhe von 1% führen würde (und einem Rückgang von 1/4% in der übrigen EG). Verlagerungen dieser Größenordnung können nicht ausgeschlossen werden, und sie würden die Interpretation der deutschen Geldmengenstatistik erheblich erschweren.

Da nicht zu erwarten ist, daß sich das ECU-Geschäft in gleichem Maße wie das D-Mark-Geschäft konzentrieren wird, käme es wohl nicht zu ähnlichen Problemen, wenn die ECU zur hauptsächlichen Vehikelwährung des Binnenmarktes würde und Unternehmen mehr und mehr Einlagen in ECU halten würden. So gesehen, würde die Substitution anderer Währungen durch die ECU weniger Probleme bezüglich der Durchführung der nationalen Geldpolitiken aufwerfen.

Man könnte argumentieren, daß mit dem Vordringen der ECU als Parallelwährung ein ganz anderes Problem entstehen würde, falls eine offizielle Institution ermächtigt wäre, in größerem Umfang ECU-Verpflichtungen „aus dem Nichts" einzugehen. Wenn eine solche offizielle Institution mehr ECU-Titel begeben würde, als der Markt zu halten bereit ist, könnten die Kreditinstitute diese zu sehr geringen Kosten „entbündeln", so daß diese ECU-Verbindlichkeiten in der Summe Verbindlichkeiten in den einzelnen nationalen Währungen, aus denen sich die ECU zusammensetzt, entsprächen. Bei fixierten Wechselkursen innerhalb des EWS zwänge eine solche „Entbündelung" die nationalen Zentralbanken, ECU gegen nationale Währungen einzutauschen, wodurch die stabilitätsorientierte Geldpolitik eines Hartwährungslandes erschwert würde. Wiederum aber besteht hier das eigentliche Problem nicht in der Währungssubstitution, sondern in der zu expansiven Politik der offiziellen Institution, die ECU schaffen kann.

In den Diskussionen um die Währungssubstitution geht es meist um die Auswirkungen auf die Geldmengengrößen. Eine Parallelwährung, die nationale Währungen – jedenfalls zum Teil – verdrängt, beeinflußt aber auch den Geldschöpfungsgewinn („seigniorage") – dann nämlich, wenn sie zu einer höheren Nachfrage nach der monetären Basis in Parallelwährung führt. Würde die D-Mark zur Parallelwährung, so beinhaltete dies einen Transfer von Seigniorage von den anderen EG-Ländern nach Deutschland.

Eine Vorstellung über die Größenordnung solcher möglichen Transfers läßt sich für beide Fälle relativ leicht gewinnen, wenn man nur die Bargeld-

[27] Vgl. ebd.

komponente der monetären Basis betrachtet. Läuft die Währungssubstitution in Richtung D-Mark, so bildet der Bargeldumlauf in der Gemeinschaft (ohne Deutschland) die Basis für den Transfer der Seigniorage. Insgesamt sind dies rd. 150 Mrd ECU. Eine Veränderung der Bargeldbestände der privaten Wirtschaftssubjekte in Höhe eines Prozentpunktes würde also zu einem Transfer von Seigniorage von ca. 1,5 Mrd ECU aus den übrigen EG-Ländern nach Deutschland führen.

Falls die ECU sich zur Parallelwährung entwickelte, gäbe es einen solchen Transfer nicht; da es der Institution, die ECU begibt (voraussichtlich die Europäische Zentralbank), nicht erlaubt wäre, ECU „aus dem Nichts" zu schaffen, müßte sie im Tausch für ECU nationale Währungen akzeptieren[28].

IV. Schlußbemerkungen

Die vorstehenden Ausführungen lassen erkennen, daß der Parallelwährungsansatz keine gangbare Alternative zu den institutionellen Schritten darstellt, wie sie im *Delors*-Bericht vorgeschlagen werden. Unter normativen Aspekten verdient der Parallelwährungsansatz nicht den Vorzug, weil der Währungswettbewerb wegen der Skalenerträge und externen Effekte, die mit der Verwendung von Geld einhergehen, nicht das optimale ordnungspolitische Konzept darstellt. Unter positiven Aspekten hat sich herausgestellt, daß unter den Rahmenbedingungen, wie sie für die frühen 90er Jahre erwartet werden können, die Währungssubstitution wahrscheinlich nicht zur Herausbildung einer Parallelwährung führen wird. Da überdies sowohl die D-Mark wie die ECU gewisse Vorteile als mögliche Parallelwährungen aufweisen, ist es keineswegs klar, welche von beiden sich schließlich am Markt durchsetzen würde. Die hier gegebenen "economies of scale" machen jedoch deutlich, daß, falls sich überhaupt eine Parallelwährung entwikkelt, es entscheidend auf die Startposition ankommen wird. Die Jahre um 1992 mögen deshalb in diesem Punkt ausschlaggebend sein.

In jedem Fall sollte Währungssubstitution mehr als eine Folge denn als eine Ursache eines hohen Grades monetärer Integration betrachtet werden. Die meisten Kosten und Nutzen, die üblicherweise der Entwicklung einer Parallelwährung zugerechnet werden, sind eher als Nebeneffekte der Integration der europäischen Finanzmärkte und nicht so sehr als direkte Folge von Schritten hin zur Währungsunion anzusehen.

Für die Politik stellt sich deshalb in diesem Zusammenhang die Frage, ob es sinnvoll wäre, eine Währungssubstitution, die sich sowieso ergeben

[28] Es könnte freilich eine gewisse regionale Umverteilung der Seigniorage geben, falls die nationalen Währungen nicht gleichmäßig verdrängt würden.

würde, in Richtung auf die ECU zu lenken und wie dies geschehen könnte. In dieser Abhandlung wurde argumentiert, daß es vorzuziehen sei, wenn sich die Währungssubstitution in Richtung ECU (und nicht in Richtung D-Mark) vollziehen würde. Es wurde aber auch dargelegt, daß die Währungsbehörden wenig tun können, um den Prozeß der Währungssubstitution zu beeinflussen. Die Nachfrage nach ECU als Geld wird bestimmt von der Organisation der Märkte, den Zahlungsgewohnheiten im internationalen Handel und ähnlichen Faktoren. Um die ECU zu fördern, wäre es deshalb erforderlich, diese grundlegenden Bestimmungsfaktoren der Nachfrage nach ECU direkt zu beeinflussen. Die Errichtung offizieller Institutionen zur Schaffung von ECU-Anlagen und -Verbindlichkeiten wie der Druck von ECU-Banknoten und die Prägung von ECU-Münzen hätten *per se* keinen Effekt.

So scheint denn nichts an dem schwierigen Weg vorbeizuführen, die Geldpolitiken über eine Fixierung der Wechselkurse zu koordinieren (und schließlich eine gemeinsame Währung zu schaffen) und vor allem eine Europäische Zentralbank zu errichten, die über alle Voraussetzungen verfügt, um über eine gemeinsame Geldpolitik Preisstabilität zu gewährleisten.

Literatur

Ausschuß zur Prüfung der Wirtschafts- und Währungsunion: Bericht zur Wirtschafts- und Währungsunion in der Europäischen Gemeinschaft (*Delors*-Bericht), 1989.

Baer, Gunther D.: Der Delors-Bericht: Ausgangspunkt für die weitere Diskussion, in: Europa auf dem Weg zur Währungsunion, hrsg. von Manfred Weber, Darmstadt 1991, S. 49–69.

Bini Smaghi, Lorenzo: Progressing towards European Monetary Unification: Selected Issues and Proposals (Temi di discussione del Servizio Studi, Banca d'Italia, Nr. 133), Rom, April 1990.

Bishop, Graham: Die ECU: Korbwährung ohne Zukunft oder Keimzelle einer Euro-Währung?, in: Europa auf dem Weg zur Währungsunion, hrsg. von Manfred Weber, Darmstadt 1991, S. 193–219.

Bofinger, Peter: The Political Economy of the Hard-ECU Proposal, Paper für den Workshop von CEPR und Banco de España zu "Financial and Monetary Integration in Europe", Madrid, 15. Dezember 1990.

Boyd, Chris/Gert Gielens/Daniel Gros: Bid/ask spreads in the foreign exchange markets, Mimeo, Brüssel, Januar 1990.

Gros, Daniel: The EMS and the Determination of the European Price Level (CEPS Working Document, Centre for European Policy Studies, Nr. 34 [Economic]), Brüssel, Februar 1988.

Gros, Daniel: Paradigms for the monetary union of Europe, in: Journal of Common Market Studies, Vol. XXVII (1989), Nr. 3, S. 219–230.

Gros, Daniel/Niels Thygesen: Concrete Steps towards Monetary Union (CEPS Paper, Centre for European Policy Studies, Nr. 45), Brüssel 1990.

Gros, Daniel/Niels Thygesen: European Monetary Integration: From the EMS towards EMU, London 1991.

Hayek, Friedrich A. von: Entnationalisierung des Geldes. Eine Analyse der Theorie und Praxis konkurrierender Umlaufsmittel, Tübingen 1977.

Hayek, Friedrich A. von: The future unit of value, in: Currency Competition and Monetary Union, hrsg. von Pascal Salin, Den Haag 1984, S. 29–42.

H. M. Treasury: Ein evolutionsorientierter Ansatz im Hinblick auf die Wirtschafts- und Währungsunion, London, November 1989.

Holtfrerich, Carl-Ludwig: The monetary unification process in 19th-century Germany: relevance and lessons for Europe today, in: A European Central Bank? Perspectives on monetary unification after ten years of the EMS, hrsg. von Marcello de Cecco und Alberto Ciovanini, New York u. a. 1989, S. 216–241.

Kommission der Europäischen Gemeinschaften: Ein Markt, eine Währung. Potentielle Nutzen und Kosten der Errichtung einer Wirtschafts- und Währungsunion – eine Bewertung, in: Europäische Wirtschaft, Nr. 44, Oktober 1990.

Krugman, Paul: Vehicle Currencies and the Structure of International Exchange, in: Journal of Money, Credit and Banking, Vol. XII (1980), S. 513–526.

Pöhl, Karl Otto: The further development of the European Monetary Systems, in: Collection of papers submitted to the Committee for the Study of the Economic and Monetary Union, Luxemburg 1989, S. 129–155.

Swoboda, Alexander K.: The Euro-Dollar Market: An Interpretation (Essays in International Finance, Princeton University, Nr. 64), Princeton, New Jersey, Februar 1968.

Vaubel, Roland: Strategies for Currency Unification. The Economics of Currency Competition and the Case for a European Parallel Currency (Kieler Studien, Nr. 156), Tübingen 1978.

Vaubel, Roland: The Government's Money Monopoly: Externalities or Natural Monopoly?, in: Kyklos, Vol. 37 (1984), S. 27–58.

Vaubel, Roland: Currency Competition and European Monetary Integration, in: The Economic Journal, Vol. 100 (1990), S. 936–946.

Walker, D. M.: Oxford Companion to Law, Oxford 1980.

B. Einzelaspekte

Artur Woll

Die Unabhängigkeit der Europäischen Zentralbank: Dogma oder Notwendigkeit?

Es wird zunächst der Frage nachgegangen, was der Ausdruck „Unabhängigkeit der Zentralbank" inhaltlich bedeutet. Die Unabhängigkeit ist nicht Selbstzweck, sondern Mittel zur Sicherung der Geldwertstabilität. Eine Geldwertsicherung läßt sich nur erreichen, wenn die Zentralbank Haushaltsdefizite des Staates nicht durch Kredite abdecken muß, neben der Geldwertstabilität nicht andere Ziele zu verfolgen hat (funktionelle Unabhängigkeit) und die Mitglieder des Leitungsorgans autonom entscheiden können (personelle Unabhängigkeit). Die Forderung nach funktioneller und personeller Unabhängigkeit ist das Ergebnis historischer Erfahrungen mit der Inflation, die für Deutschland am Beispiel der Kriegsfinanzierung skizziert werden, sich aber auch für andere Länder darlegen ließen. Internationale Vergleiche für die Zeit nach dem Zweiten Weltkrieg, in der relativ geringe Inflationsraten zu verzeichnen sind, belegen eindeutig, daß die Geldwertsicherung nur von unabhängigen Zentralbanken gewährleistet werden kann und – im Gegensatz zu einer verbreiteten Meinung – mit der Inflation auch die Arbeitslosigkeit zunimmt. Die Unabhängigkeit der Europäischen Zentralbank ist deswegen eine Notwendigkeit, soll ein Verfall von Währung und Wirtschaft verhindert werden.

I. Einführung

Die Länder der Europäischen Gemeinschaft haben in den letzten Jahren einen erneuten Anlauf zu einer Wirtschafts- und Währungsunion unternommen, um die noch vorhandenen wirtschaftlichen Beschränkungen zwischen den Mitgliedsländern zu beseitigen. Mit der Wirtschafts- und Währungsunion soll die entscheidende Voraussetzung für die Vereinigten Staaten von Europa geschaffen werden. Was die gegenwärtigen Bemühungen von früheren Versuchen, wie dem *Werner*-Plan aus dem Jahr 1970, unterscheidet, ist nicht nur die Einigkeit im Ziel, sondern auch die offenkundige Bereitschaft, erste Schritte gemeinsam zu tun.

Grundlage der einleitenden währungspolitischen Beschlüsse ist der *Delors*-Bericht, an dem die Präsidenten der EG-Zentralbanken mitgewirkt haben. Die Verfasser des Berichts sprechen sich nach zwei vorbereitenden Stufen für eine gemeinsame Geldpolitik – möglichst bei einheitlicher Währung – aus, die einer Europäischen Zentralbank zu übertragen sei (*Delors*-Bericht, Ziffer 24). Im Hinblick auf das Thema dieses Beitrags seien zum *Delors*-Bericht zwei Punkte festgehalten: Erstens wird mit dem Vorschlag, eine Europäische Zentralbank zu schaffen, das von Großbritannien vertretene Konzept einer koordinierten Geldpolitik mit konkurrierenden nationalen Zentralbanken abgelehnt. Zweitens soll die Europäische Zentralbank unabhängig sein, um ihrem primären Auftrag, der Geldwertsicherung, nachkommen zu können. Da in der Europäischen Gemeinschaft gegenwärtig nur in der Bundesrepublik Deutschland eine unabhängige Zentralbank gesetzlich verankert ist[1], haben die Medien diesen Vorschlag des *Delors*-Berichts dem Einfluß des Präsidenten der Deutschen Bundesbank zugeschrieben. Der Bericht dürfte aber auch dem verbreiteten Wunsch abhängiger Zentralbanken entsprechen. Die Beschlüsse der EG-Regierungschefs vom November 1990 in Rom und ein von den Notenbankgouverneuren entworfenes Statut für das Europäische Zentralbanksystem folgen insoweit der Linie des *Delors*-Berichts[2].

Über die Unabhängigkeit der Zentralbank besteht in der Bundesrepublik Deutschland ein weitgehender Konsens, der Jahrzehnte überdauert hat und in konkreten Fällen immer wieder erkennbar ist. So fügte im Jahr 1988 der Deutsche Bundestag den Protokollen über den deutsch-französischen Finanz- und Wirtschaftsrat die Klarstellung bei, daß dessen Tätigkeit den Handlungsspielraum der Deutschen Bundesbank nicht berühre und ihre Unabhängigkeit nicht einschränke[3]. Abweichende Positionen haben in der Vergangenheit Bundeskanzler *Adenauer* und der Bundesverband der Deutschen Industrie[4], in der Gegenwart vor allem den Gewerkschaften naheste-

[1] Vgl. Rolf *Caesar*: Der Handlungsspielraum von Notenbanken. Theoretische Analyse und internationaler Vergleich (Schriften zur monetären Ökonomie, hrsg. von Dieter Duwendag, Bd. 13), Baden-Baden 1981, S. 165–520; Rolf H. *Hasse*: Die Europäische Zentralbank: Perspektiven für eine Weiterentwicklung des Europäischen Währungssystems (Strategien und Optionen für die Zukunft Europas; Grundlagen 2), Gütersloh 1989, S. 130–138. Ergänzend: Liberating Central Bankers, in: The Economist, Vol. 314, Nr. 7641 vom 10. Februar 1990, S. 86–88.

[2] Vgl.: Gefahr für die Mark, in: Wirtschaftswoche, Jg. 44 (1990), Nr. 50, S. 21–32; Unabhängigkeit für alle Zentralbanken der EG, in: Börsen-Zeitung vom 4. Dezember 1990, S. 4. Diese Presseberichte stützen sich auf einen nicht veröffentlichten Entwurf des Ausschusses der EG-Notenbankgouverneure vom November 1990 für ein Statut eines Europäischen Zentralbanksystems und einer Europäischen Zentralbank.

[3] Vgl. *Deutscher Bundestag*, 11. Wahlperiode, Drucksache 11/3258, 4. November 1988, S. 9–14, hier insb. S. 14.

[4] Vgl. *Deutsche Bundesbank* (Hrsg.): 30 Jahre Deutsche Bundesbank. Die Entste-

hende Politiker vertreten[5], sind aber relativ seltene Ausnahmen und ohne Einfluß geblieben. In allen anderen Ländern der Europäischen Gemeinschaft ergibt sich ein ganz anderes Bild. So scheint französischen, italienischen und britischen Politikern die Vorstellung fremd, daß eine Zentralbank als öffentliche Institution politisch nicht eingebunden ist. Eine Europäische Zentralbank, die wie die Deutsche Bundesbank autonom wäre, lehnen sie deshalb ausdrücklich ab oder sie geben der Unabhängigkeit einen anderen Sinn. Deshalb sei zunächst gefragt, was der Begriff Unabhängigkeit einschließt (II.), bevor auf ihre Begründung für die Verhältnisse in Deutschland im speziellen (III.) und für die Wirtschaftspolitik im allgemeinen (IV.) eingegangen wird. Aufgrund dieser Darlegung läßt sich die Frage beantworten, ob die Forderung nach Unabhängigkeit der Europäischen Zentralbank ein Dogma oder eine Notwendigkeit ist (V.).

II. Zum Inhalt der Unabhängigkeit

Die Unabhängigkeit der Zentralbank ist kein Ziel an sich, sondern Mittel zum Zweck. Zweck der Unabhängigkeit ist die Sicherung der Geldwertstabilität, die in einem Papierwährungssystem nur zu erreichen ist, wenn die manipulierte Geldproduktion die Güterproduktion auf Dauer nicht übersteigt. Da – anders als etwa bei einer Goldwährung – der Produktionswert der Geldeinheit erheblich niedriger ist als ihr Umlaufswert, bedarf die Geldproduktion bei einer manipulierten Währung der Bindung. In den Notenbankgesetzen findet sich deswegen eine Vorschrift, mit der die Zentralbank zu Geldwertstabilität verpflichtet wird. Dieses Ziel läßt sich nach aller Erfahrung nur erreichen, wenn die Entscheidung der Zentralbank über die inflationsfreie Dosierung des Geldvolumens nicht von Stellen abhängt, die aus irgendwelchen Gründen an einer anderen Entwicklung interessiert sein könnten[6]. Dabei ist an staatliche Stellen zu denken, die zur Deckung von Haushaltsdefiziten auf Notenbankkredite zurückgreifen möchten, aber auch an private, etwa an Kreditinstitute oder Tarifparteien, die ihre Interessen durch eine Stabilitätspolitik der Zentralbank verletzt sehen. Ein genaueres Studium der jüngeren deutschen Geschichte zeigt, daß die Unab-

hung des Bundesbankgesetzes vom 26. Juli 1957 (Dokumentation einer Ausstellung), Frankfurt am Main 1988, S. 111–148.

[5] Vgl. z. B. Herbert *Ehrenberg*: Autonom bis zum europäischen Ende?, in: Wirtschaftsdienst, Jg. 68 (1988), S. 119–121.

[6] So ganz zutreffend die Begründung zum Bundesbankgesetz zur Unabhängigkeit: *Deutscher Bundestag*, 2. Wahlperiode, Drucksache 2781, 18. Oktober 1956, S. 24.

hängigkeit der Notenbank eine notwendige, jedoch nicht hinreichende Bedingung für Geldwertstabilität ist (siehe Abschnitt III).

Unabhängige Entscheidungen der Zentralbank setzen deswegen den Ausschluß von Einflüssen Dritter voraus. Der Gesetzgeber in der Bundesrepublik Deutschland hat bestimmt, daß die Bundesbank bei der Ausübung ihrer geldpolitischen Befugnisse von Weisungen der Bundesregierung unabhängig ist (§ 12 Satz 2 Bundesbankgesetz). Den Versuchen der gewerblichen Wirtschaft, über einen Beirat Einfluß auf die Zentralbankpolitik zu gewinnen, wurde von ihm nicht nachgegeben[7]. Diese klaren Regelungen besagen indessen noch nichts über das Ausmaß des Handlungsspielraums der Zentralbank (funktionelle Unabhängigkeit) sowie über die Berufung und Stellung der Mitglieder ihres Leitungsorgans (personelle Unabhängigkeit).

A. Funktionelle Unabhängigkeit

Ein zentraler Punkt bei der Festlegung des Handlungsspielraums der Zentralbank sind die Geschäfte zwischen Bank und Staat. Dem Bundesbankgesetzgeber hat eindringlich vor Augen gestanden, daß Inflationen im Papierwährungssystem immer Staatsinflationen waren, mit anderen Worten, auf die Finanzierung von Haushaltsdefiziten durch Geldproduktion der Zentralbank zurückgingen (siehe Abschnitt III). Angesichts dieser Erfahrungen hat er das Verhältnis zwischen Bank und Staat in bestimmter Weise festgelegt: Die Bundesbank ist Kassenhalter des Staates, jedoch nicht dessen Kreditgeber. Wenn der Staat – Bund, Sonderverwaltungen und Länder – Schulden zur Haushaltsfinanzierung machen will, muß er wie private Stellen an die Finanzmärkte gehen. Es kommt bei der Defizitfinanzierung nicht auf den Willen von Bank und Regierung an. Selbst wenn beide zusammenspielen würden, sind ihnen solche Geschäfte verboten. Notenbankkredite sind lediglich zur Deckung eines vorübergehenden Kassenbedarfs erlaubt, überdies auf Höchstbeträge limitiert und an die Zustimmung der Bundesbank gebunden. Auch wenn schwer einzusehen ist, warum die öffentliche Hand bei Überbrückungskrediten auf die Bundesbank zurückgreifen kann und nicht an die leistungsfähigen Finanzmärkte verwiesen wird, bleibt festzuhalten, daß der Ausschluß der Defizitdeckung durch eine Geldmengenausweitung die „klassische" Staatsinflation gebannt hat.

Der Handlungsspielraum der Zentralbank hängt auch davon ab, welche Ziele ihr aufgegeben werden. Unstreitig ist – wie erwähnt – das Ziel Geldwertstabilität, erklärungsbedürftig das Verhältnis zu anderen Zielen, insbe-

[7] Vgl. *Deutscher Bundestag*, 2. Wahlperiode, Drucksache 2781, S. 27; ferner *Deutsche Bundesbank* (Hrsg.): 30 Jahre Deutsche Bundesbank, a. a. O., S. 129–132.

sondere zur Vollbeschäftigung und zum Zahlungsbilanzausgleich. Das Bundesbankgesetz regelt, daß Geldwertstabilität („Währungssicherung") die Aufgabe der Bundesbank ist. Darüber hinaus hat sie die allgemeine Wirtschaftspolitik der Bundesregierung „unter Wahrung ihrer Aufgabe" zu unterstützen (§§ 3 und 12). Was immer Inhalt der allgemeinen Wirtschaftspolitik sein mag, die Bundesbank hat stets ihre Aufgabe zu erfüllen, also für Geldwertstabilität zu sorgen. Diese ist ihr vorrangiges Ziel. Die gesetzliche Vorschrift über das Verhältnis der Ziele läßt an Klarheit kaum zu wünschen übrig, zumal sie vom Gesetzgeber noch verdeutlicht worden ist. Der Gesetzentwurf führte die Pflicht zur Unterstützung der allgemeinen Wirtschaftspolitik ursprünglich in § 3 auf. Die Vorschrift wurde in den § 12 verwiesen, der das Verhältnis der Bank zur Bundesregierung regelt, und schärfer gefaßt („unter Wahrung" statt „im Rahmen" ihrer Aufgabe). Gleichwohl hat es immer wieder Versuche in Wissenschaft und Praxis gegeben, die klare Zielabfolge des Gesetzes in einen Katalog gleichwertiger Ziele umzudeuten oder die Bundesbank zu einem bestimmten Verhalten, etwa in der Konjunkturpolitik, zu drängen.

Der Handlungsspielraum der Zentralbank kann, was die Regel ist, auf das Inland beschränkt sein, auch wenn die innere Geldpolitik zwangsläufig internationale Wirkungen zeitigt. In der Bundesrepublik Deutschland obliegt die Sicherung des Geldwertes der Bundesbank, die Wechselkurspolitik der Bundesregierung. Geldwert- und Wechselkursstabilität schließen sich nicht zwangsläufig aus. Bei bestimmten außenwirtschaftlichen Konstellationen ist jedoch eine Wechselkursanpassung erforderlich, wenn der Binnenwert des Geldes erhalten werden soll. Vor allem wegen dieses Konflikts hat der Bundesbankgesetzgeber sich nicht auf eine präzisere Aufgabenbeschreibung festlegen wollen – etwa die, „das Preisniveau zu stabilisieren" –, sondern die elastischere Formel „die Währung zu sichern" gewählt, auch wenn der Stabilität des Binnenwertes besondere Bedeutung zukomme. Zu dieser Begründung sei angemerkt, daß die Vorschrift aus der Zeit fester Wechselkursregime stammt und die gesetzliche Begründung der empirisch problematischen Zielkonflikthypothese zuneigt (siehe Abschnitt IV). Die deutschen Erfahrungen mit der verteilten Kompetenz beim inneren und äußeren Geldwert sind eher negativ, weil die Bundesregierung aus verschiedenen innen- oder vor allem außenpolitischen Gründen mit Wechselkursanpassungen meistens zu lange zögerte oder – wie beim Europäischen Währungssystem – zusätzliche Beschränkungen übernahm. Solche Erfahrungen sprechen dafür, beide Kompetenzen in die Hände der Zentralbank zu legen, solange es in der künftigen Währungsunion verschiedene Währungen und damit Wechselkurse gibt.

B. Personelle Unabhängigkeit

Die funktionelle Unabhängigkeit läßt sich nur verwirklichen, wenn die Mitglieder des Leitungsgremiums einer Zentralbank personell unabhängig und fachlich geeignet sind. Die fachliche Eignung läßt sich durch strenge Maßstäbe bei der Auswahl in Frage kommender Personen sicherstellen. In der Bundesrepublik Deutschland ist vor allem seit Beginn der siebziger Jahre eine parteipolitisch orientierte Berufungspraxis unverkennbar – mit dem bedenklichen Ergebnis, daß qualifiziertem Nachwuchs aus der Bundesbank nur noch selten der Aufstieg in den Zentralbankrat gelingt. Bedeutsamer als das Problem der fachlichen Eignung scheint gleichwohl die persönliche Unabhängigkeit, bei der generell das Dilemma auftritt, daß der Berufene auch von denen unabhängig sein soll, die ihn ausgewählt und entsandt haben.

Eine allseitig befriedigende Lösung dieses Dilemmas dürfte es in der Realität kaum geben, doch gibt es einige bewährte Regelungen, die geeignet sind, es zu mildern. Sie seien nur kursorisch erwähnt: die Beteiligung mehrerer Stellen bei der Berufung; die Gleichstellung aller Mitglieder des Leitungsorgans; die langfristige Bestellung bei gleichzeitiger Unabrufbarkeit; eine angemessene Dotierung, für die weniger der öffentliche Dienst als die Privatwirtschaft als Richtschnur dient. Angemerkt sei, daß nach Erfahrungen in der Bundesrepublik Deutschland die Bestellung auf acht Jahre eher zu kurz ist[8] und deswegen häufig auf die im Bundesbankgesetz nicht ausgeschlossene Wiederbestellung zurückgegriffen wird. Besser erscheint im Hinblick auf die persönliche Unabhängigkeit die einmalige Bestellung auf etwa fünfzehn bis zwanzig Jahre ohne Höchstaltersgrenze.

Zu bedenken bleibt, daß solche Regelungen nicht unbesehen auf eine Europäische Zentralbank übertragen werden können. So ist ein gleiches Stimmrecht schon im Zentralbankrat, in dem die Mitglieder des Direktoriums und die Präsidenten aller Landeszentralbanken vertreten sind, nicht unproblematisch. Das Land Bremen hat z.B. dasselbe Stimmengewicht wie Nordrhein-Westfalen. Ähnliche oder noch ausgeprägtere Größenunterschiede dürfte es auch im künftigen Europa geben. Ohnedies ließe sich ein gleiches Stimmrecht nur vertreten, wenn die persönliche Unabhängigkeit gegenüber nationalen Einflüssen gesichert ist. Ähnliches gilt für einige andere Regelungen, insbesondere für das Berufungsverfahren, aber auch

[8] Der federführende Ausschuß für Geld und Kredit des 2. Deutschen Bundestages fand die von der Regierung vorgeschlagene Zeit von sechs Jahren zu kurz und erhöhte sie auf acht Jahre, wobei er vor allem den Wahlzyklus im Auge hatte; vgl. *Deutscher Bundestag*, 2. Wahlperiode, Anlage zu Drucksache 3603, Bericht des Abgeordneten *Scharnberg* vom 28. Juni 1957, S. 5.

für die fachliche Eignung, für die gewisse Mindeststandards unerläßlich scheinen.

III. Die Unabhängigkeit der Deutschen Bundesbank als Ergebnis historischer Erfahrungen

A. Die Finanzierung beider Weltkriege

Die Reichsbank unterstand von 1875, ihrem Gründungsjahr, bis 1922 und von 1937 bis 1945 dem Reichskanzler. Eine von der Regierung unabhängige Zentralbank – wie in Westdeutschland nach 1948 – gab es nur in der Zeit von 1922 bis 1937. In beiden Weltkriegen bediente sich die Regierung der Reichsbank als Instrument zur Kriegsfinanzierung. Die staatlichen Ausgaben wurden zu einem erheblichen Teil nicht durch Steuern oder Anleihen auf den Finanzmärkten, sondern durch Notenbankkredite finanziert, wobei die technischen Details der Durchführung, die sich hinsichtlich der Verschleierungspraktiken in beiden Weltkriegen stark ähnelte, übergangen werden können. Maßgeblich für die Defizitfinanzierung durch Notenbankkredite mag die Überlegung gewesen sein, die finanziellen Lasten des Krieges auf die Zukunft zu verteilen und den besiegten Feinden aufzubürden[9]. Der erste Aspekt – Lastenverteilung auf die Zukunft – beruht auf einer Illusion. Eine anhaltende und starke Expansion der Geldmenge führt zwangsläufig zur offenen oder verdeckten Inflation, was der Reichsbankleitung im Ersten Weltkrieg anders als in den dreißiger Jahren nicht klar gewesen zu sein scheint. Eine Inflation ist nach altem nationalökonomischen Verständnis eine Form der Besteuerung, mit der Güter vom privaten in den staatlichen Sektor transferiert und im Kriegsfall dort zu einem erheblichen Teil vernichtet werden. Ein Krieg führt deswegen zu einer Verarmung des Landes, was bei langen Kriegen für jeden evident ist. Die Besteuerung durch Inflation bewirkt vor allem eine Einkommens- und Vermögensumverteilung bereits in der Gegenwart. Deswegen sind Notenbankkredite, die eine Inflation auslösen, verteilungspolitisch anders zu werten als Kredite an den Finanzmärkten, mit denen das Kreditvolumen, aber nicht die Geldmenge ausgeweitet wird.

Die Zeit nach dem Ersten Weltkrieg belegt, daß für die Sicherung des Geldwertes die Unabhängigkeit der Zentralbank nicht genügt. Im Kaiser-

[9] Vgl. Otto *Pfleiderer*: Die Reichsbank in der Zeit der großen Inflation, die Stabilisierung der Mark und die Aufwertung von Kapitalforderungen, in: Währung und Wirtschaft in Deutschland 1986–1975, hrsg. von der Deutschen Bundesbank, Frankfurt am Main 1976, S. 157–201, hier S. 162.

reich scheint die Einwirkung der Regierung auf die Reichsbank nur gering gewesen zu sein. Der Gedanke, daß die Reichsbank sich im Kriegsfall der Defizitfinanzierung widersetzen müsse, war ihr unvorstellbar. Diese sah im Gegenteil ihre Aufgabe in erster Linie darin, alle finanziellen Kräfte für den Krieg zu mobilisieren[10]. Auch nach dem Krieg, als die Reichsbank durch das Autonomiegesetz von 1922 – auf Verlangen der alliierten Reparationskommission und nicht dank besserer Einsicht deutscher Stellen – unabhängig wurde, hat sie die Geldmengenexpansion nicht nur fortgesetzt, sondern bis zur Währungsreform Ende 1923 sogar drastisch beschleunigt. Diese Erfahrung zeigt, daß es zur Sicherung des Geldwertes nicht genügt, die Unabhängigkeit zu etablieren. Es bedarf auch der Festlegung des Handlungsspielraums der Zentralbank, mit der Geschäfte, die die Geldwertstabilität untergraben können, geregelt werden. Insbesondere muß die traditionelle Quelle der Inflation, die staatliche Defizitfinanzierung durch Notenbankkredite, beseitigt werden. An erster Stelle steht deshalb die Lösung dieses Problems. Die Unabhängigkeit der Zentralbank ist die notwendige Folge. Dies ist die wichtigste Lehre, die in Deutschland aus der Kriegsfinanzierung zu ziehen war. Sie gilt jedoch nicht nur für den Kriegsfall, sondern generell, weil es für die politischen Akteure vorteilhafter ist, statt der offenen Besteuerung die verdeckte durch eine Inflation zu wählen.

B. Inflation als wirtschaftlich-politische Sprengkraft

Der durch die Kriegsfinanzierung ausgelöste Geldüberhang wurde in Deutschland durch Währungsreformen beseitigt – im Jahr 1923 für das Deutsche Reich, im Jahr 1948 in den Gebieten der späteren Bundesrepublik Deutschland und der DDR. Spätestens an den Währungsstichtagen wurde jedermann deutlich, daß die rapide Expansion der Geldmenge, die jeweils ein volles Jahrzehnt gedauert hatte, ganz erhebliche wirtschaftliche Folgen nach sich zieht. Es sei übergangen, daß die Geldmengenaufblähung nach dem Ersten Weltkrieg als offene, nach dem Zweiten Weltkrieg als verdeckte Inflation unterschiedliche Erscheinungsformen aufwies. Zu den gravierenden wirtschaftlichen Folgen von solchen Inflationen gehören vor allem eine nicht gewollte Einkommens- und Vermögensumverteilung riesigen Ausmaßes zu Lasten der Sparer oder Arbeitnehmer, während die Schuldner oder Unternehmer relativ begünstigt werden. Überdies wird der wirtschaftliche Wettbewerb zunehmend gelähmt, weil die Produzenten den Nachfragewünschen nicht zu folgen brauchen und Produktionsfaktoren ineffizient beschäftigen können (versteckte Arbeitslosigkeit). Das Wirtschaftswachstum

[10] Vgl. ebd., S. 160.

läßt zwangsläufig nach und nimmt oft Negativwerte an, die internationale Konkurrenzfähigkeit geht verloren. Diese Folgen zeigen sich nach einer Währungsreform – ähnlich wie in der DDR nach dem Beitritt zur Bundesrepublik Deutschland – in einer hohen Arbeitslosigkeit, niedrigen Arbeitsproduktivität und geringen Konkurrenzfähigkeit.

Die skizzierten Konsequenzen beider Inflationen lassen sich also nicht auf den monetären Bereich der Wirtschaft beschränken und gehen auch über diese weit hinaus. Das ist schon deswegen zu erwarten, weil die verschiedenen Bereiche, wie die Wirtschaft, die Gesellschaft und der Staat, in Wechselbeziehungen zueinander stehen. Auf die Interdependenz der Teilordnungen eines Ganzen hat vor allem Walter *Eucken* aufmerksam gemacht[11], dessen währungspolitische Ansichten stark durch seine Untersuchung der Inflation nach dem Ersten Weltkrieg geprägt worden sind[12]. An den Beginn seiner Darlegungen zum Primat der Währungspolitik stellt *Eucken* den Satz *Lenins*: „Um die bürgerliche Gesellschaft zu zerstören, muß man ihr Geldwesen verwüsten." So demagogisch dieser Satz, so die Meinung *Euckens*, auch sei, er enthalte einen richtigen Kern[13].

Es liegt genau auf dieser Linie, wenn es in der Begründung zum Gesetz über die Deutsche Bundesbank heißt: „Denn wichtiger als alle anderen noch so guten Gründe ist die Sicherheit der Währung, die oberste Voraussetzung für die Aufrechterhaltung einer Marktwirtschaft und damit letzten Endes einer freiheitlichen Verfassung der Gesellschaft und des Staates."[14] Nach dieser, durch die Erfahrung aus zwei Währungszerrüttungen begründeten Sicht ist notwendige Voraussetzung einer marktwirtschaftlichen Ordnung, freiheitlichen Gesellschaft und parlamentarischen Demokratie die Währungsstabilität, die ihrerseits eine von der Regierung unabhängige Zentralbank erfordert. Deswegen hielt es der Gesetzgeber auch für geboten, die Bundesbank nicht der parlamentarischen Verantwortlichkeit zu unterwerfen und – wie in anderen begründeten Fällen – von der Regel abzuweichen, wonach jede staatliche Tätigkeit dem Einfluß der Regierung unterliegen muß. In weiser Selbstbeschränkung schien ihm Geld zu wichtig, es dem Tagesstreit der Politiker zu überantworten. An diese, auch politisch opportune Selbstbeschränkung hat sich das Parlament bisher gehalten – obwohl die Unabhängigkeit der Bundesbank nur in einem einfachen Gesetz, also nicht verfassungsrechtlich verankert ist. Soweit es aus verschiedenen

[11] Vgl. Walter *Eucken*: Grundsätze der Wirtschaftspolitik, Bern–Tübingen 1952.

[12] Vgl. ders.: Kritische Betrachtungen zum deutschen Geldproblem, Jena 1923.

[13] Vgl. ders.: Grundsätze der Wirtschaftspolitik, a. a. O., S. 255.

[14] *Deutscher Bundestag*, 2. Wahlperiode, Drucksache 2781, S. 24.

Anlässen zu einer öffentlichen Diskussion über die Stellung der Bundesbank gekommen ist, zeigte sich bisher deutlich: Eine unabhängige Bundesbank wird von breiten Bevölkerungsschichten als Garant für die Geldwertstabilität angesehen. Die Preisniveaustabilität hat einen hohen Stellenwert, auch wenn die Empfindlichkeit gegenüber geringen Inflationsraten nicht mehr so ausgeprägt sein dürfte wie unmittelbar nach dem Zweiten Weltkrieg.

IV. Wirtschaftspolitische Gründe für die Unabhängigkeit

A. Geldwertentwicklung und Ausmaß der Unabhängigkeit

Gegen die bisherige Begründung der Unabhängigkeit läßt sich einwenden, daß sie angesichts der jüngsten deutschen Geschichte zwar verständlich sei, jedoch für die Gegenwart und absehbare Zukunft nichts hergebe. Kriegsfinanzierungen, die in Währungsreformen geendet hätten, seien historische Einzelfälle gewesen. Sie könnten nicht Maßstab der Bewertung in Europa sein, das keine Hyperinflation kenne. Die zu beobachtenden Inflationsraten seien relativ gering („schleichende" Inflation), so daß kein Grund für eine Währungsreform bestehe. Eine straff geführte Geldpolitik berge vielmehr die Gefahr in sich, daß das Beschäftigungsniveau und das Wirtschaftswachstum gedrosselt würden.

Es ist in der Tat davon auszugehen, daß in den meisten Ländern der Welt – mit Ausnahmen vor allem in Lateinamerika und Afrika – die Inflationsraten einstellige oder kleine zweistellige Größen sind. Daß auch bei relativ geringen Inflationsraten bestimmte Wirkungen eintreten können, eine versteckte Besteuerung auf die Einkommen und Vermögen stattfindet, ist theoretisch unkontrovers und empirisch belegbar. Art und Ausmaß dieser Wirkungen hängen insbesondere davon ab, ob die Inflation die Wirtschaftsagenten überrascht oder in ihre Erwartungen einbezogen wird. Deswegen ist die Stabilisierung des Preisniveaus in den entwickelten Ländern ein Ziel der Wirtschaftspolitik, auch wenn seine Bewertung im Vergleich zu anderen Zielen international deutliche Abweichungen zeigt.

Wenn Geldwertsicherung ein Ziel ist, bleibt zu fragen, warum diese Aufgabe in den einzelnen Ländern ganz unterschiedlich bewältigt wird. Empirische Untersuchungen zeigen, daß die Inflationsraten mit der Unabhängigkeit der Zentralbank negativ korrelieren. Je unabhängiger die Zentralbank ist, um so geringer sind die Inflationsraten. So hat Alberto *Alesina* von der Harvard University vier Ranggruppen für die Unabhängigkeit gebildet, deren Komponenten sind: die formalen Beziehungen zwischen der Zentralbank und der Regierung, informelle Kontakte und die Existenz von Regeln, die eine Zentralbank zur Defizitfinanzierung bestimmen[15]. Zur Ranggruppe 1, den Zentralbanken mit der geringsten Unabhängigkeit, rechnet er in Europa Spanien und Italien, zur Ranggruppe 2 die meisten europäischen Länder, zur Ranggruppe 3 die Vereinigten Staaten und Japan, zur Ranggruppe 4, den Zentralbanken mit der größten Unabhängigkeit, die Schweiz und die Bundesrepublik Deutschland. Diese Bewertungen decken sich grosso modo mit der im Schrifttum verbreiteten. Ordnet man die Inflationsraten den Ranggruppen zu, so haben im Zeitraum von 1973 bis 1986 Länder der Ranggruppe 4 die niedrigsten Inflationsraten – etwa 4% –, die mit den niedrigeren Ranggruppen – bis zu 14% – zunehmend ansteigen. Empirische Analysen für einzelne Länder bestätigen diesen Zusammenhang: Geldwertstabilität wird nur bei unabhängigen Zentralbanken erreicht.

B. Geldwertstabilität und Beschäftigungsniveau

Das theoretische Argument, eine straffe Geldpolitik könne Arbeitslosigkeit verursachen, wird immer wieder gegen eine unabhängige Zentralbank ins Feld geführt. In der wissenschaftlichen Diskussion – anders als in der Politik – stößt man auf dieses Argument kaum noch, weil eine jahrzehntelange Auseinandersetzung um das *Phillips*-Theorem zu dem abschließenden Ergebnis geführt hat, daß nur bei überraschenden Geldmengenänderungen temporäre Beschäftigungseffekte zu verzeichnen sind. Wenn – wie in den letzten Jahrzehnten – ständig mit einem gewissen Maß an Inflation gerechnet wird, gehen von ihr keine positiven Beschäftigungswirkungen aus. Im Gegenteil kann die Inflation selbst zur Ursache von Arbeitslosigkeit werden[16]. Es überrascht deswegen nicht, daß in Ländern mit abhängigen Zentralbanken nicht nur die Inflationsraten, sondern auch die Arbeitslosenquoten höher sind als in Ländern mit unabhängigen Zentralbanken[17].

In Abkehr von der früher in der Wissenschaft anzutreffenden, in der Politik wohl noch verbreiteten Auffassung bleibt also festzuhalten: Die Geldwertstabilität kann ohne Rücksicht auf andere Ziele verfolgt werden, weil ein dauerhafter negativer Zusammenhang mit diesen nicht besteht. Positiv läßt sich vielmehr beobachten, daß eine Politik des stabilen Geldes die besten Voraussetzungen für ein hohes Beschäftigungsniveau und gleich-

[15] Vgl. Alberto *Alesina*: Politics and Business Cycles in Industrial Democracies, in: Economic Policy, Nr. 8 (1989), S. 55–98.

[16] Vgl. Artur *Woll*: Inflation produziert Arbeitslose, in: Inflation ohne Ende. Wer verliert, wer gewinnt?, hrsg. von Gerd-Klaus Kaltenbrunner, Freiburg im Breisgau u. a. 1977, S. 92–97.

[17] Vgl. *Alesina*: a. a. O.

mäßiges Wirtschaftswachstum schafft. Dies gilt um so mehr, je berechenbarer die monetäre Stabilitätspolitik ist, also von einer Konstanz der Wirtschaftspolitik – als konstitutivem Prinzip im Sinne Walter *Euckens* – ausgegangen werden kann. Eine Inflation, ob mit hohen oder niedrigen Raten, läßt sich nur vermeiden, wenn die Unabhängigkeit der Zentralbank gewährleistet und die Quelle der Geldentwertung, die Defizitfinanzierung des Staatshaushalts, verstopft wird. In Übereinstimmung mit der herrschenden wissenschaftlichen Meinung sah ein kluger Gesetzgeber die wesentliche Aufgabe der Zentralbank bei der Inflationsbekämpfung darin, die umlaufende Geldmenge unter Vermeidung eines Geldüberhangs richtig zu dosieren[18].

V. Schlußfolgerungen

Die Frage, ob die Unabhängigkeit der Europäischen Zentralbank ein Dogma oder eine Notwendigkeit ist, kann nun eindeutig beantwortet werden: Das Ziel Geldwertstabilität läßt sich nur im Ausmaß der Zentralbankautonomie erreichen. Je unabhängiger die Zentralbank funktionell und personell ist, um so größer ist die Wahrscheinlichkeit, daß das Ziel erreicht wird. Die Unabhängigkeit erhält jedoch erst dann einen Sinn, wenn die Zentralbank die Geldmengenkontrolle auch gegenüber staatlichen Stellen besitzt. Eine monetäre Finanzierung von Defiziten in öffentlichen Haushalten sollte ohne Einschränkungen ausgeschlossen und auch der Zentralbank verboten werden. Die Erfahrungen sprechen überdies dafür, die Wechselkurspolitik anders als bisher der Zentralbank zu überantworten oder zumindest sicherzustellen, daß die unabhängige Geldpolitik nicht von der Wechselkurspolitik konterkariert werden kann. Geldwertstabilität läßt sich schließlich nur erreichen, wenn dieses Ziel Priorität besitzt. Die Erfahrungen sprechen sogar dafür, der Zentralbank nur dieses Ziel aufzugeben.

Die Voraussetzungen für die Geldwertstabilität sind in der Realität kaum zu erfüllen. Weltweit lassen sich nur wenige Länder – die Schweiz, die Bundesrepublik Deutschland, die Vereinigten Staaten und Japan – ausmachen, in denen es formell oder zumindest de facto unabhängige Zentralbanken gibt. Aber selbst in diesen Ländern weicht die Realität von der gesetzlich oder tatsächlich angestrebten Norm ab[19] – mit dem Ergebnis, daß gewisse,

[18] Vgl. *Deutscher Bundestag*, 2. Wahlperiode, Drucksache 2781, S. 24.

[19] Für die als vorbildlich geltende Bundesrepublik Deutschland vgl. Artur *Woll*: Zur Unabhängigkeit der Deutschen Bundesbank – Unzeitgemäße Betrachtungen zu einem aktuellen Problem, in: Grundlagen und Erneuerung der Marktwirtschaft (Festschrift für Hans Besters), hrsg. von Volker Nienhaus und Ulrich van Suntum, Baden-Baden 1988, S. 185–197.

wenn auch geringe Inflationsraten in Kauf genommen werden müssen. Deshalb dürfte Skepsis angebracht sein, ob in einem Europäischen Zentralbanksystem, für das es kein historisches Beispiel gibt[20], eine Unabhängigkeit realisiert werden kann, die diesen Namen verdient. Wie die deutschen Erfahrungen zeigen, genügt es nicht, die Unabhängigkeit in einem einfachen Gesetz zu verankern. Die Unabhängigkeit läßt sich angesichts unvermeidlicher Pressionen aus dem Inland und Ausland auf die Zentralbank nur aufrechterhalten, wenn ein stabilitätspolitischer Grundkonsens unter den Politikern und vor allem in der Bevölkerung vorhanden ist[21]. Da es daran in Europa offenkundig mangelt, scheinen irreversible vertragliche Sicherungen zu allen Komponenten der Unabhängigkeit unerläßlich, wenn Geldwertstabilität auf Dauer gewollt wird.

Literatur

Alesina, Alberto: Politics and Business Cycles in Industrial Democracies, in: Economic Policy, Nr. 8 (1989), S. 55–98.

Caesar, Rolf: Der Handlungsspielraum von Notenbanken. Theoretische Analyse und internationaler Vergleich (Schriften zur monetären Ökonomie, hrsg. von Dieter Duwendag, Bd. 13), Baden-Baden 1981.

Caesar, Rolf: Die „Autonomie" der Deutschen Bundesbank – Ein Modell für Europa?, in: Europäische Zentralbank. Europas Währungspolitik im Wandel, hrsg. von Rolf H. Hasse und Wolf Schäfer, Göttingen 1990, S. 111–127.

Deutsche Bundesbank (Hrsg.): 30 Jahre Deutsche Bundesbank. Die Entstehung des Bundesbankgesetzes vom 26. Juli 1957 (Dokumentation einer Ausstellung), Frankfurt am Main 1988.

Deutscher Bundestag, 2. Wahlperiode, Drucksache 1781, 18. Oktober 1956.

Deutscher Bundestag, 2. Wahlperiode, Anlage zu Drucksache 3603, Bericht des Abgeordneten Scharnberg vom 28. Juni 1957.

Deutscher Bundestag, 11. Wahlperiode, Drucksache 11/3258, 4. November 1988.

Ehrenberg, Herbert: Autonom bis zum europäischen Ende?, in: Wirtschaftsdienst, Jg. 68 (1988), S. 119–121.

Eucken, Walter: Kritische Betrachtungen zum deutschen Geldproblem, Jena 1923.

Eucken, Walter: Grundsätze der Wirtschaftspolitik, Bern – Tübingen 1952.

[20] Vgl. Hans *Tietmeyer*: Voraussetzungen eines Europäischen Zentralbankensystems, in: Außenwirtschaft, 45. Jg. (1990), S. 301–311, hier S. 304. Zu den Erfordernissen im einzelnen vgl. Manfred *Willms*: Grundprobleme eines Europäischen Zentralbankstatuts, in: Wirtschaftsdienst, Jg. 70 (1990), S. 551–556.

[21] Diesen Aspekt betont zutreffend Rolf *Caesar*: Die „Autonomie" der Deutschen Bundesbank – Ein Modell für Europa?, in: Europäische Zentralbank. Europas Währungspolitik im Wandel, hrsg. von Rolf H. Hasse und Wolf Schäfer, Göttingen 1990, S. 111–127.

Hasse, Rolf H.: Die Europäische Zentralbank: Perspektiven für eine Weiterentwicklung des Europäischen Währungssystems (Strategien und Optionen für die Zukunft Europas; Grundlagen 2), Gütersloh 1989.

o. V.: Liberating Central Bankers, in: The Economist, Vol. 314, Nr. 7641 vom 10. Februar 1990, S. 86–88.

o. V.: Gefahr für die Mark, in: Wirtschaftswoche, Jg. 44 (1990), Nr. 50, S. 21–32.

o. V.: Unabhängigkeit für alle Zentralbanken der EG, in: Börsen-Zeitung vom 4. Dezember 1990, S. 4.

Pfleiderer, Otto: Die Reichsbank in der Zeit der großen Inflation, die Stabilisierung der Mark und die Aufwertung von Kapitalforderungen, in: Währung und Wirtschaft in Deutschland 1876–1975, hrsg. von der Deutschen Bundesbank, Frankfurt am Main 1976, S. 157–201.

Tietmeyer, Hans: Voraussetzungen eines Europäischen Zentralbankensystems, in: Außenwirtschaft, 45. Jg. (1990), S. 301–311.

Willms, Manfred: Grundprobleme eines Europäischen Zentralbankstatuts, in: Wirtschaftsdienst, Jg. 70 (1990), S. 551–556.

Woll, Artur: Inflation produziert Arbeitslose, in: Inflation ohne Ende. Wer verliert, wer gewinnt?, hrsg. von Gerd-Klaus Kaltenbrunner, Freiburg im Breisgau u. a. 1977, S. 92–97.

Woll, Artur: Zur Unabhängigkeit der Deutschen Bundesbank – Unzeitgemäße Betrachtungen zu einem aktuellen Problem, in: Grundlagen und Erneuerung der Marktwirtschaft (Festschrift für Hans Besters), hrsg. von Volker Nienhaus und Ulrich van Suntum, Baden-Baden 1988, S. 185–197.

Sylvester C. W. Eyffinger

Konvergenz in der Geldpolitik: das Beispiel Deutschland – Frankreich

Dieser Beitrag beschäftigt sich, vor dem Hintergrund der europäischen monetären Integration, mit der Konvergenz Deutschlands und Frankreichs auf geldpolitischem Gebiet im Verlauf der 80er Jahre. Einleitend wird eingegangen auf die Konvergenz in der praktischen Durchführung der Geldpolitik im letzten Jahrzehnt: Dies betrifft die wirtschaftspolitischen Ziele, die Geldmengenziele, die geldpolitischen Instrumente und die Devisen- und Geldmarktpolitik. In dieser Hinsicht hat die Konvergenz zwischen Deutschland und Frankreich seit 1986 immer mehr zugenommen und zur Zeit bereits einen sehr hohen Grad erreicht. In Gang gesetzt worden ist dieser Prozeß mit der starken Abwertung des französischen Franc gegenüber der D-Mark im März 1983. Nach dem damaligen Realignment schlugen die französischen Behörden einen restriktiven finanz- und geldpolitischen Kurs ein, um die interne Preisstabilität und die Stabilität des Wechselkurses zu sichern. Seit 1986 stimmen die wirtschaftspolitischen Ziele der Deutschen Bundesbank und der Banque de France praktisch überein, d. h., es wird die Stabilisierung des internen Preisniveaus angestrebt. Das Ziel der Preisstabilität ist freilich immer noch nicht explizit im Statut der Banque de France verankert. Überdies unterscheiden sich die Geldmengenziele erheblich infolge der asymmetrischen Funktionsweise des EWS, in dem die D-Mark die Schlüsselrolle spielt; während die Bundesbank lediglich ein „internes" Ziel ansteuert, nämlich das Wachstum der Geldmenge M3, konzentriert sich die Banque de France in der Hauptsache auf ein externes Ziel, nämlich den nominalen Wechselkurs des französischen Franc gegenüber der D-Mark, und versucht darüber hinaus, das Wachstum der Geldmenge M2 zu kontrollieren. Zu Buche schlagende Unterschiede gibt es ferner hinsichtlich der Häufigkeit und damit auch der Effektivität von Devisenmarktinterventionen in Deutschland und Frankreich. In beiden Ländern allerdings zielt die Geldmarktpolitik auf den Satz, zu dem Geld zwischen Banken gehandelt wird, den Tagesgeldsatz, als monetären Indikator. Zu diesem Zweck versucht die Bundesbank ebenso wie die Banque de France, den Geldmarktsatz im Band ihrer offiziellen Zinssätze zu halten und eine Feinsteuerung über Geldmarktgeschäfte zu erreichen. Schließlich sind sich die geldpolitischen Instrumente beider Länder als Folge des Pro-

zesses der Finanzmarktliberalisierung und der finanziellen Integration in Europa sehr ähnlich geworden. Es gibt ganz offensichtlich eine Tendenz zu marktorientierten, indirekt wirkenden Instrumenten wie der Festsetzung der offiziellen Notenbankzinssätze sowie der Refinanzierungsfazilitäten und den Geldmarktgeschäften als „aktive" Instrumente und den Mindestreserven als „passivem" Instrument.

Im zweiten Teil dieses Beitrages wird die Konvergenz der Geldpolitik in Deutschland und Frankreich in den 80er Jahren anhand wichtiger wirtschaftlicher Parameter untersucht, und zwar anhand der Entwicklung von vier Schlüsselgrößen: Inflationsraten, reale Wechselkurse, kurzfristige Realzinsen (Geldmarktsätze) und langfristige Realzinsen (Kapitalmarktrenditen). Die sich zurückbildende Inflationsdifferenz und der – seit 1986 – stabile reale Wechselkurs deuten darauf hin, daß sich die Geldpolitiken bereits in einem hohen Maße angenähert haben. Demgegenüber läßt die gegenwärtig zu beobachtende Differenz zwischen den kurz- wie langfristigen Realzinsen beider Länder darauf schließen, daß die Banque de France an den Finanzmärkten noch an Reputation gewinnen muß, was ihr schließlich aber wohl gelingen wird. Die Kehrseite dieser Medaille, d. h. des Gewinns an Glaubwürdigkeit, ist freilich ein Verlust an geldpolitischer Souveränität Frankreichs an Deutschland. Alles in allem hat die Konvergenz der Geldpolitik beide Länder einander schon näher an eine Währungsunion herangebracht, als dies von vielen vermutet wird.

I. Einleitung

Im Juli 1978 kam der Europäische Rat der Staats- und Regierungschefs in Bremen überein, ein Europäisches Währungssystem (EWS) zu errichten. Das EWS trat am 13. März 1979 in Kraft und ersetzte für die Währungen einiger EG-Staaten die „Währungsschlange". Alle damaligen Mitgliedsländer der Europäischen Gemeinschaft – Belgien, Dänemark, Frankreich, die Bundesrepublik Deutschland, Großbritannien, Irland, Italien, Luxemburg und die Niederlande – beschlossen ihre Teilnahme am EWS und – mit Ausnahme Großbritanniens – auch an dessen Wechselkursmechanismus. Von den später hinzugekommenen Mitgliedsstaaten ist bisher nur Spanien dem Wechselkursmechanismus des EWS beigetreten (am 16. Juni 1989), und erst am 8. Oktober 1990 hat – aus politischen Gründen – auch Großbritannien diesen Schritt getan. Der Wechselkursmechanismus des EWS war durchaus erfolgreich in der Schaffung „einer Zone zunehmender monetärer Stabilität" und hat zugleich dazu geführt, daß Kapitalverkehrskontrollen schrittweise abgebaut wurden und die geldpolitische Koordinierung zwischen den Zentralbanken der Mitgliedsstaaten sich verbessert hat (dieser Koordination steht jene der Finanzpolitik, eine Aufgabe der Finanzminister, nach). Wie im *Delors*-Bericht festgestellt wurde, hat das EWS von der Rolle der D-Mark als „Anker" für die Geld- und Devisenmarktpolitik der anderen Länder profitiert[1]. Es kam freilich zu einer Asymmetrie des EWS in der Hinsicht, daß Deutschland sich auf ein Ziel für das Geldmengenwachstum konzentrierte und die anderen teilnehmenden Staaten Ziele für den Wechselkurs ihrer Währung gegenüber der D-Mark verfolgten.

Bezug nehmend auf die Einheitliche Europäische Akte, bestätigten die Mitgliedsstaaten der EG das Ziel einer zügigen Schaffung einer Wirtschafts- und Währungsunion (WWU) im Juni 1988 auf ihrem Gipfel in Hannover. Im Juni 1989 sodann beschloß der Europäische Rat in Madrid, daß die erste Stufe der WWU am 1. Juli 1990 beginnen sollte. Ende letzten Jahres ist schließlich eine Regierungskonferenz einberufen worden, um die Stufen 2 und 3 hin zur Währungsunion zu erörtern. In diesem Zusammenhang hat der Präsident der Deutschen Bundesbank, Karl Otto *Pöhl*, im Juni 1990 auf die Möglichkeit hingewiesen, die Wirtschafts- und Währungsunion „in zwei Geschwindigkeiten" zu erreichen, wobei Frankreich, Deutschland und die Beneluxländer vorangehen und die anderen Länder, einschließlich Italiens, Spaniens und Großbritanniens, später folgen könnten[2]. Diese Äußerung ist aus naheliegenden Gründen auf viel Kritik in den Ländern gestoßen, die sich nicht in der ersten Gruppe wiederfanden. Gleichwohl sprechen viele Argumente für ein Vorgehen in zwei Geschwindigkeiten. Die Budgetdefizite in Griechenland, Portugal, Spanien und auch in Italien sind (sehr) hoch, bestehen nunmehr bereits seit längerer Zeit und werden die Konvergenz der Geldpolitik erheblich erschweren. Überdies wird die mangelnde Lohnflexibilität und die fehlende Mobilität des Faktors Arbeit innerhalb der Europäischen Gemeinschaft die Wettbewerbsfähigkeit schwächen, und zwar insbesondere in den erwähnten Ländern, zu deren finanzieller Unterstützung erhebliche Regional- und Strukturhilfen erforderlich wären.

Aber unabhängig davon, ob man die Währungsunion mit einer oder zwei Geschwindigkeiten realisiert, es wird entscheidend auf die Konvergenz der

[1] Vgl. *Ausschuß zur Prüfung der Wirtschafts- und Währungsunion*: Bericht zur Wirtschafts- und Währungsunion in der Europäischen Gemeinschaft („*Delors*-Bericht"), 1989, S. 8.

[2] Vgl. Lucy *Kellaway*, Stephen *Fidler*: Pöhl suggests dual-speed union, in: Financial Times vom 12. Juni 1990, S. 18, 20 (wiederabgedruckt in: Auszüge aus Presseartikeln, hrsg. von der Deutschen Bundesbank, Nr. 48 vom 12. Juni 1990, S. 1).– Danach hat Präsident *Pöhl* ausgeführt: "What I could envisage is a smaller number of countries would start with a European Central Banking System and others who have not reached the same degree of convergence are invited for later." Vgl. ferner Paul *Kellenbenz*: „Mit dem harten Kern im EWS bilden wir praktisch schon eine Art Währungsunion" (Gespräch mit Präsident Karl Otto Pöhl), in: Handelsblatt vom 22. Januar 1991, S. 11.

Geldpolitik zwischen Deutschland und Frankreich ankommen. In diesem Beitrag soll deshalb der Frage nachgegangen werden, inwieweit zwischen beiden Ländern bereits Konvergenz auf geldpolitischem Gebiet erreicht worden ist. Es wird zunächst einmal die Konvergenz in der praktischen Durchführung der Geldpolitik diskutiert. Dies betrifft die wirtschaftspolitischen Ziele, die speziellen Ziele der Geldpolitik, die geldpolitischen Instrumente sowie Maßnahmen zur Beeinflussung von Devisen- und Geldmärkten. Anschließend wird analysiert werden, ob sich auch die Ergebnisse der Geldpolitik im letzten Jahrzehnt einander angenähert haben; hier geht es um Inflationsraten, reale Wechselkurse sowie kurz- und langfristige Realzinsen. Abschließend wird sich feststellen lassen, daß sich die Geldpolitiken Deutschlands und Frankreichs seit 1986 beschleunigt einander angenähert und bereits einen hohen Grad an Konvergenz erreicht haben. Andererseits bedeutet dies für Frankreich eine starke Abhängigkeit von der deutschen Geldpolitik.

II. Wirtschaftspolitische Ziele

Die wirtschaftspolitischen Ziele der Deutschen Bundesbank finden sich im Gesetz über die Deutsche Bundesbank vom 26. Juli 1957[3]. Bezüglich der Aufgabe der Bundesbank heißt es dort in § 3:

„Die Deutsche Bundesbank regelt mit Hilfe der währungspolitischen Befugnisse, die ihr nach diesem Gesetz zustehen, den Geldumlauf und die Kreditvesorgung der Wirtschaft mit dem Ziel, die Währung zu sichern, und sorgt für die bankmäßige Abwicklung des Zahlungsverkehrs im Inland und mit dem Ausland."

Das Bundesbankgesetz betont die Verantwortung der Bundesbank für die Währungsstabilität, und das heißt die Stabilität der Kaufkraft der D-Mark. Daneben hat die Bundesbank „die Bundesregierung in Angelegenheiten von wesentlicher währungspolitischer Bedeutung zu beraten" (§ 13) und „unter Wahrung ihrer Aufgabe die allgemeine Wirtschaftspolitik der Bundesregierung zu unterstützen" (§ 12). Ihre vorrangige Aufgabe bleibt damit also stets die einer „Hüterin der Währung". So ist es nur konsequent, daß die Bundesbank nach § 12 „bei der Ausübung der Befugnisse, die ihr nach diesem Gesetz zustehen, von Weisungen der Bundesregierung unabhängig (ist)". Dies gilt im Prinzip für die Stabilerhaltung der internen wie der externen Kaufkraft der Währung. Der Binnenwert hängt ab von der Entwicklung des heimischen Preisniveaus, und ihn zu sichern mag als vorrangiges

[3] Abgedruckt in: *Deutsche Bundesbank*: Die Deutsche Bundesbank – Geldpolitische Aufgaben und Instrumente (Sonderdruck Nr. 7), 5. Aufl., Frankfurt am Main 1989, S. 113–138.

Ziel der Bundesbank angesehen werden. Dabei soll Preisstabilität über eine Kontrolle des Geldmengenwachstums, zur Zeit gemessen anhand von M3, gewährleistet werden. Der Außenwert wird von der Bundesbank als Kaufkraft der D-Mark gegenüber anderen Währungen angesehen, also als (effektiver) realer Wechselkurs der D-Mark (was dem – effektiven – nominalen Wechselkurs der D-Mark bereinigt um Inflationsdifferenzen zwischen Deutschland und anderen Ländern entspricht). In der Bundesrepublik ist das Ziel der Wechselkursstabilität dem der Wahrung der Binnenkaufkraft untergeordnet worden. Daraus folgt, daß für die Bundesbank Wechselkursveränderungen nur dann von Bedeutung sind, wenn sie sich auf das heimische Preisniveau auswirken.

Die wirtschaftspolitischen Ziele der Banque de France finden sich in den Artikeln 1 und 4 ihrer Statuten vom 3. Januar 1973[4]:

«La Banque de France est l'institution qui, dans le cadre de la politique économique et financière de la nation, reçoit de l'État la mission générale de véiller sur la monnaie et le crédit . . .» Und weiter: «. . . Elle contribue à la préparation et participe à la mise en œuvre de la politique monétaire arrêtée par le Gouvernement et, avec le concours, dans le cadre de sa competence, du Conseil National du Crédit . . .»

Beide Artikel spiegeln die Verantwortlichkeit der Banque de France für die Geldpolitik einerseits und andererseits ihre Beziehung zur Regierung wider. Die Zentralbank fungiert als Hüterin der Währung und der Kreditbeziehungen und darüber hinaus als Beraterin der Regierung. Allerdings bestimmt die Regierung über die allgemeine Wirtschafts- und die Finanzpolitik, der die Geldpolitik untergeordnet worden ist. Dabei ist die Banque de France in Zusammenarbeit mit dem Conseil National du Crédit an der Vorbereitung und der Umsetzung der Geldpolitik durch die Regierung beteiligt. Wenn die Banque de France ihren Statuten zufolge auch nicht unabhängig ist von Weisungen der Regierung, so entscheidet in der Praxis doch ihr Gouverneur in Beratungen mit dem Finanzminister über geldpolitische Maßnahmen. Dabei gilt das Augenmerk des Gouverneurs der Stabilität des Wertes des französischen Franc. Die Banque de France versucht den Binnenwert der französischen Währung, also das heimische Preisniveau zu stabilisieren, indem sie das Wachstum monetärer Aggregate wie M2 und M3 kontrolliert. Stabilerhaltung des Außenwertes bedeutet, den nominalen Wechselkurs des französischen Franc gegenüber der D-Mark konstantzuhalten, die den „Anker" für monetäre Stabilität bildet; dies stellt sozusagen die

[4] Vgl. *Banque de France*: La Banque de France et la Monnaie, 4. Aufl., Paris 1986, S. 149–157, sowie Wietze *Eizenga*: The Banque de France and Monetary Policy (SUERF Papers on Monetary Policy and Financial Systems, Société Universitaire Européenne de Recherches Financières, Nr. 8), Tilburg 1990, S. 1–6.

Handlungsanweisung für die französischen Währungsbehörden dar. Das Ziel Kontrolle des Geldmengenwachstums ist in Frankreich dem der Wechselkursstabilität untergeordnet worden. Seit 1987 zielt die Banque de France auf eine Stabilisierung des nominalen Wechselkurses des französischen Franc gegenüber der D-Mark, indem sie ihre Devisenmarkt- und Geldmarktinstrumente entsprechend einsetzt. Dabei ist sie bemüht, die Differenz zwischen den Geldmarktsätzen in Frankreich und Deutschland zu verringern.

Auf längere Sicht stehen die Stabilerhaltung des internen und des externen Wertes einer Währung natürlich im Einklang miteinander. Kurzfristig jedoch kann es durchaus zu Zielkonflikten kommen. Gibt es keine direkten Kreditkontrollen – in Frankreich sind diese erst 1986 abgeschafft worden –, so können die Zentralbanken interne Währungsstabilität nur noch über eine indirekte Kontrolle der Kreditausweitung erreichen. So werden denn durch entsprechende Maßnahmen die Geldmarktbedingungen beeinflußt, um so das Wachstum der monetären Aggregate zu kontrollieren. Neben Devisenmarktinterventionen setzen die Zentralbanken ihr geldmarktpolitisches Instrumentarium auch ein, um den Außenwert der Währung zu sichern, beispielsweise im Rahmen des Wechselkursmechanismus des EWS. Von einem Anstieg (Rückgang) des inländischen Geldmarktsatzes wird eine Aufwertung (Abwertung) der eigenen Währung gegenüber anderen Währungen erwartet. Daraus können sich nun für die Notenbanken Konflikte zwischen dem internen und dem externen Ziel ergeben, so daß man einem von beiden Priorität einräumen muß. In den letzten Jahren hat sich die Bundesbank für die interne Stabilität entschieden, die Banque de France hingegen für externe Stabilität.

Tabelle 1: Konflikte zwischen innerer und äußerer Stabilität

Äußere Stabilität / Innere Stabilität	*Aufwertung* der eigenen Währung über eine Anhebung der Geldmarktsätze	*Abwertung* der eigenen Währung über eine Senkung der Geldmarktsätze
Begrenzung des Geldmengenwachstums über eine Anhebung der Geldmarktsätze	*Kein Konflikt*, da die Ziele der inneren und äußeren Stabilität in Einklang stehen	*Zielkonflikt* Deutschland: 1986, 1987 Frankreich: 1987, 1988
Ausweitung des Geldmengenwachstums über eine Senkung der Geldmarktsätze	*Zielkonflikt* Deutschland: – Frankreich: –	*Kein Konflikt*, da die Ziele der inneren und äußeren Stabilität in Einklang stehen

III. Geldpolitische Ziele

Ende 1974 hat die Deutsche Bundesbank als erste Zentralbank ein Geldmengenziel verkündet, d.h. ein im jeweiligen Jahr angestrebtes Wachstum der Geldmenge. Die Bundesbank hatte sich dabei seinerzeit für die Zentralbankgeldmenge entschieden, eine Art gewichtete Geldmenge M3, da dieses Aggregat den Grad der Liquidität verschiedener Geldformen widerspiegelt und in enger Korrelation zum Gesamtvolumen der inländischen Ausgaben bzw. zum Bruttosozialprodukt steht[5]. Seit 1979 hat die Bundesbank einen „Zielkorridor" für das Geldmengenwachstum angegeben, um so nicht vorhersehbaren externen und zyklischen Einflüssen Rechnung zu tragen. Bis 1985 ist es dank der flexiblen, im Grundsatz aber stringenten Politik der Bundesbank gelungen, das tatsächliche Wachstum der Zentralbankgeldmenge im vorgegebenen Zielband zu halten. Durch die erheblichen Zielüberschreitungen in den Jahren 1986 und 1987 hat freilich die Glaubwürdigkeit der Bundesbank etwas Schaden genommen. Diese Zielüberschreitungen hatten ihre Ursache in dem hohen Wachstum des Bargeldumlaufes, der gemäß der Definition der Zentralbankgeldmenge ein hohes Gewicht (von mehr als 50%) hat und die Grundtendenz der Geldmengenentwicklung verzerrte. Seit 1988 verkündet die Bundesbank deshalb Ziele für die „ungewichtete" Geldmenge M3, die sich auf mittlere Sicht praktisch genauso wie die Zentralbankgeldmenge entwickelt hat und bereits seit 1979 neben dieser als geldpolitischer Indikator beobachtet worden war. Die Gründe für diese Umstellung lagen darin, daß die Zentralbankgeldmenge von der Öffentlichkeit irrtümlich als monetäre Basis interpretiert wurde sowie in der größeren Abhängigkeit dieses Aggregats von stärkeren Schwankungen der inländischen Geldmarktsätze und des Wechselkurses der D-Mark (insbesondere gegenüber dem US-Dollar). Dieses Phänomen findet seine Erklärung in der erheblichen Präferenz der privaten Wirtschaftssubjekte für Bargeld sowie der Hortung von D-Mark-Banknoten durch Ausländer. Daß die Geldmenge M3 nicht so stark auf Ausschläge der Zinsen und des Wechselkurses reagiert, impliziert zugleich, daß mit den üblichen Geldmarktinstrumenten in bezug auf dieses Aggregat nur begrenztere Effekte als hinsichtlich der Zentralbankgeldmenge zu erreichen sind; bezüglich der Wirksamkeit ihrer Instrumente folgt für die Notenbankpolitik hieraus, daß sie den Rahmen zeitlich weiter

[5] Die Zentralbankgeldmenge (ZBG) setzt sich zusammen aus dem Bargeldumlauf (C) und den Mindestreserven auf Sichteinlagen (D), Termineinlagen (T) sowie Spareinlagen (S): $ZBG = C + 0{,}166\,D + 0{,}124\,T + 0{,}081\,S$. Vgl. hierzu auch Helmut *Schlesinger*: The Setting of Monetary Objectives in Germany, in: Central Bank Views on Monetary Targeting (Papers Presented at a Conference Held at The Federal Reserve Bank of New York, Mai 1982), hrsg. von Paul Meek, New York 1983, S. 6–17.

Tabelle 2: Geldmengenziele und tatsächliche Entwicklung[1]
– Zuwachsraten in % –

Jahr	Bundesrepublik Deutschland				Frankreich			
	Zentralbank-geldmenge		M3		M2[2]		M3	
1980	5–8	(4,8)			11	(9,8)		
1981	4–7	(3,5)			10	(11,4)		
1982	4–7	(6,0)			12½–13½	(11,5)		
1983	4–7	(6,9)			9	(10,2)		
1984	4–6	(4,7)			5½–6½	(7,6)		
1985	3–5	(4,4)			4–6	(6,9)		
1986	3½–5½	(8,3)					3–5	(4,5)
1987	3–6	(8,2)			4–6	(4,3)	3–5	(9,0)
1988			3–6	(6,8)	4–6	(3,7)		
1989			ca. 5	(4,8)	4–6	(3,7)		
1990			4–6	(5,5)	3½–5½	(– 1,2)		

[1] Tatsächliche Zuwachsraten in Klammern.
[2] 1984 und 1985: M2R = M2 in den Händen Gebietsansässiger.

Quellen: Geschäftsberichte der Deutschen Bundesbank; Banque de France: Compte Rendu.

stecken muß. Nachdem das tatsächliche Wachstum von M3 das Geldmengenziel 1988 noch leicht überschritten hatte, wurden in den Jahren 1989 und 1990 die Geldmengenziele eingehalten.

Die Banque de France hat erstmals im Dezember 1987 ein Ziel für das Geldmengenwachstum (M2 auf Jahresrate) öffentlich verkündet[6]. In der Zeit bis 1985 überschritt das tatsächliche Geldmengenwachstum in den meisten Jahren das vorgegebene Ziel, das in Frankreich zunächst erheblich höher lag als in der Bundesrepublik. Nachdem für die Jahre 1984 und 1985 bei der Zielformulierung auf das Wachstum von M2R (M2 in den Händen von Gebietsansässigen) übergegangen worden war und für die Jahre 1986 und 1987 auf die Geldmenge M3, kehrte die Banque de France noch 1987 zu M2 als Zielgröße zurück.

[6] In Frankreich sind die monetären Aggregate wie folgt definiert: M1 = Bargeldumlauf + Sichteinlagen, über die mit Scheck verfügt werden kann; M2 = M1 + sonstige Sichteinlagen + Spareinlagen; M3 = M2 + Fremdwährungseinlagen + Termineinlagen + Geldmarktpapiere von Banken (einschl. CDs); L = M3 + vertraglich gebundene Ersparnisse + Schatzwechsel + Geldmarktpapiere von Nichtbanken (einschl. commercial paper).

Die Verkündung von Geldmengenzielen wurde von der französischen Notenbank nicht allein damit begründet, daß so feste Anhaltspunkte bezüglich der Inflationserwartungen vorgegeben würden, sondern auch mit der eigenen Verantwortung für monetäre Stabilität in Frankreich und gegenüber der „Franc-Zone“[7]. Nach Auffassung der Banque de France ist das Ziel der Wechselkursstabilität allein nicht hinreichend für eine große, offene Volkswirtschaft wie Frankreich. Die Wahl von M2 als Zielgröße ist mit der Einfachheit, der Verständlichkeit und der Kontrollierbarkeit dieses Aggregats zu erklären. Der Öffentlichkeit ist diese Geldmengengröße geläufig, die aus solchen Geldformen besteht, die keinen oder einen festen Zins erzielen. Andererseits führte das Entstehen neuer finanzieller Instrumente, wie Certificates of Deposits (CDs), Commercial Paper and «sociétes d'investissement à capital variable» (SICAVs), zu einer Umschichtung von M2 hin zu M3 bzw. L. Dieser Transfer findet sich empirisch bestätigt durch die gegenläufige Entwicklung der Umlaufgeschwindigkeit von M2 und M3 in den Jahren seit 1986; in dieser Zeit hat die Umlaufsgeschwindigkeit von M2 zugenommen, die von M3 hingegen tendenziell abgenommen[8]. Es überrascht von daher nicht, daß in den Jahren seit 1987 das tatsächliche Wachstum der Geldmenge M2 dem Ziel entsprach oder sogar darunterlag, während das Wachstum der Geldmenge M3 das für das Jahr 1987 vorgegebene Ziel erheblich überschritt. Auch wurden im Gefolge eines Plans zur steuerlichen Abzugsfähigkeit von Ersparnissen für Altersversorgungszwecke («plan d'épargne populaire»/PEP) im Februar 1990 größere Beträge von den Sparkonten («comptes sur Livret») abgezogen. Wegen der sehr langen Fristen sind die PEP-Ersparnisse nicht Bestandteil von M2 oder M3 und auch nicht von L. Dies höhlt naturgemäß die Bedeutung von M2 für praktische geldpolitische Zwecke aus. Es ist deshalb vielleicht damit zu rechnen, daß die Banque de France sich künftig wieder einer breiter abgegrenzten Geldmenge – z.B. M3*, mit der die gesamte Liquidität von Gebietsansässigen erfaßt ist – bedient.

IV. Geldpolitische Instrumente

Die geldpolitischen Instrumente der Deutschen Bundesbank lassen sich in solche einteilen, die kürzerfristigen Charakter haben und immer wieder neu adjustiert werden können, und solche mit längerfristigem Charakter[9].

[7] Vgl. Jean-Pierre *Patat*: Monnaie, institutions financières et politique monétaire, Economica, Paris 1987, S. 299–308.

[8] Zu den Umlaufgeschwindigkeiten von M1, M2 und M3 vgl. *Conseil National du Crédit*: Rapport Annuel 1989, Paris 1990, S. 53.

[9] Vgl. Hermann-Josef *Dudler*: The Implementation of Monetary Objectives in

Erstere stellen Instrumente der „Feinsteuerung" dar und dienen dazu, (ganz) kurzfristige Störungen auszugleichen. Hierzu zählen Interventionen an den Devisenmärkten (einschließlich Swaps) sowie die zunehmend an Bedeutung gewinnenden Wertpapierpensionsgeschäfte, deren Satz – der sogenannte „Pensionssatz" – in den letzten Jahren zur Richtschnur für den Geldmarktsatz geworden ist. Die zweite Gruppe von Instrumenten dient der „Grobsteuerung"; sie sind mittel- bis längerfristig orientiert und werden eingesetzt, um länger andauernden Störungen entgegenzuwirken. Zu ihnen zählen die offiziellen Kreditfazilitäten sowie die Mindestreserven, die von den Banken zu unterhalten sind. Zu den offiziellen Kreditfazilitäten rechnen zum einen die Rediskontkontingente, die zum Diskontsatz in Anspruch genommen werden können, zum anderen die sogenannten Lombardkredite, d.h. tägliche Ausleihungen der Zentralbank gegen Zahlung des Lombardsatzes. Früher war der Diskontsatz die untere Grenze für den Geldmarktsatz, doch seit Februar 1985 wird diese Funktion von dem Satz wahrgenommen, zu dem die Bundesbank Schatzwechsel abgibt. Schatzwechsel sind von der Bundesregierung ausgegebene Papiere, die von der Bundesbank zu einem Satz verkauft werden, der in der Regel um einen halben Prozentpunkt über dem Diskontsatz liegt. Der Lombardsatz seinerseits liegt im allgemeinen 1,5 bis 2 Prozentpunkte über dem Diskontsatz und kann als obere Grenze für den Geldmarktsatz betrachtet werden (in Deutschland insbesondere für den Tagesgeldsatz).

In den Jahren bis 1976 hat die Bundesbank immer wieder ihr Mindestreserveinstrument eingesetzt. In der Zeit danach war das weitaus weniger der Fall, und zwar wegen der relativ langen Zeit, die die Banken benötigen, um ihre Kassenreserven an solche Veränderungen anzupassen. Gleichwohl blieben die Mindestreserven, die – ökonomisch gesehen – für die Banken auch Arbeitsguthaben darstellen, relativ hoch; sie wirken somit gleichsam als „automatische Bremse" für die monetäre Expansion und werden deshalb von der Bundesbank als unverzichtbar erachtet.

Seit Dezember 1986 besteht das geldpolitische Instrumentarium der Banque de France aus Eingriffen am Devisenmarkt und der Geldmarktpolitik[10]. Dabei beeinflussen Interventionen am Devisenmarkt nicht nur

Germany – Open Market Operations and Credit Facilities, in: Central Bank Views on Monetary Targeting, a. a. O., S. 18–29, hier S. 19–20 und S. 25.

[10] Bis 1986 bediente sich die Banque de France des «encadrement du crédit», eines Systems von quantitativen Kontrollen der Kreditgewährung an den privaten Sektor, das dann wegen seiner zunehmenden Komplexität sowie der damit verbundenen Wettbewerbsverzerrungen und seiner abnehmenden Wirksamkeit in bezug auf das Geldmengenwachstum abgeschafft wurde. Vgl. hierzu Y. *Barroux*, N. *Dagognet*: Analysis of the Relationship between Money Stock and Monetary Base: The French

*Tabelle 3: Der Transmissionsmechanismus der Geldpolitik in Deutschland und Frankreich (seit 1986)**

Transmissions-mechanismus	Bundesrepublik Deutschland	Frankreich (seit 1986)
Geldpolitische Instrumente	Refinanzierungsfazilitäten Geldmarktgeschäfte Mindestreserven Devisenmarktinterventionen	Refinanzierungsfazilitäten Geldmarktgeschäfte Mindestreserven Devisenmarktinterventionen
Geldpolitische Indikatoren	Geldmarktsatz (Tagesgeld)	Geldmarktsatz (Tagesgeld)
Geldpolitische Ziele	Hauptziel: M3 Nebenziel: Realer Wechselkurs D-Mark/US-Dollar	Hauptziel: Nominaler Wechselkurs Franc/D-Mark Nebenziel: M2
Wirtschaftspolitische Ziele	Heimisches Preisniveau	Heimisches Preisniveau (vor 1986 auch: Wachstum des Bruttosozialprodukts)

* Eine Analyse des Transmissionsmechanismus der Geldpolitik findet sich bei Sylvester C. W. *Eyffinger*: Over de beheersbaarheid von de geldhoeveelheid, Amsterdam 1986, S. 85–96.

diesen selbst, sondern indirekt haben sie auch einen Geldmarkteffekt, sofern sie nicht durch die Zentralbank „sterilisiert“ werden. Unter dem Terminus „Geldmarktpolitik“ sind alle die Instrumente zusammengefaßt, die über den Satz für zwischen Banken gehandeltes Geld («marché interbancaire») wirken: die offiziellen Kreditfazilitäten, die Geldmarktoperationen und die Mindestreserveregelungen der Banque de France.

Unter den offiziellen Kreditfazilitäten sind zunächst die «appels d'offres» zu nennen mit einer Laufzeit von bis zu drei Wochen; auf diesem Weg stellt die Zentralbank den Geschäftsbanken je nach Einschätzung der Geldmarkt-

Experience during the Period of Quantitative Controls on Credit (1973–1985), in: Monetary Policy – A Theoretical and Econometric Approach, hrsg. von P. Artus und Y. Barroux, Dordrecht u. a. 1990, S. 117–129.

bedingungen Liquidität zur Verfügung. Ihr Zins («taux des appels d'offres») fungiert als eine „harte" untere Linie für den Interbankensatz. Die zweite offizielle Kreditfazilität bilden Pensionsgeschäfte mit Rückkaufsvereinbarung mit einer Laufzeit von fünf bis zu zehn Tagen («pensions de 5 à 10 jours»), die die Banken täglich aus eigener Initiative heraus nutzen können. Der hierfür zu zahlende Zins («taux des pensions de 5 à 10 jours») wird von der Zentralbank festgelegt und kann als „weiche" obere Linie für den Geldmarktsatz angesehen werden, wobei auch in Frankreich der Tagesgeldsatz («taux jour le jour») der wichtigste ist; in der Zeit seit Jahresende 1986 variierte die Spanne zwischen beiden offiziellen Sätzen zwischen einem halben und einem Prozentpunkt. Darüber hinaus kann die Banque de France in speziellen Situationen Geldmarktgeschäfte zu Marktsätzen vornehmen, um so zu einer Feinabstimmung zu gelangen. Diese Geldmarktgeschäfte lassen sich unterteilen in direkte Interventionen am Interbankenmarkt («pension à moins de 5 jours») während ein oder zwei Tagen und Offenmarktoperationen («concours/reprises de liquidité») durch Käufe bzw. Verkäufe von Schatzwechseln gegen Kasse, um so den Interbankenmarkt über den offenen Markt zu beeinflussen. Während die direkten Interventionen am Interbankenmarkt bezüglich der kurzfristigen Beeinflussung des Geldmarktsatzes sehr effektiv sind, ist die Effektivität der Offenmarktoperationen wegen des nur geringen Umfangs dieses Marktes in Frankreich begrenzt.

Schließlich spielen seit 1985 die Vorschriften hinsichtlich der obligatorisch zu haltenden Reserven («système des réserves obligatoires») eine wichtige Rolle, obwohl die zur Anwendung kommenden Reservesätze – international gesehen – relativ niedrig sind. Die Banque de France setzt dieses Instrument in dreifacher Hinsicht ein: Zunächst einmal wird mit ihm ein strukturelles Defizit am Geldmarkt ausgeglichen, um so die Geldmarktoperationen hinreichend effektiv gestalten zu können. Zum zweiten wirken die Reservesätze als eine „automatische Bremse" im Zuge der monetären Expansion, ganz so, wie das auch in der Bundesrepublik der Fall ist. Zum dritten setzt die Banque de France die Reservesätze als „aktives" Instrument ein, um so auf kürzere Sicht das Wachstum der monetären Aggregate zu kontrollieren.

V. Devisengeschäfte und Geldmarktpolitik

Mit den Devisenmarktoperationen und ihrer Geldmarktpolitik visiert die Deutsche Bundesbank verschiedene Ziele an, wohingegen diese Instrumente von der Banque de France seit 1986 auf ein Ziel hin, nämlich die Stabilität des nominalen Wechselkurses des französischen Franc gegenüber der D-Mark, eingesetzt werden. Dabei kommt es in der Bundesrepublik weniger häufig zu Interventionen an den Devisenmärkten durch die Notenbank als in Frankreich. Dies ist mit Unterschieden in der Unabhängigkeit von Bundesbank einerseits und Banque de France andererseits vom jeweiligen Finanzminister auf dem Gebiet der äußeren Währungspolitik zu erklären. Beide Zentralbanken unterscheiden sich zur Zeit erheblich, was die Häufigkeit und damit auch die Effektivität von Devisenmarktinterventionen angeht. Da, empirisch gesehen, die Beeinflussung der Erwartungen der Marktteilnehmer der Haupteffekt solcher Interventionen ist, führen (sehr) häufige Eingriffe in den Markt im allgemeinen zu einer geringeren Effektivität[11]. Überdies unterscheiden sich die kurzfristigen Ziele der Devisenmarktpolitik in der Bundesrepublik und in Deutschland als Folge der Asymmetrie des EWS. Während die Bundesbank bemüht ist, Schwankungen des Wechselkurses der D-Mark gegenüber dem US-Dollar auszugleichen bzw. zu mildern, konzentriert sich die Banque de France auf den Wechselkurs des Franc zur D-Mark. Wenn sie nicht ganz von Interventionen absieht, verfolgt die Bundesbank eine Politik des „Gegen-den-Wind-Lehnens", um „ungeordneten" Marktverhältnissen entgegenzuwirken[12]. Die Banque de France verfolgt die gleiche Politik des "leaning against the wind" und versucht, marginale Interventionen – Interventionen an den Grenzen des EWS-Bandes – zu vermeiden, um am Markt, unabhängig von der Wechselkursentwicklung, ein Risiko aufrechtzuerhalten. Natürlich sterilisieren beide Zentralbanken die Liquiditätseffekte ihrer Devisenmarktinterventionen auf kürzere Sicht nicht durch entgegengerichtete Geldmarktgeschäfte.

Seit Mitte der 70er Jahre hat die Bundesbank im Hinblick auf die Kontrolle des Wachstums der Zentralbankgeldmenge bzw. – von 1988 an – der Geldmenge M3 ihrem geldmarktpolitischem Instrumentarium, das über den Geldmarktsatz wirkt, mehr und mehr Beachtung geschenkt. Ein Anstieg des Geldmarktsatzes dämpft zum einen die Kreditgewährung der Banken an den privaten Sektor und stimuliert zum anderen die Nachfrage der Privaten nach Geldkapital, d.h. Finanzanlagen, die nicht Bestandteil der Zentralbankgeldmenge bzw. von M3 sind. Die Zentralbank kontrolliert also das Geldmengenwachstum indirekt über ihre Geldmarktpolitik; das bedeutet, daß der hier auftretende "time lag" länger ist als im Falle direkter Kreditkontrollen.

[11] Vgl. Sylvester C. W. *Eyffinger*, A. P. D. *Gruijters*: On the Effectiveness of Daily Interventions by the Deutsche Bundesbank and the Federal Reserve System in the U.S. Dollar – Deutsche Mark Exchange Market, in: Exchange Rate Regimes and Currency Union, hrsg. von Ernst Baltensperger und Hans-Werner Sinn, London (erscheint demnächst).

[12] Vgl. dies.: On the Short Term Objectives of Daily Intervention by the Deutsche Bundesbank and the Federal Reserve System in the U.S. Dollar – Deutsche Mark Exchange Market, in: Kredit und Kapital, 24. Jg. (1991), Heft 1, S. 50–72.

Im Februar 1985 ging die Bundesbank dazu über, die Feinsteuerung des Geldmarktes verstärkt über Wertpapierpensionsgeschäfte vorzunehmen. (Der Grund hierfür lag in den beträchtlichen Signaleffekten bei Ankündigung von Veränderungen der beiden offiziellen Notenbankzinssätze – Diskont und Lombard –, so daß die Geldmarktpolitik ihre Flexibilität verloren hatte.) Dies führte dazu, daß der Geldmarktsatz unter Banken, namentlich der Tagesgeldsatz, weniger abhängig von Diskont- und Lombardsatz war, sondern mehr vom Pensionssatz bestimmt wurde. Seither hat die Bundesbank unter normalen Umständen bei den Wertpapierpensionsgeschäften relativ knapp in dem Sinne zugeteilt, daß von den Märkten eine höhere Zuteilung erwartet worden war. Auch richtete sich das Augenmerk der Marktteilnehmer immer mehr auf kleinere Veränderungen des Pensionssatzes, so daß der Tagesgeldsatz auch auf sehr kurze Sicht zunehmenden Schwankungen unterlag als Folge der größeren Flexibilität in der Geldmarktsteuerung. Ungeachtet dieser Volatilität ist die Bundesbank bemüht, den Tagesgeldsatz zwischen dem Schatzwechselabgabesatz und dem Lombardsatz zu halten, also innerhalb eines Bandes von 1 bis 1½ Prozentpunkten.

Die Banque de France ihrerseits ist erst im Dezember 1986 zu vollkommen marktkonformen Instrumenten bezüglich der Stabilisierung des Wechselkurses Franc/D-Mark und der Kontrolle der monetären Aggregate übergegangen. Nachdem diese Grundsatzentscheidung einmal gefallen war, ist das geldmarktpolitische Instrumentarium sodann sehr rasch und reibungslos entwickelt worden. Die offiziellen Notenbankzinssätze werden nach Konsultation des Finanzministers vom Gouverneur allein festgesetzt und bilden das Band, innerhalb dessen der Tagesgeldsatz schwanken kann. Abgesehen von diesem mittelfristig orientierten Instrument, bestimmt der Gouverneur der Banque de France den Betrag und die Laufzeit der über „Aufrufe zur Abgabe von Geboten" («appels d'offres») für die ganz kurzen Fristen bereitgestellten Mittel. Zu Zeiten relativ nervöser Geldmärkte – z. B. gegen Ende einer Reserveperiode hin – kann die Banque de France entscheiden, ob sie zum Mittel direkter Interventionen am Interbankenmarkt greift («pensions à moins de 5 jours») oder Offenmarktoperationen («concours/reprises de liquidité») vornimmt. Diese Geldmarktgeschäfte werden zur Feinsteuerung des Interbankensatzes von Tag zu Tag eingesetzt. In den letzten Jahren hat sich die Banque de France mehr und mehr einer Beeinflussung des Interbankensatzes innerhalb des Bandes der beiden offiziellen Notenbankzinsen enthalten, und zwar wegen der nicht vorauszuschätzenden Entwicklung der sogenannten „autonomen Faktoren" am Geldmarkt (wie des Umlaufs von Banknoten, der Entwicklung der Währungsreserven und der Kassenhaltung des französischen Schatzamtes). Nach Auffassung der Zentralbank sollte sich der Geldmarkt selbst regulieren, wobei der Interbankensatz zwischen den Notenbankzinssätzen als untere und obere Grenze schwanken kann. Als

Folge des Ziels, den Wechselkurs des französischen Franc gegenüber der D-Mark konstantzuhalten, sind die Notenbankzinssätze der Banque de France praktisch an die der Bundesbank gekoppelt.

Die Banque de France benötigt deshalb ein zusätzliches und (teilweise) unabhängiges geldpolitisches Instrument, um das Geldmengenwachstum in Frankreich zu kontrollieren. Diese Funktion soll die Mindestreserve erfüllen, die als bis zu einem gewissen Grad unabhängiges und „aktives" Instrument neben den offiziellen Notenbankzinssätzen angesehen wird. In diesem Sinne hat die Banque de France zweimal, nämlich im Juni/Juli 1987 und im Mai 1988, miteinander entgegengerichteten Maßnahmen bei Notenbankzinssätzen und Mindestreservesätzen gearbeitet[13]. Beide Male zeigte sich jedoch, daß diese beiden Instrumente keineswegs als unabhängig voneinander angesehen werden können.

VI. Fortschreitende Konvergenz

Nach der Betrachtung der Konvergenz bei der Umsetzung der Geldpolitik in den 80er Jahren soll nunmehr analysiert werden, inwieweit sich auch die Ergebnisse der Geldpolitik in Deutschland und Frankreich einander angeglichen haben. Dies kann, wiederum für die 80er Jahre, anhand der Entwicklung von vier Schlüsselgrößen dargelegt werden. Dabei handelt es sich um die Inflationsraten, die realen Wechselkurse sowie die kurz- und langfristigen Realzinsen (Geldmarktsätze bzw. Kapitalmarktrenditen).

Die Annäherung der deutschen und französischen Inflationsraten (gemessen an den Verbraucherpreisen) im Zeitraum 1980 bis 1990 ist durchaus bemerkenswert. Die Inflationsdifferenz, also die Preissteigerungsrate in Frankreich abzüglich der in Deutschland, ist von mehr als 8 Prozentpunkten auf unter 1 Prozentpunkt zurückgegangen (vgl. *Tabelle 4* auf S. 186). Natürlich war dies die Folge davon, daß der nominale Wechselkurs des französischen Franc gegenüber der D-Mark konstantgehalten worden ist, insbesondere in den Jahren seit 1986. Darüber hinaus spielt hier auch eine Rolle, daß sich die Ziele der Geldpolitik und die Zuwachsraten der monetären Aggregate in beiden Ländern einander angenähert haben, auch dies wiederum insbesondere seit Mitte der 80er Jahre (vgl. nochmals *Tabelle 2*).

[13] Im Juni 1987 wurden die offiziellen Zinssätze um 1/4 Prozentpunkt gesenkt, und einen Monat später wurde der Mindestreservesatz für Termineinlagen um 1 Prozentpunkt angehoben. Diskont- und Lombardsatz wurden sodann im Mai 1988 um einen weiteren 1/4 Prozentpunkt zurückgenommen, wohingegen im darauffolgenden Monat die Mindestreservesätze für Spar- und Termineinlagen um 1 1/2 bzw. 1/2 Prozentpunkt heraufgesetzt wurden.

Tabelle 4: Preisentwicklung in der Bundesrepublik Deutschland und Frankreich

Jahr	Inflation[1]		Inflationsdifferenz Frankreich/ Bundesrepublik Deutschland
	Bundesrepublik Deutschland	Frankreich	
	%		Prozentpunkte
1980	5,5	13,6	8,1
1981	6,3	13,3	7,0
1982	5,3	12,0	6,7
1983	3,3	9,8	6,5
1984	2,4	7,7	5,3
1985	2,2	5,8	3,6
1986	– 0,2	2,5	2,7
1987	0,2	3,3	3,1
1988	1,3	2,7	1,4
1989	2,8	3,5	0,7
1990[2]	2,7	3,4	0,7

[1] Gemessen am Konsumentenpreisindex.

[2] Schätzungen der OECD und der Kommission der Europäischen Gemeinschaften.

Quellen: Geschäftsberichte der Deutschen Bundesbank; INSEE: Informations Rapides.

Als Folge der Stabilität des nominalen Wechselkurses und des abnehmenden Inflationsdifferentials hat sich auch der reale Wechselkurs des französischen Franc gegenüber der D-Mark, d. h. der um die unterschiedliche Preisentwicklung in beiden Ländern bereinigte Wechselkurs, in den Jahren seit 1986 relativ stabil entwickelt[14]. Hierin spiegelt sich wider, daß sich die terms of trade zwischen Deutschland und Frankreich seither nicht sehr stark verändert haben. Jedoch sollte man die Entwicklung der Inflationsdifferenz und des realen Wechselkurses nicht zum alleinigen Maßstab der Konvergenz in der Geldpolitik machen, da diese Größen sich allein auf die Vergangenheit und die Gegenwart, nicht aber auf die Zukunft beziehen. Um die Erwartungen der Finanzmärkte in die Betrachtung einzubeziehen, soll deshalb

[14] Im Jahre 1986 wurden die Devisenkontrollen in Frankreich erheblich gelockert, so daß sie seither als nicht mehr so belastend anzusehen sind; zugleich wurden quantitative Kreditbeschränkungen abgeschafft. Vgl. dazu André *Icard*: Exchange Rates and Interest Rates inside the EMS – The French Experience, Presentation to the IMF Visitors Center, Washington, D. C., 18. April 1990.

ex post die Entwicklung der kurz- und der langfristigen Realzinsen betrachtet werden.

Nachdem diese sich 1987 und in der ersten Jahreshälfte 1988 vorübergehend auseinanderentwickelt haben, ist in der Zeit danach eine tendenzielle Annäherung der deutschen und der französischen kurzfristigen Realzinsen zu beobachten (d. h. der um die unterschiedlichen Inflationsraten bereinigten kurzfristigen Nominalzinsen; vgl. auch hierzu das *Schaubild* auf S. 188). Die Differenz zwischen den kurzfristigen Realzinsen in Deutschland und Frankreich spiegelt die Erwartung der Finanzmärkte bezüglich der Veränderung der Wechselkurse auf kürzere Sicht wider. Auf diese wiederum wirken Erwartungen hinsichtlich der Inflation und der Leistungsbilanzentwicklung in beiden Ländern ein. Offensichtlich rechnen die Märkte also mit einer Abwertung des Franc gegenüber der D-Mark, für die sie an den französischen Geldmärkten eine Risikoprämie verlangen. Mit anderen Worten: Es dauert recht lange, bis die stabilitätsorientierte Geldpolitik der Banque de France an den Finanzmärkten entsprechend honoriert wird.

Bei den langfristigen Realzinsen (also den wiederum um die Inflationsdifferenzen bereinigten langfristigen Nominalzinsen; vgl. nochmals das *Schaubild*) ist seit dem zweiten Halbjahr 1988 eine recht starke Annäherung zwischen Deutschland und Frankreich zu beobachten. Wiederum spiegelt die noch vorhandene Differenz die Wechselkurserwartungen wider – diesmal die auf längere Sicht – und die dahinterstehenden Erwartungen im Hinblick auf Inflation und Zahlungsbilanzentwicklung in beiden Ländern. Längerfristig scheinen die Märkte also nur eine sehr begrenzte Abwertung des Franc gegenüber der D-Mark zu erwarten. Anders ausgedrückt: Eine Geldpolitik, die auf eine Stabilisierung des Preisniveaus zielt und längere Zeit durchgehalten wird, zahlt sich letztendlich aus. Der hierfür zu veranschlagende Zeitraum ist freilich relativ lang.

Das abnehmende Inflationsgefälle und der – seit 1986 – stabile Wechselkurs zeigen, daß sich die Ergebnisse der Geldpolitik in der Bundesrepublik Deutschland und in Frankreich bereits in einem erheblichen Maße angenähert haben. Andererseits läßt sich aus den dargelegten Differenzen bei den kurz- bzw. den langfristigen Realzinsen schließen, daß die Banque de France ihr "standing" an den Finanzmärkten noch verbessern muß, was ihr letztlich aber wohl gelingen wird. Die hier zum Ausdruck kommende Glaubwürdigkeit hat freilich auch eine Kehrseite, nämlich den Verlust der geldpolitischen Souveränität der Banque de France, die der Bundesbank folgen muß[15].

[15] Für eine gründliche Analyse der Konsequenzen einer Wirtschafts- und Währungsunion für die Geldpolitik vgl. Robert *Raymond*: The Conduct of Monetary Policy within a Monetary Zone, in: Exchange Rate Regimes and Currency Union, a. a. O.

Wechselkurs- und Zinsrelationen Frankreich - Deutschland

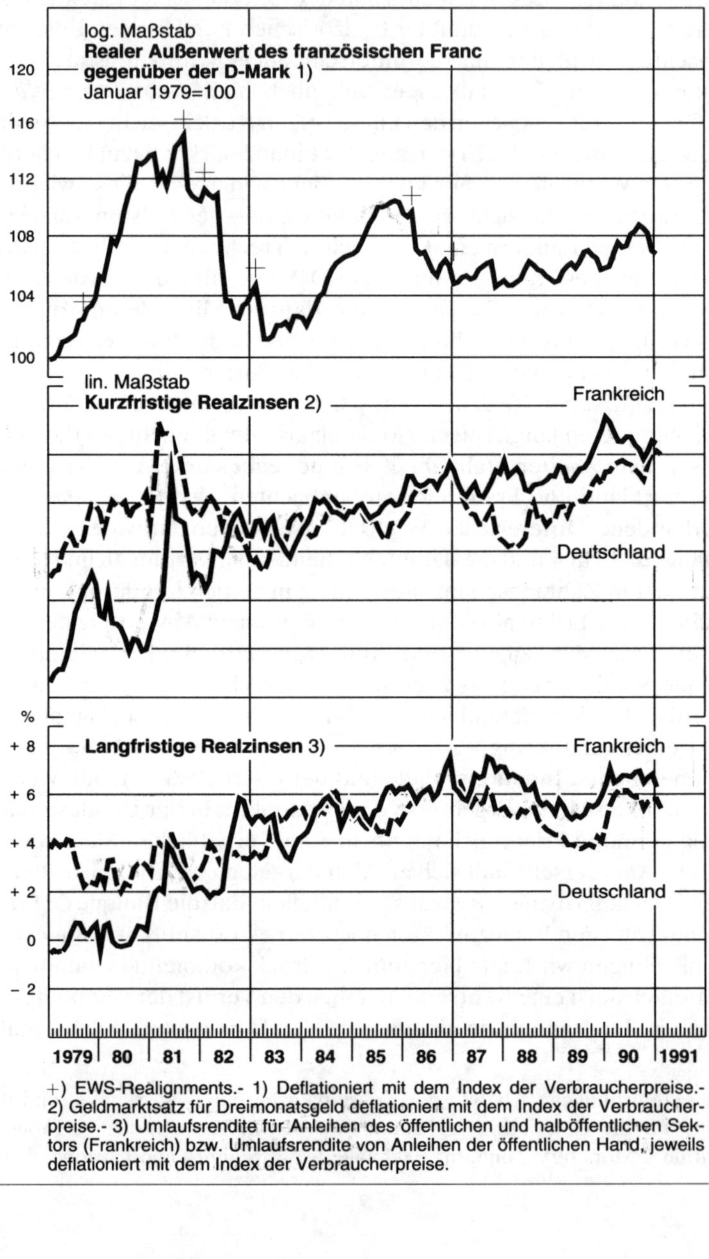

+) EWS-Realignments.- 1) Deflationiert mit dem Index der Verbraucherpreise.- 2) Geldmarktsatz für Dreimonatsgeld deflationiert mit dem Index der Verbraucherpreise.- 3) Umlaufsrendite für Anleihen des öffentlichen und halböffentlichen Sektors (Frankreich) bzw. Umlaufsrendite von Anleihen der öffentlichen Hand, jeweils deflationiert mit dem Index der Verbraucherpreise.

Alles in allem, so zeigt die Konvergenz der Geldpolitik, sind Deutschland und Frankreich einer Währungsunion bereits um einiges nähergekommen, als vielfach vermutet wird. Und dies erklärt auch, warum Frankreich mehr als Deutschland darauf dringt, daß der Weg hin zur Europäischen Währungsunion schneller beschritten wird.

VII. Schlußbemerkung

In bezug auf den Einsatz der geldpolitischen Instrumente hat es zwischen Deutschland und Frankreich seit 1986 zunehmend Konvergenzfortschritte gegeben. Die Konvergenz hat heute bereits ein hohes Maß erreicht. In Gang gesetzt worden ist dieser Prozeß durch eine zu Buche schlagende Abwertung des französischen Franc gegenüber der D-Mark im März 1983. Nach diesem Realignment beschlossen die französischen Währungsbehörden, auf einen restriktiven fiskalpolitischen Kurs einzuschwenken und mit einer solchen Politik das interne Preisniveau und die Wechselkursstabilität zu sichern. Überdies wurden von den Behörden im Jahre 1985 die Finanzmärkte Frankreichs dereguliert und liberalisiert, um den Wettbewerb zwischen verschiedenen finanziellen Institutionen zu stärken und so schließlich möglichst niedrigere Zinsen zu erzielen. Seit 1986 stimmen die wirtschaftspolitischen Ziele der Bundesbank und der Banque de France praktisch überein; beide wollen das interne Preisniveau stabilisieren. Es sollte jedoch beachtet werden, daß dieses Ziel bis heute nicht explizit in den Statuten der französischen Notenbank oder in einem anderen Gesetz verankert ist. Rechtlich gesehen, könnte der Finanzminister die Banque de France zwingen, die Wirtschaftstätigkeit über eine expansive Geldpolitik zu stimulieren, wie dies 1981 ja geschehen ist. Insofern wird auf dem Weg hin zur Europäischen Währungsunion für die französische Regierung der Lackmustest darin bestehen, ob sie gewillt ist, die Banque de France rechtlich unabhängig von Weisungen zu machen.

Was die geldpolitischen (Zwischen-)Ziele der Bundesbank und der Banque de France betrifft, so sind diese wegen der asymmetrischen Funktionsweise des EWS, in dem die D-Mark die Schlüsselrolle spielt, unterschiedlich. Während die Bundesbank sich allein ein internes Ziel – das Wachstum der Geldmenge M3 – setzt, legt die Banque de France das Schwergewicht auf ein externes Ziel – den nominalen Wechselkurs gegenüber der D-Mark – und versucht darüber hinaus, die Ausweitung der Geldmenge M2 zu kontrollieren. Dieser "trade off" zwischen internem und externem Ziel könnnte sich in Zukunft ändern infolge der Verbesserung der heimischen wirtschaftlichen und monetären "fundamentals" wie Zahlungsbilanz und Inflationsrate. Bei einer solchen Entwicklung müßte die Banque de France sich nicht mehr so sehr auf die Stabilisierung des Wechselkurses ihrer Währung gegenüber der D-Mark konzentrieren und hätte mehr Raum für eine Kontrolle des Geldmengenwachstums. Darüber hinaus ist denkbar, daß die französische Notenbank zu einer umfassender definierten Geldmenge – z. B. M3* – übergeht, die die gesamte Liquidität von Gebietsansässigen einschließt. Dies würde auch im Einklang stehen mit der generellen Tendenz in der Europäischen Gemeinschaft, eher weit definierte monetäre Aggregate zu kontrollieren, und deshalb auch die Ex-ante-Koordination der Geldpolitik durch den Ausschuß der EG-Notenbankpräsidenten erleichtern.

Die Geldmarktpolitik in Deutschland und Frankreich ist auf den Interbankensatz, d. h. den Tagesgeldsatz, als monetären Indikator gerichtet. Zu diesem Zweck versuchen sowohl die Bundesbank als auch die Banque de France den Geldmarktsatz in dem von den offiziellen Notenbankzinssätzen gebildeten Band zu halten und über Geldmarktoperationen eine Feinsteuerung vorzunehmen. Nach wie vor gibt es freilich zwischen beiden Ländern erhebliche Unterschiede, was die Häufigkeit und damit auch die Effektivität von Devisenmarktinterventionen angeht. Dies ist Ausfluß der unterschiedlichen Unabhängigkeit beider Zentralbanken auf dem Gebiet der Devisenmarktpolitik. Ein anderer „Test" der französischen Regierung ist deshalb darin zu erblicken, ob sie bereit sein wird, die volle Verantwortlichkeit für solche Interventionen der Banque de France zu übertragen. Die geldpolitischen Instrumente schließlich sind in Deutschland und Frankreich einander weitgehend angeglichen – ein Resultat der finanziellen Liberalisierung und der Integration in der Gemeinschaft. Dabei gibt es eine offensichtliche Tendenz hin zu marktkonformen, indirekten Instrumenten wie

- offiziellen Kreditfazilitäten (quantitativen Kontingenten und Zinssätzen) als einem „aktiven" Instrument auf kürzere und mittlere Sicht,
- Geldmarktoperationen (im Handel zwischen den Banken und im Offenmarktgeschäft) als einem „aktiven" Instrument auf ganz kurze Sicht und schließlich
- der Mindestreserve (über die Festlegung der entsprechenden Sätze) als einem „passiven" Instrument, d. h. einer „automatischen Bremse" für die monetäre Expansion.

Natürlich überlagern sich diese drei Instrumente als Folge ihres Einflusses auf den Geldmarktsatz. Aus diesem Grunde werden die geldpolitischen Instrumente der Notenbanken, auch die der Bundesbank und der Banque de France, in der Wirkung tendenziell eingeschränkt und weniger effektiv. Es ist das Paradox der Geldpolitik, daß deren Instrumente an Effektivität einbüßen in einer Zeit, in der die Geldpolitik, da die Finanzpolitik im Gefolge der relativ hohen Budgetdefizite in den meisten Ländern blockiert ist, bereits überlastet wird.

Literatur

Ausschuß zur Prüfung der Wirtschafts- und Währungsunion: Bericht zur Wirtschafts- und Währungsunion in der Europäischen Gemeinschaft („*Delors*-Bericht"), 1989.

Banque de France: La Banque de France et la Monnaie, 4. Aufl., Paris 1986.

Banque de France: Compte Rendu, Exercice 1989, Paris 1990.

Barroux, Y./N. Dagognet: Analysis of the Relationship between Money Stock and Monetary Base: The French Experience during the Period of Quantitative Controls on Credit (1973–1985), in: Monetary Policy – A Theoretical and Econometric Approach, hrsg. von P. Artus und Y. Barroux, Dordrecht u. a. 1990, S. 117–129.

Bordes, C./M. O. Strauss-Kahn: 1977–1986: Dix ans de politique d'objectifs en France ou le "targeting" à la Française (SUERF Papers on Monetary Policy and Financial Systems, Societé Universitaire Européenne de Recherches Financières, Nr. 4), Tilburg 1987.

Conseil National du Crédit: Rapport Annuel 1989, Paris 1990.

Deutsche Bundesbank: Die Deutsche Bundesbank – Geldpolitische Aufgaben und Instrumente (Sonderdruck Nr. 7), 5. Aufl., Frankfurt am Main 1989.

Deutsche Bundesbank: Geschäftsbericht für das Jahr 1989, Frankfurt am Main 1990.

Dudler, Hermann-Josef: The Implementation of Monetary Objectives in Germany – Open Market Operations and Credit Facilities, in: Central Bank Views on Monetary Targeting (Papers Presented at a Conference Held at The Federal Reserve Bank of New York, Mai 1982), hrsg. von Paul Meek, New York 1983, S. 18–29.

Eizenga, Wietze: The Banque de France and Monetary Policy (SUERF Papers on Monetary Policy and Financial Systems, Société Universitaire Européenne de Recherches Financières, Nr. 8), Tilburg 1990.

Eyffinger, Sylvester C. W.: Over de beheersbaarheid van de geldhoeveelheid, Amsterdam 1986.

Eyffinger, Sylvester C. W./A. P. D. Gruijters: On the Effectiveness of Daily Interventions by the Deutsche Bundesbank and the Federal Reserve System in the U.S. Dollar – Deutsche Mark Exchange Market, in: Exchange Rate Regimes and Currency Union, hrsg. von Ernst Baltensperger und Hans-Werner Sinn, London (erscheint demnächst).

Eyffinger, Sylvester C. W./A. P. D. Gruijters: On the Short Term Objectives of Daily Intervention by the Deutsche Bundesbank and the Federal Reserve System in the U.S. Dollar – Deutsche Mark Exchange Market, in: Kredit und Kapital, 24. Jg. (1991), Heft 1, S. 50–72.

Grauwe, Paul De: Is the European Monetary System a DM-Zone? (Centre for European Policy Studies, Working Document Nr. 39), Brüssel 1988.

Icard, André: Exchange Rates and Interest Rates inside the EMS – The French Experience, Presentation to the IMF Visitors Center, Washington, D.C., 18. April 1990.

Issing, Otmar: Einführung in die Geldpolitik, 3. Aufl., München 1990.

Kellaway, Lucy/Stephen Fidler: Pöhl suggests dual-speed union, in: Financial Times vom 12. Juni 1990, S. 18, 20 (wiederabgedruckt in: Auszüge aus Presseartikeln, hrsg. von der Deutschen Bundesbank, Nr. 48 vom 12. Juni 1990, S. 1).

Kellenbenz, Paul: „Mit dem harten Kern im EWS bilden wir praktisch schon eine Art

Währungsunion“ (Gespräch mit Präsident Karl Otto Pöhl), in: Handelsblatt vom 29. Januar 1991, S. 11.

Patat, Jean-Pierre: Monnaie, institutions financières et politique monétaire, Economica, Paris 1987, S. 299–308.

Raymond, Robert: The Conduct of Monetary Policy within a Monetary Zone, in: Exchange Rate Regimes and Currency Union, hrsg. von Ernst Baltensperger und Hans-Werner Sinn, London (erscheint demnächst).

Sachs, Jeffrey/Charles Wyplosz: The economic consequences of President Mitterrand, in: Economic Policy. A European Forum, Nr. 2 (April 1986), S. 263–322.

Schlesinger, Helmut: The Setting of Monetary Objectives in Germany, in: Central Bank Views on Monetary Targeting (Papers Presented at a Conference Held at The Federal Reserve Bank of New York, Mai 1982), hrsg. von Paul Meek, New York 1983, S. 6–17.

Schlesinger, Helmut: Das Konzept der Deutschen Bundesbank, in: Wandlungen des geldpolitischen Instrumentariums der Deutschen Bundesbank, hrsg. von Werner Ehrlicher und Diethard B. Simmert (Beihefte zu Kredit und Kapital, Heft 10), Berlin 1988, S. 3–20.

Wyplosz, Charles: Monetary Policy in France: Monetarism or Darwinism?, in: Finanzmarkt und Portfolio Management, hrsg. von der Schweizerischen Gesellschaft für Finanzmarktforschung, 2. Jg. (1988), Nr. 4, S. 56–67.

*Graham Bishop**

Die ECU: Korbwährung ohne Zukunft oder Keimzelle einer neuen Euro-Währung?

Die ECU wurde im Jahre 1979 geschaffen und hat sich seither sowohl bei den Banken als auch auf den Kapitalmärkten fest etabliert. 1990 haben elf der zwölf Staats- und Regierungschefs der EG erklärt, daß die ECU zur alleinigen, gemeinsamen Währung der Wirtschafts- und Währungsunion der EG werden soll. Dem gegenwärtig verfolgten Zeitplan der EG nach ist beabsichtigt, um das Jahr 2000 in die letzte Stufe der Währungsunion einzutreten. Damit die ECU schon zuvor, also vor dem Übergang zu einer einzigen, gemeinsamen Währung, ihren Marktanteil vergrößern kann, bedarf es der Unterstützung durch eine Reihe von Maßnahmen seitens der Regierungen der EG-Mitgliedsstaaten:

- *Restriktionen bezüglich der Verwendung der ECU müssen beseitigt werden, so daß diese gleichberechtigt mit den anderen Währungen des europäischen Binnenmarktes, ganz besonders mit der D-Mark, konkurrieren kann. Von entscheidender Bedeutung ist, daß alle Beschränkungen abgebaut werden, die finanzielle Institutionen in der EG – welche die Intermediation der langfristigen Ersparnisse in der Gemeinschaft vornehmen – von Anlagen in ECU abhalten.*
- *Die Europäische Kommission und die EG-Mitgliedsstaaten sollten darüber hinaus die Verwendung der ECU dadurch fördern, daß sie diese für ihre eigenen Transaktionen verwenden, beginnend mit den Leistungen aus dem bzw. den Beitragszahlungen an den EG-Haushalt. Auch sollten die öffentlichen Haushalte in den EG-Ländern einen Teil ihrer Verschuldung in ECU tätigen.*
- *Um die Verwendung der ECU als Wertaufbewahrungsmittel zu fördern, ist es von besonderer Bedeutung, daß die Ungewißheit, wie sie sich auf längere Sicht zusammensetzt, beseitigt wird. Ein möglicher Weg ist darin zu sehen, die Zusammensetzung der ECU einzufrieren.*

* Der Verfasser dankt Ann O'Kelly für Unterstützung bei der Vorbereitung dieser Abhandlung.

Alles in allem sollten diese Schritte der ECU zu einem wesentlich höherem Marktanteil verhelfen und demonstrieren, daß sie zu Recht zur neuen Euro-Währung wird.

I. Einleitung

Im Jahre 1979 hat die Europäische Gemeinschaft (EG) die Europäische Währungseinheit (ECU) geschaffen – eine Korbwährung, die sich aus den nationalen Währungen aller EG-Länder zusammensetzt. Im Oktober 1990 haben dann elf der zwölf EG-Staats- und Regierungschefs beschlossen, daß es in der Endstufe der Europäischen Wirtschafts- und Währungsunion eine einzige, gemeinsame Währung geben sollte – „eine starke und stabile ECU".

Die Argumente für eine einzige Währung in der EG sind wohlbekannt und finden sich verdichtet im Titel einer jüngsten Publikation der EG-Kommission: „Ein Markt, eine Währung"[1]. Die Schaffung einer einzigen Währung ist die einzige Möglichkeit, um an den Märkten die Befürchtung auszuräumen, daß irgendwann in der Zukunft die „unwiderrufliche" Fixierung der Wechselkurse doch widerrufen wird. Schon der *Werner*-Bericht aus dem Jahre 1970 empfahl eine einzige Währung, und das ist bis zum heutigen Tage die bevorzugte Option geblieben. Diese alleinige, gemeinsame Währung muß nicht notwendigerweise die ECU sein. Ökonomisch gesehen, könnte diese Rolle sehr gut auch von der D-Mark ausgefüllt werden, worauf *Gros* in seinem Beitrag zu diesem Buch hinweist.[2] In der Tat liegt, um es mit seinen Worten auszudrücken, in der Wahl einer Vehikelwährung eine gewisse Zufälligkeit; die jeweilige Startposition könnte das Endergebnis wesentlich beeinflussen. Die Staats- und Regierungschefs haben nun die Wahl getroffen. Aber kann die ECU wirklich den Sprung schaffen von der heutigen Korbwährung zur neuen gemeinsamen, alleinigen Euro-Währung?

II. Die Korb-ECU

Die ECU ist ein Korb, der festgelegte Beträge einer jeden EG-Währung enthält. Sie hat sich entwickelt aus einem anderen Korb, nämlich der Europäischen Recheneinheit (ERE), die in der Gemeinschaft 1975 eingeführt worden war, um die internen Buchungen zu vereinfachen. Als dann im Jahre

[1] Vgl. *Kommission der Europäischen Gemeinschaften*: Ein Markt, eine Währung. Potentielle Nutzen und Kosten der Errichtung einer Wirtschafts- und Währungsunion – eine Bewertung, in: Europäische Wirtschaft, Nr. 44, Oktober 1990.

[2] Vgl. Daniel *Gros*: Parallelwährungskonzepte – eine Alternative, in: Europa auf dem Weg zur Währungsunion, hrsg. von Manfred Weber, Darmstadt 1991, S. 133–154.

1979 das Europäische Währungssystem (EWS) etabliert wurde, wurde die ERE in ECU umbenannt und ihre Rolle erweitert. Heute enthält der der ECU zugrunde liegende Korb alle zwölf EG-Währungen, wobei die jeweiligen Beträge hinsichtlich der Zusammensetzung der ECU dem Gewicht eines jeden Landes entsprechen. Den diesbezüglichen Vorschriften zufolge werden diese Gewichte alle fünf Jahre überprüft und, falls notwendig, neu festgesetzt. Die Überprüfungen im Fünf-Jahres-Turnus bieten überdies eine Möglichkeit, die Währungen neu in die EG aufgenommener Länder in die ECU einzubeziehen. *Tabelle 1* auf S. 196 können die bisher vorgenommenen drei Revisionen entnommen werden.

Die ECU-Gewichte der einzelnen Währungen ergeben sich aus Vorschriften, die 1974 für den Vorläufer der ECU, die Europäische Recheneinheit, festgelegt worden sind. Wenn eine Überprüfung ergeben hat, daß eine Neufestsetzung angebracht ist, soll entsprechend der Ratsrichtlinie die Revision so erfolgen, daß sie in Einklang steht mit den zugrunde liegenden ökonomischen Kriterien und daß durch sie der Außenwert der ECU nicht verändert wird. Dabei kommen zwei ökonomische Kriterien zum Tragen: zum einen – und zwar mit einem Gewicht von 75% – die Summe der relativen Anteile eines Landes am Bruttosozialprodukt der Gemeinschaft und an den gesamten EG-Exporten in den vorangegangenen fünf Jahren, zum anderen der relative Anteil eines Mitgliedsstaates am kurzfristigen Währungsbeistand (hier beträgt das Gewicht 25%).

Jedoch richtet sich die ECU-Gewichtung nicht vollständig nach den ökonomischen Kriterien. In *Tabelle 2* auf S. 197 sind für die Korbrevision des Jahres 1989 die Gewichte nach den ökonomischen Kriterien denen gegenübergestellt, wie sie ab dem 21. September 1989 tatsächlich verwendet werden. Daraus ergibt sich, daß die Gewichtung im Falle der Bundesrepublik Deutschland, Großbritanniens und Italiens von der nach den ökonomischen Kriterien abweicht. Wegen der gestiegenen Bedeutung der ECU an den Finanzmärkten wurde bei der Neufestsetzung der Korbgewichte im Jahre 1989 eine neue Vorgehensweise mit dem Ziel angewendet, Marktstörungen möglichst zu vermeiden: Die Revision sollte am 21. September 1989 in Kraft treten. Die neuen Gewichte wurden bereits drei Monate zuvor, nämlich am 19. Juni 1989, bekanntgegeben. Am 20. September wurden mit Hilfe dieser Gewichte über den an diesem Tag verzeichneten Dollarkurs der jeweiligen Währung die absoluten Beträge der einzelnen Währungen im ECU-Korb festgelegt.

Bei der ECU ist zwischen einer offiziellen und einer privaten ECU zu unterscheiden. Beide Formen sind hinsichtlich Zusammensetzung und Wert identisch. Der Unterschied liegt darin, wie sie geschaffen und verwendet werden. Einfach ausgedrückt gilt, daß offizielle ECU nur von den Zentralbanken von EWS-Ländern gehalten werden. Diese offiziellen ECU werden

Tabelle 1: Die Zusammensetzung der ECU von 1979 bis heute

Währung	ab 1. Januar 1979 (ECU-9)		ab 17. September 1984 (ECU-10)		ab 21. September 1989 (ECU-12)	
	Betrag in jeweiliger Währung	Gewicht in %	Betrag in jeweiliger Währung	Gewicht in %	Betrag in jeweiliger Währung	Gewicht in %
D-Mark	0,828	33,0	0,719	32,0	0,6242	30,1
Französischer Franc	1,15	19,8	1,31	19,0	1,332	19,0
Italienische Lira	109,0	9,5	140,0	10,2	151,8	10,15
Pfund Sterling	0,0885	13,3	0,0878	15,0	0,08784	13,0
Holländischer Gulden	0,286	10,5	0,256	10,1	0,2198	9,4
Belgischer/ Luxemburgischer Franc	3,8	9,6	3,85	8,5	3,431	7,9
Dänische Krone	0,217	3,1	0,219	2,7	0,1976	2,45
Irisches Pfund	0,00759	1,2	0,00871	1,2	0,008552	1,1
Griechische Drachme	–	–	1,15	1,3	1,44	0,8
Portugiesischer Escudo	–	–	–	–	1,393	0,8
Spanische Peseta	–	–	–	–	6,885	5,3
Insgesamt	X	100,0	X	100,0	X	100,0

Quelle: Kommission der Europäischen Gemeinschaften.

Tabelle 2: ECU-Gewichtung und ökonomische Kriterien

Währung	Gewichtung mit Wirkung vom 21. September 1989	Ökonomische Kriterien[1] 1984–1988
	%	
D-Mark	30,1	24,4
Französischer Franc	19,0	18,3
Italienische Lira	10,15	13,9
Pfund Sterling	13,0	15,7
Holländischer Gulden	9,4	8,7
Belgischer/ Luxemburgischer Franc	7,9	7,0
Dänische Krone	2,45	2,4
Irisches Pfund	1,1	1,3
Griechische Drachme	0,8	1,2
Portugiesischer Escudo	0,8	1,2
Spanische Peseta	5,3	5,9
Insgesamt	100,0	100,0

[1] Gewichtung entsprechend den Anteilen am Bruttosozialprodukt der EG-Länder, am innergemeinschaftlichen Handel und am kurzfristigen Währungsbeistand.

Quelle: Kommission der Europäischen Gemeinschaften.

geschaffen, indem die Zentralbanken 20% ihrer Gold- und Dollarreserven im Wege eines Swaps auf den Europäischen Fonds für währungspolitische Zusammenarbeit übertragen, über den das EWS verwaltet wird. Diese offiziellen ECU dienen nur Transaktionen mit anderen Stellen, die ebenfalls offizielle ECU halten, und ihre Verwendungsmöglichkeiten sind exakt vorgeschrieben. Private ECU werden geschaffen, indem man die entsprechenden Beträge der im Korb enthaltenen Währungen bündelt; auf eben dieser privaten ECU basieren die ECU-Finanzmärkte. In dem ersten Jahrzehnt nach ihrer „Geburt" hat die ECU ein erhebliches Wachstum zu verzeichnen gehabt und sich wesentlich schwungvoller entwickelt als andere Korbwährungen, wie die Sonderziehungsrechte (SZR) des Internationalen Währungsfonds.

III. Der ECU-Bondmarkt

An den Kapitalmärkten hat die ECU signifikante Erfolge zu verbuchen gehabt. Die Tatsache, daß die meisten der ihr zugrunde liegenden Währungen (mit Ausnahme der Drachme und des Escudo) dem Wechselkursmechanismus des EWS angehören, verleiht der ECU eine beachtliche Stabilität. Attraktiv ist die ECU für Kreditnehmer aus Ländern, in denen die Zinsen höher liegen als die für ECU zu zahlenden; darüber hinaus beinhaltet die Korbkonstruktion der ECU natürlich auch ein Element der Diversifikation.

Tabelle 3 zeigt die Entwicklung des ECU-Bondmarktes, der sich seit seiner Schaffung im Jahre 1981 bis Mitte 1991 auf ein Volumen von 70 Mrd ECU an umlaufenden Titeln entwickelt hat. Der außerordentlich kräftigen Expansion im Jahre 1985 folgte eine Periode der Stagnation. 1989 und 1990 expandierte der Markt jedoch weiter; die Neuemissionen lagen um 21 bzw. 15% über dem jeweiligen Vorjahr. Entsprechend ist der Anteil der ECU an der Begebung von Bonds insgesamt bis 1990 auf 9% gewachsen, verglichen mit nur 4 bis 6% in den zurückliegenden Jahren. Erheblich gestiegen sind auch die Umsätze am ECU-Bondmarkt; solche Sekundärgeschäfte haben sich im vergangenen Jahr verdoppelt.

Tabelle 3: Internationale Emissionen am ECU-Anleihemarkt

Jahr	Emissionen im jeweiligen Jahr	Umlaufende Anleihen (Stand am Jahresende)
	in Mrd ECU	
1981	0,19	0,19
1982	1,78	1,97
1983	2,51	4,48
1984	3,68	8,26
1985	9,85	17,09
1986	9,21	27,09
1987	8,69	35,24
1988	9,18	43,35
1989	11,13	50,16
1990	12,83	58,60
1991 (Stand Juni)	16,70	70,20

Anmerkung: Zusätzlich bestanden am Jahresende 1990 heimische ECU-Verbindlichkeiten von EG-Ländern im Betrage von 43,21 Mrd ECU.

Quelle: San Paolo Bank; Association of International Bond Dealers.

Während der ersten Jahre bestand der ECU-Bondmarkt aus kleineren Emissionen von Kreditnehmern aus dem Unternehmenssektor. Die umlaufenden Titel liegen nun im Laufzeitenbereich von zwei bis vier Jahren. Diese Emissionen wurden hauptsächlich von kleineren Kapitalanlegern (dem sprichwörtlichen „belgischen Zahnarzt") aufgenommen und bis zur Fälligkeit gehalten. In jüngerer Zeit hat es hingegen sehr viel größere Emissionen seitens EG-Staaten oder halbstaatlicher Einrichtungen gegeben; „Jumbo"-Emissionen im Betrag von 1 Mrd ECU oder mehr sind keine Seltenheit mehr. Die Laufzeiten liegen im Bereich von fünf bis zu zehn Jahren, und der Mindestbetrag je Emission beträgt ungefähr 500 Mio ECU, was ausreicht, damit eine möglichst große Zahl von „Marktmachern" so liquide Sekundärmärkte schafft, wie dies bei großen institutionellen Anlegern für erforderlich erachtet wird. Wie schon zuvor, beabsichtigt Frankreich auch für das Jahr 1991 ungefähr 15% seiner Kreditaufnahme in ECU zu tätigen. Sowohl Großbritannien als auch Italien, Belgien und Spanien haben 1991 ECU-Anleihen beachtlichen Umfangs aufgelegt.

Tabelle 4: Ausgewählte ECU-Emissionen öffentlicher Stellen in der EG an internationalen und heimischen Märkten

Emittent	Koupon in %	Endfälligkeit	Emissionsbetrag in Mio ECU
Spanien	10,75	1995	500
Belgien	9,125	1996	1250
Spanien	9,0	1996	1000
Norwegen	9,0	1996	1000
EIB[1]	10,0	1997	1125
OAT[2]	8,5	1997	877
Italien	10,375	1997	1000
Italien	10,75	2000	1000
OAT[2]	9,5	2000	2132
EIB[1]	10,0	2001	1500
OAT[2]	10,0	2001	1500
Großbritannien	9,125	2001	2750
OAT[2]	8,5	2002	1000
Italien	FRN[3]	2005	1000
Italien	9,25	2011	2500
Insgesamt	–	–	19784

[1] Europäische Investitionsbank.

[2] Obligations Assimilables du Trésor.

[3] Floating-Rate Note.

Quelle: Association of International Bond Dealers.

Der private Sektor ist dabei, die notwendigen Komponenten dieses neuen Marktes zu schaffen: Die französische Terminbörse (MATIF) hat bereits den Terminhandel mit ECU-Bonds aufgenommen – mit großer Unterstützung und in Zusammenarbeit mit der französischen Regierung. Dies sollte in der nächsten Zeit die Liquidität des langfristigen ECU-Bondmarktes vergrößern, was seinerseits wiederum das Interesse internationaler Investoren verstärken wird. In London hat die LIFFE einen vergleichbaren Kontrakt im März 1991 in den Handel eingeführt.

IV. Der ECU-Bankenmarkt

Auch im europäischen Bankensektor gewinnt die ECU zunehmend an Gewicht. *Tabelle 5* zeigt das Wachstum der ECU-denominierten Bankverbindlichkeiten. Über 90% dieser Verbindlichkeiten entfallen auf Banken innerhalb der EG. Eine Analyse der Laufzeit von ECU-Anlagen gibt weitere Einblicke, wie die ECU an den Finanzmärkten genutzt wird. Geld ist sowohl Tauschmittel – eine Funktion, die klassischerweise in Form von Banknoten und Münzen erfüllt wird – als auch ein Wertaufbewahrungsmittel für langfristige Ersparnisse. Die Laufzeit einer Finanzanlage gibt gewisse Hinweise darauf, welche Geldfunktion hier erfüllt wird. So bezieht z. B. die Deutsche Bundesbank Einlagen mit einer Laufzeit von unter vier Jahren in ihre Definition der „Geldmenge" mit ein, während Finanzanlagen mit einer Laufzeit von mehr als vier Jahren als „Geldkapital" definiert werden. Folgt man dieser Definition, so stellen die ECU-Finanzmärkte, wie *Tabelle 6* zu entnehmen ist, fast ausschließlich „Geld"-Märkte dar.

Tabelle 5: ECU-denominierte Bankverbindlichkeiten

Jahr bzw. Zeitraum	Grenzüberschreitende Positionen	Inlandspositionen	Insgesamt
	in Mrd ECU		
1984	22,59	8,76	31,35
1985	41,51	15,82	57,33
1986	45,60	15,11	60,71
1987	49,91	16,15	66,06
1988	65,28	23,91	89,19
1989	84,06	27,66	111,72
1990	109,95	30,07	140,02

Quelle: Bank für Internationalen Zahlungsausgleich.

Tabelle 6: Laufzeitstruktur von ECU-Einlagen

Position (Stand: Ende 1990)	Mrd ECU
Bankverbindlichkeiten	
Grenzüberschreitende Positionen in ECU	110,0
Inlandspositionen in ECU	30,0
Zusammen	140,0
Wertpapiere[1]	
Schatzwechsel[2]	8,4
Rentenwerte (mit weniger als 4 Jahren Laufzeit)	56,1
Rentenwerte (mit mehr als 4 Jahren Laufzeit)	37,3
Zusammen	101,8
Insgesamt	241,8[3]

[1] Einschließlich der Begebung von Titeln von EG-Ländern.
[2] Italien und Großbritannien.
[3] Einschließlich Doppelzählungen von schätzungsweise 8,25 Mrd ECU.
Anmerkung: ECU-„Geld“ in % der Vermögenstitel: 85%.

Quelle: Bank für Internationalen Zahlungsausgleich; Association of International Bond Dealers; San Paolo Bank.

V. Der Zeitplan für die Europäische Währungsunion

Wie dargelegt, hat sich die ECU im ersten Jahrzehnt ihres Daseins verhältnismäßig erfolgreich entwickelt, und das ohne Förderung von Regierungsseite. Im Oktober 1990 haben nun elf der zwölf Staats- und Regierungschefs der EG beschlossen, daß die ECU die einzige, gemeinsame Währung der Gemeinschaft werden soll. Der zwölfte Mitgliedsstaat – Großbritannien – sah sich nicht in der Lage, der Einführung einer gemeinschaftlichen Geldpolitik und einer einzigen Währung zuzustimmen, hat aber gleichwohl im Januar 1991 Vorschläge für eine neue Währungsordnung und eine Gemeinschaftswährung vorgelegt. Nach dem vorläufigen Zeitplan zur Europäischen Währungsunion soll relativ rasch die letzte, die Stufe 3 erreicht werden, die durch eine Europäische Zentralbank und eine alleinige, gemeinsame EG-Währung gekennzeichnet ist. Stufe 1 hat bereits begonnen (1. Juli 1990) und beinhaltet einen gemeinsamen Finanzmarkt sowie die Übereinkunft bezüglich der notwendigen Änderung des Vertrages von Rom, damit eine Europäische Währungsunion möglich wird. Stufe 2, in der die institutionellen Voraussetzungen geschaffen werden sollen, soll am 1. Januar 1994 in Kraft treten. Zu diesem Zeitpunkt muß die Vertragsänderung ratifiziert sein. Spätestens drei Jahre nach dem Beginn der Stufe 2 soll sodann das Funktionieren dieser Stufe untersucht werden, um den Übergang zur Stufe 3 zu erwägen, der innerhalb einer „angemessenen" Zeit erfolgen soll.

Um von den Märkten und der Öffentlichkeit in größerem Umfang als gemeinsame EG-Währung akzeptiert zu werden, wird es eine entsprechend kräftige Nachfrage nach ECU geben müssen. Ihr Anteil an den Finanzmärkten ist bisher freilich – siehe *Tabelle 7* – noch relativ gering. Der ECU-Anteil am gesamten Marktvolumen mag dabei sogar noch niedriger als 3,5% sein, da hier von einem relativ niedrigen Wert für die Geldmenge M3 in der EG ausgegangen wurde und bezüglich der Angabe für die in der EG umlaufenden Anleihen nur die wichtigsten EG-Bondmärkte berücksichtigt wurden[3]. Selbst wenn also die ECU innerhalb des nächsten Jahrzehnts ihren Marktanteil verdoppeln würde, ließe sich daraus nicht überzeugend ableiten, daß die europäischen Konsumenten auf eine Ablösung ihrer nationalen Währung durch die ECU drängten.

Tabelle 7: Relative Größe der ECU-Forderungen am Jahresende 1989

Position	In ECU denominiert	Forderungen im EG-Bereich insgesamt	Anteil in %
	in Mrd ECU		
Bankverbindlichkeiten	111,7	3242,7[1]	3,5
Rentenwerte	74,6	2294,4	3,3

[1] Geldmenge M3.

Quelle: Bank für Internationalen Zahlungsausgleich; Kommission der Europäischen Gemeinschaften; Salomon Brothers.

Das ist die Ausgangssituation für den Wettbewerb zwischen der ECU und den existierenden Währungen, insbesondere der D-Mark. Wenn die ECU diesen Wettbewerb innerhalb des für die Europäische Währungsunion vorgegebenen Zeitrahmens eindeutig für sich entscheiden soll, so erfordert dies eine Reihe von ECU-fördernden Maßnahmen seitens der Regierungen der EG-Mitgliedsstaaten:

[3] Vgl. auch Rosario *Benavides*: How Big Is The World Bond Market – 1990 Update, Salomon Brothers Inc., 29. August 1990.

- Der Wettbewerb muß fair sein, d. h., daß Beschränkungen bezüglich der Verwendung der ECU festgestellt und dann abgeschafft werden müssen, wie das in Ziffer 47 des *Delors*-Berichts empfohlen wurde.
- Um den Wettbewerbsprozeß voranzutreiben, sollten die EG-Staaten das Wachstum der ECU-Märkte fördern.
- Unsicherheiten über die „Natur“ der ECU sind zu beseitigen.

Diese drei Punkte hängen miteinander zusammen: Die Abschaffung von Verwendungsbeschränkungen mag ein Akt der Förderung sein; Unsicherheiten über die Natur der ECU bilden ihrerseits eine Beschränkung der Verwendung von ECU.

VI. Das Hindernis „Glaubwürdigkeitslücke“

Um in Europa eine bedeutende Rolle als Geld spielen zu können, muß die ECU den „Telefoneffekt“ (*Gros*[4]) überwinden. Der Besitz eines Telefons allein ist sinnlos, wenn es nicht ein Netz anderer Telefonbenutzer gibt, die man damit erreichen kann; ähnlich besagt das pure Vorhandensein der ECU wenig, wenn es nicht eine bestimmte Anzahl von Wirtschaftsobjekten gibt, die sich ihrer bedienen. Eine kürzlich im Auftrag der Association for the Monetary Union of Europe (AMUE) vorgelegte Studie mit dem Titel “A Strategy for the ECU”[5] macht sehr deutlich, daß die private Wirtschaft nicht von sich aus die ECU als Tauschmittel verwenden wird, wenn es keinen Grund für die Annahme gibt, daß sich die ECU gewiß und rasch zu einer wichtigen – vorzugsweise: der einzigen – EG-Währung herausbildet. Die Studie hebt die Notwendigkeit einer definitiven Ankündigung hervor, daß die ECU zur Gemeinschaftswährung werden wird, und daß ferner eine solche Ankündigung mit einem expliziten Zeitplan hierfür verbunden werden sollte.

Eine diesbezügliche Ankündigung hat es auf dem Gipfel vom Oktober 1990 in Rom gegeben. Doch fehlte ihr der nötige Nachdruck, als daß damit ein „Ankündigungseffekt“ erreicht worden wäre. Auch ist mit ihr nicht ein konkreter Plan zur Entwicklung der ECU verbunden worden. Vielleicht sollte dies eines der Hauptmerkmale sein, mit denen die Schlußfolgerungen des Europäischen Rates von der Regierungskonferenz im Detail umgesetzt werden.

[4] A. a. O.

[5] *Ernst & Young/National Institute of Economic and Social Research:* A Strategy for the ECU. A report prepared on behalf of the Association for the Monetary Union of Europe, London 1990.

VII. Hindernis „Zahlungsverkehrssystem"

Zur Feststellung von Hindernissen bezüglich der ECU-Verwendung hat die EG-Kommission eine spezielle Arbeitsgruppe eingesetzt. Ein wichtiges solches Hindernis läßt sich leicht ausmachen, nämlich das System des grenzüberschreitenden Zahlungsverkehrs. In der kürzlich erschienenen Übersicht "Enterprises in the European Community"[6] hebt die Kommission hervor, daß 91% der Unternehmen in der EG weniger als zehn Beschäftigte haben, auf diese Gruppe aber 27% der Beschäftigten insgesamt entfallen. Nur 0,1% der Unternehmen beschäftigen mehr als 500 Personen; auf sie entfallen 28% der Beschäftigten insgesamt. Daraus folgt, daß 9% der Unternehmen – mit 10 bis 499 Angestellten – 45% der Arbeitsplätze bereitstellen. Soll der gemeinsame Binnenmarkt ein Erfolg werden, dann muß sich ein Großteil dieser Unternehmen im grenzüberschreitenden Handel betätigen. Aber in welcher Währung werden solche Transaktionen abgerechnet werden? Wie lange wird es dauern, bis sie ihre Einnahmen auf den heimischen Konten verbuchen können, und was wird es kosten?

Die Transaktionskosten scheinen unverhältnismäßig stark auf denen zu lasten, die am wenigsten in der Lage sind, sie zu tragen. In der Studie „Ein Markt, eine Währung" schätzt die EG-Kommission, daß die Transaktionskosten für eine Zahlung von 100000 ECU 0,3% betragen und diese auf 0,5% für eine Zahlung von 10000 ECU ansteigen. Überdies können die Kosten hausinterner Buchungsarbeiten bis zu 4% der Verkaufserlöse ausmachen. Ferner gibt es Bankgebühren und -kommissionen sowie zeitlich unterschiedliche Verzögerungen bezüglich der Kontenabgleichung. Diese Kosten fallen bei den wichtigsten Währungen an und belaufen sich auf schätzungsweise 0,5% des Bruttosozialprodukts. Bei kleineren Währungen können diese Kosten doppelt so hoch sein. Die angeführten Kosten sind gerade für Unternehmen mittlerer Größe ein ernsthafter "disincentive", sich stärker im Außenhandel zu engagieren. Dieses Hindernis sollte möglichst vollkommen beseitigt werden, stünde das doch im Einklang mit dem letztendlichen Ziel einer Währungsunion. Das Nahziel ist freilich darin zu sehen, praktische institutionelle Veränderungen während Stufe 2 herbeizuführen, um dieses Hindernis Schritt für Schritt abzubauen und so den grenzüberschreitenden Handel zu fördern.

Stufe 2 der Wirtschafts- und Währungsunion, die am 1. Januar 1994 beginnen soll, ist dadurch gekennzeichnet, daß alle EG-Staaten am Wechselkursmechanismus des EWS teilnehmen, und zwar möglichst mit einer Schwankungsbreite von ± 2,25%. De facto arbeiten schon heute einige

[6] *Kommission der Europäischen Gemeinschaften:* Enterprises in the European Community, Brüssel, Dezember 1990.

Staaten, nämlich Belgien, Luxemburg und die Niederlande, mit engeren Bändern. Ferner gibt es Anhaltspunkte anzunehmen, daß auch Frankreich und Italien ihre Bandbreiten faktisch eingeengt haben. Sind im Verlaufe des Jahres 1992 die Vertragsveränderungen erst einmal ratifiziert, so wäre es nur logisch zu erwarten, daß noch engere Bänder für die Wechselkursschwankungen zur Norm werden. Für viele Unternehmen würden dann die Transaktionskosten das Risiko der Wechselkursveränderungen übersteigen, so daß intensive und zusätzliche Erörterungen weitergehender Maßnahmen zur Härtung der ECU aus der Sicht der Praxis irrelevant würden. Die zu erreichende geringfügige weitere Verringerung der Wechselkursrisiken spielte praktisch keine Rolle mehr angesichts der Gewißheit großer Transaktionskosten. Den entscheidenden Ansatz zum Abbau dieser Kostenhindernisse stellen Verbesserungen des Zahlungsverkehrssystems dar – ein weites, komplexes Feld. Das Diskussionspapier der EG-Kommission "Making Payments in the Internal Market"[7] führt drei mögliche Wege an, um das System grenzüberschreitender Zahlungen zu verbessern:

- Veränderungen des mit Korrespondenzbanken arbeitenden Systems;
- die Einführung gänzlich neuer Regeln für grenzüberschreitende Zahlungen seitens der Banken;
- die Möglichkeit für jede europäische Bank, sich einem automatisierten "clearing house" in Europa anzuschließen und an den von ihm vorgenommenen Abrechnungen zu partizipieren.

Selbstverständlich haben die zuständigen Behörden an der Verbesserung des Zahlungsverkehrssystems ein Interesse, das über die reine Ersparnis von Kosten für die „Kunden" hinausgeht. Der gemeinsame Binnenmarkt wird nämlich möglicherweise zwei neue Arten von systemischen Risiken im Finanzsystem entstehen lassen, die zu kontrollieren durch ein robusteres Zahlungsverkehrssystem erleichtert würde. Gegenwärtig erfolgt das Clearing von ECU-Zahlungen durch die Bank für Internationalen Zahlungsausgleich (BIZ). Dieses System wurde im Jahre 1982 geschaffen, und ihm gehören heute 45 Banken an. Wenngleich dieses System seine Leistungsfähigkeit im Hinblick auf das Clearing von 25 Mrd ECU täglich unter Beweis gestellt hat, so weist es doch das Handicap auf, daß es in ihm keine Zentralbank gibt, die als "lender of last resort" für solche Banken fungieren würde, die Schwierigkeiten haben, eine bestimmte Zahlung in ECU zu leisten. Die sich abzeichnende Europäische Zentralbank würde diese Aufgabe vermutlich übernehmen.

[7] *Kommission der Europäischen Gemeinschaften:* Making Payments in the Internal Market (discussion paper), Brüssel, 26. September 1990.

VIII. Hindernis „restriktive Regulierung"

In einigen EG-Ländern ist es institutionellen Investoren, wie Pensionsfonds und Versicherungsunternehmen, nicht erlaubt, Finanzanlagen in ECU zu tätigen. Unter dem Deckmantel bankenaufsichtlicher Notwendigkeiten werden solche Institutionen darauf beschränkt, heimische Wertpapiere in ihr Portefeuille zu nehmen. Es ist an der Zeit, diese Regelungen im Zuge der Schaffung des Binnenmarktes außer Kraft zu setzen; wir kommen auf diesen Punkt weiter unten nochmals zurück.

IX. Förderung der ECU

Im Hinblick auf die Verwendung der ECU als Tauschmittel kommt der Kommission der Europäischen Gemeinschaften und den Mitgliedsstaaten eine besondere Rolle zu. Über einige diesbezügliche Maßnahmen hat man sich bereits verständigt, weitere liegen auf der Hand:

- Die EG-Kommission beabsichtigt, die ECU im Jahre 1991 stärker zu verwenden, indem sie alle ihre Gehaltszahlungen und auch einige Zahlungen an EG-Regierungen im Rahmen des gemeinsamen Agrarmarktes in ECU tätigt. 20% ihrer Gesamtausgaben würden dann in ECU geleistet. Wenn dies auch einen Schritt in die richtige Richtung darstellt, so sollte die Kommission doch darauf hinarbeiten, die ECU für ihre gesamten budgetierten Ausgaben in Höhe von 55 Mrd ECU – was 1,2% des EG-Bruttosozialprodukts entspricht – zu benutzen, um so eine breitere Verwendung der ECU zu erreichen.
- Die EG-Mitgliedsstaaten sollten ihre Beitragsleistungen an die Gemeinschaft und deren Einrichtungen in ECU tätigen.
- Die Regierungen werden dann eine Art natürlichen Bedarf an ECU haben. Dieser könnte gedeckt werden, indem einige bestimmte Steuern in ECU gezahlt werden, vielleicht unterstützt durch eine Verschuldung in ECU.

Werden diese Schritte getan, so könnte die private Wirtschaft von einem gewissen Zeitpunkt ab davon Abstand nehmen, von seiten öffentlicher Stellen erhaltene Zahlungen in ECU in nationale Währungen zurückzukonvertieren. Das wäre dann der Moment, in dem das Telefon benutzt wird und am anderen Ende der Leitung jemand den Hörer abnimmt; das Telefon würde als sinnvoll erachtet.

X. Förderung des ECU-Anleihemarktes

Für die EG-Regierungen bestünde ein wirkungsvoller Weg zur Förderung der ECU darin, ihre Verwendung an den Anleihemärkten zu stärken und alle Restriktionen bezüglich des Haltens von ECU-Anleihen durch finanzielle Institutionen zu beseitigen. Wenngleich der ECU-Anleihemarkt an Volumen gewonnen hat, so spielt er doch als Quelle langfristigen Kapitals für die Volkswirtschaften der EG alles andere als eine wichtige Rolle. *Tabelle 7* war zu entnehmen, daß am Jahresende 1989 nur 3,3% des gesamten Umlaufs an öffentlichen Anleihen in der EG auf ECU-denominierte Bonds entfielen. Wenn man in der freiwilligen Akzeptanz durch den Markt einen impliziten Test sieht, ob die Europäische Währungsunion verwirklicht werden sollte, dann würde nur ein substantiellerer Anteil – von vielleicht 20%? – als glaubwürdige Marke für Akzeptanz angesehen werden können. Der britische Premierminister *Major* hat von einem expliziten Test der freiwilligen Marktakzeptanz gesprochen: Wenn die Völker und Regierungen dies möchten, könnte sich die ECU zur gemeinsamen Währung entwickeln.

Die angegebene Marke impliziert die Schaffung eines ECU-Bondmarktes, der annähernd 500 Mrd ECU Umlaufsvolumen hätte und damit dem britischen, französischen und deutschen Markt für Staatsanleihen zusammengenommen entspräche. Das mag als ein sehr ehrgeiziges Ziel erscheinen, aber andererseits – falls die Europäische Währungsunion in der breiten Öffentlichkeit Unterstützung findet – setzte sich der öffentliche Sektor der Kritik aus, wenn er den Prozeß nicht durch die Begebung von solchen Anleihen genügend förderte – insbesondere dort, wo damit Kosteneinsparungen verbunden wären. Dieses Argument gewinnt in dem Maße an Bedeutung, wie das Engagement für die Währungsunion ihrerseits die Wahrscheinlichkeit von Abwertungen und die damit einhergehenden Kosten bei der Verschuldung der öffentlichen Hand in fremder Währung reduziert. Rein technisch gesehen, könnte ein solcher Markt bereits heute ohne weiteres funktionsfähig sein. Der private Sektor hat den Euro-Bondmarkt (mit all seinen Währungskomponenten) von Null bis auf ein Volumen im Gegenwert von 900 Mrd ECU gebracht. In diesem Prozeß sind die notwendigen Vorkehrungen – angefangen mit der Funktion eines Marktmachers bis hin zu Verrechnungsregelungen – getroffen worden. Überdies würde der neue Markt, jedenfalls zum Teil, ein Substitut für den bereits existierenden Markt der Schuldtitel der EG-Regierungen im Gegenwert von 1200 Mrd ECU.

Wenn die EG-Staaten, die von Kosteneinsparungen profitieren würden, sich zumindest verpflichten würden, vielleicht 20% ihrer Kreditaufnahme in den nächsten Jahren in ECU zu tätigen, dann würde sich der Kern eines qualitativ hochstehenden, liquiden Anleihemarktes sehr rasch herausbilden. Aus diesen Quellen alleine könnte sich der bereits existierende ECU-Bond-

Tabelle 8: Gewinner und Verlierer bei der Begebung von ECU-Anleihen

Land	Renditen langfristiger Schuldtitel (in %) Stand: 20. Juni 1991	Staatsanleihen (Gegenwert in Mrd ECU) Stand: Ende 1990
Die Gewinner – Kosteneinsparungen		
Italien	13,3[2]	370
Spanien	12,0[2]	37
Großbritannien	10,95	134
Schweden[1]	10,65	31
Die Neutralen – wenig Unterschied		
Irland	9,4	14
Belgien	9,28	103
Luxemburg	9,28	0,1
Dänemark	9,22	29
Frankreich	9,16	133
Die Verlierer – Kostennachteile		
Niederlande	8,6	85
Deutschland	8,4	203
Österreich[1]	8,3	23
Schweiz[1]	6,8[3]	6
Nachrichtlich:		
ECU	9,2	–

[1] Mitglied der Europäischen Freihandelszone (EFTA).
[2] Mittelfristige Laufzeit.
[3] Swapsatz.

Anmerkung: Die Nettoverschuldung der Europäischen Gemeinschaften belief sich zum Jahresende 1989 auf den Gegenwert von 57 Mrd ECU.

Quelle: Salomon Brothers.

markt im Volumen verdoppeln. Die EG und ihre Institutionen könnten sogar einen noch größeren Teil ihrer Kreditaufnahme in ECU vornehmen, was in Einklang stünde mit den Plänen der Kommission, den Anteil ihrer Ausgaben in ECU an den Gesamtausgaben zu erhöhen. Wichtig für den Markt werden könnte überdies, Hand in Hand mit den osteuropäischen Ländern, die Europäische Bank für Wiederaufbau und Entwicklung. Nichtmitglieder wie Schweden könnten ebenfalls an den Markt herantreten, wie dies bereits Finnland im Oktober 1990 und in jüngerer Vergangenheit die halbstaatliche Oesterreichische Kontrollbank getan haben. Gegenwärtig laufen Verhandlungen zwischen der EG und der Europäischen Freihandelszone (EFTA) über die Schaffung eines Europäischen Wirtschaftsraumes – Verhandlungen, die letztendlich dazu führen könnten, daß die EFTA-Länder (mit der möglichen Ausnahme der Schweiz) der EG beitreten. Österreich jedenfalls hat bereits einen formellen Aufnahmeantrag gestellt, und Schweden hat seine Absicht kundgetan, dies gleichfalls zu tun.

Wenn sich dann der ECU-Bondmarkt zum größten Anleihemarkt für langfristiges Kapital in Europa entwickeln würde, bestünde wenig Zweifel, daß private Emittenten ihren Regierungen auf diesem Weg folgen würden. In dem Maße, in dem europäische multinationale Unternehmen die ECU als Recheneinheit verwenden, würde eine korrespondierende Verschuldung nur eine natürliche Entwicklung sein. Auch würden sich möglicherweise ECU-Hypotheken entwickeln, die zum Zwecke einer breiteren Fundierung auch mit Wertpapieren unterlegt werden könnten. Die mögliche Bedeutung eines solchen Marktes sollte nicht unterschätzt werden; der Gesamtbetrag an ausgelegten Hypotheken übersteigt oft die Staatsverschuldung. (Jedoch hat ein Konstruktionsfehler in der EG-Direktive bezüglich der Solvenzkoeffizienten zu – entgegen jeder Logik – ungleichen Bedingungen geführt, was das Wachstum dieses Marktes beeinträchtigen mag.) Alles in allem sind die Aussichten für einen ECU-Bondmarkt im Volumen von 400 bis 500 Mrd ECU bis Mitte der 90er Jahre nicht weit hergeholt, selbst dann nicht, wenn jene Regierungen, die die Europäische Währungsunion wollen, nicht mehr tun, als ihren Steuerzahlern einige Kosten der Kreditaufnahme zu ersparen. Dieser Schritt wird von entscheidender Bedeutung sein, da die Märkte so zeigen können, daß die ECU als Wertaufbewahrungsmittel akzeptiert ist. Das angeführte Beispiel für die potentielle Größe dieser Anleihebegebung wirft natürlich sofort die Frage auf, ob es irgendwelche Behinderungen im Hinblick auf den Kauf von ECU-Anleihen gibt. Falls potentiellen Investoren der Kauf unmöglich gemacht ist, kann sich kein Markt herausbilden. Dies ist dann ein Beispiel dafür, wie die Beseitigung eines Hindernisses gleichzeitig eine Fördermaßnahme darstellt.

Wer wird nun diese Anleihen im Betrag von 500 Mrd ECU erwerben? In Anbetracht dieses Volumens wäre der sprichwörtliche „belgische Zahnarzt" sicherlich überfordert. Ein signifikanter Teil der Ersparnisse in der gesamten EG müßte hier zur Verfügung stehen. Zur Stufe 1 der Wirtschafts- und Währungsunion gehört auch, daß alle Hindernisse der finanziellen Integration beseitigt werden, so daß ein gemeinsamer Finanzraum vollständig verwirklicht würde. Wenn die EG-Direktiven bezüglich Finanzdienstleistungen zur Gänze umgesetzt sind, wird es den Sparern aus Niedrigzinsländern möglich sein, ihren Wunsch nach höherer Verzinsung zu verwirklichen – vorausgesetzt, sie übernehmen das Währungsrisiko für den Fall, daß die Wirtschafts- und Währungsunion ins Straucheln gerät. Wichtiger ist, daß korrespondierend hierzu (öffentliche und private) Kreditnehmer aus Hochzinsländern die Möglichkeit haben, sich unter Inkaufnahme der damit verbundenen Risiken zu niedrigeren Zinsen in anderer Währung zu verschulden (*Tabelle 8* zeigt diese Arbitragemöglichkeiten auf, sobald die Europäische Währungsunion als wahrscheinlich angesehen wird). Ansonsten müßte man davon ausgehen, daß – da die Sparer nicht freiwillig bereit sind, sich (indirekt) in ECU zu engagieren – die Europäische Währungsunion in der Öffentlichkeit nicht die hinreichende Unterstützung genießt, um ihren Erfolg zu garantieren.

Fünf Gruppen von Investoren sind relevant:

- *Private Haushalte:* In den kontinentaleuropäischen Ländern ist es lange Tradition, daß private Haushalte direkt Rentenwerte erwerben – und sie haben sich sehr interessiert an höheren Renditen gezeigt.
- *Banken: Tabelle 6* zeigte deutlich die Dominanz des Bankensystems in der „Geld"-Komponente der ECU-Märkte. Wegen der Schwierigkeiten einer entsprechenden Deckung ist es jedoch unwahrscheinlich, daß Banken in größerem Umfang langfristige ECU-Bonds auf eigene Rechnung kaufen. Tatsächlich wird als nächster Schritt in der Entwicklung bankenaufsichtlicher Vorschriften wohl eine Bestimmung bezüglich divergierender Soll- und Habenzinsen eingeführt werden. Gleichwohl werden die Banken als Manager von individuellen wie institutionellen Anlagemitteln eine bedeutende Rolle spielen.
- *Investmentfonds:* Von der OGAW-Direktive[8], die vor einem Jahr in Kraft getreten ist und grenzüberschreitende Verkäufe von Investmentzertifikaten erlaubt, ist bisher relativ wenig Gebrauch gemacht worden. Die Nachfrage nach auf ECU-Bonds basierenden Zertifikaten in den nächsten Jahren wird Aufschluß darüber geben, inwieweit die ECU als Wertaufbewahrungsmittel akzeptiert wird. In welchem Umfang werden Sparer in Niedrigzinsländern für eine höhere „europäische" Rendite optieren, indem sie Investmentzertifikate von Fonds erwerben, die ihrerseits insbesondere ECU-Bonds halten? Oder werden sie, was eher wahrscheinlich ist, den Managern vertrauen, die eine etwas höhere Verzinsung, aber ohne zu großes zusätzliches Risiko suchen?
- *Ausländer:* Die Herausbildung der EG zu einer wirtschaftlichen Supermacht hat weltweit große Beachtung gefunden. Die Finanzmarktkomponente, der im Entstehen begriffene ECU-Bondmarkt, wird auch bereits aufmerksam beobachtet. Jedoch ist man bisher nicht davon überzeugt, daß dies der Europäische Bondmarkt der Zukunft ist. Schritte, die in

[8] Richtlinie des Rates vom 20. Dezember 1985 zur Koordinierung der Rechts- und Verwaltungsvorschriften betreffend bestimmte Organismen für gemeinsame Anlagen in Wertpapieren.

dieser Hinsicht die Europäer überzeugen, werden auch ihre Wirkung im Ausland nicht verfehlen. Europäische Investoren von außerhalb der EG – z. B. die reichlich mit Mitteln ausgestatteten schweizerischen Pensionsfonds – können sehr wohl von den höheren Renditen angezogen werden. Angesichts eines Portefeuilles von ausländischen Wertpapieren im Betrag von 330 Mrd US-$ mit Schwergewicht auf Dollar-denominierten Titeln spielen möglicherweise auch japanische Institutionen eine wichtige Rolle. Haben die ECU-Bondmärkte ihre Liquidität erst einmal unter Beweis gestellt, so besteht die berechtigte Aussicht, daß die Wertpapierportefeuilles entsprechend den höheren Renditen, die die ECU gewährt, umgeschichtet werden. In welchem Maße auch immer ausländische Anleger vom ECU-Bondmarkt angezogen werden, es wäre paradox, wenn die „Marktakzeptanz der ECU“ vom Ausland abhinge.

– *Institutionelle Investoren:* Von ausschlaggebender Bedeutung werden die längerfristig orientierten Institutionen sein. So entfallen z. B. in Großbritannien und Deutschland 70 bis 80% aller Finanzanlagen auf die Versicherungswirtschaft. In Großbritannien sind die Pensionsfonds ungefähr 10% größer als das Finanzvermögen der Lebensversicherungsunternehmen; in den Niederlanden sind die privaten Pensionsfonds allein um 50% größer als die Finanzanlagen der Versicherer. Die EG-Kommission hat die ausschlaggebende Bedeutung der Dominanz dieser Gruppe als Intermediär der langfristigen Ersparnisse in der EG auch erkannt. Die Vorschläge für eine jeweilige Dritte „Rahmen“-Richtlinie für Lebens- und Nicht-Lebensversicherungsunternehmen sind ein wichtiger Schritt für die Beseitigung der verdeckten Kapitalverkehrskontrollen, wie sie einige überholte aufsichtsrechtliche Vorschriften darstellen: Einem freien Zufluß von Kapital in die ECU steht nichts mehr im Wege, wenn die Artikel 19 und 21 angewendet werden. Artikel 19 sieht vor: „Die Mitgliedstaaten dürfen Versicherungsunternehmen nicht zur Anlage in bestimmten Vermögenswerten oder in einem bestimmten Mitgliedstaat verpflichten.“ Danach würden bestehende Regulierungen in einigen EG-Ländern abgeschafft, wonach heimische Versicherungsunternehmen ihre Mittel hauptsächlich in inländischen Rentenwerten anlegen müssen.

In Artikel 21 wird vorgeschlagen, daß „die Mitgliedstaaten ... vorsehen (können), daß, wenn ... Vermögen in auf die Währung eines Mitgliedstaates lautenden Vermögenswerten anzulegen ist, diese Verpflichtung auch dann als erfüllt gilt, wenn der Vermögenswert auf ECU lautet“. Nach der Zweiten Richtlinie für Nicht-Lebensversicherer, die seit dem 1. Juli 1990 in Kraft ist, ist es erlaubt, Verbindlichkeiten innerhalb der EG bis zur Höhe von 50% in ECU zu decken. Es war jedoch einzelnen EG-Ländern freigestellt, von dieser Möglichkeit Gebrauch zu machen, was nicht alle getan haben.

Die Bedeutung dieser Vorschriften kann gar nicht überschätzt werden: Sie erlauben es, daß die institutionellen langfristigen Ersparnisse Europas in ECU-Anlagen investiert werden. Das ist nicht gleichzusetzen mit einer Erlaubnis, auf den Devisenmärkten zu spekulieren. Angesichts der Ausgestaltung der ECU – von der Gewichtung her entfallen 80% auf Währungen im engen Band des EWS-Wechselkursmechanismus, die auf dem Wege zu unwiderruflich fixierten Wechselkursen sind – ist das Risiko begrenzt. In jedem Fall wird es auf freiwilliger Basis nur dann zu solchen Kapitalbewegungen kommen, wenn die Manager dieser Institutionen die Verzinsung von ECU-Anlagen, auch unter Einbeziehung des damit verbundenen Risikos, als attraktiv genug ansehen. Für Institutionen aus Ländern, deren Währungen sich im engen Band des EWS-Wechselkursmechanismus befinden und deren Regierungen sich festen Wechselkursen verschrieben haben, ist das Risiko einer Anlage von 80% in heimischer und 20% in Nicht-EG-Währungen (wie dies ja schon heute erlaubt ist) kaum anders als bei einer 100%igen Anlage in ECU, da 80% der ECU als fixiert angesehen werden können und 18% auf Schwankungen von ± 6% begrenzt sind.

Der Entwurf der Direktiven sieht vor, daß sie nicht später als bis zum 31. Dezember 1992 in Kraft gesetzt werden sollten. Freilich haben die EG-Staaten, die eifrige Verfechter einer Europäischen Währungsunion sind, noch eine andere Möglichkeit, um zu demonstrieren, daß sie diesen Prozeß über die Begebung von ECU-Bonds hinaus mit praktischen Schritten unterstützen. Sie könnten sehr rasch, eventuell auch einseitig, ihren Finanzinstitutionen erlauben, ECU-Titel zu erwerben. Die französische Regierung hat ihr grundsätzliches politisches Eintreten für eine Europäische Währungsunion bereits in solch wichtige praktische Schritte umgesetzt. Nachdem ein weitgreifendes Programm zur Begebung von ECU-Titeln in Angriff genommen worden war, hat sie sich für den Terminkontrakt für ECU-Anleihen an der MATIF eingesetzt. Darüber hinaus hat die französische Regierung die Möglichkeiten der dortigen Versicherungsunternehmen verbessert, ECU-Anlagen zu tätigen; die deutsche Regierung hat Gleiches getan, nicht aber die Großbritanniens. Wenn es nicht zu den von Finanzinstitutionen ausgehenden Kapitalbewegungen kommt, sei es, daß es diesen nicht erlaubt ist, oder weil die Unsicherheiten zu groß sind, werden die Chancen, daß sich relativ rasch ein großer ECU-Anleihemarkt entwickelt, entsprechend gemindert. Umgekehrt wird die Erteilung einer solchen Erlaubnis allein nicht zur Schaffung eines solchen Marktes führen.

XI. Die Zusammensetzung der ECU

Für die Entwicklung eines ECU-Bondmarktes in größerem Umfang gibt es eine weitere Voraussetzung: weniger Unsicherheit bezüglich der Zusammensetzung der ECU. Wie bereits dargelegt, ist vorgesehen, die Zusammensetzung der ECU alle fünf Jahre zu überprüfen. Dies mag für die dominierenden ECU-„Geld"-Märkte von nur geringerer Bedeutung sein (vgl. nochmals *Tabelle 6*), wird aber für den sich entwickelnden längerfristigen Anleihemarkt mehr und mehr an Gewicht gewinnen. Die Käufer eines ECU-Bonds mit einer Laufzeit von zehn Jahren würden sehr wohl Unsicherheit empfinden, wie sich der Währungskorb, den sie am Ende der Laufzeit erhalten werden, zusammensetzen wird, können die Überprüfungen im Fünf-Jahres-Turnus doch das relative Gewicht der die ECU bildenden Währungen verändern und überdies auch neue Währungen hinzukommen.

Schaut man nun etwas in die Zukunft, so muß ein Investor, der ECU-Bonds erwirbt, sich wohl nur wenig Gedanken bezüglich der nächsten Überprüfung der ECU (im Jahre 1994) machen. Es ist unwahrscheinlich, daß es bis dahin neue EG-Mitgliedsstaaten und so auch neue Währungen im ECU-Korb geben wird. Die gegenwärtigen Mitgliedsstaaten im engen 2,25%-Band des EWS-Wechselkursmechanismus sind wohl auf dem Weg zu einer Währungsunion, und signifikante Abwertungen stünden mit diesem Ziel kaum in Einklang. So gesehen, könnten 80% des ECU-Gewichts als fest angesehen werden. Dadurch, daß das Pfund Sterling nun gleichfalls dem Wechselkursmechanismus angehört (mit einer Schwankungsbreite von ± 6%, wie Spanien), dürften sich weitere 18% des Gesamtgewichts wahrscheinlich kaum substantiell verändern. Der verbleibende Gewichtsanteil der ECU ist so klein, daß diesbezügliche Veränderungen schon sehr dramatisch sein müßten, bevor sie signifikante Auswirkungen auf den Wert des Gesamtkorbes hätten. Es ist deshalb sehr gut möglich, daß die Überprüfung im Jahre 1994 zu dem Ergebnis „keine Veränderung" führt.

Die Käufer von Anleihen könnten jedoch ernsthafte Bedenken haben, was die Zusammensetzung der „ECU 2000" betrifft, des Geldes, mit dem die Zehn-Jahres-Bonds zurückgezahlt werden, die nach dem Jahre 1990 begeben worden sind. Es ist wohl nicht damit zu rechnen, daß der Vertrag über die Europäische Währungsunion ein konkretes Datum nennen wird, an dem die gemeinsame Währung in Kraft gesetzt werden soll. Ein umsichtiger Anleger kann aber nicht einfach annehmen, daß im Jahre 2000 eine gemeinsame Währung existieren wird. So könnten die gegenwärtigen Verhandlungen mit der EFTA über einen Europäischen Wirtschaftsraum durchaus dazu führen, daß die EFTA-Länder der EG beitreten (obwohl die traditionelle Neutralitätspolitik der Schweiz eine schweizerische Mitgliedschaft ausschließen könnte). Einige Länder in Ost- und Mitteleuropa haben bereits ihr

Interesse zum Ausdruck gebracht, der EG beizutreten. Aus heutiger Sicht mag deren Mitgliedschaft vor Ende des Jahrzehnts unwahrscheinlich sein. Jedoch sei daran erinnert, daß gerade erst vor etwas mehr als einem Jahr Ostdeutschland seinen vierzigsten Jahrestag feierte und daß es heute ein Teil der Bundesrepublik Deutschland ist. Rascher und außergewöhnlicher Wandel kann nicht ausgeschlossen werden.

Veränderungen solcher Art würden sich auf die für das Jahr 1999 anstehende Überprüfung der Zusammensetzung der ECU auswirken. Wie bereits zuvor erörtert, sind die endgültigen Gewichte ein Verhandlungsergebnis, wenngleich die allgemeinen Grundsätze für diese Überprüfungen festgelegt sind. Würde die ECU entsprechend dem Bruttosozialprodukt potentieller Beitrittskandidaten neu gewichtet, dann könnte sich die ECU 2000 deutlich vom ECU-Korb des Jahres 1990 unterscheiden. Das Bruttosozialprodukt der EFTA beträgt ungefähr 14% dessen der EG. Das Bruttosozialprodukt der Tschechoslowakei, Ungarns und Polens zusammengenommen beläuft sich zur Zeit auf ca. 5% des EG-BSP. Und falls diese Länder nicht einen sehr kräftigen Wirtschaftsaufschwung verzeichnen – vielleicht eine Verdoppelung ihres Bruttosozialprodukts? –, dann ist eine Mitgliedschaft in der EG unwahrscheinlich. In einer umfassenden Erörterung einer ECU-Neugewichtung könnte überdies das vereinte Deutschland eine Berücksichtigung des Bruttosozialprodukts des früheren Ostdeutschland verlangen, zum dann gegebenen Zeitpunkt vielleicht 20% des gesamten deutschen Bruttosozialprodukts. Jedenfalls sollte ein Investor in „ECU 2000" die möglichen Implikationen einer veränderten ECU-Gewichtung in sein Kalkül aufnehmen (Veränderungen, die sich auf der Basis einer Gewichtung entsprechend dem Bruttosozialprodukt auf bis zu 25% belaufen könnten) bzw. einer Veränderung in Form einer größeren Komponente der D-Mark um 5%.

Hier besteht ganz klar die Gefahr, daß es in diesem Prozeß zu einem circulus vitiosus kommt. Die Verfechter einer gemeinsamen Währung in Form der ECU streben nach zunehmender Akzeptanz des Projektes Europäische Währungsunion in der Öffentlichkeit. Für den Finanzsektor – ausschlaggebend bei der Intermediation der finanziellen Transaktionen – beginnt die Stufe 1 der Europäischen Währungsunion wirklich erst am 1. Januar 1993, zu dem Termin, an dem viele Richtlinien zur Liberalisierung der Finanzdienstleistungen in Kraft treten werden. Bedenkt man überdies den unumgänglichen zeitlichen Vorlauf, bis Finanzdienstleistungen in der Breite an den Märkten etabliert und von den Kunden angenommen worden sind, so könnte es wohl bis 1994 dauern, bevor es zum Herausbilden von grenzüberschreitenden Finanzdienstleistungen in größerem Umfang kommt. Diese wären am einfachsten in ECU zu denominieren, doch genau in diesem Augenblick könnte sich die Ungewißheit über die längerfristige Zusammensetzung der ECU vergrößern, wenn neue Anträge auf Mitgliedschaft in der

EG gestellt würden. Dadurch könnte das öffentliche Interesse an einer unsicheren Finanzanlage gemindert werden, was seinerseits wiederum Befürchtungen auslösen könnte, daß die Öffentlichkeit vielleicht nicht von sich aus das Vorhaben Europäische Währungsunion unterstützt, so daß – wie in einem Kreislauf – wiederum die Befürchtungen hinsichtlich der langfristigen Zusammensetzung von ECU-Anlagen geschürt würden. Dieses Problem muß schon gelöst werden, um eine Destabilisierung der bereits existierenden ECU-Anlagen zu vermeiden und der weiteren Expansion einen Dämpfer zu geben. So ist denn zur Zeit auch eine lebhafte Diskussion über die Natur der ECU im Gange, die die gemeinsame Währung der EG werden soll.

XII. Die Lösung: Einfrieren der ECU-Struktur schon heute

Hierfür gibt es eine einfache, auf der Hand liegende Lösung: nämlich die Ungewißheit zu beseitigen, indem die Zusammensetzung der ECU – die absoluten Währungsbeträge, so wie sie heute sind – eingefroren wird. Länder, die dann künftig dem Finanzsystem der Gemeinschaft beitreten, würden einfach ihre Währung an die ECU koppeln. Die skandinavischen Länder haben bereits gezeigt, wie nützlich selbst für Nicht-EG-Mitglieder eine solche Anbindung an die ECU ist. Ein solcher Schritt würde nicht alle der Korbkonstruktion der ECU innewohnenden Ungewißheiten beseitigen und würde gewiß nicht aus sich heraus eine Parallelwährung hervorbringen. Beseitigt würden lediglich die Unsicherheiten, die aus der Erweiterung der EG um neue Mitglieder sowie aus dem unterschiedlichen Wirtschaftswachstum resultieren. Bestehen bliebe die Ungewißheit über künftige Wechselkursveränderungen, womit zugleich den Finanzmärkten ein Instrument in die Hand gegeben wäre, mit dem sie ihre Ansicht darüber zum Ausdruck bringen können, ob die ökonomische Konvergenz hinreichend gewesen ist oder sich dies doch abzeichnet, um in die Stufe 3 der Wirtschafts- und Währungsunion einzutreten. Ein solcher Ansatz baut auf den bereits gegebenen Charakteristika der ECU. In jedem Fall würde ein Einfrieren der ECU-Struktur dazu führen, daß schwache Währungen zunehmend verdrängt werden. Im Ergebnis würde die ECU stärker, selbst wenn sie noch nicht vollkommen „hart" wäre. Solch ein früher und entscheidender Schritt ist notwendig, zugleich einfach und stünde im Einklang mit dem anstehenden Vertrag zur Europäischen Währungsunion – gleichgültig, ob damit ein Datum für die Währungsunion vorgegeben wird oder nicht.

Für diesen Vorschlag scheint es durchaus Unterstützung zu geben, wenngleich andere weitergehen würden. Beispielsweise führte Bundesbankpräsident *Pöhl* im November 1990 in London aus, daß "we endorse the idea of a 'hardening' of the ECU, which might be achieved by dispensing with basket revisions in future and by not devaluing the ECU in future realignments". Die Einzelheiten, wie eine Abwertung der ECU bei Realignments vermieden werden würde, stehen noch aus. Eine solche Entwicklung jedoch würde die ECU praktisch unmittelbar fast zu einer Parallelwährung machen, die im *Delors*-Bericht als „nicht empfehlenswert" erachtet wurde[9].

XIII. Der britische Vorschlag einer harten ECU

Der alternative Ansatz besteht in einer formalen „Härtung" der ECU. Hier bildet der Vorschlag der britischen Regierung das eine Extrem. (Der kürzlich vorgelegte Plan Spaniens enthält Elemente des britischen Vorschlags sowie des deutschen Konzeptes.) Der Vorschlag Großbritanniens verfolgt explizit die Absicht, eine dreizehnte, also eine Parallelwährung zu schaffen. Das Konzept einer ECU, die garantiertermaßen mit der stärksten Währung Schritt hält, hat offensichtlich Attraktivität; aber es ist nicht zu sehen, wie dies ohne neue Institutionen erreicht werden soll. Der Nachteil des Plans einer solchen "hard ECU" liegt darin, daß solche neuen Institutionen vielleicht nur einen verwirrenden Zwischenschritt auf dem Weg zur Europäischen Zentralbank darstellen. (Der spanische Vorschlag sieht eine Europäische Zentralbank schon von Beginn der Stufe 2 an vor.) Längere und komplexe Diskussionen über die möglichen Auswirkungen auf die Währungen, in denen die bestehenden Verträge abgefaßt sind, würden in jedem Fall große Unsicherheit mit sich bringen, so daß die Gefahr eines erheblichen Rückschlags für die Marktentwicklung bestünde. Aber vielleicht würde ein neuer Name dieses Problem mindern.

Der Vorschlag einer harten ECU ist sowohl wirtschaftlich zu sehen als auch als politische Strategie. In beiderlei Hinsicht hat es eine beachtliche Entwicklung gegeben, wenn man hier das im Januar 1991 veröffentlichte Papier der britischen Treasury, "Economic and Monetary Union – Beyond Stage I"[10], zugrunde legt. Die Weiterentwicklung der politischen Strategie ist in diesem Fall erheblich, und es ist schwierig, den zuletzt vorgelegten Plan als Mittel zur „Sabotage" der Europäischen Währungsunion auszulegen, wie dies von einigen ursprünglich geglaubt wurde. Der damalige

[9] *Ausschuß zur Prüfung der Wirtschafts- und Währungsunion:* Bericht zur Wirtschafts- und Währungsunion in der Europäischen Gemeinschaft (*Delors*-Bericht), 1989, S. 33, Ziffer 47.

[10] *H. M. Treasury:* Economic and Monetary Union – Beyond Stage I. Possible Treaty Provisions and Statute for a European Fund (Proposals by the UK Government), London, Januar 1991.

Finanzminister, John *Major*, führte im Juni 1990 zur harten ECU aus, daß diese sich auf sehr lange Sicht zu einer einzigen gemeinsamen Währung entwickeln könnte, wenn die Völker und die Regierungen dies so wollten. Im Januar 1991 gab *Major*, jetzt Premierminister, die Zustimmung zu einem Plan "for the early introduction – as soon as possible after the ratification of the necessary provisions – of a new monetary institution and a common Community currency". Die Staats- und Regierungschefs streben eine Ratifizierung des Vertrages bis zum Jahresende 1992 an. Artikel 12 des britischen Vorschlags würde dieser Institution das alleinige Recht geben "to issue notes and coins in (hard ECU) which shall have the status of legal tender in any particular Member State if the authorities in that Member State so decide". Der Vorschlag Großbritanniens würde also die Möglichkeit einer Parallelwährung, der "hard ECU", bereits für das Jahr 1993 eröffnen.

Unglücklicherweise haben sich die wirtschaftlichen Inhalte dieses Plans nicht ebenso rasch entwickelt wie die politischen. Das zentrale Problem – warum es sich hier um eine attraktive Finanzlage handeln sollte – ist bis heute ungelöst. Da es die stärkste Währung wäre, sollte man annehmen, daß sie die niedrigsten Zinsen aufweisen würde und von daher nicht eine besonders attraktive Anlage wäre, es sei denn, es würde eine Aufwertung erwartet. Attraktiv würde sie plötzlich für Marktteilnehmer mit einem Engagement in Währungen, die man nun als risikobehaftet in bezug auf eine Abwertung betrachtet, denn es würde einen im vorhinein festgesetzten, bekannten Betrag geben, den der Europäische Währungsfonds zu einem fixen Preis kaufen würde. Nur die ersten Investoren, die aus der schwachen Währung in die harte ECU umsteigen würden, wären geschützt, was einen Anreiz für frühe und rasche Schritte darstellt. Solche plötzlichen Bewegungen könnten sehr wohl äußerst störend sein.

Der Plan einer harten ECU zur Schaffung einer ECU-Parallelwährung mag, wirtschaftlich gesehen, gescheitert sein. Als politische Strategie war er jedoch insofern äußerst erfolgreich, als er Großbritannien in eine Lage gebracht hat, in der es das Ergebnis der Regierungskonferenz mittragen kann, das die Schaffung einer einzigen, gemeinsamen Währung erlauben wird. Da dieser Plan auf einer Weiterentwicklung der Korb-ECU basiert, hat er die Aufmerksamkeit auch auf die praktischen Maßnahmen gelenkt, die notwendig sind, um die Korb-ECU weiterzuentwickeln.

XIV. Schlußbemerkung

Es liegt in der Logik der Europäischen Währungsunion, daß es eine neue Euro-Währung geben sollte. Die Staats- und Regierungschefs haben bereits beschlossen, daß dies im Grundsatz die ECU sein soll. Das ist die Ausgangsposition für den Wettbewerb zwischen der ECU und den existierenden Währungen, insbesondere der D-Mark. Wenn die ECU diesen Wettbewerb eindeutig gewinnen soll, erfordert das eine Reihe von sie fördernden Maßnahmen seitens der Regierungen der EG-Mitgliedsstaaten:

- Zunächst einmal muß der Wettbewerb fair in dem Sinne sein, daß gesetzliche Beschränkungen festgestellt und abgeschafft werden müssen. Hindernisse bezüglich der Verwendung der ECU durch finanzielle Institutionen und als Wertaufbewahrungsmittel sind von entscheidender Bedeutung.
- Um diesen Wettbewerbsprozeß zu beleben, sollte ferner das Wachstum der ECU-Märkte von den EG-Mitgliedsstaaten gefördert werden. Dies läuft auf eine größere Verwendung der ECU bei ihren eigenen Transaktionen hinaus, um so ihre Rolle als Zahlungsmittel/Tauschmittel zu fördern. Auch sollte die Anleihebegebung in ECU ausgeweitet werden, um so der ECU die Möglichkeit zu geben, als Wertaufbewahrungsmittel zu dienen. Verbesserungen im System des grenzüberschreitenden Zahlungsverkehrs sind wichtig, wenn der gemeinsame Binnenmarkt tatsächlich den grenzüberschreitenden Handel fördern soll. Bei den hier anstehenden Maßnahmen sollte man sich logischerweise auf Verbesserungen des ECU-Clearingsystems konzentrieren.
- Drittens muß die Unsicherheit über die Natur der ECU beseitigt werden, und zwar durch die einfache Methode, sie in ihrer gegenwärtigen Zusammensetzung einzufrieren. Praktisch würde dies dazu führen, daß die gehärtete ECU der "hard ECU" des britischen Vorschlags entspräche, wenn es nicht zu Wechselkursanpassungen kommt. Der einzige Unterschied bestünde darin, ob diejenigen, die die ECU verwenden, gegen Verluste in Folge eines Realignments – wenn es denn dazu kommen sollte – geschützt sind oder nicht.

Diese Maßnahmen, insgesamt gesehen, sollten es der Korb-ECU ermöglichen, eine neue Rolle im europäischen Finanzsystem zu spielen. Falls die Märkte diese Transformation akzeptieren, sollte naturgemäß die Bedeutung der ECU mit ihrem jetzigen Anteil von weniger als 4% der gesamten Finanzanlagen in der EG wachsen. Dann wird sie auch ihre Rolle als neue Euro-Währung verdient haben.

Literatur

Ausschuß zur Prüfung der Wirtschafts- und Währungsunion: Bericht zur Wirtschafts- und Währungsunion in der Europäischen Gemeinschaft (*Delors*-Bericht), 1989.

Benavides, Rosario: How Big Is The World Bond Market – 1990 Update, Salomon Brothers Inc., 29. August 1990.

Ernst & Young/National Institute of Economic and Social Research: A Strategy for the ECU. A report prepared on behalf of the Association for the Monetary Union of Europe, London 1990.

Gros, Daniel: Parallelwährungskonzepte – eine Alternative, in: Europa auf dem Weg zur Währungsunion, hrsg. von Manfred Weber, Darmstadt 1991, S. 133–154.

H. M. Treasury: Economic and Monetary Union – Beyond Stage I. Possible Treaty Provisions and Statute for a European Monetary Fund (Proposals by the UK Government), London, Januar 1991.

Kommission der Europäischen Gemeinschaften: Making Payments in the Internal Market (discussion paper), Brüssel, 26. September 1990.

Kommission der Europäischen Gemeinschaften: Ein Markt, eine Währung. Potentielle Nutzen und Kosten der Errichtung einer Wirtschafts- und Währungsunion – eine Bewertung, in: Europäische Wirtschaft, Nr. 44, Oktober 1990.

Kommission der Europäischen Gemeinschaften: Enterprises in the European Community, Brüssel, Dezember 1990.

Dieter Duwendag

Zur Frage eines tragfähigen Policy mix: Sind adäquate Regeln für die Fiskalpolitik unentbehrlich?

Der Beitrag untersucht die kontroverse Frage, wie die nationale Budget- und Schuldenpolitik der Mitgliedsstaaten in einer künftigen Wirtschafts- und Währungsunion (WWU) „koordiniert" werden sollte: durch die Sanktionen des Marktes oder durch verbindliche Regeln?

Die ernüchternden Erfahrungen mit der Budgetpolitik in fast allen Mitgliedsstaaten bis etwa Mitte der 80er Jahre gebieten Vorsicht, diesen Bereich der nationalen Wirtschaftspolitik unkoordiniert zu lassen: Stark rückläufige und über viele Jahre negative Staatsersparnisse, hohe und steigende Budgetdefizite sowie damit einhergehende Staatsschuldenquoten haben geld- und kapitalmarktpolitische Störungen hervorgerufen. Sie haben die Befürworter von verbindlichen Budgetregeln auf den Plan gerufen, um das Vorhaben und das Funktionieren einer Währungsunion nicht zu gefährden.

Empirische Untersuchungen für die Zeit ab etwa 1987 zeigen jedoch, daß 10 von insgesamt 12 EG-Ländern ihr budget-/schuldenpolitisches Verhalten deutlich geändert haben. Sie sind auf einen Kurs umgeschwenkt, der von der EG-Kommission bereits seit einigen Jahren nachdrücklich empfohlen wird: die Stabilisierung der Schuldenquote. Dieser Vorschlag wird theoretisch und empirisch näher analysiert. Unter Abwägung einer Reihe von Argumenten und im Lichte der Erfahrungen der letzten fünf Jahre lautet das Fazit, daß ein Policy mix aus gemeinschaftlicher Geldpolitik und „empfohlener", im Prinzip aber souveräner nationaler Budgetpolitik durchaus Chancen hat, auch unter den Bedingungen einer Währungsunion „tragfähig" zu sein. Dafür sprechen die zu erwartenden disziplinierenden Kräfte vollintegrierter Kapital-, Güter- und Faktormärkte in einer künftigen WWU.

I. Ausgangspunkte und Abgrenzung

Über die Rolle und Ausgestaltung der nationalen Fiskalpolitik in einer künftigen Europäischen Wirtschafts- und Währungsunion (WWU) ist seit geraumer Zeit eine heftige Diskussion entbrannt. Im Mittelpunkt steht die Frage, wie die Fiskalpolitik der Mitgliedsstaaten „koordiniert" werden soll, und das heißt zugespitzt: durch die „Sanktionen" des Marktes oder durch verbindliche Regeln?

Unbestritten ist, daß fiskalpolitische Disziplin in einer künftigen WWU und natürlich auch schon auf dem Wege dorthin unabdingbar ist. Dabei geht es im Kern um die *Budgetpolitik*, noch präziser: um die Budgetdefizitpolitik und die damit einhergehende Neuverschuldung des Staates, so daß sich die folgenden Ausführungen auf die Probleme der Sicherstellung von Budget- bzw. Haushaltsdisziplin konzentrieren werden.

Aus den im nationalstaatlichen Kontext gemachten Erfahrungen ist wohlbekannt, daß eine „exzessive"[1] Budgetpolitik zu erheblichen Störungen in anderen Politikbereichen führen kann, wobei hier insbesondere zwei Aspekte im Vordergrund stehen: Sie kann erstens (geldpolitisch gesehen) den stabilitätsorientierten Kurs der Notenbank gefährden und zweitens (unter kapitalmarktpolitischem Aspekt) allokative Störungen auf den Kapitalmärkten hervorrufen. Letztlich sind es wohl diese negativen nationalen Erfahrungen mit einer „unsoliden" Budgetpolitik und deren höchst unterschiedliche Ausprägung in den einzelnen EG-Mitgliedsstaaten, die Vorsicht geboten erscheinen lassen, diesen Bereich der nationalen Wirtschaftspolitik in und auf dem Wege hin zu einer WWU „unkoordiniert" zu belassen. Denn unter den Bedingungen einer Europäischen Währungsunion (unwiderruflich feste Wechselkurse, einheitliche Geldpolitik durch die Europäische Zentralbank [EZB], freier Kapitalverkehr) werden sich diese Probleme in einer größeren Dimension und womöglich noch verschärft in Form ländergreifender Ausstrahlungseffekte stellen. Zu prüfen ist also, ob „unsolide" Budgetpolitiken der Mitgliedsstaaten derart große Gefahrenpotentiale in sich bergen, daß sie die Allokationsfunktion des integrierten europäischen Kapitalmarktes stören und das Funktionieren – eventuell sogar das ganze Vorhaben der Währungsunion – gefährden können – und wie solchen Gefahren begegnet werden könnte.

Der „Policy mix", von dem im Titel die Rede ist, bezieht sich im folgenden auf das Verhältnis von gemeinschaftlicher Geldpolitik zu nationaler Budgetpolitik. Von einem „tragfähigen" Policy mix soll dann gesprochen werden, wenn sichergestellt oder wahrscheinlich ist, daß von autonomen nationalen Budgetpolitiken keine Störimpulse auf die Stabilitätspolitik der EZB und die Kapitalmärkte ausgehen. „Adäquate Regeln" (siehe Titel) sind verbindliche Auflagen einschließlich Sanktionen, die gegebenenfalls herangezogen werden müssen, um etwaige Störimpulse zu verhindern.

Der Beitrag ist wie folgt strukturiert: *Abschnitt II* gibt einen kurzen Abriß

[1] Begriffe wie „exzessive", „unsolide" oder „laxe" Budgetpolitik und „Budgetdisziplin" werden später schärfer gefaßt (vgl. *Abschnitt V*). Sie haben jedoch soviel Common Sense, daß vorerst damit gearbeitet werden kann.

über die kontroversen Auffassungen zur Frage der „Koordinierung" der nationalen Budgetpolitiken. *Abschnitt III* untermauert mit den wichtigsten theoretischen Argumenten die Notwendigkeit von Budgetdisziplin, während in *Abschnitt IV* das tatsächlich zu beobachtende Budgetverhalten der Mitgliedsstaaten anhand ausgewählter Indikatoren empirisch näher beleuchtet wird. Davon ausgehend konzentriert sich *Abschnitt V* auf den in letzter Zeit insbesondere von der EG-Kommission propagierten Vorschlag einer Stabilisierung der Schuldenquote als einem möglichen Ansatzpunkt zur Sicherstellung von Haushaltsdisziplin. Eine Abwägung der Argumente und eine Zusammenfassung der Ergebnisse folgt im letzten *Abschnitt VI*.

II. Regelgebundene Budgetpolitik im Widerstreit der Meinungen

Wie soll in einer künftigen WWU und auf dem Wege dorthin die nationale Budgetpolitik organisiert werden? Verträgt sich eine vergemeinschaftete („europäisierte") Geld- und Währungspolitik bei unwiderruflich festen Wechselkursen mit einer autonomen Haushaltspolitik der Mitgliedsstaaten? Dies zumal in einer Zeit, in der nach Aufhebung nahezu aller Devisenbeschränkungen eine fast vollkommene Kapitalmobilität innerhalb der EG herrscht, die der nationalen Budgetpolitik die europäischen Kapitalmärkte noch weiter öffnet, d.h. den Zugriff auf die Ersparnisse aller Mitgliedsstaaten noch mehr erleichtert. Soll die Budgetpolitik unter diesen Umständen wirklich eigenständig bleiben, oder muß sie strikten Regeln unterworfen werden? In den nachfolgenden Zitaten werden zunächst einige kontroverse Antworten auf diese Fragen vorgestellt.

Vorab ist auf eine etwas merkwürdig erscheinende Dialektik – um nicht zu sagen: einen Widerspruch – aufmerksam zu machen: Nach vorherrschender Auffassung soll die *Finanzpolitik* der Mitgliedsstaaten *nicht* vergemeinschaftet werden. So heißt es z. B. im *Delors*-Report[2]: „Abgesehen von dem System *verbindlicher Regeln* über den Umfang und die Finanzierung *nationaler Haushaltsdefizite* wären Entscheidungen über die Hauptkomponenten der Politik ... und damit über Höhe und Struktur der *Staatsausgaben* selbst in der Endphase der Wirtschafts- und Währungsunion Sache der Mitgliedstaaten. Das gleiche gilt für zahlreiche Entscheidungen über staatliche *Einnahmen*."

Zu fragen ist, wie sich beides verträgt: Die Entscheidungen über die Höhe

[2] *Ausschuß zur Prüfung der Wirtschafts- und Währungsunion:* Bericht zur Wirtschafts- und Währungsunion in der Europäischen Gemeinschaft („*Delors*-Bericht"), 1989, S. 20 (Hervorhebungen vom Verf.).

und Struktur der Staatsausgaben und -einnahmen bleiben souverän, aber die Budgetdefizite sollen verbindlichen Regeln unterliegen? Gehen denn von einer Begrenzung der Haushaltsdefizite etwa keine Wirkungen auf die Steuerpolitik und die Staatsausgaben aus? Wird hier nicht quasi durch die Hintertür der Haushaltspolitik doch sehr massiv auf die allgemeine Finanzpolitik Einfluß genommen?

Die härteste Linie zu dieser Frage vertritt zweifellos die *Deutsche Bundesbank*[3]: „Da in der WWU die finanzpolitischen Entscheidungen weitgehend in der Hand der Mitgliedstaaten bleiben, müssen auf Gemeinschaftsebene vertragliche Vorkehrungen einschließlich bindender Regeln und Sanktionen für eine wirksame Haushaltsdisziplin in allen Mitgliedstaaten geschaffen werden." Ähnlich der Präsident der niederländischen Zentralbank, *Duisenberg*[4]: „Da die Erfahrung uns lehrte, daß der Markt nicht rechtzeitig für die notwendige Haushaltsdisziplin sorgt, sind in einer Europäischen Wirtschafts- und Währungsunion ... bindende Regeln notwendig ..." Und die vielleicht am weitesten gehende Position hierzu von *Schlesinger*[5]: „... die Schaffung einer Währungsunion ... verlangt zwangsläufig die Aufgabe von nationalen Kompetenzen, und zwar nicht nur in einzelnen Teilgebieten, sondern in der gesamten Wirtschaftspolitik."

Davon völlig abweichend und lange Zeit als einsamer Rufer in der Wüste steht die Position des *Wissenschaftlichen Beirats beim Bundeswirtschaftsministerium*[6]: „Aus sich heraus bedingt eine europäische Währungsunion ... keine formelle Einschränkung der nationalen Autonomie in der Finanzpolitik ... Daß man Zinsen bezahlen und Schulden tilgen muß mit Geld, das man nicht selbst herstellen kann, ist das entscheidende Moment der Disziplinierung; es schafft einen informellen Konvergenzzwang zu solidem Finanzgebaren."

Rückenstärkung hat diese Auffassung in jüngster Zeit durch *Scheide/*

[3] Stellungnahme der Deutschen Bundesbank zur Errichtung einer Wirtschafts- und Währungsunion in Europa, vom 19. September 1990, abgedruckt in: Monatsberichte der Deutschen Bundesbank, 42. Jg., Nr. 10, Oktober 1990, S. 41–45, hier S. 43.

[4] Wim *Duisenberg*: Zentralbank muß vor Politikern geschützt werden, in: Die Welt vom 13. November 1990, wiederabgedruckt in: Auszüge aus Presseartikeln, hrsg. von der Deutschen Bundesbank, Nr. 88 vom 13. November 1990, S. 4–5, hier S. 5.

[5] Helmut *Schlesinger*: Geld- und Währungspolitik im internationalen Kontext (Vortrag auf einer Veranstaltung der Gothaer Versicherungen in Göttingen am 10. Mai 1989), abgedruckt in: Auszüge aus Presseartikeln, hrsg. von der Deutschen Bundesbank, Nr. 40 vom 18. Mai 1989, S. 1–6, hier S. 6.

[6] *Wissenschaftlicher Beirat beim Bundesministerium für Wirtschaft:* Gutachten „Europäische Währungsordnung" (Studienreihe, hrsg. vom Bundesministerium für Wirtschaft, Nr. 61), Bonn 1989, S. 22.

Trapp[7] erfahren. Aus einer Reihe von Gründen folgern sie: „... die Sanktionen des Marktes sind auch in einem Festkurssystem wie dem Europäischen Währungssystem wirksam, feste Regeln für die Budgetpolitik sind nicht erforderlich." Strikte Regeln für die nationale Haushaltspolitik halten diese Autoren nur für den Fall für erforderlich, daß der EG-Gemeinschaftshaushalt erheblich aufgestockt werden sollte, um dadurch der EG eine größere Verantwortung und ein stärkeres Mitspracherecht bei der Koordinierung der internationalen Finanzpolitik zu ermöglichen. Nationale budgetpolitische „Alleingänge" wären mit einer derart ausgeweiteten und aufgewerteten Position des Gemeinschaftsbudgets nicht kompatibel.

Auch auf *EG-Ebene* geht die Kontroverse über die künftige Gestaltung und die Rolle der nationalen Budgetpolitiken unvermindert heftig weiter. Nach dem gegenwärtigen Stand der Debatte scheint es nur die folgenden *vier Konstanten* zu geben, über die es zur Begrenzung der Budgetdefizite bzw. der Staatsverschuldung praktisch keinen Streit mehr gibt, nämlich

- erstens der Ausschluß jeglicher *Staatsfinanzierung* durch die EZB (es sei denn, sie wird aus Gründen der Geldversorgung explizit von der EZB gewünscht),
- zweitens der Ausschluß jeglicher *Solidarhaftung* der Gemeinschaft ("bail-out") für solche Mitgliedsstaaten, die aufgrund „exzessiver" Budgetdefizite in prekäre (Überschuldungs-)Situationen geraten,
- drittens die enge Begrenzung der (nationalen) staatlichen Kreditaufnahme in *Drittwährungen* (außerhalb der EG),
- viertens – auf dem Wege hin zur WWU – die Zurückdrängung bzw. der weitgehende Verzicht auf die *Inflationssteuer* („Seigniorage") als Finanzierungsquelle für nationale Staatsdefizite.

Sind damit zwar außerordentlich wichtige Rahmenbedingungen für die Funktionsfähigkeit einer künftigen WWU markiert, so treffen diese Punkte jedoch keine konkreten Festlegungen über die Gestaltung der nationalen Budgetpolitik. Die *EG-Kommission*[8] selbst sieht derzeit einen Konsens nur hinsichtlich der folgenden beiden Grundprinzipien: „keine monetäre Finan-

[7] Joachim *Scheide*, Peter *Trapp*: Etatdisziplin vom Markt. Auch in einer Währungsunion müssen die beteiligten Länder nicht auf eine nationale Finanzpolitik verzichten, in: Frankfurter Allgemeine Zeitung vom 23. Februar 1991, wiederabgedruckt in: Auszüge aus Presseartikeln, hrsg. von der Deutschen Bundesbank, Nr. 13 vom 27. Februar 1991, S. 5–8, hier S. 7/8.

[8] Zitiert nach: EMU – Institutional aspects: The European Commission has adopted a discussion paper, reconciling Eurofed's independence and its political and democratic responsibility, in: Europe General News, Nr. 5257 (n. s.) vom 18. Mai 1990, S. 7.

zierung von Staatsdefiziten“ und „kein bail-out“, fügt jedoch hinzu: “We must go beyond the two rules mentioned, but not too far” – was auch immer dies heißen mag. So ist gegenwärtig noch die ganze Spannbreite möglicher Regelungen zur Sicherstellung von Budgetdisziplin offen – von strikten Defizitobergrenzen bis hin zum Vertrauen auf die disziplinierenden Kräfte des Marktes.

In diesem Zusammenhang werden auch die deutschen Regelungen zur Staatsverschuldung gemäß den Artikeln 109 und insbesondere 115 GG immer wieder in die Diskussion eingebracht, nämlich

– die reguläre Kreditaufnahme in Höhe der öffentlichen Investitionen bei „normaler“ Konjunkturlage und
– die investitionsüberschreitende Kreditaufnahme im Falle einer Störung des gesamtwirtschaftlichen Gleichgewichts.

Für die Regelbindung der staatlichen Kreditaufnahme durch die Höhe der öffentlichen Investitionsausgaben hat sich auch EG-Kommissionspräsident *Delors*[9] gelegentlich ausgesprochen. In dem Ende Februar 1991 vorgelegten Vertragsentwurf der deutschen Bundesregierung[10] für die Weiterentwicklung der WWU wird diese Regelung ebenfalls präferiert. Ferner plädiert die Bundesregierung für die Festlegung von Obergrenzen von am Gemeinschaftsdurchschnitt orientierten nationalen Verschuldungsquoten, die vom Ministerrat als „Empfehlungen“ ausgesprochen werden sollen. Bei deren Nichteinhaltung sollen Sanktionen in Form einer Sperrung von EG-Mitteln vorgesehen werden. Während auf den Vorschlag einer Stabilisierung der Schuldenquote in den *Abschnitten V und VI* noch näher eingegangen wird, überrascht es schon, daß von deutscher Seite aus erneut die Regelung des Art. 115 GG als Modell für die WWU propagiert wird. Denn spätestens seit dem „salomonischen“ Urteil des Bundesverfassungsgerichts vom April 1989 dürfte klar sein, daß die investitionsüberschreitende Kreditaufnahme des Staates nicht justitiabel ist und deshalb auch nicht mit Sanktionen belegt werden kann. Die Crux ist, daß sich das „Phantom“ – die Störung des gesamtwirtschaftlichen Gleichgewichts – nicht mit verbindlichen Regeln einfangen läßt[11].

[9] Vgl. ebd.

[10] Bei Abfassung des Manuskripts lag dem Verfasser der Wortlaut dieses Vertragsentwurfs noch nicht vor, sondern lediglich Presseberichte dazu; vgl. o. V.: Die äußere Wechselkurspolitik soll dem Ziel der Preisstabilität unterworfen werden, in: Handelsblatt vom 27. Februar 1991, S. 7.

[11] Vgl. dazu auch Heinz-Dieter *Wenzel*: Die ökonomische Rationalität von Art. 115 GG, in: Wirtschaftsdienst, 70. Jg. (1990), S. 610–616.

III. Das Erfordernis von Budgetdisziplin

Für die *EG-Kommission*[12] steht außer Frage: „Haushaltspolitische Disziplin, definiert als Vermeidung einer untragbaren Entwicklung der Staatsschuld, ist eine zentrale Voraussetzung für den Erfolg der WWU."

Die Notwendigkeit von nationaler Budgetdisziplin in einer WWU wird im wesentlichen mit zwei Argumenten begründet[13]. Eine „exzessive" Budgetpolitik kann erstens allokative Störungen auf den Kapitalmärkten auslösen, zweitens kann sie den stabilitätsorientierten Kurs einer EZB bedrohen und damit das ganze Vorhaben einer Währungsunion gefährden. Beide Argumente lassen sich auf die Theorie der (negativen) *externen Effekte* bzw. Spillover-Wirkungen zurückführen. Unter den bisherigen Bedingungen, d.h. bei anpassungsfähigen Wechselkursen, geldpolitischen Gestaltungsspielräumen und Kapitalverkehrskontrollen, konnten Störimpulse der Budgetpolitik weitgehend abgeschirmt und auf *nationaler* Ebene gehalten werden. All dies ändert sich jedoch unter den Bedingungen einer Währungsunion, die durch einen freien Kapitalverkehr, eine einheitliche Geldpolitik und festgezurrte Wechselkurse gekennzeichnet ist. Fallen diese nationalen Anpassungs- und Korrekturinstrumente fort, so können die möglichen Störimpulse der nationalen Budgetpolitik länderübergreifende, d.h. unionsweite Ausstrahlungseffekte nach sich ziehen.

Allokative Störungen auf den Kapitalmärkten können generell dadurch entstehen, daß der Staatssektor via Budgetdefizite einen übermäßigen Anteil der Gesamtersparnis absorbiert, diese Mittel volkswirtschaftlich fragwürdigen Verwendungen mit der Gefahr von Kapitalfehlleitungen zuführt und damit das Zinsniveau hochtreibt oder hochhält. Zu fragen ist, ob der bisher schon laxen Budgetpolitik einiger Mitgliedsstaaten unter den Bedingungen einer Währungsunion noch weiter Vorschub geleistet werden könnte. Tatsächlich spricht einiges für diese Vermutung. Denn bei einem EG-weit freien Kapitalverkehr und einem (bereits ab 1993 weitgehend realisierten) einheitlichen Kapital- bzw. Bankenmarkt erhöhen sich die Zugriffsmöglichkeiten auf das volkswirtschaftliche *Ersparnispotential* eines vollintegrierten europäischen Kapitalmarktes, wodurch die Defizitfinanzierung zweifellos erleichtert wird.

[12] *Kommission der Europäischen Gemeinschaften:* Ein Markt, eine Währung. Potentielle Nutzen und Kosten der Errichtung einer Wirtschafts- und Währungsunion – eine Bewertung, in: Europäische Wirtschaft, Nr. 44, Oktober 1990, S. 120.

[13] Weitere Argumente z. B. bei Rolf *Caesar*: The Influence of Financial Integration on the Coordination of Economic Policies (Diskussionsbeiträge des Seminars für Wirtschafts- und Finanzpolitik, Ruhr-Universität Bochum, Nr. 2), Bochum 1988, S. 13–15.

Zu fragen ist weiter, welche Implikationen eine Währungsunion für die Zinsbildung und -entwicklung, d. h. für die *Kreditkosten* haben wird. Unter den bisherigen EWS-Bedingungen haben inflationäre Mitgliedsstaaten z. T. sehr hohe wechselkursbedingte, d. h. auf Abwertungserwartungen beruhende Zinszuschläge zu zahlen. Unter dem Szenario einer funktionierenden Währungsunion entfällt dieses Wechselkursrisiko. Denn als *angestrebtes* Ergebnis einer einheitlichen Geldpolitik der EZB wird sich nicht nur eine insgesamt niedrigere Geldentwertung einstellen, sondern werden sich auch die Unterschiede zwischen den nationalen Inflationsraten weitgehend einebnen. Dies ist ja zugleich die entscheidende Voraussetzung für die Festlegung unwiderruflich fester Wechselkurse. Im Endzustand einer Währungsunion wird es daher auch keine dauerhaften Preis- bzw. Zinsunterschiede für ein homogenes Gut, nämlich Kapital, mehr geben. Vielmehr wird die Arbitrage für einen unionsweiten Zinsausgleich sorgen, abgesehen von spezifischen Transaktionskosten und Marktunvollkommenheiten wie administrativen und steuerlichen Regelungen[14].

Für die (bislang) inflationären Länder bedeutet der interregionale Zinsausgleich im Vergleich zur heutigen Situation eine deutliche Senkung des Zinsniveaus, genauer: der Nominalzinsen. Auf den ersten Blick scheint es, als würde hierdurch ihr budgetpolitischer Spielraum erhöht, was wiederum einen Anreiz zur verstärkten Neuverschuldung auslösen könnte. Tatsächlich kommt es jedoch auf die *realen* Kreditkosten an, und diese dürften weitgehend unverändert bleiben[15]. Mit der Angleichung der nationalen Geldentwertungsraten in einer Währungsunion wird ja lediglich die bislang höhere erwartete Inflationsrate im Nominalzins reduziert. Konstante Realzinsen sind aber, für sich genommen, kein Anreiz für eine laxere Budgetpolitik – es sei denn, die Regierungen unterliegen einer (Nominal-)„Zins-Illusion".

Freilich ist die Gegenüberstellung der Szenarien „vor" und „nach" der Währungsunion eher eine idealtypische Beschreibung und die Erreichung des Endzustandes möglicherweise noch eine ferne Vision. Die eigentlichen Probleme dürften in der *Übergangszeit* liegen. Bleibt es, wie bisher schon seit 1987, auch in der Übergangszeit bei der politischen Ablehnung bzw. Undurchführbarkeit von Realignments im EWS (und wird dies von den Märkten „geglaubt"), so besteht die Gefahr, daß gerade die inflationären Defizitländer verstärkt Kapital attrahieren werden. Denn bei politisch festgezurrten Wechselkursen, d. h. de facto fehlendem Abwertungsrisiko, sind diese Länder die Orte mit der höchsten Rendite für anlagesuchendes

[14] Vgl. dazu Wolfgang *Filc*: Europäische Geldpolitik nach 1990, in: Europäische Zentralbank – Europas Währungspolitik im Wandel, hrsg. von Rolf H. Hasse und Wolf Schäfer, Göttingen 1990, S. 157–161.

[15] So auch *Scheide, Trapp*: a. a. O., S. 6.

Kapital. Im Verlaufe derartiger Prozesse kann es zu Fehlallokationen von Kapital kommen, z. B. zur Verwendung für konsumtive Staatszwecke und zu volkswirtschaftlich nicht erwünschten Investitions- und Produktionsverlagerungen[16].

Ob in einer Währungsunion für hochverschuldete Länder ein spezielles *Bonitätsrisiko* („Zinsmalus") gelten wird, das die Budgetdisziplin fördert, ist schwer abzuschätzen. Entscheidend ist, ob die Märkte wirklich nicht an ein "bail-out" glauben werden. Dies ist wohl eher skeptisch zu beurteilen. Denn gerade unter den politischen Bedingungen einer WWU scheint es kaum vorstellbar, daß die Gemeinschaft ein Land, das sich in einer prekären Situation befindet, einfach „fallenläßt", sondern vielmehr in irgendeiner Weise doch stützt, sei es über die Struktur- oder Regionalfonds der EG oder über einen innergemeinschaftlichen Finanzausgleich[17].

Ein unter Allokationsgesichtspunkten wichtiger Punkt betrifft ferner die sog. „pekuniären Externalitäten"[18]: Führt die „übermäßige" Kreditaufnahme eines Landes auf dem integrierten europäischen Kapitalmarkt zu einem Zinsanstieg, so trifft dieser Anstieg nicht nur das kreditaufnehmende Land, sondern über Spill-overs alle Kreditnehmer in der WWU. Mit anderen Worten: „Die Zinskonsequenzen werden ... allen Partnerländern auferlegt; das kann dann leicht zu Konflikten mit der Geldpolitik führen."[19]

Gefährdungspotential aufgrund von Spill-over-Wirkungen einer exzessiven nationalen Budgetpolitik droht auch für die *Stabilitätspolitik einer EZB* und damit generell für das Zustandekommen und Funktionieren einer Währungsunion. Im Prinzip gelten hier dieselben Argumente, die auch schon im nationalen Rahmen gegen überhöhte Haushaltsdefizite immer wieder vorgebracht werden. Sie seien deshalb nur kursorisch zusammengefaßt:

– Auch bei Ausschluß jeglicher Finanzierung durch die Notenbank hat die Staatsverschuldung stets Geldmengen- und Zinswirkungen und beeinflußt damit jene monetären Variablen, die zugleich Ziel- und Steuer-

[16] Vgl. dazu Wolfgang *Schröder*: Instabilitäten im EWS durch fortschreitende Liberalisierung in der EG?, in: Wirtschaftsdienst, Jg. 69 (1989), S. 258–264, hier S. 263.

[17] Ähnlich skeptisch Otmar *Issing*: Europäische Währungsintegration – Ausgangslage, Strategien, Risiken, in: Probleme der Vollendung des Binnenmarktes in Europa nach 1992 (Schriften des Vereins für Socialpolitik, N. F., Bd. 199), hrsg. von Erhard Kantzenbach, Berlin 1990, S. 111–136, hier S. 128–129.

[18] Vgl. im einzelnen Willem H. *Buiter*, Kenneth M. *Kletzer*: Reflections on the Fiscal Implications of a Common Currency (Discussion Papers Series, Centre for Economic Policy Research, Nr. 418), London 1990, S. 16–23.

[19] Hans *Tietmeyer*: Europäische Währungsunion (Vortrag aus Anlaß der 22. Bitburger Gespräche am 11. Januar 1991), abgedruckt in: Auszüge aus Presseartikeln, hrsg. von der Deutschen Bundesbank, Nr. 3 vom 15. Januar 1991, S. 1–6, hier S. 4.

größen der Geldpolitik sind. Dominiert die Defizitfinanzierung des Staates die Zinskonditionen, kann von einer „Etatisierung des Kapitalmarktes" gesprochen werden.

- Auch bei ausschließlicher Kapitalmarktfinanzierung der Budgetdefizite kann die Zentralbank – über die Kreditinstitute – ins „Schlepptau" der Staatsfinanzierung geraten (Bereitstellung von Zentralbankgeld).
- Wegen ihrer Zinsrobustheit kann die Staatsverschuldung Crowding-out-Effekte bei privaten Investitionen und über (steuerpolitische) Erwartungseffekte Änderungen des Spar- und Investitionsverhaltens des Privatsektors auslösen.

Insgesamt ergibt sich also eine Reihe von gravierenden Argumenten, die begründen, warum Budgetdisziplin in einer WWU und – genauso wichtig – bereits auf dem Wege dorthin notwendig ist. Damit ist freilich noch nichts darüber gesagt, ob diese Disziplin durch den Markt oder über verbindliche Gemeinschaftsregeln herbeigeführt werden sollte.

IV. Empirische Befunde zur Budgetpolitik in der EG

Zur Beurteilung der budgetpolitischen Entwicklung in den EG-Ländern werden im folgenden zwei Indikatoren herangezogen: erstens der staatliche Haushaltssaldo, zweitens die staatliche Brutto-Ersparnis, beide Größen ausgedrückt als Quoten (d. h. in Prozent des nationalen Bruttoinlandprodukts). Die Abgrenzungen folgen den statistischen Konventionen der EG.

Der staatliche *Haushalts-(Budget-)Saldo* entspricht der Differenz zwischen den gesamten Staatsausgaben und den gesamten Nichtkredit-Einnahmen des Staates und ist für den Fall eines Budgetdefizits identisch mit der staatlichen Nettokreditaufnahme. Die *Brutto-Ersparnis* (d. h. einschließlich Abschreibungen) des Staatssektors ist definiert als Differenz zwischen den gesamten (Nichtkredit-)Einnahmen und den „laufenden", d. h. nicht für Investitionen verwendeten Ausgaben des Staates. Bei einer positiven staatlichen Brutto-Ersparnis steht in dieser Höhe ein Teil der gesamten Einnahmen zur Finanzierung von öffentlichen Investitionen zur Verfügung; ist sie negativ („Entsparen"), so muß in dieser Höhe ein Teil der Nettokreditaufnahme zur Finanzierung der staatlichen Konsumausgaben herangezogen werden. Staatliche Budgetdefizite können sowohl mit einer positiven als auch mit einer negativen Staatsersparnis einhergehen.

Anhand der *Schaubilder 1 und 2* sowie *Tabelle 1* lassen sich folgende Schlußfolgerungen zur Budgetpolitik der EG-Länder und zu ihren Auswirkungen ziehen:

- *Schaubild 1* zeigt für die gesamte EG einen starken Rückgang der volkswirtschaftlichen Sparquote in den letzten beiden Jahrzehnten, nämlich von 23,7% im Durchschnitt der 70er Jahre auf 20,5% im Durchschnitt der 80er Jahre (−3,2 Prozentpunkte). Ausschlaggebend für den Fall der Gesamtersparnis war der Rückgang der staatlichen Sparquote um durchschnittlich 2,6 Prozentpunkte in diesem Zeitraum, während die private Ersparnis ein relativ stabiles Verhaltensmuster aufwies (−0,6 Prozentpunkte). In einem nahezu „freien Fall" sank die staatliche Sparquote von 1970 bis 1982 von +5% auf −1,6 %; das bedeutet einen "Swing" von 6,6 Prozentpunkten. Nicht weniger als acht Jahre, von 1981 bis 1988, verharrte sie im negativen Bereich („Entsparen" des Staates) und erreichte erst in den letzten beiden Jahren wieder leicht positive Werte.
  Fazit: Wenn heute, am Anfang der 90er Jahre, die gesamte EG eine Ersparnislücke (Bruttoinvestitionen > Bruttoersparnis) aufweist und damit zum Nettokapitalimporteur von Ersparnisüberschüssen gegenüber dem Rest der Welt geworden ist, so ist dies maßgeblich mit auf die zunehmenden Budgetdefizite der EG-Länder zurückzuführen. Denn diese Haushaltsdefizite stehen hinter dem Rückgang der Staatsersparnis bzw. ihrem Umschlag in negative Werte, wodurch auch die gesamte Sparquote mit heruntergezogen wurde.
- Nähere Aufschlüsse über das Budgetverhalten einzelner Mitgliedsstaaten gibt *Tabelle 1* auf S. 232. Von dem Rückgang der Staatsersparnis waren nahezu alle Länder betroffen: So gab es 1984 nur noch drei Mitgliedsstaaten mit einer positiven Staatsersparnis (Deutschland, Frankreich, Luxemburg); bis 1990 sind lediglich zwei weitere hinzugekommen (Spanien und Großbritannien). Immerhin handelt es sich hierbei um Länder mit großem Gewicht (Deutschland, Frankreich, Großbritannien). Aber dieses Gewicht reichte gerade aus, um die heutige volkwirtschaftliche Gesamtersparnis wieder auf das bereits 1980 erreichte Niveau anzuheben (vgl. *Schaubild 1*).
  Der Überblick (*Tabelle 1*) über die Entwicklung der Budgetdefizite in den letzten vier Jahren (für 1991: Prognosewerte der EG-Kommission) läßt erkennen, daß die fünf Mitgliedsstaaten Belgien, Griechenland, Italien, die Niederlande und Portugal mit Haushaltsdefiziten zwischen ca. 5 und 17% zum Teil erheblich über dem (gewogenen) EG-Durchschnitt liegen. Allerdings sind auch Tendenzen zu ihrer Rückführung und zur Stabilisierung der Schuldenquoten (in Belgien, den Niederlanden und Portugal) zu verzeichnen, worauf im nächsten *Abschnitt V* näher eingegangen wird.
  Wie rasch die Budgetpositionen umschlagen können, zeigt das deutsche Beispiel: Ausgehend von einem leichten Überschuß 1989, wird für 1991 mit einem Defizit von ca. 5% gerechnet. Zwar sind die dahinterstehen-

Schaubild 1

Gesamte, private und staatliche Brutto-Ersparnis in der EG*)

- in % des BIP -

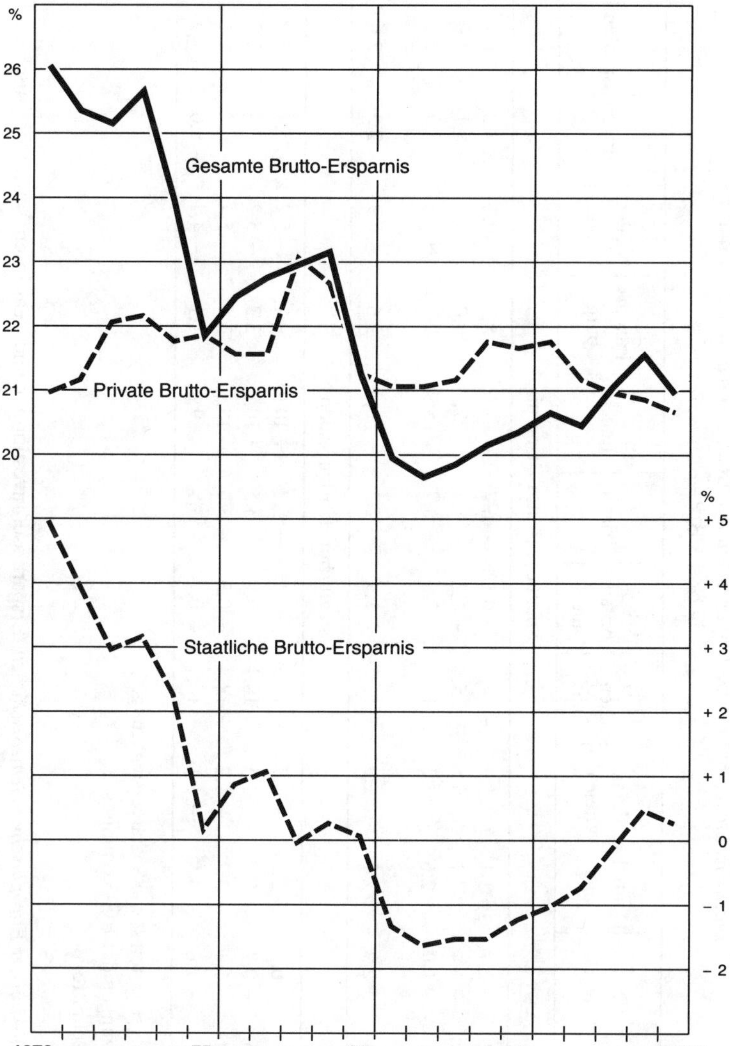

*) Gewichtet mit den BIP-Kaufkraftstandards der EG-Länder. Angaben für 1990: Vorausschätzungen der EG-Kommission.

Quellen: Kommission der Europäischen Gemeinschaften: Ersparnisse, Investitionen und Realzinsen, in: Europäische Wirtschaft, Nr. 46, Brüssel, Dezember 1990, S. 204–205, sowie dies.: Konjunkturtendenzen, in: Europäische Wirtschaft, Beiheft A, Nr. 6, Brüssel, Juni 1990, S. 1.

Tabelle 1: Staatliche[1] *Brutto-Ersparnis und Haushaltssaldo in den EG-Ländern*
– in % des BIP –

Jahr bzw. Zeitraum	Belgien	Dänemark	Deutschland	Frankreich	Griechenland	Großbritannien	Irland	Italien	Luxemburg	Niederlande	Portugal	Spanien	EG
	Staatliche Brutto-Ersparnis												
1981	– 8,2	– 2,7	1,1	1,7	– 6,8	– 0,5	– 6,7	– 7,0	5,7	0,2	– 4,2	0,1	– 1,3
1984	– 5,9	– 1,4	2,1	0,6	– 5,4	– 1,2	– 5,4	– 7,1	10,0	– 1,0	– 8,1	– 1,0	– 1,5
1990[2]	– 4,1	1,9	2,6	2,2	– 13,9	2,8	– 0,7	– 5,9	10,7	– 1,2	– 3,5	3,6	0,3
1987–1990[3]	– 4,4	2,9	2,2	1,9	– 11,5	1,9	– 2,2	– 6,0	9,6	– 0,9	– 2,3	2,6	0,0
	Staatlicher Haushaltssaldo[4]												
1988	– 6,6	0,2	– 2,1	– 1,7	– 15,6	1,1	– 5,3	– 10,9	2,1	– 5,2	– 5,4	– 3,2	– 3,7
1989	– 6,6	– 0,7	0,2	– 1,5	– 18,4	0,9	– 3,5	– 10,2	3,2	– 5,2	– 3,8	– 2,7	– 3,0
1990[2]	– 5,8	– 1,4	– 3,2	– 1,2	– 18,4	– 0,3	– 3,4	– 10,1	3,3	– 5,4	– 6,0	– 3,1	– 4,0
1991[2]	– 6,1	– 1,6	– 4,8	– 1,1	– 16,9	– 0,7	– 3,5	– 9,4	1,1	– 4,7	– 5,6	– 1,9	– 4,1

[1] Gebietskörperschaften sowie Sozialversicherung.
[2] Vorausschätzungen der EG-Kommission.
[3] Jahresdurchschnitte.
[4] Defizit: –.

Quelle: *Kommission der Europäischen Gemeinschaften:* Ersparnisse, Investitionen und Realzinsen, sowie: Statistischer Anhang, in: Europäische Wirtschaft, Nr. 46, Dezember 1990, S. 199–216 (hier S. 204–205) bzw. S. 217–291 (hier S. 273).

Schaubild 2

Langfristiger Realzins *) und staatliche Brutto-Ersparnis in der EG

- in % bzw. in % des BIP -

*) Nominaler langfristiger Zinssatz (Staatsanleihen mit langer Laufzeit) abzüglich Preisdeflator des Bruttoinlandsprodukts zu Marktpreisen; gewogenes geometrisches Mittel.
Quellen: Kommission der Europäischen Gemeinschaften: Ersparnisse, Investitionen und Realzinsen, sowie: Statistischer Anhang, in: Europäische Wirtschaft, Nr.46, Brüssel, Dezember 1990, S. 199-216, hier S. 204-205, bzw. S. 217-291, hier S. 243 und 267; dies.: Konjunkturtendenzen, in: Europäische Wirtschaft, Beiheft A, Nr. 6, Brüssel, Juni 1990, S. 1.

den Gründe, vor allem der hohe öffentliche Beitrag zur Finanzierung der deutschen Einheit, weitgehend unabweisbar. Der strikte Appell von Bundesregierung und Bundesbank an die chronischen Defizitländer der EG, mehr Budgetdisziplin zu üben, wird aber nur dann glaubwürdig bleiben, wenn die hohen deutschen Defizite alsbald wieder sukzessive zurückgeführt werden.

- Im Zuge des Rückgangs der Staatsersparnis bzw. des staatlichen Entsparens und der damit verbundenen Senkung der gesamten Sparquote in der EG ist Kapital nicht nur knapper, sondern auch teurer geworden. Lag der Realzins im Durchschnitt der 70er Jahre bei – 0,6%, so ist er ein Jahrzehnt später auf durchschnittlich 4,6% gestiegen. *Schaubild 2* auf S. 232 zeigt den Zusammenhang zwischen der Entwicklung der langfristigen Ex-post-Realzinsen und der staatlichen Sparquote (eine ähnliche Beziehung gilt auch für die gesamte Sparquote; vgl. *Schaubild 1*): Verlief diese Entwicklung bis 1976 noch ausgesprochen parallel, so verkehrte sie sich danach ins Gegenteil. Mit anderen Worten: Seit etwa Mitte der 70er Jahre sind sinkende Sparquoten (staatliche und gesamte) und steigende Realzinsen eng miteinander verkoppelt, eine negative Korrelation, die offenbar mit dem Übergang zu einer negativen Staatsersparnis besonders stark ausgeprägt war.
  Allerdings wäre es sicher verfehlt, den Rückgang des staatlichen Sparens als einzigen Faktor für die Realzinssteigerung seit Mitte der 70er Jahre anzusehen. So waren die Inflationsraten und Inflationserwartungen speziell in den 70er Jahren außergewöhnlich hoch und nicht mit jenen der 80er Jahre zu vergleichen. Möglicherweise besteht jedoch auch zwischen den Inflationserwartungen und der Höhe der staatlichen Budgetdefizite eine enge (positive) Beziehung. In jedem Fall kann jedoch das rückläufige bzw. „negative“ Sparverhalten des Staates als ein wichtiger Faktor für den Realzinsanstieg angesehen werden.

V. Zur „Tragbarkeit“ von Schulden- und Budgetpositionen

In diesem Abschnitt sind zunächst die bislang nicht definierten Begriffe „Budgetdisziplin“ und „tragbare“ Schuldenposition etwas schärfer zu fassen. Zweitens wird auf den in letzter Zeit von der *EG-Kommission*[20] immer stärker propagierten Vorschlag eingegangen, die Schuldenquoten der Mitgliedsländer mindestens zu stabilisieren, im Einzelfall aber auch zu reduzieren.

[20] Vgl. insbesondere *Kommission der Europäischen Gemeinschaften*: Ein Markt, eine Währung, a. a. O., S. 118–127.

Die „*Tragbarkeit*" ("sustainability") einer Budget- bzw. Schuldenposition des Staates ist der Schlüsselbegriff. Theoretisch ist dieser Begriff durch die Bedingung der *intertemporalen Budgetrestriktion* klar definiert[21]. Danach ist eine gegebene Schuldenposition dann „tragbar", wenn der anfängliche Schuldenstand höchstens genauso groß ist wie der Gegenwartswert der künftigen Primärüberschüsse. „Primärüberschüsse" sind die Haushaltsüberschüsse *ohne* bzw. *vor* Zinszahlungen, und diese Primärüberschüsse sind abzudiskontieren mit dem Faktor, um den der Realzins die Wachstumsrate übersteigt.

Ist die Bedingung der intertemporalen Budgetrestriktion erfüllt, so ist der Staat jederzeit in der Lage, seine Zins- und Tilgungsverpflichtungen zu erfüllen, d. h., diese Bedingung ist gleichzeitig auch eine theoretische Leitmaxime für die Überprüfung von „*Budgetdisziplin*". Allerdings deuten diese Formulierungen schon an, daß die intertemporale Budgetbeschränkung als Richtschnur für die praktische Haushaltspolitik wenig geeignet, weil kaum operabel ist.

Handlungsmaximen zur Sicherstellung der Haushaltsdisziplin müssen daher anderen, vor allem kurz- bis mittelfristig einzuhaltenden Regeln bzw. Kriterien folgen. Ein solches Konzept wurde von *Blanchard*[22] entwickelt. Danach ist eine Budget- bzw. Schuldenposition dann „tragbar", wenn sie zu einer *Stabilisierung der Schuldenquote* im Zeitablauf führt. Im Prinzip handelt es sich dabei um eine pragmatische, kurz- bis mittelfristige Version der intertemporalen Budgetrestriktion, die von der *EG-Kommission* als Vorschlag für eine Budgetregel übernommen wurde[23].

In Anlehnung an *Blanchard* läßt sich das Tragbarkeitskonzept wie folgt herleiten, wobei alle Variablen von vornherein als reale Größen ausgedrückt werden (das Ergebnis ändert sich nicht bei Verwendung von Nominalgrößen). In diskreten Schritten betrachtet, beschreibt Gleichung (1) den Schuldenstand (B) am Ende der Periode t: Er ist gleich dem Primärsaldo (P) der laufenden Periode (das Minuszeichen führt dazu, daß ein Primärüberschuß, für sich genommen, den Schuldenstand senkt, ein Primärdefizit ihn

[21] Vgl. dazu z. B. Luigi *Spaventa*: The Growth of Public Debt. Sustainability, Fiscal Rules, and Monetary Rules, in: IMF Staff Papers, Vol. 34 (1987), S. 374–399.

[22] Vgl. Olivier Jean *Blanchard*: Suggestions for a New Set of Fiscal Indicators (OECD Working Papers, Nr. 79), Paris, April 1990; zu Kritik und Verfeinerung dieses Ansatzes vgl. Jean-Claude *Chouraqui*, Robert P. *Hagemann*, Nicola *Sartor*: Indicators of Fiscal Policy: A Reassessment (OECD Working Papers, Nr. 78), Paris, April 1990, und Edward M. *Gramlich*: Fiscal Indicators (OECD Working Papers, Nr. 80), Paris, April 1990.

[23] Vgl. *Kommission der Europäischen Gemeinschaften*: Ein Markt, eine Währung, a. a. O., S. 118–131.

dagegen erhöht), zuzüglich dem Schuldenstand der Vorperiode und den darauf entfallenden Zinszahlungen (r = realer Zinssatz), abzüglich der Inflationssteuer („Seigniorage"), die aus der Zunahme des Zentralbankgeldes (Z) gegenüber der Vorperiode besteht und, für sich genommen, als zusätzliche Finanzierungsquelle zur Verringerung der Staatsschuld beiträgt:

(1) $$B_t = - P_t + (1 + r) B_{t-1} - (Z_t - 1)$$

Gleichung (2) definiert das (reale) Sozialprodukt (Y) in Periode t mit der realen Wachstumsrate g:

(2) $$Y_t = (1 + g) Y_{t-1}$$

Wird aus Vereinfachungsgründen die Inflationssteuer vernachlässigt, so führt die Division von (1) durch (2) zu *Quoten*:

(3) $$\frac{B_t}{Y_t} = - \frac{P_t}{Y_t} + \frac{(1+r) B_{t-1}}{(1 + g) Y_{t-1}}$$

Werden die Quoten mit kleinen Buchstaben bezeichnet und begnügen wir uns (für kleine Werte von r und g) mit einer Näherungslösung für (1+ r)/1+g), so folgt aus (3):

(3a) $$b_t = - p_t + (1 + r - g) b_{t-1}$$

Nach Multiplikation des rechten Ausdrucks und Umstellung folgt:

(4) $$b_t - b_{t-1} = - p_t + (r - g) b_{t-1}$$

Beim Übergang von diskreter auf stetige Betrachtung ergibt sich aus (4):

(4 a) $$db/dt = - p + (r - g) b$$

Gleichung (4a) ist das kurz- bis mittelfristige *Tragbarkeitskriterium* für Haushaltsdisziplin: Die Veränderung der Schuldenquote hängt ab von der Höhe und dem Vorzeichen (Überschuß oder Defizit) des Primärsaldos und der Differenz bzw. dem Wechselspiel zwischen dem Zinssatz und der Wachstumsrate.

Die Unterscheidung zwischem dem Primär- und dem gesamten Haushaltssaldo ist deshalb so entscheidend wichtig, weil – wenn überhaupt – nur beim *Primärsaldo* ein budgetpolitischer Spielraum besteht. Demgegenüber sind die Zinsverpflichtungen in jedem Fall zu erfüllen; sie sind eine unabdingbare Ausgabengröße, wenn der Staat als „zahlungsfähig" gelten soll. Mit anderen Worten: Budgetpolitischer Spielraum besteht nur bei den Nicht-Zinsausgaben (oder bei den Steuereinnahmen).

Das Wechselspiel zwischen Zins und Wachstumsrate sei an den drei möglichen Konstellationen illustriert. Leitmaxime für den Finanzpolitiker sei die Stabilisierung der Schuldenquote, d.h.:

(5) $$db/dt \overset{!}{=} 0$$

Dieses Ziel ist erfüllt, wenn die Primärsaldoquote gleich ist der Differenz zwischen Zins und Wachstumsrate, multipliziert mit der (alten) Schuldenquote:

(6) $$p = (r - g)\, b$$

Fall 1: Für $r > g$ mit $r = 5\%$, $g = 3\%$ und einer Schuldenquote von 100% errechnet sich p mit +2%:

$$p = (0{,}05 - 0{,}03)\, 1{,}0$$

Das bedeutet konkret: Würden für das nächste Haushaltsjahr diese Größen von r und g erwartet, so muß – um die Schuldenquote konstantzuhalten – ein Primär*überschuß* in Höhe von 2% des Sozialprodukts erzielt werden (d.h., es sind gegebenenfalls Einsparungen bei jenen Ausgaben erforderlich, die *keine* Zinszahlungen sind).

Fall 2: Für die umgekehrte Konstellation $r < g$ ergibt sich mit denselben Zahlen die „komfortable" Situation für den Finanzpolitiker, daß er ein Primär*defizit* von bis zu (–) 2% fahren darf, ohne daß sich die Schuldenquote erhöht.

Fall 3: Bei $r = g$ muß der Primärsaldo gleich 0 sein, d.h., der Schuldenstand und das Sozialprodukt wachsen mit derselben Rate.

Diese Beispiele lassen ein dorniges Problem erkennen: Ob und in welcher Höhe ein Primärdefizit zulässig ist oder aber ein Primärüberschuß erzielt werden muß, hängt ab von einer zutreffenden Prognose des Szenarios $r > = < g$.

Nun zu einigen *empirischen Zusammenhängen*, wie sie in der *Tabelle 2* auf S. 238 und in den *Schaubildern 3 und 4* auf S. 239 bzw. 240 dargestellt sind. Ausgehend von dem Tragbarkeitskriterium für Haushaltsdisziplin, hat die *EG-Kommission* für 1989 für alle Mitgliedsstaaten jene Primärsalden errechnet, die *erforderlich* gewesen wären, um die künftige Schuldenquote in diesen Ländern auf ihrem derzeitigen Niveau zu stabilisieren. Bei der Berechnung dieses erforderlichen Primärsaldos wurde von der als mittelfristig realistisch angesehenen durchschnittlichen Entwicklung von $r = 5\%$ und $g = 3$–$3{,}5\%$ ausgegangen (also von einer wohl typischen Konstellation $r > g$).

Die vorletzte Spalte der *Tabelle 2* zeigt zunächst das nicht überraschende Ergebnis, daß bei dieser Konstellation alle Länder einen Primär*überschuß* aufweisen müßten, allerdings in stark unterschiedlichem Maße. Kombiniert man, wie in *Schaubild 3*, die Höhe des erforderlichen Primärüberschusses (pü auf der Ordinate) mit der Höhe der Schuldenquote (b auf der Abszisse), so kann daraus die folgende erste Schlußfolgerung abgeleitet werden: Der Querschnittsvergleich für alle EG-Staaten zeigt, daß mit zunehmender Schuldenquote auch die Höhe des erforderlichen Primärüberschusses steigen muß, da ja auch eine relativ höhere Zinslast aufzufangen bzw. zu

Tabelle 2: Staatsschulden-Quoten[1], Budget- und Primärsalden in den EG-Ländern[2]

Land	Staatsschulden-Quote (b)[3]			Gesamter Haushaltssaldo (s) 1989[3,4]	Tatsächlicher Primär-Saldo (p) 1989[3,4]	Erforderlicher Primär-Überschuß (pü)[3,5]	Primärsaldo-Lücke (pü–p)[6]
	1982	1985	1989				
Belgien[7]	95,3	115,4	128,4	– 6,3	2,4	2,6	0,2
Dänemark	64,5	74,5	63,5	– 0,7	4,7	1,3	– 3,4
Deutschland	39,3	42,5	43,0	0,2	1,6	0,9	– 0,7
Frankreich	27,9	33,4	35,5	– 1,3	0,8	0,7	– 0,1
Griechenland[8]	36,1	57,9	86,2	– 17,6	– 10,1	1,3	11,4
Großbritannien	58,2	57,6	44,3	1,6	4,3	0,9	– 3,4
Irland[8]	87,2	105,0	104,9	– 3,1	7,7	1,6	– 6,1
Italien	66,4	84,0	98,9	– 10,2	– 2,3	2,0	4,3
Luxemburg	14,5	14,0	9,0	3,3	1,2	0,2	– 1,0
Niederlande[7]	55,6	69,6	78,4	– 5,1	1,1	1,6	0,5
Portugal	50,0	69,5	73,1	– 5,0	– 3,2	1,1	4,3
Spanien	27,9	46,5	43,8	– 2,1	– 0,9	0,7	1,6
EG	47,9	56,8	58,4	– 2,8	1,2	1,1	– 0,1

[1] Brutto-Staatsschulden. [2] Staatssektor (Gebietskörperschaften sowie Sozialversicherung). [3] In % des Bruttoinlandprodukts. [4] Defizit: –. Größere Abweichungen für Griechenland, Großbritannien, Portugal und Spanien für 1989 gegenüber Tabelle 1 sind bedingt durch Stock-Flow-Bereinigungen, die von der EG-Kommission in der vorliegenden Tabelle vorgenommen wurden. [5] Annahmen: Realzins (r) = 5%; reale Wachstumsrate (g) = 3% (für Griechenland, Spanien, Irland, Portugal: 3,5%). [6] In BIP-Prozentpunkten. [7] 1982 und 1985: ohne Sozialversicherung. [8] 1982 und 1985: nur Zentralstaat.

Quelle: *Kommission der Europäischen Gemeinschaften:* Öffentliche Finanzen und Finanzpolitik in der Gemeinschaft, in: Europäische Wirtschaft, Nr. 42 (Sich den Herausforderungen der frühen 90er Jahre stellen), November 1989, S. 143–169, hier S. 157 (für die Jahre 1982 und 1985), sowie dies.: Ein Markt, eine Währung. Potentielle Nutzen und Kosten der Errichtung einer Wirtschafts- und Währungsunion – eine Bewertung, in: Europäische Wirtschaft, Nr. 44, Oktober 1990, S. 122 (für 1989).

Schaubild 3

Erforderlicher Primärüberschuß (pü) zur Stabilisierung der Schuldenquote und Höhe der Staatsschuldenquote (b) im Jahre 1989*)

- in % des BIP-

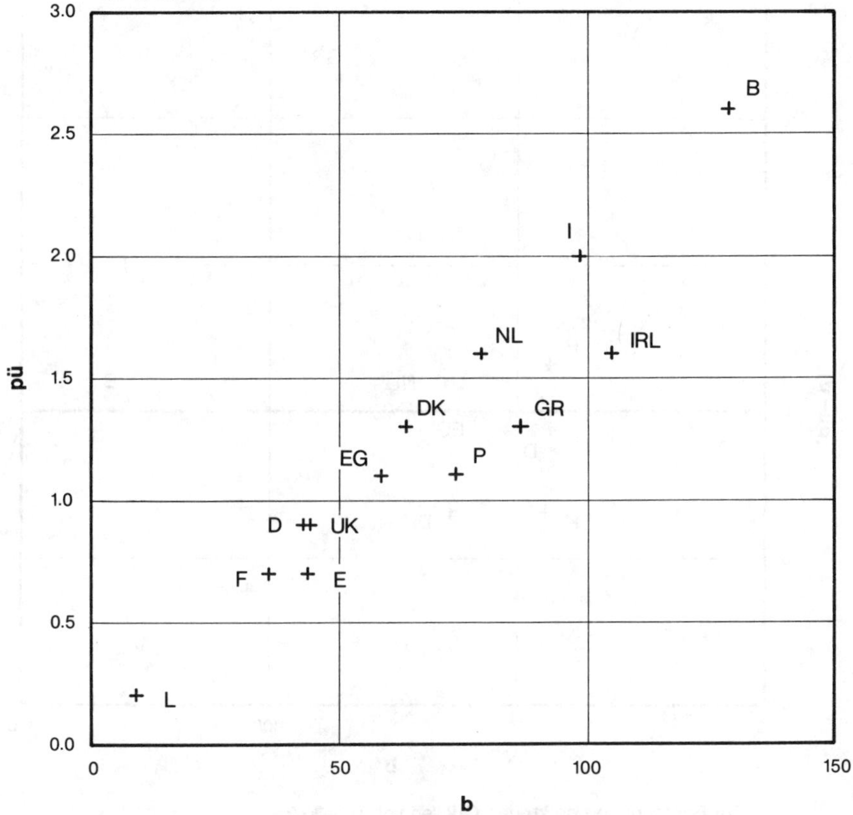

*) Zur Berechnung und zu den Quellen vgl. Tabelle 2.

finanzieren ist, wenn die Quote konstantbleiben soll. (Bei ansonsten gleichen Annahmen von *Fall 1* würde sich pü z. B. bei einer Schuldenquote von 200% auf 4% verdoppeln.) Daraus folgt, daß mit zunehmender Schuldenquote ein immer höherer Teil des Steueraufkommens zur Bildung von Primärüberschüssen und damit zur Finanzierung der Zinslast quasi „reserviert" werden muß – zu Lasten aller sonstigen, nicht zinsbedingten Staatsaus-

Schaubild 4

**Primärsaldo-Lücke (pü– p)
und Staatsschuldenquote (b) im Jahre 1989*)**

-in Prozentpunkten bzw. in % des BIP-

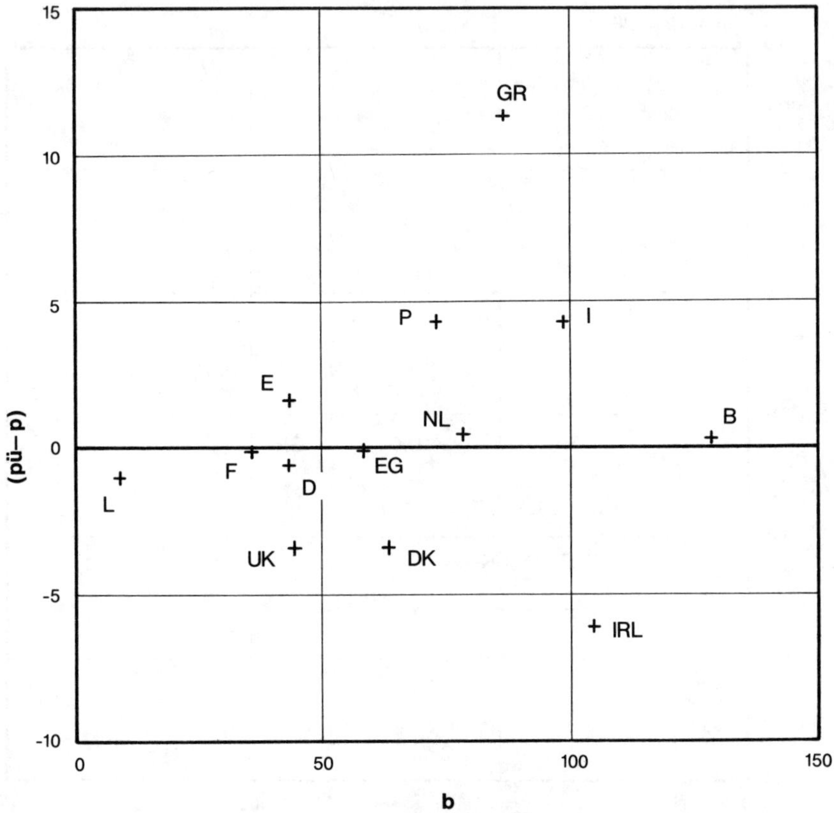

*) Zur Berechnung und zu den Quellen vgl. Tabelle 2.

gaben. Hier zeichnet sich also eine *Grenze* für die weitere Erhöhung der Schuldenquote ab: Sie besteht darin, daß die Steuerbürger nicht mehr bereit sind, eine immer höhere Steuerlast mit immer größeren Einbußen an öffentlichen Gütern und Dienstleistungen hinzunehmen.

Tabelle 2 und *Schaubild 4* lassen weitere Schlußfolgerungen zu: Stellt man dem erforderlichen Primärüberschuß den tatsächlichen Primärsaldo gegenüber, so zeigt sich, daß – hier bezogen auf das Jahr 1989 – längst nicht alle

Länder das Tragbarkeitskriterium erfüllt haben (nämlich die Schuldenquote zu stabilisieren). Die Differenz zwischen beiden ist die sog. *Primärsaldo-Lücke*: Die Null-Linie in *Schaubild 4* markiert die komplette Erfüllung dieses Kriteriums; Länder im oberen Feld (+) haben es nicht erfüllt, Länder im unteren Feld (−) haben es sogar übererfüllt, wenigstens in dem betrachteten Jahr 1989.

Insgesamt vermittelt *Schaubild 4* einen klaren Eindruck von jenen EG-Ländern, die *prekäre Finanzpositionen* aufweisen. Es sind dies (im oberen Feld) vor allem Griechenland, Italien und Portugal, bei denen ein enormer Korrekturbedarf besteht. Für Griechenland und Italien kommt hinzu, daß deren Schuldenquote bis in die jüngste Zeit permanent gestiegen ist (vgl. *Schaubild 5*). Hier bedürfte es schon außerordentlich großer budgetpolitischer Anstrengungen, um eine Umkehr von den tatsächlichen Primärdefiziten hin zu Primärüberschüssen zu bewerkstelligen, um die Schuldenquote zu stabilisieren. Über Nacht wird das sicher nicht gehen, wie die Abbildung vielleicht suggerieren mag, die zeitpunktbezogen die ganze Diskrepanz für nur ein Jahr, nämlich 1989, ausweist. Vielmehr wird sich der erforderliche Umstellungs- und Aufholprozeß schrittweise über mehrere Jahre erstrecken müssen. Trotzdem ist es wichtig, daß mit derartigen Berechnungen der Umfang solcher Lücken aufgezeigt und den Finanzpolitikern damit der Handlungsbedarf signalisiert wird.

Für die anderen EG-Länder, die im unteren Quadranten und nahe der Null-Linie in *Schaubild 4* liegen, stellt sich kein unmittelbares Problem einer Lücke des Primärsaldos. Aber auch hier gilt natürlich die Einschränkung einer zeitpunktbezogenen Betrachtung. So werden sich z.B. für Deutschland schon für 1990 und die folgenden Jahre die Bedingungen deutlich umkehren aufgrund der sprunghaft steigenden Primärdefizite von Bund und Ländern zur Finanzierung der deutschen Einheit. Auch dieses Beispiel macht noch einmal deutlich, daß für die Erfüllung des Tragbarkeitskriteriums nur eine *mittelfristige* Perspektive sinnvoll ist.

Ein Spezialproblem besteht noch in der sehr *unterschiedlichen Höhe* der Schuldenquote in den EG-Ländern. So lagen Belgien, Italien und Irland 1989 bei 100% und mehr. Hier zeigt sich ein großes Handicap des Tragbarkeitkriteriums: Die Leitmaxime „Stabilisierung der Schuldenquote" bezieht sich im Prinzip auf jede x-beliebige Höhe der Quote. Zweifellos ist es jedoch budgetpolitisch wesentlich schwieriger, eine Quote von 100% zu stabilisieren als eine solche von nur 30%. Die *EG-Kommission* fordert hierzu kategorisch: „Schuldenquoten über 100% sollten unbedingt stabilisiert werden", schränkt jedoch sogleich wieder ein, daß „zuverlässige Aussagen über den Höchstwert der Schuldenquote nicht gemacht werden können"[24].

[24] Ebd., S. 120.

In der Tat ist dies ein *normatives* Problem, das letztlich in der als tragbar anzusehenden Steuerlast wurzelt (s.o.). Mit steigender Schuldenquote wächst auch die Höhe des erforderlichen Primärüberschusses (vgl. *Schaubild 3*), so daß ein immer höherer Steueranteil in den Schuldendienst fließt, d.h. nicht mehr zur Versorgung mit öffentlichen Gütern zur Verfügung steht. Der denkbare Ausweg, über Steuerheraufsetzungen dieses wieder ausgleichen zu wollen, würde früher oder später nicht nur am Steuerwiderstand der Bürger scheitern. Nationale Alleingänge bei Steuererhöhungen sind auch deshalb problematisch, weil in einem europäischen Binnenmarkt und mehr noch in einer WWU der *Wettbewerb* der *Steuer-* und *Investitionsstandorte* zu Abwanderungen der mobilen Produktionsfaktoren aus dem Hochsteuerland führen kann[25]. Auch dies könnte eine wirksame Bremse dagegen sein, von einem bereits hohen Niveau der Schuldenquote ausgehend noch weitere Erhöhungen zuzulassen.

Ein abschließender Punkt betrifft die tatsächliche Entwicklung der *Schuldenquote* in den einzelnen EG-Ländern in den letzten Jahren. Hier zeigt sich eine bemerkenswerte Tendenz (vgl. *Schaubild 5*).

- Abgesehen von Luxemburg und Großbritannien, hat sich die Schuldenquote in fast allen Mitgliedsstaaten im langfristigen Vergleich (Durchschnittswert 1974–82 bis 1985) drastisch erhöht: in Deutschland, Frankreich, Italien und Irland um ca. 40%, in Belgien und den Niederlanden um ca. 60 bis 70%, in Portugal um ca. 100% und in Dänemark, Spanien und Griechenland um zwischen 130 und 180%. Die Tendenz steigender Quoten setzt sich in einigen Ländern noch bis 1987 fort (Belgien, Italien, Irland, die Niederlande, Portugal, Griechenland), kommt dann jedoch mit Ausnahme von Griechenland und Italien zum Stillstand bzw. kehrt sich sogar um.
- Bemerkenswert an dieser Tendenz ist, daß es 10 von 12 EG-Ländern gelungen ist, ab 1988 (bis 1991: Vorausschätzung der EG-Kommission) nicht nur ihre Schuldenquote zu stabilisieren, sondern zum Teil sogar deutlich zurückzuführen (Irland, Portugal, Großbritannien, Luxemburg) – und dies ohne jegliche Regeln für Defizit- bzw. Schuldenobergrenzen. Offenbar ist die „Stabilisierung der Schuldenquote" als Leitmaxime für budgetpolitisches Verhalten auch in den Finanzministerien der EG-Länder beherzigt worden, möglicherweise hat aber auch diese seit einigen Jahren in den Veröffentlichungen der EG-Kommission nachdrücklich propagierte Empfehlung ihre Wirkung nicht verfehlt.

[25] Vgl. z.B. Herbert *Giersch*: Der große Binnenmarkt ist nur ein halber Schritt nach vorn, in: Handelsblatt vom 22./23. Februar 1991, S. 1.

Schaubild 5

Staatsschulden-Quoten in den EG-Ländern, 1974/82 bis 1991 *)

- in % des BIP -

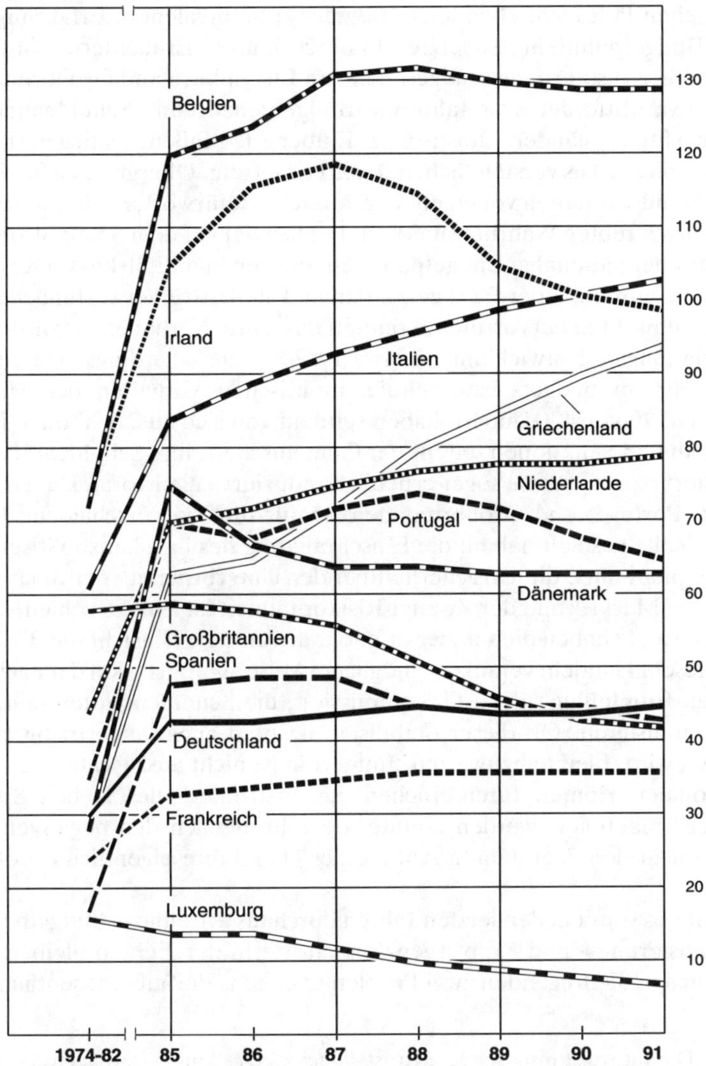

*) Zur Abgrenzung vgl. Tabelle 2; Angaben für 1991: Vorausschätzungen der EG-Kommission (für Deutschland vermutlich ohne Berücksichtigung des Vereinigungseffektes).-
Quellen: Kommission der Europäischen Gemeinschaften: Statistischer Anhang, in: Europäische Wirtschaft, Nr. 46, Brüssel, Dezember 1990, S. 217-291, hier S. 278-289.

VI. Marktsanktionen versus Budgetregeln

Ein ausgewogenes Fazit zur kontroversen Frage: „Markt oder Regeln?" zu ziehen fällt nicht eben leicht wegen der ambivalenten Erfahrungen mit der Budgetpolitik in den letzten 15 bis 20 Jahren. Ernüchternd sind die Erfahrungen insofern, als – abgesehen von Luxemburg und Großbritannien – bis etwa Mitte der 80er Jahre die Budgetdefizite und Schuldenquoten in allen Mitgliedsländern drastisch, z. T. über alle Maßen, gestiegen sind. Aus dieser Sicht ist es verständlich, daß die Forderung, Obergrenzen für Defizite und Schuldenquoten vorzugeben, zahlreiche Befürworter gefunden hat. Mit der angestrebten Währungsunion steht allzuviel auf dem Spiel: Störimpulse seitens der nationalen Budgetpolitiken, die den Stabilitätskurs einer einheitlichen Geldpolitik der EZB gefährden und allokative Verwerfungen auf den Kapitalmärkten hervorrufen, könnten das ganze Vorhaben gefährden.

Die jüngste Entwicklung ab etwa 1987/88 zeigt allerdings eine deutliche Umkehr im budget- bzw. schuldenpolitischen Verhalten der Mitgliedsstaaten: 10 von 12 Ländern haben seitdem von sich aus, d. h. ohne jegliche Regeln und Sanktionen seitens der Gemeinschaft, ihre Schuldenquoten stabilisiert bzw. teilweise sogar erheblich reduziert, allen voran Dänemark, Irland, Portugal und Großbritannien. Dafür dürften verschiedene Gründe eine Rolle gespielt haben: die Einschränkung des haushaltspolitischen Aktionsspielraums, die Unsicherheit bei der Unterbringung der Staatsschuldtitel am Markt[26] und der Zwang, Risikoprämien im Zins zu zahlen[27]. Derartige Gründe haben die Länder offenbar aus eigener Einsicht und Erfahrung zu diesem Handeln veranlaßt, möglicherweise „geführt" von der nachdrücklichen Empfehlung der EG-Kommission, die Schuldenquoten mindestens zu stabilisieren. Ob dieser Stabilisierungspfad auch längerfristig Bestand haben wird, bleibt abzuwarten. Immerhin ist nicht auszuschließen, daß bei nationalen Konjunktureinbrüchen das Instrument des Deficit Spending wieder reaktiviert werden könnte, obwohl es nach den negativen Erfahrungen in den 70er Jahren/Anfang der 80er Jahre eigentlich obsolet sein sollte.

Gibt es somit in den letzten Jahren durchaus erfreuliche budgetpolitische Stabilisierungs- und Konvergenzfortschritte in der EG, so bleiben im wesentlichen die folgenden zwei Probleme: erstens die außerordentlich hohen

[26] Darauf weist insbesondere Ernst *Baltensperger* hin; vgl.: Staatsverschuldung, Geldpolitik und Währungsstabilität, in: Außenwirtschaft, 40. Jg. (1985), S. 71–81, hier S. 74–75.

[27] Vgl. dazu auch Manfred *Willms*: Der Delors-Plan und die Anforderungen an eine gemeinsame Europäische Geldpolitik, in: Kredit und Kapital, Jg. 23 (1990), S. 30–58, hier S. 55; Herbert *Giersch*: a. a. O., und *Scheide, Trapp*: a. a. O.

Schuldenquoten von Belgien, Griechenland, Italien und Irland (1991 zwischen 94 und 129%), wobei in den letzten Jahren Belgien eine leichte und Irland eine kräftige Reduzierung gelungen ist; zweitens die eigentlichen Problemfälle Griechenland und Italien, bei denen überhaupt noch keine Fortschritte zu erkennen sind und die sich von allen anderen Ländern abgekoppelt haben. Bezeichnenderweise handelt es sich hier um jene Länder, in denen die Staatsfinanzierung durch die Notenbank noch eine dominante Rolle spielt. Sie war ein bequemes Vehikel und hat der Verschuldung sicher großen Vorschub geleistet. Gerade für diese Länder wäre zu fordern, so früh wie möglich und in jedem Fall noch vor der – zeitlich unbestimmten – Endstufe der Währungsunion auf die Defizitfinanzierung durch die Notenbank zu verzichten, um die durch die Kapitalmärkte gesetzten Restriktionen für Budgetdisziplin in voller Stärke zur Geltung kommen zu lassen. Für Griechenland und Portugal gilt darüber hinaus, daß diese Länder noch nicht den disziplinierenden Zwängen der Kapitalverkehrsliberalisierung und des vollen EWS-Beitritts ausgesetzt sind.

Ein zusammenfassendes *Fazit* führt zu folgenden Thesen:

1. Ob die Sanktionen des Marktes letztlich ausreichen, um für eine nationale Budgetdisziplin zu sorgen, kann niemand exakt vorhersagen und muß deshalb abgewartet werden. Aber genau das sollte man auch tun! Schon vorher und sozusagen prophylaktisch bindende Regeln und Obergrenzen für die nationale Budgetpolitik einzuführen – noch dazu, wo es in den letzten Jahren nur zwei wirkliche Problemfälle (Griechenland, Italien) gegeben hat –, das hieße einen Weg verbauen und eine Chance verspielen: die Chance nämlich, die disziplinierenden Wirkungen von Markt und Wettbewerb unter ganz anderen Bedingungen – denen vollintegrierter Kapital-, Güter- und Arbeitsmärkte in der EG – zur vollen Entfaltung kommen zu lassen. Darüber wissen wir einfach noch viel zu wenig, und diese Chance der Bewährung sollte man dem Markt erst einmal geben.
2. Der alternative Weg, *verbindliche* Budgetregeln und Höchstwerte für die Netto-Neuverschuldung einzuführen und notfalls mit Sanktionen auch durchzusetzen (wobei sich fragt, mit welcher Art von Sanktionen!), erscheint dagegen weder zweckmäßig noch aussichtsreich:

   – Einmal, weil damit in den *politisch sensibelsten Bereich* eingegriffen wird, der weitere Integrationsbestrebungen empfindlich stören kann, ohne daß es gleich zu einem „Ausstieg“ aus der geplanten WWU kommen muß. Denn die Finanz- und Haushaltspolitik ist die ureigenste Domäne aller nationalen Parlamente und Regierungen. Da der mit der Währungsunion einhergehende Verlust des geld- und wechselkurspolitischen Anpassungsinstruments unvermeidlich ist, sollte den Mitgliedsstaaten in der Finanz- und Haushaltspolitik wenigstens ein Rest von Handlungsspielräumen bleiben – für unumgängliche Stabilisierungsaufgaben und um auf länderspezifische Schocks reagieren zu können. Damit wird einem großangelegten Deficit Spending natürlich keineswegs das Wort geredet!

- Verbindliche Obergrenzen könnten auch dazu führen, daß dem *Entwicklungsrückstand* verschiedener Länder nicht genügend Rechnung getragen wird[28]. Immerhin haben wir mit Griechenland und Portugal noch zwei echte Entwicklungsländer in der EG, deren Rückstand möglicherweise nur durch eine forcierte Staatsverschuldung aufgeholt werden kann – vorausgesetzt, diese Mittel fließen in investive, d.h. produktive Verwendungen, um Entwicklungschancen überhaupt erst einmal zu erschließen. Verschließt man jedoch diese Finanzierungsquelle durch Regeln, bliebe nur das problematische Instrument der Umverteilung über den innergemeinschaftlichen Finanzausgleich. Die Konsequenz wäre, daß diese heute schon beachtlichen Finanztransfers über den Regional- und Strukturfonds der EG in Zukunft enorm ansteigen würden.
- Schließlich ist zu berücksichtigen, daß das bisher zugrunde gelegte *Szenario* $r > g$ kein Dogma ist. Gerade in Ländern mit einem großen Entwicklungsrückstand könnte es ganz anders aussehen, nämlich möglicherweise $g > r$ (zumindest vorübergehend) – eben wegen günstigerer Entwicklungschancen. Unter dieser Bedingung wären auch weiterhin Primärdefizite möglich, ohne die Schuldenquote zu erhöhen.

3. Als weitere Argumente wurden schon zwei *Korrekturmechanismen* genannt, die tendenziell auf eine Begrenzung der Schuldenquoten hinwirken:

- zum einen die mit zunehmenden Quoten steigende Zinslast, die einen *wachsenden Steueranteil* absorbiert, der insoweit nicht für die Versorgung mit öffentlichen Gütern zur Verfügung steht, was wiederum früher oder später auf den Steuerwiderstand der Bürger stoßen wird;
- zum anderen der Wettbewerb der *Steuer-* und *Investitionsstandorte* in einem integrierten europäischen Markt, der das mögliche Ausgleichsventil von nationalen Steuererhöhungen abblockt, weil andernfalls die Gefahr einer Abwanderung von Produktionsfaktoren aus dem Hochsteuerland besteht.

[28] Vgl. dazu Paul *Masson*, Jacques *Melitz*: Fiscal Policy Independence in a European Monetary Union (Discussion Papers Series, Centre for Economic Policy Research, Nr. 414), London 1990.

4. Trotz mancher Schwächen erscheint die Orientierung an Schuldenquoten und ihre Stabilisierung durchaus als eine sinnvolle Leitmaxime, um störende Einflüsse der nationalen Budgetpolitik auf das Unternehmen Währungsunion möglichst gering zu halten. Aber bei solchen *unverbindlichen* Orientierungslinien bzw. Empfehlungen sollte es auch bleiben, unterstützt durch regelmäßige Kooperation und publizistische Überwachung auf EG-Ebene, um allen nationalen Finanzpolitikern ihre Budgetposition vor Augen zu führen. Ein derartiger Policy mix aus gemeinschaftlicher Geldpolitik und „empfohlener" nationaler Budgetpolitik hat durchaus Chancen, „tragfähig" zu sein.

Literatur

Ausschuß zur Prüfung der Wirtschafts- und Währungsunion: Bericht zur Wirtschafts- und Währungsunion in der Europäischen Gemeinschaft („*Delors*-Bericht"), 1989.

Baltensperger, Ernst: Staatsverschuldung, Geldpolitik und Währungsstabilität, in: Außenwirtschaft, 40. Jg. (1985), S. 71–81.

Blanchard, Olivier Jean: Suggestions for a New Set of Fiscal Indicators (OECD Working Papers, Nr. 79), Paris, April 1990.

Buiter, Willem H./Kenneth M. Kletzer: Reflections on the Fiscal Implications of a Common Currency (Discussion Papers Series, Centre for Economic Policy Research, Nr. 418), London 1990.

Caesar, Rolf: The Influence of Financial Integration on the Coordination of Economic Policies (Diskussionsbeiträge des Seminars für Wirtschafts- und Finanzpolitik, Ruhr-Universität Bochum, Nr. 2), Bochum 1988.

Chouraqui, Jean-Claude/Robert P. Hagemann/Nicola Sartor: Indicators of Fiscal Policy: A Reassessment (OECD Working Papers, Nr. 78), Paris, April 1990.

Deutsche Bundesbank: Stellungnahme der Deutschen Bundesbank zur Errichtung einer Wirtschafts- und Währungsunion in Europa, vom 19. September 1990, abgedruckt in: Monatsberichte der Deutschen Bundesbank, 42. Jg., Nr. 10, Oktober 1990, S. 41–45.

Duisenberg, Wim: Zentralbank muß vor Politikern geschützt werden, in: Die Welt vom 13. November 1990 (wiederabgedruckt in: Auszüge aus Presseartikeln, hrsg. von der Deutschen Bundesbank, Nr. 88 vom 13. November 1990, S. 4–5).

Filc, Wolfgang: Europäische Geldpolitik nach 1990, in: Europäische Zentralbank – Europas Währungspolitik im Wandel, hrsg. von Rolf H. Hasse und Wolf Schäfer, Göttingen 1990, S. 156–176.

Giersch, Herbert: Der große Binnenmarkt ist nur ein halber Schritt nach vorn, in: Handelsblatt vom 22./23. Februar 1991, S. 1.

Gramlich, Edward M.: Fiscal Indicators (OECD Working Papers, Nr. 80), Paris, April 1990.

Issing, Otmar: Europäische Währungsintegration – Ausgangslage, Strategien, Risiken, in: Probleme der Vollendung des Binnenmarktes in Europa nach 1992 (Schriften des Vereins für Socialpolitik, N. F., Bd. 199), hrsg. von Erhard Kantzenbach, Berlin 1990, S. 111–136.

Kommission der Europäischen Gemeinschaften: Öffentliche Finanzen und Finanzpolitik in der Gemeinschaft, sowie: Statistischer Anhang, in: Europäische Wirtschaft, Nr. 42 (Sich den Herausforderungen der frühen 90er Jahre stellen), November 1989, S. 143–169 bzw. S. 243–294.

Kommission der Europäischen Gemeinschaften: Ein Markt, eine Währung. Potentielle Nutzen und Kosten der Errichtung einer Wirtschafts- und Währungsunion – eine Bewertung, in: Europäische Wirtschaft, Nr. 44, Oktober 1990.

Kommission der Europäischen Gemeinschaften: Ersparnisse, Investitionen und Realzinsen, sowie: Statistischer Anhang, in: Europäische Wirtschaft, Nr. 46, Dezember 1990, S. 199–216 bzw. 217–291.

Kommission der Europäischen Gemeinschaften: Konjunkturtendenzen, in: Europäische Wirtschaft, Beiheft A, Nr. 6, Juni 1990.

Masson, Paul/Jacques Melitz: Fiscal Policy Independence in a European Monetary Union (Discussion Papers Series, Centre for Economic Policy Research, Nr. 414), London 1990.

o. V.: EMU – Institutional aspects: The European Commission has adopted a discussion paper, reconciling Eurofed's independence and its political and democratic responsibility, in: Europe General News, Nr. 5257 (n. s.) vom 18. Mai 1990, S. 7.

o. V.: Die äußere Wechselkurspolitik soll dem Ziel der Preisstabilität unterworfen werden, in: Handelsblatt vom 27. Februar 1991, S. 7.

Scheide, Joachim/Peter Trapp: Etatdisziplin vom Markt. Auch in einer Währungsunion müssen die beteiligten Länder nicht auf eine nationale Finanzpolitik verzichten, in: Frankfurter Allgemeine Zeitung vom 23. Februar 1991 (wiederabgedruckt in: Auszüge aus Presseartikeln, hrsg. von der Deutschen Bundesbank, Nr. 13 vom 27. Februar 1991, S. 5–8).

Schlesinger, Helmut: Geld- und Währungspolitik im internationalen Kontext (Vortrag auf einer Veranstaltung der Goethaer Versicherungen in Göttingen am 10. Mai 1989), abgedruckt in: Auszüge aus Presseartikeln, hrsg. von der Deutschen Bundesbank, Nr. 40 vom 18. Mai 1989, S. 1–6.

Schröder, Wolfgang: Instabilitäten im EWS durch fortschreitende Liberalisierung in der EG?, in: Wirtschaftsdienst, Jg. 69 (1989), S. 258–264.

Spaventa, Luigi: The Growth of Public Debt. Sustainability, Fiscal Rules, and Monetary Rules, in: IMF Staff Papers, Vol. 34 (1987), S. 374–399.

Tietmeyer, Hans: Europäische Währungsunion (Vortrag aus Anlaß der 22. Bitburger Gespräche am 11. Januar 1991), abgedruckt in: Auszüge aus Presseartikeln, hrsg. von der Deutschen Bundesbank, Nr. 3 vom 15. Januar 1991, S. 1–6.

Wenzel, Heinz-Dieter: Die ökonomische Rationalität von Art. 115 GG, in: Wirtschaftsdienst, 70. Jg. (1990), S. 610–616.

Willms, Manfred: Der Delors-Plan und die Anforderungen an eine gemeinsame Europäische Geldpolitik, in: Kredit und Kapital, Jg. 23 (1990), S. 30–58.

Wissenschaftlicher Beirat beim Bundesministerium für Wirtschaft: Gutachten „Europäische Währungsordnung" (Studienreihe, hrsg. vom Bundesministerium für Wirtschaft, Nr. 61), Bonn 1989.

Hermann Remsperger

Das Ziel einer Europäischen Währungsunion aus Bankensicht

Für die Banken stellt die Verwirklichung einer Europäischen Währungsunion eine fundamentale Veränderung der finanziellen Infrastruktur dar, die Chancen und Risiken zugleich birgt. Dabei verändert sich der monetäre Datenkranz der Banken keineswegs erst mit dem Übergang zu einer einzigen Währung sowie dem Inkrafttreten einer gemeinsamen Geld- und Wechselkurspolitik in der EG. Bankbetrieblicher Anpassungsbedarf entsteht vielmehr schon auf dem Weg zur Währungsunion. Er ist u. a. gekennzeichnet durch die Niederlassungsfreiheit der Kreditinstitute und die Harmonisierung aufsichtsrechtlicher Vorschriften. Darüber hinaus verdient die Finanzmarkt-Förderungspolitik in den einzelnen EG-Ländern besondere Aufmerksamkeit, weil sie dazu führt, daß Bankgeschäfte, die bisher nur jenseits der Grenzen durchgeführt werden konnten, nunmehr auch „zu Hause" möglich sind. Neben dem "Going European" der Banken verläuft eine Strömung in entgegengesetzter Richtung, die Bankgeschäfte auf den heimischen Markt zurückbringt.

Während der Devisenmarkt von der Liberalisierung des Güter- und Kapitalverkehrs im Vorfeld einer Währungsunion nachhaltige Impulse erhält, erleidet er später durch den Übergang zu einer einzigen Währung Einbußen. Darauf haben sich die Kreditinstitute ebenso einzustellen wie auf eine Abnahme spekulativ bedingter Teile im grenzüberschreitenden EG-Investmentgeschäft. Unter einer gemeinsamen Währung und Geldpolitik dürfte es den einzelnen Finanzmärkten schwerer fallen, sich makroökonomisch auszuzeichnen. So müssen sich die deutschen Banken im monetären Integrationsprozeß auf den Verlust ihres speziellen „DM-Vorteils" einstellen. Mit der Auswahl der Geschäftsfelder, der Optimierung der Unternehmensgröße und der Standortentscheidung berührt die Währungsunion nahezu alle klassischen Positionierungsprobleme der Banken.

Der Beitrag wurde Mitte Januar 1991 abgeschlossen.

I. Methodische Vorbemerkungen

Wer das Ziel einer Europäischen Währungsunion aus Bankensicht analysieren möchte, muß zunächst klären, welcher Blickwinkel dabei überhaupt eingenommen werden soll. In den von Kreditinstituten veröffentlichten Stellungnahmen dominiert die makroökonomische Perspektive[1]. Beispielsweise machen sich viele Banken darüber Gedanken, was die Europäische Währungsunion für die Preisniveaustabilität und die Effizienz der Geldpolitik bedeutet. Im Gegensatz dazu ist der unmittelbare Einfluß einer Währungsunion auf die Bankgeschäfte von den Kreditinstituten kaum öffentlich thematisiert worden. Diese auch in der wirtschaftswissenschaftlichen Forschung[2] eher vernachlässigte mikroökonomische Perspektive sei hier etwas stärker in den Vordergrund gerückt.

Die mikroökonomische Perspektive läßt sich freilich nur entwickeln, wenn man zuvor die konstitutiven Merkmale einer Währungsunion aufgezeigt hat. Dies soll in Abschnitt II geschehen. Dabei ist auch auf den engen Zusammenhang zwischen der geplanten Währungsunion und dem EG-Binnenmarkt 1993 hinzuweisen. Aufgrund des engen Verbunds zwischen Binnenmarkt-Programm und Währungsunion werden sich in den dann folgenden Abschnitten III und IV einige mikroökonomische Perspektiven wiederfinden, die nicht ausschließlich auf der Währungsunion, sondern die vielmehr auf dem Zusammenwirken von Binnenmarkt und Währungsunion beruhen. Während sich der dritte Abschnitt mit einigen wichtigen Folgen der monetären Integration für die allgemeinen Betätigungsfelder der Banken, d.h. mit den Finanzmärkten auseinandersetzt, stehen im vierten Abschnitt schließlich die Banken – also die Marktakteure selbst – im Mittelpunkt der Betrachtung.

Den finanz- und bankwirtschaftlichen Perspektiven einer Währungsunion kann man sich, methodisch gesehen, auf sehr unterschiedlichen Wegen nähern. In Betracht käme zum Beispiel eine empirische Erhebung bei Kreditinstituten, die Auskunft darüber gibt, wie die Banken die Effekte einer Währungsunion auf ihr Geschäft einschätzen. Dieser Weg wird hier u. a. deswegen nicht beschritten, weil er eine strukturierte Problemstellung voraus-

[1] Vgl. z.B. *Berliner Bank*: Europäische Zentralbank: Fundament oder Schlußstein?, in: Wirtschaftsbericht, Nr. 1, 1988, S. 3; *Commerzbank*: Deutsch-Deutsche und Europäische Währungsunion im Konflikt?, Bericht der Abteilung Volkswirtschaft vom 28. Juni 1990; *Deutsche Bank*: Europäische Wirtschafts- und Währungsunion. Vision und Wirklichkeit, in: Deutsche Bank Bulletin, Juni 1990, S. 7–12.

[2] Vgl. *Kommission der Europäischen Gemeinschaften*: Ein Markt, eine Währung. Potentielle Nutzen und Kosten der Errichtung einer Wirtschafts- und Währungsunion – eine Bewertung, in: Europäische Wirtschaft, Nr. 44, Oktober 1990, S. 49.

setzt, die erst noch zu entwerfen ist. Gerade darauf konzentriert sich der vorliegende Beitrag. Neben dem Verzicht auf eine eigene empirische Erhebung erschien es aus dem Bankblickwinkel auch wenig ratsam, einen ausführlichen Vergleich der geplanten Europäischen Währungsunion mit anderen – zum Teil historischen – Beispielsfällen geldwirtschaftlicher Integration anzustellen. Ausschlaggebend dafür war die Annahme, daß die von Fall zu Fall deutlich voneinander abweichenden institutionellen Rahmenbedingungen für die Finanzmärkte und das Kreditgewerbe zur Vorsicht gegenüber verallgemeinernden Rückschlüssen auf die zu erwartenden mikromonetären Effekte einer Europäischen Währungsunion mahnen.

Aus den methodischen Anmerkungen ergibt sich nahezu zwangsläufig, daß die Ausführungen vor allem im dritten und vierten Abschnitt der Abhandlung sehr hypothetisch sind. Da die Europäische Währungsunion noch gar nicht existiert, können die Hypothesen noch nicht einmal unmittelbar überprüft werden. Bedauerlicherweise kommt hinzu, daß über die konstitutiven Merkmale der Europäischen Währungsunion ebenfalls zum Teil noch heterogene Erwartungen bestehen. So muß auch im zweiten Abschnitt der Ausarbeitung mit Hypothesen gearbeitet werden. Der Leser sollte also von vornherein nur Vorläufiges erwarten.

II. Konstitutive Merkmale der Europäischen Währungsunion

In welcher Weise Finanzmärkte und Banken von der Europäischen Währungsunion betroffen werden, hängt von der genauen Ausgestaltung dieser monetären Union ab. Mit Ausgestaltung ist dabei nicht nur die Konkretisierung jener Elemente gemeint, die eine Währungsunion nach ihrem Inkrafttreten auszeichnen (siehe unter A.). Vielmehr kommt die Festlegung von Bedingungen hinzu, die vor dem Eintritt in die Währungsunion erfüllt sein sollten (siehe unter B.).

A. Elemente einer vollendeten Währungsunion

Zum konzeptionellen Minimum[3] einer vollendeten Europäischen Währungsunion gehört neben der unwiderruflichen Fixierung der Wechselkurse zwischen den beteiligten Ländern bzw. der Ablösung der nationalen Wäh-

[3] Vgl. z. B. Robert F. *Graboyes*: The EMU: Forerunners and Durability, in: Economic Review, hrsg. von der Federal Reserve Bank of Richmond, Juli/August 1990, S. 8–17, hier S. 8; Rolf H. *Hasse*: Die Europäische Zentralbank: Perspektiven für eine

rungen durch eine gemeinsame Währung – allein diese Ablösung steht im Mittelpunkt der späteren Betrachtungen – die Etablierung einer einheitlichen Geldpolitik. Außerdem muß in jedem beteiligten Land der Wechselkurs der Gemeinschaftswährung gegenüber Drittwährungen identisch sein. Daraus folgt wiederum, daß es gegenüber Drittwährungen nur eine einheitliche Wechselkurspolitik geben darf.

Über dieses Minimum hinaus hatte die Deutsche Bundesbank in ihrer Stellungnahme zur Errichtung einer Wirtschafts- und Währungsunion eine Reihe weiterer Anforderungen formuliert[4], die sich dann auch in dem Statutenentwurf für eine Europäische Zentralbank durch die Notenbankgouverneure der EG niederschlugen[5]. So soll die Europäische Zentralbank vorrangig auf das Ziel der Geldwertstabilität verpflichtet werden. Nach dem Statutenentwurf würde die institutionell, funktionell und personell unabhängige Währungsbehörde über alle für die Geldpolitik erforderlichen Instrumente verfügen. Dazu gehört auch die alleinige Zuständigkeit für Devisenmarktinterventionen.

Auf die Frage, ob die Europäische Zentralbank die Kompetenz für die Bankaufsicht erhalten sollte, sei hier nicht näher eingegangen. Sie muß im Rahmen einer „Minimumbetrachtung" der vollendeten Währungsunion auch nicht unbedingt beantwortet werden. Gleichwohl ist aber aus der Sicht der Kreditinstitute auf die Vorteilhaftigkeit einer gewissen Ortsnähe der Bankenaufsicht hinzuweisen[6]. Ob das mit der Zentralisierung der Bankenaufsicht bei der Europäischen Zentralbank gelingen würde, kann bezweifelt werden.

Während in der Literatur weitgehend Übereinstimmung darüber herrscht, was zum geld- und wechselkurspolitischen Minimum einer vollendeten Währungsunion gehört, bestehen über die Rolle der Finanzpolitik in der Währungsunion sehr unterschiedliche Auffassungen[7]. Einige meinen, daß eine stabilitätsorientierte Geldmengenfixierung einen informellen Konvergenz-

Weiterentwicklung des Europäischen Währungssystems (Strategien und Optionen für die Zukunft Europas, Grundlagen 2), Gütersloh 1989, S. 43–48.

[4] Vgl. Stellungnahme der Deutschen Bundesbank zur Errichtung einer Wirtschafts- und Währungsunion in Europa, in: Monatsberichte der Deutschen Bundesbank, 42. Jg. Nr. 10, Oktober 1990, S. 41–45.

[5] Vgl. *Ausschuß der Präsidenten der Zentralbanken der Mitgliedstaaten der Europäischen Wirtschaftsgemeinschaft*: Entwurf des Status des Europäischen Systems der Zentralbanken und der Europäischen Zentralbank, o. O., 27. November 1990.

[6] Vgl. *BHF-Bank*: Wohin mit der Bankenaufsicht?, in: Wirtschaftsdienst, Nr. 1607 vom 21. Juli 1990.

[7] Vgl. Willi *Leibfritz*, Anneliese *Herrmann*: Unterschiedliche Budgetdisziplin – Gefahr für die Europäische Währungsunion?, in: ifo-Schnelldienst, 43. Jg. (1990), Nr. 33, S. 16–20.

zwang zu solidem Finanzgebaren schafft[8]. Außer einem Verbot der Notenbankfinanzierung von Staatsausgaben bedinge eine Europäische Währungsunion keine formelle Einschränkung der nationalen Zuständigkeit in der Finanzpolitik. Demgegenüber sieht beispielsweise Helmut *Schlesinger* im Verbot einer Finanzierung von Staatsdefiziten durch die Notenbank zwar eine Vorbedingung für stabilitätsgerechte Finanzpolitik, „aber noch keine Garantie für die Haushaltsdisziplin in allen Ländern“[9]. Fehlende Sorgfalt eines einzelnen schlage in einer Gemeinschaft auf alle zurück.

Eine allgemeine Erörterung der Finanzpolitik in der Währungsunion kann nicht Gegenstand des vorliegenden Aufsatzes sein. Da die Implikationen der Währungsunion für Finanzmärkte und Banken aber unter anderem auch von der konkreten Ausgestaltung der Finanzpolitik abhängen, müssen sich die Überlegungen wiederum am Entwurf der Zentralbankgouverneure für das Statut der Europäischen Zentralbank orientieren. Danach wird die Finanzierung von Haushaltsdefiziten durch Notenbankkredit in der Europäischen Währungsunion ausgeschlossen; trotz verstärkter Koordination der Finanzpolitik bleibt für die einzelnen Länder jedoch Spielraum für nationale Budgetentscheidungen.

B. Vorbedingungen der Europäischen Währungsunion

Wie schon kurz erwähnt, hängt die Bedeutung der Europäischen Währungsunion für die Banken nicht nur von der Art und Weise ihrer konkreten Vollendung ab. Vielmehr „zählen“ auch die Schritte, die auf dem Weg dorthin zu unternehmen sind. Bei der Systematisierung dieser Schritte bzw. Vorbedingungen sollte man zwei Bereiche unterscheiden, nämlich zum einen das Binnenmarktprogramm und zum anderen die sogenannten Währungskonvergenz-Postulate.

Die Konvergenz-Postulate gehen weit über das Binnenmarktprogramm hinaus. Sie zielen bereits speziell auf die Währungsunion. Folgende Beispiele seien dafür in Anlehnung an die Deutsche Bundesbank[10] genannt:

[8] Vgl. Gutachten des Wissenschaftlichen Beirats beim Bundesministerium für Wirtschaft: Europäische Währungsordnung, Bonn 1989, S. 22–25.

[9] Helmut *Schlesinger*: Aktuelle geld- und währungspolitische Fragen – Auf dem Weg zur Währungsunion (Rede vor der Statistisch-Volkswirtschaftlichen Gesellschaft, Basel), abgedruckt in: Auszüge aus Presseartikeln, hrsg. von der Deutschen Bundesbank, Nr. 98 vom 12. Dezember 1989, S. 1–5, hier S. 4; vgl. auch Detlev W. *Rahmsdorf*: Währungspolitik, in: Jahrbuch der Europäischen Integration 1989/90, hrsg. von Werner Weidenfeld und Wolfgang Wessels, o. O., 1990, S. 128–136, hier S. 134.

[10] Vgl. Stellungnahme der Deutschen Bundesbank zur Errichtung einer Wirtschafts- und Währungsunion in Europa, a. a. O., hier S. 44.

Angleichung der Notenbankinstrumente, Reduktion der Haushaltsdefizite auf ein unproblematisches Maß, weitestgehende Beseitigung der Inflation, Annäherung der Zinsen auf den Kapitalmärkten.

Wie die Bundesbank meint, könnte die stabilitätspolitische Konvergenz innerhalb der EG „auch durch eine Härtung der ECU gefördert werden, indem vertraglich festgelegt wird, daß die ECU in ihrem Wert gegenüber einer Gemeinschaftswährung nicht abgewertet werden kann“[11].

Während die Rückwirkungen dieser Konvergenz-Bedingungen auf die Geschäftsmöglichkeiten der Kreditinstitute analytisch bisher kaum erfaßt worden sind, gibt es über die bankwirtschaftlichen Konsequenzen des Binnenmarktprogramms mit seinen vier „Grundfreiheiten“ – freier Austausch von Waren und Dienstleistungen, freier Personenverkehr, Niederlassungsfreiheit und völlige Liberalisierung des Kapitalverkehrs – schon reichlich Literatur[12]. Gleichwohl sollen einige dieser Konsequenzen in den Abschnitten III und IV in geraffter Form berücksichtigt werden, denn man kann sich einen europäischen Binnenmarkt zwar ohne die Währungsunion, die Währungsunion aber kaum ohne Binnenmarkt vorstellen.

Für das Verhältnis zwischen der Währungsunion – einschließlich des zwingend dazugehörenden Binnenmarkts – und den Finanzmärkten sei eine These in den Vordergrund gerückt, die zumindest in einigen wichtigen Aspekten über die bisher vorliegenden Veröffentlichungen hinausgeht. Durch die Währungsunion wird auf den Finanzmärkten, so lautet die These, ein Prozeß der schöpferischen Zerstörung ausgelöst.

III. Finanzmärkte und Währungsunion: Schöpferische Zerstörung

Mit dem Begriff „schöpferische Zerstörung“ soll schlagwortartig zum Ausdruck kommen, daß sich Hand in Hand mit der Realisierung des Binnenmarktprogramms und der Konvergenz-Postulate (siehe unter A.) sowie dem Übergang zu einer gemeinsamen Währung und Geldpolitik (siehe unter B.) zwar einerseits zusätzliche Marktmöglichkeiten ergeben und darüber hinaus sogar neue Finanzmarktsegmente geschaffen werden, daß es aber andererseits Marktsegmente gibt, die unter der europäischen Integration leiden werden.

[11] Ebd.

[12] Vgl. z. B. Hanns Christian *Schroeder-Hohenwarth*, Hermann *Remsperger*: Zur Position des deutschen Kreditgewerbes im EG-Binnenmarkt, in: Europa-Banking. Bankpolitik im Europäischen Finanzraum und währungspolitische Integration (Schriften zur monetären Ökonomie, 27, hrsg. von Dieter Duwendag), Baden-Baden 1988, S. 209–233.

A. Schöpferische Zerstörung im Vorfeld einer vollendeten Währungsunion

1. Markt-Schöpfung

Der Finanzbinnenmarkt in der EG soll es ermöglichen, „Wertpapieremissionen in jedem Land aufzulegen, Spareinlagen aus jedem Mitgliedstaate entgegenzunehmen, Zahlungskarten grenzüberschreitend zu gebrauchen, Anteile an Investmentfonds frei in der gesamten Gemeinschaft zu vertreiben oder Börsenaufträge ungehindert in denjenigen Märkten zu plazieren, welche dem Auftraggeber am meistversprechenden erscheinen“[13]. Da ein derartiger Binnenmarkt freien Kapitalverkehr voraussetzt, läßt sich die EG-Richtlinie zur Liberalisierung des Kapitalverkehrs als ein äußerst wichtiges Instrument kennzeichnen, das den Zugang zu ausländischen Märkten erleichtert und somit „kreativ“ wirkt.

Zu den Voraussetzungen verbesserter Marktdurchdringungsmöglichkeiten innerhalb der Europäischen Gemeinschaft zählt neben dem freien Kapitalverkehr auch die Dienstleistungs- und Niederlassungsfreiheit sowie – und dieser Aspekt sei hier besonders hervorgehoben – die Harmonisierung der „Funktionsregeln“[14] wichtiger Finanzmarktsegmente auf der Basis der sogenannten „gegenseitigen Anerkennung“. Ein Musterbeispiel dafür bilden die EG-Richtlinien für den freien Vertrieb von Investmentfonds-Anteilen. Ebenfalls erleichtert wird die Marktdurchdringung innerhalb der EG zum Beispiel durch die Richtlinie über die gegenseitige Anerkennung des Börsenzulassungsprospekts. Diese gegenseitige Anerkennung bezieht sich jedoch lediglich auf den Börsenprospekt, also nicht auf die Zulassung zur amtlichen Notierung des Wertpapiers selbst. Zumindest für international gehandelte Aktien wäre es sehr zu wünschen, wenn „ein Wertpapier, das in seinem Herkunftsmitgliedstaat zur amtlichen Notierung zugelassen ist, automatisch auch in anderen Mitgliedstaaten zugelassen werden könnte“[15].

Die Kapitalverkehrsliberalisierung, die Niederlassungsfreiheit und die Harmonisierung von Funktionsregeln bedeutender Finanzmarktsegmente haben in der EG zu einer Öffnung bisher – jedenfalls teilweise – noch verschlossener Auslandsmärkte beigetragen. Diese „äußere Öffnung“ hat zugleich die „innere Liberalisierung“ einzelner Märkte beflügelt. Es entstand

[13] Peter *Troberg*: Die Finanzmärkte im geplanten EG-Binnenmarkt, in: Finanzierung, Leasing, Factoring, 36. Jg. (1989), S. 35–39, hier S. 35.

[14] Vgl. ebd., S. 36.

[15] Leon *Brittan*: Auf dem Weg zu einem einheitlichen europäischen Wertpapiermarkt – Die Sicht der EG-Kommission, in: Arbeitsgemeinschaft der Deutschen Wertpapierbörsen: Jahresbericht 1989, S. 6–21, hier S. 11.

ein interner Deregulierungsdruck, der auch noch heute fortbesteht, weil – zugespitzt formuliert – kein Land in der Konkurrenz um die günstigsten Rahmenbedingungen für „seine" Finanzmarktteilnehmer das Nachsehen haben möchte. Während die „äußere Öffnung" sozusagen „draußen vor der Tür" marktschöpfend wirkt, läßt die innere Liberalisierung auf den jeweiligen nationalen Finanzplätzen neue Marktsegmente entstehen.

Die durch den Wettbewerb der europäischen Finanzplätze geprägte „Marktförderungspolitik" stand in der Bundesrepublik Deutschland unter anderem Pate bei der Eröffnung der Deutschen Terminbörse[16]. Hervorzuheben ist in diesem Zusammenhang auch das Finanzmarktförderungsgesetz, mit dem die Börsenumsatzsteuer zum 1. Januar 1991 aufgehoben und der Umfang der Transaktionskosten am Kapitalmarkt gesenkt wurde. Zusammen mit der Abschaffung des Emissionsgenehmigungsverfahrens für Inhaber- und Orderschuldverschreibungen besteht – wie die Bundesbank feststellte – nunmehr eine gute Chance für einen Markt für kurzfristige Schuldtitel[17]. Im Rahmen ihrer Finanzmarkt-Förderungspolitik erhebt die Deutsche Bundesbank seit Januar 1990 auch „keine Einwände mehr gegen die Begebung von auf fremde Währung oder ECU lautenden Schuldverschreibungen und Schuldscheindarlehen im Inland bzw. durch Inländer, und die private Verwendung des Sonderziehungsrechts ist seitdem im gleichen Umfang zulässig wie die private Verwendung von ECU"[18]. Damit ergeben sich, wie die Bundesbank betont, zusätzliche Möglichkeiten für die Emission und den Handel von Wertpapieren in der Bundesrepublik. Zugleich wird die Einbeziehung der deutschen Börsen in internationale Aktienplazierungen erleichtert.[19]

Nun würde man die „europa-induzierte" Finanzmarkt-Förderungspolitik allerdings nur sehr unvollständig erfassen, wenn man sie ausschließlich als „Veranstaltung" des Gesetzgebers bzw. der Notenbank skizzierte. So hat, um nur ein Beispiel zu nennen, die Gesellschaft zur Förderung des Geldmarktes – eine Interessengemeinschaft von Gelddisponenten in der Bundesrepublik – im Juli 1990 eine Angleichung der inländischen Geldmarkt-Usancen an internationale Gepflogenheiten vorgenommen und das Referenz-Zins-System Fibor umstrukturiert[20]. Damit wurde den Geld-

[16] Vgl. Rolf-E. *Breuer*: Die Deutsche Terminbörse als Vorreiter einer Börsenlandschaft der 90er Jahre?, in: Zeitschrift für Bankrecht und Bankwirtschaft, 2. Jg. (1990), S. 101–104.

[17] Vgl. Geschäftsbericht der Deutschen Bundesbank für das Jahr 1989, S. 53.

[18] Ebd., S. 52.

[19] Vgl. ebd.

[20] Vgl. die Pressemitteilung der *Gesellschaft zur Förderung des Geldmarktes* vom 26. Juni 1990.

markt-Teilnehmern eine breitere Palette von Marktmöglichkeiten sowie eine größere Markttiefe eröffnet, die das „Heimholen" des an den Euromarkt abgewanderten Geschäfts erleichtern sollten. Die Gelddisponenten verwiesen aber zugleich darauf, daß dieses Zurückholen nur dann Erfolg verspreche, wenn die Bundesbank die Mindestreservesätze für Termingelder weiter senke.

Finanzmarkt-Förderungspolitik im Vorfeld einer vollendeten Europäischen Währungsunion wird natürlich nicht allein in der Bundesrepublik Deutschland betrieben. Andere Länder sind ebenfalls aktiv und drängen teilweise sogar stärker vorwärts als die Bundesrepublik. Dies im einzelnen darzustellen, fehlt jedoch hier der Platz. Als selektiver Hinweis sei nur daran erinnert, daß in vielen Ländern – wie in Italien, Großbritannien, Frankreich, Griechenland – die Förderung des ECU-Finanzmarktsegments eine besondere Rolle spielt. Das Interesse an der ECU ist durch das Nahen eines Gemeinsamen Marktes für Finanzdienstleistungen und die Bestrebungen zur Schaffung einer Währungsunion offenbar stark belebt worden[21].

Über die nationale Finanzmarkt-Förderungspolitik hinaus wirkt die Realisierung des Binnenmarktprogramms auch insofern marktschöpfend, als Bestrebungen unternommen werden, eine eigenständige „Euro-Börse" zu schaffen[22]. Dabei geht es um die elektronische Vernetzung der bislang unabhängig voneinander operierenden Börsen in den zwölf EG-Staaten. Mit Hilfe einer Computerbörse sollen die Einzelmärkte zu einem Handelsverbund zusammengeschlossen werden, der den Anforderungen der international orientierten Anleger hinsichtlich der Transparenz, der Markttiefe und der Transaktionskosten sowie der Effizienz in der Abwicklung gerecht wird. So wurde in Dublin auf der Konferenz der "Federation of Stock Exchange in the European Community" der Grundstein für das Projekt „Euroquote" gelegt. Es soll sich von einem Informationssystem zu einem grenzüberschreitenden europäischen Handels- und Abwicklungsverbund fortentwickeln. Wertpapiertransaktionen würden bei Realisierung des Projekts „Euroquote" zwar immer noch über die nationalen Börsen, aber über ein einheitliches System gehandelt und auch ausgeführt. Die Vernetzung der europäischen Börsen hätte den Vorteil, daß der Investor eine ausreichende Markttiefe an den jeweiligen Börsen vorfände.

[21] Vgl. Bjørn *Lygum* u. a.: Der ECU-Markt im Jahr 1988, in: Bankarchiv. Zeitschrift für das gesamte Bank- und Börsenwesen, 37. Jg. (1989), S. 794–801.

[22] Vgl. *BHF-Bank*: Going European, in: Wirtschaftsdienst, Nr. 1619 vom 1. Dezember 1990.

2. *Markt-Zerstörung*

Aggressiv gedeutet, könnte unter dem Begriff „Markt-Zerstörung" möglicherweise auch die gezielte Eliminierung von bestimmten Finanzmarktsegmenten verstanden werden. Dies ist im folgenden jedoch nicht gemeint. Es geht vielmehr nur um jene Zerstörung, die sich zwangsläufig als Kehrseite der bereits aufgezeigten Markt-Schöpfung ergibt. Wie die Markt-Schöpfung beruht die so verstandene – eher passiv zu interpretierende – Markt-Zerstörung auf der Verwirklichung der monetären Aspekte des Binnenmarktprogramms und der Konvergenz-Postulate. Markt-Schöpfung und Markt-Zerstörung haben mithin gemeinsame Wurzeln.

Als Kehrseite der im Vorfeld der Währungsunion betriebenen nationalen Finanzmarkt-Förderungspolitik ist unter anderem mit einer Schwächung bzw. Zerstörung externer Märkte zu rechnen[23]: "In particular, the elimination of regulatory distortions and the standardisation of new issue procedures as well as secondary market trading arrangements will tend to erode the external markets in European securities. In other words, the Euroguilder and Euro-deutschmark markets ... may well be repatriated to Holland and West Germany."[24]

Die zunehmende Liberalisierung auf den einzelnen nationalen Finanzmärkten macht die Off-shore-Funktion tendenziell überflüssig[25]. Durch die Aufhebung nationaler Kapitalmarktrestriktionen – man denke an die Börsenumsatzsteuer oder an Emissionsbeschränkungen – verliert der Eurobondmarkt seine herkömmliche Funktion. „Das Kapital braucht nicht mehr auszuwandern."[26] Mit den Worten von Bundesbankpräsident *Pöhl* heißt das: „Die bisherigen Off-shore-Plätze werden es sich wohl gefallen lassen müssen, in einem integrierten Markt ohne Beschränkungen auf einen niedrigeren Umfang reduziert zu werden."[27] Betroffen sind u.a. Transaktionen,

[23] Vgl. Ulrike *Dennig*: Verdrängt der EG-Kapitalbinnenmarkt den Euromarkt?, in: Wirtschaftsdienst des HWWA, 68. Jg. (1988), S. 310–316.

[24] Richard *Dale*: 1992–2002: The Future Evolution of Financial Markets in Europe, in: The Royal Bank of Scotland Review, Nr. 165, März 1990, S. 3–15, hier S. 8.

[25] Vgl. Hans-Jörg *Rudloff*: Vom Euromarkt zum europäischen Kapitalmarkt. Das Ende eines Off-shore-Handelssystems, in: Neue Zürcher Zeitung vom 14. November 1990, S. 18.

[26] Karin *Minor*: Eurobondmarkt vor neuen Herausforderungen, in: Börsen-Zeitung vom 29. Dezember 1990, S. 9.

[27] Karl Otto *Pöhl*: Frankfurt als internationaler Finanzplatz (Vortrag im Rahmen des Bankwirtschaftlichen Kolloquiums an der Johann Wolfgang Goethe-Universität, Frankfurt am Main, 19. Juni 1990), in: Auszüge aus Presseartikeln, hrsg. von der Deutschen Bundesbank, Nr. 49 vom 12. Juni 1989, S. 1–6, hier S. 2.

die früher wegen regulatorischer Hemmnisse, also politisch bedingter Preisunterschiede, über London abgewickelt wurden. In diesem Zusammenhang können aber auch einige am Euromarkt entwickelte Finanzinstrumente erwähnt werden, die inzwischen schon zu wichtigen Bestandteilen der jeweiligen nationalen Märkte geworden sind.

Neben dem Abbau von Regulierungsunterschieden zwischen den heimischen Märkten und dem Euromarkt hängt das Ausmaß der Markt-Zerstörung im Vorfeld einer Währungsunion auch von der Realisierung der Konvergenz-Postulate ab. Hier ist insbesondere an die Angleichung der Notenbankinstrumente und an die Annäherung der Zinsen auf den Kapitalmärkten zu denken. Dabei ergeben sich allerdings bereits Berührungspunkte zu den Finanzmarkt-Konsequenzen einer vollendeten Währungsunion. Deutlich wird dies am Beispiel der Mindestreserven: Eine weitere Herabsetzung der Mindestreservesätze für Termingelder in der Bundesrepublik Deutschland würde den komparativen Vorteil des entsprechenden Eurogeldmarkt-Segments schmälern und im Extremfall sogar aufheben, so daß der externe Markt an Bedeutung verlöre. In einer Währungsunion schließlich – das sei bereits an dieser Stelle vorausgreifend festgehalten – würde es dem Grundsatz einer einheitlichen Geldpolitik widersprechen, wenn man einen Off-shore-Geldmarkt in der EG zuließe.

Im Rahmen der Überlegungen zur Markt-Schöpfung wurde darauf hingewiesen, daß die Bundesbank keine Einwände mehr gegen die Begebung von auf ECU lautenden Schuldverschreibungen und Schuldscheindarlehen im Inland bzw. durch Inländer erhebt. Außerdem ist die Förderung des ECU-Wertpapiermarkts in einer ganzen Reihe von EG-Nationen betont worden. Insofern mag es überraschen, daß das ECU-Finanzmarktsegment im Kontext möglicher Markt-Zerstörungen überhaupt noch einmal aufgegriffen wird. Dieser scheinbare Widerspruch löst sich jedoch auf, wenn man der Frage nachgeht, ob die Bedingungen, die zur Entwicklung des ECU-Markts beigetragen haben, weiter bestehenbleiben werden.

In der Literatur werden zwei wesentliche Determinanten für den ECU-Markt genannt, nämlich erstens die Privilegierung der ECU bei Kapitalverkehrsbeschränkungen und zweitens die Zinsdifferenzen zwischen den einzelnen EG-Währungen. „Für einen Kapitalanleger aus einem Weichwährungsland werden sich ECU-Anlagen stets dann als empfehlenswert erweisen, wenn die Aufwertungsraten der ECU ihre geringe Verzinsung kompensieren; für Investoren aus Hartwährungsländern sind ECU-Anlagen hingegen dann von Vorteil, wenn mögliche Zinsvorteile auftretende Wechselkursverluste übersteigen bzw. wenn seltenere Wechselkursgewinne darüber hinaus noch gesteigert werden ...“[28]

[28] Harald *Fuchs*: Zur Interdependenz des Europäischen Währungssystems und

Mit der Liberalisierung des Kapitalverkehrs, den abnehmenden Zinsdifferentialen und den stabileren Wechselkursen in der EG als Vorbedingungen für eine Währungsunion entfallen wichtige Determinanten des ECU-Finanzmarktsegments[29]. Insofern existieren im Vorfeld einer vollendeten Währungsunion Tendenzen, die – für sich allein genommen – auf eine Beeinträchtigung des ECU-Marktes hinwirken. Es gibt jedoch – neben der oben bereits erwähnten politischen Förderung der ECU – auch Gegenkräfte, die den ECU-Markt stützen. Sie werden sichtbar, wenn man die komparativ-statische Betrachtungsweise unterschiedlich großer Zinsdifferentiale verläßt und statt dessen fragt, welche Konsequenzen sich im Prozeß der Annäherung an ein kleineres Preisniveau- und Zinsdifferential zwischen den EG-Ländern ergeben. Sinken die Inflationsraten und die Zinsen dabei vor allem in den Weichwährungsländern, dann bestehen Chancen für einen Kursanstieg von ECU-Anleihen. Damit dürfte wiederum ein erhöhtes Interesse am ECU-Markt verbunden sein. Außerdem ist es durchaus denkbar, daß die ECU als Wertaufbewahrungsmittel auch deswegen an Bedeutung gewinnt, weil sie mit dem Nahen der Währungsunion zunehmend als Recheneinheit und Tauschmittel „gesehen" wird[30].

B. Schöpferische Zerstörung in der Währungsunion

Im Anschluß an die Überlegungen zur schöpferischen Zerstörung im Vorfeld einer Währungsunion ist nun nach den speziellen Konsequenzen des Übergangs zu einer gemeinsamen und zugleich einzigen Währung sowie zu einer einheitlichen Geldpolitik für verschiedene Finanzmarktsegmente zu fragen. Ausgangspunkt der Betrachtungen ist also die Währungsunion selbst und nicht mehr der Weg dorthin.

In der Währungsunion liegen Schöpfung und Zerstörung von Finanzmarktsegmenten noch näher beieinander als im Vorfeld der monetären Integration. Deshalb empfiehlt es sich, die Gedanken jetzt auch anders als im vorangegangenen Teil dieses Beitrags zu ordnen. Statt der getrennten Analyse von Markt-Schöpfung einerseits und Markt-Zerstörung andererseits sollen diese „Vorgänge" im folgenden stets gebündelt dargestellt werden.

der privaten Verwendung von ECU (Untersuchungen über das Spar-, Giro- und Kreditwesen, Abt. A: Wirtschaftswissenschaft, Bd. 137), Berlin 1989, S. 135.

[29] Vgl. Jörg *Arnsmeyer*: Die ECU als private Anlagewährung. Eine theoretische und empirische Portfoliountersuchung internationalen Anlageverhaltens (Europäische Hochschulschriften, Reihe V: Volks- und Betriebswirtschaft, Bd. 1021), Frankfurt am Main u. a. 1989, S. 12.

[30] Vgl. *Fuchs*: a. a. O., S. 176–179.

Dabei dienen die Funktionen des Geldes, und zwar insbesondere die Tauschmittel- und die Wertaufbewahrungsfunktion, als neue Gliederungskriterien[31]. Auf diese Weise dürfte sich zugleich erhellen, daß die „radikale" Reduktion der Währungs- und der geldpolitischen Vielfalt in der EG einen unmittelbaren Einfluß auf den Markt für Zahlungs- und Wertaufbewahrungsmittel haben wird.

1. Schöpferische Zerstörung auf dem Markt für Zahlungsmittel

Da der Devisenhandel von der Freiheit des Güter- und Kapitalverkehrs auf der einen und dem „Nationalismus der Währungen" auf der anderen Seite lebt[32], hat die Währungsunion für den Intra-EG-Devisenmarkt eine janusköpfige Bedeutung: Während der Devisenmarkt von der Liberalisierung des Güter- und Kapitalverkehrs im Vorfeld einer Währungsunion zunächst nachhaltige Binnenmarkt-Impulse erhält, erleidet er später durch die „Krönung" der monetären Integration, d.h. durch den Übergang zu einer einzigen Währung in der EG, erhebliche Einbußen.

Einigt sich die EG über den Ersatz der Währungsvielfalt durch eine European Currency Unit, dann verschwindet der Umtausch von der einen in die andere EG-Währung genauso wie die Notwendigkeit, für diese jetzt noch existierenden Währungen Kurssicherungsgeschäfte zu tätigen[33]. Der Intra-EG-Devisenhandel als Teil des Markts für ausländische Zahlungsmittel wird zerstört. Betroffen sind sowohl die Devisengeschäfte zwischen Banken und Nichtbanken als auch der Interbankenhandel.

In der Literatur wird die partielle Devisenmarkt-Zerstörung aufgrund der Einführung einer Europa-Währung eher implizit unter dem Stichwort „Effizienzgewinn" diskutiert[34]. Der Effizienzgewinn ist darauf zurückzuführen, daß die wechselkursbedingten Transaktionskosten sinken und die Wechselkursunsicherheiten innerhalb der EG mit der Vollendung der monetären Integration ganz der Vergangenheit angehören. Dazu heißt es in der von der EG-Generaldirektion „Wirtschaft und Finanzen" erstellten Studie „Ein Markt, eine Währung": „Mit einer einheitlichen Währung fallen die derzeit beim Umtausch einer EG-Währung in eine andere anfallenden Kosten weg.

[31] Vgl. George S. *Tavlas*: Leitwährungen: Der Aufstieg der Deutschen Mark, in: Finanzierung und Entwicklung 27. Jg., Nr. 3, September 1990, S. 35–38.

[32] Vgl. Udo *Hielscher*: Börsen, in: Geld-, Bank- und Börsenwesen. Ein Handbuch, hrsg. von Norbert Kloten und Johann Heinrich von Stein, 38. Aufl., Stuttgart 1988, S. 998–1053, hier S. 1007.

[33] Vgl. *Kommission der Europäischen Gemeinschaften*: a. a. O., hier S. 277–295.

[34] Vgl. ebd., S. 69–96.

Das dürfte zu Einsparungen von über 15 Mrd ECU pro Jahr, oder rund 0,4% des BIP der Gemeinschaft, führen."[35]

Die Effizienzgewinne durch verminderte Transaktionskosten sind in der Öffentlichkeit bereits auf eine breite Resonanz gestoßen. Dagegen ist das hinter den potentiellen Einsparungen stehende Marktvolumen bisher kaum ins Blickfeld geraten. Gerade dieses Marktvolumen aber muß man beachten, um das Ausmaß der mit dem "single currency approach" verbundenen schöpferischen Zerstörung auf den europäischen Devisenplätzen zu erkennen. Folgt man den auf BIZ-Untersuchungen fußenden Kalkulationen der EG-Kommission, die sich auf die Devisentransaktionen der Banken mit Nichtbanken beziehen, dann belaufen sich die direkten oder indirekten Transaktionen zwischen zwei EG-Währungen – je nach Berechnungsmethode – auf ein Drittel bis rund vier Zehntel des gesamten Devisengeschäfts auf den EG-Märkten. Absolut ausgedrückt, entsprach das 1989 einem Marktvolumen zwischen 4100 und 5200 Mrd ECU.

Bei der Bewertung dieser Ziffern sollte man sich freilich nicht nur die schwierigen Probleme vor Augen halten, die bei ihrer Berechnung auftreten. Vielmehr ist auch zu berücksichtigen, daß dem Niedergang des Intra-EG-Devisenhandels möglicherweise ein – im übertragenen Sinne – „Devisenmarktgewinn" gegenüberstehen wird, der auf Transaktionen zwischen der neuen europäischen Währung und Drittwährungen beruht. Dies äußert sich zum Beispiel in der Erwartung, die ECU werde als alleinige Währung der Europäischen Gemeinschaft mit dem US-Dollar und dem Yen als internationale Leitwährung konkurrieren. „Zweifellos würde der ECU seinen internationalen Marktanteil als Bezugsgröße für den Handel und zur Kontrahierung ... und auch als Zahlungs- und Wertaufbewahrungsmittel bei der Denominierung von Forderungen und Verbindlichkeiten vergrößern ..."[36]

Diese Erwartungen über die Stellung einer europäischen Währung auf den internationalen Devisenmärkten wurzeln in der Annahme, daß der Umfang des ECU-Devisengeschäfts nicht zuletzt vom Handels- und Kapitalverkehr der EG mit Drittländern abhängen wird. Im Grunde genommen müßte jetzt also zunächst eine umfassende Analyse der Handels- und Kapitalverkehrswirkungen einer Währungsunion vorgenommen werden, um einige Anhaltspunkte für das ECU-Devisenmarkt-Potential zu gewinnen. Eine derartige Analyse würde den Rahmen der vorliegenden Arbeit jedoch sprengen. Daher sei an dieser Stelle eine weitere Arbeitshypothese eingeführt: Der Übergang zu einer gemeinsamen Währung in der EG bietet gute Chancen für ein höheres Kapitalverkehrsaufkommen zwischen der EG und Drittländern. Eine einheitliche europäische Währung, so lautet die Argu-

[35] Ebd., S. 69.
[36] Ebd., S. 26.

mentationskette, erzeugt eine größere Markttiefe, die ihrerseits Finanzinvestitionen in der EG erleichtert. Demnach wird eine positive Korrelation zwischen dem ECU-Devisenmarktvolumen und der Markttiefe für Wertaufbewahrungsmittel in der EG vermutet.

2. *Schöpferische Zerstörung auf dem Markt für Wertaufbewahrungsmittel*

Mit der Einführung einer gemeinsamen Währung in der EG würden sämtliche Wertaufbewahrungsmittel dieses Raumes in derselben Währung ausgedrückt. Statt einer Vielfalt von Währungen stünden die Investoren, die ihr Geld in der EG anlegen möchten, nur noch einer gegenüber. Da die Währungsgrenzen fallen, vertieft sich der Anlagenmarkt. "Whilst it remains unthinkable to have one day, in all Community currencies, financial markets as diverse and liquid as in USD there is a real chance that Europe, largely exploiting the economies of scale of using one currency, will be able to offer similarly efficient financial instruments in ECU."[37]

Allerdings ist zu berücksichtigen, daß die Markttiefe keinesfalls ausschließlich von der Währungskomponente bestimmt wird. Allein die Denominierung aller Aktien in der EG, um nur ein Beispiel aufzugreifen, in einer gemeinsamen Währung kreiert noch längst keinen europäischen Aktienmarkt. Vielmehr müssen all jene Maßnahmen hinzukommen, die weiter oben im Zusammenhang mit der Schaffung einer „Euro-Börse" erörtert werden. Sollte es tatsächlich gelingen, die Segmentierung der europäischen Börsenlandschaft zu überwinden, dann bestünden auf der Basis einer gemeinsamen Europa-Währung gute Chancen, jene Markttiefe und -transparenz zu erreichen, die global ausgerichtete Investoren am europäischen Aktienmarkt derzeit häufig vermissen.

Vor dem Hintergrund eines europäisch-reformierten Aktienmarktes darf dann auch daran erinnert werden, daß die Kapitalisierung der Aktienmärkte in der Europäischen Gemeinschaft Ende 1989 immerhin eine Größenordnung von über 3½ Billionen DM erreichte. Das entsprach einem Weltanteil von 20%. Die Börsen in den USA hatten einen Anteil von 30% und in Japan einen Anteil von 40%[38].

Während am Beispiel des Aktienmarktes sozusagen „von draußen" auf die Europäische Währungsunion geblickt wurde, sei das Augenmerk nun-

[37] Alfred *Steinherr*: Stony Road to an Integrated Financial Market, in: European Affairs, Vol. 3, 1989, H. 4, S. 61–65, hier S. 65.

[38] Vgl. *Arbeitsgemeinschaft der Deutschen Wertpapierbörsen*: Jahresbericht 1989, S. 120 und S. 168.

mehr wieder auf die „inneren Konsequenzen“ gerichtet. Hier ist zunächst hervorzuheben, daß die größere Markttiefe nicht nur dem Investor aus Drittländern, sondern auch dem EG-heimischen Anleger zugute kommt. Sodann aber muß gefragt werden, ob die Finanzmärkte in einer Europäischen Währungsunion mit einer einzigen Währung und einer gemeinschaftlichen Geldpolitik nicht unter ganz anderen Vorzeichen stehen dürften. Um im Bild der Grundthese von der schöpferischen Zerstörung zu bleiben, könnte man sagen: Es werden zwei Vorzeichen zerstört. Wenn es in der EG nämlich nur noch eine Währung und nur noch eine Zentralbank gibt, verschwinden zugleich Faktoren, die bislang zumindest einen Teil der Kapitalbewegungen innerhalb Europas erklären konnten. Gemeint sind die Wechselkurserwartungen und die von Land zu Land unterschiedlichen Härtegrade in der Geldpolitik, die sich in Zinsdifferenzen äußern.

Aus alledem sollte man allerdings nicht schließen, daß es in der Währungsunion überhaupt keinen grenzüberschreitenden Handel mit zinstragenden Wertaufbewahrungsmitteln mehr gebe. Zwar werden die spekulativ bedingten Teile im grenzüberschreitenden Investmentgeschäft an Bedeutung verlieren, doch könnten zur gleichen Zeit die von den Wechselkursrisiken befreiten internationalen Finanzströme leichter an die Stellen höchster Rendite fließen[39]. In der Währungsunion würde daher die Allokationsfunktion der Banken auch in ihrem Investmentgeschäft mehr und mehr in den Vordergrund treten.

Die Überlegungen zu den konstitutiven Merkmalen einer Europäischen Währungsunion ergaben, daß trotz einer verstärkten Koordination der Finanzpolitik Spielraum für nationale Budgetentscheidungen bleiben werde. Damit bleibt zugleich der jeweilige finanzpolitische Kurs in den einzelnen EG-Ländern als makroökonomischer Bestimmungsfaktor für die Märkte zinstragender Finanzaktiva erhalten. So kann man erwarten, daß die Einschätzung der öffentlichen Haushalte in den einzelnen EG-Ländern nach dem Übergang zu einer einheitlichen Währung und Geldpolitik ins Zentrum der Rentenmarktanalyse rücken wird. In der Währungsunion werden sich die Analysten darauf konzentrieren, die Bonitätsunterschiede der einzelnen Kapitalnachfrager – und dazu gehören nicht zuletzt die öffentlichen Emittenten – herauszuarbeiten.

Sind mit dem Freiheitsgrad in der Finanzpolitik der einzelnen Länder nicht nur Zinsstruktur-, sondern auch Zinsniveaueffekte verbunden, dann ergibt sich zugleich ein wichtiger Berührungspunkt zur Transmissionsebene

[39] Vgl. Gutachten des Wissenschaftlichen Beirats beim Bundesministerium für Wirtschaft, a. a. O., hier S. 4; ferner auch Wolfgang *Filc*: Europäische Geld- und Währungspolitik nach vollständiger Liberalisierung des Kapitalverkehrs (Arbeitspapiere des Instituts für Empirische Wirtschaftsforschung, H. 9), Berlin 1989, S. 26–28.

der europäischen Geldpolitik. Dieser Zinsberührungspunkt soll hier jedoch nicht weiter vertieft werden. Wenn es nämlich darum geht, die Konsequenzen einer Europäischen Währungsunion für die Finanzmärkte aufzuzeigen, sollte sich die Analyse nicht allein auf die Transmissionsebene der Geldpolitik und damit den Zins beschränken. Ins Bild gehören vor allem auch die Instrumenten- und die Oberzielebene der vereinheitlichten europäischen Geldpolitik.

Zur Instrumentenebene sind bereits einige Anmerkungen im Abschnitt über die schöpferische Zerstörung im Vorfeld einer Währungsunion gemacht worden. An sie kann hier unmittelbar angeknüpft werden. Die Vereinheitlichung der Geldpolitik in der Währungsunion muß die Harmonisierung des Instrumenteneinsatzes einschließen. Für eine Koexistenz von mindestreservefreien und mindestreservebelasteten Plätzen gäbe es in der EG keine Rechtfertigung mehr, wobei die Egalisierung der Mindestreserveregelungen den Lebensnerv des Euro-Geldmarktes träfe. Folglich würden Euro-Geschäfte domestiziert. Auch hier gingen also Zerstörung und Schöpfung bestimmter Finanzmarktsegmente Hand in Hand.

Die Verzahnung zwischen der Instrumentenebene der europäischen Geldpolitik und der Schöpfung bzw. Zerstörung auf den Finanzmärkten reicht allerdings weit über den eben angesprochenen Mindestreserve-Aspekt hinaus. Wie nationale Erfahrungen zeigen, hängt die Lebensfähigkeit eines Geldmarkts nicht zuletzt davon ab, wie das Notenbankinstrumentarium insgesamt strukturiert ist. Aus Bankensicht verdienen bei der Ausstattung der künftigen Europäischen Zentralbank daher vor allem die „marktverträglichen" Instrumente – wie zum Beispiel die Offenmarktpolitik – Priorität.

Nimmt man nach dem kurzen Blick auf die Instrumentenebene schließlich noch die Oberzielebene der Geldpolitik, also das Ziel Preisniveaustabilität, ins Visier, dann zeigt sich, daß der Übergang zu einer gemeinsamen Währung und Zentralbank auch Konsequenzen für die Verteilung der Wertaufbewahrungsmittel zwischen den einzelnen Ländern der EG haben dürfte. Möglicherweise sind die Finanzmärkte in der Bundesrepublik Deutschland davon sogar in besonderer Weise betroffen.

Zum besseren Verständnis dieser Hypothese sei daran erinnert, daß die Stellung der D-Mark als internationale Anlage- und Reservewährung durch den hohen Grad an Geldwertstabilität und die Festigkeit der Währung begünstigt worden ist. Ende 1986 betrugen die gesamten finanziellen DM-Anlagen des Auslands in der Bundesrepublik und am Euromarkt rund 580 Mrd DM. Das waren bereits 25% mehr als Ende 1984[40]. 1989 dürften die entspre-

[40] Vgl.: Die DM-Anlagen und -Verbindlichkeiten des Auslands am Jahresende 1986, in: Monatsberichte der Deutschen Bundesbank, 37. Jg., Nr. 5, Mai 1987, S. 36–44, hier S. 36.

chenden Anlagen 860 Mrd DM betragen haben[41]. Die Beliebtheit der D-Mark als Wertaufbewahrungsmittel öffentlicher Stellen geht u.a. daraus hervor, daß sich die nachweisbaren DM-Reserven 1989 auf 130 Mrd US-$ erhöhten. Gemessen an den Weltdevisenreserven, entsprach das einem Anteil von fast einem Fünftel[42]. Dagegen hatte der D-Mark-Anteil in der zweiten Hälfte der 70er Jahre im Durchschnitt lediglich bei einem Zehntel gelegen.

Sobald es keine D-Mark und keine eigenständige Geldpolitik in der Bundesrepublik mehr geben wird, müssen die deutschen Finanzmärkte ohne einen Teil jener gesamtwirtschaftlichen Vorteile auskommen, von denen sie bisher entscheidend geprägt worden sind. Unter einer gemeinsamen Währung und Geldpolitik fällt es den einzelnen nationalen Finanzmärkten schwerer, sich makroökonomisch auszuzeichnen. Gerade deshalb aber ist es um so wichtiger, daß die Finanzmärkte auch in der Bundesrepublik bestmöglich organisiert sind. Nicht zuletzt gilt dies aus der Sicht deutscher Banken, die mit der Vollendung der Währungsunion ein wichtiges Akquisitionsargument im internationalen Geschäft verlieren, nämlich die innere und äußere Stabilität der D-Mark. Dadurch wird ihre Wettbewerbssituation schwieriger. Sie sollte nicht durch Rückstände gegenüber anderen Finanzplätzen erschwert werden.

IV. Banken und Währungsunion: Positionierung im verschärften Wettbewerb

Im vorangegangenen Teil dieser Abhandlung wurde aufgezeigt, daß sich die Finanzmärkte in der Europäischen Gemeinschaft durch die Realisierung des Binnenmarktprogramms und der Währungsunion permanent verändern. Als Hauptakteure auf diesen Finanzmärkten werden die Banken fortwährend mit neuen Rahmenbedingungen konfrontiert. Vor allem kommt dann aber noch hinzu, daß die neuen Rahmenbedingungen selbst wettbewerbsverschärfend wirken[43]. Dies wird im nächsten Abschnitt thematisiert. Anschließend soll herausgearbeitet werden, welche Grundsatzprobleme für die Banken entstehen, wenn sie sich im verschärften europäischen Wettbewerb zu positionieren versuchen. Die Probleme reichen von der Bestimmung der Geschäftsfelder über Standortentscheidungen bis hin zur Optimierung der Unternehmensgröße.

[41] Vgl. *Landeszentralbank in Hessen*: Auslandsbanken in Frankfurt, in: Frankfurter Finanzmarkt-Bericht, November 1990, S. 1–7, hier S. 1.

[42] Vgl. Geschäftsbericht der Deutschen Bundesbank für das Jahr 1989, S. 58.

[43] Vgl. z. B. die Rede von Jacques de *Larosière* auf dem IFRI-Symposium in Paris am 29. November 1990, in: BIS Review, Nr. 249 vom 20. Dezember 1990, S. 1–9.

A. Wettbewerbsverschärfung durch die monetäre Integration

Während zur Kennzeichnung der längerfristigen Finanzmarktentwicklung – vor und in der Währungsunion – wiederholt auf die Wendung „schöpferische Zerstörung" zurückgegriffen werden konnte, ist dieser Ausdruck jetzt möglichst zu meiden, weil er zur Charakterisierung des Bankenwettbewerbs weniger gut geeignet ist. In der Kreditwirtschaft soll der Wettbewerb aus übergeordneten Gründen nämlich nicht dem Schumpeterschen Leitbild der schöpferischen Zerstörung folgen. „Vielmehr sind die Rahmenbedingungen möglichst so zu gestalten, daß der Marktaustritt nicht eintritt."[44]

Die Marktaustrittsrisiken im Kreditgewerbe lassen sich durch Bankaufsichtsnormen begrenzen[45]. Die dafür erforderlichen Mindest-Regelungen sollen in der EG mit Hilfe von Richtlinien – zum Beispiel über die Eigenmittel und den Solvabilitätskoeffizienten – vereinheitlicht werden. Von Land zu Land erheblich voneinander abweichende Regulierungen würden dem Postulat gleicher Startchancen widersprechen. Die Harmonisierung der Aufsichtsnormen erscheint um so notwendiger, je liberaler die Zutrittsmöglichkeiten auf dem EG-Bankenmarkt gestaltet werden. Für einen liberalen Marktzutritt im Kreditwesen der EG sorgt die als Teil des Binnenmarktprogramms vom Ministerrat verabschiedete „Zweite Bankrechtskoordinierungs-Richtlinie" in doppelter Weise: Die Kreditinstitute in den Mitgliedsstaaten der EG haben zum einen das Recht, „in jedem anderen Mitgliedstaat Zweigniederlassungen zu errichten, ohne erneut eine Zulassungsprozedur zu durchlaufen ..."[46]. Zum anderen können sie grenzüberschreitend finanzielle Dienstleistungen erbringen, „ohne sich selbst im Sitzland ihrer Kunden niederzulassen"[47].

Zusammen mit der Mindestharmonisierung der Aufsichtsregeln stellt die zweite Bankrechtskoordinierungs-Richtlinie eine der wesentlichen Ursachen für eine weitere Wettbewerbsverschärfung im Kreditgewerbe der EG dar. Obwohl der Europa-Paß für die Kreditinstitute erst ab Anfang 1993 gültig sein wird, wirkt er bereits jetzt, weil viele Banken im Vorgriff auf den Binnenmarkt versuchen, neue Markträume zu erschließen. Dabei dürfte der Druck vor allem auf bislang weniger wettbewerbsintensive Bank-

[44] Hermann *Remsperger*: Innovationen an den Finanzmärkten, in: Börsen-Zeitung vom 1. November 1986, S. 6–7, hier S. 7.

[45] Vgl. dazu auch Wolfgang *Arnold*: Harmonisierung des Bankaufsichtsrechts: Entwicklungsstand und Perspektiven, in: Die Bank, Nr. 12, Dezember 1990, S. 668–672.

[46] Udo-Olaf *Bader*: Der einheitliche Bankenmarkt 1992, in: Die Bank, Nr. 5, Mai 1988, S. 242–250, hier S. 243.

[47] Ebd.

systeme zunehmen. *Steinherr* vertritt zu Recht die Auffassung, daß allein schon die Möglichkeit des Marktzutritts wettbewerbsverschärfend sein kann: "... what really counts is potential entry of foreign competitors and not really actual entry."[48] Beim tatsächlichen Marktzutritt kommt dann noch hinzu, daß die Banken auf dem Auslandsmarkt oft aggressiver auftreten als zu Hause. "Competition on foreign turf is less risky than on home turf and freer of traditional peer group behaviour."[49]

Auf dem Weg zur Währungsunion stellt der Europa-Paß für Banken ein bedeutendes Instrument der Wettbewerbsverschärfung im Kreditgewerbe dar. Mit ihm öffnen sich die Marktzutrittsschranken in geographischer Hinsicht. Marktzutrittsschranken haben aber nicht nur eine räumliche, sondern auch eine produktorientierte Dimension[50]. Sie können zum Beispiel bestehen, weil der ausländische Konkurrent über Produktdifferenzierungsvorteile verfügt. Dieses in der Literatur häufig erwähnte Beispiel läßt sich unmittelbar auf die Einschränkung der Währungsvielfalt anwenden: Es ist zu vermuten, daß durch den Übergang zu einer gemeinsamen Währung eine Wettbewerbsverschärfung eintritt, weil die Banken in den einzelnen EG-Ländern einen Teil ihres bisherigen „natürlichen" Produktdifferenzierungs- bzw. Heimvorteils verlieren, nämlich Geschäfte in ihrer jeweiligen Landeswährung vornehmen zu können. Da in der Währungsunion alle Kreditinstitute dieser Gemeinschaft mit dem gleichen „Grundstoff" – der einen und einzigen europäischen Währung – arbeiten, dürfte sich der Marktzutritt in andere Länder erleichtern. Auf einen problematischen Seitenaspekt der „Grundstoffharmonisierung" ist schon weiter oben hingewiesen worden. Er sei hier noch einmal kurz wiederholt: In der Währungsunion werden die deutschen Banken nicht mehr in der Lage sein, mit der inneren und äußeren Stabilität der D-Mark zu werben. Das erschwert, für sich genommen, ihre Stellung im internationalen Wettbewerb.

Die Wettbewerbsverschärfung zwingt dazu, daß in den Banken zur Stärkung der Ertragskraft wieder intensiver über Verbesserungen im Produktionsablauf nachgedacht wird. Strategisch gesehen, geht es dabei um einen "supply side approach"[51]. In seinem Zentrum stehen hervorragend ausgebil-

[48] *Steinherr*: a.a.O., hier S.63; vgl. dazu auch Alfred *Steinherr*, Pier-Luigi *Gilibert*: The Impact of Financial Market Integration on the European Banking Industry (Research Report Nr. 1 des Centre for European Policy Studies, Financial Markets Unit), Brüssel 1989, S.47–49.

[49] Ebd., S.64.

[50] Vgl. Ingo *Schmid*: Wettbewerbstheorie und -politik. Eine Einführung, Stuttgart 1981, S.43–45.

[51] Vgl. Jean-Paul *Abraham*, Frank *Liermann*: European banking strategies in the nineties: a supply side approach, in: Revue de la banque, 54. Jg. (1990), S.415–436.

dete Arbeitskräfte, die den technischen Fortschritt im Bankgeschäft zu nutzen wissen.

In der Öffentlichkeit wird die Thematik „Währungsunion und Bankenwettbewerb" fast ausschließlich unter dem Blickwinkel des Standorts der künftigen Europäischen Zentralbank diskutiert. Vermutlich liegt das u.a. daran, daß die mit dem Binnenmarktprogramm und der Währungsunion verbundene Wettbewerbsverschärfung durchaus gesehen und dann vermutet wird, jenes Land könne Wettbewerbsvorteile gewinnen, in dem sich die Europäische Zentralbank niederläßt. Die Nähe zur Zentralbank zahle sich in „Fühlungsvorteilen" aus. Zugleich entstünden Agglomerationsvorteile, weil am Standort der Zentralbank möglichst viele Kreditinstitute tätig sein möchten.

In diesem Zusammenhang ist allerdings auch auf eine Befragung des *Instituts für Kapitalmarktforschung*[52] bei Banken in London, Paris und Frankfurt hinzuweisen. Aus ihr geht hervor, daß der Sitz einer zukünftigen Europäischen Zentralbank vor allen in London und Paris als relativ unerheblich für die Rolle eines internationalen Finanzplatzes beurteilt wird. Die Magnetfunktion des künftigen Domizils einer Europäischen Zentralbank sei begrenzt.

B. Positionierungsprobleme im monetären Integrationsprozeß

Die monetäre Integration führt bei den Banken in der Europäischen Gemeinschaft zu einer Fülle von Positionierungsproblemen. Diese Probleme sind in der EG-Studie „Ein Markt, eine Währung" nur beiläufig erwähnt worden. Dort heißt es, der Bankensektor der Gemeinschaft werde eine Anpassungsphase durchlaufen, „wenn die Ressourcen, die nach der Einführung einer einheitlichen Währung nicht mehr benötigt werden, eine neue Verwendung finden müssen. Die Ressourcen könnten für die zunehmenden Emissionen von auf ECU lautenden Anlagen eingesetzt werden."[53] Nun sind aber aus Bankensicht aus mehreren Gründen doch erhebliche Zweifel an einem derart einfach verlaufenden „Ressourcen-Switch" angebracht[54].

Zunächst ist daran zu erinnern, daß die genannten Devisentransaktionen und ECU-Anlagen nur einen Teil aus der Gesamtheit jener Geschäftsfelder der Banken darstellen, die unmittelbar von der Währungsunion berührt werden. Zu den Betroffenen gehört beispielsweise auch der grenzüber-

[52] Vgl. *Institut für Kapitalmarktforschung* (Hrsg.): Frankfurts Wettbewerbslage als europäisches Finanzzentrum, Frankfurt am Main 1990, S. 20–25.

[53] *Kommission der Europäischen Gemeinschaften*: a.a.O., hier S. 75.

[54] Vgl. beispielsweise auch *Steinherr, Gilibert*: a.a.O., hier S. 51–60.

schreitende Wertpapierverkehr und darüber hinaus – wie weiter oben für die Bundesrepublik Deutschland aufgezeigt wurde – fast der gesamte Markt für Wertaufbewahrungsmittel. Berücksichtigt man ferner, daß sich schon im Vorfeld der Währungsunion Veränderungen in den Geschäftsfeldern der Banken ergeben, dann geraten nahezu sämtliche Bankbereiche unter einen integrationspolitisch bedingten Einfluß.

Von diesem Einfluß kaum zu trennen ist die bereits vor, aber auch in der Währungsunion zu erwartende Wettbewerbsverschärfung im Kreditgewerbe. Beide Tendenzen zusammen führen in den einzelnen Kreditinstituten zu einem besonderen Spannungsverhältnis, wenn die für die Zukunft geeignete Kombination der Geschäftsfelder festgelegt werden soll. Das Spannungsverhältnis beruht auf der einen Seite darauf, daß es aus der Sicht der einzelnen Bank vorteilhaft sein kann, bei sich öffnenden Markträumen und sich rasch wandelnden Produktmärkten eine möglichst breite Leistungspalette bereitzuhalten. Demnach hieße die Devise „Universalisierung statt Spezialisierung“ bzw. „Nutzung von economies of scope“. Diesem Postulat steht jedoch die andere Seite des Spannungsverhältnisses bei der Positionierung der Banken im Binnenmarkt und in der Währungsunion gegenüber. Sie beschreibt die Erwartung, daß die Kreditinstitute aufgrund der Wettbewerbsverschärfung – vor und in der Währungsunion – nur bestehen können, wenn sie ihr Leistungsangebot konzentrieren.

Für die Auflösung des Spannungsverhältnisses zwischen Universalisierung und Spezialisierung gibt es ebensowenig eine allgemeine Richtschnur wie für die Bestimmung der optimalen Bankgröße in der monetären Integration. Hier wie dort sind immer nur individuelle Lösungen möglich. Allerdings zeigen viele individuelle Lösungen, daß der Binnenmarkt in der Praxis größere Unternehmenseinheiten bzw. Kooperationsmodelle nahelegt. So ist auch im deutschen Kreditgewerbe schon seit einiger Zeit eine Tendenz zur Konzentration der Kräfte erkennbar, die nicht zuletzt mit den Herausforderungen des Binnenmarktes begründet wird[55]. Eine Europäische Währungsunion könnte diese Tendenz noch zusätzlich beflügeln. Es darf nämlich vermutet werden, daß die mit der Währungsunion einhergehende größere Tiefe auf den Finanzmärkten bei den Banken zu einem höheren Potential an economies of scale führt. Höhere Skalenerträge implizieren zwar nicht notwendigerweise größere Unternehmenseinheiten, denn economies of scale können zum Beispiel auch durch eine partielle Kooperation zwischen verschiedenen Parteien im Vertrieb genutzt werden, doch geben empirische Untersuchungen Grund zur Annahme, daß gerade die größten Banken in

[55] Vgl. Hermann *Remsperger*, Uwe *Angenendt*: Strukturwandel im deutschen Universalbankensystem, in: Die Bank, Nr. 10, Oktober 1990, S. 540–547, hier S. 542.

Europa auf eine „Solo-Strategie“ in Form von Mehrheitsbeteiligungen und eigenen Filialgründungen setzen[56].

Die geographische Positionierung der Banken im monetären Integrationsprozeß der EG wurde bisher vor allem unter dem Aspekt von marktbezogenen, aber kaum unter dem Blickwinkel von sogenannten „strategiebezogenen“ Standorten diskutiert. Marktbezogene Standorte zeichnen sich durch die Identität von originärem Marktpotential und Standort aus; sie „decken ein bestimmtes Einzugsgebiet der Bankabsatzleistungen ab“[57]. Diese Identität ist bei Finanzplätzen nicht gegeben. Sie werden in der Literatur „strategiebezogene Standorte“ genannt[58].

Die Unterscheidung zwischen markt- und strategiebezogenen Standorten hat im monetären Integrationsprozeß Europas deshalb eine große Bedeutung, weil sich bei ihnen jeweils ganz unterschiedliche Einflußfaktoren bemerkbar machen. Ausgangspunkt der marktbezogenen Standortwahl ist die Niederlassungsfreiheit der Banken, die zum “Going European” anregt. Hier halten die Kreditinstitute nach Markträumen Ausschau, in denen sie ihre Kunden „vor Ort“ mit Bankleistungen versorgen können. Dabei existieren zwei Grundmuster, nämlich die „flächendeckende europäische Bank“ auf der einen und die stützpunktorientierte „Bank in Europa“ auf der anderen Seite.

„Im Unterschied zu den marktorientierten Standorten muß auf den Standorten der Finanzplatzebene nicht zwingend originäres Marktpotential vorhanden sein, um Unternehmen zur Standortwahl zu bewegen.“[59] Vielmehr erfüllt ein solcher strategiebezogener Standort die institutionellen und funktionellen Voraussetzungen für eine effiziente Beteiligung am globalen Finanzmarktgeschehen. Finanzplätze stellen in hohem Maße politisch gestaltete Standorte dar. Gerade deswegen kann sich ihre Bedeutung aber auch rasch verändern. So liegt die These nahe, daß die Währungsunion und die in ihrem Vorfeld betriebene Politik Standortbewegungen auslösen. Dabei wird der Begriff Standortbewegung hier sehr weit gefaßt. Er schließt auch Geschäftsverlagerungen von einem Ort zum anderen ein, die nicht mit der Schließung oder Eröffnung eines neuen Niederlassungssitzes verbunden sind.

Für eine Standortbewegung in diesem erweiterten Sinne spricht vor allem

[56] Vgl. Heino *Faßbender*, Reinhold *Leichtfuß*: Banking im neuen Europa: Eine Zwischenbilanz, in: Die Bank, Nr. 5, Mai 1990, S. 244–255, hier S. 249–251.

[57] Adolf-Friedrich *Jacob*, Gerhard M. *Förster*: Die Wahl strategischer Standorte im internationalen Bankgeschäft. Ansätze einer Theorie der Finanzplätze, Wiesbaden 1989, S. 9.

[58] Vgl. ebd.

[59] Ebd., S. 121.

die in Abschnitt III skizzierte Finanzmarkt-Förderungspolitik in einzelnen Ländern der EG. Sie trägt dazu bei, daß Bankgeschäfte „zu Hause“ getätigt werden, die lange Zeit nur „jenseits der Grenze“ möglich waren. Daher würde man die Standortpositionierung der Banken im Prozeß der monetären Integration auch nur sehr einseitig erfassen, wenn man sie allein mit “Going European” beschriebe. Neben dem “Going European” verläuft eine Strömung in entgegengesetzter Richtung.

Sie bringt Bankgeschäfte auf den heimischen Markt zurück. Da sich in diesem Nebeneinander von “Going European” und “Coming back home” bei den Banken das widerspiegelt, was wir mit dem Begriff „schöpferische Zerstörung“ für die Finanzmärkte zu analysieren versuchten, schließt sich nun am Ende auch der Kreis unserer hypothetischen Betrachtungen.

V. Fazit

Als Ergebnis der Überlegungen zur Europäischen Währungsunion aus Bankensicht sind die folgenden sieben Aspekte festzuhalten:

1. Ähnlich wie schon im Vorfeld der Währungsunion müssen die Banken auch in der Währungsunion selbst mit einer weiteren Wettbewerbsverschärfung rechnen. Dabei vollzieht sich ein ständiger Wandel von auf- und absteigenden Finanzmarktsegmenten.
2. Es wäre riskant, nur jene Konsequenzen der Währungsunion zu sehen, die sich aus dem Übergang von der Währungsvielfalt zur „Währungs-Einheit“ ergeben. Anpassungsprobleme für die Banken entstehen vielmehr auch durch den Übergang zu einer gemeinsamen Geldpolitik.
3. Mit der Auswahl der Geschäftsfelder, der Optimierung der Unternehmensgröße und der Standortentscheidung berührt die Währungsunion nahezu alle klassischen Positionierungsprobleme der Banken.
4. Der permanente Wandel in der Bedeutung einzelner Finanzmarktsegmente und die Wettbewerbsverschärfung in der Währungsunion erfordern in den Banken eine flexible Organisationsstruktur und darüber hinaus ein Rechnungswesen, das sich gezielt für die Kostendämpfung einsetzen läßt.
5. Die deutschen Banken müssen sich im monetären Integrationsprozeß auf den Verlust ihres speziellen „DM-Vorteils“ einstellen.
6. In den Kreditinstituten darf die Aufmerksamkeit nicht nur dem Sitz der zukünftigen Europäischen Zentralbank gelten. Sie sollten erkennen, daß ihre Interessen bei der Instrumentenausstattung der zentralen Notenbank vielleicht stärker tangiert werden als bei der Standortfrage. Hierauf müßte sich die Bankforschung mehr als bisher konzentrieren.

7. Neben dem "Going European" der Banken verläuft eine Strömung in entgegengesetzter Richtung. Sie bringt Bankgeschäfte auf den heimischen Markt zurück (Coming back home).

Literatur

Abraham, Jean-Paul/Frank Liermann: European banking strategies in the nineties: a supply side approach, in: Revue de la banque, 54. Jg. (1990), S. 415–436.

Arbeitsgemeinschaft der deutschen Wertpapierbörsen: Jahresbericht 1989.

Arnold, Wolfgang: Harmonisierung des Bankenaufsichtsrechts: Entwicklungsstand und Perspektiven, in: Die Bank, Nr. 12, Dezember 1990, S. 668–672.

Arnsmeyer, Jörg: Die ECU als private Anlagewährung. Eine theoretische und europäische Portfoliountersuchung internationalen Anlageverhaltens (Europäische Hochschulschriften, Reihe V: Volks- und Betriebswirtschaft, Bd. 1021), Frankfurt am Main u. a. 1989.

Ausschuß der Präsidenten der Zentralbanken der Mitgliedstaaten der Europäischen Wirtschaftsgemeinschaft: Entwurf des Statuts des Europäischen Systems der Zentralbanken und der Europäischen Zentralbank, o. O., 27. November 1990.

Bader, Udo-Olaf: Der einheitliche Bankenmarkt 1992, in: Die Bank, Nr. 5, Mai 1988, S. 242–250.

Berliner Bank: Europäische Zentralbank: Fundament oder Schlußstein?, in: Wirtschaftsbericht, Nr. 1, 1988.

BHF-Bank: Wohin mit der Bankenaufsicht?, in: Wirtschaftsdienst, Nr. 1607 zum 21. Juli 1990.

BHF-Bank: Börsen: Going European, in: Wirtschaftsdienst, Nr. 1619 vom 1. Dezember 1990.

Breuer, Rolf-E.: Die Deutsche Terminbörse als Vorreiter einer Börsenlandschaft der 90er Jahre?, in: Zeitschrift für Bankrecht und Bankwirtschaft, 2. Jg. (1990), S. 101–104.

Brittan, Leon: Auf dem Weg zu einem einheitlichen europäischen Wertpapiermarkt – die Sicht der EG-Kommission, in: Arbeitsgemeinschaft der Deutschen Wertpapierbörsen: Jahresbericht 1989, S. 6–21.

Commerzbank: Deutsch-Deutsche und Europäische Währungsunion im Konflikt?, Bericht der Abteilung Volkswirtschaft vom 28. Juni 1990.

Dale, Richard: 1992–2002: The Future Evolution of Financial Markets in Europe, in: The Royal Bank of Scotland Review, Nr. 165, März 1990, S. 3–15.

Dennig, Ulrike: Verdrängt der EG-Kapitalbinnenmarkt den Euromarkt?, in: Wirtschaftsdienst des HWWA, 68. Jg. (1988), S. 310–316.

Deutsche Bank: Europäische Wirtschafts- und Währungsunion: Vision und Wirklichkeit, in: Deutsche Bank Bulletin, Juni 1990, S. 7–12.

Deutsche Bundesbank: Die DM-Anlagen und -Verbindlichkeiten des Auslands am Jahresende 1986, in: Monatsberichte der Deutschen Bundesbank, 37. Jg., Nr. 5, Mai 1987, S. 36–44.

Deutsche Bundesbank: Geschäftsbericht der Deutschen Bundesbank für das Jahr 1989.

Deutsche Bundesbank: Stellungnahme der Deutschen Bundesbank zur Errichtung einer Wirtschafts- und Währungsunion in Europa, in: Monatsberichte der Deutschen Bundesbank, 42. Jg., Nr. 10, Oktober 1990, S. 41–45.

Faßbender, Heino/Reinhold Leichtfuß: Banking im neuen Europa: Eine Zwischenbilanz, in: Die Bank, Nr. 5, Mai 1990, S. 244–255.

Filc, Wolfgang: Europäische Geld- und Währungspolitik nach vollständiger Liberalisierung des Kapitalverkehrs (Arbeitspapiere des Instituts für Europäische Wirtschaftsforschung, H. 9), Berlin 1989.

Fuchs, Harald: Zur Interdependenz des Europäischen Währungssystems und der privaten Verwendung von ECU (Untersuchungen über das Spar-, Giro- und Kreditwesen, Abt. A: Wirtschaftswissenschaft, Bd. 137), Berlin 1989.

Gesellschaft zur Förderung des Geldmarktes: Pressemitteilung vom 26. Juni 1990.

Graboyes, Robert F.: The EMU: Forerunners and Durability, in: Economic Review, hrsg. von der Federal Reserve Bank of Richmond, Juli/August 1990, S. 8–17.

Hasse, Rolf H.: Die Europäische Zentralbank: Perspektiven für eine Weiterentwicklung des Europäischen Währungssystems (Strategien und Optionen für die Zukunft Europas, Grundlagen 2), Gütersloh 1989.

Hielscher, Udo: Börsen, in: Geld-, Bank- und Börsenwesen. Ein Handbuch, hrsg. von Norbert Kloten und Johann Heinrich von Stein, 38. Aufl., Stuttgart 1988, S. 998–1053.

Institut für Kapitalmarktforschung (Hrsg.): Frankfurts Wettbewerbslage als europäisches Finanzzentrum, Frankfurt am Main 1990.

Jacob, Adolf-Friedrich/Gerhard M. Förster: Die Wahl strategischer Standorte im internationalen Bankgeschäft. Ansätze einer Theorie der Finanzplätze, Wiesbaden 1989.

Kommission der Europäischen Gemeinschaften: Ein Markt, eine Währung. Potentielle Nutzen und Kosten der Errichtung einer Wirtschafts- und Währungsunion – eine Bewertung, in: Europäische Wirtschaft, Nr. 44, Oktober 1990.

Landeszentralbank in Hessen: Auslandsbanken in Frankfurt, in: Frankfurter Finanzmarkt-Bericht, November 1990, S. 1–7.

Larosière, Jacques de: Rede auf dem IFRI-Symposium in Paris am 29. November 1990, in: BIS Review, Nr. 249 vom 20. Dezember 1990, S. 1–9.

Leibfritz, Willi/Anneliese Herrmann: Unterschiedliche Budgetdisziplin – Gefahr für die Europäische Währungsunion?, in: ifo-Schnelldienst, 43. Jg. (1990), Nr. 33, S. 16–20.

Lygum, Bjørn, u. a.: Der ECU-Markt im Jahre 1988, in: Bankarchiv. Zeitschrift für das gesamte Bank- und Börsenwesen, 37. Jg. (1989), S. 794–801.

Minor, Karin: Eurobondmarkt vor neuen Herausforderungen, in: Börsen-Zeitung vom 29. Dezember 1990, S. 9.

Pöhl, Karl Otto: Frankfurt als internationaler Finanzplatz (Vortrag im Rahmen des Bankwirtschaftlichen Kolloquiums an der Johann Wolfgang Goethe-Universität, Frankfurt am Main, 19. Juni 1987), in: Auszüge aus Presseartikeln, hrsg. von der Deutschen Bundesbank, Nr. 49 vom 19. Juni 1989, S. 1–6.

Rahmsdorf, Detlev W.: Währungspolitik, in: Jahrbuch der Europäischen Integration 1989/90, hrsg. von Werner Weidenfeld und Wolfgang Wessels, o. O., 1990, S. 128–136.

Remsperger, Hermann: Innovationen an den Finanzmärkten, in: Börsen-Zeitung vom 1. November 1986, S. 6–7.

Remsperger, Hermann/Uwe Angenendt: Strukturwandel im deutschen Universalbankensystem, in: Die Bank, Nr. 10, Oktober 1990, S. 540–547.

Rudloff, Hans-Jörg: Vom Euromarkt zum europäischen Kapitalmarkt. Das Ende eines Off-shore-Handelssystems, in: Neue Zürcher Zeitung vom 14. November 1990, S. 18.

Schlesinger, Helmut: Aktuelle geld- und währungspolitische Fragen – Auf dem Weg zur Währungsunion (Rede vor der Statistisch-Volkswirtschaftlichen Gesellschaft, Basel), abgedruckt in: Auszüge aus Presseartikeln, hrsg. von der Deutschen Bundesbank, Nr. 98 vom 12. Dezember 1989, S. 1–5.

Schmid, Ingo: Wettbewerbstheorie und -politik. Eine Einführung, Stuttgart 1981.

Schroeder-Hohenwarth, Hanns Christian/Hermann Remsperger: Zur Position des deutschen Kreditgewerbes im EG-Binnenmarkt, in: Europa-Banking. Bankpolitik im Europäischen Finanzraum und währungspolitische Integration (Schriften zur monetären Ökonomie, 27, hrsg. von Dieter Duwendag), Baden-Baden 1988, S. 209–233.

Steinherr, Alfred: Stony Road to an Integrated Financial Market, in: European Affairs, Vol. 3, 1989, H. 4, S. 61–65.

Steinherr, Alfred/Pier-Luigi Gilibert: The Impact of Financial Market Integration on the European Banking Industry (Research Report Nr. 1 des Centre for European Policy Studies, Financial Markets Unit), Brüssel 1989.

Tavlas, George S.: Leitwährungen: Der Aufstieg der Deutschen Mark, in: Finanzierung und Entwicklung, 27. Jg., Nr. 3, September 1990, S. 35–38.

Troberg, Peter: Die Finanzmärkte im geplanten EG-Binnenmarkt, in: Finanzierung, Leasing, Factoring, 36. Jg. (1989), Nr. 2, S. 35–39.

Wissenschaftlicher Beirat beim Bundesministerium für Wirtschaft: Gutachten „Europäische Währungsordnung", Bonn 1989.

Hans-Peter Fröhlich

Die Europäische Währungsunion aus Sicht der Unternehmen

Die europäischen Unternehmen signalisieren in Umfragen ein beträchtliches Interesse an einer Währungsunion, denn schon heute sind die nationalen Volkswirtschaften der Europäischen Gemeinschaft in hohem Maße außenhandelsabhängig und dabei stark wechselseitig aufeinander orientiert. Diese Verflechtung wird sich in Zukunft mit Verwirklichung des EG-Binnenmarktprogramms weiter intensivieren. Um so störender würde sich unter diesen Umständen Wechselkursinstabilität in Europa auswirken. Mehr noch: Nur in einer Währungsunion dürften letztlich die vom Binnenmarkt erhofften Vorteile voll auszuschöpfen sein. Allerdings ist eine europäische Einheitswährung für die Unternehmen nur dann ein Gewinn, wenn sie ein Höchstmaß an Preisstabilität verkörpert. Eine stabile Währung ist aus Unternehmensperspektive allemal wichtiger als eine Einheitswährung.

Ein wesentlicher Nutzen der Währungsunion besteht in der Verringerung von Kosten, sowohl bei grenzüberschreitenden Transaktionen als auch bei unternehmensinternen Aufgaben. Ein weiterer Vorteil ist die Beseitigung des vielfach als starke Belastung empfundenen Wechselkursrisikos. Die mit dem Übergang zu einer Einheitswährung verbundenen Kosten fallen im Vergleich dazu für die Unternehmen kaum ins Gewicht. Deutsche Unternehmen werden im übrigen von der Währungsunion tendenziell weniger profitieren als ihre Partner im Ausland. Denn mit der D-Mark verfügen sie auch heute schon über eine international begehrte Währung. Gleichwohl ist auch für sie ein positiver Netto-Nutzen zu erwarten – vorausgesetzt, die neue Währung erweist sich als dauerhaft inflationsresistent.

I. Einführung

Mit der Währungsunion hat sich die Europäische Gemeinschaft für die neunziger Jahre ein ambitiöses Projekt vorgenommen. Zwar wurde vom Europäischen Rat Ende Oktober 1990 in Rom ein grober Zeitplan abgesteckt, doch sind die entscheidenden Inhalte einstweilen noch offen. In den verschiedenen europäischen Hauptstädten gibt es hierzu ganz offensichtlich beträchtliche Meinungsdifferenzen. Das gilt für grundsätzliche prozedurale Fragen bezüglich des Wegs zur Währungsunion ebenso wie für technische Details.

Was mitunter vordergründig wie ein nationaler Prestigestreit um bestimmte Positionen erscheinen mag, ist in Wahrheit von kaum zu überschätzender Bedeutung. Es geht um die Ausgestaltung einer möglichst verläßlichen und damit effizienzfördernden Geld- und Währungsordnung für das Europa der Zukunft. Betroffen davon sind nicht zuletzt die Unternehmen; für sie steht viel auf dem Spiel: Das Projekt Währungsunion verspricht ihnen einerseits ein beachtliches Potential an Vorteilen. Andererseits aber birgt es auch Risiken, aus denen sich durchaus eine Verschlechterung gegenüber dem Status quo ergeben könnte. Ausschlaggebend für den Netto-Effekt wird das Ergebnis des politischen Entscheidungsprozesses sein.

II. Generelles Interesse an der Währungsunion

Die relative Vorteilhaftigkeit enger monetärer Integration zwischen nationalen Volkswirtschaften bis hin zur Bildung einer Währungsunion ist Gegenstand der sogenannten Theorie optimaler Währungsräume. Auf sie soll hier nicht näher eingegangen werden, da sich ein anderer Beitrag des vorliegenden Sammelbandes speziell mit diesem Thema beschäftigt. An dieser Stelle nur soviel: Neben sonstigen Faktoren – insbesondere der Mobilität der Produktionsfaktoren – ist vor allem die Offenheit der jeweiligen Volkswirtschaften für die Vorteilhaftigkeit der Währungsintegration ausschlaggebend[1]. Danach ist der Nutzen einer einheitlichen Währung tendenziell um so größer, je stärker die betreffenden Länder ökonomisch aufeinander angewiesen oder ausgerichtet sind.

A. Integration der Volkswirtschaften

Dieses Kriterium ist innerhalb der Europäischen Gemeinschaft in hohem Maße erfüllt. Die EG-Staaten sind wirtschaftlich untereinander eng verflochten, wobei der Integrationsgrad im Laufe der Jahre durchweg weiter zugenommen hat. Das gilt sowohl für die Handels- als auch die Kapitalbeziehungen.

– *Handelsverflechtung*. Für die Volkswirtschaften der EG-Staaten hat der grenzüberschreitende Handel eine herausragende Bedeutung. So

[1] Vgl. Ronald I. *McKinnon*: Optimum Currency Areas, in: American Economic Review, Vol. 53 (1963), S. 717–725.

machen für die Zwölfergemeinschaft als ganze die Exporte über 20% des Bruttoinlandsprodukts aus; in dem sprichwörtlichen Exportland Japan beispielsweise liegt diese Quote nur etwa halb so hoch. Hinzu kommt, daß die EG-Länder bei ihrer insgesamt hohen Außenhandelsabhängigkeit stark wechselseitig aufeinander fixiert sind. Durchschnittlich rd. 60% ihrer gesamten Warenausfuhr gehen heute in die jeweils anderen Mitgliedsländer der Gemeinschaft. Auch auf der Importseite liegt der Anteil des Intra-EG-Handels inzwischen bei knapp 60%. Vor gut 30 Jahren, zu Beginn des europäischen Einigungsprozesses, ergab sich noch ein ganz anderes Bild. Damals entfiel sowohl von den Exporten wie von den Importen deutlich weniger als die Hälfte auf die EG-Partner – bei insgesamt wesentlich niedrigerem Außenhandelsanteil am Bruttoinlandsprodukt.

– *Kapitalverflechtung*. Im Bereich des grenzüberschreitenden Kapitalverkehrs zeigt sich eine ähnliche Entwicklung, zuletzt sogar in noch akzentuierterer Form. In der Bundesrepublik beispielsweise ist während der 80er Jahre der Warenverkehr mit dem Ausland dem Wert nach nur noch um zwei Drittel gestiegen. Demgegenüber haben sich die Transaktionen zwischen In- und Ausländern allein im Bereich des langfristigen Kapitalverkehrs im gleichen Zeitraum mehr als versechsfacht, woran die Unternehmen maßgeblich beteiligt waren. Dabei ist ähnlich wie beim Warenhandel auch bei den Finanztransaktionen eine deutliche regionale Konzentration auf den EG-Raum festzustellen. Dies gilt nicht zuletzt für die Direktinvestitionen. Rund 40% derartiger Unternehmensengagements der deutschen Wirtschaft entfallen auf die EG-Partnerländer – mit zunehmender Tendenz.

Vor diesem Hintergrund liegt das generelle Interesse der unternehmerischen Wirtschaft an stabilen Währungsbeziehungen in Europa auf der Hand. Das gilt nicht nur für solche Unternehmen, deren Kosten-, Absatz- und Ertragsentwicklung überproportional auslandsabhängig sind oder die bereits von ihrer Struktur her transnational angelegt sind. Wechselkursänderungen stellen vielmehr durchgängig ein erhebliches unternehmerisches Risiko dar, insbesondere auf Märkten, auf denen die Ertragsmargen infolge intensiven Wettbewerbs ohnehin gering sind. Schon leichte Verschiebungen der Kursrelationen können hier ausreichen, um erfolgreiche unternehmensinterne Bemühungen um Produktivitätsverbesserung oder Kostensenkung zu unterlaufen.

B. EG-Binnenmarkt

Die Integration der nationalen Volkswirtschaften in Europa dürfte im Zuge des EG-Binnenmarktprogramms in den nächsten Jahren rasch weiter voranschreiten. Einzelne Märkte wie etwa der Versicherungsbereich, die in der Vergangenheit noch weitgehend abgeschottet vor ausländischer Konkurrenz operierten, werden sich einem verstärkten Wettbewerb von außen ausgesetzt sehen. Gleichzeitig werden zahlreiche Unternehmen, die bislang vor allem auf ihrem Inlandsmarkt aktiv waren, sich umstellen und den Sprung über die eigenen nationalen Grenzen wagen müssen. Das gilt für die Beschaffungs- und Absatzpläne kleiner und mittelständischer Betriebe ebenso wie für die strategischen Standortentscheidungen großer Konzerne. Immer größer wird bei Verwirklichung des Binnenmarkts entsprechend aus Sicht der einzelnen Unternehmen der Anteil ihrer Aktivitäten, die einem potentiellen Währungsrisiko ausgesetzt sind.

Inwieweit vor diesem Hintergrund ein grundsätzlicher Zusammenhang zwischen Binnenmarkt und Währungsunion besteht, ist allerdings umstritten. Die Währungsunion ist immerhin formal kein Bestandteil des Binnenmarktprogramms, wie es im Weißbuch der EG-Kommission von 1985 konzipiert wurde. Auch in der Theorie der wirtschaftlichen Integration lassen sich Binnenmarkt und Währungsunion prinzipiell voneinander trennen. Danach erfordert die Vollendung des Binnenmarktes nicht zwingend auch eine Währungsunion, sofern die uneingeschränkte Freiheit des Geld- und Kapitalverkehrs gewährleistet ist[2].

Diese Sichtweise wird freilich nicht von allen Theoretikern geteilt. Es läßt sich etwa argumentieren, ein Markt sei definiert als ein System einheitlicher Preise, was mit der Möglichkeit von Wechselkursänderungen inkompatibel ist. Anders gewendet: Solange Wechselkursunsicherheit existiert, kann es nach dieser Auffassung einen einheitlichen Markt – oder eine Reihe von regionalen Teilmärkten über nationale Grenzen hinweg wie in den USA – nicht geben. So lange könnten folglich die Unternehmen nicht indifferent sein hinsichtlich der geographischen Herkunft ihrer Produkte oder der Aufteilung ihrer Märkte. Insofern ließen sich die erhofften Vorteile des Binnenmarkts auch nur dann voll ausschöpfen, wenn er durch die Währungsunion ergänzt wird.

Die unternehmerische Wirtschaft scheint überwiegend dieser zweiten Sichtweise anzuhängen. Zahlreiche prominente europäische Unternehmensführer haben wiederholt betont, daß sie die Trennung der Komplexe

[2] In diesem Sinne z. B. *Wissenschaftlicher Beirat beim Bundesministerium für Wirtschaft*: Europäische Währungsordnung, Gutachten vom 21. Januar 1989, Bonn, hier S. 3.

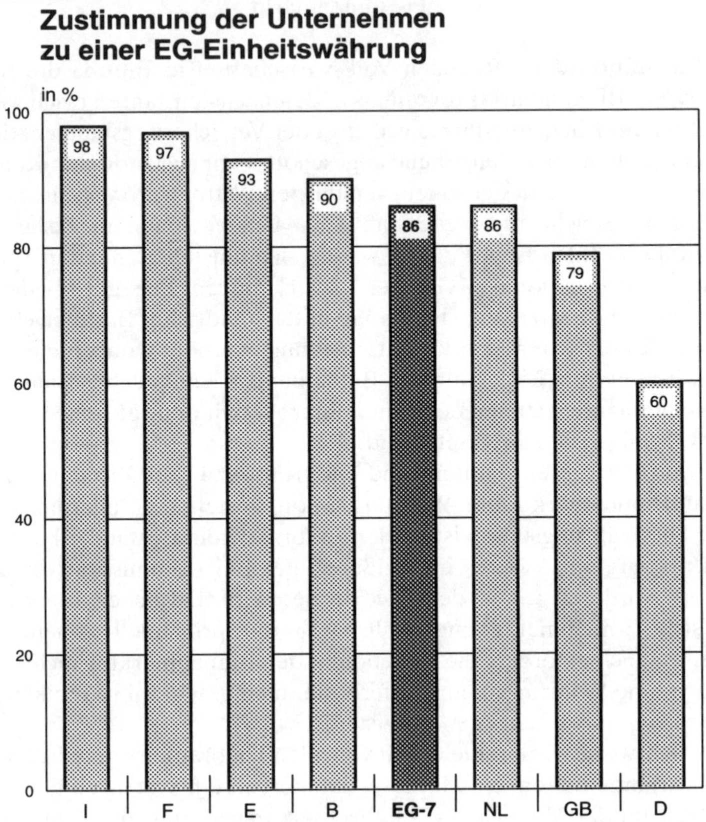

Quelle: Faits et Opinions: European Business and the ECU. Results of a survey carried out among 1036 business leaders in the European Community, Paris, 25. Oktober 1988.

Binnenmarkt und Währungsunion für akademisch und artifiziell halten. Für sie ist die Währungsunion offensichtlich die zwangsläufige Ergänzung zum Binnenmarkt; jedes andere Vorgehen sei danach letztlich inkonsistent[3].

[3] Als Repräsentanten aus unterschiedlichen Ländern für diese Sicht siehe beispielsweise: Alfred *Herrhausen*: Um Freiheit und Offenheit, in: Die Zeit vom 8. Dezember 1989 (wiederabgedruckt in: Auszüge aus Presseartikeln, hrsg. von der Deutschen Bundesbank, Nr. 97 vom 8. Dezember 1989, S. 2). – C. J. van der *Klugt*: Die Bedeutung der Währungsintegration für die europäische Industrie, Rede auf der CBI-Konferenz über die Europäische Währungsintegration in London am 9. Oktober 1989. – Brian *Garraway*: Rede vor dem Symposium Europäische Wirtschafts- und

Diese Einschätzung ist allem Anschein nach auch unter deutschen Unternehmensführern vorherrschend. So hat es jedenfalls eine repräsentative Querschnittsuntersuchung ermittelt. Danach stimmt eine – wenn auch nur knappe – Mehrheit der deutschen Unternehmen der Aussage zu, ein gemeinsamer Markt sei ohne gemeinsame Währung schlechterdings nicht denkbar[4].

Um auf europäischer Ebene dem Ziel der Währungsunion von unternehmerischer Seite Nachdruck zu verleihen, wurde 1987 die „Vereinigung für die Europäische Währungsunion" (Association for the Monetary Union of Europe, AMUE) gegründet. In ihr haben sich führende europäische Industrielle und Bankiers zusammengeschlossen. Große Beachtung fand eine 1988 in ihrem Auftrag durchgeführte Befragung von mehr als 1000 Unternehmensführern in sieben Ländern[5]. Danach wünschten sich im (ungewogenen) Durchschnitt mehr als vier Fünftel (86%) der Befragten eine einheitliche europäische Währung. Wie das nebenstehende *Schaubild* zeigt, schwankt die Zustimmungsquote von Land zu Land nur unwesentlich – abgesehen von der Bundesrepublik, worauf unten näher einzugehen ist.

Diese Umfrage mag angesichts des Eigeninteresses des Auftraggebers ein etwas überzeichnetes Meinungsbild im Sinne eines extrem europafreundlichen Ergebnisses widerspiegeln. Dafür sprechen die an anderer Stelle mitunter geäußerten skeptischeren Einschätzungen aus dem Unternehmenslager[6]. Gleichwohl scheinen die von der AMUE präsentierten Ergebnisse doch ein beachtliches Interesse der unternehmerischen Wirtschaft an der Verwirklichung der Währungsunion zu dokumentieren.

III. Die erwarteten Vorteile der Währungsunion

Ein konzeptionelles Gerüst zur Beurteilung der Vorteile (und Nachteile) der Währungsunion bilden die unterschiedlichen Geldfunktionen. Hier ist insbesondere an Geld in seiner Eigenschaft als Zahlungsmittel, Rechenein-

Währungsintegration des Bundesverbands der Deutschen Industrie in Bonn am 15. Oktober 1990.

[4] Vgl. *Ifo-Institut für Wirtschaftsforschung*: Schnelldienst, 42. Jg. (1989), Nr. 11, S. 1–4.

[5] *Faits et Opinions*: European Business and the ECU. Results of a survey carried out among 1036 business leaders in the European Community, Paris, 25. Oktober 1988.

[6] Relativ zurückhaltend war z. B. der Tenor einer Umfrage der britischen Zeitung "Financial Times" bei 20 europäischen Großunternehmen anläßlich des Beginns der Regierungskonferenz zur Wirtschafts- und Währungsunion. Vgl. Peter *Marsh*: Senior executives sceptical of single European currency, in: Financial Times vom 10. Dezember 1990, S. 4.

heit und Wertaufbewahrungsmittel zu denken. Nach Verwirklichung der Währungsunion wird die neue europäische Einheitswährung all diese Funktionen von den bisherigen nationalen Währungen übernehmen. Aus der Sicht eines Unternehmens bedeutet dies:

- *Gemeinsames Zahlungsmittel*: Grenzüberschreitende Transaktionen lassen sich finanztechnisch genauso problemlos abwickeln wie innerstaatliche. Der bisherige Aufwand für Währungsumtausch oder Kurssicherung entfällt. Die Geschäftsabwicklung mit Lieferanten oder Abnehmern wird dadurch kostengünstiger und zeitsparender; die Effizienz steigt.
- *Gemeinsame Recheneinheit*: Bei internationalen Preis- und Kostenvergleichen entfällt die Umrechnung über den Wechselkurs, wodurch die Markttransparenz entscheidend erhöht wird. Gleichzeitig wird für in mehreren Ländern tätige Unternehmen die Buchführung und Rechnungslegung vereinfacht, was wiederum Kosten senkt und die Effizienz steigert.
- *Gemeinsames Wertaufbewahrungsmittel*: Längerfristige Geldanlagen oder Investitionsentscheidungen können durch Wechselkursänderungen im Zeitablauf nicht mehr beeinträchtigt werden. So entsteht mehr Planungssicherheit, die vor allem stark zukunftsorientierte unternehmerische Entscheidungen auf eine stabilere Kalkulationsgrundlage stellt.

Ausgehend von dieser funktionalen Aufgliederung kristallisieren sich mehrere konkrete Vorteile als Folge einer Währungsunion heraus. Sie sollen im folgenden in ihrer Wirkung auf das unternehmerische Handeln näher betrachtet werden.

A. Reduzierung von Kosten

Jede Transaktion zwischen zwei Währungsgebieten impliziert zusätzliche Kosten aufgrund des Geldumtauschs. Am deutlichsten äußerlich sichtbar ist dies beim Umtausch von Bargeld beim Grenzübertritt. Würde sich beispielsweise ein Tourist, ausgestattet mit einem bestimmten Startkapital in Banknoten, auf eine hypothetische Rundreise durch sämtliche Staaten der Europäischen Gemeinschaft begeben und jeweils beim Grenzübertritt sein Geld in die betreffende nationale Währung umtauschen, so verbliebe ihm nach Rückkehr zu seinem Ausgangspunkt – ohne irgendwelche sonstigen Ausgaben getätigt zu haben – kaum mehr als die Hälfte des ursprünglichen Betrags. Die größten Verluste von teilweise über 20% fallen an, wenn traditionell schwache Währungen (griechische Drachme, portugiesischer Escudo) ge- oder verkauft werden; unter den größeren Währungen bewegen sich die Kosten am Bankschalter um 2 bis 3% pro Transaktion.

Für Unternehmen sind Barzahlungen im grenzüberschreitenden Verkehr indes vernachlässigbar. Hier fallen praktisch nur Überweisungen und Scheckzahlungen an. Die dabei zur Anwendung kommenden Gebühren für den Umtausch von einer Währung in die andere sind zwar im allgemeinen erheblich niedriger, machen jedoch noch immer einen beträchtlichen Kostenfaktor aus. Das gilt vor allem für kleinere Beträge. Bei umgerechnet etwa 10000 ECU entstehen durchschnittlich Kosten von rd. 0,5% des Transaktionswerts, bei 100000 ECU sind es etwa 0,3%. Bei Millionenbeträgen, wie sie im Interbankenverkehr üblich sind, reduzieren sich die Kosten auf unter 0,1%.

Neben diesen Transaktionskosten im Zusammenhang mit grenzüberschreitenden Zahlungen entstehen als Folge der Währungsvielfalt in Europa auch unternehmensinterne Kosten. In zahlreichen Fällen muß sich etwa die Kassenhaltung auf mehrere Währungen erstrecken, was die Liquiditätsvorsorge teurer und ineffizienter macht. Ebenso ist oft in vielen anderen Bereichen ein doppelter oder mehrfacher Aufwand erforderlich, so beispielsweise bei der Buchführung, der Distribution oder der Werbung. In einem aus unterschiedlichen Nationalstaaten zusammengesetzten Europa wird es auf diesen Gebieten wohl auch mit einheitlicher Währung noch immer einen höheren Aufwand geben als etwa in den USA, doch dürften in einer Währungsunion die Unternehmen ihre Kosten immerhin spürbar senken können.

Eine 1990 im Auftrag der Association for the Monetary Union of Europe (AMUE) durchgeführte Unternehmensbefragung hat das Kosteneinsparpotential durch eine europäische Einheitswährung zu erfassen versucht[7]. Demzufolge ergibt sich folgendes Bild:

- Bei den *Transaktionskosten* erwartet rund ein Viertel der befragten Unternehmen Einsparungen von mehr als 1% ihres Umsatzvolumens. Ein weiteres Viertel erhofft sich immerhin noch Einsparungen von 0,5 bis 1% des Umsatzes. Der überwiegende Rest der Unternehmen geht von geringeren Einsparungen aus, während eine kleine Minderheit von etwa 5% zusätzliche Kosten befürchtet.
- Bei den *unternehmensinternen Kosten* wird das Einsparpotential etwas geringer eingeschätzt. Hier rechnet nur etwa jedes siebte Unternehmen mit Einsparungen von mehr als einem Umsatzprozent, wogegen weit mehr als die Hälfte der Unternehmen eine Kostensenkung von maximal 0,5% des Umsatzes erwartet. Andererseits geht hier praktisch kaum ein Unternehmen von zusätzlichen Mehrkosten aus. Die unternehmens-

[7] Vgl.: A Strategy for the ECU. A report prepared by Ernst & Young and the National Institute of Economic and Social Research on behalf of the Association for the Monetary Union of Europe, London 1990.

internen Kosten machen sich im übrigen bei kleinen Unternehmen offenbar überproportional bemerkbar.

Die EG-Kommission hat unlängst ebenfalls eine Schätzung zur möglichen Entlastung der europäischen Unternehmen durch eine Einheitswährung vorgelegt[8]. Ausgangspunkt ihrer Überlegungen sind die vermuteten Gesamtkosten, die angesichts des innereuropäischen Transaktionsvolumens und der damit verbundenen Aufwandsposten pro Jahr in Europa anfallen. Die quantitativen Ergebnisse sind in der nebenstehenden *Tabelle* zusammengefaßt. Die Gesamtsumme von 13,1 bis 19,2 Mrd ECU entspricht etwa 0,3–0,4% des aggregierten Bruttoinlandsprodukts der Gemeinschaft. Dieser Betrag ist immerhin merklich höher als die im sogenannten *Cecchini*-Bericht ermittelten Kosten der Grenzkontrollen in der EG (rd. 0,25% des BIP).

In dieser Berechnung sind allerdings die von sämtlichen Wirtschaftseinheiten zu tragenden Kosten enthalten. Speziell für den Unternehmenssektor ermittelt die EG-Kommission davon ausgehend währungsbedingte Mehrkosten von jährlich 7 bis 8 Mrd ECU. Das entspricht ihrer Einschätzung nach etwa 1% der innergemeinschaftlichen Waren- und Dienstleistungsexporte oder durchschnittlich 15% der von Unternehmen beim Export in andere Mitgliedsstaaten erzielten Gewinne.

B. Eliminierung des Wechselkursrisikos

Neben der währungsbedingten Aufblähung der Transaktionskosten stellt die Variabilität der Wechselkurse einen zweiten bedeutenden Kostenfaktor für die Unternehmen dar. Dabei gilt es sich zu vergegenwärtigen, daß die Kursschwankungen heute unter den EG-Währungen insgesamt relativ gering sind – jedenfalls im Vergleich zu Drittwährungen wie dem US-Dollar oder auch dem britischen Pfund, bevor dieses Anfang Oktober 1990 dem Wechselkurs- und Interventionsmechanismus des Europäischen Währungssystems beitrat. Die Währungen der EWS-Vollmitglieder wiesen in den letzten Jahren untereinander nur noch eine durchschnittliche monatliche Schwankungsbreite von unter 1% auf.

Das eigentliche Problem aus der Sicht der Wirtschaft ist hierbei weniger die Variabilität an sich als vielmehr die damit verbundene Unsicherheit. Sie besteht selbst bei geringen Wechselkursschwankungen von Monat zu Monat oder nach einer längeren Phase ohne Anpassung der Leitkurse im EWS

[8] Vgl. *Kommission der Europäischen Gemeinschaften*: Ein Markt, eine Währung. Potentielle Nutzen und Kosten der Errichtung einer Wirtschafts- und Währungsunion – eine Bewertung, in: Europäische Wirtschaft, Nr. 44, Oktober 1990.

Jährliche Kostenersparnis durch eine Einheitswährung in der Europäischen Gemeinschaft – Angaben in Mrd ECU, Stand 1990 –		
Art der Kostenersparnis	Geschätzter Bereich	
Finanzielle Transaktionskosten	8,2	13,1
davon: – Banküberweisungen	6,4	10,6
– Banknoten, Euroschecks, Reiseschecks, Kreditkarten	1,8	2,5
Unternehmensinterne Kosten	3,6	4,8
Verringerung grenzüberschreitender Zahlungskosten	1,3	1,3
Insgesamt	13,1	19,2

Quelle: *Kommission der Europäischen Gemeinschaften*: Ein Markt, eine Währung, a. a. O., S. 75.

noch immer fort. Ein Beleg dafür ist die Zinsdifferenz zwischen je zwei nationalen Währungen, die gleichsam eine Risikoeinschätzung des Marktes für künftige Wechselkursänderungen widerspiegelt. Sie ist auch dann noch signifikant, wenn – wie im Verhältnis zwischen D-Mark und holländischem Gulden – in der Vergangenheit ein Höchstmaß an Kursstabilität realisiert war.

Ein einzelnes Unternehmen mag imstande sein, sich des Wechselkursrisikos weitgehend zu entledigen. Dies ist dann der Fall, wenn es gegenüber seinen ausländischen Lieferanten oder Abnehmern bei der Fakturierung seine Heimatwährung durchsetzen kann. Damit hat es das Währungsrisiko jedoch nur auf seinen Partner abgewälzt. Beide Seiten des Geschäfts bzw. die Unternehmen als Gesamtheit können das Risiko nur über Termin- oder Terminkontraktmärkte ausschließen. Dabei fallen wiederum Kosten an; sie entsprechen in etwa den genannten Transaktionskosten für Zahlungen zwischen zwei Währungsgebieten. Nicht in allen Fällen freilich kann diese Möglichkeit in Anspruch genommen werden. Breite Terminmärkte stehen nur für die wichtigsten Währungen sowie für gängige Laufzeiten, typischerweise bis zu einem Jahr, zur Verfügung. Längerfristige Lieferkontrakte oder unternehmerische Beteiligungen im Ausland sind dagegen kaum gegen Währungsrisiken zu sichern.

Dies führt im übrigen dazu, daß die Unsicherheit hinsichtlich der Wechselkursentwicklung vornehmlich ein Problem größerer Unternehmen ist, die Produktionsstandorte in mehreren Ländern haben oder auf sonstige Weise ständig sehr stark über Ländergrenzen hinweg operieren. Während sie in ihren strategischen Entscheidungen einem hohen Wechselkursrisiko unterliegen, können sie kurzfristige Kursschwankungen relativ kostengünstig hausintern durch ein effizientes Währungsmanagement auffangen. Bei kleineren Unternehmen dagegen mit zeitlich und quantitativ überschaubaren Fremdwährungszu- und -abgängen schlagen demgegenüber die Kosten der reinen Kurssicherung vergleichsweise stärker zu Buche.

In welchem Ausmaß die Unternehmen durch Wechselkursvariabilität und -risiko effektiv belastet werden, ist schwer zu quantifizieren. Umfragen lassen jedoch unschwer die Bedeutung dieses Faktors für die Wirtschaft erkennen. In der oben erwähnten Untersuchung aus dem Jahr 1988 entfielen bei der Frage nach den Hauptvorteilen einer europäischen Einheitswährung auf die beiden Antworten „weniger Wechselkursänderungen" und „geringere Kurssicherungskosten" mit Abstand die meisten Nennungen. Allem Anschein nach versprechen sich die Unternehmen hier noch eine größere Entlastung als durch den Fortfall der direkten Kosten beim Währungsumtausch.

C. Verbesserte Geschäftserwartungen

Die Unternehmen erwarten sich von der Währungsunion offenbar nicht nur Entlastungen auf der Kostenseite, sondern auch eine gewisse Verbesserung ihrer Absatz- und Ertragsperspektiven. Befragt nach ihrer Einschätzung des Binnenmarktprogramms auf das Geschäftsklima, gaben 80% der Unternehmen an, sie rechneten mit „positiven" Auswirkungen; 10% erwarteten sogar „sehr positive" Auswirkungen. Bei der Frage, wie sich der Binnenmarkt in Kombination mit der Währungsunion auf das Unternehmensklima niederschlagen würde, stieg der Anteil der ausgesprochenen Optimisten nennenswert an. In diesem Fall antworteten 45% der Befragten mit „sehr positiv"[9].

Die Erwartungsverbesserung durch die Währungsunion scheint über zwei Mechanismen zu laufen. Zum einen gehen die Unternehmen offenbar davon aus, daß eine gemeinsame Währung ihnen das Vordringen auf ausländische Märkte erleichtert – sei es, weil dann mit der bisherigen Währungsvielfalt objektiv vorhandene Risiken entfallen, sei es, weil die subjektiv empfundene Hürde bei Auslandsgeschäften niedriger wird. Insbesondere die durch eine Einheitswährung bewirkte Verbesserung der Markttransparenz dürfte hier relevant sein. Zum anderen glauben die Unternehmen offensichtlich, daß die Währungsunion einen wichtigen Beitrag leisten kann zu der vom Binnenmarktprogramm erhofften Dynamisierung der europäischen Wirtschaft mit dauerhaft höheren Wachstumsraten. Sofern diese Einschätzung zutrifft, könnte es zu einer Verstärkung der Investitionstätigkeit

[9] Vgl.: A Strategy for the ECU, a. a. O.

in Europa kommen, während aufgrund steigender Masseneinkommen gleichzeitig die Verbrauchskonjunktur stimuliert wird. Viele Unternehmen hoffen offenbar, von dieser allgemeinen Nachfrageexpansion zu profitieren.

D. Zwang zu höherer Effizienz

Die Währungsunion bringt darüber hinaus für die Unternehmen Veränderungen mit sich, die von ihnen zumindest auf kurze Sicht nicht unbedingt als Vorteil empfunden werden, die sich aber langfristig gleichwohl positiv für sie auswirken dürften. Soweit eine einheitliche Währung hilft, Handelshemmnisse in Europa abzubauen und die Marktübersicht zu erhöhen, verstärkt sie tendenziell den Wettbewerbsdruck. Denn ausländische Konkurrenten finden dann auch leichter Zugang zu den nationalen Binnenmärkten. Die heimischen Unternehmen müssen darauf reagieren, indem sie sich verstärkt um Kostensenkung und Produktivitätsverbesserung bemühen. Im Ergebnis steigt dadurch die Wettbewerbsfähigkeit nicht zuletzt auch gegenüber der Konkurrenz aus Drittländern außerhalb der Gemeinschaft.

Der Zwang zu höherer Effizienz im Unternehmensbereich wird dabei durch einen polit-ökonomischen Zusammenhang verstärkt. Nach Übergang zu einer gemeinsamen Währung haben die Nationalstaaten den Wechselkurs als makroökonomisches Anpassungsinstrument verloren. So läßt sich die Wettbewerbsfähigkeit der heimischen Wirtschaft nicht mehr durch eine Währungsabwertung verbessern. Zwar ist der Erfolg dieses Schritts in der Realität durchaus fraglich, doch für die Politik und die Unternehmen – ebenso wie für die Gewerkschaften – erscheint er auch heute noch in manchen Ländern als leichter Ausweg aus internen Wirtschaftsproblemen. Diese Hintertür wird in einer Währungsunion versperrt sein; Wettbewerbsprobleme können dann nur noch über eine Verbesserung der Angebotsseite der Volkswirtschaft gelöst werden. Die Unternehmen müssen sich unter diesen Umständen voll auf ihre eigenen Kräfte verlassen.

E. Zusätzliche Kosten

Auch unabhängig von dem vielfach als nachteilig empfundenen erhöhten Wettbewerbsdruck bringt eine einheitliche Währung für die Unternehmen Kosten mit sich. Diese sind ganz unterschiedlicher Natur. Sie reichen von der technischen Umrüstung bei automatisierten Bankschaltern oder Münzautomaten über Modifikationen bei der Buchführung bis hin zum Erstellen neuer Preislisten. Es steht indes zu vermuten, daß diese Kosten durch die erwarteten Vorteile mehr als aufgewogen werden. Das gilt vor allem bei längerfristiger Betrachtung. Der Grund ist, daß die Kostenfaktoren weitgehend direkt mit der Währungsumstellung zusammenhängen und insofern einmaliger Natur sind, während die Nutzen dauerhaft sind und stets aufs neue anfallen. Anders mag die Nutzen/Kosten-Bilanz allerdings ausfallen für Unternehmen, die keinerlei grenzüberschreitende Geschäftsbeziehungen unterhalten. Sie können folglich nicht, oder allenfalls nur sehr mittelbar, von der Währungsunion profitieren. Die Netto-Kosten dürften sich jedoch in derartigen Fällen in vertretbaren Grenzen halten.

IV. Zur Frage der relevanten Alternative

Die hier skizzierte Nutzen/Kosten-Analyse der Währungsunion aus Sicht der Unternehmen bezieht sich gleichsam auf eine Idealkonstellation. Sie geht davon aus, daß einerseits politisch eine optimale Ausgestaltung der Währungsunion gelingt, während andererseits ohne Übergang zur Währungsunion ein Fortbestand des gegenwärtigen Status quo in den europäischen Währungsbeziehungen unterstellt wird. Beides muß nicht zwingend zutreffen; vielmehr sind auch andere Referenzszenarien denkbar, teilweise sogar wahrscheinlich. In diesem Fall sind die erwarteten Vorteile der Währungsunion entsprechend zu relativieren.

A. Einheitswährung versus unverbrüchliche Wechselkursfixierung

Eine Währungsunion ist grundsätzlich in zwei unterschiedlichen Ausgestaltungsformen denkbar: zum einen – wie bislang implizit angenommen – durch Schaffung einer einheitlichen Währung für den gesamten EG-Raum; zum anderen unter Fortbestand der einzelnen nationalen Währungen bei völlig freiem innergemeinschaftlichem Kapitalverkehr und unverbrüchlich festen Wechselkursen für alle Zukunft. Eine Währungsunion dieses zweiten Typs existiert beispielsweise zwischen Belgien und Luxemburg.

Eine Währungsunion unter Fortbestand der nationalen Währungen ist aus der Sicht der Unternehmen deutlich weniger attraktiv. Es blieben ihnen dann zwar die erwähnten Umstellungskosten weitgehend erspart, doch würden andererseits die erwarteten Vorteile großenteils gar nicht oder nur in erheblich reduzierter Form eintreten. Ein Beispiel sind die Transaktionskosten. Da die nationalen Währungen im internen Gebrauch bis auf weiteres kaum als perfekte Substitute betrachtet würden, wäre bei grenzüberschreitenden Zahlungen noch immer ein Währungsumtausch mit entsprechenden Kosten erforderlich; diese dürften allerdings in einer förmlichen Währungsunion wesentlich geringer sein als in dem heutigen Währungsverbund des

EWS. Ähnlich verhält es sich mit der Markt- oder Preistransparenz. Wenn längere Zeit keinerlei Wechselkursänderungen mehr eingetreten sind, wird es Marktbeobachtern leichter fallen, ausländische Preise auf ihr jeweiliges nationales Preis-Referenzsystem zu beziehen. Binnenmarktähnliche Verhältnisse im engeren Sinn werden damit aber EG-weit in dieser Hinsicht noch nicht herrschen.

Selbst das Wechselkursrisiko ist ohne Einheitswährung nicht völlig zu eliminieren. Einstweilen wird das Versprechen der Kurskonstanz nur auf dem Papier stehen. Geld- und währungspolitische Glaubwürdigkeit läßt sich jedoch nicht dekretieren, sondern nur in einem langfristigen Prozeß erwerben. Die Unsicherheit und die mit ihr verbundene Belastung der Unternehmen wird damit zwar bei „unverbrüchlich“ fixierten Wechselkursen wesentlich geringer sein als beim heutigen Status quo, doch auch nicht vollständig entfallen.

B. Binnenmarkt und EWS

Die formale Währungsunion wird nach den heutigen Vorstellungen frühestens zum Ende dieses Jahrzehnts Realität werden. Bis dahin dürften sich aller Voraussicht nach einige andere Rahmendaten für unternehmerisches Handeln grundlegend geändert haben – insbesondere als Folge des EG-Binnenmarktprogramms. Die Realisierung des Binnenmarkts allein wird den Unternehmen schon erhebliche Vorteile bringen, und zwar auch und gerade in Bereichen, die einen engen Bezug zur Währungsunion haben. Das gilt namentlich für den angestrebten „europäischen Finanzraum“. Dadurch steht den Unternehmen bald europaweit ein einheitlicher Kapitalmarkt wie etwa in den USA zur Verfügung, auch ohne daß es zur Währungsunion kommt. Insofern wird nach Verwirklichung des Binnenmarkts der von der Währungsunion ausgehende Vorteil eher geringer sein, als es im Vergleich zu den heutigen Verhältnissen erscheinen mag.

Zugleich wird der erhoffte Nutzen einer einheitlichen Währung nur dann voll eintreten, wenn es auch auf benachbarten Gebieten zu entscheidenden institutionellen Änderungen kommt. Ein wichtiges Beispiel ist das grenzüberschreitende Zahlungssystem. Die EG-Kommission hat unlängst ein Diskussionspapier[10] vorgelegt, mit dem sie auf gravierende Defizite in diesem Bereich hinweist. Danach sind vor allem für den grenzüberschreitenden Transfer relativ kleiner Beträge zwischen verschiedenen EG-Ländern unverhältnismäßig hohe Gebühren und erhebliche Zahlungsverzögerungen die Regel. Von einem ähnlich effizienten Überweisungssystem wie

[10] Vgl. *Kommission der Europäischen Gemeinschaften*: Diskussionspapier „Zahlungsverkehr im Binnenmarkt“, KOM (90) 447 endg. vom 26. September 1990.

innerhalb der Bundesrepublik kann auf EG-Ebene keine Rede sein. Das Problem dabei ist wohlgemerkt nicht primär die Existenz unterschiedlicher Währungen, sondern die mangelnde Vernetzung der nationalen Abrechnungssysteme. Solange hier nicht Abhilfe geschaffen ist, wird auch eine einheitliche Europawährung den innergemeinschaftlichen Zahlungsverkehr für die Unternehmen nur begrenzt effizienter und kostengünstiger gestalten.

Ähnliche Überlegungen wie im Hinblick auf das Binnenmarktprogramm gelten für das Europäische Währungssystem. Auch ohne gezieltes Hinarbeiten auf die Währungsunion dürfte es sich bis zum Ende des Jahrzehnts weiter festigen. Die Erfahrungen mit dem EWS seit seiner Gründung im Jahr 1979 haben gezeigt, daß es aufgrund seiner Funktionsmechanismen beträchtliche Konvergenzkräfte entwickelt. Die sieben Länder, die von Beginn an als Vollmitglieder an dem System teilnehmen, haben zuletzt eine beeindruckende Gleichläufigkeit ihrer Wirtschaftsentwicklung vorzuweisen[11]. Diese wiederum hat für die Marktteilnehmer das Versprechen der Regierungen glaubhaft werden lassen, das Wechselkursgefüge zumindest unter jenen EWS-Mitgliedern nicht mehr zu verändern. Tatsächlich hat es seit nunmehr über vier Jahren kein Realignment mehr gegeben.

Vieles spricht dafür, daß sich diese von den Märkten ausgehende Konvergenztendenz in Zukunft weiter fortsetzt. Bei völlig liberalisiertem grenzüberschreitendem Kapitalverkehr, wie er seit dem 1. Juli 1990 unter den wichtigsten EG-Ländern realisiert ist, haben die einzelnen nationalen Regierungen ein immer stärkeres Interesse an der Angleichung ihres geldpolitischen Kurses auch ohne jeden institutionellen Zwang oder förmliche Verpflichtung. Damit dürfte auch der Kreis der Hartwährungsländer in Europa allmählich immer größer werden.

Für das Ende dieses Jahrzehnts ist daher selbst ohne weitreichende währungspolitische Initiativen der Gemeinschaft eine Situation zu erwarten, in der Wechselkursänderungen zumindest unter den wichtigeren EWS-Ländern praktisch nicht mehr stattfinden. Insofern bringt dann die Verwirklichung der formalen Währungsunion für die Unternehmen weniger Vorteile im Sinne der Reduktion von Währungsrisiken, als es aus heutiger Sicht oder mit Blick auf die Vergangenheit aussehen mag.

[11] Vgl. etwa dies.: Nominale Konvergenz zu Beginn der ersten Stufe der WWU, in: Europäische Wirtschaft, Beiheft A, Nr. 7, Juli 1990. Zu dieser Siebener-Gruppe zählen: Bundesrepublik Deutschland, Frankreich, Niederlande, Belgien, Luxemburg, Dänemark, Irland.

V. Dreh- und Angelpunkt Geldwertstabilität

Der Vergleich zwischen der Währungsunion und einem „gehärteten" EWS als relevante Alternative zum Ende dieses Jahrzehnts hat eine zweite, noch wichtigere Dimension. Sie betrifft die Stabilität des Geldwerts. Innerhalb des engeren Kerns des EWS sind diesbezüglich in den vergangenen Jahren erhebliche Fortschritte erzielt worden. Indem sich die betreffenden Länder unter dem Zwang, die vereinbarten Leitkurse aufrechtzuerhalten, letztlich am geldpolitischen Kurs der Deutschen Bundesbank orientiert haben, konnten sie zu Hause ähnlich niedrige Inflationsraten realisieren, wie sie für die Bundesrepublik seit langem typisch sind.

Zum gegenwärtigen Zeitpunkt ist nicht absehbar, wie eine künftige Europawährung in puncto Geldwertstabilität im Vergleich zu den heutigen EWS-Währungen abschneiden wird. Hierfür kommt es vor allem auf die institutionelle Einbindung und die organisatorische Struktur der zu errichtenden Europäischen Zentralbank an. Der vom Gouverneursausschuß der EG-Notenbanken vorgelegte Entwurf eines entsprechenden Zentralbankstatuts lehnt sich in wesentlichen Teilen an das Vorbild der Deutschen Bundesbank an und läßt insoweit eine stabilitätsorientierte Lösung erwarten. Aber sicher ist das angesichts der Imponderabilien bei dem bevorstehenden politischen Entscheidungsprozeß auf EG-Ebene noch nicht.

Aus Sicht der Wirtschaft darf es hier keine Kompromisse geben. Geldwertstabilität ist für die Unternehmen von elementarer Bedeutung. Nur eine stabile Währung bietet ihnen eine verläßliche Kalkulationsgrundlage und genießt internationale Akzeptanz; umgekehrt erweist sich Inflation in vielfacher Hinsicht als schwere Last für die Wirtschaft. Von daher darf sich die Inflationsentwicklung in der künftigen Währungsunion nicht gleichsam als Durchschnitt der bisherigen nationalen Inflationsraten darstellen. Vielmehr muß die europäische Einheitswährung mindestens ebenso stabil sein wie bislang die stabilste nationale Währung, die D-Mark.

Dies ist im übrigen keine originär deutsche Position. Unternehmensführer aus allen Ländern bekunden ein überragendes Interesse an einer stabilen Währung mit einem entsprechend berechenbaren wirtschaftspolitischen Hintergrund. Gerade in Ländern, wo dies in der Vergangenheit nicht der Fall war, werden von der heimischen Wirtschaft diesbezüglich besonders hohe Erwartungen an eine gemeinsame Europawährung geknüpft. Geldwertstabilität ist in den Augen der Unternehmen die Conditio sine qua non für die neue Währung.

Das bedeutet, daß eine Währungsunion in Europa aus Unternehmensperspektive grundsätzlich nur insoweit diskutabel ist, als sie ein Höchstmaß an Preisstabilität verbürgt. Käme es statt dessen trendmäßig zu einer Inflationsbeschleunigung und insgesamt instabilen Währungsverhältnissen, so würden die Nachteile die vermeintlichen Vorteile bei weitem in den Schatten stellen. Die Währungsunion verlöre unter diesen Umständen für die Unternehmen von vornherein ihre Raison d'être.

VI. Ein Nachtrag aus deutscher Perspektive

Die hier präsentierte Sicht der Unternehmen gegenüber der Europäischen Währungsunion war bewußt gesamteuropäisch angelegt. Sowohl der Gegenstand an sich als auch die zunehmende Notwendigkeit, wichtige wirtschaftspolitische Entscheidungen nicht mehr unter rein „national"-ökonomischen Gesichtspunkten zu beurteilen, gebieten eine solche übergreifende Betrachtung. Dies soll freilich nicht über länderspezifische Unterschiede in der Beurteilung der Währungsunion durch die Unternehmen hinwegtäuschen. Gerade aus deutscher Perspektive stellt sich das Verhältnis von erwarteten Nutzen und Risiken der Währungsunion teilweise etwas anders dar.

Einen deutlichen Hinweis auf die deutsche Sondersituation liefert die eingangs angesprochene Befragung von über 1000 Unternehmen in sieben Ländern zu ihrer Haltung gegenüber einer einheitlichen Währung in Europa. Während sich in den sechs deutschen Partnerländern im Schnitt 90% der Unternehmen für eine Einheitswährung ausgesprochen hatten, waren es in der Bundesrepublik nur 60%. Praktisch der gleiche Befürwortungsanteil (genau: 59%) wurde für die deutsche Wirtschaft auch in einer inländischen Umfrage ermittelt[12]. Damit spricht sich zwar in der Bundesrepublik ebenfalls eine Mehrheit der Unternehmensführer für eine Währungsunion aus, aber eben doch ein wesentlich geringerer Prozentsatz als in den anderen Ländern der Gemeinschaft.

Ein entscheidender Grund für diese Diskrepanz dürfte in der Rolle der D-Mark liegen. Sie gehört zu den großen internationalen Währungen und hat im Ausland ein hohes Renommee; innerhalb des Europäischen Währungssystems fungiert sie sogar als inoffizielle Leitwährung. Die Konsequenz ist, daß deutsche Unternehmen mit ihrer Heimatwährung auch im Auslandsgeschäft gut zurechtkommen. Tatsächlich werden rund vier Fünftel aller deutschen Exporte in D-Mark fakturiert; bei den Importen ist es etwa die Hälfte. Beim deutschen Handel mit den EG-Partnern dürften die entsprechenden Anteile eher noch höher liegen.

Auf diese Weise können deutsche Unternehmen zumindest einen Teil der mit der europäischen Währungsvielfalt zusammenhängenden Kosten umgehen oder reduzieren. Kosten für den Währungsumtausch beim Eingang von Ausfuhrerlösen etwa fallen für deutsche Exporteure vergleichsweise

[12] Vgl. *Ifo-Institut für Wirtschaftsforschung*: a. a. O.

selten an. Ähnlich unterliegt durch Fakturierung in D-Mark von vornherein nur ein relativ kleiner Teil des deutschen Geschäftsvolumens mit den EG-Staaten überhaupt einem Wechselkursänderungsrisiko. Zwar müssen deutsche Unternehmen für die Eliminierung dieser Risiken und Kosten im Zweifel leichte Zugeständnisse beim Preis oder bei sonstigen Lieferkonditionen machen, doch dürfte ihnen das in der Regel leichter fallen, als unkalkulierbare Risiken zu tragen. In jedem Falle ist die D-Mark als Heimatwährung für deutsche Unternehmen angesichts eines zunehmend internationaler werdenden Geschäfts kein Hindernis. Im Gegenteil, sie verspüren in dieser Hinsicht erheblich weniger Bedarf an einer supranationalen Währung als ihre Konkurrenten in den meisten anderen EG-Mitgliedsländern.

Ein zweiter Faktor kommt als Erklärung für den begrenzten Enthusiasmus seitens deutscher Unternehmen für eine Europawährung hinzu. Die internationale Akzeptanz der D-Mark und die daraus resultierenden Vorteile beruhen nicht zuletzt auf dem traditionell hohen Maß an Geldwertstabilität in der Bundesrepublik. Viele deutsche Unternehmen befürchten offenbar, diesbezüglich in einer Währungsunion Abstriche hinnehmen zu müssen. Umfrageergebnissen zu Folge glauben 80% der Unternehmensführer, eine Europawährung wäre nicht so stabil wie die D-Mark[13]. Andererseits gehen diese Befürchtungen allerdings nicht so weit, daß sie das Projekt der Währungsunion in der Einschätzung deutscher Unternehmen grundsätzlich diskreditierten. Immerhin wollte in derselben Befragung eine klare Mehrheit ausdrücklich nicht der Aussage zustimmen, die harte D-Mark sei durch nichts zu ersetzen.

Speziell aus deutscher Sicht ergibt sich damit folgendes Bild: Grundsätzlich haben deutsche Unternehmen bei Realisierung der Währungsunion die gleichen Vor- und Nachteile zu erwarten wie Unternehmen in anderen Ländern auch. Einige der erhofften Vorteile dürften indes geringer ausfallen, während die potentiellen Risiken für deutsche Unternehmen naturgemäß größer sind. Schließlich müßten sie mit der D-Mark eine erprobte und international renommierte Währung aufgeben, wogegen in manch anderen Ländern die Unternehmen durch Ablösung ihrer bisherigen nationalen Währung durch eine Europawährung mit großer Wahrscheinlichkeit nur gewinnen könnten. Vor diesem Hintergrund scheint die in Umfragen ermittelte Zustimmung zur Währungsunion von rund drei Fünfteln der deutschen Unternehmen sogar erstaunlich hoch. Sie läßt auf ein beachtliches Potential an Netto-Nutzen auch aus Sicht der unternehmerischen Wirtschaft in Deutschland schließen.

[13] Vgl. ebd.

VII. Fazit

Das allgemeine Urteil ist eindeutig: Eine Europäische Währungsunion mit einheitlichem Geld von Schottland bis Sizilien ist aus Sicht der Unternehmen zweifellos wünschenswert. Die potentiellen Nutzen überwiegen die Kosten bei weitem. Dieses Urteil steht und fällt jedoch mit dem inneren Wert der künftigen Europawährung. Nichts ist für Unternehmen in Währungsfragen wichtiger als Stabilität und Verläßlichkeit – auch nicht eine geographisch möglichst weite Verbreitung der Währung.

Dieser schmale Grad zwischen Erfolg und Mißerfolg bei der Verwirklichung der Währungsunion sollte zu größter Vorsicht mahnen. Die Ablösung der bisherigen nationalen Währungen durch eine europäische Einheitswährung ist nur dann gerechtfertigt, wenn deren innere Stabilität durch entsprechende institutionelle Vorkehrungen zweifelsfrei gewährleistet ist. Die Währungspolitik darf aus Sicht der Unternehmen kein Experimentierfeld sein; sie dürfen nicht die Leidtragenden einer überhasteten Europapolitik werden. Die Folgen eines währungspolitischen Fehlschlags wären letztlich für Europa insgesamt kontraproduktiv. Ein solcher Rückschlag würde zwangsläufig das Zusammenwachsen in anderen Bereichen der Gemeinschaft gefährden oder sogar bereits erzielte Integrationsfortschritte wieder in Frage stellen.

Das Gebot der Vorsicht bezieht sich dabei nicht nur auf den angestrebten Endzustand. Auch die Übergangsphase bis zur Vollendung der Währungsunion bedarf in jedem Stadium eines geordneten und verläßlichen währungspolitischen Managements. Dem Endziel der Einheitswährung würde ein Bärendienst erwiesen, wenn die Unternehmen sich auf dem Weg dorthin unüberschaubaren Risiken ausgesetzt sähen. Für die politischen Entscheidungsträger ergibt sich daraus eine zusätzliche Verantwortung. Es kommt für sie nicht nur darauf an, die Inhalte der Währungsunion richtig zu definieren, sondern auch, dies in einer vertrauenswürdigen Form zu tun.

Literatur

Ernst & Young: A Strategy for the ECU. A report prepared by Ernst & Young and the National Institute of Economic and Social Research on behalf of the Association for the Monetary Union of Europe, London 1990.

Faits et Opinions: European Business and the ECU. Results of a survey carried out among 1036 business leaders in the European Community, Paris, 25. Oktober 1988.

Garraway, Brian: Rede vor dem Symposium Europäische Wirtschafts- und Währungsintegration des Bundesverbands der Deutschen Industrie in Bonn am 15. Oktober 1990.

Herrhausen, Alfred: Um Freiheit und Offenheit, in: Die Zeit vom 8. Dezember 1989 (wiederabgedruckt in: Auszüge aus Presseartikeln, hrsg. von der Deutschen Bundesbank, Nr. 97 vom 8. Dezember 1989, S. 2).

Ifo-Institut für Wirtschaftsforschung: Schnelldienst, 42. Jg. (1989), Nr. 11, S. 1–4.

Klugt, C. J. van der : Die Bedeutung der Währungsintegration für die europäische Industrie, Rede auf der CBI-Konferenz über die Europäische Währungsintegration in London am 9. Oktober 1989.

Kommission der Europäischen Gemeinschaften: Nominale Konvergenz zu Beginn der ersten Stufe der WWU, in: Europäische Wirtschaft, Beiheft A, Nr. 7, Juli 1990.

Kommission der Europäischen Gemeinschaften: Diskussionspapier „Zahlungsverkehr im Binnenmarkt“, KOM (90) 447 endg. vom 26. September 1990.

Kommission der Europäischen Gemeinschaften: Ein Markt, eine Währung. Potentielle Nutzen und Kosten der Errichtung einer Wirtschafts- und Währungsunion – eine Bewertung, in: Europäische Wirtschaft, Nr. 44, Oktober 1990.

Marsh, Peter: Senior executives sceptical of single European currency, in: Financial Times vom 10. Dezember 1990, S. 4.

McKinnon, Ronald I.: Optimum Currency Areas, in: American Economic Review, Vol. 53 (1963), S. 717–725.

Wissenschaftlicher Beirat beim Bundesministerium für Wirtschaft: Europäische Währungsordnung, Gutachten vom 21. Januar 1989, Bonn.

C. Internationale Implikationen

*Pierre Jacquet**

Europäische Währungsunion und internationale Währungsordnung

Die Errichtung einer Wirtschafts- und Währungsunion (WWU) in Europa wird die Herausbildung einer gleichgewichtigeren, mehrpolaren Welt beschleunigen, in der es neben dem Dollar als internationale Währung die ECU und vielleicht auch noch andere Währungen geben wird. Was die Wirtschafts- und Währungsunion für die internationale Kooperation und die Koordination der Wirtschaftspolitik bedeutet, läßt sich nicht eindeutig beantworten. Einerseits kann damit gerechnet werden, daß der Prozeß der Koordination erleichtert wird, da die Zahl der Akteure, die heute in der G7 zusammenwirken, abnimmt und der Gruppendruck ("peer pressure") dann größere Wirksamkeit entfalten kann, ferner, weil von einer abgestimmten europäischen Fiskalpolitik ebenfalls ein Beitrag zur weltweiten finanzpolitischen Koordination zu erwarten ist. Andererseits könnte ein vereinigtes und stärker zur Geltung kommendes Europa versucht sein, eine Politik des wohlwollenden Vernachlässigens ("benign neglect") zu betreiben – was einem angemessenen Management der globalen ökonomischen Interdependenzen keineswegs angemessen wäre –, womit sich Europa in bezug auf die Formulierung seiner Wirtschaftspolitik als nicht klüger als die Vereinigten Staaten erwiese. Auf indirekte Weise könnte die Europäische Wirtschafts- und Währungsunion aber durchaus von zu Buche schlagendem Einfluß auf das Weltwährungssystem sein: Es ist nämlich zu erwarten, daß die Europäische Wirtschafts- und Währungsunion die Interdependenzen noch ausweitet und, im Sinne eines Lernprozesses, die Effektivität bezüglich des Managements dieser Interdependenzen verbessert und so letztendlich auch zu einer institutionellen Reform der Weltwährungsordnung führt.

* Hilfreiche Hinweise von Jacques Edin und anderen Kollegen bei IFRI seien dankbar anerkannt.

I. Einführung

Die Debatte über die internationalen Implikationen der europäischen Integration ist nicht neu: Immer dann, wenn die Integration in der Gemeinschaft wieder an Fahrt gewinnt, kommen Befürchtungen darüber auf, worauf die Europäische Gemeinschaft (EG) letztlich abzielt und welche Implikationen damit für die anderen großen Industrieländer und die Weltwährungsordnung insgesamt verbunden sind. In den 80er Jahren hat die Integration der EG gewiß erstaunliche Fortschritte gemacht. Die Aussichten dafür, daß man den Schritt hin zu einer vollständigen Europäischen Währungsunion (EWU) erfolgreich bewältigt, sind gegenwärtig besser als zu irgendeinem früheren Zeitpunkt. Und von daher lohnt es sich zu fragen, welche Konsequenzen aus internationaler Sicht – im Gegensatz zum rein europäischen Blickwinkel – damit voraussichtlich verbunden sein könnten. In vielerlei Hinsicht erinnern die heutigen Vorgänge an das, was sich in den 70er Jahren ereignet hat – im Nachgang zum *Werner*-Plan[1] und dann später während der Debatte um das im Entstehen begriffene Europäische Währungssystem (EWS)[2]. Die Hauptunterschiede im Vergleich zu damals liegen jedoch darin, daß man heute davon profitiert, wesentlich mehr Erfahrung mit dem internationalen Währungssystem – wenn man es denn als solches bezeichnen kann, was bisweilen bezweifelt wird – zu haben, das durch ein mehr oder weniger „schmutziges Floaten“ gekennzeichnet ist, und daß sich die Probleme, mit denen man es hier zu tun hat, zum Teil gewandelt haben. Insbesondere von der „Privatisierung“ der Bereitstellung und des Managements der internationalen Liquidität[3] – heute hauptsächlich über private internationale Kreditbeziehungen – gehen erhebliche Rückwirkungen auf die Fähigkeit der Regierungen aus, die kurz- und mittelfristige Entwicklung der Wechselkurse zu kontrollieren. Die internationale Mobilität des privaten Kapitals und die Substitutionsmöglichkeiten bei Finanzanlagen sind Schlüsselelemente der internationalen Währungsbeziehungen und erfordern in den einzelnen Volkswirtschaften makroökonomische Anpassungsmaßnahmen, was – von der Einführung von Kapitalverkehrskontrollen

[1] Wie von *Krause* und *Salant* berichtet; vgl. Lawrence B. *Krause*, Walter S. *Salant* (Hrsg.): European Monetary Unification and Its Meaning for the United States, Washington, D.C., 1973.

[2] Vgl. Philip H. *Trezise* (Hrsg.): The European Monetary System: Its Promise and Prospects (Papers prepared for a conference held at the Brookings Institution in April 1979), Washington, D.C., 1979, sowie Samuel J. *Katz* (Hrsg.): U.S.-European Monetary Relations, Washington, D.C., 1979.

[3] Diese Entwicklung wird von *Cohen* analysiert; vgl. Benjamin J. *Cohen*: In Whose Interest? International Banking and American Foreign Policy, New Haven – London 1986.

einmal abgesehen – auch unter jedem anderen Wechselkursregime der Fall wäre.

In diesem Beitrag sollen einige der voraussichtlichen Implikationen der Europäischen Währungsunion für das internationale Währungssystem untersucht werden. Dabei bewegt man sich in mancherlei Hinsicht auf spekulativem Boden. Zunächst einmal hängt viel von dem künftigen Verhalten der einzelnen – privaten und öffentlichen – Wirtschaftssubjekte ab und auch von der Art und Weise, wie man international zusammenarbeitet und wie diese Kooperation organisiert ist. In dieser Hinsicht können zum gegenwärtigen Zeitpunkt nur recht allgemeine Vorstellungen formuliert werden, die auf den früheren Erfahrungen der internationalen wirtschaftspolitischen Kooperation basieren. Zum zweiten, und das ist wichtiger, wird in diesem Beitrag von der Annahme ausgegangen, daß sich die EG tatsächlich zu einer Europäischen Währungsunion entwickelt, worunter hier eine einzige unabhängige Zentralbank und eine einzige Währung (ECU genannt) verstanden wird. Natürlich harren in der gegenwärtig laufenden Regierungskonferenz zu Fragen der Wirtschafts- und Währungsunion in der Europäischen Gemeinschaft noch viele Probleme einer Lösung, z. B. was die Art und Weise und die zeitliche Ausgestaltung des Übergangs betrifft und natürlich auch was die Fähigkeit der einzelnen Mitgliedsstaaten angeht, sich hier tatsächlich zu binden und dies dann auch auf Dauer durchzuhalten.

Die Weiterentwicklung des monetären Umfeldes außerhalb der EG könnte für eine solche Bindung Probleme schaffen. Die gegenwärtige Schwäche und Anfälligkeit des US-Dollars könnte insofern ein Grund für erhöhte Spannungen innerhalb des Europäischen Währungssystems (EWS) sein, als dadurch ein Keil zwischen die Deutsche Mark und die anderen Währungen getrieben wird. Jedenfalls können Spekulationen über eine Abwertung des Dollars und eine Aufwertung der D-Mark nicht ausgeschlossen werden, da sich der Druck auf die Zinsen in den Vereinigten Staaten und in Deutschland in entgegengesetzten Richtungen entfaltet. Solche Spannungen könnten auf den Prozeß hin zur Europäischen Währungsunion einen zwiespältigen Effekt ausüben: Einerseits würden sie den Nutzen einer vollen Integration mit einer einzigen gemeinsamen Währung hervorheben; andererseits könnte dadurch die Kooperation zwischen den europäischen Staaten gestört werden. Die Konflikte zwischen den jeweiligen nationalen Interessen würden dadurch eventuell hervorgehoben, so daß die Möglichkeit, zu einer gemeinsamen Entscheidung in bezug auf die weitere Vorgehensweise in der Integration zu gelangen, beeinträchtigt würde.

Nicht behandelt werden sollen in diesem Beitrag die möglichen internationalen Rückwirkungen des Übergang zur Europäischen Währungsunion an sich, wenngleich diese durchaus wichtig sein mögen. Zum Beispiel ließe sich fragen, ob die europäischen Staaten in der Lage sind, die europäische Integration in ihren vielfältigen Dimensionen weiter voranzutreiben und gleichzeitig Entgegenkommen bei internationalen Verhandlungen über ein kooperatives Management der Weltwirtschaftsprobleme zu zeigen. Es kann nicht allen diesen Anforderungen gleichzeitig Priorität eingeräumt werden. Insbesondere könnte die Art und Weise, wie sich die regionale Integration in Europa – und vielleicht nicht nur dort – fortsetzt, Rückwirkungen auf die internationalen Wirtschaftsbeziehungen haben. Auch nicht behandelt wird in diesem Beitrag die wirtschaftliche Bedeutung der Europäischen Währungsunion für Drittländer, wenngleich es auch hier durchaus einen Zusammenhang gibt. Es soll vielmehr nur darüber reflektiert werden, was eine vollständige Europäische Währungsunion voraussichtlich in bezug auf die internationalen Währungsbeziehungen und die internationale Währungsordnung nach sich zieht. Im Mittelpunkt steht deshalb die Frage des Managements der Weltwirtschaft und des möglichen Beitrags Europas, das dann währungspolitisch mit einer Stimme sprechen würde.

In Abschnitt II werden einige der Implikationen der Entwicklung hin zu einer „Mehr-Währungswelt" behandelt. Anschließend wird der Beitrag einer vollendeten Europäischen Währungsunion zur internationalen makroökonomischen Politikkoordination diskutiert. In Teil IV werden sodann, vor den Schlußbemerkungen, einige vorläufige Ansichten hinsichtlich der Zukunft des internationalen Währungssystems dargelegt.

II. Auf dem Weg hin zu einer multipolaren „Mehr-Währungswelt"

Die Entwicklung hin zu einer multipolaren Welt findet bereits seit geraumer Zeit statt, und zwar nicht nur in ökonomischen Angelegenheiten, sondern auch im Hinblick auf eine globale Mächtebalance, wo sich die bipolare Struktur gewandelt hat zu einer, wenn auch noch unklaren, so doch definitiv multipolaren Situation. In allgemein wirtschaftlicher Hinsicht ist diese Entwicklung die Kehrseite des „Niedergangs" der US-Wirtschaft, was bisweilen insofern irreführend ist, als sich hierin – bei Lichte betrachtet – sowohl der Aufstieg anderer Länder bzw. Regionen zu wichtigen Industriemächten als auch die Tatsache widerspiegelt, daß sich die Vereinigten Staaten ihrerseits mehr und mehr dem intensiven internationalen Wettbewerb ausgesetzt sahen. Unter Währungsaspekten kommt die Entwicklung hin zu einem multipolaren System, in einem abnehmenden Anteil des US-Dollars nicht nur bei der Denominierung von Handelsgeschäften, sondern auch in der Zusammensetzung der offiziellen Währungsreserven zum Ausdruck[4]. Auch sind unter dem heutigen Weltwährungsregime nicht mehr so viele Währungen direkt an den Dollar gekoppelt, wie das noch 1975, relativ kurz nach dem Zusammenbruch des Bretton-Woods-Systems, der Fall gewesen war.

Gleichwohl haben wir es heute in der internationalen Währungsordnung praktisch noch mit einem Dollarstandard zu tun; wenngleich seine Bedeutung – relativ gesehen – zurückgegangen ist, so ist doch die Vormachtstellung des Dollars als Weltwährung immer noch unbestritten. Als ganz besonderes Merkmal der Währungsbeziehungen für die Zeit nach dem 2. Weltkrieg bis heute war dies oft Grund zur Klage für diejenigen, die eine Reform des internationalen Währungssystems anstrebten. Versuche in den späten 60er Jahren, mit der Schaffung von Sonderziehungsrechten (SZR) den US-Dollar als internationale Reservewährung zu ersetzen, sind nicht erfolgreich verlaufen. Nunmehr wird von der europäischen monetären Integration bereits seit mehr als zwei Jahrzehnten erwartet, daß in ihrem Gefolge die Übermacht des Dollars durch die Einführung einer einzigen, gemeinsamen Währung für alle Mitgliedsstaaten der EG gebrochen werden könnte.

In diesem Zusammenhang ist es hilfreich, von den grundlegenden Funktionen einer internationalen Währung auszugehen, nämlich der Funktion als Tauschmittel (in dem fakturiert wird und das als Recheneinheit dient und überdies die Funktion einer „Vehikel-Währung“ bei Devisenmarktgeschäften wahrnimmt) und der Wertaufbewahrungsfunktion[5]. In beiderlei Hinsicht, und zwar sowohl was die offizielle als auch die private Verwendung der Währung betrifft, spricht grundsätzlich vieles für die Herausbildung einer einzigen, gemeinsamen europäischen Währung, der ECU, als wichtige internationale Währung. Zugleich spricht aber die bisherige Erfahrung wie auch die allgemeine Trägheit bei solchen Veränderungen dafür, daß der Dollar auch weiterhin seine Dominanz bewahren wird[6]. Dies hängt damit zusammen, daß der Erfolg einer Währung als Wertübertragungs- und Wertaufbewahrungsmittel davon abhängt, ob sie von einer großen Zahl von Wirt-

[4] Zu dieser Entwicklung vgl. den Bericht der *Kommission der Europäischen Gemeinschaften*: Ein Markt, eine Währung. Potentielle Nutzen und Kosten der Errichtung einer Wirtschafts- und Währungsunion – eine Bewertung, in: Europäische Wirtschaft, Nr. 44, Oktober 1990.

[5] Eine detaillierte Analyse der Rolle und der Aussichten der ECU im Hinblick auf diese unterschiedlichen Funktionen findet sich in dem bereits zitierten Bericht der *Kommission der Europäischen Gemeinschaften* sowie bei George *Alogoskoufis*, Richard *Portes*: International Costs and Benefits from EMU (Discussion Paper Series, Centre for Economic Policy Research, Nr. 424), London, Juni 1990.

[6] *Alogoskoufis* und *Portes*, a. a. O., betonen die Bedeutung von Geschichte und Hysterese in bezug auf die Bewahrung des Status einer wichtigen internationalen Währung.

schaftssubjekten benutzt wird und ob ihr Vertrauen entgegengebracht wird. Auf der einen Seite braucht es längere Zeit, diese Qualitäten zu erwerben, und auf der anderen Seite kann die Ersetzung einer bereits existierenden internationalen Währung nicht in kurzer Zeit vonstatten gehen.

Gleichwohl gibt es gute Gründe, um zu erwarten, daß die ECU sich nach und nach zu einer wichtigen internationalen Währung entwickeln wird – nicht anstelle, aber neben und im Wettbewerb mit dem US-Dollar. Hinsichtlich ihrer Verwendung als Tausch- und Zahlungsmittel würde dies unterstützt von der Größe des europäischen Marktes und der europäischen Unternehmen, von denen angenommen werden kann, daß sie zunehmend dazu übergehen würden, in ECU zu fakturieren, um sich so, jedenfalls teilweise, gegen Wechselkursrisiken zu schützen, sowie von der Breite und der Tiefe der europäischen Finanzmärkte, die ebenfalls die Verwendung der ECU fördern würden. Die ECU würde deshalb an den Devisenmärkten zu einem wichtigeren Wettbewerber für den US-Dollar werden. Auch als offizielle Reservewährung könnte sich die ECU beachtlich entwickeln. Für Drittländer, insbesondere, aber nicht nur für die osteuropäischen Staaten, gäbe sie einen alternativen „Anker" und zugleich einen Maßstab für deren Devisenmarktpolitik ab.

Unter den freigesetzten Kräften ist schließlich noch zu erwähnen, daß auch private Portfolio-Anpassungen zugunsten der ECU erwartet werden können. Das gegenwärtige Übergewicht des US-Dollars würde in dem Maße immer mehr in Frage gestellt, wie sich eine Währung entwickelte, die gegenüber dem Dollar als bessere Alternative erschiene als die gegenwärtigen europäischen Währungen, da sie auf dynamischen Finanzmärkten basieren würde, die aus der Sicht der Investoren eine genügende Breite und Tiefe aufweisen. Diese Entwicklung wirft zwei Fragen auf: Die erste betrifft die erforderliche Wechselkursveränderung, die auf kürzere Sicht notwendig wäre wegen des Anstiegs der Nachfrage nach in ECU denomierten Anlagetiteln und auf etwas längere Sicht in bezug auf die Anpassung über das Angebot solcher Anlagemöglichkeiten. Bei dem zweiten Problem geht es um die größere Wahrscheinlichkeit, daß es zu plötzlichen Veränderungen in den Präferenzen der Anleger kommen könnte, und zwar infolge des Vorhandenseins besserer Anlagealternativen. Bis zu einem gewissen Grade ist diese Möglichkeit bereits heute gegeben, wie sich zum Beispiel an der Ungewißheit zeigt, zu welchen Bedingungen private Investoren das gestiegene Angebot an Dollaranlagen aufzunehmen bereit sind, das aus den fortgesetzten externen Finanzierungserfordernissen der USA resultiert. Die Entwicklung der ECU könnte durchaus zu deutlich stärkeren Instabilitäten bei den internationalen Kapitalströmen führen. In einer durch mehrere Währungen gekennzeichneten multipolaren Welt mit hoher Kapitalmobilität ist mit einem intensiven Wettbewerb zwischen den einzelnen wichtigen Währungen zu rechnen. Dieser Punkt wird weiter unten in Abschnitt IV nochmals aufgenommen.

III. Europäische Währungsunion und internationale Koordination der makroökonomischen Politik

Es wird des öfteren erwartet, daß die europäische monetäre Integration sich auf die Koordination der makroökonomischen Politiken, wie sie auf den G7-Gipfeln der Staats- und Regierungschefs und in den G7-Treffen der Notenbankgouverneure und Finanzminister vorgenommen wird, positiv auswirken wird. Die detaillierte Studie der *Kommission der Europäischen Gemeinschaften* über die möglichen Nutzen und Kosten einer europäischen Währungsunion hat sich auch mit dieser Frage intensiv beschäftigt[7]. Dieser Studie zufolge wird die Europäische Währungsunion zuerst und vor allem dazu führen, daß sich die EG zu einem wirtschaftspolitischen Zentrum innerhalb der Weltwirtschaft entwickelt, da sie eine eigenständige Identität und entsprechendes Gewicht auf dem Gebiet der Währungspolitik gewinnt. Als Folge könnte man erwarten, daß die Spillover-Effekte der heimischen Politiken deutlicher sichtbar werden und die Auffassung, die Wirtschaftspolitiken müßten koordiniert werden, als notwendiger empfunden wird, ebenso wie der Nutzen der Politikkoordination klarer zutage tritt. Überdies würde sich auf dem Gebiet der Währungspolitik die Zahl der „Akteure" von sieben auf vier verringern, denn es würde nur einen Vertreter der gemeinsamen EG-Notenbank geben. Es bliebe freilich bei sieben Finanzministern, da die Finanzpolitik weiterhin weitgehend dezentralisiert wäre. Wegen der geringeren Zahl von Teilnehmern im Koordinationsprozeß wäre zu erwarten, daß die währungspolitische Koordination leichter wird – unterstellt, daß die europäische äußere Währungspolitik durch eine angemessene Aufteilung der Verantwortlichkeiten zwischen der Europäischen Zentralbank und dem Ministerrat richtig gehandhabt wird. Hier bestünde freilich die Gefahr, daß sich die gegenwärtige Tendenz, sich zum weit überwiegenden Teil auf die Koordination der Geld- und Währungspolitik zu verlassen, und zwar unabhängig von den notwendigen finanzpolitischen Korrekturen, noch verstärken würde. Auf der anderen Seite könnte man vielleicht erwarten, daß die Europäische Währungsunion ihrerseits die Einsicht dafür verstärkt, daß innerhalb der EG die Finanzpolitik koordiniert werden muß, und die Herausbildung entsprechender Prozeduren fördert; freilich muß dieser Punkt von den europäischen Regierungen noch nachhaltig in Angriff genommen

[7] Vgl. *Kommission der Europäischen Gemeinschaften*: a. a. O.

werden. Wenn dem aber so wäre, könnte die Europäische Währungsunion also auch zur weltweiten Koordination der Finanzpolitiken beitragen.

Die obige Argumentation macht freilich zwei allgemeine Einschränkungen erforderlich. Die erste hängt zusammen mit der Rolle, die man überhaupt der internationalen Koordination der Wirtschaftspolitiken beimißt. Die zweite bezieht sich auf das zu erwartende Verhalten eines zu einer Währungsunion vereinigten Europas.

Die Idee von der Koordinierung der Wirtschaftspolitiken basiert, theoretisch gesehen, auf dem Vorhandensein von Wohlfahrtsgewinnen bei einem abgestimmten Verhalten von interdependenten Akteuren[8]. Erforderlich ist dabei, daß die gemeinsamen Ziele definiert werden, z. B. ein hoher Beschäftigungsgrad und Wirtschaftswachstum im Verein mit einem stabilen Preisniveau. Letztendlich läuft es darauf hinaus, gemeinsam die kollektive Wohlfahrt zu erhöhen.

In der Praxis hat sich die wirtschaftspolitische Koordinierung von dieser Grundvorstellung gelöst und war im allgemeinen auf die Sicherung von Wechselkursstabilität ausgerichtet. Man glaubte, so die Probleme angehen zu können, die in den internationalen Wirtschaftsbeziehungen seit den 80er Jahren aufgetreten waren – Probleme, wie sie beispielhaft in den großen und anhaltenden Ausschlägen der realen Wechselkurse und Handelskonflikten zum Ausdruck gekommen sind. Diese Probleme waren Ausfluß der sogenannten „inkonsistenten" oder „nicht miteinander zu vereinbarenden" nationalen Wirtschaftspolitiken, die deshalb besser miteinander koordiniert werden sollten. Inkonsistenz und Unvereinbarkeit der Politiken, dahinter steht allerdings kein einfaches Konzept[9]. Ex post betrachtet, stellen sich die makroökonomischen Politiken natürlich immer als konsistent miteinander heraus. Mit Inkonsistenz ist denn gewöhnlich vielmehr auch gemeint, daß diese Politiken ex ante nicht im Einklang stehen mit anderen Zielsetzungen wie etwa der Stabilität der Wechselkurse. Von der Koordinierung wurde also auch erwartet, daß mit ihr die nationalen Politiken in Einklang mit dem Ziel stabiler Wechselkurse gebracht würden.

Während der 80er Jahre stellten, nacheinander, der Ausgleich der internationalen Zahlungsbilanzen und die Stabilität der Wechselkurse die wirt-

[8] Eine hilfreiche Analyse der Konzepte von Kooperation und Koordination findet sich bei Richard N. *Cooper*: Economic Interdependence and Coordination of Economic Policies, in: Handbook of International Economics, Bd. II, hrsg. von Ronald W. Jones und Peter B. Kenen, Amsterdam–New York–Oxford 1985, S. 1195–1234.

[9] *Llewellyn* untersucht das Problem, wie die Kompatibiliät wirtschaftspolitischer Ziele sichergestellt werden kann, sowie Möglichkeiten, die ex ante bestehenden Inkonsistenzen aufzulösen; vgl. David T. *Llewellyn*: European Monetary Arrangements and the International Monetary System, in: European Monetary Union. Progress and Prospects, hrsg. von M. T. Sumner und G. Zis, London–Basingstoke 1982.

schaftspolitischen Ziele dar. Mit dem Plaza-Abkommen vom September 1985 sollte eine weitere Dollar-Abwertung erzielt werden, insbesondere – jedenfalls aus amerikanischer Sicht – in der Hoffnung, damit internationale Ungleichgewichte abzubauen, nämlich eine Verbesserung der US-Handelsbilanz zu fördern. Beim Louvre-Akkord vom Februar 1987 ging es um die Eindämmung der Wechselkursschwankungen. Und hinter dem G7-Treffen vom Januar 1991 stand die Absicht, einen weiteren Fall des US-Dollars zu verhindern. Tatsächlich ist es zu erheblichen Bewegungen der Wechselkurse gekommen. Die Enttäuschung über die mit der Koordination innerhalb der G7 erreichten Ergebnisse wird jedoch dadurch gemildert, daß diese Wechselkursanpassungen sehr viel reibungsloser vonstatten gegangen sind als bisweilen befürchtet. Eine massive Spekulation scheint jedenfalls erfolgreich verhindert worden zu sein.

In der Tat ist es so, daß – ungeachtet aller diesbezüglichen Erklärungen – wichtige Länder wie die Vereinigten Staaten und in jüngerer Zeit auch Deutschland, selbst wenn sie bei verschiedener Gelegenheit das Ziel der Wechselkursstabilität teilten, nicht bereit waren, ihren nationalen "Policy mix" diesem Ziel unterzuordnen, insbesondere ihre Finanzpolitik entsprechend zu ändern. Die diesbezüglichen Diskussionen in der G7 genossen deshalb keine große Glaubwürdigkeit.

Überdies lag, wann immer das Ziel, die Wechselkurse zu stabilisieren, erfolgreich in Angriff genommen wurde, die gesamte Last auf den Interventionen seitens der Zentralbanken und damit auf der Geldpolitik. Der Versuch aber, die Wechselkurse über geld- und währungspolitische Maßnahmen zu koordinieren, während die Finanzpolitik in eine ganz andere Richtung wirkt, kann kontraproduktiv sein, denn in diesem Fall wird möglicherweise das interne Ziel, die Inflation zu bekämpfen und Wirtschaftswachstum zu sichern, gefährdet. Selbst auf dem Gebiet der geld- und währungspolitischen Kooperation zeigt sich sehr nachdrücklich, daß nationale Interessen über die internationalen Ziele gestellt werden. Zu Beginn des Jahres 1991 z. B. wirkten die Vereinigten Staaten und die Bundesrepublik Deutschland dem Ziel, den Dollarkurs zu stützen, entgegen, indem sie den Diskontsatz in dem einen Fall senkten und im anderen Fall anhoben. Binnenwirtschaftlich gesehen, gab es gute Gründe hierfür, wenn man sich die konkrete Ausgestaltung der Finanzpolitik in beiden Ländern vor Augen hält. Dieses Beispiel zeigt, daß die G7-Kooperation eher „ad hoc", von Fall zu Fall und aus taktischen Überlegungen heraus vorgenommen wird als systematisch. Als wirklichem Mechanismus für wirtschaftliche Anpassungsmaßnahmen in einzelnen Ländern fehlte es ihr entscheidend an Glaubwürdigkeit.

Solange die nationalen Wirtschaftspolitiken Regierungen obliegen, die demokratisch von den Bürgern des jeweiligen Landes gewählt werden, ist es unrealistisch zu erwarten, daß bei der Formulierung dieser Politiken ausländischen Interessen gebührend und in konsistenter Weise Rechnung getragen würde. Bestenfalls spielen ausländische Belange dann und in dem Maße eine Rolle, wenn bzw. wie sie sich auf heimische Interessengruppen übertragen und von diesen aufgegriffen werden. Als positiv an der internationalen Koordination, wie sie von der G7 ausgeübt wird, sollte man jedoch hervorheben, daß damit nach und nach ein wichtiges Forum für Beratungen und den Austausch von Meinungen zwischen den Wirtschaftspolitikern der G7-Länder geschaffen worden ist. Dies ist ein gar nicht hoch genug einzuschätzender Beitrag für ein besseres Verständnis der Politik und der Ziele der anderen und tieferer Einsicht in die globalen Interdependenzen. So gesehen, mag man die Koordination als nützliche Übung betrachten, mit der sich der Gruppendruck ("peer pressure") unter den internationalen Wirtschaftspolitikern und ihren Beratern zunehmend in tatsächliches Verhalten umsetzt, indem man sich nach und nach eine gewisse Selbstbeschränkung bei der Verfolgung der nationalen Wirtschaftspolitiken auferlegt. Bis zu einem gewissen Grade könnte die Stärkung des Zentrums Europas diesen Prozeß sehr wohl fördern, nämlich insofern, als es letztlich darauf hinausläuft, möglichst Druck auf die Vereinigten Staaten auszuüben.

In Anbetracht der Probleme mit der trilateralen Koordination mag überraschen, in welchem Ausmaß die Partnerländer der Bundesrepublik Deutschland innerhalb des EWS ihre nationalen Wirtschaftspolitiken der Stabilität des Wechselkurses ihrer Währungen gegenüber der D-Mark untergeordnet haben. Für diesen Unterschied gibt es freilich spezifische Gründe. Ökonomisch gesehen, ist es so, daß die Vorteile der Wechselkursstabilität in Europa wegen des hohen Grades der Handelsverflechtungen sehr viel deutlicher auf der Hand liegen und überdies noch durch die Entscheidung, bis Ende 1992 einen gemeinsamen Binnenmarkt zu errichten, verstärkt werden. Darüber hinaus rückte das Ziel der Inflationsbekämpfung, das – wenngleich im Prinzip auch gegeben – in den 70er Jahren nicht so hoch auf der Prioritätenskala vieler Regierungen gestanden hatte, gegen Ende der 80er Jahre nach und nach an die erste Stelle, was einen weiteren Anreiz darstellte, schwächere Währungen an den „Anker" D-Mark anzubinden. Aber der Erfolg des EWS beruht auch auf politischen Faktoren: Anders als die frühere Währungsschlange hat sich das EWS zu einem Symbol der europäischen Geschlossenheit entwickelt und stellt einen konkreten Schritt hin zur weiteren Integration dar. Die europäische Integration wiederum ist ihrerseits zumindest im gleichen Maße von ökonomischen Erwägungen wie von politischen Motiven bestimmt worden. Der mit dem EWS verbundenen Disziplin auszuweichen, das wäre ein Schritt hin zur Auflösung und als Fehlschlag in Sachen Europa bewertet worden. Welches Land auch immer diesen Weg eingeschlagen hätte, es hätte erhebliche politische Kosten tragen müssen – national wie international. Frankreich, das im Jahre 1983 einen völligen wirtschaftspolitischen Kurswechsel unternahm, ist ein deutliches Beispiel für eben diese Zwänge.

Ähnliche Zusammenhänge gibt es bisher nicht zwischen den Vereinigten Staaten, Europa und Japan, was erhebliche Zweifel aufkommen läßt bezüglich der Wahrscheinlichkeit, daß irgendeine Form glaubwürdiger wirtschaftspolitischer Koordination zwischen ihnen institutionalisiert wird. Aber auch die Erfolge Europas erfordern eine Einschränkung: Die bisherige Entwicklung ist weniger als Ergebnis der Koordinierung der Wirtschaftspolitiken anzusehen denn – wegen der Asymmetrie des EWS, das die Hauptantriebskraft für den Prozeß der Desinflation in der Gemeinschaft darstellte – als erzwungene Konvergenz hin auf eine bestimmte Wirtschaftspolitik. Die Europäische Währungsunion ist zum Teil ein Versuch, die intraeuropäische Koordination bezüglich der europäischen Geld- und Währungspolitik auf höherem Niveau zu institutionalisieren. Bevor überhaupt ein Beitrag zur reibungsloseren Koordination weltweit erwartet werden kann, hat die EG zunächst unter Beweis zu stellen, daß dies unter ihren Mitgliedsstaaten möglich ist. Hier steht erfolgreiche Koordination als letzte Errungenschaft am Ende eines Prozesses, erreicht durch eine zunehmend fortschreitende Integration.

Wenn es dazu kommt, daß Europa auf dem Gebiet der Währungspolitik mit einer Stimme spricht, könnte dies freilich auch genau den entgegengesetzten Effekt haben als den, den die EG-Kommission erwartet. Paradoxerweise gibt es im heutigen EWS keine klare Politik gegenüber dem US-Dollar, obwohl dessen Schwankungen – da von ihnen Spannungen im Wechselkursmechanismus ausgehen können – immer wieder Anlaß zur Sorge geben. Ist dieser Grund zu Befürchtungen erst einmal nicht mehr gegeben, könnte Europa sehr wohl zu einem ähnlichen Verhalten finden wie die USA, also der binnenwirtschaftlichen Situation und den entsprechenden Politiken den Vorrang vor dem Wechselkurs gegenüber Drittländern und der internationalen Kooperation einräumen. Als einheitlicher Währungsblock und damit auch mit dem „Privileg", eine internationale Währung zu emittieren, könnte Europa versucht sein, eine Haltung des "benign neglect" im Hinblick auf den Wechselkurs gegenüber dem US-Dollar und dem Yen einzunehmen – eine Haltung, die es sich dann leisten könnte. Warum sollte ein selbstbewußteres Europa in dieser Frage klüger als die Vereinigten Staaten sein[10]? In diesem Fall wäre zu erwarten, daß es früher oder später zu Konflikten kommt, gekennzeichnet durch im Wettbewerb miteinander vorgenommene

[10] Dieses immer noch gültige Argument findet sich bei Peter B. *Kenen*: Comments zu dem Beitrag von Walter S. Salant, in: European Monetary Unification and Its Meaning for the United States, hrsg. von Lawrence B. Krause und Walter S. Salant, a. a. O., S. 236–247.

Desinflationierung über eine Aufwertung oder durch konkurrierende Abwertungen und erneute Handelskonflikte. Ein solches Szenario sollte jedenfalls nicht a priori ausgeschlossen werden. Keinesfalls gibt es eine Garantie, daß die erfolgreiche monetäre Integration in Europa automatisch auch die internationale wirtschaftliche Kooperation fördern wird. Im Gegenteil, es könnten die Kräfte an Bedeutung gewinnen, die auf eine „Desintegration" der Weltwirtschaft in einzelne abgeschottete Zonen hinwirken oder die zu einer Situation des allgemeinen "benign neglect" führen, in der der Nutzen einer weltweiten wirtschaftlichen Verflechtung nicht leicht zum Tragen käme.

IV. Europäische Währungsunion und Weltwährungssystem

Hält man sich die Schwächen des gegenwärtigen Weltwährungssystems vor Augen, so ist man leicht versucht zu argumentieren, daß die Reform dieses Systems seit langem überfällig ist. Unter den vielen diesbezüglichen Vorschlägen ist der der Wechselkurszielzonen zweifellos einer der attraktivsten, da er eine feste Ordnung mit Flexibilität verbindet. All diese Vorschläge können aber nicht einen der Hauptschwachpunkte beseitigen, auf den bereits oben hingewiesen wurde: Es gibt keinen Grund anzunehmen, daß die teilnehmenden Länder den damit verbundenen Regeln die Priorität einräumen würden vor den Notwendigkeiten der jeweiligen Binnensituation. Deshalb müssen sich alle Überlegungen über die Zukunft der internationalen Währungsordnung zunächst mit den Veränderungen beschäftigen, die stattfinden müssen, bevor man sich vorstellen kann, daß große Länder wie die Vereinigten Staaten – und später ein vereintes Europa – bereit wären, striktere internationale Regeln zu befolgen. Daraus folgt, daß – anstelle einer tiefgreifenden Reform der internationalen Währungsordnung zu einem frühen Zeitpunkt – eine evolutorische Entwicklung, in der in einem Lernprozeß die wesentlichen Merkmale des gegenwärtigen Systems allmählich aufgewertet werden, bis die Zeit reif ist für eine institutionelle Reform, das wahrscheinlichere Szenario darstellt. Letztendlich lassen die Erfordernisse eines offenen Handels- und Finanzsystems wie auch die moderne Technologie – sie macht Kapitalbewegungen immer einfacher und deshalb zu einem unstabilen Faktor – die Einführung einer gemeinsamen, einer einzigen EG-Währung unter den Industrieländern angebracht erscheinen[11].

[11] So etwa Richard N. *Cooper*: A Monetary System for the Future, in: Foreign Affairs, Vol. 63 (1984), S. 166–184 (wiederabgedruckt als Kapitel 13 in ders.: The International Monetary System. Essays in World Economics, Cambridge, Massachusetts, 1987).

Wie bereits oben hervorgehoben, stellen politische Motive eine wichtige Triebkraft hinter den europäischen Erfolgen bezüglich einer engeren Kooperation und Integration dar. Im Gegensatz dazu sind zwei der politischen Kräfte, die auf einer gewissen Geschlossenheit unter den Industrieländern des Westens hinwirkten, zum guten Teil geschwunden. Die eine war das seit dem Ende des Zweiten Weltkrieges verfolgte Ziel, den Kommunismus einzudämmen, die andere die Abhängigkeit Europas und Japans von den USA in der strategischen Frage der internationalen Sicherheit. Es könnte sehr wohl sein, daß die Vereinigten Staaten ihre vorrangige Rolle und Verantwortlichkeit bei der Behandlung lokaler Konflikte behalten und daß auch die NATO fortbesteht. Aber das Gefühl, sich in einer transatlantischen Sicherheitsgemeinschaft zu befinden, wird nicht mehr so stark wie früher sein. Überdies wird die wachsende wirtschaftliche Bedeutung Europas auch gewisse politische Konsequenzen für die transatlantischen Beziehungen haben. Eine solche Entwicklung leistet den bereits hervorgehobenen Tendenzen hin zu einer die Folgen vernachlässigenden Desintegration der Weltwirtschaft in einzelne regionale Zentren Vorschub, denen die Beziehung zu ihren direkten geographischen Nachbarn wichtiger ist als ein reibungsloses Management der globalen Interdependenzen. Die europäische Integration könnte durchaus in diese Richtung wirken. Größere Ungewißheit gibt es in bezug auf Asien, wo das Wirtschaftswachstum großenteils auf überregionalen Beziehungen basiert, namentlich den Verflechtungen in Handel und Investitionstätigkeit mit den Vereinigten Staaten, und wo die Integration sich bisher noch gar nicht abzeichnet.

Diesen desintegrierend wirkenden Faktoren steht freilich gegenüber, daß die Interdependenzen weiter zunehmen werden. Die Handelsbeziehungen können, jedenfalls zeitweise, durch protektionistische Maßnahmen beeinflußt werden. Bei Interdependenzen auf finanziellem Gebiet ist dies sehr viel schwieriger. Über die Direktinvestitionen finden sich auch die Unternehmenssektoren der einzelnen Volkswirtschaften in vielfältige Verflechtungen eingebunden. Bei zunehmenden Interdependenzen erhöhen sich die Kosten, wenn es nicht zur Kooperation kommt. Aus diesem Grunde steht nicht zu erwarten, daß die Welt sich in einzelne, im Widerstreit stehende Blöcke aufspaltet, und eben deshalb auch kann die regionale Integration als eine besondere Ausprägung und nicht als eine Alternative zur Globalisierung angesehen werden.

Wie schon *Cooper*[12] dargelegt hat, gibt es seit geraumer Zeit eine Diskussion zwischen denen, die einen regionalen Ansatz der Integration der Welt-

[12] Vgl. Richard N. *Cooper*: Implications for Integration of the World Economy, in: European Monetary Unification and Its Meaning for the United States, hrsg. von Lawrence B. Krause und Walter S. Salant, a. a. O., S. 250–275.

wirtschaft befürworten, und jenen, die für einen universalen multilateralen Ansatz sind. In dieser Hinsicht ist die Schaffung einer Europäischen Währungsunion dem Regionalansatz zuzurechnen. Dieses Beispiel könnte, worauf in der Tat einige zur Zeit geführte Diskussionen hindeuten, als Reaktion hierauf oder in dem Bestreben, es Europa gleichzutun, sowohl in Asien als auch zwischen den Vereinigten Staaten und seinen Nachbarn Schule machen. Hält man sich vor Augen, wie schwierig es ist, die Kooperation in multilateraler Form voranzubringen und zu institutionalisieren, so ist a priori schwer zu entscheiden, ob man den regionalen Ansatz ablehnen soll oder ob man sich von ihm einen Beitrag zum weltweiten Interessenausgleich erwarten kann. Intraregionale Aktivitäten könnten die Intensität interregionaler Konflikte mindern. Wie aber bereits oben dargelegt, ist die regionale Integration mit dem Risiko behaftet, daß sie die internationale Koordination noch weiter erschwert. Nach wie vor bestünde dann das Erfordernis, weltweit für möglichst kompatible Wirtschaftspolitiken zu sorgen – unabhängig davon, welchen Grad der regionalen Integration man erreicht hat[13]. Die Vorstellungen von Autarkie jedenfalls gehören in das Reich der Illusion.

Welcher Beitrag kann nun von einer erfolgreichen Wirtschafts- und Währungsunion in Europa erwartet werden? Wie schon in Abschnitt II ausgeführt, würde eine erfolgreiche Wirtschafts- und Währungsunion wohl Marktkräfte freisetzen, die eine echte internationale Währung entstehen lassen – neben dem US-Dollar, der weiterhin dominierend bleiben würde und möglicherweise auch neben Drittwährungen wie dem japanischen Yen. Wenn nicht wieder Kapitalverkehrskontrollen eingeführt werden zwischen den einzelnen Währungszonen, würde es zwischen diesen Währungen einen scharfen Wettbewerb geben, und mit gewisser Wahrscheinlichkeit käme es zu destabilisierenden spekulativen Kapitalbewegungen, falls die nationalen Wirtschaftspolitiken nicht im Einklang miteinander stehen. Das Management einer solchen oligopolistischen internationalen Währungsordnung würde deshalb hinreichende Flexibilität der Wechselkurse zwischen ECU, Dollar, Yen und jeder anderen künftigen internationalen Währung erfordern. Das wiederum könnte möglicherweise zu den exzessiven und andauernden “misalignments” der Wechselkurse führen, wie sie in den 80er Jahren zu beobachten waren. Eine Politik des “benign neglect” läßt sich nicht zu lange durchhalten, wie die Kehrtwenden in der Wechselkurspolitik der Vereinigten Staaten zur Genüge gezeigt haben, insbesondere im Jahre 1979 und dann wieder in dem Zeitraum 1985–1986.

Wenn auch der Welthandel sich bis jetzt günstiger entwickelt hat, als dies bei den vorangegangenen Wechselkursbewegungen an sich erwartet werden konnte, so ist doch wahrscheinlich, daß die weitere Integration auf dem Ge-

[13] Vgl. *Llewellyn*: a. a. O.

biet des internationalen Handels mit Waren und des Austausches von Dienstleistungen durch solche Instabilitäten der Wechselkurse gebremst würde. Große Schwankungen der realen Wechselkurse lassen protektionistischen Druck entstehen. Und die Logik eines großen Marktes ohne Grenzen impliziert an sich stabile Wechselkurse. Schwankungen der Wechselkurse können deshalb in der Tat den traditionellen Handelshemmnissen gleichgesetzt werden – mit dem Unterschied, daß sie nicht vorhersagbar sind und sich aus diesem Grunde möglicherweise noch störender auf die Handelsströme auswirken, als dies einfache Zölle und Quotenregelungen tun.

Von dieser Feststellung ausgehend, lassen sich zwei entgegengesetzte Szenarien entwickeln, wobei unterstellt sei, daß sich drei Zentren, nämlich Nordamerika, Europa und Asien, herausbilden werden: allenorts hingenommene Desintegration oder Kooperation. In dem ersten Szenario ginge, wie bereits oben ausgeführt, die Integration innerhalb dieser Wirtschaftsräume Hand in Hand mit einer Vernachlässigung der Beziehungen unter ihnen, so daß sich letztendlich Konfliktsituationen auftun würden und es zu protektionistischem Druck käme. Krisensituationen und Kooperation ad hoc würden sich abwechseln. Das Ergebnis wäre ein Wohlfahrtsverlust für alle Beteiligten, der aber wohl als nicht so schlimm empfunden würde, weil diese drei großen Wirtschaftsregionen je für sich genügend Möglichkeiten haben, um durch Spezialisierung und Handel Wohlfahrtsgewinne zu erzielen.

Die größten Probleme im Hinblick darauf, ob sich ein solches Szenario im Zeitablauf als stabil erweist, bestehen einerseits in der Kapitalmobilität zwischen diesen Blöcken, der glaubwürdig nicht Einhalt zu gebieten ist, und die deshalb als gegeben unterstellt werden kann, und andererseits in der Verflechtung der industriellen und finanziellen Interessen, die über alle geographischen Grenzen irgendeines denkbaren Wirtschaftsblocks hinausgehen. Deshalb hätte auch eine aus drei großen Blöcken bestehende Welt in bezug auf die jeweilige Wirtschaftspolitik des anderen es weiterhin mit „Spill-over-Effekten“ zu tun; nach und nach würde man lernen, wieviel es kostet, diese „Spill-over-Effekte“ außer Betracht zu lassen. Man kann sogar argumentieren, daß solche “Spill-overs” noch deutlicher sichtbar werden, nämlich in den Veränderungen der Wechselkurse und in den Zahlungsbilanzdaten, da eben solche Elemente innerhalb der Blöcke nicht mehr existieren würden.

Dem zweiten Szenario zufolge würden deshalb die drei großen Wirtschaftsblöcke allmählich lernen, miteinander gegen die Marktinstabilitäten zu kooperieren. Dies beinhaltet auch institutionelle Reformen. Hier könnte der indirekte Beitrag der Europäischen Währungsunion zu einem ausschlaggebenden Faktor werden. In der Tat könnte man von der Europäischen Währungsunion erwarten, daß sie den bereits in Gang befindlichen Prozeß weg von der Hegemonie hin zu einem multipolaren Management der Weltwirtschaft beschleunigt und den Lernprozeß effektiver werden läßt, an dessen Ende das gemeinsame Management der wirtschaftlichen Verflechtungen steht. Einerseits würde die Europäische Währungsunion in der Tat die Herausbildung einer besser ausbalancierten Verteilung ökonomischer und währungspolitischer Macht und des damit verbundenen Einflusses führen. Andererseits würde sie zwischen den wirtschaftlichen Polen dieselbe Art von Asymmetrie herbeiführen, wie sie das EWS kennzeichnet, nämlich die grundsätzliche Asymmetrie bezüglich der Anpassungsmaßnahmen zwischen Defizit- und Überschußländern. Um ein konkretes Beispiel zu geben: Wenn man annimmt, daß die gemeinsame europäische Geld- und Währungspolitik von einem hohen Grad an Glaubwürdigkeit profitiert und für ein stabiles Preisniveau sorgt und daß die Länder versuchen werden, stabile Wechselkurse und ein offenes Finanz- und Handelssystem aufrechtzuerhalten, würden die externen Beschränkungen, denen sich die USA gegenübersähen, stärker und unmittelbarer hervortreten, wovon man sich eine höhere Disziplinierungswirkung in bezug auf dieses Land erwarten könnte. Mit anderen Worten: Die Substitution von Dollars durch ECU könnte die Finanzierungsmöglichkeiten der USA beeinträchtigen[14]. Im Laufe der Zeit würde dann der Prozeß der europäischen Integration vielleicht ein wichtiges Modell für die ökonomischen Beziehungen zwischen den großen Wirtschaftsregionen: Freizügigkeit im Handel, Anreize, mit der monetären Integration fortzufahren, Stabilisierung der Wechselkurse und schließlich eine gemeinsame Währung zwischen den drei Industrieblöcken.

Auch wenn die wirtschaftlichen Beziehungen zwischen den Industrieländern zufriedenstellend geregelt sind, verbliebe noch die Aufgabe, die Verflechtungen zwischen ihnen und den Entwicklungsländern zu bedenken. Hier ist keine einfache Lösung in Sicht. Die Europäische Währungsunion wird nach und nach wohl andere europäische Länder anziehen. Sie könnte einen hilfreichen „Anker" für die Länder Osteuropas abgeben. Ähnlich könnte man von der industrialisierten Welt erwarten, daß sie ihren noch in Entwicklung befindlichen Nachbarn einen Anker zur Verfügung stellt. Die Beziehungen zwischen Entwicklungs- und Industrieländern werden sicher noch für Jahrzehnte ganz oben auf der internationalen Agenda stehen.

Man mag dies als sehr konservative Sicht der Zukunft betrachten, hat es doch in der Geschichte immer wieder Beispiele gegeben, daß sich ganz unerwartet ein Wandel einstellt. Die Fortschritte im Hinblick auf substantielle

[14] So bereits Robert *Triffin*: The American Response to the European Monetary System, in: The European Monetary System: Its Promise and Prospects, hrsg. von Philip H. Trezise, a. a. O., S. 60–73.

Reformen mögen schneller eintreten. Ausschlaggebend aber ist, daß eine erfolgreiche Europäische Währungsunion über den damit verbundenen Lernprozeß bezüglich der internationalen Interdependenzen, also indirekt, wohl einen zu Buche schlagenden Beitrag leistete. Die Europäische Währungsunion dürfte solche Verflechtungen noch ausweiten, voraussichtlich verbunden mit den Kosten eines "Trial-and-error"-Prozesses, bei dem sich Versuche, sich mit Hilfe protektionistischer Maßnahmen gegen "Spill-overs" von außen zu schützen, abwechseln mit Perioden, in denen sich die Beziehungen einfacher gestalten. Die Europäische Währungsunion würde das Problem des Managements internationaler Interdependenzen in den Blickpunkt rücken, nicht aber unbedingt neue Lösungen bringen. Gleichwohl ist sie ein sinnvoller erster Schritt hin zu einem geordneteren internationalen Währungssystem.

Literatur

Alogoskoufis, George/Richard Portes: International Costs and Benefits from EMU (Discussion Paper Series, Centre for Economic Policy Research, Nr. 424), London, Juni 1990.

Cohen, Benjamin J.: In Whose Interest? International Banking and American Foreign Policy, New Haven–London 1986.

Cooper, Richard N.: Implications for Integration of the World Economy, in: European Monetary Unification and Its Meaning for the United States, hrsg. von Lawrence B. Krause und Walter S. Salant, Washington, D. C., 1973, S. 250–275.

Cooper, Richard N.: A Monetary System for the Future, in: Foreign Affairs, Vol. 63 (1984), S. 166–184 (wiederabgedruckt als Kapital 13 in ders.: The International Monetary System. Essays in World Economics, Cambridge, Massachusetts, 1987).

Cooper, Richard N.: Economic Interdependence and Coordination of Economic Policies, in: Handbook of International Economics, Bd. II, hrsg. von Ronald W. Jones und Peter B. Kenen, Amsterdam–New York–Oxford 1985, S. 1195–1234.

Katz, Samuel J. (Hrsg.): U.S.-European Monetary Relations, Washington, D.C., 1979.

Kenen, Peter B.: Comments zu dem Beitrag von Walter S. Salant, in: European Monetary Unification and Its Meaning for the United States, hrsg. von Lawrence B. Krause und Walter S. Salant, Washington, D. C., 1973, S. 236–247.

Kommission der Europäischen Gemeinschaften: Ein Markt, eine Währung. Potentielle Nutzen und Kosten der Errichtung einer Wirtschafts- und Währungsunion – eine Bewertung, in: Europäische Wirtschaft, Nr. 44, Oktober 1990.

Krause, Lawrence B./Walter S. Salant (Hrsg.): European Monetary Unification and Its meaning for the United States, Washington, D. C., 1973.

Llewellyn, David T.: European Monetary Arrangements and the International Monetary System, in: European Monetary Union. Progress and Prospects, hrsg. von M. T. Sumner und G. Zis, London–Basingstoke 1982, S. 123–149.

Trezise, Philip H. (Hrsg.): The European Monetary System: Its Promise and Prospects (Papers prepared for a conference held at the Brookings Institution in April 1979), Washington, D. C., 1979.

Triffin, Robert: The American Response to the European Monetary System, in: The European Monetary System: Its Promise and Prospects (Papers prepared for a conference hold at the Brookings Institution in April 1979), hrsg. von Philip H. Trezise, Washington, D. C., 1979, S. 60–73.

*C. Randall Henning**

Europäische Währungsunion und die Vereinigten Staaten

Die Europäische Wirtschafts- und Währungsunion wird die strukturellen Beziehungen zwischen Europa und den Vereinigten Staaten in monetärer und finanzieller Hinsicht grundlegend verändern. Da mit der Europäischen Währungsunion ein größerer, einheitlicherer und etwas weniger offener Währungsbereich entstehen wird, wird die Europäische Gemeinschaft weniger anfällig sein gegenüber externen Schocks und Wechselkursschwankungen, als sie es ansonsten gewesen wäre, und entsprechend an Gewicht in den Weltwährungsangelegenheiten gewinnen. Europa wird voraussichtlich einen substantiellen Anteil der Anpassungsmaßnahmen im Gefolge von Zahlungsbilanzungleichgewichten und Wechselkursausschlägen, die es in der Vergangenheit akzeptiert hat, von sich ablenken. Es könnte dann sehr wohl größere Schwankungen der Wechselkurse hinnehmen und, nach Schaffung der Währungsunion, weniger geneigt sein, außenwirtschaftliche Defizite der USA, wie hoch auch immer diese dann ausfallen mögen, über Devisenmarktinterventionen zu finanzieren.

Die Europäische Währungsunion stellt die Kulmination eines historischen Prozesses der monetären Integration dar, der teilweise durch transatlantische monetäre Konflikte gefördert worden ist, insbesondere zu Beginn dieser Entwicklung. Wann immer der Integrationsschwung nachließ, trugen politische Konflikte mit den USA dazu bei, zögerliche Regierungen wieder auf den Kurs der europäischen monetären Kooperation zurückzubringen. In Gestalt der Herausforderung durch die Europäische Währungsunion wird die amerikanische Politik mit den hinausgeschobenen Folgen einer regelmäßig wiederkehrenden Vernachlässigung des Wechselkurses in zurückliegenden Jahrzehnten konfrontiert.

Die Europäische Währungsunion wirft wichtige wirtschaftspolitische Fragen auf, die mit folgenden Stichworten umrissen werden können: überschüssige Währungsreserven; das Management offizieller internationaler

* Der Verfasser dankt C. Fred Bergsten und Benjamin J. Cohen für hilfreiche Hinweise zu einer früheren Fassung. Verbliebene Fehler gehen selbstverständlich allein zu seinen Lasten.

Kapitalströme und Institutionen; Stabilität an den Devisenmärkten während des Übergangsprozesses hin zur Europäischen Währungsunion; die Fähigkeit der Europäischen Gemeinschaft, während des Übergangsprozesses und auch danach den Erfordernissen der internationalen Kooperation Genüge zu tun.

Die Europäische Gemeinschaft und die USA sollten kooperativ zusammenarbeiten, um – erstens – die Wechselkurse so zu bestimmen, daß sie mit Blick auf die ökonomischen Grunddaten angemessen erscheinen. Zweitens sollten sie sich beraten über die überschüssigen Dollar-Reserven der europäischen Zentralbanken und zu einer Übereinkunft über deren Verwendung kommen. Drittens sollten sie die Ergebnisse ihrer Beratungen, betreffend die Wechselkurse und die Währungsreserven, öffentlich verkünden, um den Märkten die Gewißheit zu geben, daß die Regierungen in dieser Übergangszeit möglichst reibungslose Anpassungen ermöglichen werden. Für den Fall, daß die überschüssigen Dollar-Reserven nicht von privaten Anlegern aufgenommen werden, sollten sie bereit sein, Gespräche über ein Substitutionskonto aufzunehmen. Schließlich sollten sie Verhandlungen über eine trilaterale Stabilisierung der Wechselkurse einleiten.

I. Einführung

Die Europäische Wirtschafts- und Währungsunion wird, was die internationalen Währungsangelegenheiten angeht, zu grundlegenden Veränderungen in den Beziehungen zwischen den Vereinigten Staaten und der Europäischen Gemeinschaft führen. Die EG-Staaten werden als Ergebnis der Europäischen Währungsunion einen größeren, weniger offenen und einheitlicheren Währungsblock bilden. Die Gemeinschaft wird deshalb in wirtschaftlicher Hinsicht weniger anfällig sein gegenüber externen Schocks und wirtschaftspolitischem Druck und größeren Einfluß in den Weltwährungsangelegenheiten erlangen.

Die USA werden sich einem selbstbewußteren Europa und einem gewichtigerem Verhandlungspartner gegenübersehen. Einige seit langem bestehende Strukturen in den Währungsbeziehungen zwischen den USA und Europa werden sich folglich ändern. Europa wird vermutlich einen zu Buche schlagenden Teil der Anpassungsmaßnahmen bei Zahlungsbilanzungleichgewichten und Wechselkursausschlägen, die es in der Vergangenheit akzeptiert hat, von sich ablenken. Die Gemeinschaft, dann mit einer einzigen Währung ausgestattet, die teilweise die internationale Rolle übernehmen kann, die zuvor der Dollar innehatte, und deshalb nicht mehr so „verwundbar" durch Wechselkursausschläge, könnte größere Schwankungen der Kurse hinnehmen. Europa könnte auch weniger geneigt sein, die internen und externen Defizite Amerikas zu finanzieren.

Die Europäische Währungsunion liegt im geopolitischen Interesse der USA, nicht zuletzt, weil sie ein wichtiger Schritt auf dem Weg hin zur Politischen Union Europas ist. Aber die Europäische Währungsunion stellt zugleich eine erhebliche Herausforderung der amerikanischen Außenwährungspolitik und der internationalen finanziellen Stellung Amerikas dar. Die US-Regierung wird sich nun Klarheit darüber verschaffen müssen, was ihre internationalen Wirtschaftsziele sind und wie diese in Beziehung stehen zu heimischen Politiken. Die Europäische Währungsunion wird für die USA die potentiellen Kosten erhöhen, die daraus resultieren, daß die internationale Rolle und der Wert des Dollars als „Restgröße" der binnenwirtschaftlichen makroökonomischen Politik betrachtet werden.

Wie Europa seine vergrößerte Verhandlungsmacht im monetären Bereich nutzen wird, läßt sich zur Zeit noch nicht absehen. Die politischen Zielvorstellungen der angestrebten Währungsunion werden zum guten Teil nicht nur von der veränderten Position Europas im internationalen Gefüge abhängen, sondern auch von den spezifischen Institutionen und Handlungsabläufen, die die EG für die Durchführung ihrer externen Währungspolitik festlegt. Über die Zuständigkeit für die Außenwährungspolitik – insbesondere, was die Zuständigkeiten der Europäischen Zentralbank bzw. der politischen Institutionen betrifft, z. B. im Hinblick auf Devisenmarktinterventionen und die internationale Vertretung – wird zum Zeitpunkt der Abfassung dieses Beitrages noch auf der Regierungskonferenz zur Währungsunion verhandelt.

Die Währungspolitik der USA und die transatlantischen Konflikte, zu denen sie beigetragen hat, haben – was nicht ohne Ironie ist – den Prozeß der europäischen monetären Integration gefördert. Das Politikschema von Vernachlässigung hin zu Aktivismus, und dann wieder zurück, wie es amerikanische Politiker über Jahrzehnte vorgeführt haben, hat die Notwendigkeit einer defensiven europäischen Währungsstrategie nur vergrößert. Ferner dürfte das Projekt „Gemeinsamer Binnenmarkt" gegen Mitte und Ende der 80er Jahre zu einer noch grundlegenderen Antriebskraft für die Währungsunion geworden sein. Aber die Suche nach Strategien, um gewappnet zu sein, falls von amerikanischer Seite – wie schon häufig – die Konsequenzen der binnenwirtschaftlichen Politik für Wechselkurse und monetäre Entwicklungen im Ausland vernachlässigt würden, blieben weiterhin von erheblicher Bedeutung.

In diesem Beitrag soll kurz auf die historischen Beziehungen zwischen US-europäischen Währungskonflikten und europäischer Integration eingegangen werden, um dann die Perspektiven für die Währungsbeziehungen zwischen den USA und der EG für die Zeit zu beleuchten, wenn die Europäische Währungsunion erreicht ist. Dabei wird auf die langfristigen aktuellen strukturellen Veränderungen in den transatlantischen monetären Beziehungen abgestellt und von den in Europa geführten Debatten über den einzuschlagenden Weg hin zur Währungsunion und den Zeitplan hierfür abstrahiert. Es sei angenommen, daß die Regierungskonferenz ein Ergebnis erbringen wird, wonach die Europäische Währungsunion in etwa entsprechend dem auf dem EG-Gipfel in Rom im Oktober 1990 ins Auge gefaßten Zeitplan verwirklicht wird – mit dem Beginn der Stufe 2 Anfang 1994 und einer „in angemessener Zeit" nachfolgenden Stufe 3 –, und daß die Gemeinschaft schließlich zu einer einzigen Währung, einer voll entwickelten ECU, gelangt. Ferner sei angenommen, daß – wenngleich in zwei Geschwindigkeiten vorgegangen werden mag, um die unterschiedlichen nationalen Präferenzen bezüglich des Zeitplans für die Währungsunion zu berücksichtigen – die „langsameren" Länder schließlich zu den anderen aufschließen werden. Der Schlußabschnitt dieses Beitrages ist sodann den spezifischen Herausforderungen gewidmet, denen sich die Politiker sowohl in Europa wie in den USA in der Phase des Übergangs zur Europäischen Währungsunion gegenübersehen.

II. Die Vergangenheit

Rückblickend betrachtet, haben die USA die europäische monetäre Integration gefördert, und zwar in einem positiven und in einem negativen Sinn. Was den ersten Aspekt angeht, so haben die USA die ökonomische Integration in Westeuropa generell unterstützt als Teil einer breit angelegten Strategie zur Schaffung einer Zone politischer und militärischer Stabilität in Westeuropa und damit eines verläßlichen Verbündeten während des Kalten Krieges, um so die Sowjetunion in Schach zu halten. Zwar haben die Amerikaner die eine oder andere politische Maßnahme der Gemeinschaft in Frage gestellt und auf dem Gebiet des internationalen Handels bisweilen auch erbittert dagegen gefochten, doch dominierte das grundsätzliche außenpolitische Interesse der USA an einem friedlichen, stabilen Westeuropa die amerikanische Politik im Hinblick auf die europäische Integration.

Der negative Aspekt ist darin zu sehen, daß die monetäre Integration Europas zum Teil als „Abwehrreaktion" der Länder der Gemeinschaft verstanden werden muß, mit denen diese sich vor einer wechselnden, ihre Rückwirkungen vernachlässigenden, bisweilen schädlichen Währungspolitik der USA abschirmen wollten[1]. Die engen Verflechtungen beim Güter-

[1] Zyklen in der Währungspolitik der USA sind von C. Fred *Bergsten* nachgewiesen und erläutert worden; vgl.: America's Unilateralism, in: ders., Etienne Davignon, Isamu Miyazaki: Conditions for Partnership in International Economic Management. A Task Force Report to The Trilateral Commission (The Triangle Papers, Nr. 32), New York–Tokio–Paris 1986, S. 3–14. Vgl. ferner C. Randall *Henning*:

handel wie beim Kapitalverkehr zwischen den europäischen Ländern ebenso wie ihr prinzipieller Wille zur politischen Integration stellten an sich einen hinreichenden Anreiz dar, eine Währungsunion zu bilden. Wann immer aber der Integrationsprozeß an Schwung verlor, wie dies über die Jahrzehnte hinweg des öfteren vorgekommen ist, trugen politische Konflikte mit den USA mit dazu bei, zögerliche europäische Regierungen wieder auf Integrationskurs zu bringen.

Der erste vorsichtige Schritt hin zur monetären Integration wurde von der EG unternommen, als das Bretton-Woods-System fester Wechselkurse gegen Ende der 60er Jahre auseinanderzubrechen begann. Die Europäer sahen in der Politik der *Nixon*-Administration – mit dem Stichwort "benign neglect" zu überschreiben – berechtigterweise den Beleg, daß die USA nicht bereit waren, wirtschaftspolitische Anpassungen dergestalt vorzunehmen, daß die Zahlungsbilanzdefizite begrenzt und der Dollar gestärkt worden wären (der gegen Ende der 60er Jahre tatsächlich überbewertet war). Darüber hinaus veränderten die Abwertung des britischen Pfundes im Jahre 1967 und des französischen Franc 1969 sowie die Aufwertung der D-Mark im gleichen Jahr – Wechselkursveränderungen, die größtenteils ihre Ursache in Problemen bezüglich des US-Dollars hatten – die Wechselkurse gegenüber den anderen europäischen Währungen. 1969, als sich das Bretton-Woods-System bereits seinem Ende entgegenneigte, gaben die europäischen Regierungschefs dann einen Bericht zur Wirtschafts- und Währungsunion in Auftrag, der von einem Komitee unter Vorsitz des luxemburgischen Premierministers Pierre *Werner* verfaßt wurde. In diesem sogenannten *Werner*-Bericht wurden drei Stufen hin zur vollständigen monetären Integration dargelegt, deren erste im Januar 1971 beginnen sollte. Dieser Ansatz findet sich zwei Jahrzehnte später im *Delors*-Bericht wieder.

Eine Reihe von Ereignissen machte die vollständige Umsetzung dieses Plans jedoch unmöglich: der Übergang der D-Mark zum Floaten im Gefolge von in dieser Höhe noch nie zuvor verzeichneten Kapitalzuflüssen im Mai 1971; die von Präsident *Nixon* und Finanzminister *Connally* einseitig verfügte Aufhebung der Goldkonvertibilität des Dollars und die Smithsonian-Verhandlungen über ein Realignment; und schließlich der völlige Zusammenbruch des Festkurssystems im März 1973. Doch als das Bretton-Woods-System um sie herum zusammenbrach, kooperierten die europäischen Regierungen untereinander, wenngleich die damalige Kooperation sich noch relativ bescheiden ausnahm. Man stabilisierte auf einer europäischen Basis die Währungen gegenüber dem US-Dollar, zunächst innerhalb eines

Macroeconomic Diplomacy in the 1980s. Domestic Politics and International Conflict among the United States, Japan, and Europe (Atlantic Paper Nr. 65, Atlantic Institute for International Affairs), London – New York – Sydney 1987, S. 50–52.

festen Bandes (die „Schlange im Tunnel") und dann ohne vereinbarte Limits (Währungs-„Schlange").

Unter dem neuen Währungsregime flexibler Wechselkurse griffen die USA gelegentlich auf die „Dollar-Waffe" zurück. Die in Amerika wirtschaftspolitisch Verantwortlichen verließen sich darauf, daß schnelle oder turbulente Wechselkursausschläge die europäischen Länder und die japanische Volkswirtschaft stärker treffen würden als die US-Wirtschaft, da die ersteren stärker in das internationale Beziehungsgeflecht eingebunden sind. Diese Asymmetrie begünstigte die USA während der Konflikte mit den europäischen Regierungen und der Japans über die Anpassung der Finanz- und Geldpolitik[2].

In den Jahren 1977 und 1978 unterstützte die *Carter*-Administration die Abwertung des Dollars und weigerte sich dann zunächst, die amerikanische Währung zu stützen, als sich ihr Fall beschleunigte. Statt dessen übten die Amerikaner auf Deutschland Druck aus, eine expansivere Finanzpolitik zu betreiben. Bonn hielt diesem amerikanischen Druck, expansive Maßnahmen zu ergreifen, stand, aber wegen der Aufwertung der D-Mark trübten sich auch in Deutschland die Wachstumsperspektiven ein. Insbesondere eingedenk dieses Konflikts mit den Amerikanern tat sich Bundeskanzler Helmut *Schmidt* mit dem französischen Präsidenten Valéry *Giscard d'Estaing* zusammen, um ein Europäisches Währungssystem zu schaffen[3].

Im Jahre 1983 wurde sodann die Einstellung der französischen sozialistischen Regierung zum EWS auf die Probe gestellt. Die Politik der *Reagan*-Administration – expansive Finanzpolitik, Unterstützung einer strikten Geldpolitik des Federal Reserve System, keine Interventionen an den Devisenmärkten und die daraus resultierende Aufwertung des Dollars (in einem noch nicht dagewesenen Maß zur Mitte der 80erJahre) – erschwerte allerdings einen Alleingang der Franzosen außerhalb des EWS. Wäre man unter

[2] Der Einsatz der „Dollar-Waffe" wird erörtert bei *Henning*: a. a. O., S. 3–4 und S. 44–47, und bei I. M. *Destler,* C. Randall *Henning*: Dollar Politics: Exchange Rate Policymaking in the United States, Washington, D.C., 1989, S. 50–56.

[3] Vgl. Benjamin J. *Cohen*: The European Monetary System: An Outsider's View (Essays in International Finance, Princeton University, Nr. 142), Princeton, New Jersey, Juni 1981, S. 11–12; Peter *Ludlow*: The Making of the European Monetary System. A case study of the politics of the European Community, London u. a. 1982, S. 69–78. – Hinweise auf die Motive von *Schmidt* bezüglich der Errichtung des EWS finden sich in dem Kapitel „Wir schaffen ein Europäisches Währungssystem" im zweiten Band seiner Memoiren: Die deutschen und ihre Nachbarn (Menschen und Mächte II), Berlin 1990, S. 219–241. – Zu den Währungsbeziehungen zwischen den USA und Europa zum Zeitpunkt der Schaffung des EWS vgl. Benjamin J. *Cohen*: Europe's Money, America's Problem, in: Foreign Policy, Vol. 35, Sommer 1979, S. 31–47.

diesen Umständen aus dem EWS ausgetreten, so hätte dies die Kapitalflucht verstärkt und ebenso die Abwertung des französischen Franc und somit auch die Inflation, die bereits zu hoch war. Frankreichs Präsident *Mitterrand* unterstrich deshalb erneut die Bindung an das EWS und revidierte die expansive Wirtschaftspolitik seiner Regierung.

In den Jahren 1986 und 1987 setzte die US-Administration erneut die „Dollar-Waffe" ein, um zu versuchen, die Überschußländer in Europa, in erster Linie wieder Deutschland, zu einer expansiveren Geld- und Finanzpolitik zu bewegen. Zu Beginn des Jahres 1987 drohte die rapide Dollar-Abwertung einen Keil zwischen die EWS-Währungen zu treiben. Der Louvre-Akkord, mit dem die Währungen innerhalb geheimer Wechselkurszielbereiche stabilisiert werden sollten, verhinderte freilich weder eine erbitterte deutsch-amerikanische Auseinandersetzung im Herbst jenes Jahres noch den Crash an den Aktienbörsen und ein weiteres Absinken des Dollar-Kurses. Auch führte die Kooperation in der G7 nicht zu grundlegenden Änderungen in bezug auf das US-Budgetdefizit und verhinderte auch nicht eine Aufwertung des Dollars zur Jahresmitte 1988. Überdies waren die USA nicht geneigt, die Last von Devisenmarktinterventionen auf sich zu nehmen.

Im Zuge dieser erneuten transatlantischen Auseinandersetzungen machte Deutschland seinen europäischen Partnerländern im Basel/Nyborg-Abkommen vom September 1987 bedeutende Zugeständnisse, und Mitte 1988, also nur kurz danach, willigten die deutschen Politiker in den französischen Vorschlag ein, unter Vorsitz des Präsidenten der EG-Kommission, Jacques *Delors*, eine Expertengruppe zur Europäischen Währungsunion einzusetzen.

Sicherlich hat es neben den währungspolitischen Konflikten mit den USA auch andere Einflußfaktoren gegeben, die die europäischen Politiker immer wieder auf Integrationskurs gebracht haben. So stärkte das Mitte der 80er Jahre in Gang gesetzte Binnenmarktprogramm das Interesse an einer vollständigen monetären Integration und ließ auch die politische Unterstützung wachsen. Das gemeinsame Ziel, die nationalen Märkte für Waren und Dienstleistungen (speziell Finanzdienstleistungen) wie Kapital zusammenzuführen, zog logischerweise das Bestreben nach sich, auch die Aufteilung dieser Märkte in einzelne Währungsbereiche zu beseitigen. Währungskonflikte zwischen den USA und Europa standen deshalb vielleicht nicht an erster Stelle der Ursachen, als die EG-Länder sich Ende der 80er Jahre auf den Weg zur Währungsunion machten.

Dennoch, rückblickend sind die europäischen Entscheidungen zur monetären Integration vor dem Hintergrund transatlantischer Dispute gefallen. Die Duldung instabiler Wechselkurse seitens der amerikanischen Währungsbehörden – mit der Einstellung, wenn die Europäer Wechselkursschwankungen nicht möchten, sei es an ihnen und nicht an den USA, die notwendigen Anpassungen vorzunehmen – stellte für die EG-Staaten einen starken Anreiz dar, die Errichtung eines regionalen Systems stabiler Wechselkurse zu versuchen. Die europäischen Erfahrungen mit der Währungsschlange und dem EWS bildeten, durch fortgesetzte Dispute mit den USA noch verstärkt, die Basis für die gegen Ende der 80er Jahre getroffene Entscheidung, die Europäische Währungsunion in Angriff zu nehmen. Falls *Nixon* und *Connally* nicht das Bretton-Woods-System gesprengt hätten oder falls es den USA gelungen wäre, es Mitte der 70er Jahre durch eine Übereinkunft über ein neues Weltwährungssystem zu ersetzen, wäre die vollständige monetäre Integration Europas heute wohl noch nicht in Sicht.

Die gegenwärtig in Europa geführte Debatte über die Währungsunion beinhaltet eine bedeutende transatlantische, ja, eine globale Dimension. So wie die Überwindung der „Eurosklerose" und die Steigerung der europäischen Wettbewerbsfähigkeit im internationalen Handel ein wichtiges Motiv für die Schaffung des Binnenmarktes darstellten, so wird seitens der EG-Kommission (und anderer) der größere Einfluß in Weltwährungsangelegenheiten als substantieller Vorteil der Europäischen Währungsunion angesehen. Die EG-Kommission argumentiert wie folgt:

> "There are recurrently episodes in international relations when the strongest powers effectively determine the stance of macro-economic policy at the world level, with the weaker powers having to absorb conditions ill-adapted to their preferences. An example was seen in the early nineteen-eighties when the U.S. exchange rate and interest rate were higher than Europe would have liked. Another example was seen in the nineteen-eighties when the Japanese Yen remained much undervalued in the real terms for a long time. ... in general terms a Community that was united and well organised in its economic and monetary affairs would be better able to secure a world policy mix more favourable to the interests of the global economy."[4]

III. Die Zukunft

Die Europäische Wirtschafts- und Währungsunion wird die Struktur der Währungsbeziehungen zwischen den USA und den EG-Ländern in mehreren wichtigen Punkten verändern:

- erstens bezüglich der relativen Größe der beiden Währungsblöcke,
- zweitens hinsichtlich ihres Grades an Offenheit (gemessen an den außenwirtschaftlichen Transaktionen in Relation zum Bruttosozialprodukt),

[4] *Kommission der Europäischen Gemeinschaften*: Economic and Monetary Union: The Economic Rationale and Design of the System, Brüssel, März 1990, Annex A, S. 5–6.

- drittens in bezug auf die Breite und Tiefe ihrer Kapitalmärkte und
- viertens im Hinblick auf die Rolle der jeweiligen Währung.

Diese Veränderungen, die sich noch gegenseitig verstärken, werden zu einer größeren Übereinstimmung zwischen den USA und der EG führen. Die Währungsbeziehungen, die in der Vergangenheit durch Asymmetrie gekennzeichnet waren, werden sich entsprechend wandeln. Die Möglichkeiten der EG, in Währungsangelegenheiten zu kooperieren, werden gefördert werden, während zugleich die möglichen Kosten eines Währungskonflikts für Europa im Verhältnis zu seiner wirtschaftlichen Größe sinken.

Die gesamtwirtschaftliche Erzeugung in den Ländern der Europäischen Wirtschafts- und Währungsunion wird in etwa der der USA entsprechen. Zunächst einmal werden jene Länder, die bisher noch nicht am Wechselkursmechanismus des EWS beteiligt sind, diesem beitreten (wie dies Großbritannien im Oktober 1990 getan hat) und damit das ökonomische Gewicht des Währungsblocks vergrößern. Zweitens wird die unwiderrufliche Fixierung der Wechselkurse und schließlich die Einführung einer gemeinsamen Währung die EG-Länder zu einem geschlosseneren Block zusammenfügen. Drittens werden die aus der Währungsunion und aus dem Binnenmarktprogramm resultierenden dynamischen Effekte die Güterproduktion der EG-Länder höher ausfallen lassen, als das ansonsten der Fall wäre. Da die Wachstumsaussichten der USA unter denen der EG liegen und dies sich bis Mitte der 90er Jahre auch so fortsetzen könnte, dürfte das Bruttosozialprodukt in der Europäischen Währungsunion – insgesamt gesehen – das der USA schon in naher Zukunft deutlich übertreffen.

Die Volkswirtschaften der USA, der EG und Japans hängen, wie ein einfacher Indikator für den Grad der Offenheit zeigt, in etwa in gleichem Maße vom internationalen Handel ab. Die Warenexporte und -importe zusammengenommen beliefen sich im Jahre 1988 auf 15,7% des Bruttosozialprodukts in den USA, 16,4% in der EG (natürlich unter Ausschluß des Intra-EG-Handels) und 14,8% in Japan[5]. Schließt man die Dienstleistungen in diese Betrachtung ein, so erhöht sich der Grad der Offenheit der EG gegenüber dem der USA und Japans nur um einige wenige Prozentpunkte. Die Währungsunion und das Binnenmarktprogramm vermindern nicht aus sich heraus die Offenheit der Europäischen Gemeinschaft, was nur von einer Umlenkung der Handelsströme zu erwarten wäre. Vielmehr festigen sie die Geschlossenheit dieser Ländergruppe. Schwankungen des Dollar-Wechselkurses (und Veränderungen des Ölpreises wie externe Konjunktureinflüsse) werden nicht länger mehr einen Keil zwischen die europäischen Währungen treiben.

[5] Vgl. *International Monetary Fund*: International Financial Statistics, Washington, D.C., diverse Ausgaben.

Die Europäische Währungsunion wird die Finanz- und Kapitalmärkte Europas noch über das Maß hinaus ineinander integrieren, wie dies schon durch das Binnenmarktprogramm allein erreicht wird, denn alle Banken und anderen finanziellen Institutionen werden dann in einer gemeinsamen Währung miteinander konkurrieren. Die europäischen Märkte werden deshalb eine größere Spannbreite finanzieller Instrumente aufweisen und eine größere Zahl von Anbietern und Nachfragern. Außerdem werden die Märkte liquider sein, als dies für die in finanzieller Hinsicht in einzelne nationale Segmente zersplitterte EG heute gilt. Über die letzten Jahrzehnte hinweg hat der US-Dollar davon profitiert, daß die amerikanischen die größten und zugleich die tiefsten und effizientesten Finanzmärkte der Welt waren. Die europäischen Finanzmärkte werden die amerikanischen nicht so bald eingeholt oder gar übertroffen haben. Aber die finanzielle Liberalisierung und Integration Europas wird im Grenzfall die Attraktivität der ECU gegenüber dem US-Dollar als internationale Währung verstärken.

Eine neuere Untersuchung der EG-Kommission beschäftigt sich mit der künftigen internationalen Rolle der ECU unter der Annahme, daß sie in Stufe 3 der Europäischen Währungsunion als gemeinsame Währung fungiert[6]. Die Kommission schätzt, daß vielleicht 10% des EG-Außenhandels (einschließlich des Inner-EG-Handels) von Dollar-Basis auf ECU umgestellt werden könnten, zuzüglich eines gewissen Anteils des Handels mit den Ländern der EFTA und Osteuropas. Niedrigere Transaktionskosten und die Vereinigung der europäischen Geldmärkte werden den direkten Handel mit ECU und Drittwährungen fördern und die Verwendung des Dollars als Vehikelwährung zurückdrängen (obwohl der zitierte Bericht bemerkt, daß gewachsene Verhaltensweisen die Auswahl einer Währung für diese Zwecke dominieren).

Die Auswirkungen der Einführung der ECU als gemeinsame EG-Währung auf die Verwendung des Dollars als Wertaufbewahrungsmittel für private und offizielle Anleger sind weitreichender. Hingegen schätzt die EG-Kommission, daß die Seigniorage-Effekte gering sind. Allerdings wird die Errichtung einer Europäischen Zentralbank und die Beseitigung der Intra-EG-Devisenmarkttransaktionen einen Großteil der internationalen Währungsreserven, die heute von den nationalen Zentralbanken der EG-Länder gehalten werden, überflüssig machen. Die EG-Kommission schätzt, daß von den Währungsreserven in Höhe von 400 Mrd US-$ 230 Mrd US-$ (was 4% des EG-Bruttosozialprodukts entspricht) freigesetzt werden könnten[7].

[6] Vgl. *Kommission der Europäischen Gemeinschaften*: Ein Markt, eine Währung. Potentielle Nutzen und Kosten der Errichtung einer Wirtschafts- und Währungsunion – eine Bewertung, in: Europäische Wirtschaft, Nr. 44, Oktober 1990, S. 197–210.

[7] Ebd., S. 203. Diese Kalkulation beruht auf der Annahme, daß die Währungs-

Wie dann über diese Reserven verfügt werden soll, das ist eine wichtige politische Frage für die Gemeinschaft (auf die weiter unten eingegangen wird). Dies sowie die Bemühungen der nicht der EG angehörenden europäischen Länder, ihre Währungen gegenüber der ECU zu stabilisieren, wird fast mit Gewißheit zu einem niedrigeren Anteil der in Dollar gehaltenen Reserven an den Weltwährungsreserven insgesamt führen – ein Anteil, der bereits von 79,5% in den Jahren 1975 bis 1977 auf 65,4% im Zeitraum 1986 bis 1988 geschrumpft ist. Auf längere Sicht könnte die Europäische Währungsunion die Entwicklung hin zu einem System mit mehreren Reservewährungen fördern.

1988 war ungefähr die Hälfte der gesamten Fremdwährungsanlagen von privater Seite in US-Dollar denominiert und mehr als ein Viertel in EG-Währungen. Die Verbreiterung und die Vertiefung des europäischen Finanzmarktes infolge einer gemeinsamen Währung werden Anlagen in ECU noch attraktiver machen. Wenn sich der Anteil der EG nach Vollendung der Europäischen Währungsunion entsprechend dem ökonomischen Gewicht der Gemeinschaft (gemessen am Bruttosozialprodukt) erhöhen würde, so schätzt die EG-Kommission, daß der auf die EG-Länder entfallende Anteil um ungefähr 5 Prozentpunkte steigen könnte. Dieser Anteil könnte durchaus bei stabilem Wechselkurs des Dollars gegenüber der ECU zunehmen, falls das Angebot von in ECU denominierten Finanzanlagen mit der gleichen Rate wachsen würde wie die diesbezügliche Nachfrage. Sowohl die Wechselkursstabilität wie auch die Verdrängung des Dollars hängen deshalb von der Angemessenheit des Angebots ECU-denominierter Finanzanlagen ab.

Sicherlich wird die ECU den Dollar als wichtigste internationale Währung nicht völlig ersetzen. Sie wird jedoch einen Teil der Rolle übernehmen, die bisher der Dollar als Recheneinheit und Vehikelwährung gespielt hat und ebenso im Hinblick auf die Währungsreserven und privaten Portefeuilles. Dies führt dazu, daß sich die Anfälligkeit der Gemeinschaft gegenüber Schwankungen des ECU-Dollar-Wechselkurses tendenziell vermindert, und trägt dazu bei, in ECU denominierte Anlagen attraktiver zu machen. Für sich betrachtet, sind die Auswirkungen auf die jeweilige Rolle von Dollar und ECU nicht tiefgreifend. Einen gewissen Nutzen hätte die EG wegen marginal niedrigerer Transaktionskosten, eines verminderten Wechselkursrisikos und größerer Wettbewerbsfähigkeit des Bankensektors. Doch wird

reserven prozentual ebenso stark abgebaut werden könnten wie die innergemeinschaftlichen Transaktionen bezogen auf die gesamten Fremdwährungstransaktionen. Würde man alternativ für die Gemeinschaft dasselbe Verhältnis Gesamtreserven/Import annehmen wie in den anderen Industrieländern, so würden Reserven im Betrage von 200 Mrd US-Dollar überflüssig.

dieser als relativ klein eingeschätzt, und die korrespondierenden Kosten für die USA werden noch geringer veranschlagt. Der kumulierte Effekt dieser und anderer struktureller Änderungen könnte aber sehr wohl weiterreichende Folgen für die Beziehungen zwischen den USA und der EG haben. In diesem Zusammenhang ist von besonderer Bedeutung, wie über die freiwerdenden Dollarreserven verfügt wird.

Was sind die praktischen Auswirkungen der größeren strukturellen Symmetrie zwischen den USA und der EG in Währungsangelegenheiten? Die Verwundbarkeit Europas durch Schwankungen des ECU-Dollar-Wechselkurses und andere makroökonomische Störungen wird in etwa die gleiche sein wie die der Vereinigten Staaten. Während der Nachkriegszeit ist Europa hingegen meist anfälliger gegenüber solchen Störungen gewesen als die USA. Diese Veränderung hat ganz grundlegende Implikationen für das Ergebnis bei transatlantischen Währungskonflikten und damit auch für die Kooperation. Die EG wird sich eher in einer gleichwertigen denn in einer unterlegenen Position in diesem Kräftemessen um Wechselkurse befinden – ein Kräftemessen mit den USA, in dem es darum geht, wer seine Wirtschaftspolitik anzupassen hat, um unerwünschte, störende Ausschläge des Wechselkurses zu verhindern. Die europäischen Institutionen werden sich eher in der Lage sehen, die amerikanischen Währungsbehörden zu einer gleichgewichtigen Beteiligung bei konzertierten Devisenmarktinterventionen zu drängen und nicht mehr einen unverhältnismäßig großen Anteil dieser Lasten selbst übernehmen. Die USA werden sich im Hinblick auf den Einsatz der „Wechselkurswaffe" in einer schwächeren Position sehen, und wenn die privaten Kapitalströme in die USA versiegen, wie dies von Zeit zu Zeit vorkommt, werden die Europäer eher die Wahl haben, ob sie hier einfach in die Bresche springen wollen oder ob sie als Gegenleistung eine Anpassung der amerikanischen Wirtschaftspolitik verlangen.

Die Auswirkungen der strukturellen Veränderung in den Währungsbeziehungen zwischen den USA und Europa sind tatsächlich bereits sichtbar geworden. Man bedenke nur die Reaktion der EG-Länder auf die aggressive amerikanische Politik des „Herunterredens" des Dollars in den Jahren 1977 und 1978 und wieder 1986. Im ersteren Fall, als Deutschland und Frankreich noch nicht im Europäischen Währungssystem miteinander verbunden waren und Großbritannien gerade erst der EG beigetreten war, gelang es der amerikanischen Politik, einen Keil zwischen die europäischen Partner zu treiben. Gemeinsam mit den USA bedrängten Frankreich und Großbritannien die Bundesrepublik Deutschland, eine expansivere Nachfragepolitik zu betreiben (wozu sich diese schließlich 1978 auf dem Bonner Gipfel bereit erklärte)[8]. Im Jahre 1986 hingegen, als der amerikanische Druck auf Deutsch-

[8] Vgl. Robert D. *Putnam*, C. Randall *Henning*: The Bonn Summit of 1978: A Case

land und die Bundesbank besonders stark war, stellten sich die EG-Partnerländer bei einem Treffen in Gleneagles, Schottland, an die Seite der Bundesrepublik und kritisierten die US-Administration[9]. Dies hing zum guten Teil damit zusammen, daß in der Zwischenzeit mit dem EWS eine größere Zone monetärer Stabilität und gleichgerichteter Wirtschaftspolitiken geschaffen worden war. Die Europäische Währungsunion wird die Solidarität unter den EG-Ländern naturgemäß weiter fördern.

Gewiß kann unterstellt werden, daß die EG ihre neugewonnene Verhandlungsmacht in Währungsfragen nutzen wird, um politischem Druck von außen, wirtschaftspolitische Anpassungen vorzunehmen, zu entgehen. Doch mit welchem Ziel wird das europäische währungspolitische Gewicht darüber hinaus eingesetzt werden? Wird Europa seine Verhandlungsmacht nutzen, um in ausgewogener Weise auf eine Stabilisierung der Wechselkurse weltweit zu drängen, oder wird die EG – nun nicht mehr so anfällig gegenüber Wechselkursausschlägen – vielleicht sogar eine größere Wechselkursvariabilität als in der Vergangenheit akzeptieren? Mit anderen Worten: Werden französische oder deutsche Vorstellungen bezüglich der Weltwährungsordnung die neue Europäische Währungsunion bestimmen? Werden die EG-Institutionen eine eher niedrig bewertete ECU vorziehen, um die internationale Wettbewerbsfähigkeit der europäischen Industrie zu stärken, oder werden sie eine starke ECU präferieren, um Inflation bekämpfen zu können? Wie wird ihr Zahlungsbilanzziel aussehen: Defizit, Überschuß oder ausgeglichene Bilanz? Die gemeinschaftlichen Präferenzen bezüglich der Weltwährungsangelegenheiten zu kennen ist natürlich entscheidend für die Beurteilung, wie die EG ihre Verhandlungsmacht in der Zukunft tatsächlich einsetzen wird. Noch gibt es keine abschließenden Hinweise darauf, in welche Richtung die Gemeinschaft tendieren wird. Entscheidend werden hier wohl die Institutionen sein, die auf EG-Ebene für das Management der internen und externen Geld- und Währungspolitik geschaffen werden.

IV. Externe Währungspolitik in der Europäischen Währungsunion

Unter den EG-Ländern hat sich während der Abfassung dieses Beitrags ein Konsens herausgebildet, daß die Europäische Zentralbank in bezug auf die innere Währungspolitik unabhängig sein sollte von politischen Weisun-

Study in Coordinaton, in: Richard N. Cooper u. a.: Can Nations Agree? Issues in International Economic Cooperation, Washington, D. C., 1989, S. 12–140.

[9] Vgl. hierzu die Berichterstattung in der Financial Times vom 22. und 23. September 1986 sowie im Wall Street Journal vom 23. September 1986.

gen der Gemeinschaft. Nach wie vor gibt es aber in vielen anderen Punkten unterschiedliche Auffassungen über die Architektur der Europäischen Währungsunion, was sich auf die äußere Währungspolitik der Europäischen Gemeinschaft auswirken wird. Insbesondere haben sich die EG-Regierungen noch nicht einigen können, was neue Institutionen und die Ausgestaltung der externen Währungspolitik wie den Inhalt der zukünftigen Politik generell betrifft.

In institutioneller Hinsicht lauten die wichtigen Fragen:

- Welche Institution wird die Währungsreserven besitzen?
- Wird diese Institution auch über Devisenmarktinterventionen entscheiden?
- Welche Institution wird die EG gegenüber anderen Regierungen vertreten, beispielsweise in Verhandlungen über Währungsabsprachen und internationale Finanzangelegenheiten in der G7 (oder der Gruppe, die sie ersetzen wird) und den multilateralen Organisationen (wie IWF und Weltbank)?
- Wird „die Regierung" oder die Zentralbank die Wechselkurse gegenüber Drittwährungen festlegen?
- Wird eine explizite Anhörung in Fragen der externen Währungspolitik vorgesehen werden?
- Wird es der EG im Falle von Zahlungsbilanzkrisen möglich sein, Kapitalverkehrs- und Devisenkontrollen einzusetzen?
- Welche Institution hätte, falls ja, die Vollmacht, dies zu tun?

Es gibt Stimmen, die im Hinblick auf die externe wie die interne Währungspolitik das deutsche Modell befürworten, d. h., zum einen der Zentralbank die Zuständigkeit für Devisenmarktoperationen und das Management der Währungsreserven zu übertragen, zum anderen das Recht, internationale Währungsabkommen abzuschließen und die Wechselkurse gegenüber Drittländern festzulegen, beim Ministerrat zu belassen. Zur Zeit aber ist noch nicht klar zu erkennen, wieviel Unterstützung diese Position tatsächlich hat.

Das Ergebnis der EG-Regierungskonferenz über neue Institutionen und währungspolitische Abläufe wird in mehrfacher Hinsicht wichtige und fortdauernde Folgen haben. Dies gilt zunächst einmal wegen der Möglichkeit, daß die Regierungen die Unabhängigkeit der Zentralbank bezüglich der inneren Geld- und Währungspolitik umgehen könnten, indem die neue Währungsinstitution einem Wechselkursregime verpflichtet würde, das eine ihm eher genehme (sprich: inflationäre) heimische Geldpolitik erforderlich macht. Zweitens wird es von der Art der neuen Institutionen und Prozesse abhängen, welchen Einfluß die privaten Akteure in Handel, Industrie und an den Finanzmärkten auf die Ergebnisse der Währungspolitik erhalten. Drittens wird durch das Ergebnis dieser Verhandlungen festgelegt werden, welche Institution der Verhandlungspartner der amerikanischen Währungsbehörden sein wird, was sich auch auf die Balance der Einflußmöglichkeiten zwischen der Federal Reserve und der US-Treasury auswirken wird.

Schließlich werden die EG-Verhandlungen über die Außenwährungspolitik auch determinieren, wie die generellen Präferenzen der Gemeinschaft formuliert und in diesem Politikbereich zum Ausdruck gebracht werden. Hier ist Frankreich, rückblickend gesehen, immer für eine weltweite Stabilisierung der Wechselkurse eingetreten, in jüngster Zeit in Form von „Referenzzonen". Die deutsche Regierung hingegen hat die Flexibilität des Wechselkurses gegenüber dem Dollar und dem Yen verteidigt, wenngleich sie andererseits, was das EWS angeht, für eine Stabilisierung der Wechselkurse eintritt[10]. Welche nationale Auffassung auch immer die externe Währungspolitik der EG letztendlich dominieren wird, es wird einen starken Einfluß auf die trilateralen Erörterungen über die künftige Weltwährungsordnung haben und insbesondere auf das Management eines Systems mit mehreren Reservewährungen. In den laufenden Verhandlungen hat die Deutsche Bundesbank z. B. vorgeschlagen, daß in dem Statut für die Europäische Zentralbank die Wechselkursstabilität dem Ziel der Stabilisierung des heimischen Preisniveaus explizit untergeordnet wird – eine Setzung von Prioritäten, wie sie selbst das Bundesbankgesetz nicht kennt[11].

V. Wirtschaftspolitische Implikationen und Schlußfolgerungen

A. Überschüssige Währungsreserven

Die Verwendung der freiwerdenden Währungsreserven, die heute noch von den nationalen Zentralbanken in Europa gehalten werden, werden für die amerikanischen und europäischen Währungsbehörden gewichtige Fragen aufwerfen, sobald einmal eine gemeinsame Währung in der EG etabliert

[10] Tatsächlich haben in dem Spektrum innerhalb der G7 die europäischen Mitglieder zu Fragen des Wechselkursmanagements ganz entgegengesetzte Positionen eingenommen. Vgl. Niels *Thygesen*: Economic and Monetary Union in Europe and Global Economic Cooperation, paper presented to the conference "Europe in the Nineties", Istituto Affari Internazionali, Rom, 22. bis 24. November 1990, S. 20.

[11] Vgl. Karl Otto *Pöhl*: Prospects of the European Monetary Union, Vortrag auf der Konferenz "Britain and the EMS", London, 9. November 1990, sowie die diesbezügliche Berichterstattung in der Financial Times vom 10./11. November 1990.

ist. Die Größe dieser dann nicht mehr notwendigen Reserven ist beträchtlich, nämlich ungefähr 230 Mrd US-$, von denen ein kleinerer, aber nicht unbedeutender Teil auf Goldreserven entfällt, der größere Betrag auf US-Dollar. Ob diese überschüssigen Reserven in eine Europäische Zentralbank eingebracht werden oder nicht, mit der Währungsunion werden sie in jedem Fall viel von Notwendigkeit und Sinn einbüßen[12].

Wie auch immer die EG über die diesbezügliche Verwendung entscheiden wird, das Vorhandensein eines so großen Betrages von überschüssigen Dollars wird den Wechselkurs der amerikanischen Währung nach unten drücken. Nicht zu empfehlen wäre der Verkauf dieser Dollars gegen ECU, denn – so warnt die EG-Kommission – der Kurs der ECU dürfte nach Erreichen der Währungsunion zunächst einmal sowieso nach oben tendieren[13]. Alternativ könnte die Europäische Gemeinschaft diese Reserven zur Kapitalausstattung eines neuen oder bereits existierenden Fonds benutzen, um so z. B. die regionalen Anpassungsmaßnahmen zu erleichtern oder die wirtschaftliche Entwicklung und Liberalisierung in Osteuropa zu fördern. Diese Alternative würde freilich nicht den Druck vom Dollar nehmen, da in diesem Fall zwar nicht die EG-Behörden, wohl aber die Schuldner die Dollars ausgeben würden.

Aus eben diesen Gründen könnten die überschüssigen Währungsreserven die in früheren Jahren bereits geführte Diskussion über einen „Dollarüberhang" wiederbeleben. Die Industrieländer widmeten sich in den späten 70er Jahren diesem Problem, indem sie über die Substitution der unerwünschten Dollars in den Händen von Zentralbanken durch in Sonderziehungsrechten denominierte IWF-Zertifikate verhandelten, um auf diese Weise die Dollars aus dem privaten Markt zu nehmen – das sogenannte Substitutionskonto. Diese Verhandlungen scheiterten jedoch daran, daß die USA nicht bereit waren, einen Teil der potentiellen Kosten dieses Kontos zu tragen[14]. Nach zwei weiteren Jahrzehnten der europäischen Integration und zunehmender Anfälligkeit gegenüber externen monetären und finanziellen Schocks jedoch werden sich die Währungsbehörden der USA in einer schlechteren Verhandlungsposition befinden und in den späten 90er Jahren der Übernahme

[12] Über das Ausmaß, in dem Währungsreserven in einen gemeinsamen Pool eingebracht werden sollen, wird auf der Regierungskonferenz noch verhandelt. In diesem Punkt geht es allerdings mehr um die Verteilung der Seigniorage-Gewinne, die daraus resultieren, daß Währungsreserven überflüssig werden, als darum, welcher Teil der Reserven freigesetzt wird.

[13] Vgl. *Kommission der Europäischen Gemeinschaften*: Ein Markt, eine Währung, a. a. O., S. 203.

[14] Eine Analyse dieser Verhandlungen findet sich bei Joanne *Gowa*: Hegemons, IOs, and markets: the case of the substitution account, in: International Organization, Vol. 38 (1984), S. 661–683.

solcher Kosten kaum ausweichen können. Was immer auch die längerfristigen Effekte der Überschußreserven sein werden, so sollten die USA und die EG doch eine gemeinsame Strategie entwickeln, wie man dem davon unvermeidlich ausgehenden Druck auf den Dollar/ECU-Wechselkurs zu Beginn der Europäischen Währungsunion begegnen will.

B. Internationale finanzielle Institutionen

Würden Überschußreserven in einen Europäischen Fonds eingebracht, so könnte dessen Größe möglicherweise alle bisherigen internationalen finanziellen Institutionen in den Schatten stellen. Die EG könnte diese Reserven freilich auch benutzen, um das Kapital bereits existierender Institutionen aufzustocken und entsprechend mehr Mitsprache bei ihrer Verwendung zu verlangen. Tatsächlich wird die Gemeinschaft wohl nicht alle diese dann neu zur Verfügung stehenden Ressourcen in eine offizielle finanzielle Institution einbringen. Falls aber die Schätzungen der EG-Kommission bezüglich der Höhe der überschüssigen Reserven stimmen, könnte schon ein Teil von ihnen das Gewicht der Gemeinschaft in den finanziellen Angelegenheiten dieser Welt erheblich erhöhen.

Nimmt man überdies an, daß die EG-Mitgliedsstaaten übereinkommen werden, künftig in den internationalen Währungsinstitutionen nur noch gemeinsam repräsentiert zu sein als eine Folge der politischen Integration, so würde das Stimmengewicht der Gemeinschaft im IWF und in der Weltbank entsprechend zusammengelegt. Dies würde es zumindest erforderlich machen, das System der blockweisen Vertretung von Ländern bei den Bretton-Woods-Institutionen neu zu regeln und auch neu über die Zuteilung der Quoten zu verhandeln. Die Quote der EG insgesamt (gegenwärtig höher als die Quote der USA) wird abnehmen, da der intraeuropäische Handel und die entsprechenden Kapitalbewegungen in den Berechnungsgrundlagen für die Quoten entfallen[15]. Hingegen wird die EG ihr Vetorecht behalten, und die Zusammenlegung ihrer Stimmrechte wird es ihr leichter machen, diese wie auch andere Befugnisse auszuüben. Folglich wird sich das Verhältnis zwischen den Rechten der USA einerseits und den der EG-Staaten andererseits in diesen Institutionen vermutlich ändern.

[15] Vgl. George *Alogoskoufis*, Richard *Portes*: International Costs and Benefits from EMU (Discussion Paper Series, Centre for Economic Policy Research, Nr. 424), London, Juni 1990, S. 6–8.

C. Wechselkurs und Währungsreserven

Wegen des möglichen Dollarüberhangs, zusätzlicher Nachfrage nach ECU-denominierten Finanzanlagen und einer zunächst aufwertenden ECU warnt die EG-Kommission vor den nicht auszuschließenden Wechselkursinstabilitäten in der Startphase der Europäischen Währungsunion und verweist auf die Notwendigkeit entsprechender wirtschaftspolitischer Maßnahmen:

„Im derzeitigen Kontext anhaltender US-Defizite und weil sich das mit dem Dollar verknüpfte Sicherheitsargument in den vergangenen Jahren abgeschwächt hat, könnte eine starke Tendenz zur realen Aufwertung der ECU entstehen. Tatsächlich gibt es in der jüngsten Entwicklung auf währungspolitischem Gebiet Beispiele erheblicher Wechselkursschwankungen. ... Würde dieser Schock ... zu einer dauerhaften Fehlanpassung der realen Wechselkurse führen, so wäre er als Kostenfaktor einzustufen." Deshalb könnten „– da solche Schocks, sobald die WWU-Perspektive als glaubwürdig erachtet würde, bereits durch ein der Entwicklung vorgreifendes Verhalten auf den Märkten entstehen könnten – *Vorkehrungen für eine gemeinsame Wechselkurspolitik in den Übergangsphasen von einer gewissen Bedeutung sein*" (Hervorhebung vom Verf.)[16].

Aus den oben dargelegten Gründen ist nicht absehbar, wie diese Wechselkurspolitik aussehen wird. Sollte es eine nicht miteinander abgestimmte Politik sein, so wird die Europäische Währungsunion voraussichtlich beitragen zu – erstens – einer verminderten internationalen Bedeutung des US-Dollars, zweitens einer Abwertung des Dollars und drittens einer erhöhten Volatilität an den Dollar-Devisenmärkten.

Um den nicht auszuschließenden Instabilitäten in der Übergangsphase zu begegnen, sollten sich die EG und die USA auf eine miteinander abgestimmte Devisenmarktpolitik verständigen. Zum einen sollten sie sich auf Wechselkursraster einigen, die sie in Anbetracht der ökonomischen Grunddaten als angemessen betrachten – unabhängig davon, ob sie auf längere Sicht ein System von Wechselkurszielzonen befürworten oder nicht. Zum anderen sollte es Beratungen und schließlich eine Übereinkunft über die Verwendung der überschüssigen Dollarreserven der EG-Zentralbanken geben. Überdies sollten sie die Ergebnisse ihrer Beratungen über Wechselkurse und Währungsreserven öffentlich kundtun, um so den Märkten in dieser Übergangszeit die Gewißheit zu geben, daß die Regierungen das Ihre tun werden, um die Anpassung reibungslos zu ermöglichen. Auch sollte man für den Fall, daß die überschüssigen Dollars nicht von privaten Anlegern aufgenommen werden, bereit sein, erneut Gespräche über das Substitu-

[16] *Kommission der Europäischen Gemeinschaften*: Ein Markt, eine Währung, a.a.O., S. 210.

tionskonto aufzunehmen. Schließlich sollten Verhandlungen über eine trilaterale Stabilisierung der Wechselkurse – etwa in Form eines Systems von Zielzonen oder eines modifizierten EWS-Wechselkursmechanismus zwischen den drei wichtigsten Währungen – in Angriff genommen werden[17]. Die Übertragung der EWS-Regelungen auch auf die USA und Japan würde natürlich größere Herausforderungen mit sich bringen, als dies für das System nur bezogen auf die EG gilt. In zwei wichtigen Punkten aber würde die Aufgabe leichter sein: Erstens sind die Inflationsdifferenzen zwischen den USA, der EG und Japan niedriger als unter den Ländern des EWS; zweitens gäbe es außerhalb des neuen Systems keine wichtige Drittwährung, die das System destabilisieren könnte.

D. Die Finanzierung der US-Defizite

Ob bei veränderten Rahmenbedingungen hinsichtlich der Währungsbeziehungen zwischen den USA und der EG die amerikanischen Budget- und Leistungsbilanzdefizite weiterhin finanziert werden können, ist durchaus fraglich. Das längerfristige Budgetproblem der USA ist durch die Budgetvereinbarung vom Herbst 1990 nicht gelöst worden[18]. Daher spricht trotz der jüngsten Verringerung des Leistungsbilanzdefizites einiges dafür, daß beide Defizite der USA auch dann noch vorhanden sein werden, wenn die Gemeinschaft Mitte der 90er Jahre sich einer Europäischen Währungsunion weiter nähert.

[17] Vgl. C. Fred *Bergsten*: EMU and the World, in: Economic and Monetary Union: The Political Dimension (erscheint demnächst).

[18] Das Budgetpaket beinhaltet wirklich konstruktive Elemente, nämlich eine tatsächliche und nachhaltige Kürzung des Defizits, unterstrichen durch entsprechende Durchführungsbestimmungen und eine Verfahrensregel, wonach künftig neue Ausgaben durch neue Einnahmen gedeckt werden müssen. Andererseits sind die diesem Maßnahmepaket zugrunde liegenden Wachstumsannahmen optimistisch. Der Druck, die Ausgaben für heimische Zwecke zu erhöhen, steigt, und es ist fast mit Sicherheit davon auszugehen, daß nach den nächsten nationalen Wahlen im Jahre 1992 neue Budgetverhandlungen stattfinden werden. Das strukturelle Defizit, bereinigt um die Kosten der Hilfsmaßnahmen für die Spar- und Darlehensinstitute (S & L), wird in den nächsten beiden Jahren voraussichtlich in etwa auf dem Niveau der vorangegangenen Jahre liegen. Vgl. *United States, Office of the President*: Budget of the United States Gouvernment, Fiscal Year 1992, Washington, D. C., 1991, Teil 1, S. 35.

Eine andere Einschätzung des 1990er Budgetkompromisses geben z. B. Rudolph G. *Penner*: The US Economy: Tattered but not Torn, in: International Economic Insights, Vol. 1, Nr. 3, November/Dezember 1990, S. 2–6; William R. *Cline*: The Budget Deal and the Trade Deficit, ebd., S. 7–8; sowie Martin *Feldstein*: Bush's Budget Deal Made the Deficit Bigger, in: The Wall Street Journal vom 29. November 1990.

Ökonomisch gesehen besteht auch Grund zu der Befürchtung, daß sich die Kapitalströme in die USA bei veränderten Verhältnissen auf dem europäischen Kontinent nicht dauerhaft aufrechterhalten lassen. Die größere Angebotspalette für Investoren in Europa sowie die mit dem Ende des Kalten Krieges schwindende Begünstigung von Dollaranlagen als "save haven" begünstigen tendenziell Europa als Ziel für die Anlage von Ersparnissen zu Lasten der USA. Überdies wird die Vereinigung Deutschlands, die Liberalisierung der Volkswirtschaften Osteuropas und die neue Kapitalbildung im Gefolge der Schaffung des Binnenmarktes die Nachfrage Europas nach Ersparnissen erheblich ansteigen lassen.

Zusätzlich zu berücksichtigen ist die sich wandelnde Machtverteilung zwischen den USA und der EG in Währungsangelegenheiten. Während der 80er Jahre führten die großen amerikanischen Budgetdefizite zu teilweise erheblicher Kritik seitens der europäischen Staaten und Japans. Wann immer es aber darauf ankam, unternahmen die europäischen Regierungen nichts, um die Finanzierung des US-Zwillingsdefizits über private Kapitalströme zu entmutigen. In der Tat hätten sie auch nichts tun können, was ihren eigenen wirtschaftlichen Interessen (z.B. im Hinblick auf fortgesetztes Exportwachstum und Handelsüberschüsse sowie die monetäre Stabilität in Europa) nicht mehr geschadet hätte als denen der USA. Und als 1987 die privaten Kapitalströme nach Amerika versiegten, finanzierten die Europäer, zusammen mit Japan, die amerikanischen Defizite über Interventionen ihrer Zentralbanken an den Devisenmärkten, um eine zu rasche Aufwertung ihrer Währungen zu verhindern.

Wegen der mit der Europäischen Währungsunion veränderten Struktur der amerikanisch-europäischen Beziehungen mag es freilich sehr wohl sein, daß die EG-Länder künftig nicht mehr so bereitwillig teure Interventionen unternehmen, wenn die ECU gegenüber dem Dollar im Kurs schwankt. Sie könnten statt dessen gegenüber der US-Regierung nachhaltiger die Meinung vertreten, daß Budgetdefizite, die die weltweite Ersparnis aufzehren, unerwünscht sind und daß – sollten die USA nichts zur Eindämmung dieser Defizite unternehmen – sie die damit verbundenen Kosten tragen und für eine Finanzierung dieser Defizite ohne Hilfe seitens der EG sorgen müßten. Auch wäre denkbar, daß die EG-Staaten sich in dieser Frage bereitwillig mit der japanischen Regierung zusammentun. Falls dies geschehen sollte, so sähen sich die USA möglicherweise, zum erstenmal in der Nachkriegszeit, den gleichen Grenzen der Außenfinanzierung gegenüber, mit denen andere Regierungen über Jahrzehnte hinweg zu kämpfen hatten.

E. Regelungen zur Koordination der makroökonomischen Politiken

Wenn auch die geldpolitischen Zuständigkeiten in der Europäischen Währungsunion in einer Hand liegen werden, so bleiben die nationalen Regierungen doch verantwortlich für die Finanzpolitik. Die internationale Koordination der makroökonomischen Politiken muß also einerseits auf den Währungsbereich ausgerichtet werden, d.h. in einer neuen „G3" (bzw. – falls Kanada hieran teilnimmt – „G4") stattfinden, und den Bereich der Finanzpolitik andererseits, indem die G7 (eventuell auch eine neue „G8", um dem zunehmenden Gewicht des EG-Haushaltes Rechnung zu tragen) das zuständige Gremium bleibt. Dies wird in der Tendenz dazu führen, in den internationalen Verhandlungen finanzpolitische Fragen unabhängig von geld- und währungspolitischen Überlegungen zu erörtern und im Endergebnis der Geldpolitik eine größere Last aufbürden, um die G7-Kooperation aufrechtzuerhalten.

Die EG-Kommission hat dieses Problem erkannt, geht aber davon aus, daß es durch eine stärkere Koordination der Finanzpolitik innerhalb der EG aufgewogen wird[19]. Den amerikanischen Erfahrungen in Verhandlungen mit Europa über Handelsangelegenheiten zufolge wäre freilich mit dem Gegenteil zu rechnen. Wann immer sich die EG-internen Verhandlungen als sehr schwierig erwiesen haben, im Jahre 1990 z.B. auf dem Gebiet der Agrarpolitik, war der letztlich erzielte Konsens so brüchig, daß in den Verhandlungen mit den USA und anderen Ländern praktisch kein Spielraum mehr gegeben war. So hatte die EG nicht nur keine Führungsrolle in den internationalen Handelsverhandlungen übernommen, wie das insbesondere von den USA, aber nicht nur von ihnen, gefordert wird, sondern sie hat sich auch des öfteren als unfähig erwiesen, Initiativen anderer konstruktiv aufzugreifen.

EG-weite Regelungen für die Finanzpolitik aufzustellen (sei es mit bindendem oder nur empfehlendem Charakter) könnte sich gleichfalls als äußerst schwierig erweisen. Ob solche Regelungen und Institutionen der EG zur Harmonisierung der Finanzpolitik Raum lassen für Verhandlungen über eine Koordinierung der Wirtschaftspolitik mit den USA und anderen Ländern, bleibt abzuwarten. Es ist durchaus denkbar, daß amerikanische Regierungsvertreter sich dann einer Europäischen Gemeinschaft gegenübersehen, die in Angelegenheiten der Finanzpolitik noch weniger flexibel ist als die einzelnen EG-Mitgliedsstaaten und sogar die USA heute.

[19] Vgl. *Kommission der Europäischen Gemeinschaften*: Ein Markt, eine Währung, a.a.O., S.210.

Literatur

Alogoskoufis, George/Richard Portes: International Costs and Benefits from EMU (Discussion Paper Series, Centre for Economic Policy Research, Nr. 424), London, Juni 1990.

Bergsten, C. Fred: America's Unilateralism, in: ders., Etienne Davignon, Isamu Miyazaki: Conditions for Partnership in International Economic Management. A Task Force Report to The Trilateral Commission (The Triangle Papers, Nr. 32), New York–Tokio–Paris 1986, S. 3–14.

Bergsten, C. Fred: EMU and the World, in: Economic and Monetary Union, The Political Dimension (erscheint demnächst).

Cline, William R.: The Budget Deal and the Trade Deficit, in: International Economic Insights, Vol. 1, Nr. 3, November/Dezember 1990, S. 7–8.

Cohen, Benjamin J.: Europe's Money, America's Problem, in: Foreign Policy, Vol. 35, Sommer 1979, S. 31–47.

Cohen, Benjamin J.: The European Monetary System: An Outsider's View (Essays in International Finance, Princeton University, Nr. 142), Princeton, New Jersey, Juni 1981.

Destler, I. M./C. Randall Henning: Dollar Politics: Exchange Rate Policymaking in the United States, Washington, D.C., 1989.

Feldstein, Martin: Bush's Budget Deal Made the Deficit Bigger, in: The Wall Street Journal vom 29. November 1990.

Gowa, Joanne: Hegemons, IOs, and markets: the case of the substitution account, in: International Organization, Vol. 38 (1984), S. 661–683.

Henning, C. Randall: Macroeconimic Diplomacy in the 1980s. Domestic Politics and International Conflict among the United States, Japan, and Europe (Atlantic Paper Nr. 65, Atlantic Institute for International Affairs), London–New York–Sydney 1987.

International Monetary Fund: International Financial Statistics, Washington, D.C., diverse Ausgaben.

Kommission der Europäischen Gemeinschaften: Economic and Monetary Union: The Economic Rationale and Design of the System, Brüssel, März 1990.

Kommission der Europäischen Gemeinschaften: Ein Markt, eine Währung. Potentielle Nutzen und Kosten der Errichtung einer Wirtschafts- und Währungsunion – eine Bewertung, in: Europäische Wirtschaft, Nr. 44, Oktober 1990.

Ludlow, Peter: The Making of the European Monetary System. A case study of the politics of the European Community, London u. a. 1982.

Penner, Rudolph G.: The US Economy: Tattered but not Torn, in: International Economic Insights, Vol. 1, Nr. 3, November/Dezember 1990, S. 2–6.

Pöhl, Karl Otto: Prospects of the European Monetary Union, Vortrag auf der Konferenz “Britain and the EMS”, London, 9. November 1990.

Putnam, Robert D./C. Randall Henning: The Bonn Summit of 1978: A Case Study in Coordinaton, in: Richard N. Cooper u. a.: Can Nations Agree? Issues in International Economic Cooperation, Washington, D.C., 1989, S. 12–140.

Schmidt, Helmut: Die Deutschen und ihre Nachbarn (Menschen und Mächte II), Berlin 1990.

Thygesen, Niels: Economic and Monetary Union in Europe and Global Economic Cooperation, paper presented to the conference "Europe in the Nineties", Istituto Affari Internazionali, Rom, 22. bis 24. November 1990.
United States, Office of the President: Budget of the United States Government, Fiscal Year 1992, Washington, D. C., 1991.

Yoshio Suzuki

Perspektiven für die Weltwährungsordnung – ein japanischer Beitrag

Seit dem Zusammenbruch des Bretton-Woods-Systems befindet sich das internationale Währungssystem in einem graduellen Übergang hin zu einem tripolaren Währungssystem mit den USA, Japan und Deutschland bzw. – wenn es denn dazu kommt – der Europäischen Währungsunion im Mittelpunkt. In diesem System sollten die die drei Pole bildenden Länder jeweils ihre binnenwirtschaftliche Stabilität durch eine autonome Geldpolitik gewährleisten und darüber hinaus im jeweiligen Wirtschaftsraum die Rolle eines Ankers übernehmen, um so in einem System floatender Wechselkurse mit freien, den Gesetzen des Wettbewerbs folgenden Güter- und Kapitalbewegungen die Weltwährungsordnung zu stabilisieren.

In Asien und Ozeanien entwickelt sich eine dritte große Handelsregion neben den bereits existierenden auf dem amerikanischen Kontinent und in Europa, da in der japanischen Volkswirtschaft nicht mehr der Export, sondern die Binnennachfrage die Haupttriebkraft darstellt, was neben der erheblichen Aufwertung des Yen seine Ursache darin hat, daß ein großer Teil der Direktinvestitionen Japans und der asiatischen NIEs (Newly Industrialized Economies) den südostasiatischen Ländern geholfen hat, ein solches Niveau der Industrialisierung zu erreichen, auf dem sie industriell gefertigte Güter exportieren können. Mehr und mehr werden in Asien und Ozeanien der Yen und die japanischen Finanzmärkte benötigt als ein internationales öffentliches Gut, da der Yen ein besseres Wertaufbewahrungsmittel ist als der US-Dollar und da sich diese Länder gegen Wechselkursrisiken absichern müssen, die aus ihrer starken Verschuldung gegenüber Japan auf Yen-Basis resultieren.

Die meisten asiatischen Volkswirtschaften sind auf dem Weg, ihre Finanzsysteme zu deregulieren und ihre Märkte zu öffnen, obgleich es noch geraume Zeit dauern wird, bis sie sich in die Reihe der führenden Länder mit einer freien Marktwirtschaft einreihen können. Bis auf weiteres ist es eine wichtige Aufgabe für die tripolaren Länder, ein Wiederaufleben des Protektionismus in den entwickelteren Volkswirtschaften und des Nationalismus in den Ländern, die Anschluß zu gewinnen suchen, zu vermeiden, wobei das gemeinsame Ziel darin besteht, eine einzige, weltweite Marktwirtschaft zu schaffen, in der die drei Wirtschaftsräume hinsichtlich Handel, Kapital und Währungen auf freien

Märkten, auf denen sich auch der intraregionale Handel entwickelt, miteinander in Wettbewerb stehen.

I. Einleitung

Die 90er Jahre sind eine durch umfassende Veränderungen der Weltwirtschaftsordnung gekennzeichnete Periode. Die alten Paradigmen werden durch neue ersetzt.

Erstens ist in den Beziehungen zwischen den Industrieländern die Pax Americana, in deren Mittelpunkt das IWF-Abkommen und das GATT standen, brüchig geworden, wie sich am Zusammenbruch des Bretton-Woods-Systems im Jahre 1973 sowie daran zeigt, daß die USA zum größten Schuldnerland der Welt geworden sind, mit der Möglichkeit des Rückgriffs auf „Super 301"[1]. Die führenden Länder arbeiten nun hin auf ein neues Forum zur Koordinierung der internationalen Währungspolitik unter einem Regime floatender Wechselkurse und dem immer noch in Kraft befindlichen GATT-Vertrag.

Betrachtet man, zweitens, die geographischen Räume der Weltwirtschaft, so zeigt sich, daß die Integration des EG-Marktes bis 1992 und die Vereinigung von West- und Ostdeutschland im Jahre 1990, begleitet von der Umstrukturierung der osteuropäischen Länder, gewiß einen größeren Einfluß Europas auf die Weltwirtschaft mit sich bringen werden. Auch in Asien befinden sich, im Gefolge der asiatischen NIEs, die ASEAN-Länder nunmehr in einem raschen Industrialisierungsprozeß, der aus den erheblichen Direktinvestitionen aus Nordostasien und der darauf folgenden Entwicklung des Handels innerhalb von Ostasien und Ozeanien resultiert. Die Wiedergeburt Europas und die Entwicklung eines industrialisierten Ostasiens bilden gemeinsam mit dem amerikanischen Kontinent eine neue Basis für ein tripolares System der Weltwirtschaft in der Zukunft.

Drittens: Obwohl das Wettrennen zwischen den dezentralisierten Marktwirtschaften und den zentralverwalteten Volkswirtschaften vorüber ist, entstehen neue Konfrontationen zwischen den liberalen, offenen Marktwirtschaften der führenden Länder und den regulierten, geschlossenen Volkswirtschaften der Länder, die sich um Anschluß bemühen.

Aus japanischer Sicht sollten die Aussichten für das internationale Währungssystem und Japans Beitrag hierzu entsprechend den drei Dimensionen erörtert werden, in denen sich das neue Paradigma manifestiert. In den folgenden drei Abschnitten werden deshalb das Weltwährungssystem der Zu-

[1] Hierbei handelt es sich um weitreichende, der US-Regierung an die Hand gegebene Vollmachten, wenn diese in einem anderen Land protektionistische Maßnahmen feststellen sollte.

kunft und Japans Rolle in ihm nach jeder dieser drei Dimensionen behandelt.

II. Auf dem Weg zu einem "Soft-landing" des tripolaren Währungssystems

A. Der Zusammenbruch des auf dem US-Dollar-Standard beruhenden Systems

Effizienz und Stabilität sind die grundlegenden Anforderungen, denen ein internationales Währungssystem genügen muß. Etwas genauer läßt sich sagen, daß ein neues internationales Währungssystem die folgenden Bedingungen erfüllen sollte:

- freier Güterhandel und freier Kapitalverkehr;
- Stabilität der Wechselkurse;
- Stabilität des inländischen Preisniveaus in einem jeden Land.

Die erste Bedingung ist grundlegend für eine effiziente weltweite Allokation der Ressourcen, während die zweite und dritte zur Stabilisierung der Weltwirtschaft beitragen und damit eine effizientere Ressourcenallokation erleichtern. Ein Rahmenwerk zu formulieren, das all diesen Bedingungen genügt, ist jedoch nicht einfach, und wie stets gibt es hierzu unterschiedliche Auffassungen.

In den Jahren nach dem Zweiten Weltkrieg wurde das Bretton-Woods-System, verkörpert durch den Internationalen Währungsfonds (IWF) und das Allgemeine Zoll- und Handelsabkommen (GATT), errichtet, dessen zwei Hauptsäulen der Goldstandard des US-Dollars als wichtigster Währung und eine anpassungsfähige Wechselkurskoppelung bildeten. In jenem System waren die zweite und dritte der obigen Voraussetzungen erfüllt, indem die Mitgliedsländer ihre Wechselkurse an den US-Dollar banden und die binnenwirtschaftliche Preisstabilität dadurch wahrten, daß sie ihre Zahlungsbilanzen im Gleichgewicht hielten.

Da ein Außerachtlassen der ersten Voraussetzung die Effizienz ernstlich beeinträchtigen würde, liberalisierten die wichtigsten Industrieländer unter jenem System den Güteraustausch und die Kapitalbewegungen – ein Vorgehen, dem sich Japan in den 60er Jahren anschloß. Diese Entwicklung aber unterminierte ihrerseits das System fester Wechselkurse, denn die Deregulierung des Handels führte zu strukturellen Zahlungsbilanzungleichgewichten und die Deregulierung der Kapitalströme erzwang im Jahr 1971 eine Neubewertung des US-Dollars. Im Jahre 1973 sodann wurde das Bretton-Woods-System und damit der Dollar-Standard – unter zunehmendem Druck durch Spekulation, die aus den freieren Kapitalbewegungen herrührte – endgültig durch ein System flexibler Wechselkurse ersetzt. Obwohl damit die zweite Voraussetzung – Stabilität der Wechselkurse – nicht mehr gegeben war, gab es kein Zurück mehr zu den Zeiten eines regulierten Handels und Kapitalverkehrs. Es ging vielmehr darum, ob man nun der zweiten Voraussetzung (Stabilität der Wechselkurse) oder der dritten (Stabilität des Binnenpreisniveaus) den Vorrang einräumen sollte.

In Europa betrieb die Bundesrepublik Deutschland eine Politik, die auf eine Stabilisierung des inländischen Preisniveaus zielte, während die Währungsbehörden in den anderen EWS-Ländern versuchten, die Wechselkurse ihrer jeweiligen Währung gegenüber der D-Mark aufrechtzuerhalten. Im Endergebnis waren die Mitgliedsstaaten des EWS bis zu einem gewissen Grad erfolgreich, was die Bewahrung der Wechselkursstabilität und der Geldwertstabilität betrifft, und dies bei weitgehender Liberalisierung der Güter- und Kapitalströme, jedenfalls innerhalb der EWS-Länder. Gegenüber dem US-Dollar jedoch unterlagen die Wechselkurse starken Schwankungen, mit dem Ergebnis, daß die dritte Voraussetzung (ein stabiles inländisches Preisniveau) zwar erfüllt war, die zweite aber (stabile Wechselkurse) praktisch aufgegeben wurde.

Ein ähnliches Muster zeigt sich in Nordamerika, wo die Vereinigten Staaten das Schwergewicht auf die Stabilisierung der eigenen Volkswirtschaft legten und Kanada seine Zinsen so festsetzte, daß davon keine störenden Einflüsse auf den Wechselkurs zwischen kanadischem und amerikanischem Dollar ausgingen.

Der Übergang zu einem System flexibler Wechselkurse hat Japan von der mit seiner Zahlungsbilanzposition verbundenen Beschränkung befreit und es ihm erlaubt, eine Geldpolitik zu betreiben, bei der die Kontrolle des Geldangebots im Vordergrund steht. Dank einer makroökonomischen Politik, die auf eine Stabilität der Binnenwirtschaft zielte, blieben die Preise stabil, und es gab nur mehr oder weniger geringfügige Schwankungen in der Wirtschaftsaktivität. Im Gegensatz hierzu unterlag der Wechselkurs des Yen wilden Ausschlägen. So hat denn Japan seine interne Preisstabilität gewahrt (die dritte Voraussetzung), während der Yen Marktschwankungen unterworfen war (womit die zweite Voraussetzung nicht erfüllt wurde).

Wie die vorstehenden Ausführungen zeigen, wurde in Westeuropa, in Nordamerika und in Japan das Schwergewicht auf eine Stabilisierung der Binnenwirtschaft gelegt, während die Wechselkurse der Länder in diesen Regionen fortwährend wechselnden Markteinflüssen ausgesetzt waren. Zugleich haben die sich entwickelnden Länder außerhalb dieser drei Wirtschaftsregionen versucht, wenn auch nicht immer mit der gleichen Konsequenz, ihre Wechselkurse anzukoppeln und die heimische Preisstabilität zu sichern und daneben regulierend in den Güter- und Kapitalverkehr einzugreifen.

B. Probleme eines tripolaren Systems

Spannungen in dem tripolaren System zwischen Nordamerika, der EG und Japan könnten freilich Gefahren für die Stabilität der Weltwirtschaft mit sich bringen. In den 80er Jahren zeigte sich in der Tat ein erheblicher Mangel in diesem System, als der damalige US-Präsident Ronald *Reagan* einen Policy mix wählte, der eine strikte Geldpolitik zur Bekämpfung der Inflation mit einer starken Ausweitung der öffentlichen Ausgaben und gleichzeitigen Steuersenkungen zur Stimulierung der US-Wirtschaft kombinierte. Der davon ausgelöste Anstieg der Realzinsen trieb den US-Dollar wie das Zahlungsbilanzdefizit der USA in die Höhe, während Japan und die Bundesrepublik Deutschland im Gefolge einer starken Abwertung des Yen und der D-Mark Zahlungsbilanzüberschüsse anhäuften. Diese Entwicklungen haben deutlich gemacht, daß immer dann, wenn die Vereinigten Staaten, Japan und Deutschland sich frei fühlen, einzig und allein die Stabilisierung ihrer Binnenwirtschaft zu verfolgen, dies zu einem “Misalignment” ihrer Wechselkurse und zu einer Verschärfung der Zahlungsbilanzungleichgewichte in einem nicht mehr tolerablen Maß führen kann, wodurch wiederum eine effiziente weltweite Allokation der Ressourcen behindert und Protektionismus möglicherweise gefördert wird.

Als Antwort auf diese Situation haben die Länder der Fünfer- und Siebenergruppe, beginnend mit dem Plaza-Abkommen vom September 1985, ihre Wirtschaftspolitiken koordiniert. Das heißt freilich nicht, daß sie ihre innere Preisstabilität der Stabilität der Wechselkurse geopfert haben, wie die Heraufsetzung der Zinsen in Westdeutschland seit Mitte 1988, gefolgt von Japan zu Beginn des Jahres 1989, beispielhaft gezeigt hat.

Im Mittelpunkt der gegenwärtigen Probleme steht deshalb die Frage, ob es einen Weg gibt, die Wechselkursstabilität zwischen den drei großen Wirtschaftsregionen wiederherzustellen, ohne die Binnenwirtschaft eines Landes ernsthaften Störungen zu unterwerfen, und ob der gegenwärtige Rahmen der Politikkoordination hinreicht oder ob nicht doch eine gemeinsame, weltweit verwendete Währung erforderlich wäre, um die gewünschten Veränderungen des gegenwärtigen Systems herbeizuführen.

Die Ansicht, daß das tripolare Währungssystem so belassen werden könnte, wie es sich gegenwärtig darstellt, basiert auf größtem Vertrauen in die Politikkoordination und ihre Ergebnisse seit dem Plaza-Abkommen. Jene, die diese Ansicht vertreten, glauben, daß die mittelfristige Anpassung der Wechselkurse bereits abgeschlossen ist, wie sich an der relativen Stabilität des Dollars seit 1989 zeige. Ein zu Buche schlagendes “Misalignment” der Wechselkurse oder ein nicht tragbares Ungleichgewicht in den Zahlungsbilanzen der tripolaren Länder sei unwahrscheinlich, wenn auch die USA eine klar definierte, vorhersehbare makroökonomische Politik betrieben, so wie die Bundesrepublik Deutschland und Japan dies tun. Dazu muß die Geldpolitik sich auf das Geldangebot konzentrieren und der Wahrung der Preisstabilität Vorrang einräumen. Und es muß sich ferner der Prozeß der Budgetkonsolidierung über eine regelgebundene Reduzierung der Finanzierungsdefizite fortsetzen, was sich im Fall der USA freilich nicht abzeichnet.

Im Gegensatz hierzu fürchten diejenigen, die ein System mit nur einer Währung fordern, daß in einem tripolaren Währungssystem die drei Wirtschaftsregionen zu wechselseitigen protektionistischen Maßnahmen tendieren werden, wodurch die effiziente Ressourcenallokation in der Weltwirtschaft beeinträchtigt würde. Sie befürworten deshalb ein auf einer einzigen Währung basierendes Weltwährungssystem unter der Regie einer Weltzentralbank, selbst wenn dies zu erreichen ein längerer Prozeß sein sollte.

Ein Weltwährungssystem mit nur einer Währung, das aber ist wohl ein zu idealistischer Ansatz, der in den nächsten Jahrzehnten sicherlich nicht realisiert werden wird. Die Errichtung einer Europäischen Zentralbank und die Schaffung einer gemeinsamen Währung für die EG bleiben abzuwarten, stellt dies doch einen höchst informativen Modellfall für eine einzige Weltwährung dar. Bis auf weiteres bleibt den USA, Japan und Deutschland bzw. den in der EG zusammengeschlossenen Ländern keine Alternative, als zu versuchen, die Weltwirtschaft unter einem Regime floatender Wechselkurse bei freiem Güter- und Kapitalverkehr zu stabilisieren.

III. Asien und Ozeanien als eine der tripolaren Regionen

A. Die Entwicklung des Binnenhandels in Asien und Ozeanien

Ob Japan und die Bundesrepublik Deutschland – bzw. die Europäische Gemeinschaft – den gleichen Part übernehmen können bezüglich der Aufrechterhaltung des tripolaren Währungssystems, wie dies die Vereinigten Staaten von Amerika auf dem amerikanischen Kontinent tun, bleibt fraglich. Für die Länder Asiens und Ozeaniens waren die USA lange Zeit der Hauptexportmarkt. Noch 1986 lag der Anteil der Exporte in die USA an den gesamten Exporten dieser Region bei 32%. Das entsprach damit genau dem Anteil der Exporte innerhalb Asiens und Ozeaniens. Bis 1989 ist der Anteil der Exporte in die USA jedoch auf 27% zurückgegangen, während der Anteil der Ausfuhren innerhalb Asiens und Ozeaniens auf 36% gestiegen ist, so daß der intraregionale Handel in Asien und Ozeanien den mit den USA übertraf.

Was die Importe angeht, so ist der Anteil des intraregionalen Handels bereits seit geraumer Zeit wesentlich höher als der mit den USA. 1986 z. B. beliefen sich die intraregionalen Importe auf 39% gegenüber 17% mit den USA, lagen also mehr als zweimal so hoch. Für 1989 ergeben sich, trotz der Abwertung des Dollars gegen Währungen der nordostasiatischen Länder, die gleichen Anteile.

So läßt sich voraussagen, daß der Anteil der Exporte in die USA weiter abnehmen wird und daß die Importe aus den USA sich während des in den 90er Jahren ablaufenden Anpassungsprozesses des US-Handelsdefizits kaum verändern werden. Der Anteil des intraregionalen Handels wird weiter steigen und könnte im Laufe dieses Jahrzehnts 50% übertreffen. Die Ursache hierfür ist darin zu sehen, daß der intraregionale Handel in Asien und Ozeanien sich sehr rasch von einem „vertikalen" zu einem „horizontalen" Handel wandelt, daß also nunmehr verstärkt Endprodukte zwischen den einzelnen Ländern gehandelt werden.

In der Vergangenheit traten die meisten südostasiatischen und ozeanischen Länder als Anbieter von Rohstoffen in Erscheinung. Japan, Südkorea, Taiwan und Hongkong importierten Rohstoffe aus diesen Ländern und exportierten weiterverarbeitete Güter in die Industriestaaten. Eine solche Handelsstruktur kann als vertikal bezeichnet werden; am Anfang dieser Kette stehen die Rohstoffe, die in der Region gewonnen werden, am Ende die fertigen Produkte, die aus der Region heraus exportiert werden. Bei dieser Handelsstruktur Asiens und Ozeaniens waren die USA der wichtigste Ausfuhrmarkt für die Anbieter von Rohstoffen wie für die Anbieter von Endprodukten. Und eben diese Struktur erklärt auch, warum der Handel Asiens und Ozeaniens traditionell so stark von den USA abhängt und warum sich nicht eine unabhängige Handelsregion herausgebildet hat.

Diese Situation ist nun in Veränderung begriffen. Die USA als größtes Schuldnerland der Welt müssen ihre Exporte einschränken, während Japan, das größte Gläubigerland, seine Importe stärker ausweiten muß, als seine Wirtschaft wächst. Dabei hat sich seit 1986 im Gefolge des Plaza-Abkommens die Hauptantriebskraft der japanischen Wirtschaft schrittweise von den Exporten auf die Binnennachfrage verlagert. Und dieses Wachstumsmuster wird sich fortsetzen, bis das Verhältnis des Leistungsbilanzüberschusses zum Bruttosozialprodukt, das schon von 4,5% im Fiskaljahr 1986 auf 1,9% im Fiskaljahr 1989 zurückgegangen ist, ungefähr 1% erreicht.

In Anbetracht der starken Aufwertung des Yen konzentrieren sich japanische Unternehmen auf die Produktion von "High-tech"-Produkten, wobei die technisch hochwertigen Anlagen und Ausrüstungen im eigenen Land genutzt werden. Zugleich erhöhen diese Unternehmen ihre Direktinvestitionen und ihren Technologietransfer ins Ausland, um so dort Produktionsstrukturen zu errichten, die Fertigwaren zurück nach Japan transferieren. Der Anteil der Endprodukte an den Gesamtimporten Japans übertraf 1989 50%. Ein solches Muster kann man als horizontalen Handel bezeichnen. Zu Beginn dieser Entwicklung erhöhte Japan seine Direktinvestition vornehmlich in Nordostasien, z. B. in Südkorea, Hongkong und Taiwan. Bald aber hatten sich diese Volkswirtschaften so weit entwickelt, daß sie selbst Handelsüberschüsse erzielten und sich ihre Währungen gegenüber dem US-Dollar aufwerteten. Deshalb gingen die Direktinvestitionen dieser Volkswirtschaften ebenso wie die Japans danach in Richtung der ASEAN-Länder, wie Indonesien, Thailand, die Philippinen und Malaysia, und ebenso in die Küstenregion der Volksrepublik China. In diesem Zusammenhang ist erwähnenswert, daß der Gesamtbetrag der japanischen Direktinvestitionen das Rekordniveau der USA im Zeitraum von 1950 bis 1970 in absoluten Zahlen ebenso wie als Anteil am Bruttosozialprodukt bereits übertroffen hat.

Man kann also festhalten, daß der Austausch von Endprodukten zwischen den asiatischen Ländern, der intrahorizontale Handel in Asien, sich nun erstmals in der Geschichte Asiens entwickelt, unterstützt von steigenden Direktinvestitionen und einem Technologietransfer von Nordostasien nach Südostasien und China. Dieser sich entwickelnde Trend hin zu einem horizontalen Handel in Asien ist die fundamentale Ursache dafür, daß, relativ gesehen, sowohl die Exporte wie die Importe im intraregionalen Handel Asiens und Ozeaniens zunehmen. Für die Zukunft ist somit mit großer Wahrscheinlichkeit damit zu rechnen, daß sich in Asien und Ozeanien eine dritte horizontale Handelsregion herausbildet, zusätzlich zu den bereits existierenden auf dem amerikanischen Kontinent und in Europa. Man kann die Hoffnung haben, daß diese drei Regionen den großen „offenen" Markt bilden, auf dem sich der Handel weiterentwickeln kann.

B. Die japanischen Finanzmärkte und der Yen als internationale öffentliche Güter für Asien und Ozeanien

Auch künftig wird im intraregionalen Handel in Asien und Ozeanien der US-Dollar als eine internationale Vehikelwährung benutzt werden, und zwar wegen der ihm als internationale Währung zugute kommenden „Trägheit" in diesen Dingen und weil der New Yorker Finanzmarkt eines der attraktivsten internationalen Finanzzentren dieser Welt bleiben wird. Allerdings wird die Bedeutung des Dollars mehr und mehr zurückgehen, wie umgekehrt die des Yen zunehmen wird – zumindest als Reservewährung, weil auf längere Sicht der Dollar gegenüber dem Yen abwerten wird, wenn man den Inflationsdifferenzen und dem immer stärkeren Auseinanderklaffen der Nettogläubiger- und Nettoschuldnerpositionen beider Länder folgt. Selbst wenn man annimmt, daß das amerikanische Leistungsbilanzdefizit bzw. der japanische Überschuß im Verhältnis zum jeweiligen Bruttosozialprodukt bis Mitte der 90er Jahre auf 1% zurückgeht, beliefe sich die Nettoschuldnerposition der USA immer noch auf 1,3 Billionen US-$ und die Nettogläubigerposition Japans auf 700 Mrd US-$ – was einer Differenz von 2 Billionen US-$ Mitte der 90er Jahre ergibt. Diese Differenz wird ohne Zweifel zu einer weiteren Abwertung des Dollars führen.

Als internationale Währung, in der kontrahiert wird, könnte der Yen in Asien an Bedeutung gewinnen, wenn die asiatischen Länder es vorziehen, ihre eigenen Exporte in Yen zu fakturieren, um so das Wechselkursrisiko, das mit einer zunehmenden in Yen denominierten Verschuldung gegenüber Japan verbunden ist, zu "hedgen". Wenn dem so ist, wird die japanische Regierung in dreierlei Hinsicht Verantwortung für die asiatischen Nachbarländer übernehmen müssen. Erstens wird Japan stärker mit der Notwendigkeit konfrontiert werden, daß es den asiatischen Ländern möglich sein sollte, sich leichter der Finanz- und Kapitalmärkte in Tokio zu bedienen – sei es, um in Yen-denominierte Finanzanlagen zu investieren, oder sei es, um sich auf Yen-Basis zu verschulden. Ausgehend von der Nettogläubigerposition Japans, seinem im Vergleich zu anderen wichtigen Volkswirtschaften nachhaltigen, starken Wirtschaftswachstum, seiner hohen Sparquote und unter Berücksichtigung der Tatsache, daß der Tokioter Aktienmarkt nach Handelsvolumen und Kapitalisierung bereits der größte der Welt ist, wird sich der Tokioter Markt zu einem wesentlich größeren Finanzzentrum entwickeln als New York oder Londen. Der Tokioter Markt wird dabei sowohl als Yen-Markt als auch als Off-shore-Markt für den US-Dollar fungieren.

Zweitens wird Japan sich veranlaßt sehen, für die Stabilität seines Preisniveaus zu sorgen, so daß seine Nachbarstaaten in der Lage sind, ihre eigenen Volkswirtschaften zu stabilisieren, indem sie – falls sie das möchten – ihre jeweilige Währung an den Yen ankoppeln. Jedoch wird Japan nicht versuchen, einen Yen-Block zu bilden. Es sollte sich allein darauf konzentrieren, den effizienten Tokioter Markt und einen stabilen Yen als die besten internationalen öffentlichen Güter in Asien zur Verfügung zu stellen. Die Entscheidung, inwieweit dies dann tatsächlich genutzt wird, obliegt den anderen asiatischen Ländern.

Drittens wird Japan noch eine andere wichtige Rolle übernehmen, zusätzlich zu der bereits geschilderten auf monetärem und finanziellem Gebiet, nämlich im Hinblick auf die Bereitstellung von Entwicklungshilfe und den Technologietransfer in die asiatischen Länder. Absolut gesehen, steht Japans jährliche Entwicklungshilfe von seiten öffentlicher Stellen bereits an erster Stelle in der Welt. Darüber hinaus ist der Transfer moderner Technologie, Hand in Hand gehend mit privaten Direktinvestitionen und offizieller Entwicklungshilfe, ein wichtiges Element, um gemeinsam Wohlstand in

Asien und Ozeanien zu erreichen. Auch ist Japan sehr daran gelegen, die Entwicklungshilfe zu erhöhen, um im Interesse der Umwelt durch die Verwendung moderner Technologien die Luftverschmutzung zu verringern.

IV. Neue Konfrontationen zwischen Nord und Süd

A. Alte (liberale) versus sich entwickelnde Marktwirtschaften

In Anbetracht der Ereignisse in Osteuropa und in der Sowjetunion seit Ende 1990 kann der ökonomische Wettbewerb zwischen Kapitalismus und Sozialismus oder zwischen dezentralisierten Marktwirtschaften und zentralverwalteten Wirtschaften als praktisch beendet angesehen werden. Trotzdem bin ich nicht der Meinung, daß die grundsätzliche Konfrontation von Wirtschaftssystemen ihr Ende gefunden hat. Von nun an wird sich die Auseinandersetzung zwischen den „liberalen" Marktwirtschaften der führenden Länder und den „sich entwickelnden" Marktwirtschaften der Länder im zweiten Glied, die sich um Anschluß bemühen, abspielen. Die erste Gruppe umfaßt mit Großbritannien das Land, das im 19. Jahrhundert diesen „Club" gegründet hat, ferner Nordamerika und Westeuropa, die nach dem Ende des Zweiten Weltkrieges hinzugekommen sind, sowie Japan, das seit den 70er Jahren mit dabei ist. Als erfolgreiche Beispiele sich entwickelnder Marktwirtschaften sind für die Zeit von Ende des Zweiten Weltkrieges bis zu den frühen 70er Jahren Japan und seit Anfang der 70er Jahre die NIEs in Asien zu nennen. Einige ASEAN-Staaten und die Sonderwirtschaftszonen Chinas scheinen in den 80er Jahren zu der zweiten Gruppe, den sich entwickelnden Marktwirtschaften, gestoßen zu sein, und nach jüngsten Erfahrungen stehen auch die osteuropäischen Länder sowie die Sowjetunion vor dem „Beitritt". Die sich entwickelnden Marktwirtschaften bedienen sich einer Strategie der Industrialisierung, die auf den Rahmenbedingungen einer Marktwirtschaft basiert, gleichwohl aber strengen Regierungsauflagen unterliegt und in der mit Hilfe von Interventionen versucht wird, eine möglichst hohe Kapitalakkumulation und ein kräftiges Wirtschaftswachstum zu erreichen, um zu den weiterentwickelten Volkswirtschaften aufzuschließen. Dieser Prozeß ist gekennzeichnet durch die vorrangige Bedeutung von Wirtschaftsfragen und einer ideologiefreien „Philosophie".

Falls die Nationen „im zweiten Glied" ihre Volkswirtschaften erfolgreich fortentwickeln und auf den Weltmärkten expandieren, müssen die weiterentwickelten Länder ihre Wirtschaftsstrukturen auf ein höheres technologisches Niveau umstellen. Andernfalls käme es zu wirtschaftlichen Friktionen zwischen beiden Gruppen von Ländern. Falls die weiterentwickelten Länder die staatlichen Interventionen im Entwicklungsprozeß kritisieren und mit generellem Anspruch eine Liberalisierung forderten, würden die sich entwickelnden Volkswirtschaften im Nationalismus Zuflucht suchen. So besteht denn eine Gefahr, daß die wichtigen Volkswirtschaften, enttäuscht von dieser Auseinandersetzung, ihrerseits zu protektionistischen Maßnahmen greifen. Falls dies geschehen sollte, wird sich die Welt in einzelne abgeschottete Blöcke von Martkwirtschaften aufspalten, anstatt daß sie sich weiter hin auf eine globale Marktwirtschaft entwickelt, charakterisiert durch freien Handel und ungehinderte Kapitalströme.

B. Schritte hin zur finanziellen Liberalisierung in den ostasiatischen Ländern

Der finanzielle Bereich wird von solchen Konfrontationen nicht ausgenommen bleiben. Die finanzielle Liberalisierung in den ostasiatischen Ländern, insbesondere in den NIEs, gefolgt von einigen ASEAN-Staaten, wird Schritt für Schritt vorangehen, wobei sich die nachfolgenden Stufen abzeichnen. Natürlich ist das eine oder andere Land in diesem Prozeß schon weiter vorangeschritten, und in manchen Fällen überlappen sich diese Stufen auch oder stehen nicht in der gleichen Reihenfolge. Die Stufen, wie sie im folgenden dargelegt werden, geben meines Erachtens aber das Grundmuster wieder für die finanzielle Liberalisierung in den Anschluß suchenden Volkswirtschaften.

Heute greifen einige Volkswirtschaften noch direkt in die Kapitalallokation durch die privaten finanziellen Institutionen ein. In der ersten Stufe der Finanzmarktliberalisierung sollten solche direkten Interventionen abgeschafft werden und die Allokation der Mittel allein den privaten finanziellen Institutionen überlassen bleiben. Andernfalls käme die Effizienz des privaten finanziellen Sektors nicht zum Tragen, da die Manager dieser Institutionen nicht in der Lage wären, die Verantwortung für die Gewinn- und Liquiditätssituation der finanziellen Institutionen zu übernehmen. Eingriffe öffentlicher Stellen in die Kapitalallokation, die in den sich entwickelnden Marktwirtschaften, beispielsweise der ostasiatischen Länder, meines Erachtens zu einem erheblichen Teil notwendig sind, sollten sich auf die Mittelbereitstellung durch finanzielle Institutionen im Eigentum der öffentlichen Hand beschränken sowie auf die Subventionierung in Form von Diskontkrediten der Zentralbank für Ausleihungen der privaten Banken und einiger strategischer Industrien. Direkte Interventionen in Gestalt staatlicher Vorschriften für die privaten Institutionen müssen strikt vermieden werden.

In der zweiten Stufe steht die Deregulierung der Zinssätze an. Hier sollten zuerst die Zinsen für Ausleihungen der privaten Institutionen freigegeben werden. Dies ist eine wichtige Voraussetzung für eine effiziente Kapitalallokation im Wege der privaten Finanzintermediation. Auch wenn dann andere Zinsen, beispielsweise für Einlagen sowie die Wertpapierrenditen noch reguliert sind, werden bei freigegebenen Sollzinsen durch den erheblichen Wettbewerb die effizient arbeitenden privaten Institutionen an Gewicht gewinnen. Eine eventuelle Regulierung der Sollzinsen sollte sich auch hier allein auf öffentliche Einrichtungen erstrecken.

In der dritten Stufe sollte die Deregulierung der Bedingungen für Wertpapieremissionen erfolgen, einschließlich der Renditen neubegebener Titel, um so die Entwicklung der kurz- und langfristigen Wertpapiermärkte zu fördern. Andernfalls würde die vorangegangene Freigabe der Zinsen für Ausleihungen das Wachstum der Finanzintermediation fördern, während die noch gegebenen Regulierungen bei der Emission von Wertpapieren die Entwicklung dieser Märkte bremsen würde, so daß das Gleichgewicht zwischen indirekter und direkter Finanzierung gestört wäre. Die Liberalisierung der Wertpapiermärkte würde umgekehrt ihrerseits die Finanzintermediation stören, wenn die Einlagenzinsen noch reguliert wären. Deshalb wird dieser Liberalisierungsschritt schließlich auch zu einer Freigabe dieser Zinsen führen.

Die völlige Freigabe der Zinsen wird, vor dem Hintergrund der sich entwickelnden Wertpapiermärkte, die Effizienz des Finanzsystems fördern, zugleich aber für das Management der finanziellen Institutionen die Zins- und Liquiditätsrisiken erhöhen. Eine nicht antizipierte und übereilte Liberalisierung in dieser dritten Stufe könnte deshalb die Stabilität des Finanzsystems gefährden, wie das Beispiel der Savings & Loans Associations in den USA zeigt, die sich erheblichen Schwierigkeiten gegenübersehen und seitens der Regierung finanzielle Hilfe erhalten mußten.

In der Stufe 4, in der wir es mit Institutionen und Märkten zu tun haben, die sich in den vorangegangenen Stufen 2 und 3 der Liberalisierung bereits weit entwickelt haben, kommt es darauf an, das Finanzsystem in Richtung auf Institutionalisierung und Unterlegung der Geschäfte durch Wertpapiere sowie Computerisierung zu entwickeln. Das ist die Stufe, in der durch die finanzielle Globalisierung bei internationalem Wettbewerb die Effizenz des Systems weiter gefördert wird. Zugleich findet dann die Umwandlung des Finanzsystems einer sich entwickelnden Marktwirtschaft in das einer wirklich liberalen Marktwirtschaft statt. All die Gründe, die in den wichtigen Volkswirtschaften für eine finanzielle Liberalisierung sprechen, können in dieser vierten Stufe auch auf die asiatischen Länder angewendet werden. Eine „Re-Regulierung“ zur Bewahrung der finanziellen Stabilität muß es auch bei ihnen geben.

C. Finanzielle Konfrontation oder Kooperation?

Einzubeziehen in die Erörterung der finanziellen Liberalisierung und der Handelsentwicklung in Ostasien ist freilich auch der globale Hintergrund, und zwar als eine Art Rahmenbedingung, wie ich sie bereits angesprochen habe. Auch wenn die sich entwickelnden Volkswirtschaften Asiens in der vierten Stufe zu einer liberalen Marktwirtschaft übergehen, kann es – verglichen mit den bereits liberalisierten Volkswirtschaften – in den Finanzsystemen dieser Länder immer noch striktere Regulierungen geben. Und wenn ein Land aus der führenden Gruppe liberaler Marktwirtschaften eine übereilte Deregulierung entsprechend dem Prinzip der Reziprozität verlangen würde, könnte sich das asiatische Land einem trade-off gegenübersehen zwischen einer bedenklichen abrupten Liberalisierung einerseits und dem Risiko, daß es andernfalls seitens der entwickelteren Volkswirtschaften diskriminiert würde. Die beste Lösung ist wohl darin zu sehen, die noch verbliebenen Regulierungsvorschriften nach einem im vorab verkündeten Plan weiter abzubauen, andererseits den führenden Ländern darzulegen, daß das jeweilige Land, entsprechend dem vorgegebenen Plan, sich schließlich zu einer liberalen Marktwirtschaft entwickeln wird. Während des Prozesses der Liberalisierung sollte ein solches asiatisches Land die Position einnehmen, daß die Offenheit der Finanzmärkte danach beurteilt werden muß, ob oder ob nicht die finanziellen Institutionen der führenden Volkswirtschaften in diesem Land wie die inländischen nationalen Institutionen behandelt werden. Dieses Land kann ferner die Auffassung vertreten, daß der Grad der Deregulierung in einer Volkswirtschaft danach zu beurteilen ist, ob die Deregulierung in diesem Land hinreichend ist, um – im vorgegebenen nationalen Rahmen zur Wahrung der Stabilität – die Effizienz der globalen Märkte zu fördern. Schließlich hat auch eine jede der führenden Volkswirtschaften ihr eigenes Finanzsystem, das tief in seiner Geschichte verwurzelt ist. So gibt es in den europäischen Ländern traditionell ein Universalbankensystem, während in den USA und Japan zwischen Bank- und Wertpapiergeschäften unterschieden wird. Sollten nun die einen, entsprechend dem Prinzip der Reziprozität, von den anderen eine Deregulierung verlangen, so würde dies sicherlich nicht akzeptiert werden, was die Gefahr protektionistischer Maßnahmen auf finanziellem Gebiet nach sich zöge.

Zweitens: Wenn das Finanzsystem eines asiatischen Landes weltweit voll mit den anderen liberalen Marktwirtschaften integriert ist, kommt es darauf an, zu einem System flexibler Wechselkurse überzugehen. Andernfalls könnten sich innovative finanzielle Instrumente – wie Futures, Optionen und Swaps – nicht entwickeln, und das heimische Finanzsystem würde im Zuge des weltweit scharfen Wettbewerbs ausgehöhlt. Falls die Binnenwirtschaft dieses Landes aber nicht eine – gemessen an internationalen Standards – gewisse Stabilität aufweist, kommt es beim Floaten zu stark schwankenden Wechselkursen, und die internationalen Transaktionen werden entsprechend gestört. Grundsätzlich gibt es zwei Wege, um die Binnenwirtschaft zu stabilisieren: Der eine führt über eine autonome Geldpolitik zur Stabilisierung des inländischen Preisniveaus, der andere bringt die Geldpolitik in Abhängigkeit, um mit ihrer Hilfe den Wechselkurs gegenüber der Währung eines großen, stabilen Landes konstantzuhalten. Allgemein sind im Falle einer kleinen offenen Volkswirtschaft die internationalen Einflüsse auf die binnenwirtschaftliche Entwicklung so groß, daß sich der autonome Einsatz der Geldpolitik zur Stabilisierung der Binnenwirtschaft als sehr schwierig erweist. Aus diesem Grunde haben die Mitgliedsstaaten des EWS ihre Geldpolitik so angelegt, daß sie den Wechselkurs ihrer jeweiligen Währung gegenüber der D-Mark stabilisieren, und sie waren im Hinblick auf die Preisstabilität insofern erfolgreich, als sich ihre Inflationsraten dem niedrigen Preisanstieg in der Bundesrepublik Deutschland angeglichen haben.

Im Prinzip stehen den asiatischen Ländern, die in der letzten Stufe der finanziellen Liberalisierung zu einem System flexibler Wechselkurse übergehen, beide Optionen offen: eine autonome Geldpolitik oder eine auf die Stabilität des Wechselkurses zielende Geldpolitik, wobei im zweiten Fall die Frage auftaucht, an welche Währung man sich ankoppelt.

V. Schlußbemerkung

Die für die 90er Jahre anzustrebende internationale Währungsordnung läßt sich meines Erachtens wie folgt kennzeichnen: Weltweit gibt es drei große marktwirtschaftlich organisierte Räume – das integrierte Westeuropa, Nordamerika (die USA und Kanada umfassend) sowie Nordostasien (mit Japan, Südkorea, Hongkong und Taiwan). Noch reicht die Liberalisierung der Volkswirtschaften in Nordostasien nicht aus, und sie sollte mit Nachdruck weiter vorangetrieben werden. Die drei großen marktwirtschaftlich organisierten Wirtschaftsräume werden zunehmende Verflechtungen mit den an sie angrenzenden sich entwickelnden Marktwirtschaften haben, und zwar sowohl was den Warenaustausch als auch was den Kapitalverkehr betrifft: Westeuropa mit Osteuropa, Nordamerika mit Lateinamerika und Nordostasien mit dem übrigen Ostasien. Auch müssen diese drei Wirtschaftsräume, innerhalb deren der Handel sich kräftig ausweiten wird, gegenseitig offenbleiben.

Deutschland, die USA und Japan sollten durch eine autonome Geldpolitik jeweils für die Stabilität ihrer Volkswirtschaften sorgen und so in jeder Wirtschaftsregion die Ankerrolle übernehmen. Die Finanzmärkte in London, New York und Tokio würden dann als internationale Finanzzentren fungieren. Der US-Dollar, der Yen und die D-Mark bzw. – wenn sie denn geschaffen wird – die gemeinsame europäische Währung sollten unter einem System flexibler Wechselkurse und bei freiem Güteraustausch sowie ungehinderten Kapitalbewegungen untereinander in Wettbewerb stehen. Dabei sollte es den einzelnen Ländern überlassen sein, welche Währung sie für Zwecke der Reservehaltung, für die Kontrahierung von Geschäften und für Zahlungen verwenden. Auch wäre es an jedem einzelnen Land, frei zu entscheiden, ob es seine Währung floaten läßt und eine autonome monetäre Politik betreibt oder ob es seine Währung an eine der drei Hauptwährungen ankoppelt.

Koordination der Wirtschaftspolitik dürfte nicht dazu führen, daß sich die tripolaren Länder bei der Durchführung ihrer Geldpolitik behindert sehen. Für die Politik der Koordination in den 90er Jahren zeichnen sich zwei Hauptziele ab: Das eine ist, unter den führenden Volkswirtschaften Protektionismus und unter den Anschluß suchenden Ländern Nationalismus zu vermeiden; darüber hinaus gilt es, schrittweise strukturelle Veränderungen in den liberalisierten Marktwirtschaften und zugleich die Industrialisierung der sich entwickelnden Marktwirtschaften voranzutreiben – mit dem gemeinsamen Ziel, einen einzigen globalen Markt zu schaffen, gekennzeichnet durch freien Warenaustausch und ungehinderten Kapitalverkehr. Die drei Wirtschaftsregionen sollten miteinander konkurrieren im Hinblick auf Handel, Kapital und in Währungsangelegenheiten, und zwar als offene Märkte, auf denen sich der intraregionale Handel rasch entwickelt.

Hans J. Barth

Implikationen einer Europäischen Währungsunion für den Finanzplatz Schweiz

Als Kapitalmarkt hat der Finanzplatz Schweiz traditionell internationalen Rang. Mit der allgemeinen Liberalisierung der Finanzmärkte hat der Wettbewerbsdruck jedoch zugenommen, und der Anpassungsbedarf ist gestiegen. Ging es mit Blick auf die Europäische Gemeinschaft bislang vor allem darum, die institutionellen Rahmenbedingungen des schweizerischen Finanzmarktes denen des einheitlichen EG-Binnenmarktes anzugleichen, so betreffen die Implikationen einer Europäischen Währungsunion vornehmlich die Geldpolitik und damit die Wettbewerbsfähigkeit des gesamtwirtschaftlichen Umfeldes. Die Schweizerische Nationalbank hat wiederholt deutlich gemacht, daß sie in der Gewährleistung eines stabilen Geldwerts den wirksamsten Beitrag dazu sieht, den Finanzplatz Schweiz von diesen Umfeldbedingungen her attraktiv zu halten.

Eine forcierte Realisierung der geplanten Währungsunion birgt stabilitätspolitische Risiken. Sie liegen darin, daß die Disziplin, die in der Geldpolitik und in den anderen Politikbereichen notwendig ist, wenn die Währungsunion eine Stabilitätsgemeinschaft sein soll, eine Reihe von Mitgliedsländern überfordern könnte. Es überrascht daher nicht, daß in der stabilitätsbewußten Schweiz die Vorteile einer fallweisen Kooperation mit den EG-Zentralbanken nach wie vor höher eingeschätzt werden als die einer Mitgliedschaft im Währungsverbund. Anders hätte man die Implikationen für die Wettbewerbsfähigkeit des Franken als Anlagewährung zu beurteilen, wenn man die Fähigkeit der schweizerischen Geldpolitik bezweifeln müßte, künftig noch aus eigener Kraft für ein hohes Maß an Preisstabilität in der Schweiz zu sorgen.

Distanz zu festen Bindungen zu halten heißt allerdings auch, nicht an den Entscheidungen über das Europäische Zentralbanksystem mitwirken zu können. Wie schwer dieser Nachteil wiegt, ist davon abhängig, wie sich das künftige Verhältnis der Schweiz zur Europäischen Gemeinschaft im ganzen gestaltet.

I. Einführung

Über die Implikationen einer Europäischen Währungsunion für den Finanzplatz Schweiz lassen sich vorerst lediglich Mutmaßungen anstellen. Von den drei Stufen, die nach dem *Delors*-Bericht am Ende zu einer einheitlichen Währung in den Mitgliedsländern der Europäischen Gemeinschaft führen sollen, hat im Juli 1990, wie vorgesehen, zwar die erste begonnen; ob die Zielvorstellungen der Politiker realistisch sind, die die zweite Stufe zum Jahresbeginn 1994 und die abschließende dritte etwa drei Jahre später in Kraft gesetzt sehen möchten, muß sich jedoch erst noch zeigen. Nicht minder ungewiß ist, wie sich das Verhältnis der Schweiz zur Europäischen Gemeinschaft in den nächsten Jahren entwickeln wird. Aus schweizerischer Sicht bestehen drei Optionen – Alleingang, Verbund von EFTA und EG im Europäischen Wirtschaftsraum (EWR) oder Beitritt zur EG. Davon ist die mittlere Option zur politisch favorisierten avanciert; den Ausschlag dafür hat die Erwartung gegeben, sie erlaube es der Schweiz, einerseits über das EWR-Recht und dessen Weiterentwicklung mitzubestimmen und andererseits in innenpolitisch sensiblen Bereichen, wie etwa dem freien Personenverkehr und dem Grundstückserwerb durch Ausländer, dauerhafte Ausnahmen vom acquis communautaire der EG zu erlangen. Der bisherige Verlauf der EWR-Verhandlungen hat solche Erwartungen als zu hoch gesteckt erwiesen. Mehrheiten für eine der beiden anderen Optionen sind indessen nicht zu erkennen. Fürs erste dürfte es daher bei einer Politik der pragmatischen Annäherung bleiben, wie sie die Schweiz gegenüber der Europäischen Gemeinschaft schon seit längerem praktiziert.

II. Der Finanzplatz Schweiz heute

Das Zögern der Schweiz, einen förmlichen EG-Beitritt ins Auge zu fassen, wie es Österreich getan hat und die skandinavischen EFTA-Länder erwägen, liegt sicher zu einem guten Teil im eidgenössischen System der direkten Demokratie begründet. Es hat aber ohne Zweifel auch damit zu tun, daß die Schweiz in ihren Außenwirtschaftsbeziehungen weniger einseitig auf Europa ausgerichtet ist und daß ihr wirtschaftliches Gewicht um einiges größer ist als das politische Gewicht, das sie in der Europäischen Gemeinschaft zur Geltung bringen könnte, so daß sich das Verhältnis der Vorteile und Nachteile eines Autonomieverzichts weniger günstig als im Falle der anderen EFTA-Länder darstellt[1].

[1] Siehe Markus *Lusser*: Vortrag vor der Schweizerisch-Deutschen Wirtschaftsvereinigung, Düsseldorf, 6. November 1990, zitiert nach BIS Review, Nr. 234/1990, S. 1–8.

Unter den Bereichen, die zur wirtschaftlichen Stärke der Schweiz wesentlich beitragen, spielt der Finanzsektor eine wichtige Rolle. Als Geldmarkt ist der Finanzplatz Schweiz zwar völlig unbedeutend; als Kapitalmarkt hat er jedoch traditionell internationalen Rang. Er gehört zu den führenden Emissionszentren der Welt, belegt im Wertpapierhandel ebenso wie im Handel mit Devisen und mit Edelmetallen einen der vorderen Plätze und ist in der Vermögensverwaltung weltweit erste Adresse. Auch im Zinsdifferenzgeschäft rangieren schweizerische Finanzinstitute mit vorne. Von den grenzüberschreitenden Forderungen im Interbankgeschäft, die sich Ende 1989 in den Industrieländern insgesamt auf rd. 3400 Mrd US-$ beliefen, entfielen knapp 300 Mrd US-$ auf schweizerische Banken; bei den Verbindlichkeiten waren es 80 von gut 3500 Mrd US-$. Im Geschäft mit Nicht-Banken stammten 63 von insgesamt 1000 Mrd US-$ grenzüberschreitender Kredite von Finanzinstituten aus der Schweiz, die auf der anderen Seite von gut 1000 Mrd US-$ ausländischer Bankeinlagen in den Industrieländern nicht weniger als 200 Mrd US-$ bei sich verbuchten. Zusammengefaßt überwogen die Forderungen die Verbindlichkeiten um 75 Mrd US-$. Daß die Schweiz nicht nur eine bedeutende internationale Finanzdrehscheibe, sondern bedingt durch die hohe volkswirtschaftliche Sparquote bei niedriger Staatsverschuldung ein echtes Kapitalexportland ist, macht darüber hinaus der hohe und anhaltend wachsende Umfang des gesamtwirtschaftlichen Nettoauslandsvermögens deutlich.

Finanzdienstleistungen tragen rd. 11% zum Bruttoinlandsprodukt der Schweiz bei; in Deutschland sind es nicht einmal 6%. Der Finanzsektor hat zudem erheblichen Anteil daran, daß Überschüsse im Dienstleistungsverkehr mit dem Ausland und bei den grenzüberschreitenden Kapitalerträgen das traditionelle Defizit in der schweizerischen Handelsbilanz weit überkompensieren.

Die Attraktivität des Finanzplatzes Schweiz läßt sich vor allem mit der politischen und wirtschaftlichen Stabilität, der starken Währung, der Freiheit des Kapitalverkehrs und der Effizienz der Finanzintermediation begründen. Daneben profitierte die Schweiz in der Vergangenheit aber auch in erheblichem Maße von vielfältigen Regulierungen der Finanzmärkte im Ausland. Das hat sich im Laufe der 80er Jahre deutlich geändert. Begünstigt durch die Erfolge bei der Inflationseindämmung sind im Zuge einer wieder mehr auf die Marktkräfte als auf staatliche Interventionen setzenden Politik die Finanzmärkte überall liberalisiert, Kapitalverkehrskontrollen gelockert oder ganz aufgehoben, Marktzugangsbeschränkungen abgebaut, Kreditplafonds beseitigt und Zinsvorgaben abgeschafft worden[2]. Der komparative

[2] Vgl. Günther *Bröker*: Competition in Banking, Trends in Banking Structure and Regulation in OECD Countries, OECD, Paris 1989, sowie *OECD* (Hrsg.): Liberalisation of Capital Movements and Financial Services in the OECD Area, Paris 1990.

Vorteil des Finanzplatzes Schweiz ist damit geschrumpft, und der Konkurrenzdruck hat zugenommen, zumal die Palette der Finanzierungsinstrumente breiter geworden ist und die Märkte rund um die Welt mit dem rapiden Fortschritt der Informations- und Kommunikationstechnik immer enger zusammenwachsen.

Es überrascht daher nicht, daß die schweizerischen Banken heute einen größeren Teil ihres Auslandsgeschäfts als früher über ausländische Filialen abwickeln[3] und daß die Wettbewerbsfähigkeit des Finanzplatzes Gegenstand einer lebhaften Diskussion in der Schweiz ist, in der die Vertreter des Bankgewerbes vor allem auf eine Senkung der vergleichsweise hohen Finanzmarktsteuern drängen, während die Politiker den Finanzinstituten wettbewerbshemmende Kartellabsprachen und mangelnde Innovationsbereitschaft entgegenhalten. Unstreitig ist, daß die Globalisierung der Finanzmärkte und die Kapitalmarktintegration in der Europäischen Gemeinschaft den Finanzplatz Schweiz vor Anpassungsaufgaben stellen, wenn er im internationalen Wettbewerb nicht Boden verlieren will. Ging es mit Blick auf die Europäische Gemeinschaft bislang in erster Linie darum, die ordnungspolitischen Rahmenbedingungen des schweizerischen Finanzmarktes auf die des einheitlichen Binnenmarktes abzustimmen, so reichen die Implikationen einer Europäischen Währungsunion weiter. Sie betreffen vor allem die Geldpolitik und damit die Wettbewerbsfähigkeit des gesamtwirtschaftlichen Umfeldes des Finanzplatzes Schweiz.

III. Institutionelle Rahmenbedingungen

Zu den grundlegenden institutionellen Regelungen des Finanzmarktes in der Schweiz[4] gehört das Bundesgesetz über die Banken und Sparkassen von 1934. In seinem Zentrum steht der Gläubigerschutz, den nach außen das Bankgeheimnis ergänzt. Das Gesetz soll ferner die Kreditversorgung der schweizerischen Wirtschaft sicherstellen und die Banken ihrerseits vor massiven Kapitalabzügen schützen. An diesen Prinzipien änderte die Revision im Jahre 1971 nichts. Mit ihr wurde der Geltungsbereich des Gesetzes auf Finanzgesellschaften ausgedehnt, die sich öffentlich für die Annahme fremder Gelder empfehlen, für die Zulassung ausländischer Banken wurde das Gegenrechtserfordernis eingeführt, und außerdem wurde der Eidgenössischen Bankenkommission, der die Aufsicht obliegt, ein verbessertes Instrumenta-

[3] Vgl. Felix *Andrist*, Thomas *Schlup*: Das Auslandsgeschäft der Banken 1975–1989, in: Die Volkswirtschaft, 63. Jg. (1990), H. 5, S. 28–32.

[4] Siehe dazu Ulrich *Gygi*: Rechtliche Rahmenbedingungen für den Finanzplatz Schweiz: Heutiger Stand und Entwicklungen im Hinblick auf EG 92, ebd., S. 16–21.

rium an die Hand gegeben. Den institutionellen Rahmen komplettiert eine Reihe von Spezialgesetzen, so das Anlagefondsgesetz sowie die kantonalen Wertpapier- und Börsengesetze. Weitere Regelungen enthalten das Obligationenrecht mit seinen wertpapier- und aktienrechtlichen Vorschriften, das Bundesgesetz über internationale Rechtshilfe in Strafsachen, das im Finanzbereich eines seiner wichtigsten Anwendungsfelder hat, und auch das Strafrecht. Verhaltensregeln für die Marktteilnehmer finden sich darüber hinaus in privatrechtlichen Vereinbarungen der Banken.

Mit dem Ziel, die Funktionsfähigkeit des Marktes zu stärken und einem Mißbrauch des Finanzplatzes Schweiz für kriminelle Aktivitäten entgegenzuwirken, sind in den letzten Jahren zahlreiche Regelungen neu gefaßt und weitere auf den Weg gebracht worden[5]:

- So sind seit Anfang 1990 auch Emissionshäuser und Gesellschaften, die sich in erheblichem Umfang bei Banken refinanzieren, um auf eigene Rechnung Personen oder Unternehmen Kredite zu gewähren, dem Bankengesetz und damit auch der Bankenaufsicht unterstellt.
- Nachdem die Banken ihre Vereinbarung über die Sorgfaltspflicht bei der Entgegennahme von Geldern bereits 1987 strenger gefaßt hatten, haben die Eidgenössischen Räte im Frühjahr 1990 eine entsprechende Strafnorm verabschiedet, die nun über die Banken hinaus generell gilt und namentlich auf die Geldwäscherei zielt. Ein Verbot von Insidergeschäften wurde schon zuvor (1988) ins Strafgesetz aufgenommen.
- Eine Revision des Anlagefondsgesetzes ist eingeleitet. Sie soll der größeren Flexibilität der EG-Regelungen Rechnung tragen, die schweizerische Banken veranlaßt hat, Fonds in nennenswertem Umfang in Luxemburg statt in der Schweiz zu gründen.
- An einer Neuordnung der Effektenbörsen mit dem Ziel, die bestehenden kantonalen Börsengesetze durch eine die Transparenz und Effizienz fördernde eidgenössische Rahmenregelung zu ersetzen, wird ebenfalls gearbeitet. Vorab soll den Problemen unfreundlicher Übernahmen durch einen von der Vereinigung Schweizer Börsen vereinbarten Übernahmekodex begegnet werden.
- In einem im Frühjahr 1989 vorgelegten Bericht hat sich die Kartellkommission für eine weitgehende Aufhebung der gesamtschweizerischen Konventionen im Bankgewerbe ausgesprochen. Von ihren 19 Empfehlungen haben die Banken und Börsen 10 angenommen, 5 wurden im Hinblick auf anstehende Revisionen vertagt, in 4 Fällen hat die Kartellkommission beim Eidgenössischen Volkswirtschaftsdepartement die

[5] Vgl. dazu auch *Schweizerische Nationalbank*: 82. Geschäftsbericht, 1989, S. 46–49.

Aufhebung beantragt, darunter die des Großbankensyndikats für öffentliche Anleihen ausländischer Schuldner. Im Zusammenhang mit der von der Kommission monierten Wettbewerbsbeeinträchtigung am Emissionsmarkt hat zudem die Nationalbank die für ausländische Wertpapiere nachteilige Zulassungsvereinbarung gekündigt, die seit 1938 bestand.

- Mit Wirkung vom Jahresbeginn 1990 sind die Vorschriften über die Eigenmittel der Banken entsprechend den Empfehlungen des Ausschusses für Bankenaufsicht bei der Bank für Internationalen Zahlungsausgleich (BIZ), an denen sich auch die Vereinheitlichung der einschlägigen EG-Vorschriften orientiert, revidiert worden; im Ergebnis resultiert daraus eine Senkung der im internationalen Vergleich immer noch hohen schweizerischen Eigenmittelsätze um etwa 4%. Zu einer Kostenentlastung der Banken trägt außerdem eine 1989 in Kraft getretene Änderung der Liquiditätsvorschriften bei.
- Als Teil einer neuen Finanzordnung des Bundes ist schließlich im Verbund mit einer Reform der Umsatzsteuer eine Teilrevision der für die Wettbewerbsfähigkeit des Finanzplatzes Schweiz nachteiligen Stempelabgaben, spezieller Verkehrsteuern auf die Emission und den Handel von Wertpapieren, in Angriff genommen worden, die auf dem parlamentarischen Weg freilich noch ihre Zeit braucht und den Banken längst nicht weit genug geht.

Das alles zeigt, daß Anpassungen auf breiter Front in Gang gekommen sind; doch heißt das nicht, daß nicht mehr viel zu tun bliebe.

Was die Bankdefinition, das Universalbankprinzip, die Zulassung und die Eigenmittelausstattung betrifft, ist das schweizerische Regelwerk weitgehend mit den EG-Richtlinien kompatibel. Mit der Unterstellung der übrigen Finanzintermediäre unter das Bankengesetz geht die Schweiz in ihren Anforderungen sogar teilweise über die entsprechenden EG-Vorschriften hinaus.

In anderen Bereichen der Finanzmarktordnung fehlt es hingegen noch an Kompatibilität[6]. Im Gegensatz zur Europäischen Gemeinschaft kennt die Schweiz keine Beschränkung von Bankbeteiligungen außerhalb des Finanzbereichs und auch keine obligatorische Einlagenversicherung. Bei der Behandlung stiller Reserven läßt das schweizerische Recht Banken wie anderen Unternehmen weit größere Freiheiten, als sie die Publizitäts- und Bilanzierungsvorschriften der EG gewähren. Nicht in Einklang mit dem

[6] Siehe *Gygi*: a. a. O., S. 19–20, sowie Franz *Lusser*: EG-Binnenmarkt und schweizerische Integrationsprobleme aus der Sicht des Finanzsektors, Sonderbericht der Konjunkturforschungsstelle an der ETH Zürich, Nr. 178, Februar 1989, S. 46–52.

EG-Kartellverbot wäre überdies, wenn es bei den noch bestehenden Konventionen der schweizerischen Banken bliebe. Erhebliche Unterschiede, denen es bei der eingeleiteten Neuregelung Rechnung zu tragen gilt, bestehen ferner noch im Börsenbereich, angefangen von den Zulassungsregelungen über die im Widerspruch zum EG-Prinzip der freien Handelbarkeit von Wertpapieren stehenden vinkulierten Namensaktien bis hin zum erwähnten Übernahmekodex der Vereinigung Schweizer Börsen, der hinter den entsprechenden EG-Regeln zurückbleibt.

Die Schweizerische Nationalbank hat wiederholt deutlich gemacht, daß sie im Interesse einer effizienten Geldpolitik einen wirksamen Wettbewerb im Bankensektor begrüßt, über den ja die Transmission monetärer Impulse in den realwirtschaftlichen Bereich läuft, und daß sie in der Gewährleistung eines stabilen Geldwerts als Ergebnis geldpolitischer Effizienz den wirksamsten Beitrag dazu sieht, den Finanzplatz Schweiz von den gesamtwirtschaftlichen Rahmenbedingungen her attraktiv zu halten – auch und gerade vor dem Hintergrund einer währungspolitischen Integration in der Europäischen Gemeinschaft[7].

Seit der Schaffung des Europäischen Währungssystems im Jahre 1979 unterhält die schweizerische Notenbank enge Kontakte zu den EG-Zentralbanken, insbesondere im Rahmen der Zusammenarbeit in der BIZ. Mit der Entscheidung, "other holder" von ECU zu werden, hat sie zudem ihre Kooperationsbereitschaft unterstrichen. Weiter ist sie freilich nicht gegangen. Einen formellen Beitritt zum EWS, der prinzipiell auch Nicht-EG-Mitgliedern offensteht, hat sie nach eingehender Prüfung zusammen mit dem Bundesrat zweimal abgelehnt, das erste Mal gleich 1979, das zweite Mal 1987 anläßlich der starken Turbulenzen an den internationalen Kapital- und Devisenmärkten.

Nun zeigt ein Blick auf die Entwicklung der Wechselkurse, daß der Franken gegenüber den am EWS beteiligten Währungen im letzten Jahrzehnt keine großen Kursausschläge aufwies und gegenüber Drittwährungen, vor allem dem US-Dollar, ähnlich starken Schwankungen wie diese ausgesetzt war. Daraus auf eine „informelle" Teilnahme der Schweiz am EWS[8] und damit auf einen faktischen Autonomieverzicht der Nationalbank zu schließen wäre indessen voreilig. Autonomie der Geldpolitik heißt, diese uneingeschränkt in den Dienst der Geldwertstabilität stellen zu können. Im Verständnis und Gebrauch dieser Handlungsfähigkeit gleicht die Schweizerische Nationalbank der Deutschen Bundesbank. Es kommt daher nicht von

[7] Vgl. *Schweizerische Nationalbank*: a.a.O., S.49.

[8] So Ivano D'*Andrea*: Europe 1992: Développement monétaire et intégration financière, la position de la Suisse, in: Schweizerische Zeitschrift für Volkswirtschaft und Statistik, 126. Jg. (1990), S. 271–278, hier insbes. S. 275.

ungefähr, daß seit Ende der 70er Jahre unter den gegebenen weltwirtschaftlichen Bedingungen eine weitgehende Parallelität zwischen der schweizerischen und der deutschen Geldpolitik festzustellen ist. Die zu beobachtende Stabilität des Frankenkurses gegenüber den EWS-Währungen ist deshalb eher als Reflex der Gleichheit der Ziele mit der deutschen Geldpolitik zu sehen, die im EWS die Führungsrolle innehat, denn als Ausdruck des Bestrebens der schweizerischen Notenbank, den Außenwert des Franken gegenüber den Währungen der wichtigsten Handelspartner – und Konkurrenten auf Drittmärkten – zu stabilisieren.

Festgehalten zu werden verdient das nicht zuletzt, weil es heißt, daß die Schweizerische Nationalbank bislang auch informell nichts von ihrer Autonomie aufgegeben hat. Anders als die Oesterreichische Nationalbank, die den Kurs des Schilling seit Beginn der 80er Jahre in strikter Parität zur D-Mark hält, hat die Notenbank der Schweiz je nach den stabilitätspolitischen Erfordernissen durchaus Schwankungen des Frankenkurses gegenüber der D-Mark zugelassen, Schwankungen, die über die letzten zehn Jahre gesehen immerhin eine Bandbreite von 14% erreichten, also eine wesentlich weitere, als sie der Interventionsmechanismus im EWS vorsieht.

IV. Die Schweiz und die Weiterentwicklung des EWS zu einer Währungsunion

Die bisherige Grundlinie der schweizerischen Politik angesichts der Integration der Finanzmärkte und der Währungspolitik in der Europäischen Gemeinschaft läßt sich somit zusammenfassend durch zwei Bestrebungen kennzeichnen: Vermeidung einer Ausgrenzung des Finanzplatzes Schweiz durch fallweise Anpassung der Finanzmarktordnung an das Regelwerk der Gemeinschaft und fallweise Zusammenarbeit auf Notenbankebene bei Wahrung der geldpolitischen Autonomie. Die Frage ist, was sich für die Geldpolitik der Schweiz ändert, wenn sich das EWS zu einer Währungsunion weiterentwickelt.

Das EWS war vornehmlich mit dem Ziel geschaffen worden, der Volatilität der Wechselkurse, die sich nach dem Ende des Bretton-Woods-Systems aus der weltweiten Vertrauenskrise gegen dessen Leitwährung, den US-Dollar, ergeben hatte, und den damit verbundenen Kosten durch die Vereinbarung „fester, aber noch anpassungsfähiger“ Paritäten zu begegnen. Die jetzt geplante Währungsunion zielt weiter. Sie soll aus dem einheitlichen Binnenmarkt mit freiem Kapitalverkehr ein einheitliches Währungsgebiet machen, in dem es nur noch eine Währung gibt und in dem damit alle Kosten entfallen, die heute noch daraus resultieren, daß Geld von einer Mitgliedswährung der Gemeinschaft in die andere gewechselt wird, was immer das

Risiko von Fehlentscheidungen im Waren-, Dienstleistungs- und Kapitalverkehr birgt und allemal Anpassungskosten verursacht, einzelwirtschaftliche ebenso wie gesamtwirtschaftliche.

Von den drei Stufen zur Verwirklichung der Europäischen Wirtschafts- und Währungsunion, die der *Delors*-Bericht vorsieht, soll die erste zunächst zu einer Verbesserung der innergemeinschaftlichen Konvergenz – das heißt zu einer Verminderung der noch bestehenden Unterschiede in den nationalen wirtschaftspolitischen Zielen und Steuerungsmethoden sowie in der tatsächlichen Wirtschaftsentwicklung von Land zu Land – durch eine verstärkte Koordination im bestehenden institutionellen Rahmen führen. Auf der zweiten Stufe sollen sodann die notwendigen Gemeinschaftsinstitutionen und -verfahren installiert werden, wozu auf währungspolitischem Gebiet vor allem die Schaffung eines Europäischen Zentralbanksystems gehört; die Entscheidungsbefugnis in den einzelnen Politikbereichen, auch in der Geldpolitik, soll jedoch noch bei den nationalen Instanzen verbleiben. Erst mit Beginn der dritten Stufe soll diese auf die Gemeinschaftsinstitutionen übergehen. Gleichzeitig sollen die Mitgliedswährungen dann durch unwiderrufliche Paritäten aneinander gebunden und schließlich durch eine gemeinsame Währung ersetzt werden. Während die Ziele und Verfahren der ersten Stufe durch eine Ratsentscheidung vom März 1990 konkretisiert worden sind[9], ist die Ausgestaltung der zweiten und dritten Stufe noch in vielem offen; Vorschläge dazu soll eine Regierungskonferenz erarbeiten, die der Europäische Rat bei seiner Tagung in Rom im Dezember 1990 eingesetzt hat.

Es ist nicht das erste Mal, daß sich die Europäische Gemeinschaft anschickt, eine Wirtschafts- und Währungsunion zu realisieren. Mit dem *Werner*-Plan war Anfang der 70er Jahre schon einmal ein Anlauf genommen worden. Er scheiterte – und das warf die Integrationspolitik für eine Reihe von Jahren zurück –, weil die währungspolitische Integration mit ihren Zwängen zu einer Vereinheitlichung der nationalen gesamtwirtschaftlichen Ziele und Maßnahmen als Hebel für die wirtschaftspolitische Integration genutzt werden sollte, den Mitgliedsländern ihre Autonomie aber vorging. Statt einem Abbau von innergemeinschaftlichen Kapitalverkehrskontrollen war der Aufbau zusätzlicher Beschränkungen die Folge. Nicht umsonst war die Schaffung des EWS daher auf Skepsis gestoßen. Heute, nach gut zehn-

[9] Vgl. Entscheidung des Rates vom 12. März 1990 zur Erreichung einer schrittweisen Konvergenz der Politiken und der wirtschaftlichen Ergebnisse während der ersten Stufe der Wirtschafts- und Währungsunion (90/141/EWG), in: Amtsblatt der Europäischen Gemeinschaften, Nr. L 78 vom 24. März 1990, S. 23–24 (wiederabgedruckt in: Monatsberichte der Deutschen Bundesbank, 42. Jg., Nr. 7, Juli 1990, S. 36–37).

jähriger Erfahrung, kann man ihm deutliche Erfolge nicht nur bei der Wechselkursstabilisierung, sondern auch bei der Förderung der Konvergenz zwischen den beteiligten Ländern nicht absprechen.

Wie belastbar die Disziplin im Währungsverbund ist, muß sich allerdings unter den Bedingungen eines voll liberalisierten Kapitalverkehrs erst noch erweisen. In der Vergangenheit haben zudem nicht alle EG-Länder am Wechselkursmechanismus teilgenommen, und unter den beteiligten hat Italien Sonderregelungen bezüglich der Bandbreite für Wechselkursschwankungen in Anspruch genommen. Mit der Teilnahme aller Länder – also auch Großbritanniens, Portugals und Griechenlands – bei gleichen Interventionsregeln für alle, wie es die Beschlüsse zur ersten Stufe der Wirtschafts- und Währungsunion nun vorsehen, erweitert sich der Kreis vornehmlich um Länder, die nicht zu den stabilitätsstarken zählen. Das erschwert es der Bundesrepublik, mit ihrer Politik, so wie bisher, den Maßstab für die Gemeinschaft als ganze zu setzen. Hinzu kommen die Probleme, die die Bundesrepublik intern mit einer stabilitätsgerechten Bewältigung des hohen Mittelbedarfs der neuen Bundesländer hat.

Eine forcierte Realisierung der geplanten Währungsunion ist daher nicht ohne Risiken. Sie liegen darin, daß die Disziplin, die in der Geldpolitik und über diese hinaus auch in den anderen Politikbereichen notwendig ist, wenn die Währungsunion eine Stabilitätsgemeinschaft sein soll, Mitgliedsländer, die noch hohe Inflationsraten, Staatsdefizite oder außenwirtschaftliche Ungleichgewichte haben, überfordern könnte. Würde dem durch Nachgiebigkeit beim Stabilitätsziel Rechnung getragen, wäre der Vorteil geringerer Transaktionskosten als Ertrag der Währungsunion teuer erkauft, jedenfalls in den Ländern, die aus eigener Kraft einen stabileren Geldwert erreichen könnten.

Es überrascht daher nicht, daß in der Schweiz auch weiterhin ein Beitritt zum Währungsverbund nicht zur Debatte steht. Was die konkreten Maßnahmen zur Förderung der Konvergenz in der Gemeinschaft im Verlauf der ersten Stufe zur Währungsunion anbelangt, so laufen diese im wesentlichen darauf hinaus, durch etwa zweimal im Jahr stattfindende Überwachungsverfahren des Finanzministerrats und regelmäßige Länderexamen die Mitgliedsländer zu den notwendigen Stabilisierungsanstrengungen anzuhalten. Mehr als Empfehlungen kann der Ministerrat dabei aber nicht aussprechen. Ähnliches gilt für den Ausschuß der EG-Notenbankgouverneure. Dieser hat zwar ein größeres Gewicht erhalten, indem er ermächtigt worden ist, gegenüber dem Ministerrat oder einzelnen Regierungen nicht nur zur Ausrichtung der Geld- und Wechselkurspolitik Stellungnahmen abzugeben, sondern auch zu wirtschafts- und finanzpolitischen Maßnahmen, die auf den monetären Bereich ausstrahlen können; bindend sind diese Stellungnahmen für die Adressaten jedoch nicht. Bezüglich der Abstimmung der Notenbankpolitik in den Mitgliedsländern bleibt es bei Konsultationen im Ausschuß; neu ist lediglich, daß in diese auch Fragen einbezogen werden sollen, die die Stabilität der Finanzmärkte betreffen. Angesichts der eingespielten engen Kontakte der Schweizerischen Nationalbank mit den EG-Zentralbanken ist darin nichts zu sehen, was aus schweizerischem Blickwinkel eine weitergehende Kooperation als bisher dringlich erscheinen ließe.

Das gilt voraussichtlich auch für die zweite Stufe. Denn auch in dem Europäischen Zentralbanksystem, das dann in Funktion treten soll, ist der EG-Zentralbank als gemeinsamem Organ in dieser als Übergang geplanten Phase nur eine koordinierende Funktion zugedacht, während die geldpolitische Entscheidungskompetenz noch voll in nationaler Hand bleibt. Am Statut, das die Regierungen der gemeinsamen Notenbank geben, wird freilich sichtbar werden, wie es mit deren Chancen bestellt ist, einen stabilitätsorientierten Kurs zu verfolgen, wenn später auf der dritten Stufe der Währungsunion die Verantwortung für die Geldpolitik in der Gemeinschaft im ganzen auf sie übergeht[10].

In ihrem Satzungsentwurf für eine EG-Zentralbank haben sich die Notenbankpräsidenten der Gemeinschaft auf vier grundlegende Elemente geeinigt: Die gemeinsame Zentralbank soll die Wahrung der Geldwertstabilität als oberste Aufgabe haben, sie soll von politischen Einflüssen unabhängig sein, die ungeteilte Zuständigkeit für die monetäre Steuerung besitzen und nicht in die Lage gebracht werden können, staatliche Defizite durch Rückgriff auf die Notenpresse zu finanzieren. Der Europäische Rat hat den Entwurf bei seiner Tagung im Dezember 1990 lediglich zur Kenntnis genommen und zur weiteren Behandlung an die Regierungskonferenz überstellt. Entschieden ist somit noch nicht, welchen Weg die Gemeinschaft letztendlich einschlägt, zumal die britische Regierung weiterhin Bedenken gegen einen Autonomieverzicht und gegen eine einheitliche EG-Währung geltend macht. Daß sie als einzige solche Bedenken offen ausspricht, heißt nicht, daß sie damit in der Gemeinschaft alleinsteht. Sollte das Drängen auf eine Währungsunion großenteils von der Vorstellung bestimmt sein, damit der Dominanz einer nationalen Währung und einer nationalen Notenbank – der D-Mark und der Bundesbank – ein Ende zu setzen, so könnte sich die Schweiz von der Beibehaltung ihrer geldpolitischen Autonomie allemal mehr Geldwertstabilität versprechen als von einer Einbindung in das Europäische Zentralbanksystem. Das würde erst recht für den Fall gelten, daß in der Übergangsphase bereits Teile der nationalen Währungsreserven zum Zwecke von Interventionen der Europäischen Zentralbank am internationalen Devisenmarkt gepoolt werden. Konflikte zwischen einer Stabilisie-

[10] Siehe dazu Manfred *Willms*: Grundprobleme eines Europäischen Zentralbankstatuts, in: Wirtschaftsdienst, Jg. 70 (1990), S. 551–556.

rung der Kursentwicklung der ECU und nationalen geldpolitischen Zielen wären vorgezeichnet[11].

Vorausgesetzt, die dritte Stufe der Währungsunion tritt nicht nach einem festen Zeitplan, sondern erst dann in Kraft, wenn eine weitgehende Konvergenz der Wirtschaftspolitik und der Wirtschaftsentwicklung in den EG-Ländern erreicht ist, mögen sich die Implikationen für die Schweiz dann anders darstellen. Sicher ist das aber nicht. Selbst wenn die Europäische Zentralbank von politischer Einflußnahme unabhängig und nur der Wahrung des Geldwertes verpflichtet ist, muß das noch nicht ohne weiteres Stabilität des Preisniveaus in der Gemeinschaft bedeuten. Ausgeschlossen ist jedenfalls nicht, daß unterschiedliche Einschätzungen von Inflationsrisiken und deren Ursachen oder von Wirkungsmechanismen und Wirkungs-Lags der Geldpolitik in einem Europäischen Zentralbankrat zu Kompromissen führen – angefangen von der Festlegung der als stabilitätsgerecht anzusehenden monetären Expansion über die Wahl der angemessenen Steuergröße bis hin zum Instrumenteneinsatz nach Art, Dosierung und Zeitpunkt. Solche Kompromisse hätten zwangsläufig Einbußen an Geldwertstabilität zur Folge[12].

Als ausgemacht kann es daher auch keinesfalls gelten, daß eine einheitliche EG-Währung dem Schweizer Franken über kurz oder lang als Anlagewährung den Rang ablaufen würde, zumal man den Währungswettbewerb im internationalen Maßstab sehen muß und nicht nur im Verhältnis der Schweiz zur Europäischen Gemeinschaft. Aus der deutlichen Zunahme von Finanzaktiva, die auf ECU lauten, läßt sich nur mit Vorbehalt auf die Entwicklung schließen, die zu erwarten ist, wenn die Währungen der EG-Länder durch unwiderrufliche Paritäten aneinander gebunden oder durch eine gemeinsame EG-Währung ersetzt sind; denn ein nicht unwichtiger Grund für den bisherigen Erfolg der ECU bei internationalen Anlegern, die Verringerung des Wechselkursrisikos im Vergleich zu den nationalen Währungen, die ihm zugrunde liegen, entfällt dann[13].

Anders hätte man die Implikationen der Europäischen Währungsunion für die Wettbewerbsfähigkeit des Franken zu beurteilen, wenn man die Fähigkeit der Schweizerischen Nationalbank bezweifeln müßte, künftig noch aus eigener Kraft für ein hohes Maß an Preisstabilität in der Schweiz zu sorgen. Anlaß zu derartigen Zweifeln könnte der kräftige Anstieg der

[11] Vgl. *Sachverständigenrat zur Begutachtung der gesamtwirtschaftlichen Entwicklung*: Auf dem Wege zur wirtschaftlichen Einheit Deutschlands, Jahresgutachten 1990/91, Stuttgart 1990, Ziffer 489.

[12] Siehe *Willms*: a. a. O., S. 555.

[13] Vgl. David *Folkerts-Landau*, Donald J. *Mathieson*: The European Monetary System in the Context of the Integration of European Financial Markets, IMF Occasional Paper No. 66, Oktober 1989, S. 18.

schweizerischen Inflationsrate in den letzten beiden Jahren geben. Obwohl die Zielvorgabe für die Expansion der bereinigten Notenbankgeldmenge von jeweils 2% deutlich unterschritten wurde, erhöhte sich die Teuerungsrate von 1,9% im Jahre 1988 auf 5,4% im Jahresdurchschnitt 1990. Die Erklärung dafür ist jedoch eher in einer Unterschätzung der zentralbankgeldsparenden Effekte der seit 1989 geltenden neuen Liquiditätsvorschriften und der Einführung des elektronischen Interbank-Zahlungssystems zu suchen als in grundlegenden Veränderungen des monetären Umfelds, die für eine eigenständige schweizerische Geldpolitik keinen hinlänglichen Raum mehr ließen. Daß der Spielraum als Folge der Liberalisierung des Kapitalverkehrs kleiner wird, ist zwar nicht zu übersehen; das gilt bei flexiblen Wechselkursen jedoch immer noch in geringerem Maße als bei festen Paritäten.

Ein Dilemma freilich bleibt der Schweizerischen Nationalbank: Je länger sie aus stabilitätspolitischen Gründen Distanz zu festen Bindungen des Franken an die EG-Währungen hält, desto mehr läuft sie Gefahr, sich in ein Europäisches Zentralbanksystem, an dessen Gestaltung sie nicht mitwirken konnte, integrieren zu müssen, wenn die politischen Weichen für den Europäischen Wirtschaftsraum oder schließlich doch für einen Beitritt zur EG gestellt werden. Das aber ist kein spezifisch geldpolitisches Dilemma; es ist – mutatis mutandis – das Dilemma der Schweiz schlechthin.

Literatur

Andrea, Ivano D': Europe 1992: Développement monétaire et intégration financière, la position de la Suisse, in: Schweizerische Zeitschrift für Volkswirtschaft und Statistik, 126. Jg. (1990), S. 271–278.

Andrist, Felix/Thomas Schlup: Das Auslandsgeschäft der Banken 1975–1989, in: Die Volkswirtschaft, 63. Jg. (1990), H. 5, S. 28–32.

Bröker, Günther: Competition in Banking, Trends in Banking Structure and Regulation in OECD Countries, OECD, Paris 1989.

Europäischer Rat: Entscheidung des Rates vom 12. März 1990 zur Erreichung einer schrittweisen Konvergenz der Politiken und der wirtschaftlichen Ergebnisse während der ersten Stufe der Wirtschafts- und Währungsunion (90/141/EWG), in: Amtsblatt der Europäischen Gemeinschaften, Nr. L 78 vom 24. März 1990, S. 23–24 (wiederabgedruckt in: Monatsberichte der Deutschen Bundesbank, 42. Jg., Nr. 7, Juli 1990, S. 36–37).

Folkerts-Landau, David/Donald J. Mathieson: The European Monetary System in the Context of the Integration of European Financial Markets, IMF Occasional Paper No. 66, Oktober 1989.

Gygi, Ulrich: Rechtliche Rahmenbedingungen für den Finanzplatz Schweiz: Heutiger Stand und Entwicklungen im Hinblick auf EG 92, in: Die Volkswirtschaft, 63. Jg. (1990), H. 5, S. 16–21.

Lusser, Franz: EG-Binnenmarkt und schweizerische Integrationsprobleme aus der Sicht des Finanzsektors, Sonderbericht der Konjunkturforschungsstelle an der ETH Zürich, Nr. 178, Februar 1989, S. 46–52.

Lusser, Markus: Vortrag vor der Schweizerisch-Deutschen Wirtschaftsvereinigung, Düsseldorf, 6. November 1990, zitiert nach BIS Review, Nr. 234/1990, S. 1–8.

OECD (Hrsg.): Liberalisation of Capital Movements and Financial Services in the OECD Area, Paris 1990.

Sachverständigenrat zur Begutachtung der gesamtwirtschaftlichen Entwicklung: Auf dem Wege zur wirtschaftlichen Einheit Deutschlands, Jahresgutachten 1990/91, Stuttgart 1990.

Schweizerische Nationalbank: 82. Geschäftsbericht, 1989.

Willms, Manfred: Grundprobleme eines Europäischen Zentralbankstatuts, in: Wirtschaftsdienst, Jg. 70 (1990), S. 551–556.

*Karl Socher**

Das Vorhaben einer Europäischen Währungsunion aus österreichischer Sicht

Die europäische Währungsintegration wird hier in dreifacher Weise aus „österreichischer Sicht" betrachtet: Erstens aus der Erfahrung Österreichs mit seinen Währungsunionen. Dabei ist vor allem die Desintegrationstendenz der Währungsunion der Habsburger-Monarchie von Bedeutung. Es zeigten sich Zerfallserscheinungen durch die Bestrebungen zu größerer nationaler Selbständigkeit, die auch durch währungspolitische, notwendigerweise zentralistische Maßnahmen mit unterschiedlicher regionaler Auswirkung ausgelöst wurden.

Die zweite Sichtweise ist die der österreichischen Schule der Nationalökonomie, die durch eine große Skepsis gegen zentralistische und „konstruktivistische" Lösungen gekennzeichnet ist. Die Wettbewerbslösung für die Währungsintegration, wie sie vom seinerzeitigen britischen Finanzminister Major entwickelt wurde, geht auf Hayeks Ideen vom Währungswettbewerb zurück. Auch die gut funktionierende österreichische Währungsunion mit der D-Mark hat sich schrittweise, spontan und evolutionär entwickelt. Die Skepsis gegenüber Papiergeld-Währungen, die die "Austrian Economists" in den USA für die Goldwährung plädieren läßt, führt zusammen mit der Neuen Politischen Ökonomie, die von Schumpeter für die Demokratie und von Mises für die Bürokratie entwickelt wurde, zu einer kritischen Einstellung zu den bisher bekannten Vorschlägen für ein Europäisches Zentralbankstatut.

Im dritten Teil wird dann untersucht, welche Konsequenzen ein weiterer Fortschritt der europäischen Währungsintegration auf Österreich haben könnte. Eine forcierte zentralistische Festlegung der Europäischen Währungsunion würde für Österreich Nachteile bringen. Die deutsche Währungspolitik könnte nicht mehr als Anker der Stabilität dienen, so daß die Vorteile, die Österreich aus seiner bisherigen Währungsunion mit der D-Mark zieht, verlorengingen. Die geringen Vorteile, die eine Europäische Währungsunion in der Ersparung von Transaktions- und Sicherungskosten für Österreich einmal bringen könnte, werden voraussichtlich bei weitem aufgehoben durch die grö-

* Ich danke Frau Univ.-Ass. Dr. Theresia Theurl für die Zusammenstellung von Unterlagen, kritische Durchsicht und wertvolle Hinweise.

ßeren Kosten der Instabilität und internen Spannungen einer Währungsunion von derart verschiedenen Ländern.

I. Die Entwicklung zur Währungsunion mit der D-Mark

Die Erfahrungen Österreichs mit Währungsunionen reichen weit zurück. Die bayerisch-österreichische Währungsunion wurde 1753 gegründet, später gab es die Währungsunion mit dem Deutschen Zollverein, der nach dem preußisch-österreichischen Krieg von 1866 der Anschluß an die lateinische Münzunion folgen sollte. In der Währungsunion einer einheitlichen Währung in Österreich-Ungarn nach dem Ausgleich mit Ungarn 1867 traten später Spannungen auf, die in die Richtung einer Desintegration gingen. Die Erfahrungen mit einer „Quasi"-Währungsunion mit der D-Mark der Bundesrepublik begannen 1969, als die D-Mark aufwertete, und gehen über den Lernprozeß, der in den Jahren 1976 bis 1979 die Voraussetzungen der Wirtschaftspolitik für eine „Hartwährungspolitik" klärte, bis zum Jahr 1982, ab dem der D-Mark-Kurs bis fast auf den (österreichischen) Groschen genau fixiert blieb.

Die Bindung des Schillings an die D-Mark war innerhalb des Währungssystems von Bretton Woods noch nicht gegeben. Der Dollarkurs in Schilling blieb seit der sogenannten Kursvereinheitlichung (Abwertung) von 1953 bis 1970 mit 26,00 und 25,85 öS/US-$ fast stabil, während der DM-Kurs durch die zwei deutschen Aufwertungen der Jahre 1961 und 1969 von 1953 bis 1970 von 6,19 auf 7,09 öS/DM stieg. Die „Nicht-Aufwertung" des Schillings mit der D-Mark 1969 war allerdings schon umstritten; Finanzminister *Koren* plädierte für ein Mitziehen, um die Preisniveaustabilität nicht zu gefährden[1].

Tatsächlich erwies sich das Nicht-Mitgehen als Fehler, weil durch den großen Anteil des Handels- und Dienstleistungsverkehrs mit der Bundesrepublik Deutschland von ca. 40% die De-facto-Abwertung des Schillings expansive Effekte zur Folge hatte. Anfang 1971 wurde daher die neuerliche Aufwertung mitvollzogen. Mit dem Zusammenbruch des Bretton-Woods-Systems am 15. August 1971 ging Österreich als erstes Land zu einer Kurs-

[1] Siehe dazu Hannes *Androsch*: Die politische Ökonomie der österreichischen Währung. Ein Überblick über die österreichische Währungspolitik von 1760 bis 1984 vor dem Hintergrund der internationalen Entwicklung, Wien 1985; Karl *Socher*: Österreichische Wechselkurspolitik, in: Beiträge zur Stabilitätspolitik, hrsg. vom österreichischen Forschungsinstitut für Sparkassenwesen (Dr. Stigleitner-Schriftenreihe, Bd. 13), Wien 1973, S. 101–117; ders.: Geldwertsicherung und Wirtschaftsstabilität in einer kleinen Volkswirtschaft am Beispiel Österreichs, in: Geldwertsicherung und Wirtschaftsstabilität (Festschrift für Helmut Schlesinger zum 65. Geburtstag), hrsg. von Norbert Bub, Dieter Duwendag und Rudolf Richter, Frankfurt am Main 1989, S. 259–278.

fixierung eines Währungskorbes über, der „Indikator" genannt wurde und zu Beginn die D-Mark zu rund 50% gewichtete. Allmählich wurden dann diejenigen Währungen, die nach unten zu floaten begannen (wie das Pfund und die Lira), und die Währungen, die im Rahmen des europäischen Währungssystems (auch schon vor dem Entstehen des EWS 1979) abwerteten, aus dem Indikator ausgeschieden.

Schließlich blieb die D-Mark als die härteste Währung übrig. Nur für ganz kurze Zeit wurde der Schweizer Franken noch mit einem kleinen Anteil berücksichtigt. Da er zeitweise stärker aufwertete als die D-Mark, wurde er auch aus dem Indikator genommen. Allerdings wurde in der Zeit von 1971 bis 1983 durch die Mitberücksichtigung von anderen Währungen neben der D-Mark im Indikator und autonome Aufwertungen sowie Abwertungen gegenüber der D-Mark der Kurs gegenüber der D-Mark nicht vollkommen stabil gehalten. Von Jahresende 1971 (7,23 öS/DM) stieg der Kurs der D-Mark im Jahresdurchschnitt bis auf 7,33 öS/DM im Jahr 1973, fiel dann wieder auf 7,08 öS/DM (1975), worauf ein Kursanstieg bis 1979 auf 7,29 öS/DM folgte. Danach ging der Kurs stetig zurück und erreichte mit 7,03 öS/DM im Jahr 1982 einen Wert, den er bis heute hält. Der stärkste Kursausschlag in der Zeit von 1970 bis 1982 (gemessen an den Monatswerten) betrug 6%, der Abstand zwischen den Jahresdurchschnittskursen von 1970 gegenüber denen von 1982–1990 ist aber weniger als 1%. Von 1983 bis heute bewegte sich der Kurs insgesamt nur um ca. 1/3%, also weit weniger als die Bandbreite im Europäischen Währungssystem von ±2,25%. Damit kann heute mit größerer Berechtigung von einer Währungsunion zwischen dem Schilling und der D-Mark gesprochen werden als von einer Währungsunion zwischen dem holländischen Gulden und der D-Mark, denn der Gulden ist seit 1970 bis heute gegenüber der D-Mark um 12% abgewertet worden und erst seit 1984 gegenüber der D-Mark fast so stabil wie der Schilling.

Diese Entwicklung zur Währungsunion war nicht von vornherein geplant, sondern ergab sich in einer Art Währungswettbewerb (F. von *Hayek*) um die stabilste Währung als Orientierungsgröße, in einer ähnlichen Weise, wie sie der *Major*-Plan für die harte ECU vorsieht. Der beste Beweis gegen die Notwendigkeit eines zentralistisch geregelten Weges zur Währungsunion ist die Tatsache, daß Österreich ohne Mitgliedschaft im EWS eine stabilere Kursentwicklung zur „Ankerwährung" des EWS hatte als alle anderen EWS-Länder und seit 1982 einer De-facto-Währungsunion angehört.

Zugleich ist die Entwicklung in Österreich auch ein Beweis dafür, daß es eines längerfristigen Lernprozesses bedarf, um die Voraussetzungen für eine Währungsunion zu erfüllen. Der *Delors*-Plan von 1989[2] sieht dafür die zweite

[2] Vgl. *Ausschuß zur Prüfung der Wirtschafts- und Währungsunion*: Bericht zur Wirtschafts- und Währungsunion in der Europäischen Gemeinschaft, o. O., 1989.

Stufe vor, die nach den bisher vorliegenden Beschlüssen unter Umständen nur von 1994 bis 1997 dauern soll. In Österreich dauerte dieser Prozeß rund 10 Jahre. Hier wurde die Kursfixierung seit 1971 als ein Instrument der Stabilisierungspolitik betrachtet, die anderen Instrumente, deren Einsatz für die Stabilisierungspolitik notwendig ist, hat man dabei aber vernachlässigt. Weder die Einkommenspolitik noch die Geld- und Budgetpolitik waren auf die Stabilhaltung des Wechselkurses und damit auf die relative Geldwertstabilität im Verhältnis zur Bundesrepublik Deutschland angelegt. Dadurch kam die sich entwickelnde Währungsunion zwischen 1976 und 1978 derart in Gefahr, daß Vorschläge für eine Abwertung des Schillings diskutiert[3] wurden und die schon erwähnte autonome leichte Abwertung gegenüber der D-Mark eingeleitet wurde. Ein weiterer Lernprozeß betraf die Zinspolitik, die ab 1979 nicht mehr autonom betrieben werden konnte. Im folgenden Kapitel sollen die Ergebnisse dieses Lernprozesses im einzelnen dargestellt werden.

II. Die Voraussetzungen für die Aufrechterhaltung der Währungsunion[4]

Das Hauptergebnis des Lernprozesses war die Erkenntnis, daß auf den „Geldmengen-Preisniveau-Mechanismus“ (Goldautomatismus) kein Verlaß ist, sondern die Einkommens-, Geld- und Budgetpolitik auf die Erhaltung des Wechselkurses ausgerichtet werden muß, wobei aber kein Gleichlauf bei den sog. “fundamentals” (Preisniveau, Leistungsbilanz, Geldmenge, Budgetdefizit etc.) angestrebt werden muß.

Hätte man nur den Goldautomatismus spielen lassen, dann wäre bei zu expansiver interner Politik oder von außen kommenden Schocks durch die passiv werdende Leistungsbilanz und ihre restriktiven Wirkungen die Anpassungsfähigkeit vor allem des Preisniveaus, aber auch der Reallöhne überfordert worden, und es wären gefährliche Erwartungen bezüglich leichter vorzunehmender Anpassungen über Abwertung und Inflation entstanden.

[3] Vgl. Karl *Socher*: Argumente für eine Schillingabwertung, in: Finanznachrichten, Nr. 15 vom 1. Dezember 1978.

[4] Siehe hierzu auch ders.: Voraussetzungen für die Aufrechterhaltung einer Hartwährungspolitik, in: Wirtschaftspolitische Blätter, 35. Jg. (1988), S. 47–57.

A. Währungsunionsgerechte Einkommenspolitik

Die Lohnpolitik kann in einer Währungsunion nur innerhalb gewisser Bandbreiten von der Produktivitätsentwicklung abweichen. Diese Bandbreite hängt nicht nur davon ab, wieweit im Leitwährungsland die Löhne und die Lohnnebenkosten über die Produktivität hinaus steigen, sondern auch von der Lohn- und Preisentwicklung im Exportsektor (zu dem neben der Industrie auch der in Österreich sehr bedeutende Fremdenverkehr gehört), der Entwicklung im Export- und Importsektor mit nicht der Währungsunion angehörenden Ländern (soweit die Struktur von der Export- und Importstruktur des Leitwährungslandes abweicht), Änderungen in der Besteuerung oder Subventionierung im Außenhandel, tolerierbaren Änderungen in der Leistungs- bzw. Kapitalbilanz usw. Eine Berechnung derjenigen Lohnerhöhugen, die mit der Währungsunion auf längere Sicht vereinbar sind, ist wegen der Vielzahl der Faktoren und der Problematik von Prognosen nicht möglich. Tatsächlich hat sich die österreichische Lohnpolitik deshalb einerseits an der Entwicklung der Konkurrenzposition in den Exportsektoren und an den deutschen Lohnentwicklungen orientiert. Das konnte in der Vergangenheit aber nicht verhindern, daß manchmal die Lohnsteigerungen stark über die Produktivität hinausgingen, wie es in *Schaubild 1* in den Jahren 1973 und 1978 auch im Vergleich zur deutschen Entwicklung deutlich wird. In beiden Fällen sind Konkurrenznachteile der Exportindustrie gegenüber der Bundesrepublik Deutschland und damit Auswirkungen auf die Handelsbilanz entstanden, die die Hartwährungspolitik in Gefahr brachten. 1973/74 wurde die zu große Lohnerhöhung durch Prognosen ausgelöst, die hohe nominelle Lohnsteigerungen gerechtfertigt erscheinen ließen. In beiden Fällen wurden die überhöhten Lohnsteigerungen jedoch im nächsten Jahr durch die lohnpolitische Zurückhaltung kompensiert; seit 1982 zeigt sich ein fast vollkommener Gleichlauf zwischen der Bundesrepublik Deutschland und Österreich.

Diese rasche Korrektur von nicht wechselkursgerechten Lohnerhöhungen ist wohl nur im einzigartigen System der österreichischen Sozialpartnerschaft möglich. Durch die starke Stellung des Gewerkschaftsbundes gegenüber den Einzelgewerkschaften, die ohne die Genehmigung der Spitze des Gewerkschaftsbundes keine Lohnverhandlungen führen dürfen, ist der Gewerkschaftsbund in der Lage, gesamtwirtschaftliche Rücksichten zu nehmen. Auch die „Hartwährungspolitik“ – also die Fixierung des DM-Kurses – wurde in sogenannten Währungsgipfeln einstimmig von den Sozialpartnern festgelegt[5]. Als Detail soll erwähnt werden, daß der ehemalige

[5] Vgl. *Androsch*: a. a. O., S. 120–121; *Socher*: Österreichische Wechselkurspolitik, a. a. O., S. 103–104.

Schaubild 1

Löhne 1) und Produktivität 2)
Differenz der Wachstumsraten

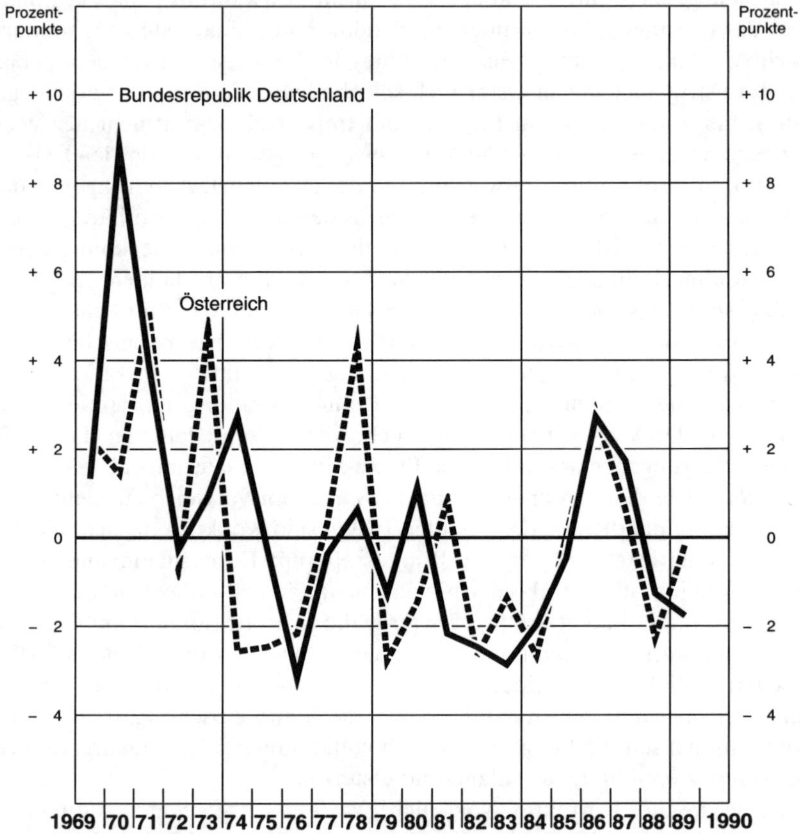

1) Einkommen aus unselbständiger Arbeit je beschäftigten Arbeitnehmer (real).-
2) Bruttoinlandsprodukt in Preisen von 1980 je Erwerbstätigen.
Quelle: Sachverständigenrat zur Begutachtung der gesamtwirtschaftlichen Entwicklung: Auf dem Wege zur wirtschaftlichen Einheit Deutschlands, Jahresgutachten 1990/91, Stuttgart 1990.

Chef-Ökonom des Gewerkschaftsbundes als Generaldirektor der Nationalbank diese Hartwährungspolitik mittrug, während die Stimmen für eine Abwertung in den Jahren ab 1977 aus Kreisen der verstaatlichten Industrie in Bundeskanzler *Kreisky* einen Befürworter fanden, der sich aber gegen seinen Finanzminister und die Sozialpartner nicht durchsetzen konnte.

Neben dieser einzigartigen österreichischen Sozialpartnerschaft hat sicherlich auch die Außenhandelsabhängigkeit des kleinen Landes die Ausrichtung der Lohnpolitik auf den Wechselkurs erleichtert, weil die Folgen der Lohnerhöhungen im großen Exportsektor sehr deutlich sichtbar werden. Beide Voraussetzungen liegen aber in großen Ländern der EG nicht vor. Deshalb ist die Forderung des *Delors*-Berichts, daß bei Wahrung der Tarifautonomie versucht werden müßte, „die europäischen Arbeitgeber und Arbeitnehmer von den Vorteilen einer weitgehend am Produktivitätsfortschritt orientierten Lohnpolitik zu überzeugen“[6], wohl ein Wunschbild, wenn man an die Arbeitgeber/Arbeitnehmer-Beziehungen in vielen EG-Ländern denkt. Auch die Studie „Ein Markt, eine Währung“ der EG-Kommission[7] kommt zum Schluß, daß die meisten EG-Länder nicht diejenigen Lohnbildungsprozesse besitzen, in denen gesamtwirtschaftliche Entwicklungen berücksichtigt werden (wie bei einer zentralen Lohnbildung in Österreich) oder in denen sehr dezentral und „damit sozial effizient“ auf die Marktentwicklung Rücksicht genommen wird.

B. Währungsunionsgerechte Geldpolitik

Die Autonomie der Geldpolitik geht in einer Währungsunion grundsätzlich verloren. Die Erfahrungen in Österreich haben jedoch gezeigt, daß es innerhalb eines kleineren Spielraumes möglich ist, eine eigenständige Politik zu betreiben, und es auch notwendig ist, diesen Spielraum zu nutzen, um nicht über den „Goldautomatismus“ (passive Zahlungsbilanz) eine starke Restriktion zu erzwingen.

Zu Beginn der Hartwährungsperiode wurde noch eine kleine Bandbreite der Wechselkurs-Anpassung genutzt, die seit 1983 aufgegeben wurde. Heute würde deshalb auch eine nur kleine Abweichung vom DM-Kurs, selbst innerhalb der Bandbreite des EWS, Spekulationen auf ein Verlassen der Währungsunion erzeugen.

Die Geldpolitik hat derzeit in Österreich aber immer noch Instrumente zur Verfügung, die in einer vollkommenen Währungsunion entfallen. Es sind dies die Devisen- und Kreditkontrollen. Die Devisenkontrollen wurden noch 1972 zur Abwehr von Kapitalzuflüssen eingesetzt, aber seither immer mehr abgebaut. Für Nicht-Banken bestehen nach wie vor Verbote für die

[6] *Ausschuß zur Prüfung der Wirtschafts- und Währungsunion*: a.a.O., Ziffer 30, S.23.

[7] Vgl. *Kommission der Europäischen Gemeinschaften*: Ein Markt, eine Währung. Potentielle Nutzen und Kosten der Einrichtung einer Wirtschafts- und Währungsunion – eine Bewertung, in: Europäische Wirtschaft, Nr. 44, Oktober 1990, S. 167–168.

kurzfristige Verlagerung von Geldern ins Ausland und für Kreditaufnahmen im Ausland. Sie erfüllen keinen währungspolitischen Zweck mehr, sondern dienen dem Schutz der inländischen Banken vor ausländischem Wettbewerb. Österreich hat sich nicht an den EG-Beschluß gehalten, der im ersten Halbjahr 1990 in Italien und Frankreich zur Aufhebung der Kapitalverkehrskontrollen führte. In dieser Hinsicht hat Österreich also noch nicht einmal die erste Stufe des *Delors*-Plans erreicht. Tatsächlich würde allerdings die Aufhebung der Kontrollen im Moment wenig Netto-Effekte haben, was auch aus der gleichläufigen Zinsentwicklung in Österreich und Deutschland hervorgeht. Im Zuge der Entstehung der Währungsunion, als die Wechselkurserwartungen noch nicht so gefestigt waren, hätte aber ein vollkommen freier Kapitalverkehr zweifellos zu stärkeren spekulativen Geldabflüssen Anlaß gegeben. Es ist anzunehmen, daß ein vollkommen freier Kapitalverkehr in der Phase der Entstehung der Europäischen Währungsunion (Stufen 1 und 2 des *Delors*-Plans) bei Spannungen im Wechselkursgefüge zu großen Kapitalbewegungen und damit Problemen für die Geldpolitik führen könnte.

Durch die Kreditkontrollpolitik hat die Nationalbank bis Anfang der 80er Jahre einen direkten, von der Zahlungsbilanz-, Liquiditäts- und Zinsentwicklung unabhängigen Einfluß auf die Kreditgewährung und damit die Giralgeldschöpfung der Banken ausgeübt. Schon in den letzten Phasen dieser Kreditkontrollpolitik wurde eine Umgehung durch die Aufnahme von Auslandswährungs-Krediten häufiger, bei einer vollkommenen Liberalisierung der Kreditaufnahme im Ausland wäre sie praktisch wirkungslos. Sie war in dieser Aufbauphase der Währungsunion aber ebenfalls ein hilfreiches Mittel der Geldpolitik. Inzwischen haben sich sowohl die kurz- wie die langfristigen Erwartungen einer weiteren Kursfixierung so gefestigt, daß beide Instrumente nicht mehr notwendig wären. Heute würde bei destabilisierenden Erwartungen wahrscheinlich eine geringe Zinserhöhung gegenüber der Bundesrepublik Deutschland ausreichen, um Kapitalabflüsse zu verhindern.

Die Angleichung der Zinsen und der anderen geldpolitischen Instrumente an die in der Bundesrepublik Deutschland hat sich in einem Prozeß vollzogen, der rund zehn Jahre dauerte. Zuerst wurde im Jahr 1979 versucht, mit Hilfe der Devisenkontrollen den Zinssatz in Österreich niedriger zu halten als im Ausland. Dieser Versuch mußte nach dem Verlust von rund einem Drittel der Devisenreserven aufgegeben werden. In den folgenden Jahren mußten sowohl kurz- wie langfristige Zinssätze geringfügig über den deutschen Sätzen gehalten werden, und erst in den letzten Jahren glich sich das Zinsniveau auf beiden Märkten immer mehr an (siehe *Schaubild 2*)[8].

[8] Vgl. ferner Peter *Brandner*: Zinsdifferentiale und Wechselkurserwartungen auf dem Geld- und Kapitalmarkt, in: Monatsberichte des Österreichischen Instituts für Wirtschaftsforschung, Nr. 10, Oktober 1990, S. 573–579.

Schaubild 2

Zinsentwicklung im internationalen Vergleich

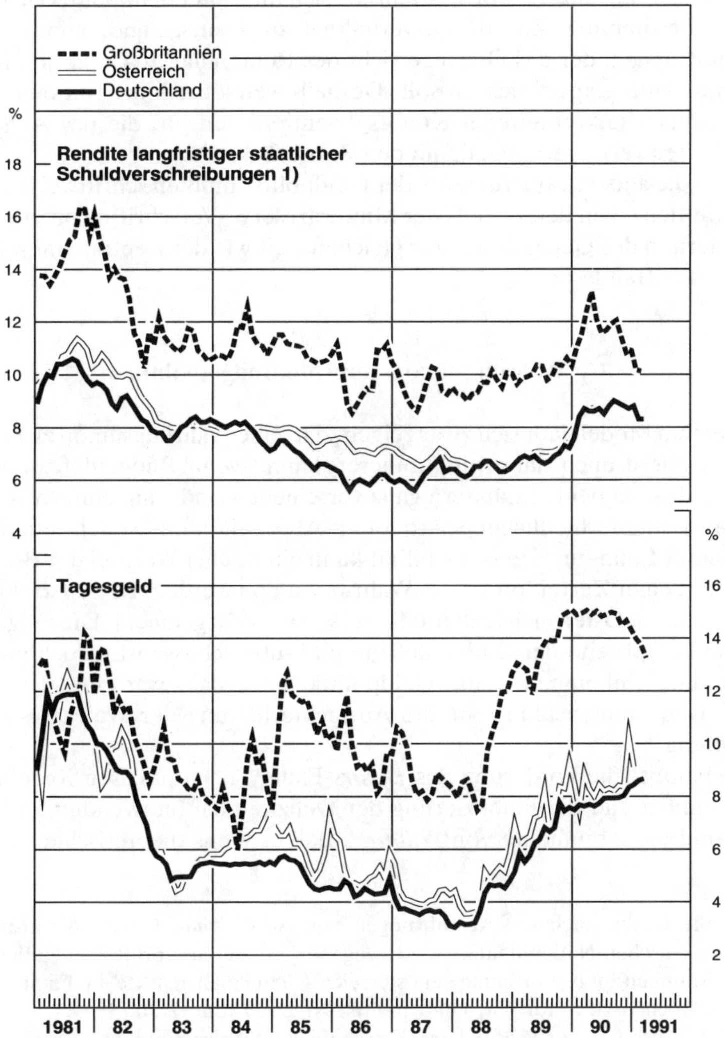

1) Deutschland: Umlaufsrendite für Anleihen der öffentlichen Hand; Großbritannien und Österreich: Umlaufsrendite für Staatsanleihen mit einer Restlaufzeit von 10 Jahren.
Quelle: Deutsche Bundesbank.

Eine vollkommene Angleichung der langfristigen Sätze wird durch unterschiedliche, veränderte Besteuerungen verhindert (österreichische Zinsertragsteuer – Einführung, Senkung und Abschaffung; deutsche Kapitalertragsteuer – Einführung und Abschaffung; österreichische Kapitalertragsteuer – Einführung). Derzeit orientiert sich die Notenbankpolitik nicht an einem bestimmten Zinsniveau-Verhältnis zu Deutschland, sondern an einem Zinssatz, der das Gleichgewicht des Rentenmarktes zwischen Kapitalimport und -export sichern soll. Deshalb wendet sich die Nationalbank auch gegen die verbreiteten Kreditsubventionierungen, die das Angebot von Renten verringern und damit den Zins drücken[9].

Auch die anderen Instrumente der Geldpolitik mußten schrittweise angepaßt werden – von den Details der Mindestreserve-Vorschriften bis zum Sitzungstermin des Generalrates zur gleichen Zeit wie der Zentralbankrat der Deutschen Bundesbank.

C. Währungsunionsgerechte Budgetpolitik

In einem Modell läßt sich zwar zeigen, daß eine Währungsunion zwischen zwei Ländern auch dann funktionieren kann, wenn Budgetdefizite oder -überschüsse in beiden Ländern ganz verschieden sind – am einfachsten im Fall stark unterschiedlicher Sparquoten. Aber schon im Modell mit eingeschränkter Lohn- und Preisflexibilität kann ein rascher Wechsel der Budgetpolitik zu einer Zerreißprobe der Währungsunion werden. Diese Erfahrung wurde auch in Österreich in den Jahren 1975 bis 1978 gemacht. Die mögliche Schwankungsbreite der Budgetdefizite und -überschüsse ist jedoch größer als die der Einkommens- und Geldpolitik, keinesfalls war eine gleichlaufende Budgetentwicklung für die Aufrechterhaltung der Währungsunion notwendig.

Deshalb ist die Forderung des *Delors*-Plans[10] nach präzisen Regeln für den Umfang und die Finanzierung der Defizite nicht notwendig; andererseits sind die Argumente von *Willms*[11], daß es – aus theoretischer Sicht –

[9] Siehe hierzu auch die Ausführungen von Adolf *Wala*, Generaldirektor der Oesterreichischen Nationalbank, wiedergegeben in: EG-konforme Deregulierung. Einige Stimmen zur Neuordnung der österreichischen Finanzmärkte, in: Finanznachrichten. Wochenschrift für Wirtschaftspolitik, Nr. 28/29 vom 12. Juli 1990.

[10] Vgl. *Ausschuß zur Prüfung der Wirtschafts- und Währungsunion*: a.a.O., S. 38 und 40.

[11] Vgl. Manfred *Willms*: Der Delors-Plan und die Anforderungen an eine gemeinsame Europäische Geldpolitik, in: Kredit und Kapital, Jg. 23 (1990), S. 30–58, hier S. 53–56.

Budgetdefizite (in % des BIP)		
Jahr	Bundesrepublik Deutschland	Österreich
1973	0,7	1,2
1974	1,1	0,8
1975	3,5	5,9
1976	1,8	4,6
1977	1,8	3,9
1978	2,1	4,1
1979	1,8	3,5
1980	2,0	3,0
1981	2,6	3,2
1982	2,3	4,1
1983	1,9	6,2
1984	1,5	4,2
1985	1,4	4,1
1986	1,2	6,4
1987	1,2	5,4
1988	1,6	3,1
1989	0,7	3,2

Quelle: Heinz *Handler*: Grundlagen der österreichischen Hartwährungspolitik. Geldwertstabilisierung, Phillipskurve, Unsicherheit (Recht – Wirtschaft – Außenhandel, hrsg. von Peter Doralt und Helmut H. Haschek, Bd. 14), Wien 1989, S. 56–57.

keiner Koordination der Finanzpolitik bedarf, in der Praxis nicht haltbar, wie *Schlesinger* und auch die *Deutsche Bundesbank* betonen[12]. Auch der bereits erwähnte EG-Bericht „Ein Markt, eine Währung“ sieht eine Koordinations-Notwendigkeit im Fall möglicher mittelfristig zu hoher Defizite[13]. Der Markt allein hat bisher nicht ausreichend als Bremse für eine zu hohe, auf Dauer nicht haltbare Verschuldung gedient. In Österreich ist die Verringerung des mittelfristig nicht haltbaren Defizits von 1986 bis zu einer haltbaren Größe, die in der Zeitspanne 1992 bis 1994 erreicht werden soll, zwei Koali-

[12] Vgl. Helmut *Schlesinger*: Die währungspolitischen Weichenstellungen in Deutschland und in Europa, Vortrag auf der Jahrestagung des Vereins für Socialpolitik, „Monetäre Konfliktfelder der Weltwirtschaft“, Würzburg, 3. Oktober 1990 (Tagungsband erscheint demnächst); *Deutsche Bundesbank*: Stellungnahme der Deutschen Bundesbank zur Errichtung einer Wirtschafts- und Währungsunion in Europa, vom 19. September 1990, abgedruckt in: Monatsberichte der Deutschen Bundesbank, 42. Jg., Nr. 10, Oktober 1990, S. 41–45.

[13] Vgl. *Kommission der Europäischen Gemeinschaften*: a. a. O., S. 132–133.

tionspaketen der Regierungsparteien zu verdanken, die die Bedeutung der Budgetkonsolidierung für die Aufrechterhaltung der Hartwährungspolitik ausdrücklich betonen. Sie ist eine ähnliche Grundsatzregelung wie das *Gramm-Rudman*-Gesetz in den USA, wenn auch ohne direkte Sanktionen.

D. Die Stabilisierungspolitik der Deutschen Bundesbank

Ohne die Politik der Geldwertstabilisierung der Deutschen Bundesbank wäre die Währungsunion nicht zustande gekommen und hätte die Währungsunion auch in Zukunft keinen Bestand. Die Wahl der D-Mark als „Unionspartner" ist vor allem deshalb erfolgt, weil sie sich als die wertbeständige Währung erwies, an der sich laut § 2 des Nationalbankgesetzes die Notenbank zu orientieren hat[14], weniger deshalb, weil die Bundesrepublik Deutschland der größte Handelspartner Österreichs ist. Denn das Hauptziel der Wechselkurspolitik Österreichs war die „Hartwährungspolitik", d.h. der Import von Geldwertstabilität. Für die Entstehung und Erhaltung dieses „optimalen Währungsgebietes" war also weder die Mobilität der Produktionsfaktoren noch der große Handelsanteil oder der Versuch einer engeren Integration mit der Bundesrepublik Deutschland, sondern die Zielsetzung der Geldwertstabilität maßgebend. In der Diskussion über die verschiedenen Abgrenzungskriterien für ein optimales Währungsgebiet mit fixen Kursen ist dieses Kriterium zuerst von *Haberler* und später von *Ingram* genannt worden[15].

Während Ende der 70er Jahre in Österreich die Abwertung des Schillings gegenüber der D-Mark diskutiert wurde, weil Österreich ein großes Leistungsbilanzdefizit entwickelte, wurde 1990 die Frage der Aufwertung des Schillings gegenüber der D-Mark diskutiert, weil mit der deutsch-deutschen Währungsunion eine Inflation befürchtet wurde[16]. Auf der anderen Seite brachte die Wiedervereinigung aber einen starken Zinsanstieg, der die deutschen Kapitalbilanz- und Leistungsbilanzüberschüsse der Tendenz nach ver-

[14] § 2 (2) Nationalbankgesetz 1955: Die Nationalbank „hat mit allen ihr zu Gebote stehenden Mitteln dahin zu wirken, daß der Wert des österreichischen Geldes in seiner Kaufkraft im Inland sowie in seinem Verhältnis zu den wertbeständigen Währungen des Auslands erhalten bleibt".

[15] Vgl. Gottfried *Haberler*: Der internationale Handel. Theorie der weltwirtschaftlichen Zusammenhänge sowie Darstellung und Analyse der Außenhandelspolitik, Berlin 1933, S. 41; James C. *Ingram*: Comment: The Currency Area Problem, in: Monetary Problems of the International Economy, hrsg. von Robert A. Mundell und Alexander K. Swoboda, Chicago–London 1969, S. 95–100, hier S. 97.

[16] Siehe Erich *Streissler*: Deutschland, Deutschland über alles?, in: Wochenpresse, Nr. 15 vom 15. April 1990.

ringert und damit einen Kursanstieg der D-Mark gegenüber den anderen Währungen des EWS auslösen könnte. Da Österreich aber in diesem Fall gezwungen wäre, den Kursanstieg mitzumachen, wäre damit seine Leistungsbilanz, die nicht wie die deutsche große Überschüsse zeigt, sondern etwa ausgeglichen ist, in Gefahr. Deshalb kann auch eine Abwertung empfohlen werden. Tatsächlich hat aber diese Diskussion zu keinen Reaktionen auf den Märkten geführt, d.h., daß die Erwartungsstabilisierung durch die lange Zeit der Kursfixierung schon weit fortgeschritten ist.

III. Gesamtwirtschaftliche Ergebnisse der Währungsunion

Die österreichische Wirtschaft gewann durch die Währungsunion an Geldwert- und Konjunkturstabilität, weil die Bundesrepublik Deutschland diese Ziele relativ besser als andere EG-Länder erreichte. Die Geldwertstabilität war allerdings geringer als die in Deutschland, und die Konjunkturschwankungen waren nur in den Jahren von der deutschen Konjunktur abweichend, in denen die „Hartwährungspolitik“ noch nicht konsequent betrieben wurde[17]. Nach 1971 läßt sich die österreichische Entwicklung mit der Schweiz vergleichen, die anstelle einer Kursfixierung eine Geldmengenpolitik betrieb. Ihr Ergebnis war kaum besser als das österreichische. Der Schweizer Franken verlor gegenüber der D-Mark von 1980 bis Ende 1990 39% seiner Kaufkraft, im Vergleich zu 43% Verlust beim österreichischen Schilling.

A. Geldwertstabilität

Entgegen den vorherrschenden Ansichten und auch den ursprünglichen Absichten der „Hartwährungspolitik“ hat die Wechselkursstabilisierung nicht zu einem Gleichlauf der Preisniveauentwicklung der beiden Länder geführt. Bei einer nur knapp 1%igen Aufwertung des Schillings gegenüber der D-Mark in der Zeit von 1970 bis heute ist in diesen zwanzig Jahren das Preisniveau in Österreich um rund 1 Prozentpunkt pro Jahr stärker gestiegen als in der Bundesrepublik Deutschland. In einer vollkommenen Wirtschafts- und Währungsunion wäre das allerdings nicht in diesem Umfang möglich gewesen. Die Preisniveauanpassung durch Wettbewerb ist durch die unterschiedliche Mehrwertsteuerentwicklung in den beiden Ländern verhindert worden, die Struktur und die Elastizitäten des Außenhandels und des Fremdenverkehrs sind in beiden Ländern unterschiedlich, in Österreich gibt es

[17] Siehe dazu ausführlich *Socher*: Voraussetzungen für die Aufrechterhaltung einer Hartwährungspolitik, a.a.O.

noch viele „geschützte“ Sektoren, wie bei freien Berufen, Banken und Versicherungen. Der Preisanstieg bei den traditionell nicht-handelbaren Waren und Dienstleistungen, wie Mieten, war aber in Österreich ebenfalls stärker, d.h., daß auch bei einer Wirtschaftsunion ein stärkerer Preisanstieg erfolgt wäre.

B. Konjunkturstabilität

Die Abweichungen des österreichischen vom deutschen Konjunkturverlauf sind sicherlich nicht nur wegen der Währungsunion gering, sondern auch durch die ähnliche Struktur und die starke wechselseitige Verflechtung (ca. 40% der Außenwirtschaftstransaktionen Österreichs finden mit Deutschland statt). Dadurch sind auch die Anpassungen an Schocks in beiden Ländern ähnlich, während sie bei einem größeren Währungsgebiet größere Anpassungslasten, insbesondere für die Löhne und Preise, auslösen würden.

C. Seigniorage, Transaktions- und Sicherungskosten

Durch das Weiterbestehen von unterschiedlichen Währungen hat Österreich das Einkommen aus der Seigniorage („Schlagschatz“-Einkommen aus dem Geldschöpfungsmonopol) nicht verloren. Allerdings ist sie durch den relativ hohen Anteil an Devisenreserven an der Geldbasis kleiner als bei ausschließlich intern geschaffener Geldbasis. Andererseits kann der Schilling durch seine Fixierung gegenüber der D-Mark einen kleinen Teil der sonst Deutschland zufließenden Seigniorage lukrieren, denn dadurch wird der Schilling in manchen angrenzenden Ländern, vor allem Jugoslawien, als Geld nachgefragt.

Die Sicherungskosten sind ebenfalls durch die Währungsunion geringer geworden; wurden 1973 nur 68% der Exporte und 61% der Importe in Schilling oder D-Mark fakturiert, so stieg der Anteil bis 1987 auf 79 bzw. 74% [18]. Da auch der Anteil der Schillingfakturierung wuchs, sanken die Transaktionskosten für österreichische Ex- und Importeure.

[18] Vgl. Heinz *Handler*: Grundlagen der österreichischen Hartwährungspolitik. Geldwertstabilisierung, Phillipskurve, Unsicherheit (Recht – Wirtschaft – Außenhandel, hrsg. von Peter Doralt und Helmut H. Haschek, Bd. 14), Wien 1989, S. 271.

IV. Die Entwicklung zur Europäischen Währungsunion

Der Weg zur Europäischen Währungsunion ist schon zweimal nach der ersten Phase eines Anlaufes gescheitert: Der *Werner*-Plan (1969) und das EWS (1979) erreichten die vorgesehenen zweiten Stufen nicht, weil die wirtschaftspolitischen Zielsetzungen der einzelnen Länder zu unterschiedlich waren. Es handelte sich also nicht um ein optimales Währungsgebiet. Inzwischen ist durch die neuen Bemühungen, den Binnenmarkt bis 1992 zu schaffen, die Anker-Rolle der D-Mark und die Ausrichtung der EG auf ihr ursprüngliches Ziel eines politischen Zusammenschlusses eine Europäische Währungsunion nähergerückt. Aus den österreichischen Erfahrungen mit der Währungsunion lassen sich zu den einzelnen Stufen des *Delors*-Plans Schlußfolgerungen ziehen.

A. Erste Stufe (ab 1990)

Die gleichzeitige Devisenliberalisierung und Einbeziehung von immer mehr Ländern in das EWS ist nach der österreichischen Erfahrung nicht der beste Weg: Entweder versucht man, eine immer stärkere Kursanpassung mit Unterstützung von bestehenden Devisenkontrollen zu erreichen, die dann bei erreichter Kursfixierung abgebaut werden (wie in Österreich), oder die Devisenkontrollen werden sofort abgebaut, dann aber kann der Kurs nicht sofort fixiert werden. Denn durch exogene Schocks (Ölpreis etc.), durch noch nicht ausreichend an den Wechselkurs angepaßte Einkommens-, Geld- und Budgetpolitik, vor allem aber durch die zahlungsbilanzwirksamen Maßnahmen eines raschen Integrationsfortschritts werden Zahlungsbilanzentwicklungen entstehen, die zu spekulativen Geldbewegungen führen, weil sich die Erwartungen für einen fixen Kurs noch nicht ausreichend gefestigt haben. Kursfixierungen können eher integrationshemmend als -fördernd wirken, wie schon *Meade*[19] feststellte, weil sich im Zuge eines Integrationsprozesses die Terms of trade und andere Wettbewerbsbedingungen so stark verschieben können, daß eine Anpassung über das Lohn- und Preisniveau zu schmerzhaft sein könnte. Auch die Kapitalbewegungen, die durch den Integrationsprozeß ausgelöst werden, sind durch flexible Kurse eher zu bewältigen. Wenn Kursanpassungen verhindert werden, entsteht eine starke Tendenz, die Liberalisierung im Zuge der Integration einzuschränken[20].

[19] Vgl. James E. *Meade*: The Balance-of-Payments Problems of a European Free-Trade Area, in: The Economic Journal, Vol. LXVII (1957), S. 379–396.

[20] Diese Argumente finden sich z. B. bei Egon *Sohmen*: Currency areas and monetary systems, in: Trade, balance of payments and growth (Festschrift für Charles

B. Zweite Stufe (ab 1994)

Statt von der Errichtung eines neuen zentralistischen Euro-Fed-Systems und der Verengung der Bandbreiten der Wechselkursschwankungen eine größere Konvergenz der Wirtschaftspolitiken zu erwarten, wäre eine Stärkung der Unabhängigkeit der Notenbanken und eine Stärkung des Wettbewerbsprozesses um die Position der stabilsten Währung der bessere Weg. Denn die österreichische Erfahrung hat gezeigt, daß nicht die Fixierung des Wechselkurses und die Überwachung der Politik zur Währungsunion führt, sondern die autonome Politik eines Landes und ihre auf Kursstabilität gerichtete Zielsetzung.

Dafür wäre allerdings eine längere Frist notwendig als nur knapp vier Jahre, denn die Abstimmung über den Umfang, die Struktur und das "timing" der für die Kurseinhaltung wichtigen Maßnahmen der Einkommens-, Geld- und Budgetpolitik kann nicht in so kurzer Zeit erfolgen, zumal sie in einzelnen Ländern institutionelle Änderungen erfordert.

Eine Koordinierung der Politik durch eine zentrale Behörde kann auf noch größere Schwierigkeiten stoßen, vor allem, wenn die Lohnautonomie und eine gewisse Autonomie der Finanzpolitik gewahrt werden sollen. Die im *Delors*-Plan und im Bericht „Ein Markt, eine Währung" vorgesehenen regionalen und nationalen Unterstützungszahlungen für eine Anpassung könnten sehr leicht zu Erhaltungssubventionen und versteckten Transfers ausarten und einen "Rent-seeking"-Wettbewerb auslösen[21], der ebenfalls zu politischen Spannungen zwischen den einzelnen EG-Ländern Anlaß geben könnte. Die ordnungspolitische Grundeinstellung des EG-Vertrages von 1957 war es ja gerade, diese politischen Spannungen zu vermeiden, indem man die notwendigen Anpassungen dem Markt und nicht der Politik überläßt.

C. Die dritte Stufe

Häufig findet sich die Ansicht, so auch im EG-Bericht „Ein Markt, eine Währung", daß die schwierigste Phase diejenige ist, in der die Wechselkurse fixiert sind, und daß deshalb möglichst rasch zur einheitlichen Währung übergegangen werden müßte. Wie aber die Bundesbank in ihrer Stellungnahme hinweist, ist für den dauerhaften Bestand einer solchen Währungsunion „nach aller Erfahrung" eine umfassende politische Union notwendig.

P. Kindleberger), hrsg. von Jagdish N. Bhagwati u. a., New York 1971, S. 392–400, hier S. 395–396.

21 Vgl. W. *Kohler*: Currency Unification and Real Exchange Rates, Paper presented at the conference "Building the New Europe", Rom 1991.

Weil seit jeher eine eigene Währung als Ausdruck einer selbständigen Nationalität gesehen wird, kommt es immer wieder zu Desintegrationen, wenn die Selbständigkeit eines Landes oder auch einer Region verstärkt werden soll. Dies kann gerade in der EG, wo die Eigenständigkeit von Staaten und Regionen durch die derzeitige zentralistische Tendenz bedroht wird, zu Desintegrationserscheinungen führen, so wie sie derzeit in der Sowjetunion beobachtet werden können. Selbst für Südtirol hat der SVP-Abgeordnete *Pahl* zur Stärkung der Selbständigkeit die Einführung des Schilling anstelle der Lira vorgeschlagen.

In der Währungsunion, die zwischen den selbständigen Staaten Österreich und Ungarn nach dem sogenannten Ausgleich von 1867 bestand, kam es öfters zu politischen Spannungen[22]. Die Ungarn wollten schon in der Revolution von 1848 eine eigene Währung. Nach dem Ausgleich kam es immer wieder zu Streitigkeiten: über die niedrigeren Eskontsätze in Wien gegenüber den ungarischen Filialen, die Rediskont- und Lombardkontingente von Wien und Budapest, die Lombardfähigkeit der ungarischen Wertpapiere, die Gewinnverteilung, die zu geringe Zahl von Filialen, das Personal usw. Die Prägung von Goldmünzen war z.B. in Ungarn gestattet, und erst Finanzminister *Böhm-Bawerk* gestattete sie dann auch in Österreich. Später forderte auch die böhmische Wirtschaft eine stärkere Berücksichtigung in der Kreditpolitik. Vorübergehend kam es in Böhmen zur Abstempelung von Noten mit tschechischen Aufschriften, erst später trugen die Noten wieder Aufschriften in allen Sprachen der Monarchie. Diese gestempelten Noten wurden in Ungarn für ungültig erklärt, in Österreich nicht. Nach dem Zusammenbruch der Monarchie trennte sich die Tschechoslowakei von Deutsch-Österreich durch Abstempelung der Noten mit der Begründung, daß die Österreichisch-Ungarische Bank Inflation betreibe.

Die österreichischen Erfahrungen zeigen, daß es nicht so entscheidend ist, die Unabhängigkeit der Notenbankleitung vollständig zu sichern. Die personelle Unabhängigkeit des Generalrates der Notenbank ist nämlich in Österreich geringer als bei der Bundesbank, weil die Bestellungsdauer nur 5 Jahre beträgt und de facto eine rein parteipolitische Besetzung nicht nur

[22] Siehe dazu Siegfried *Pressburger*: Oesterreichische Notenbank 1816–1966. Geschichte des oesterreichischen Noteninstituts, Wien 1966; ders.: Das österreichische Noteninstitut 1816–1966, 1. Teil, 2. Bd., Wien 1959, S. 882–908, und 3. Bd., Wien 1962, S. 1368–1379 (Ausgleich mit Ungarn); 2. Teil, 3. Bd., Wien 1973, S. 1096–1097 (Ausgabe von Goldmünzen), S. 1180–1183 (Filialen in Böhmen); 4. Bd., Wien 1976, S. 2025–2040 (Trennung von Deutschösterreich wegen Inflationspolitik); Bd. 1, Wien 1969, S. 223–233 (tschechische Forderungen). Vgl. ferner E. *März*, Karl *Socher*: Währung und Banken in Cisleithanien, in: Die Habsburgermonarchie 1848–1918, Bd. 1 (Die wirtschaftliche Entwicklung), hrsg. von A. Brusatti, Wien 1973, S. 337–339 sowie 345–346.

des Generalrates, sondern der gesamten Bank erfolgt. Da aber ein Grundkonsens zwischen den beiden großen Parteien und den Sozialpartnern über die „Hartwährungspolitik" besteht, ist eine politische Differenz über die Ablaufspolitik praktisch nicht vorgekommen. Bei einer reinen Geldmengensteuerung ohne Wechselkursziel wären solche Differenzen leicht möglich. Für ein zentrales Euro-Fed-System, das sich nur an der Preisniveaustabilität direkt und nicht am Wechselkurs orientieren muß, ist natürlich die Unabhängigkeit von entscheidender Bedeutung.

V. Auswirkungen einer Europäischen Währungsunion auf Österreich

Da Österreich schon bisher die Vorteile einer Währungsunion, wie Preisniveau- und Konjunkturstabilität, geringere Sicherungs- und Transaktionskosten, lukriert, wäre die für Österreich optimale Entwicklung eine Ausdehnung der bisherigen Ankerfunktion der D-Mark auf möglichst viele europäische Länder. Das ist allerdings nicht nur aus politischen Gründen (der Dominanz eines Landes), sondern auch wegen Problemen der währungspolitischen Steuerung in einem so großen Gebiet nicht möglich.

Bei dem nun beschlossenen zentralistischen Ansatz für eine Union bestehen für Österreich zwei Gefahrenquellen: Es droht ein Ausschluß von der Währungsunion, wenn Österreich nicht Mitglied der EG ist, und es droht eine instabilere Entwicklung, wenn Österreich an der Währungsunion mit ihren „Geburtsfehlern" teilnimmt. In beiden Fällen verliert Österreich die Vorteile der bisherigen Union mit der D-Mark.

Nach den bisherigen Plänen für die Währungsunion wäre eine Mitgliedschaft in der Währungsunion ohne Mitgliedschaft in der EG nicht möglich. (Beim EWS sind Assoziierungen von Nicht-EG-Ländern möglich.)

A. Wirkungen bei Nicht-Mitgliedschaft

Die Auswirkungen einer Nicht-Mitgliedschaft bei einer Währungsunion sind in der Phase der Kursfixierung relativ gering, denn schon jetzt hat Österreich ohne die Mitgliedschaft im EWS eine stabilere Kursentwicklung autonom herstellen können. Bei einer Mitgliedschaft könnte es sogar gezwungen werden, die jetzige Kursfixierung zur D-Mark zu lockern und die Bandbreiten des EWS zur Anpassung zu übernehmen. Damit würde ein Teil der Vorteile der Kursfixierung (Transaktionskosten- und Sicherungskosten-Ersparnis) verlorengehen. Die Gefahr einer Diskriminierung bei eventuellen Devisenkontrollen gegenüber Nicht-EG-Ländern ist gering, weil die

Devisenliberalisierung in der EG erga omnes, also auch für Nicht-Mitglieder gilt. Das – in Sonderfällen mögliche – Abgehen vom Erga-omnes-Prinzip wird kaum erfolgen, weil Deutschland für eine Aufrechterhaltung der Liberalisierung eintritt und ein Land dafür genügt.

Problematischer würde eine Nicht-Mitgliedschaft bei einer einheitlichen EG-Währung. Es ließe sich kaum verhindern, daß sie auch in Österreich verwendet und den Schilling verdrängen würde, wenn sie stabiler wäre. Unter diesen – recht unwahrscheinlichen – Annahmen würde Österreich die Währungshoheit und damit die Seigniorage verlieren, allerdings Transaktions- und Sicherungskosten vollkommen einsparen. In diesem Fall würde für die Neutralität Österreichs, die aufrechterhalten werden könnte, ein Problem entstehen. Im Kriegsfall müßte nämlich das völkerrechtliche Kreditverbot eingehalten werden, was mangels einer eigenen Währungspolitik unter Umständen nicht möglich wäre.

B. Wirkungen bei einem Währungs- und Wirtschaftsunionsbeitritt

Dabei lassen sich zwei Wirkungen unterscheiden: die durch den Beitritt zur EG entstehenden Auswirkungen des Binnenmarktes 1992 und die Wirkungen weiterer Fortschritte bezüglich der Währungsunion.

Durch den Beitritt zur EG, der nach bisherigen Erwartungen frühestens 1994 (also zu Beginn der zweiten Stufe der Währungsunion) erfolgen kann, muß Österreich die vollkommene Liberalisierung des Devisenverkehrs einführen. Diese Abschaffung der Devisenkontrollen wird von der Nationalbank schon für 1992 geplant und dürfte in der derzeitigen Situation keine großen Auswirkungen auf die Zahlungsbilanz haben. Nur für den Fall, daß Österreich (durch eine spezielle Klausel im EG-Vertrag) seine Neutralität aufrechterhalten kann, würden die schon erwähnten Probleme auftreten.

Die in der EG vorgesehene Aufhebung der Anonymität von Einlagen und Wertpapierdepots, die es nur in Österreich gibt und die das österreichische Bankgeheimnis stärker sichern als das schweizerische, könnte vorübergehend zu zahlungsbilanzwirksamen Abflüssen führen. Noch größere Wirkungen können die verschiedenen Freiheiten für den Waren- und Dienstleistungsverkehr, den Kapitalverkehr und die Niederlassung auf die Zahlungsbilanz haben. Dabei ist allerdings damit zu rechnen, daß einzelne Freiheiten schon vor dem Beitritt autonom von Österreich eingeführt und bei gravierenden Auswirkungen Übergangsfristen vorgesehen werden. Zahlungsbilanzwirksam werden auch die laufenden Beiträge für den EG-Haushalt (ca. 15–20 Mrd öS) und eine eventuelle Angleichung der Mehrwertsteuersätze. Alle diese Wirkungen erfordern eine restriktive Lohn-, Preis-, Geld- und Budget-

Brandner, Peter: Zinsdifferentiale und Wechselkurserwartungen auf dem Geld- und Kapitalmarkt, in: Monatsberichte des österreichischen Instituts für Wirtschaftsforschung, Nr. 10, Oktober 1990, S. 573–579.

Deutsche Bundesbank: Stellungnahme der Deutschen Bundesbank zur Errichtung einer Wirtschafts- und Währungsunion in Europa, vom 19. September 1990, abgedruckt in: Monatsberichte der Deutschen Bundesbank, 42. Jg., Nr. 10, Oktober 1990, S. 41–45.

Haberler, Gottfried: Der internationale Handel. Theorie der weltwirtschaftlichen Zusammenhänge sowie Darstellung und Analyse der Außenhandelspolitik, Berlin 1933.

Handler, Heinz: Grundlagen der österreichischen Hartwährungspolitik. Geldwertstabilisierung, Phillipskurve, Unsicherheit (Recht – Wirtschaft – Außenhandel, hrsg. von Peter Doralt und Helmut H. Haschek, Bd. 14), Wien 1989.

Ingram, James C.: Comment: The Currency Area Problem, in: Monetary Problems of the International Economy, hrsg. von Robert A. Mundell und Alexander K. Swoboda, Chicago–London 1969, S. 95–100.

Kohler, W.: Currency Unification and Real Exchange Rates, Paper presented at the Conference "Building the New Europe", Rom 1991.

Kommission der Europäischen Gemeinschaften: Ein Markt, eine Währung. Potentielle Nutzen und Kosten der Einrichtung einer Wirtschafts- und Währungsunion – eine Bewertung, in: Europäische Wirtschaft, Nr. 44, Oktober 1990.

März, E./Karl Socher: Währung und Banken in Cisleithanien, in: Die Habsburgermonarchie 1848–1918, Bd. 1 (Die wirtschaftliche Entwicklung), hrsg. von A. Brusatti, Wien 1973, S. 323–368.

Meade, James E.: The Balance-of-Payments Problems of a European Free-Trade Area, in: The Economic Journal, Vol. LXVII (1957), S. 379–396.

Neumann, Manfred J. M.: Precommitment to Stability by Central Bank Independence, Discussion Paper B–152 der Rheinischen Friedrich-Wilhelms-Universität Bonn, Sonderforschungsbereich 303 (Information und die Koordination wirtschaftlicher Aktivitäten), Mai 1990.

o. V.: EG-konforme Deregulierung. Einige Stimmen zur Neuordnung der österreichischen Finanzmärkte, in: Finanznachrichten. Wochenschrift für Wirtschaftspolitik, Nr. 28/29 vom 12. Juli 1990.

Pressburger, Siegfried: Oesterreichische Notenbank 1816–1966. Geschichte des oesterreichischen Noteninstituts, Wien 1966.

Pressburger, Siegfried: Das österreichische Noteninstitut 1816–1966, 2 Teile zu insgesamt 7 Bänden, Wien 1959–1976.

Schlesinger, Helmut: Die währungspolitischen Weichenstellungen in Deutschland und in Europa, Referat auf der Jahrestagung des Vereins für Socialpolitik, „Monetäre Konfliktfelder der Weltwirtschaft", Würzburg, 3. Oktober 1990 (Tagungsband erscheint demnächst).

Socher, Karl: Österreichische Wechselkurspolitik, in: Beiträge zur Stabilitätspolitik, hrsg. vom österreichischen Forschungsinstitut für Sparkassenwesen (Dr. Stigleitner-Schriftenreihe, Bd. 13), Wien 1973, S. 101–117.

Socher, Karl: Argumente für eine Schillingabwertung, in: Finanznachrichten, Nr. 15 vom 1. Dezember 1978.

Socher, Karl: Die Erfahrung der Geldpolitik mit Wechselkurszielen am Beispiel Österreichs, in: Geldpolitische Regelbindung: theoretische Entwicklungen und empirische Befunde (Schriften des Vereins für Socialpolitik, N. F., Bd. 161), hrsg. von Armin Gutowski, Berlin 1987, S. 31–62.

Socher, Karl: Voraussetzungen für die Aufrechterhaltung einer Hartwährungspolitik, in: Wirtschaftspolitische Blätter, 35. Jg. (1988), S. 47–57.

Socher, Karl: Geldwertsicherung und Wirtschaftsstabilität in einer kleinen Volkswirtschaft am Beispiel Österreichs, in: Geldwertsicherung und Wirtschaftsstabilität (Festschrift für Helmut Schlesinger zum 65. Geburtstag), hrsg. von Norbert Bub, Dieter Duwendag und Rudolf Richter, Frankfurt am Main 1989, S. 259–278.

Socher, Karl: European Monetary Integration – Consequences for International Reforms, Referat auf der Tagung "Global Disequilibrium" in Montreal, 1989.

Sohmen, Egon: Currency areas and monetary systems, in: Trade, balance of payments and growth (Festschrift für Charles P. Kindleberger), hrsg. von Jagdish Bhagwati u. a., New York 1971, S. 392–400.

Streissler, Erich: Deutschland, Deutschland über alles?, in: Wochenpresse, Nr. 15 vom 15. Oktober 1990.

Willms, Manfred: Der Delors-Plan und die Anforderungen an eine gemeinsame Europäische Geldpolitik, in: Kredit und Kapital, 23. Jg. (1990), S. 30–58.

Josef Tošovský

Die Europäische Währungsunion – ein Beitrag aus der Sicht der sich reformierenden Volkswirtschaften Mittel- und Osteuropas

Da sich die Weltwirtschaft mehr und mehr als ein ineinander verflochtenes System darstellt, kann es sich kein Land leisten, abseits zu stehen, gleichsam eine ökonomische Insel zu bilden, sondern ein jedes Land wird früher oder später versuchen, sich in die Gemeinschaft anderer Nationen einzureihen. Vor diesem Hintergrund stoßen die Pläne zur weiteren Integration Europas in der Tschechoslowakei auf großes Interesse, und man bereitet sich hier darauf vor, die eigene Volkswirtschaft an die veränderten Umstände anzupassen.

Als Zentralbanker werde ich mein Hauptaugenmerk im folgenden auf einen Teilaspekt der europäischen Integration richten, nämlich darauf, wie sich die Europäische Wirtschafts- und Währungsunion aus tschechoslowakischer Sicht darstellt. Selbst wenn man sich für einen Experten für diesen Fragenkreis halten würde, bliebe es eine schwierige Aufgabe, handelt es sich doch um ein ganz neues Problem in unseren Diskussionen. Man sollte nicht vergessen, daß Fragen wie diese in der Tschechoslowakei bis vor kurzem nur einen rein akademischen Wert hatten – sie waren gleichsam eine „verbotene Frucht" in den wirtschaftswissenschaftlichen Diskussionen –, denn es ist gerade erst gut ein Jahr her, daß mit der November-Revolution im Jahre 1989 das überkommene politische und ökonomische System zu Fall gebracht worden ist und wir uns in der Lage sehen, Vorstellungen über einen Wiedereintritt in Europa und die Gemeinschaft der freien Welt zu entwickeln.

I. Die politische Dimension

Schritt für Schritt und dennoch mit erstaunlichem Tempo wird die Vision wirtschaftlicher Kooperation und Integration zur Realität, insbesondere im Hinblick auf die Europäische Währungsunion. Die Entwicklung der Tschechoslowakei in diese Richtung ist durch folgende Ereignisse gekennzeichnet:

- Wenngleich die EG-Länder traditionelle Partner unserer Unternehmen sind, so hat es doch relativ lange gedauert, bevor offizielle Kontakte hergestellt wurden. Der Grund für diese Verzögerung ist darin zu sehen, daß die Tschechoslowakei in diesem Punkt zunächst die Auffassung vertrat, daß einem Abkommen zwischen ihr und der EG ein solches zwischen dem COMECON und der EG vorangehen sollte. Erst 1988 unterzeichnete die Tschechoslowakei ein Handelsabkommen über Industrieprodukte.

- Anfang 1990 wurde ein breiter angelegtes Abkommen geschlossen, das – neben herkömmlichen Vereinbarungen betreffend den Güteraustausch – auch eine engere wirtschaftliche Kooperation und die Beseitigung quantitativer Beschränkungen vorsah.
- Im Mai 1990 wurde die Tschechoslowakei sodann in das PHARE-Programm einbezogen, das ursprünglich für Ungarn und Polen bestimmt war. Aus diesem Programm kann die Tschechoslowakei Hilfen erhalten für die Umstrukturierung ihrer Industrie, Maßnahmen des Umweltschutzes, die Stromwirtschaft; dazu gehören ferner Ausbildungsprogramme und der Austausch von Jugendlichen, die wissenschaftliche und technische Zusammenarbeit sowie ein leichterer Zugang zu den westlichen Märkten.
- Darüber hinaus wurde mit EG-Ländern eine Reihe von Abkommen zum Schutz von Investitionen sowie bezüglich der Kapitalrückführung abgeschlossen, wobei das Abkommen mit der EG selbst eines der ersten war.
- Im Januar 1990 hat die tschechoslowakische Bundesversammlung einen Antrag auf Einräumung des Status eines „besonderen Gastes“ im Europäischen Parlament gestellt, und am 7. Mai 1990 ist diesem Antrag stattgegeben worden. Tschechoslowakische Delegationen haben seitdem an den Sitzungen dieser Institution teilgenommen, und einige ihrer Komitees sind zu Sitzungen in der Tschechoslowakei zusammengetreten.
- Vor kurzem wurde ein Assoziierungsabkommen abgeschlossen, das den institutionellen Rahmen für den künftigen politischen Dialog bilden soll.
- Am 6. April 1990 hat die Tschechoslowakei einen formellen Antrag auf Mitgliedschaft im Europarat gestellt, und man hofft, daß dem noch in diesem Jahr stattgegeben wird. In den Augen der Öffentlichkeit würde dies als Wiedereintritt der Tschechoslowakei in Europa und als eine internationale Garantie für die Wiedererrichtung des allen europäischen Nationen als gemeinsames Erbe eigenen Wertesystems angesehen werden.
- Mit der Anerkennung der grundlegenden Menschenrechte und dem Ingangsetzen von Reformen hin zu einer Marktwirtschaft wurden die Voraussetzungen erfüllt für unseren Zugang zur Zollunion mit der EG. Die EG-Mitgliedsstaaten haben die quantitativen Beschränkungen für Exporte der Tschechoslowakei aufgehoben und wenden auf diese Exporte nunmehr das allgemeine System der Zollpräferenzen an.

- Die Tschechoslowakei ist ferner um engere Bindungen zur EFTA bestrebt. Ebenso ist man um eine Verbesserung der Beziehungen mit einzelnen europäischen Regionen bemüht; über die „Pentagonale“[1] würde die Tschechoslowakei gerne die Aufnahme in die europäischen Institutionen erreichen und ihre Trennung vom übrigen Europa überwinden.
- Im Rahmen der Kooperation mit der EG fördert die Tschechoslowakei die Kontakte zum Europäischen Parlament; dies zeigt sich auch an dem jüngsten Besuch von Enrique *Baron Crespo*, dem Parlamentspräsidenten, in Prag.

All diese Ereignisse sind Meilensteine entlang des Wegs hin zur Mitgliedschaft in der EG und auch in der Europäischen Währungsunion noch vor dem Jahr 2000, mit dem dieses Jahrzehnt, Jahrhundert und Jahrtausend zu Ende geht.

II. Zur grundsätzlichen Einschätzung der Europäischen Währungsunion

Im Hinblick auf die vor uns liegenden Entwicklungen ist von der Grundvoraussetzung auszugehen, daß es im Interesse aller nicht zu einem Fehlschlag kommen darf. Ginge erst einmal Vertrauen verloren, so kann dieses nicht leicht wiederhergestellt werden. Aus diesem Grunde müssen sowohl Westeuropa als auch die Tschechoslowakei auf weitere Schritte gut vorbereitet sein. Man wird es hier mit einem längeren Prozeß zu tun haben, da nichts übereilt werden sollte. Im Hinblick auf die Umsetzung der tschechoslowakischen Wirtschaftsreformen haben wir einen recht radikalen „Big-Bang“-Ansatz gewählt; im Hinblick auf die Europäische Währungsunion hingegen ist meines Erachtens eine graduelle Annäherung zu empfehlen, bei der jeder einzelne Schritt auf das sorgfältigste vorbereitet werden muß. Mit anderen Worten: Auch wenn wir uns zu den überzeugten Verfechtern einer Europäischen Währungsunion zählen, so werden wir doch aus eigenem Antrieb ihr so lange nicht beitreten, wie die Zeit hierfür noch nicht reif ist, d. h. erst dann, wenn ein voller Erfolg garantiert ist und somit der gegenseitige Nutzen außer Frage steht.

Die grundlegendsten Voraussetzungen für einen Beitritt der Tschechoslowakei zur EG und zur Europäischen Währungsunion sind unsererseits bereits gelegt worden:

[1] Die „Pentagonale“ (Italien, Österreich, Jugoslawien, Ungarn, Tschechoslowakei) war 1989 als Viererinitiative im Alpen-Donau-Raum entstanden und wurde durch den Beitritt der ČSFR zum „Fünfeck“ erweitert. Demnächst möchte auch Polen Mitglied werden.

- In unserem Land herrscht absolute Rede- und Versammlungsfreiheit; jeder kann reisen, wohin und zu welcher Zeit es ihm beliebt; jeder Ausländer kann unser Land besuchen; wir haben die Religionsfreiheit wiedereingeführt und den Kirchen ihr Eigentum zurückgegeben.
- Wir haben eine legitimierte, demokratisch gewählte Regierung, die in der Öffentlichkeit große Unterstützung genießt.
- Wir haben eine echte und lebensfähige Föderation errichtet und eine neue Verfassung erlassen, die die exekutiven Befugnisse zwischen der Tschechischen Republik, der Slowakischen Republik und der Föderation abgrenzt.
- Das tschechoslowakische Parlament hat inzwischen Dutzende von Gesetzen erlassen und damit die rechtliche Grundlage für einen gesetzestreuen, demokratischen und dezentralisierten Staat gelegt.

Welche weiteren Schritte sind noch zu unternehmen, und in welcher Reihenfolge sollten diese vorgenommen werden? Zuerst müssen die ökonomischen Reformen gemäß dem allseits anerkannten Szenario voll verwirklicht werden. Wie könnte man sonst davon träumen, einer Europäischen Währungsunion beizutreten, wenn es noch keinen Finanzmarkt gibt, keine unabhängige Zentralbank, kein auf Wettbewerb basierendes Bankensystem, keine klassischen Marktinstrumente und -institutionen, keine tragfähigen Programme für die Entwicklung in wirtschaftlicher und sozialer Hinsicht, keinen Umweltschutz? Und all dies müßte nicht nur de jure, sondern vor allem auch faktisch gegeben sein.

Parallel zu den Änderungen des Wirtschaftssystems müßten radikale strukturelle Veränderungen vorgenommen werden. In der Produktion gilt es, einen Standard zu erreichen, der dem in der EG vergleichbar ist. Wir müssen Gesetze ändern, eventuell neue einführen, die das Rahmenwerk abgeben für eine Wiederannäherung und schließlich Verschmelzung mit der EG-Gesetzgebung.

Die Umsetzung dieser Schritte wird keinesfalls leicht sein und auch nicht ohne Störungen vonstatten gehen. Heute sieht man, daß das Erbe der vergangenen Jahrzehnte viel schlimmer ist, als dies noch bis vor kurzem vermutet wurde. Bezug nehmend auf die Neujahrsansprache von Präsident *Havel*, kann man sagen, daß wir uns bewußt waren, daß das ererbte Haus in einem armseligen und vernachlässigten Zustand war; aber erst jetzt haben wir erkannt, daß es sich in Wahrheit um eine Ruine handelt und daß der Wiederaufbau länger dauern und mehr kosten wird als angenommen. Zu dieser Erbschaft gehören auch stagnierendes Wirtschaftswachstum, rückläufige Produktivität, ein Mangel an modernen Produktionsanlagen und moderner Technologie, ferner Industrien mit relativ sehr hohem Energieverbrauch, fehlende Wettbewerbsfähigkeit der Exportwirtschaft, eine inadäquate Infrastruktur und ernste Umweltprobleme.

Trotz all dieser Probleme bin ich zuversichtlich, daß die Tschechoslowakei aus dem Kreis der ehemals sozialistischen Volkswirtschaften der erste ernsthafte Kandidat für einen Beitritt zur Europäischen Währungsunion sein wird. Wie läßt sich das begründen? Die Tschechoslowakei hat eine lange demokratische Tradition, solide Beziehungen zum Westen, eine gut entwickelte industrielle Basis, gut ausgebildete Arbeitnehmer, praktisch keine sozialen Spannungen.

III. Die bevorstehenden Schritte auf dem Weg zum Markt

Die Tschechoslowakei hat ein für allemal das deformierte System der zentralen Kommandowirtschaft und der Ein-Parteien-Herrschaft abgeschafft, in dem – vermeintlich – alles jedem gehörte, während in Wirklichkeit niemand etwas besaß, und einen Reformprozeß in Gang gesetzt mit dem letztendlichen Ziel, effizienter zu wirtschaften und einen höheren Lebensstandard zu erreichen. Wir sind fest entschlossen, die notwendige Transformation rasch durchzuführen, und wissen zugleich, wie außerordentlich schwer und schmerzlich dieser Prozeß sein wird. Wenn auch die meisten Reformmaßnahmen parallel und so schnell wie möglich durchgeführt werden müssen, so ist doch sehr wohl auch darauf zu achten, daß die einzelnen Reformschritte in der richtigen Reihenfolge vorzunehmen sind. Je eher wir zu einem makroökonomischen Gleichgewicht zurückfinden, desto effektiver und erfolgreicher werden die mikroökonomischen Umstellungen sein, die institutionellen Veränderungen, die Privatisierung, die Freigabe der Preisbildung und die Umstrukturierung der Industrie. Maßnahmen auf der Angebotsseite werden erst dann ergriffen werden können, wenn durch eine antiinflationäre Finanz- und Geldpolitik der Überhang auf der Nachfrageseite hinreichend beseitigt worden ist. Der Weg hin zum Gleichgewicht führt über Kürzungen der Subventionen und nicht über höhere Steuern.

Die Tschechoslowakei hat bereits ein ehrgeiziges Privatisierungsprogramm auf den Weg gebracht. Privatisierungen kleineren Umfangs, z. B. in bezug auf Einzelhandelsgeschäfte, Restaurants und andere kleinere Dienstleistungsbetriebe, beginnen in diesen Tagen und sollten an sich vor Ende 1991 abgeschlossen sein. Dabei wird der Prozeß der Privatisierung in der Hauptsache von den folgenden Faktoren bestimmt:

- Das Staatseigentum in der Tschechoslowakei ist außerordentlich hoch; bis vor kurzem waren praktisch 95% der gesamten Produktionsmittel im Besitz des Staates.

– Die Tschechoslowakei leidet unter Kapitalmangel. Deshalb würde es, würde man sich nur auf die üblichen Methoden der Privatisierung stützen, zu lange dauern, bevor die noch vorherrschenden Eigentumsverhältnisse verändert werden.

Hierin liegt der Grund, daß man auch zu ungewöhnlichen Methoden Zuflucht genommen hat, mit denen allein die gegenwärtigen Eigentumsverhältnisse in unserem Land verändert, die Privatinitiative gefördert und das unternehmerische Engagement der Bürger gestärkt werden. Unsere Methode basiert auf der kostenlosen Verteilung von Anteilsscheinen an die Bevölkerung, wodurch diese unmittelbar in den Besitz zuvor staatlichen Eigentums kommt. Diese Methode wird natürlich parallel zu den orthodoxen Standardmethoden benutzt.

Die Tschechoslowakei öffnet ihre Wirtschaft gegenüber der Welt. Je offener wir gegenüber anderen Ländern sind, desto reibungsloser wird der Markt arbeiten. Schließlich braucht der Markt Wettbewerb, und in unserer Situation ist es einfacher, für Wettbewerb von außen zu sorgen, als umständlich über Vorschriften und Gesetze die tschechoslowakischen Monopole aufzubrechen. Und je stärker sich ausländisches Kapital in den privatisierten Unternehmen engagiert, um so besser sind die Aussichten dafür, daß diese Firmen überleben können.

Anfang 1991 ist ferner die Liberalisierung der Preisbildung in Angriff genommen worden – ein Schritt, der nach unserer Auffassung das Kernelement bezüglich einer effizienten Ressourcenallokation darstellt. Voraussichtlich werden die meisten Preise steigen, einige im Zuge der Anpassung der Produzenten an die veränderten Kosten freilich auch fallen. Um den damit per saldo verbundenen Preissteigerungseffekt in möglichst engen Grenzen zu halten, werden für eine Übergangszeit von einigen Monaten noch Preiskontrollen beibehalten werden.

Eine Schlüsselrolle spielen in der Wirtschaftsreform die Renaissance des Geldes und die Wiederherstellung der Zentralbank sowie des Bankensystems. Zur Zeit werden bereits die Voraussetzungen für Geld- und Kapitalmärkte geschaffen, und es wird auch eine Börse eingerichtet. Es gibt inzwischen schon 30 Geschäftsbanken, die in der Tschechoslowakei arbeiten, und 30 Repräsentanzen ausländischer Banken sowie drei Joint-Venture-Banken, eine davon zu 100% in ausländischem Besitz. Dabei sind wir uns darüber im klaren, daß je eher es gelingt, ein reibungsloses Funktionieren des Banksystems zu erreichen, desto eher auch positive Effekte in bezug auf das Wirtschaftswachstum eintreten werden.

Wenn man auch überwiegend optimistisch ist bezüglich der Perspektiven der Wirtschaftsreform, so denkt man doch mit Sorge an die nicht vorhersehbaren externen Faktoren, die diese Reform und die wirtschaftliche Entwicklung der Tschechoslowakei beeinträchtigen können, zumal unsere Wirtschaft zur Zeit äußerst verwundbar ist. Ich möchte nur einige dieser Gefahren erwähnen:

- den Golfkrieg und den Ölpreisanstieg (ein um 1 US-$ je Faß höherer Ölpreis bedeutet für die Tschechoslowakei Mehrausgaben von 100 Mio US-$ pro Jahr);
- einen Zusammenbruch der Sowjetunion und des COMECON;
- Zahlungen zwischen den COMECON-Ländern auf der Basis von Weltmarktpreisen und in konvertibler Währung;
- die weltweit nachlassende Wirtschaftsaktivität, die Gefahr einer Rezession in den USA und einigen anderen Ländern;
- die Knappheit von Kapital und die – mit Blick auf die erhebliche Verschuldung einiger dieser Länder – größere Zurückhaltung mancher westlicher Banken, den mittel- und osteuropäischen Volkswirtschaften Geld zu leihen.

Von ausschlaggebender Bedeutung aber wird sein, ob die unausweichlichen Veränderungen von der Bevölkerung akzeptiert werden und diese sich an sie gewöhnt. Diese Veränderungen betreffen auch die realwirtschaftlichen Vorgänge, und es wird eine lange Zeit dauern, bevor sie Erfolg zeitigen. Mit anderen Worten: Wir haben keinen Sprint vor uns, sondern einen Marathonlauf. Zwei Generationen haben unter einem deformierten Wirtschaftssystem gelebt, und nunmehr müssen die Unternehmen und die privaten Haushalte neu lernen, wie Märkte funktionieren; das erfordert auch ein neues Wertesystem. Dies alles ereignet sich vor dem Hintergrund der Umstrukturierung unserer Volkswirtschaft, die unausweichlich mit Arbeitslosigkeit und sozialen Spannungen verbunden ist, wobei das Phänomene sind, die die Öffentlichkeit so bisher nicht kannte. Aus diesem Grunde ist sehr wohl Rücksicht darauf zu nehmen, wie die Öffentlichkeit reagiert, ob sie also bereit und reif dafür ist, die Auswirkungen der Reformen zu tragen, um so die sich ansonsten abzeichnenden politischen und sozialen Probleme zu meistern.

IV. Die Staatsbank der Tschechoslowakei und die Europäische Währungsunion

Die Staatsbank der Tschechoslowakei würde sich gern als treibende Kraft sehen, die das Land näher an den Zeitpunkt heranbringt, zu dem es einer Europäischen Währungsunion wird beitreten können. In diesem Bemühen fühlt sie sich bestärkt durch ihre Verantwortung für die monetäre Stabilität und durch das Bestreben, die Unterstützung anderer Notenbanken für einen Beitritt zur Europäischen Währungsunion zu erlangen.

Der erste Schritt hin zur Europäischen Währungsunion ist in einer stabilitätsorientierten Geldpolitik in der Tschechoslowakei selbst zu sehen. Das Kreditprogramm für das Jahr 1991 ist so angelegt, daß in bezug auf Geldmenge und Kredit Wachstumsraten erzielt werden, die in Einklang stehen mit der Inflationsentwicklung, dem vorhersehbaren Rückgang der Produktion und dem Ziel des Zahlungsbilanzausgleichs. Wir sind fest entschlossen, mit der Umsetzung dieses Programms zu verhindern, daß der – im Gefolge der Preis- und Einfuhrliberalisierung sowie höherer Importkosten – zunächst zu erwartende Preisanstieg zu einer Inflationsspirale führt.

Darüber hinaus ist beabsichtigt, sich in Richtung auf ein System hin zu bewegen, in dem die Zinssätze, auf realistischem Niveau, das Hauptinstrument für die Begrenzung der Kreditgewährung darstellen. Bis auf weiteres werden neben den neu eingeführten indirekten geldpolitischen Instrumenten auch noch direkte Kreditkontrollen bzw. Kreditkontingente für einzelne Banken eingesetzt.

Mehr und mehr wird allerdings auf die Zinssätze gesetzt, die in der Reform unserer Geldpolitik eine immer größere Rolle spielen und einerseits Anreize für die Ersparnisbildung bieten, andererseits Kreditnehmer mit den realistischen Kosten der Verschuldung konfrontieren. Im Einklang mit einer solchen strikten Kreditpolitik haben wir den Diskontsatz von 4% vor einem Jahr auf zur Zeit 10% heraufgesetzt. Soll- und Habenzinsen werden im Grundsatz von den Märkten bestimmt werden. Einlagen in ausländischer Währung werden weiterhin zu Sätzen verzinst, die an diejenigen auf den Auslandsmärkten gekoppelt sind.

Der zweite Schritt hin zur Europäischen Währungsunion, den die Staatsbank der Tschechoslowakei aus eigenem Entschluß heraus tun kann, besteht in der Herstellung der völligen Konvertibilität, einer umfassenden Liberalisierung des Kapitalverkehrs und der Vermeidung von Wechselkursschwankungen, was letztendlich das Hauptziel der Europäischen Währungsunion ist. Zum 1. Januar 1991 haben wir die Konvertibilität für die in der Leistungsbilanz erfaßten Transaktionen eingeführt, was von unseren Ökonomen als interne Konvertibilität bezeichnet wird und einen ersten vorbereitenden Schritt hin zur vollen Konvertibilität darstellt; darüber hinaus wurde der bisher gespaltene Wechselkurs für kommerzielle bzw. für touristische Zwecke abgeschafft. In diesem Zusammenhang wurde die tschechoslowakische Krone abgewertet; ihr Wert soll nunmehr möglichst aufrechterhalten werden, um so die heimischen Preise auch nach der Liberalisierung der Preisbildung unter Kontrolle zu behalten. Vorübergehend wurde eine Sonderabgabe in Höhe von 20% auf Konsumgüterimporte eingeführt, um die Einfuhr solcher Produkte einzudämmen, ohne die Importe von Investitionsgütern zu beeinträchtigen. Diese Sonderabgabe wurde inzwischen auf 15% herabgesetzt, und bald soll sie ganz beseitigt werden. Während die Exporteure gehalten sind, alle Einnahmen in fremder Währung zu repatriieren, unterliegen die Importeure keinerlei Einschränkungen, was die Bezahlung bzw. den Transfer von Leistungsbilanztransaktionen betrifft. Bürger haben verständlicherweise noch keinen unbeschränkten Zugriff auf Devisen; 1991 können sie tschechoslowakische Kronen bis zur Höhe von 160% eines durchschnittlichen Monatseinkommens in harte Währungen eintauschen.

Es liegt auf der Hand, daß das Programm zur Erreichung der Konvertibilität von Anfang an ein hinreichendes Maß an Währungsreserven erfordert. Die vom IWF zur Verfügung gestellten Mittel werden als Polster dienen, bis sich andere Finanzierungsmöglichkeiten eröffnen. Die Auslandsverschuldung in konvertiblen Währungen, einschließlich der vom IWF gewährten Kredite, ist für Ende 1991 auf ungefähr 11 Mrd US-$ oder 31% des Bruttosozialprodukts veranschlagt, und der Schuldendienst soll sich im Jahre 1991 auf etwa 11% der in der Leistungsbilanz verbuchten Einnahmen belaufen.

Bis auf weiteres ist die tschechoslowakische Krone an einen Korb von fünf Währungen gekoppelt, die für unsere Exporte und Importe von größter Bedeutung sind. Ein Schritt hin zur Europäischen Währungsunion könnte darin bestehen, daß wir schließlich von diesem Währungskorb auf die ECU übergehen. Dabei haben wir bereits begonnen, auch mit der ECU zu arbeiten, die bei unseren Devisenmarktberechnungen und -übersichten mit aufgeführt wird, und wir arbeiten an Projekten, die die Verwendung der ECU im internationalen Warenaustausch ermöglichen würde. Mit unseren osteuropäischen Partnerländern, insbesondere mit der Sowjetunion, würden wir gerne eine Übereinkunft erzielen, wonach zumindest ein Teil der Zahlungen in ECU erfolgt. Darüber hinaus ist zu erwarten, daß künftig ein größerer Teil unserer Kreditaufnahmen im Ausland als bisher in ECU erfolgt.

Den vierten wichtigen Schritt stellt die neue Bankengesetzgebung dar. Bevor wir in der Lage sind, einen Teil der Zentralbankaufgaben an eine unabhängige Europäische Zentralbank zu übertragen, müssen wir zunächst so weit sein, daß wir all diese Aufgaben und die damit verbundenen Rechte für uns selbst gesichert haben. Gesetzesreformen zur Stärkung der Befugnisse der Zentralbank im Hinblick auf eine vergleichsweise unabhängige Geldpolitik befinden sich in Vorbereitung. Der Gesetzentwurf für die tschechoslowakische Staatsbank schlägt eine unabhängige Zentralbank vor, die ausschließlich verantwortlich ist für die Formulierung und Umsetzung der Geldpolitik sowie für die Durchführung der von der Regierung verantworteten Devisenpolitik. Diesem Entwurf zufolge wird ein kollektiver Bankrat das oberste Beschlußorgan darstellen.

In diesem Zusammenhang spielt die Deutsche Bundesbank eine große Rolle, die für uns eine Art Modell darstellt, und zwar in erster Linie wegen ihres hohen Grades an Autonomie und Autorität sowie ihrer stabilitätspolitischen Erfolge. Noch wichtiger ist aus unserer Sicht ihre föderative Struktur und die Verteilung der Zuständigkeiten und Verantwortlichkeiten zwischen dem Direktorium der Bundesbank und regionalen Institutionen, den Landeszentralbanken – ein Punkt, der in unserem Parlament im Zusammenhang mit dem Gesetz über die Zuständigkeiten der Republiken und der Föderation bereits ausführlich diskutiert worden ist.

V. Schlußbemerkung

Um den Reformprozeß möglichst rasch und mit so wenig Störungen wie möglich voranzutreiben, und zwar sowohl im Hinblick auf unsere Wirtschaftsreformen als auch im Hinblick auf einen künftigen Beitritt zu einer Europäischen Währungsunion, benötigen wir Unterstützung. Abgesehen von den Hilfen von IWF und Weltbank sowie einzelnen Ländern, schauen wir mit großen Erwartungen in Richtung Europa. Dabei sind wir dankbar für die bereits von seiten der EG und ihrer Mitgliedsstaaten empfangenen Hilfen.

Gleichwohl gibt es natürlich noch viele Bereiche, in denen Hilfe benötigt und sehr dankbar entgegengenommen wird. Zwei Bereiche freilich sollten als vordringlich betrachtet werden. Dabei geht es zum einen um das Problem der Erziehung und der Ausbildung in der Tschechoslowakei, namentlich von wirtschaftlichen Führungskräften und hier wiederum insbesondere der jüngeren, die die neuen marktgemäßen Fähigkeiten und die neuen Entscheidungsprozeduren so bald als möglich erlernen müssen. Zum zweiten, und das ist ebenso wichtig, geht es um das mangelnde Kapital. Wir fördern den Kapitalzufluß aus anderen Ländern, insbesondere den aus Westeuropa. Einen wichtigen Anreiz hierfür stellt die in großem Umfang betriebene Privatisierung dar, die sich bereits klar abzeichnet. Unternehmen, Banken, private wie institutionelle Investoren sind herzlich eingeladen, ihre Mittel in der Tschechoslowakei zu investieren.

Die Autoren

Baer, Gunter D., Jahrgang 1941; von 1961 bis 1969 Studium der Ökonomie, Assistentenzeit und abschließend Promotion an der Universität Mainz; 1969/70 Forschungsaufenthalt an der Princeton University, USA; von 1970 bis 1974 im Asian Department des IWF, Washington, sodann (bis 1977) im Bundesministerium der Finanzen, Bonn; anschließend in der Wirtschafts- und Währungsabteilung der Bank für Internationalen Zahlungsausgleich, Basel, mit dem Schwergewicht der Arbeit auf Fragen der Zahlungsbilanz sowie Geld und Währung in Europa und Euromarkt-Problemen; seit Juli 1990 Generalsekretär des Ausschusses der EG-Notenbankpräsidenten.

Barth, Hans J., geboren 1940; 1959 bis 1963 Studium der Volkswirtschaftslehre an den Universitäten des Saarlandes und Hamburg (1963 Diplom-Volkswirt), anschließend Assistent und (1968) Promotion zum Dr. rer. pol. an der Universität Tübingen; von 1970 bis 1982 Generalsekretär des Sachverständigenrates zur Begutachtung der gesamtwirtschaftlichen Entwicklung; anschließend Tätigkeit bei der Prognos AG, Basel, seit 1988 Vorsitzender der Geschäftsleitung; daneben Dozent an der Hochschule St. Gallen.

Bishop, Graham, Jahrgang 1949; Studium an der Sheffield University mit dem Abschluß eines Bachelor of Jurisprudence; von 1972 bis 1979 als "international economist" beim britischen Broker Phillips & Drew mit besonderem Augenmerk auf der Beobachtung der Aktienmärkte; anschließend als Manager von Pensionsfonds bei S. G. Warburg; seit 1983 bei Salomon Brothers, London, mit dem Schwergewicht seiner Analysen auf Geschäftsmöglichkeiten im Zusammenhang mit der Deregulierung der europäischen Finanzmärkte infolge des EG-Binnenmarktprogramms und der Europäischen Währungsunion.

Duwendag, Dieter, geboren 1938 in Hamburg; von 1958 bis 1962 Studium der Betriebs- und Volkswirtschaftslehre an den Universitäten Hamburg und Münster; 1962 Diplomprüfung für Betriebswirte; anschließend Wissenschaftlicher Assistent bei Hans K. Schneider; 1970 Habilitation für Volkswirtschaftslehre; im Anschluß zunächst Dozent, dann Wissenschaftlicher Rat und Professor für Volkswirtschaftslehre an der Universität zu Köln; 1972 Annahme eines Rufes auf den Lehrstuhl für „Wirtschaftliche Staatswissenschaften“ an der Hochschule für Verwaltungswissenschaften Speyer.

Eyffinger, Sylvester C. W., Studium der Ökonomie und Ökonometrie an der Free University of Amsterdam (Master Degree 1983, Promotion 1986), dort von 1980 bis 1986 auch Research Fellow und Lecturer; seit 1987 an der Tilburg University (Associate Professor of Monetary Economics) mit dem Forschungsschwerpunkt auf Fragen der Europäischen Wirtschafts- und Währungsunion; Forschungsaufenthalte bei der Deutschen Bundesbank, der Bank von Japan und der Banque de France.

Fröhlich, Hans-Peter, geboren 1955; nach dem Studium der Volkswirtschaftslehre akademische Abschlüsse an der Universität des Saarlandes in Saarbrücken (Diplom-Volkswirt, Dr. rer. pol.) und an der Georgetown University in Washington, D. C. (M. A. in Economics); heute im Institut der deutschen Wirtschaft, Köln, zuständig für das Arbeitsgebiet „Internationale Wirtschaftspolitik“; daneben Dozent an verschiedenen ökonomischen Lehreinrichtungen.

Gros, Daniel, 1955 in Deutschland geboren; ökonomische Ausbildung an der Universität Rom (1979 Laureat) und am Department of Economics der University of Chicago (1984 Ph. D. in Economics); danach Tätigkeiten beim Internationalen Währungsfonds und bei der EG-Kommission; seit 1986 beim Centre for European Policy Studies (CEPS), Brüssel, Senior Research Fellow mit dem Schwergewicht auf Fragen des EWS und der Europäischen Währungsunion; daneben – seit 1987 – Visiting Assistant Professor an der Katholieke Universiteit Leuven.

Henning, C. Randall, seit 1986 Mitarbeiter des Institute for International Economics in Washington, D. C.; Arbeitsschwerpunkte: Wechselkurs- und Währungspolitik sowie internationale wirtschaftspolitische Kooperation; ökonomische Ausbildung an der University of Washington in Seattle, der Stanford University, Palo Alto, Kalifornien (B. A. in Political Science) sowie der Fletcher School of Law and Diplomacy – Tufts University, Medford, Massachusetts (M. A. in Law and Diplomacy 1981, Ph. D. 1985); Mitautor von “Dollar Politics: Exchange Rate Policymaking in the United states” (1989) und “Can Nations Agree? Issues in International Cooperation” (1989).

Italianer, Alexander, 1956 in Kensington, Großbritannien, geborener Niederländer; Studienabschluß in Ökonometrie (M. A. 1980), Promotion im

Fach Ökonomie 1986; von 1980 bis 1985 Wissenschaftlicher Mitarbeiter an der Katholieke Universiteit Leuven; 1987/88 Gastdozent an der Katholieke Universiteit Brabant, Niederlande; seit 1985 bei der Generaldirektion Wirtschaft und Finanzen der EG-Kommission in Brüssel und dort insbesondere für Fragen der Wirtschaftsintegration zuständig.

Jacquet, Pierre, Jahrgang 1955; Absolvent der Ecole Polytechnique und der Ecole Nationale des Ponts et Chaussées, Paris, sowie Mitglied des Corps des Ponts et Chaussées; zunächst Analyst und Berater der französischen Entwicklungsbank Caisse Centrale de Cooperation Economique; seit 1984 bei IFRI (Institut Français des Relations Internationales), einer unabhängigen Forschungseinrichtung in Paris (Associate Director und Leiter der ökonomischen Studien); daneben Assistenzprofessor für Wirtschaftswissenschaften an der Ecole Polytechnique.

Lipp, Ernst-Moritz, geboren 1951; Studium der Volkswirtschaft und der neueren Geschichte an der Universität des Saarlandes, Saarbrücken, dort auch Promotion (1979); Chefvolkswirt und Direktor der Dresdner Bank, daneben Lehrbeauftragter an der Johann Wolfgang Goethe-Universtität, Frankfurt am Main; zuvor Wirtschaftsforschung und Politikberatung an der University of Cambridge, England, und Regierungsberatung in lateinamerikanischen Ländern sowie Generalsekretär des Sachverständigenrates zur Begutachtung der gesamtwirtschaftlichen Entwicklung.

Matthes, Heinrich, Jahrgang 1934; Studium der Nationalökonomie mit dem Abschluß eines Diplom-Volkswirts (1961, Heidelberg); Promotion zum Dr. rer. pol. 1966 an der Universität Münster; danach Tätigkeiten als Wissenschaftlicher Mitarbeiter an der Universität Münster und als Referent beim Bundesverband deutscher Banken; von 1967 bis 1970 im Economics Department der OECD in Paris; anschließend in der Hauptabteilung Volkswirtschaft der Deutschen Bundesbank, Frankfurt am Main, von 1979 an als Stellvertretender Leiter; seit 1983 Stellvertretender Generaldirektor für Wirtschaft und Finanzen der Kommission der Europäischen Gemeinschaften, Brüssel.

Reichert, Horst, Jahrgang 1952; Studium der Volkswirtschaftslehre an der Universität des Saarlandes; von 1977 bis 1987 Wissenschaftlicher Mitarbeiter von Professor Dr. Olaf Sievert am Lehrstuhl für Volkswirtschaft dieser Universität und am Institut für empirische Wirtschaftsforschung, Saarbrücken; 1987 Promotion; anschließend im Stab des Sachverständigenrates zur Begutachtung der gesamtwirtschaftlichen Entwicklung; seit 1989 Mitarbeiter (Prokurist) im Prognosezentrum der Dresdner Bank AG, Frankfurt am Main.

Remsperger, Hermann, Jahrgang 1949; Studium der Volkswirtschaftslehre und anschließend Assistent an der Johann Wolfgang Goethe-Universität, Frankfurt am Main; seit 1984 Leiter der Volkswirtschaftlichen Abteilung der BHF-Bank und damit u. a. verantwortlich für die Publikation der „Wirtschaftsdienste" sowie Mitwirkung an Grundsatzentscheidungen über die Bilanz-Steuerung der Bank; daneben seit 1979 Lehrbeauftragter am Fachbereich Wirtschaftswissenschaften der Frankfurter Universität, 1990 Ernennung zum Honorarprofessor.

Schill, Wolfgang, geboren 1952; in der Zeit von 1973 bis 1981 Studium der Betriebswirtschaft, der Volkswirtschaft und "International Relations" in Ludwigshafen, an der Universität Heidelberg und am Bologna Center der Johns Hopkins University; Assistententätigkeit an der letztgenannten Hochschule; seit 1981 Mitarbeiter in der Hauptabteilung Volkswirtschaft der Deutschen Bundesbank, Frankfurt am Main, mit dem Schwergewicht auf monetären Fragen der Außenwirtschaft, zur Zeit insbesondere der Wechselkursanalyse und -politik.

Socher, Karl, Jahrgang 1928; Studium der Staatswissenschaften in Innsbruck und Wien (Promotion zum Dr. rer. pol. 1953); anschließend Referent im österreichischen Wirtschaftsforschungsinstitut und Postgraduierten-Studium an den Universitäten Harvard und Stanford; von 1961 bis 1964 Mitarbeiter in der Hauptabteilung Volkswirtschaft und Statistik der Deutschen Bundesbank in Frankfurt am Main; bis 1973 sodann Tätigkeiten im österreichischen Finanzministerium, in der Nationalbank sowie der Bundeswirtschaftskammer; seit 1973 – nach Habilitation 1972 – Professor für Politische Ökonomie an der Unversität Innsbruck.

Suzuki, Yoshio, Jahrgang 1931; ökonomische Ausbildung an der Tokyo University, dort auch (1976) Promotion; von 1955 bis 1988 in den Diensten der Bank von Japan, u. a. als Leiter des Institute for Monetary and Economic Studies, zuletzt Executive Director und damit Mitglied des Direktoriums der japanischen Notenbank; seit 1989 Chief Economic Counselor des Nomura Research Institute in Tokio; zahlreiche Veröffentlichungen zu jeweils aktuellen, insbesondere geld- und währungspolitischen Fragen.

Tošovský, Josef, geboren 1950; von 1968 bis 1973 ökonomische Studien an der Hochschule für Wirtschaft, Prag, mit einem speziellen Abschluß in Außenwirtschaft; von 1973 an diverse Positionen in der tschechoslowakischen Notenbank (u. a. in der Devisenabteilung, verantwortlich für Zahlungsbilanzprognosen, und als Berater des Präsidenten) sowie der Londoner Filiale der Živnostenská banka (zuletzt als stellvertretender Niederlassungsleiter); seit Ende 1989 Präsident der Státní banka československá, der Notenbank der Tschechoslowakei.

Weber, Manfred, geboren 1950; 1971 bis 1975 Studium der Wirtschaftswissenschaften, insbesondere der Nationalökonomie, an der Johann Wolfgang Goethe-Universität, Frankfurt am Main; nach Assistententätigkeit am dortigen Institut für öffentliche Wirtschaft, Geld und Währung 1981 Promotion zum Dr. rer. pol.; seit 1980 bei der Deutschen Bundesbank, zunächst in der Hauptabteilung Volkswirtschaft, von 1986 bis 1991 als Leiter des Büros des Vizepräsidenten; daneben Dozent an ökonomischen Akademien; zur Zeit in der Währungs- und Wirtschaftsabteilung der Bank für Internationalen Zahlungsausgleich, Basel.

Woll, Artur, geboren 1923; wirtschaftswissenschaftliche Ausbildung an den Universitäten Köln und Freiburg im Breisgau (dort 1958 Promotion); 1964 Erteilung der Venia legendi für Volkswirtschaftslehre durch die Rechts- und Staatswissenschaftliche Fakultät der Universität Freiburg im Breisgau; 1964 bis 1972 ordentlicher Professor für Volkswirtschaftslehre und Direktor des Instituts für Volkswirtschaftslehre an der Justus-Liebig-Universität Gießen; 1972 Berufung auf einen ordentlichen Lehrstuhl für Volkswirtschaftslehre an der Gesamthochschule Siegen (seit 1980 Universität – Gesamthochschule Siegen).